W0191620

RUSSLAND

S i b i r i e n

Ob Jennessi Lena

Moskau

NOGAIER
HORDE

Wolga

GROSSE
HORDE

10   11

MONGOLEI   MANDSCHUREI

MOGOLISTAN

bul

12

MAWARANNAHR

AK-KOJUNLU   13   CHORASSAN

TIBET   14

CHINA   KOREA   Edo JAPAN

Huanghe

Nanjing

Arabien

SULTANAT DELHI

SINDH   Delhi

MEWAR   MALWA   16

14

NEPAL

AWA

Taiwan

OMAN

GUDSCHERAT

15   GOND-
WANA

ARAKAN

VIETNAM

LAOS

STILLER

IJKENREICH

FARTAK

BAHMANISTAAT

ORISSA

PEGU

SIAM

CHAMPA

DSCHISAN
JEMEN

Goa

WIDSCHAJANAGAR

Kalikut

CHENLA

NNAR ÄTHIO-
PIEN

ADAL

CEYLON

Magalhães 1521

OZEAN

KAFFA

1498-99

17 PAHANG
MALAKKA

Mogadischu

MADJAPAHIT

Malindi

I N D I S C H E R

Mombasa   Sansibar

Kilwa

çambique

IMERINA-
STAAT

PA   Sofala

O Z E A N

1522

0

portugiesische Entdeckungs-
reisen

spanische Entdeckungsreisen
und Eroberungen

Demarkationslinien nach den
Verträgen von Tordesillas
und Zaragoza

Landesgrenzen

1 STAAT DES
   DEUTSCHEN ORDENS
2 NIEDERLANDE
3 RÖMISCH-DEUTSCHES
   KAISERREICH
4 VENEDIG
5 KIRCHENSTAAT
6 SIZILIEN
7 MOLDAU
8 WALACHEI
9 MONTENEGRO
10 KRIMKHANAT
11 KHANAT ASTRACHAN
12 SCHIRWAN
13 GILAN

14 KASCHMIR
15 KHANDESCH
16 BENGALEN
17 SELANGOR
18 MAROKKO
   (Reich der Wattasiden)
19 ALGERIEN
   (Reich der Zijaniden)
20 TUNESIEN
   (Reich der Hafsiden)
21 REICH DER WOLOF
22 MOSSI-STAATEN
23 BORGU-GURMA
24 Stadtstaaten der Haussa

V.   Venedig

B.   Benalcazar 1539
Qu.   Quesada 1536–38

0   1000   2000
                        km

Allgemeine Geschichte der Neuzeit

1500–1917

von einem Autorenkollektiv
unter Leitung von
MANFRED KOSSOK

Mit 77 Abbildungen, 6 Karten, 10 Diagrammen und 15 Schemata

VEB Deutscher Verlag der Wissenschaften
Berlin 1986

Autorenkollektiv:
Kapitel 1: Herbert Langer (verantwortlicher Autor), Gerhard Brendler,
Thea Büttner, Manfred Kossok
Kapitel 2: Gerhard Schilfert (verantwortlicher Autor), Roland Felber,
Manfred Kossok, Editha Kroß, Werner Locht, Klaus Vetter
Kapitel 3: Manfred Kossok (verantwortlicher Autor), Hans Bach,
Angelika Borchers, Kurt Holzapfel, Horst Krüger, Werner Locht,
Siegfried Schmidt, Max Zeuske
Kapitel 4: Hans Bach (verantwortlicher Autor), Konrad Canis, Roland Felber,
Manfred Kossok, Editha Kroß, Wolfgang Küttler, Werner Locht,
Christoph Otto
Anhang: Matthias Hahn, Editha Kroß, Bernd Schröter, Michael Zeuske

Gesamtredaktion: Manfred Kossok
Wiss. Sekretär: Editha Kroß

»Als Lehrbuch für die Ausbildung an Universitäten und Hochschulen
der DDR anerkannt.
Berlin, Juni 1985
Minister für Hoch- und Fachschulwesen«

Schutzumschlag: Zylinderdampfmaschine, 1847. Höhe: 225 cm, Breite: 190 cm,
Tiefe: 170 cm.
Museum für Deutsche Geschichte, Berlin

ISBN 3-326-00053-7

Redaktionsschluß: 18. Februar 1985

Verlagslektor: Ulrike Moheit
Einband und Schutzumschlag: Rudolf Wendt, Wolfgang Schönborn
Typographie: Wolfgang Gebhardt
© 1986 VEB Deutscher Verlag der Wissenschaften,
DDR 1080 Berlin, Postfach 1216
Lizenz-Nr.: 206 · 435/27/86
Printed in the German Democratic Republic
Gesamtherstellung: INTERDRUCK Graphischer Großbetrieb Leipzig,
Betrieb der ausgezeichneten Qualitätsarbeit, III/18/97
LSV 0234
Bestellnummer: 571 413 8
03300

Inhaltsver-
zeichnis

Die *Allgemeine Geschichte der Neuzeit* ist in erster Linie als Handreichung
für den Studierenden gedacht und ordnet sich damit in das vom Wissenschaftlichen Beirat für Geschichtswissenschaft beim Ministerium für
Hoch- und Fachschulwesen herausgegebene Lehrbuchwerk ein. Es ist jedoch zugleich mit der Zielsetzung und in der Hoffnung verfaßt, eine weit
über diesen Kreis der Interessenten hinausgehende Leserschaft anzuspre-
chen.
Unter Federführung des Lehrstuhls für Allgemeine Geschichte der Neuzeit an der Karl-Marx-Universität Leipzig gehörten dem Autorenkollektiv
neben Mitgliedern dieses Lehrstuhls auch Wissenschaftler anderer Universitäten und der Akademie der Wissenschaften der DDR an. Trotz
einer mehr oder minder intensiven Generalredaktion bestand nicht die
Absicht, divergierende Standpunkte oder eigene Handschriften um jeden
Preis auf einen Nenner zu bringen. Dem aufmerksamen und kritischen
Leser werden Nuancen und Akzente, vielleicht auch gelegentliche Disproportionen nicht entgehen.
Das Hauptziel der Autoren läßt sich in den folgenden Punkten zusam-
menfassen:
1. Obwohl nicht weniger als 400 Jahre an weltgeschichtlicher Entwicklung in einer Zeit tiefgreifenden gesellschaftlichen Umbruchs in eine
konzentrierte Darstellung zu bringen waren, sollte der reale und leben-
dige Geschichtsprozeß nicht hinter die bloße Orientierung auf große,
letztlich abstrakte Entwicklungslinien zurücktreten. Vor allem die Kompliziertheit und Widersprüchlichkeit des welthistorischen Fortschritts
seit der Zeit um 1500 finden deshalb entsprechende Verdeutlichung.
2. Bei aller Vorrangigkeit der sogenannten politischen Geschichte wird
besonderer Wert auf die strukturelle Komplexität der welthistorischen
Entwicklung gelegt. Diesem Ziel entspricht vor allem die Anlage der jeweiligen Leitkapitel, die für eine Epoche die Hauptprozesse von der sozialökonomischen Entwicklung bis zu deren Ausprägung in Philosophie,
Literatur, Kunst, Musik und Architektur erfassen. Mit dieser Darstel-
lungsmethode, die gewiß noch verbesserungswürdig ist, betreten die Autoren Neuland. Aus dem Bemühen um ein komplexes (wenn auch nicht
»totales«) Geschichtsbild resultiert eine weitere Konsequenz. Obwohl für
die Geschichte der UdSSR und zur deutschen Geschichte eigenständige
Hochschullehrbücher vorhanden sind, finden die Hauptprozesse der neuzeitlichen russischen und deutschen Geschichte in der Darstellung Berücksichtigung, um der universalhistorischen Dimension der Allgemeinen Geschichte in der gebotenen Weise gerecht zu werden.
3. Eine Bemerkung zur zeitlichen Einordnung und Periodisierung: Marx
setzt den Beginn der »kapitalistischen Ära« um die Mitte des 16. Jh. an.
Deren frühe Elemente sind bereits für die Wende vom 15. zum 16. Jh.
nachweisbar. Die noch für lange Zeit dominierende und bis zum Absolutismus ansteigende Entwicklungslinie des Feudalismus wird seitdem zunehmend durch die bürgerlich-kapitalistische Entwicklungslinie ergänzt
und schließlich abgelöst. Dadurch sind auch der zeitliche Rahmen und
die Periodisierung der neuzeitlichen Weltgeschichte bestimmt.
Die Darstellung setzt mit den Ereignissen und Prozessen um 1500 ein.

Als epochebestimmende Zäsuren und Wendepunkte treten die bürgerlichen Revolutionen für die Zeit bis 1871 hervor: die Frühbürgerliche Revolution des 16.Jh., die Englische Revolution des 17.Jh., die Große Französische Revolution von 1789, in deren Folge – dialektisch mit der von England ausgehenden industriellen Revolution verbunden – sich die bürgerliche Gesellschaftsordnung weltweit und unumkehrbar durchsetzt. Weitere Weichenstellungen werden durch die Julirevolution von 1830 in Frankreich, die Europäische Revolution von 1848/49 und insbesondere durch die Kommune-Revolution von 1871, den Versuch der ersten proletarischen Machtausübung, markiert. Für die Zeit ab 1871 ist die volle Entfaltung des Kapitalismus der freien Konkurrenz und dessen Hinüberwachsen in den Imperialismus bestimmend. Deshalb wird die mit dem Jahr 1900 (Jahrhundertwende) verbundene Zäsur (volle Herausbildung des Imperialismus) besonders betont. Die Darstellung endet mit dem ersten Weltkrieg und der welthistorischen Wende von 1917, die eine neue Epoche der Menschheitsgeschichte einleitet.

4. Um jeder eurozentrischen Einengung zu begegnen, nimmt auch die Geschichte Asiens, Afrikas und Lateinamerikas einen nicht unbeträchtlichen Raum ein. Als Hauptgesichtspunkt diente dabei, diese Regionen nicht nur als Objekt der mit dem 15.Jh. global einsetzenden Kolonialexpansion darzustellen, sondern ebenso deren eigenständigen Beitrag zur letztlich unteilbaren Weltgeschichte in der Epoche des Übergangs vom Feudalismus zum Kapitalismus und dessen Konsolidierung und weitere Entwicklung bis zum Imperialismus zu verdeutlichen.

5. Mit der besonders deutlich hervorgehobenen revolutionshistorischen Komponente geben die meisten Autoren ihre starke Verankerung in der vergleichenden Revolutionsgeschichte zu erkennen, ohne dabei der Tendenz Vorschub zu leisten, die neuzeitliche Weltgeschichte auf Revolutionsgeschichte zu reduzieren. Statt dessen soll – unter besonderer Berücksichtigung des erreichten Forschungsstandes – die Vielgestaltigkeit und Alternativität der Geschichte an der dialektischen Verbindung von Evolution und Revolution, Reform und Konterrevolution, aber auch der Stagnation und des Niedergangs faßbar werden.

6. Die Auseinandersetzung mit unwissenschaftlichen Auffassungen zur Allgemeinen Geschichte der Neuzeit wird vorrangig immanent durch Darlegung des eigenen Standpunktes geführt.

7. Angesichts der Globalität und Komplexität der Darstellung hoffen die Autoren, mit dem vorgelegten Band einen Beitrag für das vertiefte marxistische Weltgeschichtsverständnis der Neuzeit zu leisten. In dem von Marx hergeleiteten Weltgeschichtsverständnis verschmelzen zwei unterschiedliche, wiewohl nicht schematisch gegeneinander abgrenzbare Begriffsebenen: Weltgeschichte als Geschichte der Welt im Sinne von gesamtgesellschaftlicher Menschheitsentwicklung. Dieser Begriff liegt z. B. der unter Redaktion von E. M. Žukov herausgegebenen zehnbändigen *Weltgeschichte* zugrunde. Wir sprechen in diesem Zusammenhang von Weltgeschichte im weiteren Sinne. Davon gilt es den Begriff der Weltgeschichte »im engeren Sinne« abzuheben, dem die Darstellung des Lehrbuchs folgt. Marx notiert: »Weltgeschichte existierte nicht immer; die Ge-

schichte als Weltgeschichte Resultat.« (MEW, Bd. 13, S. 640) Und im anderen Zusammenhang: »Je weiter sich im Laufe dieser Entwicklung nun die einzelnen Kreise, die aufeinander einwirken, ausdehnen, je mehr die ursprüngliche Abgeschlossenheit der einzelnen Nationalitäten durch die ausgebildete Produktionsweise, Verkehr und dadurch naturwüchsig hervorgebrachte Teilung der Arbeit zwischen verschiednen Nationen vernichtet wird, *desto mehr wird die Geschichte zur Weltgeschichte* ...« (MEW, Bd. 3, S. 45; Hervorhebung – M. K.) Eben dieser Prozeß der Verdichtung, gegenseitigen Durchdringung und Abhängigkeit ist kennzeichnend für die universalhistorische Entwicklung ab etwa 1500, dem in der Darstellung des Lehrbuchs Rechnung getragen wird.

In dem Maße, wie die Geschichtserkenntnis niemals abgeschlossen ist, kann und soll auch ein entsprechendes Lehrbuch kein »fertiges« Werk darstellen. Fachliche Kritik und Hinweise, die auf Verbesserung der Handhabbarkeit des Manuskripts abzielen, sind willkommen. Sie mögen den erhofften Nach- und Neuauflagen von Nutzen sein.

Für wertvolle Anregungen und nützliche Verbesserungsvorschläge danken die Autoren besonders den Gutachtern G. Heitz (Rostock), W. Küttler (Berlin), W. Schmidt (Berlin) und H. Wermes (Leipzig), ebenso allen Kolleginnen und Kollegen, die an der Diskussion von Manuskriptteilen beteiligt waren. Als verantwortlicher Herausgeber möchte ich überdies meiner Schülerin Frau E. Kroß für ihre vorbildliche Arbeit als wissenschaftlicher Sekretär des Autorenkollektivs danken. Hohe Anerkennung verdient auch der Einsatz weiterer Mitarbeiter für die Fertigstellung des Manuskripts. In diesen Dank schließe ich ebenfalls Frau E. Lindacher, Frau A. Schmidt und Frau M. Bude ein, ohne deren selbstloses Engagement das Manuskript nicht die erforderliche technische Reife erlangt hätte. Nicht zuletzt verdient auch Frau U. Moheit für die redaktionelle Betreuung des Manuskripts unsere besondere Anerkennung.

Manfred Kossok

1 Spätfeudalismus und »Morgenröte« des Kapitalismus (1500–1640)

1.1. *Grundlinien der weltgeschichtlichen Entwicklung*

1.1.1. Neue Dimensionen der Kapitalakkumulation

Charakter der Periode

Die Zeit von 1500 bis 1640 wird durch zwei bürgerliche Revolutionen begrenzt – die frühbürgerliche Revolution in Deutschland und die englische Revolution. Weltgeschichtlich wird der *Übergang vom Feudalismus zum Kapitalismus* eingeleitet. Der erste Abschnitt des Übergangsprozesses trägt die widersprüchlichen Merkmale des Früh- und Anfangsstadiums der kapitalistischen Gesellschaft und steht machtpolitisch noch im Zeichen der Vorherrschaft des Feudalismus. Seit dem 16. Jh. datiert die ursprüngliche Akkumulation des Kapitals – die Grundvoraussetzung für die Herausbildung des Kapitalverhältnisses. Die Anfänge der kapitalistischen Produktionsweise erweisen sich als nicht mehr austilgbar.

Wachstum der Erdbevölkerung

Um 1500 umfaßt die Bevölkerung der Erde rund 400 Mio Menschen, davon leben in Asien zwei Fünftel, in Afrika und Europa je ein Fünftel, der übrige Teil vor allem in Amerika; in Australien und Ozeanien leben wenige Millionen Einwohner. Begünstigt durch sozialökonomische Grundprozesse, wächst in Europa die Bevölkerung von 1500 bis in die ersten zwei Jahrzehnte des 17. Jh. ständig an und überschreitet die Hundertmillionengrenze. Von Europa nach Amerika wandern in diesem Zeitraum höchstens 150 000 Menschen aus. Die Zufuhr durch Sklavenhandel aus Afrika nach Amerika bewegt sich vorerst noch unter dieser Größenordnung. Mitte des 17. Jh. zählt die weiße Bevölkerung Iberoamerikas – sowohl europäische als auch bereits am Ort Geborene (Kreolen) – 600 000 Menschen. Indessen nimmt die einheimische indianische Bevölkerung Amerikas infolge der Eroberungen, Ausrottungsfeldzüge, unmenschlichen Ausbeutung, Landnahme und durch europäische Eroberer und Kolonisatoren eingeschleppten epidemischen Krankheiten rapide ab. Um 1500 leben in ganz Amerika etwa 20 Mio Indianer. Mitte des 17. Jh. hat allein die Sklavenarbeit in den Silbergruben von Potosí (Bolivien) unzählige Opfer gefordert. Im genannten Zeitraum beginnt die Vernichtung, Verdrängung oder Assimilierung von großen Teilen der autochthonen Bevölkerung Amerikas. An ihren Tiefpunkt gelangt die negative Bevölkerungsentwicklung in Spanisch-Amerika 1620–1630.

In Europa erreicht im 14./15. Jh. die Intensivierung der einfachen Waren-

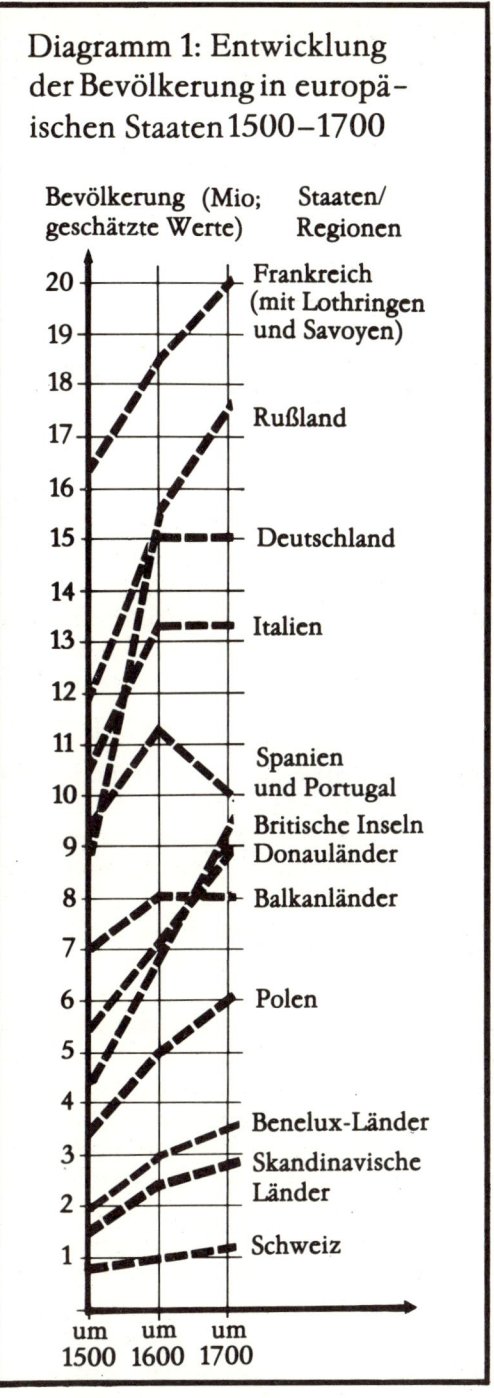

Diagramm 1: Entwicklung der Bevölkerung in europäischen Staaten 1500–1700

Bevölkerung (Mio; geschätzte Werte) — Staaten/Regionen

Frankreich (mit Lothringen und Savoyen)
Rußland
Deutschland
Italien
Spanien und Portugal
Britische Inseln
Donauländer
Balkanländer
Polen
Benelux-Länder
Skandinavische Länder
Schweiz

um 1500   um 1600   um 1700

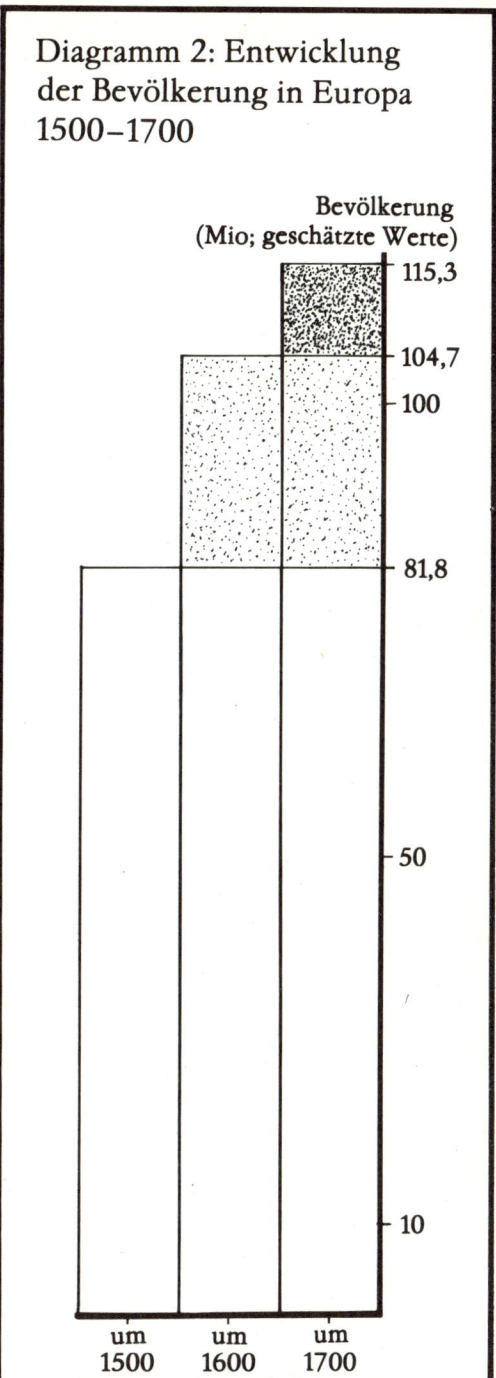

Diagramm 2: Entwicklung der Bevölkerung in Europa 1500–1700

Bevölkerung (Mio; geschätzte Werte)

115,3
104,7
100
81,8
50
10

um 1500   um 1600   um 1700

produktion einen solchen Grad, daß sie, zunächst an einzelnen Punkten wie in Oberitalien, Florenz und Flandern, durchbrochen wird und sich sporadisch in wenigen Wirtschaftsbereichen (Tuchproduktion) *kapitalisti-*

sche Elemente entwickeln. In diesem regional und lokal gebundenen Stadium bürgerlich-kapitalistischer Entwicklung erweisen sich die welthistorisch neuen Ansätze noch als reversibel. Rückschläge werden aber durch
die im 16. Jh. in England und Deutschland verstärkt einsetzende frühkapitalistische Entwicklung ausgeglichen, die vor allem in der massenwei-
sen Herstellung billiger Tuche und im Bergbau (»Bergsegen« in verschiedenen deutschen Gebieten, in Böhmen und der Slowakei) dauerhaft Fuß
faßt.

Genesis der kapitalistischen Produktionsweise

Der einsetzende Prozeß des Niedergangs der feudalen Gesellschaft verschmilzt mit der Genesis der kapitalistischen Produktionsweise:
– Erhöhung der zunehmend in Geldform erhobenen Feudalrente,
– stärkere soziale Differenzierung in allen Ständen der Gesellschaft,
– Parasitismus, Anarchie, teils auch Umorientierung des niederen Adels
auf ökonomische Unternehmerfunktion,
– Ausdehnung und Konzentration des noch vorherrschenden Handels-
und Finanzkapitals,
– Anfänge seines Eindringens in Produktionsbereiche, in denen kapitalistische Ausbeutungsformen (Verlag, Manufaktur) am ehesten möglich
sind,
– zunehmendes Engagement des Staates in Handel, Schiffahrt, Gewerbe
und Landwirtschaft als Regulator, Unternehmer und Verbraucher,
– Steigerung der Intensität des Klassenkampfes der Bauern gegen die
Feudalität und gegen den Staat als neues Element.
Es bildet sich eine Situation heraus, in der sich die machtpolitisch und gesellschaftlich noch vorherrschende Feudalklasse die fortschreitenden
Ware-Geld-Beziehungen sowie die dynamischen kapitalistischen Entwicklungselemente entweder zunutze macht oder sie durch Verfestigung
altfeudaler Wirtschafts- und Herrschaftsformen einzudämmen versucht.

Weltweite Expansion Europas

Ein Ergebnis des Zusammenwirkens verschiedener Klassenkräfte der
Übergangsepoche ist in den fortgeschrittenen Ländern Mittel-, Süd- und
Westeuropas der Drang nach Expansion. An der Wende vom 15. zum
16. Jh. entsteht durch die Anpassungs- und Krisenlage der alten wie
durch die Initial- und Durchbruchsfunktion der neuen Produktionsweise
jene historische Situation, in der sich die Expansion fast explosiv äußert.

Voraussetzungen der Expansion

Die europäische Expansion und deren globale Dimension ergeben sich
aus dem *Entwicklungsvorsprung*, den Europa durch eine progressive, dynamische Variante der feudalen Gesellschaft erlangt, die folgende Kennzeichen trägt:
– günstige natürliche Bedingungen für Ackerbau und Viehhaltung sowie
für die Erschließung weiter Gebiete durch Handels- und Verkehrswege,
– Interesse der herrschenden Klasse an der Steigerung der landwirt-
schaftlichen Produktion im Rahmen der ausgebildeten Grundherrschaft,
– Entwicklung von Städten mit handlungsfähigem, politisch und ideologisch eigenständigem Bürgertum im Gefüge einer relativ lockeren staatlichen Struktur,

– dadurch günstigere Wirtschafts- und Rechtslage der Bauern und Entstehung eines Spielraumes für die Auseinandersetzung mit der Feudalklasse auf neuer Stufe.

Von Europa aus wird in wenigen Jahrzehnten in einer Welle von Seefahrten, kolonialen Eroberungen und Handelsunternehmen bis Mitte des 16. Jh. nahezu die ganze Erde erfaßt, wobei die küstennahe Berührung, die punktuelle Niederlassung (Stützpunktkolonisation) oder das Eindringen in für Europäer zuträgliche Klimazonen des amerikanischen Kontinents (Flächenkolonisation) das Schlüsselereignis bilden. Überall, wohin Portugiesen, Spanier, Holländer, Engländer und Franzosen vor- und eindringen – gleich, ob in Gebiete Asiens und Amerikas mit hoher Zivilisation oder Afrikas mit niedrigerem Entwicklungsniveau – geht es um maximale Exploitation der natürlichen Reichtümer und einheimischen Bevölkerung, nur in Ausnahmefällen bereits um eine bedeutendere Ansiedlung in den überseeischen Gebieten (Nord- und Südamerika).

Das Eindringen und Festsetzen der Europäer in Mittel- und Südamerika (in Nordamerika seit Beginn des 17. Jh.) beginnt Natur, Demographie und gesellschaftliche Entwicklung der »Neuen Welt« einschneidend zu beeinflussen. Aus dem Herrschafts- und Ausbeutungsverhältnis zwischen Europäern und Indianern erwächst das Phänomen der »Unterentwicklung«, obwohl die eingesessenen Völker und Stämme gegen die Vergewaltigung und den jähen Abbruch ihrer eigenen historischen Entwicklungslinie einen aktiven und nicht selten erfolgreichen Widerstand leisten. Ein schon in Ansätzen vorhandenes Element der zunehmend von *bürgerlich-kapitalistischen Triebkräften* bestimmten Weltgeschichte kommt zur Ausbildung: der neuzeitliche Kolonialismus mit dem ihm eigenen Widerspruch zwischen ausbeutenden »Metropolen« (in der bürgerlichen Historiographie oft als »Mutterländer« idealisiert) und ausgebeuteten Kolonien. Nach 1600 vollzieht sich die Brechung des *Kolonialmonopols der iberischen Länder* durch die jungen kapitalistischen Mächte Nordwesteuropas (zunächst der Niederlande, bald auch Englands) sowie durch das absolutistische Frankreich.

(Randnotiz: Entstehung des neuzeitlichen Kolonialismus)

Für die Entwicklung des neuzeitlichen Kolonialismus ist eine stadial-typologische Abfolge in Abhängigkeit von den zunehmend an Gewicht gewinnenden kapitalistischen Triebkräften kennzeichnend. Während der spanisch-portugiesische Kolonialtyp noch stark von der Verbindung feudaler und frühkapitalistischer Elemente geprägt ist, die in Mittel- und Südamerika zur Etablierung eines *Kolonialfeudalismus* führen (Repartimiento- und Encomiendasystem bei den Spaniern; Donatário- und Sesmariasystem bei den Portugiesen), trägt die niederländische Kolonialexpansion reife handelskapitalistische Züge. Im Falle Englands wirken neben dem Handelskapital zunehmend die Interessen des Manufakturkapitals. Die verschiedenen Kolonialtypen sind Ausdruck der Entwicklungs- und Reifestufen des Kapitalismus. Das größte Kolonialareal entsteht in Amerika.

(Randnotiz: Entwicklungsstufen des frühen Kolonialismus)

Andere Merkmale als die Kolonisation in Amerika weist die europäische Expansion in östlicher Richtung auf – nach Indien, China, Japan und den »Gewürzinseln« (Maluku, heute Teil Indonesiens), wohin die Europäer

(Randnotiz: Expansion in östlicher Richtung)

auf ihnen bis dahin unbekannten, aber von den Arabern und Chinesen seit alters befahrenen Seewegen gelangen. Der asiatische Kontinent weist eine weit ungleichmäßigere Entwicklung auf als Europa, dessen allgemeines sozialökonomisches Niveau selbst die am weitesten entwickelten Länder im Osten und Süden Asiens nicht erreichen. Jedoch setzen die Länder mit alten Hochkulturen, festgefügten Herrschaftsverhältnissen und eigenen Expansionskräften den Europäern stärkeren und dauerhafteren Widerstand entgegen als die Völker Amerikas und Afrikas; nicht selten führen Gegenangriffe zur Vertreibung der Eindringlinge (China, Japan). Andererseits lockt gerade der hohe Grad ökonomischer und kultureller Entfaltung dieser Regionen die Kolonisatoren an. Zur ersten Zielgröße der spanischen und portugiesischen Expansion wird Indien.

In *China*, das durch Eroberungen in Richtung Korea, Vietnam und Tibet sowie durch Migration und politisch-kulturellen Einfluß in ganz Südostasien ein Großreich mit etwa 100 Mio Einwohnern formiert hat, entstehen Ende des 16. Jh. in Verbindung mit aktivem Seehandel *staatliche Manufakturen* zur Herstellung von Porzellan, Textilien, Papier und Waffen. Sie signalisieren, daß die Warenproduktion nach höheren Organisationsformen der kooperativen Arbeit drängt. Die Krise der Mingdynastie und die nachfolgende mandschurische Herrschaft bewirken seit der Mitte des 17. Jh. jedoch Stagnation und Restabilisierung der Feudalverhältnisse. Das Eindringen europäischer Kolonisatoren bleibt dagegen Episode; es beschränkt sich auf Handelsbeziehungen und Versuche zur christlichen Missionierung.

Japan zeigt ebenfalls die Tendenz zur Expansion, andererseits Elemente einer Verfestigung der feudal-ständischen Sozialstruktur. Nach einer für ein Jahrhundert geltenden offenen, aktiven Handelspolitik erfolgt die völlige, gewaltsame Verdrängung der europäischen Kaufleute und Missionare um 1640 sowie eine nahezu gänzliche Abschließung nach außen.

Im Unterschied zu China und Japan bieten das politisch, ethnisch, religiös und durch das Kastensystem zersplitterte *Indien* sowie die teils hochentwickelten Länder Südostasiens abenteuernden Adelsgruppen und dem europäischen Kaufmannskapital (Portugals, der Niederlande, Spaniens und Englands) Handels- und Ausbeutungsmöglichkeiten. Obwohl hier – wie auch in Afrika – die territoriale Eroberung größerer Areale die Ausnahme ist und das kommerzielle Stützpunktsystem des frühneuzeitlichen Kolonialismus portugiesischer Prägung vorherrscht, beginnen die eindringenden Kaufleute und Handelskompanien den Spielraum des eigenständigen ökonomischen Fortschritts in den betroffenen Ländern spürbar einzuengen. Eine ähnliche, wenn auch weniger folgenreiche Rolle spielen Kaufleute aus den arabischen Gebieten.

Weltgeschichte im globalen Maßstab

Eine notwendige Folge des Kolonialismus besteht in der Verdichtung der Kommunikation zwischen den vier bekannten Kontinenten mit wechselseitiger geistig-kultureller Beeinflussung. Die weiträumigen Marktbeziehungen, bis dahin große Teile der »Alten Welt« miteinander verbindend, gewinnen nunmehr globale Ausmaße, die Naturschätze und Reichtümer der unterworfenen Erdteile gehen in die Produktion und Konsumtion der europäischen Völker ein: Tee und Reis aus Asien, Kaffee aus Afrika,

Mais, Bohne, Kartoffel, Kakao, Tabak, Tomate, Paprika und zahlreiche Gehölze und Zierpflanzen aus Amerika. Aus Europa gelangen neben feudalen Eroberern und kaufmännischen Profitjägern, neben Tod und Verderben sowie epidemischen Krankheiten auch Objekte zivilisatorischen Fortschritts nach Amerika: Metall (vor allem das Eisen) als Werkstoff, das Rad, der Gewölbebau, der Buchdruck (1539 erste Druckerei in Mexiko), eine Reihe Haustiere und zahlreiche Techniken in Landwirtschaft und Gewerbe. Die militärische Überlegenheit der europäischen Eindringlinge beruht vornehmlich auf der Feuerwaffe, einer konzentrierten, straff geleiteten und disziplinierten Gefechtsweise sowie auf der durch die Verwendung des Pferdes gegebenen höheren Beweglichkeit. Sie finden jedoch bei den Mayas und den Azteken bis dahin in Europa Unbekanntes vor: einen genaueren Kalender als den christlichen, hohe Handfertigkeit in der Metallbearbeitung, Töpferei und Weberei, in der Schnitzkunst und Monumentalarchitektur, meisterhafte Be- und Entwässerungssysteme, städtische Siedlungen von Größenordnungen, die nur noch in Asien vorkommen.

Der bislang die drei Kontinente Europa, Asien und Afrika berührende Fernhandel weitet sich nach 1500 immer mehr zum Welthandel aus; auch im zeitgenössischen Bewußtsein kommt es zur *Kongruenz des »Welt«begriffes mit der Erdkugel*, auf der nach 1644 noch Australien ins Blickfeld rückt. Um 1600 tritt die Erdbeschreibung endgültig aus der Abhängigkeit von den antiken Autoren heraus und geht in Europa eigene Wege. Bis zum Beginn des kosmischen Zeitalters in der zweiten Hälfte des 20. Jh. bleibt die durch kühne Erkundungsreisen zur See und über die Kontinente im 16. und 17. Jh. geleistete Erfassung der gesamten irdischen Dimension die größte Errungenschaft des menschlichen Erkenntnisdranges. Zwischen beiden steht die durch die industrielle Revolution ermöglichte, im 19. Jh. bewältigte Durchdringung und Beschreibung der zu Beginn der Neuzeit umrißhaft erkundeten neuen Weltteile. Anfang des 16. Jh. entstehen materielle und geistige Bedingungen für die globale Weltgeschichte, deren grundlegende Faktoren die Wirkungsgesetze und Triebkräfte des Spätfeudalismus und der frühen kapitalistischen Ära sind.

Ein deutliches Zeichen für die Beeinflussung der Ökonomik Europas durch die koloniale Wirtschaft in Amerika ist die sogenannte Preisrevolution. In ganz Europa erhöhen sich seit Beginn des 16. Jh. bis in die ersten Jahrzehnte des 17. Jh. die Preise in nie gekanntem Tempo, wobei die Preise für agrarische Produkte rascher steigen als die für gewerbliche Erzeugnisse. Die Hauptursachen für dieses von den Zeitgenossen (auch in Martin Luthers Kritik an den *Monopolia*) vielfach beklagte Phänomen liegen zwar primär in der veränderten Nachfrage-Angebots-Relation und der wachsenden Verstädterung Europas begründet, doch der immer größere »Silberstrom« aus den mit Sklavenarbeit betriebenen Minen Mittel- und Südamerikas, der über das zur produktiven Akkumulation unfähige Spanien in die übrigen Länder Europas fließt, hat durch die Silberinflation einen ständigen Fall des Edelmetallwertes zur Folge und demnach eine preistreibende Wirkung. Die aus Amerika eingeführte Menge Edelmetalls übertrifft das europäische Aufkommen an Gold und Silber um ein

»Preisrevolution«

Auswirkungen
der »Preis-
revolution«

Vielfaches, führt das Ende des mitteleuropäisch-deutschen »Bergsegens«
mit herbei und vergrößert den beschleunigten Geldumlauf.
Die »Preisrevolution«, deren Charakter und Funktion ein in der Forschung noch immer umstrittenes Problem sind, berührt die europäischen
Länder auf unterschiedliche Weise: Am frühesten und folgenschwersten
werden Spanien und Portugal getroffen. Für Spanien wird die »Preisrevolution« zu einer der Ursachen der nachfolgenden *Decadencia*, das heißt des
rapiden ökonomischen und politischen Machtverfalls, während die bürgerlichen Niederlande und England diesen Prozeß wesentlich günstiger
überstehen und ihren Entwicklungsvorsprung ausbauen.
Die rasche gewerbliche Entfaltung und Verstädterung dieser Länder, aber
auch der durch die überseeische Expansion beschleunigte Verfall der Produktion auf der Pyrenäenhalbinsel erhöht die Nachfrage nach landwirt-
schaftlichen Erzeugnissen und Waldprodukten (Holz, Teer). Diese Produkte liefern die Ostseeländer durch Vermittlung des niederländischen
und des hansischen Kaufmannskapitals. Da in Rußland, den baltischen
Ländern, in Polen-Litauen und den deutschen Ostseeterritorien der Adel
über den Boden und seine Produkte weitgehend verfügt, vermittelt der
weiträumige Fernhandel vor allem der Feudalklasse wachsende merkan-
tile Einkunftsquellen. Ähnliche Tendenzen zur Regie-Grundherrschaft
und zum Ausbau adliger Eigenwirtschaften weisen die städtereichen böhmischen Länder auf. Der Ausbau der adligen Eigenwirtschaft mit Warenproduktion geht zu Lasten der Bauern und verdrängt das städtische Kaufmannskapital von den Märkten. Zur Sicherung der Arbeitsrente für das
als Gutswirtschaft bekannte System spätfeudaler Agrarstruktur werden
die Bauern Schritt für Schritt in schlechtere Besitz- und persönliche
Rechtsverhältnisse (Erbuntertänigkeit) überführt. Der warenwirtschaftli-
che Fortschritt wird auf konservative Weise realisiert, die Installierung
der »zweiten Leibeigenschaft« stellt einen Grundzug der feudalen Reaktion in Europa dar. Die »Neue Welt« vermittelt dem ökonomisch-gesell-
schaftlichen Fortschritt Europas einen Impuls, der den Vorsprung in der
Freisetzung der Produktivkräfte weiter anwachsen läßt. Es zeichnet sich
die *Entstehung des Weltmarktes* ab, der im 16. Jh. »die moderne Lebensge-
schichte des Kapitals«[1] eröffnet. Der Weltmarkt sichert die Umverteilung
der Ressourcen von immer mehr Ländern zugunsten der kapitalistischen
Unternehmer jener Staaten, die zu Pionieren der bürgerlichen Entwicklung werden. Die allgemeinen Gesetzmäßigkeiten der kapitalistischen
Produktionsweise gewinnen wachsende Bedeutung gegenüber den Spezi-
fika und Eigenarten einzelner Regionen der Erde.

1.1.2.   Entwicklung der Produktivkräfte, der Wissenschaft und der Technik

Vor allem dank der unmittelbaren Produzenten, der Bauern und der
Handwerker, kommt es im 16. Jh. zu einer rascheren quantitativen und
(weniger) qualitativen Entfaltung der Produktivkräfte in Europa. Das

---

1   K. Marx, Das Kapital, Bd. I, in: MEW, Bd. 23, Berlin 1973, S. 161.

schon im 14. Jh. verwendete *oberschlächtige Wasserrad* findet eine weitaus größere Verbreitung, vor allem im Mühlenwesen, in der Textilproduktion, im Erzbergbau und Hüttenwesen. Der seit dem 15. Jh. bekannte mechanische, wassergetriebene *Blasebalg* und die seit Anfang des 17. Jh. verwendete *Steinkohle* ermöglichen höhere Schmelztemperaturen bei der Eisenverhüttung. Das Fassungsvermögen der Hochöfen vergrößert sich, Gußstücke können in immer größerer Menge und besserer Qualität hergestellt werden. Unter Verwendung von gekröpften Wellen konstruieren Schmiede, Zimmerleute und Hüttenfachleute mechanische Schmiedehämmer, ebenso Poch- und Stampfwerke, Förder-, Pump- und Belüftungsanlagen. Damit ist der Abbau der Erze in größeren Tiefen (in Tirol bis zu 886 m) möglich. Im Textilgewerbe findet im 16. Jh. das fußgetriebene *Spinnrad* Eingang, leistungsfähige *Horizontalwebstühle* verdrängen die Vertikalwebstühle. An Farbenpracht, Qualität und Festigkeit können sich die Textilprodukte Asiens und Amerikas durchaus mit den europäischen Erzeugnissen messen oder sind diesen überlegen, doch in Europa macht die auf *Teilung der Arbeit beruhende Kooperation und die Mechanisierung des Produktionsprozesses* die raschesten Fortschritte. In Europa wird auch der erste Automat erfunden – die mechanische Uhr, die Ausgang des 15. Jh. zur Taschenuhr (»Nürnberger Ei« von Peter Henlein) verfeinert ist.

Mitte des 16. Jh. beginnt, »rauh angeschlagen«, die »eigentliche Manufakturperiode«[2]. Sie kündigt sich ebenfalls (wenn auch bedeutend weniger reif ausgeprägt) in Asien, vor allem in China, Japan und einzelnen Regionen Indiens an. Nicht zuletzt die »Explosion des Marktes« infolge der globalen Expansion führt in Europa für zwei Jahrhunderte zur dauerhaften Existenz der Manufaktur, die für diesen Zeitraum die »charakteristische Form des kapitalistischen Produktionsprozesses«[3] darstellt. *Beginn der »eigentlichen Manufakturperiode«*

In Form der Manufaktur gehen spätfeudale Staatsmacht, die zugleich Großverbraucher von gewerblicher Produktion für den Repräsentations- und Militärbedarf ist, und embryonale kapitalistische Produktionsweise eine Interessensymbiose ein, die bis zum Ende des 18. Jh. anhält. Der spätfeudale, absolutistische Staat übt eine spezifische ökonomische Funktion aus, nicht nur für die Gründung und den Unterhalt der Manufakturen, sondern auch bei der Sicherung des Absatzes, dessen sie bedürfen, da Kaufkraft der breiten Massen und innerer Markt noch wenig entwickelt sind bzw. die Marktbedürfnisse noch vorrangig durch das Handwerk befriedigt werden. Dem Beginn des Manufakturzeitalters entspricht ein *neuer Typ kriegerischer Konflikte: die Handels- und Kolonialkriege.*

Die Entwicklung des Schiffbaus und der Technik der Hochseeschiffahrt gipfeln Mitte des 15. Jh. in der Karavelle, einem für Expeditionen und lange Fahrten seetüchtigen Schiffstyp, mit dem es den europäischen Seefahrern gelingt, sich von der Nähe der Küsten zu lösen und immer weiter in die Ozeane vorzudringen. Möglich wird dieser Vorgang auch durch die Verbesserung des *Kompasses*, die Erfindung und Anwendung des *Jakobstabes* zur genaueren Positions- und Kursbestimmung sowie durch die weitere Vervollkommnung der *Kartographie.* *Entwicklung von Seefahrt und Wissenschaft*

2 Ebenda, S. 356.   3 Ebenda.

Kopernikani-sche Wende	Transport über Weltmeerentfernungen, Himmelsbeobachtung und Aufstellung astronomischer Tabellen wirken wechselseitig aufeinander ein. So gelingt in Europa durch Nikolaus Kopernikus der Durchbruch zum *heliozentrischen Weltbild* für dauernd (1543), und er geht nicht, wie in der Antike, wieder verloren. Johannes Kepler fügt Anfang des 17. Jh. dieser Großleistung die auf rechnerischem Wege erreichte Feststellung hinzu, daß sich die Planeten nach bestimmten Gesetzen auf elliptischen Bahnen um die Sonne bewegen.
Siegeszug des Buchdrucks	Zur Übernahme der Papierherstellung aus den orientalischen Ländern kommt in Europa der rasche Siegeszug des Buchdrucks seit dem 15. Jh. Mit der Erfindung *beweglicher Metallettern* durch Johannes Gutenberg (1455) ist ein vervielfachtes Tempo bei der Vermittlung und Verbreitung von Bildung und wissenschaftlicher Erkenntnis möglich. Das gedruckte Buch wird zum Medium menschlichen Fortschritts, und erst jetzt kann der englische Philosoph und Naturwissenschaftler Francis Bacon mit Recht sagen: Wissen ist Macht – Macht einer dünnen Oberschicht, denn noch sind der weitaus überwiegende Teil der werktätigen Menschen aus niederen Schichten Analphabeten.
Ursprüngliche Akkumulation	Die Produktivkräfte erreichen im 16. und 17. Jh. in Europa jene sprengende Kraft, die eine evolutionäre Auflockerung und revolutionäre Überwindung der feudalen Produktionsweise und Gesellschaftsstruktur ermöglicht. In enger Wechselwirkung mit der beschleunigten Entwicklung der Produktivkräfte und dem gesellschaftlichen Bedürfnis, aus den vorwaltenden feudalen Produktionsverhältnissen materiell und geistig herauszuwachsen, vollzieht sich die ursprüngliche Akkumulation, die »nicht das Resultat der kapitalistischen Produktionsweise ist, sondern ihr Ausgangspunkt«.[4] Ihr Wesen besteht im historischen »Scheidungsprozeß von Produzent und Produktionsmittel. Er erscheint als ›ursprünglich‹, weil er die Vorgeschichte des Kapitals und der ihm entsprechenden Produktionsweise bildet.«[5] Die ursprüngliche Akkumulation vollzieht sich, in Abhängigkeit von den konkreten Bedingungen, in den einzelnen Ländern und Regionen in *unterschiedlichen Formen* (»Hauptmomente«):

– Raub von Gemeindeländereien,
– Enteignung des Landvolks von Grund und Boden (in England auf umfassende Weise durch die Einhegungen seit Ende des 15. Jh.),
– System der Steuererhebung, des öffentlichen Kredits, das heißt der Staatsschulden (vor allem in Holland),
– protektionistische staatliche Wirtschaftspolitik,
– Kolonialsystem.

Außer-ökonomische Gewalt	Die Kolonialexpansion ist einer der mächtigsten Hebel der ursprünglichen Akkumulation.

»Die Entdeckung der Gold- und Silberländer in Amerika, die Ausrottung, Versklavung und Vergrabung der eingebornen Bevölkerung in die Bergwerke, die beginnende Eroberung und Ausplünderung von Ostindien, die Verwandlung von Afrika in ein Geheg zur Handelsjagd auf Schwarzhäute bezeichnen die Morgenröte der kapitalistischen Produktionsära.«[6]

4   Ebenda, S. 741.
5   Ebenda, S. 742.
6   Ebenda, S. 779.

Zur Bewältigung der ursprünglichen Akkumulation bedarf es der außerökonomischen Gewalt, vor allem der Staatsmacht, die die Verwandlung der feudalen in die kapitalistische Produktionsweise »treibhausmäßig« fördert und zeitlich abkürzt. Die Staatsmacht ist im 16. und 17. Jh. in den meisten Ländern noch in den Händen der Feudalklasse. Sie gewinnt im Absolutismus relativ rasch an Konzentration und Zentralisation. Indem dieser zum Hebel für die Genesis des Kapitals wird, stabilisiert er zwar zeitweilig die Herrschaft der Feudalklasse, schafft zugleich aber auf lange Sicht Voraussetzungen für deren Beseitigung.

In England und weiteren Ländern Europas erhält der »gewaltsame Expropriationsprozeß der Volksmasse« im 16. Jh. durch die Reformation und, als deren Folge, mit der *Säkularisierung*, das heißt dem »kolossalen Diebstahl der Kirchengüter« von seiten der Staaten, einen »neuen furchtbaren Anstoß«.[7] Das Eigentum der katholischen Kirche bildet ein Bollwerk der feudalen Grundeigentumsverhältnisse, auf seiner Basis existieren große Massen von Klostereinwohnern und abhängigen Bauern. Seine Säkularisierung, Enteignung und Veräußerung (vor allem an den Adel) bedeutet die Freisetzung, Verjagung und Pauperisierung großer Teile der Bevölkerung, die nicht mehr der Armenfürsorge der Kirche zugewiesen werden können. Zusammen mit den durch Einhegungen und Bauernlegen in die Bettelarmut hinabgeschleuderten Dorfbewohnern, bilden sie das anschwellende Heer der Bettler, Vagabunden und Räuber. Ihm suchen die Regierungen in Mittel- und Westeuropa durch »Blutgesetze«, Betteloordnungen und verschiedene Gewaltmaßnahmen beizukommen, denn die noch verstreuten, erst langsam an Zahl gewinnenden Manufakturen können die gewaltsam Expropriierten nicht als Lohnarbeiter absorbieren.

Die Verwandlung von Geld und Schatz in Kapital schafft in den fortgeschrittensten Ländern Europas ein »spezifisch gesellschaftliches, geschichtlich entstandnes Produktionsverhältnis, welches den Arbeiter zum unmittelbaren Verwertungsmittel des Kapitals stempelt«[8]. Im Schoße der feudal-ständischen Gesellschaft vollzieht sich die *Geburt zweier neuer Klassen*, die das Kapitalverhältnis sozial zum Ausdruck bringen: der Bourgeoisie und des Proletariats. Da der ökonomische Wirkungsradius der manufakturellen und verlagsgebundenen Produktion noch gering ist, befindet sich der Formierungsprozeß zur bourgeoisen Klasse in den ersten Anfängen. Kaufmanns- und zinstragendes Kapital haben ihren Zenit noch nicht erreicht. Die kapitalistischen Unternehmer streifen das Gewand des Städtebürgers mittelalterlicher Tradition nur zögernd ab. Sie sind durch ihre Profitquellen eng an den feudalen Staat gekettet und drängen nach Prestige in der ständischen Gesellschaft, wie auch umgekehrt Teile des Adels nach typisch bourgeoisen Einkommensmöglichkeiten streben. Nur in Holland, der kapitalistischen Musternation des 17. Jh.,[9] und in England sind die frühen Anzeichen für die Formierung einer Bourgeoisie erkennbar. Doch auch hier dominieren zunächst Handels- und Wucherkapital gegenüber dem produktiven Kapital.

Herausbildung von Bourgeoisie und Proletariat

7 Ebenda, S. 748 f.
8 Ebenda, S. 532.
9 Ebenda, S. 779.

Gleichermaßen vielschichtig wie die aufkommende Bourgeoisie ist das embryonale Proletariat, in das Lohnarbeiter unterschiedlicher Art, Zunftgesellen, Land- und Stadtarme ebenso eingehen wie Manufaktur- und Bergarbeiter. Das frühe Proletariat gewinnt seine Identität in einem langwierigeren Prozeß als die aufkommende Bourgeoisie. Eine solche Identität existiert nur ansatzweise und in den Formen und Grenzen der zünftlerischen und außerzünftlerischen Lohnarbeit, ideologisch in utopischen Gleichheitsvorstellungen und im Sektenwesen mit der Idee der Gütergemeinschaft.

Die beiden Klassen gründen ihre soziale Existenz objektiv auf völlig neue, vom Feudalismus abweichende Eigentums- und Erwerbsformen, die durch freie Verfügung über das Kapital und die Arbeitskraft sowie durch die ungehinderte Konkurrenz geprägt sind und eine ungleich höhere Produktivität der Arbeit als im Rahmen der feudalen Produktionsweise gewährleisten. Die von den Bedürfnissen kapitalistischer Mehrwertschöpfung und möglichst raschen Umschlags des Kaufmannskapitals diktierte Ökonomie der Zeit verdrängt sichtlich die von Naturereignissen und menschlichen biologischen Rhythmen sowie von Naturalwirtschaft und feudalen Konsumgewohnheiten bestimmte »natürliche Zeit«. Die überragende Stellung der Geistlichkeit und Papstkirche sowie das Kircheneigentum werden zu Zielen einer verschärften Kritik und schließlich eines allgemeinen Ansturms, der nahezu alle Länder des christlichen Europa in mehreren Wellen erfaßt.

Ökonomie der Zeit *(marginal note)*

1.1.3.   Geistig-kulturelles Leben

Europäische Dimension der Renaissance *(marginal note)*

Ideologisch und künstlerisch wird der Angriff auf die geistigen und materiellen Positionen der Kirche, auf ihre moralischen, philosophischen und ästhetischen Stützen, durch Renaissance und Humanismus geführt. Die Renaissance hatte sich seit dem 13. Jh. in *Italien* herausgebildet und im 15. Jh. glanzvoll entfaltet. Sie wird seit der Wende zum 16. Jh. zu einer europäischen Erscheinung, die sich aber national ungleichmäßig und phasenverschoben entwickelt und selbst Spuren im iberischen Amerika hinterläßt. Um diese Zeit liegt auch ihr Höhepunkt als Gesamtbewegung und multinationale Erscheinung. Kunst und Kultur der Renaissance spiegeln letztlich und vorwiegend die Bedürfnisse, Interessen und Auffassungen der sich formierenden Handels- und Manufakturbourgeoisie wider, wenngleich vor allem die künstlerischen Leistungen auch eine mächtige Stützfunktion für feudale Mäzene erfüllen. In einigen Gebieten wird das Wirken der streitbaren Humanisten und Renaissancekünstler zu ideologischen Vor- und Wegbereitern politisch auszufechtender Klassenkämpfe in den ersten Jahrzehnten des 16. Jh.

Humanismus *(marginal note)*

Der Humanismus, jene in sich differenzierte geistige Strömung einer gelehrten Elite, die in ihren Werken den Übergang von der theozentrischen zur anthropozentrischen Weltauffassung manifestiert, findet ihre bedeutendsten Vertreter in den Ländern, in denen die großen Entscheidungsschlachten im »Kampf des europäischen Bürgertums gegen den Feudalismus«[10] geschlagen werden: in Deutschland (Erasmus von Rotterdam, Ulrich von Hutten, Johann Reuchlin), in England (Thomas More) und Frankreich (François Rabelais). Neben Italien und diesen drei Ländern profiliert sich, graduell und zeitlich anders entfaltet, diese umwälzende Ideologie und Kunst in den skandinavischen Ländern, auf der Iberischen Halbinsel und in den Niederlanden (mit stark ausgeprägten Eigenarten) sowie in Teilen Osteuropas (Polen-Litauen, baltische Gebiete, Siebenbürgen).

Die Humanisten stützen sich auf das Erbe der Antike. Am Ende des 16. Jh. durchbrechen jedoch einzelne Gelehrte mit großen wissenschaftlichen Leistungen bereits die Überlieferung der Antike und die Autorität des Aristoteles: Giordano Bruno, Galileo Galilei, William Harvey, Francis Bacon, René Descartes. Sie und viele andere, die den menschlichen Sinnen vertrauen, gezielt experimentieren, zweifeln, rechnen, beobachten, tragen das Erbe der Renaissance weiter und vollziehen im 17. Jh. die *Geburt und die fortschreitende Durchsetzung der modernen Mathematik und Naturwissenschaften* (Mechanik, Anatomie, Physiologie).

Neue Qualität der Wissenschaft

Einzelne Gelehrte der Renaissancezeit beginnen, auch die menschliche Gesellschaft und den Gang der Geschichte mit anderen Mitteln als der göttlichen Vorsehung und Lenkung zu erklären. Der Florentiner Niccolò Machiavelli verwirft das Walten dieser Kraft, an ihre Stelle tritt die gesellschaftliche Wirklichkeit, die mit dem Individuum in Wechselwirkung die Schicksale des Staates und der Gesellschaft bestimmt.

Weit über ihre Zeit hinausweisend entwerfen Thomas More, Thomas Müntzer, der italienische Mönch Tommaso Campanella und der englische Gelehrte Francis Bacon utopische Vorstellungen von einer Gesellschaft ohne Ausbeutung und Unterdrückung.

In Deutschland bereitet der Humanismus die Bewegung für eine umfassende *Kirchenreform* vor, die mit Luthers Auftreten im Jahre 1517 (95 Thesen gegen den Ablaßhandel) in die große Teile Europas und nahezu alle Gesellschaftsschichten mitreißende *Reformation* hinüberwächst. Als die Reformation viele Länder dem Einfluß der römischen Papstkirche entzieht, verliert der breitgefächerte Humanismus seine streitbare, vorwärtsdrängende Energie und mündet in die rein philologisch-literarische Phase des Späthumanismus ein. Die Kraft des plebejischen Aufruhrs versickert im gesellschaftspolitisch passiven Sektenwesen.

Das Mutterland der Renaissance, Italien, wird auch für die bildenden Künste, das Theater und die Musik stilprägend bleiben, doch treten deutlich nationale Varianten mit eigenständiger Aussagekraft und Tradition hervor, die vielfach in »nationalen Schulen« gipfeln. In Italien selbst erreichen die *bildenden Künste* (wobei der Malerei der Vorrang zukommt) in der ersten Hälfte des 16. Jh. in den Werken Leonardo da Vincis, Raffaelo Santis, Michelangelo Buonarrotis, Donato Bramantes und Vecelli Tizians ihre Hochblüte. Die meisten Künstler sind zugleich Gelehrte. Ebenbürtiges schaffen in Deutschland Albrecht Dürer und Hans Holbein d. J., in

Kunst und Kultur

10   F. Engels, Einleitung [zur englischen Ausgabe (1892) »Die Entwicklung des Sozialismus von der Utopie zur Wissenschaft«], in: MEW, Bd. 19, Berlin 1978, S. 533.

den Niederlanden Pieter Bruegel d. Ä. und in Frankreich Pierre Lescot, der Erbauer des Louvre. Mitte des 16. Jh. macht das höfische Theater bereits eine große Entwicklung durch, vor allem in Italien und Frankreich. Spaniens große Dichter des 17. Jh., Miguel de Cervantes Saavedra, Félix Lope de Vega und Pedro Calderón de la Barca, sind stark in der Volkstradition verhaftet. Die spannungsreichen Beziehungen zwischen ökonomischem Verfall, krassen sozialen Gegensätzen und gesellschaftlicher Dekadenz einerseits und Weltmachtstellung, verfeinertem aristokratischem Lebensstil und tief verwurzelten Glaubensformen andererseits liefern in Spanien günstigen Nährboden für große Sujets in der dramatischen und der epischen Literatur. Die tragikomische Figur des Don Quijote verkörpert das Schicksal einer ganzen untergehenden Gesellschaftsklasse, des niederen Adels, während im Pícaro, dem ununterbrochen mit widrigen Umständen ringenden Schelm, das Leben der unteren Volksschichten literarische Gestalt annimmt.

In England, das im 16. und 17. Jh. von tiefen sozialökonomischen Wandlungen ergriffen wird, wirken gleichzeitig hervorragende Dramatiker mit William Shakespeare an der Spitze. In den Werken dieses großen Dramatikers (*Hamlet*, *Macbeth*, *Othello*), die den dynamischen, heroischen Geist der Renaissance ausstrahlen, findet der Glaube an die humanistischen Ideale, aber auch deren Konflikt mit dem widersprüchlichen, vielfach unmenschlichen Charakter der gesellschaftlichen Realität vollendeten Ausdruck. In Valencia wird bereits 1526 eine ständige Bühne eingerichtet, in London entsteht im letzten Viertel des 16. Jh. eine ganze Reihe öffentlicher und privater Theater, im 17. Jh. wird hier der *Typus des Theaters als kapitalistisches Unternehmen* aus der Taufe gehoben. Die Bühne ist oft Schauplatz geistig-künstlerischer Auseinandersetzungen zwischen dem Bürgertum und der Aristokratie.

1.1.4.

Reformation und frühbürgerliche Revolution

Während im Humanismus und in der Renaissance die rationale und emotional-künstlerische Bewältigung des breit vorgetragenen Angriffs auf die Hauptbastion der mittelalterlichen Gesellschaft in Europa, die römische Papstkirche, kulminiert, leistet die Reformation in ihren zahlreichen nationalen, sozialen und ideologischen Formen seine theologisch-moralische und machtpolitische Bewältigung. Sie gewinnt, wenn sie sich mit einer breiten Volksbewegung verbindet, revolutionäre Sprengkraft gegen die reaktionären Teile der Feudalität, sie kann aber auch »von oben« durchgeführt und so ein Hebel zur Restabilisierung und Fortentwicklung des Feudalismus oder einer starken monarchischen Staatsgewalt werden.

Früh-
bürgerliche
Revolution in
Deutschland

In der Tradition der antirömischen Ketzer- und Volksbewegungen, vor allem der Hussiten, stehend, wird der mit theologischen Argumenten vorgetragene Protest *Martin Luthers* gegen Gebrechen der Kirche im Jahre 1517 zum Zündfunken einer alle Schichten der Bevölkerung erfassenden Bewegung, die im *deutschen Bauernkrieg* 1524–1526 ihren revolutionären Höhepunkt findet. Die Basis ist eine allgemeine Krise der Gesellschaft, aus der heraus die verschiedenen Schichten ihre sozialen und politischen Forderungen akzentuieren. Der Hauptgegner ist bei den gemäßigten Kräften der Reformationsbewegung die internationale Institution der feudalen Papstkirche, das Hauptziel die Herausbildung einer bürgerlichen Wirtschafts- und Erwerbsprinzipien gemäßen »wohlfeilen Kirche« ohne den privilegierten, parasitären Priesterstand und ohne Abfluß von Schatz und Geld an die Kurie in Rom. Die radikalen Ideologen, vor allem Thomas Müntzer, bringen den bürgerlich-revolutionären Gehalt der Bewegung in der Forderung nach Abschaffung aller feudalen Lasten und Bindungen am eindeutigsten zum Ausdruck, antizipieren aber zugleich mit der Idee vom Gottesreich, das vom Volk gewaltsam aufgerichtet werden soll, von der Schwertgewalt der Gemeinde und vom Gemeineigentum Vorstellungen, die über eine bürgerliche Gesellschaft hinausweisen. *Reformation und Bauernkrieg in ihrer Einheit bestimmen die frühbürgerliche Revolution in Deutschland.* Sie bildet den Auftakt des Zyklus bürgerlicher Revolutionen der Neuzeit. Noch steht die Formierung der Bourgeoisie als Klasse und Hegemon der Revolution in den Anfängen, noch entspringt die »Bürgerlichkeit« der Bewegung vorwiegend dem als innerfeudaler Stand existierenden, vielschichtigen Städtebürgertum und den objektiv antifeudalen Kampfzielen der rebellischen Bauernschaft. Deshalb muß der gewaltige Ansturm als »frühbürgerlich« bezeichnet werden.

Die Niederschlagung des deutschen Bauernkrieges durch die Söldnerheere der Fürsten beraubt die breit gefächerte Bewegung gegen die Fesseln der Papstkirche und gegen die Verschärfung der weltlichen Feudalpression ihrer revolutionären Hauptkraft. Doch der gesamte Prozeß der frühbürgerlichen Revolution erweist sich als stark genug, um der Papstkirche als universalistische Überbauinstitution des Feudalismus in West- und Mitteleuropa einen immensen Machtverlust zuzufügen und die deutsche zu einer *europäischen Reformation* auszuweiten. Damit ist vor allem auf ideologischem Gebiet eine neue, höhere Ausgangsposition für die Fortführung des Übergangsprozesses vom Feudalismus zum Kapitalismus gewonnen. Nach dem *Luthertum*, das weithin in das Instrumentarium der feudalen Staatsgewalt eingeht, wird der *Calvinismus* in der zweiten Hälfte des 16. Jh. zum Kampfbanner der fortgeschrittensten Teile der Bourgeoisie in Nordwesteuropa. »… neben dem Deutschen Luther hatte der Franzose Calvin gestanden; mit echt französischer Schärfe stellte er den bürgerlichen Charakter der Reformation in den Vordergrund, republikanisierte und demokratisierte die Kirche.«[11]

Die den Interessen des fortgeschrittensten Bürgertums entsprechende, von Genf ausgehende Lehre Calvins dient Teilen des Adels und der mit ihm verbündeten Handelsbourgeoisie der niederländischen Provinzen als Kampfbanner gegen die autoritäre Herrschaft des katholischen Spanien. Gestützt auf eine breite Bewegung der Volksmassen, vollzieht sich mit dem nationalen Befreiungskampf gegen Spanien die *zweite frühbürgerliche Revolution* (1566–1581). Sie endet in den nördlichen Provinzen der Nie-

Weltwirkung der Reformation

Niederländische Revolution

11 F. Engels, Ludwig Feuerbach und der Ausgang der klassischen deutschen Philosophie, in: MEW, Bd. 21, Berlin 1981, S. 304f.

derlande mit einem vollständigen Sieg und begründet die Existenz des ersten Staates der Weltgeschichte, dessen Politik im wesentlichen den Gesetzen des kapitalistischen Profits folgt. Es ist der Sieg des Handels- und Wucherkapitals (noch nicht des produktiven Kapitals) über den spanischen Absolutismus. Außerdem wird die politische Macht in der föderativen Republik der Vereinigten Niederlande im Kompromiß mit dem Adel ausgeübt. Die auf revolutionärem Wege erkämpfte Loslösung von Spanien setzt Entwicklungspotenzen auf allen Gebieten frei. Die Niederlande erleben im 17. Jh. ihr »Goldenes Zeitalter«, rücken an die Spitze des Fortschritts in der Welt und beginnen ihre globale kommerzielle und koloniale Expansion.

»Gegenreformation« und habsburgischer Universalismus

Die Feudalklasse Europas sucht auf verschiedenen Wegen den wachsenden Widerständen gegen ihre Herrschaft und den Entwicklungsbedürfnissen der jungen Bourgeoisie sowie deren Revolutionen zu begegnen. Auf reaktionäre Weise geschieht dies durch Wiederbelebung universaler Herrschaftsgebilde: der habsburgischen Universalmonarchie und des Papsttums der »Gegenreformation«, die sich beide infolge der europäischen Expansion bereits in globalen Dimensionen entfalten. Dem Papsttum gelingt nach dem *Konzil von Trient* (1545–1563) durch Rezeption bürgerlicher Fortschrittselemente, durch strenge Abgrenzung von allen reformatorischen Lehren und durch Zentralisation die Rettung seines Fortbestandes, wenn auch auf geschrumpfter und modifizierter Basis; die Habsburger müssen sich schließlich auf spanische und deutsche Gebiete zurückziehen.

1.1.5.   Genesis des Absolutismus

Funktion, Merkmale und Wesen des Absolutismus

Der schon im späten Mittelalter in seinen Grundbestandteilen erkennbare »neuzeitliche Staat« stabilisiert sich und bildet sich im 16. und 17. Jh. zur monarchischen Diktatur (absolute Monarchie – Absolutismus) aus. Der Absolutismus verkörpert die *letzte und höchste Form des Feudalstaates*, in der die Aristokratie und die Institutionen feudal-ständischer Mitregierung, vor allem die antimonarchischer Opposition (im Sinne direkter Machtausübung und Einflußnahme) politisch weitgehend zurückgedrängt werden, um dafür die sozial privilegierte Stellung der Feudalklasse als Ganzes zu sichern. Der Absolutismus ist die durch keine andere Einrichtung eingeschränkte Herrschaft des Monarchen. In seiner Hand bündelt sich die Gewalt des Gesetzgebers, -vollziehers und obersten Richters, gestützt auf einen Behördenapparat, die Finanzhoheit, das stehende Heer und eine Staatskirche. Zum Unterhalt der kostspieligen Staatsmaschinerie bildet sich, anknüpfend an städtisch-bürgerliche Errungenschaften, ein stetig wachsendes Steuer- und Fiskalsystem mit einem Staatshaushalt und staatlicher Wirtschaftspolitik (Merkantilismus) heraus.

Dem Absolutismus ist ein historisch-funktioneller Widerspruch eigen, der sich aus dem Übergangscharakter der Epoche ergibt: Dient er einerseits (und hauptsächlich) der Erhaltung der feudalen Klassenherrschaft unter den Bedingungen der ursprünglichen Akkumulation des Kapitals

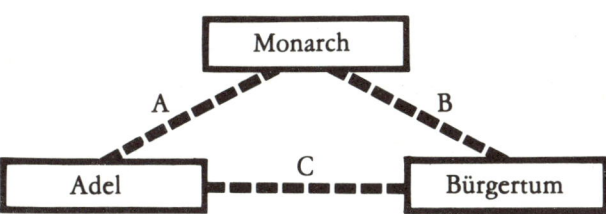

Schema 1: Klassenbeziehungen im Absolutismus

A Klassenverwandtschaft bei zeitweiligem Interessengegensatz
B Klassengegensatz bei zeitweiliger Interessenidentität
C Klassengegensatz, Interessengegensatz, relatives Kräftegleichgewicht

und weiträumiger Bauernbewegungen, so fördert und schützt er andererseits objektiv den aufsteigenden Kapitalismus im nationalen Rahmen, allerdings nur soweit, wie es die Bedürfnisse der privilegierten Adelsklasse erfordern. Der Absolutismus ist vor allem durch die Zentralisierung (die »eigentliche zivilisierende Tätigkeit«[12] dieser Staatsform) eine typische Form des staatlichen Überbaus in Ländern, in denen die Markt- und Warenproduktion oder die Evolution sozialökonomischer Keimformen der bürgerlichen Gesellschaft weiter fortschreitet. In diesem Sinne bezeichnet Engels den Absolutismus als eine feudal-embryobürgerliche Monarchie[13]. Für die Dialektik von feudaler und bürgerlicher Klassenkomponente im Absolutismus ist bestimmend: Während zwischen dem Absolutismus und dem Adel eine ständige Klassenkongruenz, aber zeitweilige Interessendivergenz besteht, existiert zwischen dem Absolutismus und der Bourgeoisie zeitweilige Interessenkongruenz bei ständiger Klassendivergenz.

Die Genesis des Absolutismus vollzieht sich in einem Prozeß, der über experimentelle Phasen, Rückschläge, Bürgerkriege, antiabsolutistische Ständerebellionen, bäuerliche Steuerrevolten, internationale Dynastiekonflikte in ein relativ dauerhaftes System staatlicher Machtausübung und internationaler Beziehungen mündet.

Typen und Periodisierung des Absolutismus

Der *klassische Absolutismus* entwickelt sich in Frankreich, da nur hier alle seine Merkmale und seine Funktion voll ausreifen. Dagegen ist der englische Absolutismus durch ein wesentlich größeres Gewicht der bürgerlichen Klassenkomponente (Stärke der Bourgeoisie, Rolle des Parlaments und des Neuadels) gegenüber den nicht voll ausgebildeten zentralen Machtinstitutionen (z. B. weder stehendes Heer noch zentralisierter Beamtenapparat oder Finanzhoheit) gekennzeichnet. Für Spanien und Rußland wird dagegen die extreme Schwäche des bürgerlichen Klassenele-

---

12 K. Marx, Die moralisierende Kritik und die kritisierende Moral, in: MEW, Bd. 4, Berlin 1980, S. 347.
13 F. Engels, Zum »Bauernkrieg« (1884), in: MEW, Bd. 21, S. 402.

ments bedeutsam; dagegen spielt hier die »äußere Front« eine überaus bedeutende Rolle (Kampf gegen die Mauren; Einigung der russischen Lande). Es gibt aber auch Regionen, in denen es zur Zentralisation auf der Basis der (nationalen) Dezentralisation kommt (Italien, territorial-staatlicher Absolutismus im Heiligen Römischen Reich deutscher Nation). Am Beispiel Englands und Frankreichs tritt auch besonders deutlich der Wechsel in der Funktion des Absolutismus als fördernd oder hemmend für die Entwicklung der Bourgeoisie hervor; entsprechend ist der Umschlag von der aufsteigend-progressiven in die absteigend-regressive Phase bestimmbar (England 1603 Ende der Tudordynastie, Frankreich in der zweiten Hälfte der Regierung Ludwigs XIV. 1661–1715).

Da die Bedürfnisse und Daseinsgesetze der bürgerlich-kapitalistischen Ordnung in ihrem Frühstadium speziell in Westeuropa den entscheidenden konstitutiven Faktor bei der Genesis des Absolutismus darstellen, bleibt er vorrangig auf die europäische Feudalwelt begrenzt. Echte Merkmale des Absolutismus zeigt in Japan das ab 1603 errichtete *Tokugawashogunat*. Umstritten ist dagegen in der Forschung, inwieweit die osmanische Despotie als eine Variante des Absolutismus bezeichnet werden kann.

Staatstheorie, Völkerrecht, Kriegführung

Zur Rechtfertigung der »reinen« Machtpolitik und der uneingeschränkten Monarchie leistet eine Reihe hervorragender Philosophen und Staatstheoretiker einen wegweisenden Beitrag: Machiavelli, Jean Bodin, Bacon und Thomas Hobbes. Sie sind die Schöpfer der neuzeitlichen säkularisierten *Staatslehre*, in der die göttlich-religiösen Ursprünge der Staatsgewalt in den Hintergrund gedrängt werden. Aus dem unaufhörlichen Ringen um Hegemonie zwischen den Mächten leitet der Niederländer Hugo Grotius die Notwendigkeit ab, eine Theorie des *ius gentium*, des Völkerrechts, zu schaffen und in die Praxis umzusetzen, das in den Staatenbeziehungen Regeln und allgemeine Rechtsnormen geltend machen soll. Seine Forderung nach dem *mare liberum*, der Freiheit der Meere für alle Staaten und Völker, entspricht dem Gesetz der freien Konkurrenz in der frühkapitalistischen Entwicklungsphase.

Fortschritte im Kriegshandwerk

Die juristischen, dynastischen und militärischen Triebkräfte der Expansion des Spätfeudalismus erhalten einen höheren Wirkungsgrad, weil sie sich der Resultate entwickelter Warenwirtschaft und frühkapitalistischer Produktionsformen ebenso bedienen wie des in der Renaissance geborenen unverhüllten Machtanspruchs, daß der Stärkere über den Schwächeren herfallen und herrschen kann. Die auf entfaltete Ware-Geld-Beziehungen und verbreiteten Pauperismus des Spätmittelalters gegründete Entstehung der großen, frei geworbenen *Söldnerheere* liefert das käufliche, politisch-ideologisch indifferente Instrument dieser Politik. Die Söldnerarmeen stellen eine spezifische Form des frühkapitalistischen Unternehmens dar. Die Absonderung des auf einem reinen Geldverhältnis basierenden *Berufskriegertums* erfordert auch die rasche *Entwicklung der Kriegstechnik*, insbesondere der Artillerie und der Handfeuerwaffe, des Pionierwesens und der Fortifikation. Dem freien Söldnertum entsprechen neue Gefechtsweisen, in denen der Soldat zu Fuß eine Schlüsselrolle spielt: die wuchtigen Stöße der Geviert- oder Gewalthaufen mit Musketieren und Pikenieren (Spanien) und später die in schmale, lange

Vierecke auseinandergezogene Lineartaktik mit flankierender Reiterei (Niederlande, Schweden). Letztere hält eine Spitzenposition vor allem dort, wo die Notwendigkeit der Türkenabwehr besteht, in Polen-Litauen und Ungarn, sowie in asiatischen Ländern unter dem Einfluß nomadischer Lebensformen. Tiefgreifende Wandlungen verzeichnet außerdem die Kriegführung zur See: Segelschiffe und mehrstöckig geruderte Schiffe sind entweder Transporter von Fußsoldaten (Venedig, Osmanen) oder »schwimmende Batterien« mit einer wachsenden Anzahl von Bordkanonen (Spanien, England, Frankreich, Niederlande).

Internationale Beziehungen 1.1.6.

Gesellschaftliche Triebkräfte und Instrumentarium der gewaltsamen Auseinandersetzung im 16. und 17. Jh. schaffen zwei Grundtypen von Kriegen: zunächst die sogenannten Renaissancekriege (vor allem zwischen den italienischen Staaten, zwischen Frankreich und Spanien-Habsburg sowie England und Frankreich) in der ersten Hälfte des 16. Jh. Aus diesen Kriegen geht *Spanien, die erste wirkliche Weltmacht,* als Sieger hervor. Es beginnt um 1560 die Hegemonie Spaniens. *[Renaissancekriege]*

Es folgen die Hegemoniekriege. Im Norden Europas beginnt nach dem Zerfall der Kalmarer Union der Kampf um das *Dominium maris Baltici* zwischen Schweden, Polen und Dänemark. Der Vormarsch der revolutionären Niederlande und die nach den Hugenottenkriegen erlangte innere Stabilität Frankreichs gegen Ende des 16. Jh. schaffen die Basis für den kollektiven Ansturm einer Reihe von Staaten gegen die spanische Vorherrschaft. Im *Dreißigjährigen Krieg* (1618–1648) verschmelzen die verschiedenen Konflikte zum ersten wahrhaft *europäischen Krieg*, der zeitweilig auch in Übersee Nebenschauplätze findet. Er wird zeit- und teilweise unter konfessionell-politischem Vorzeichen geführt und mit dem ersten alleuropäischen *Friedenskongreß zu Münster und Osnabrück* 1648 abgeschlossen. Dieser Kongreß markiert das Ende der hierarchischen Machtstruktur in Europa mit dem Kaiser an der Spitze und den Sieg des Prinzips der völkerrechtlichen Gleichstellung souveräner Staaten. Der Westfälische Frieden ist weitgehend das Werk einer an älteren venezianischen Vorbildern orientierten *Diplomatie*. Frankreich übt seitdem mit Hilfe des im Ostseeraum expansiven Schweden und im Bündnis mit den Osmanen die Hegemonie in Europa aus. Der unter Zar Ivan IV. begonnene Aufstieg Rußlands zur Großmacht von europäischem Rang wird durch die schwedisch-polnisch-türkische Barriere sowie eine tiefe innere Krise zu Beginn des 17. Jh. wieder gebremst. Die Hegemoniekriege in Europa signalisieren einen hohen Grad der Entwicklung der Beziehungen zwischen den Staaten, die *Anfänge eines europäischen Staatensystems*. *[Hegemoniekriege]*

In Asien existiert wegen der gewaltigen Räume und des heterogenen Entwicklungsniveaus ein solches Staatensystem noch nicht, doch gibt es Zonen andauernder, wechselhafter Rivalitätskriege, teils unter religiösem Vorzeichen: die chinesisch-japanisch-südasiatische Zone mit hegemonialer Position des Mingreiches sowie die Zone der Rivalitäten und Expan- *[Staatenbeziehungen außerhalb Europas]* sionskonflikte zwischen dem indischen Mogulreich, den persischen Safaviden und den Osmanen. Die teils vor-, teils frühfeudalen Staatsgebilde West- und Zentralafrikas (Mali, Songhai, Kongo) existieren größtenteils regional isoliert und befinden sich mit den arabischen Staaten Nordafrikas, mit den Stämmen in ihrer Nachbarschaft oder mit den europäischen Kaufleuten und Sklavenjägern in teils friedlichen, teils kriegerischen Beziehungen. Die Situation in Mittel- und Südamerika bestimmen zu Beginn des 16. Jh. weitgehend das Reich der Azteken (Mexiko und Teile Zentralamerikas) und das wesentlich auf das heutige Peru und Bolivien konzentrierte Reich der Inka. Zwischen beiden bestehen keinerlei Beziehungen.

Mit fast allen diesen Staaten und Reichen kommen die Europäer mit unterschiedlichen Ergebnissen in Berührung: Während Amerikas Hochkulturen und auch teilweise die afrikanischen Gemeinwesen vernichtet oder unterjocht werden, pflegen europäische Kaufleute, Missionare und Eroberer ältere Beziehungen zu Indien, China und Japan weiter, oft parallel und rivalisierend mit den Arabern.

1.1.7. Die gesellschaftliche Funktion des Barock und frühen Klassizismus

Für Musik und Literatur ist die Anwendung der Epochebegriffe Renaissance und Barock untauglich. Sie dienen zur Kennzeichnung von Stilen und Formen in den bildenden Künsten. Diese reagieren auf die umwälzenden Vorgänge und Ereignisse des 16. und beginnenden 17. Jh. auf zweierlei Weise: Die eine führt zur Absage an den Realismus und Humanismus der Renaissance, zur Entstehung einer raffinierten, verfeinerten Kunst (wofür der Manierismus als Formelement und Kunststil der Jahrhundertwende kennzeichnend wird), die andere führt zur Fortsetzung der nach Harmonie, Klarheit und Rationalität strebenden Renaissancekunst. Der Mensch will sich nach den tiefgehenden gesellschaftlichen Umbrüchen, konfessionellen Konflikten, wissenschaftlichen Vorstößen ins Weltall und in den Mikrokosmos erneut einen Platz schaffen, aber nun nicht mehr als Mittelpunkt des Universums, sondern als ein Wesen, das mit der natürlichen und gesellschaftlichen Umwelt in komplizierten Wechselbeziehungen steht.

Barock   Der dem erstgenannten Weg entsprechende Stil ist das Barock mit seinem vordergründigen Machtkult, er entsteht und entfaltet sich zuerst in den Staaten mit restabilisierter Feudalordnung, in der die absolutistische Herrschaftsform Gestalt annimmt und das bürgerliche Entwicklungselement fortwirkt: Italien, Spanien, Frankreich und Süddeutschland; er durchdringt aber auch städtisch-bürgerliche Bereiche, vor allem in den Niederlanden. Das Barock steht in engem Zusammenhang mit dem Wiedererstarken des Papsttums und der katholischen Kirche und mit dem Entstehen des ersten kosmopolitischen Ordens, der Jesuiten. Deren Grundbestreben ist es, die Menschen nicht mehr nur über den Weg der Weltabgewandtheit und Entsagung, sondern über sinnfesselnde, diesseitsfreudige Medien und Formen, mit Großartigkeit, Formenreichtum und Farbenpracht zu Gott und der Kirche zu führen.

Dem zweiten Weg entspricht der antikisierende, auf den Italiener Andrea *Palladio* zurückgehende, deshalb auch »palladinischer« Klassizismus genannte Stil in den bildenden Künsten und der Literatur, wie er sich vor allem in Frankreich zu entfalten beginnt. Entgegen allen offenen Widersprüchen in der Gesellschaft soll mit den Mitteln der Kunstdarstellung eine »harmonische Welt« suggeriert werden.

Früher Klassizismus

Das Barock ist durch weitere Verbreitung und größeren Entfaltungsreichtum geprägt als der Klassizismus. Italiens Kunst gewinnt in der zweiten Hälfte des 16. Jh. wiederum eine führende Position. Die 1568–1574 in Rom gebaute Kirche Il Gesu wird Ausgangsmodell des neuen, spannungs-, kontrast- und bewegungsreichen Stils. Der Siegeszug des Barock im 17. Jh. (in seiner vorherrschend höfisch-katholischen und in einer bürgerlich-protestantischen Variante) durch ganz Europa und in überseeische Gebiete Spaniens und Portugals ist nicht zuletzt darauf zurückzuführen, daß an seinem Anfang Baumeister und Maler von titanischer Schaffenskraft stehen, die verschiedene Künste zu einer Einheit verarbeiten: Carlo Maderna, Giovanni Lorenzo Bernini, Francesco Borromini, Annibale Carracci, Michelangelo da Caravaggio und Pietro Berrettini Cortona. Im Hochbarock der dreißiger bis siebziger Jahre des 17. Jh. nehmen Architektur und Plastik den Vorrang vor der Malerei ein.

Die Malerei barocker Prägung entfaltet sich in den Niederlanden im 17. Jh. zu einer unvergleichlichen Blüte. In ihr äußert sich vornehmlich das Selbst- und Weltverständnis der jungen, emporstrebenden Bourgeoisie in den republikanischen Provinzen, während die flämischen Meister und Schulen den mit Pathos und Schwung vorgetragenen Gegenangriff der katholischen Kirche zum Ausdruck bringen. Im Schaffen von *Rembrandt* van Rijn und *Peter Paul Rubens* finden die beiden Gesellschaftskräfte ihre verschieden geartete Verkörperung. Die Werke der zahlreichen, teils in großen Werkstätten kooperativ arbeitenden Maler gehören bereits zum Alltag, zur Wohnkultur wohlhabender Bürgerschichten in den niederländischen Städten, sie sind massenhaftes Handelsobjekt, auch eines blühenden Exports. Der Formen- und Themenreichtum der vom *Realismus* geprägten Malkunst der Niederländer reicht vom einfachen Gebrauchsgegenstand bis zu Staatsakten. Ähnlich wie Italien, bringt auch Spanien trotz augenfälligen Verfalls in Wirtschaft und Gesellschaft eine Reihe großer realistischer Barockmaler hervor, die ihre schöpferischen Kräfte vorwiegend in den Dienst der allmächtigen Kirche stellen: *El Greco, Diego Rodríguez de Silvo y Velázquez, Jusepe de Ribera, Francisco de Zurbarán*.

Niederländische und spanische Malerei

Tiefgehende Veränderungen, die zugleich Grundlagen für die Entwicklung der nachfolgenden Jahrhunderte legen, vollziehen sich während des 16. und 17. Jh. in der Musik. Die Grundrichtung des Schaffens wird vom Renaissancegedanken der Konzentration auf das Individuum (als Ausübender und Hörer) getragen, sie vermischt sich mit höfischer Unterhaltungs- und Repräsentationsfunktion der Musik wie auch mit ihrer Rolle im Dienste der verschiedenen Konfessionen. Damit sind ganz neue Anforderungen an die Ausdrucksmittel der Musik gestellt, sie soll der tiefsten Verinnerlichung dienen, aber auch – zusammen mit anderen Künsten – politische Macht in höchster Konzentration darstellen helfen. Das geschieht zunächst im vokalen Stimmgeflecht des in den Niederlanden

Musik

entwickelten Kontrapunktes und (seit etwa 1600) in der vokalen und instrumentalen Monodie. Der Generalbaß wird an der Schwelle des 17. Jh. für die kommenden Jahrhunderte zum beherrschenden Merkmal der Musikentwicklung, die Oper (Claudio Monteverdis *Orfeo*, 1607 in Venedig aufgeführt) das bedeutendste Ereignis seit der Einführung der Mehrstimmigkeit. Von der in Italien entstandenen Oper gehen die wichtigsten Formen späterer Musikentwicklung aus: Symphonie, Ouvertüre, Arie und Rezitativ. Neben der höfischen Oper in Rom, Mantua und Paris mit vorherrschend aristokratischem Gepräge entsteht in Venedig 1637 das erste öffentliche Opernhaus für breitere Bevölkerungskreise. Ungleich stärker als früher entfaltet sich in Europa während der ganzen Periode neben der Hochblüte geistlicher Musik (Messen, Motette) die weltliche Musik (Madrigale, Chansons, Oper, Ballette, Tänze).

Schon 1476 war der Notendruck mit beweglichen Typen erfunden worden, eine materielle Bedingung für die rasche Verbreitung und wechselseitige Beeinflussung der verschiedenen Stile und Entwicklungslinien. Der Instrumentenbau macht ungewöhnlich rasche Fortschritte und kulminiert zu Beginn des 17. Jh. in Geigen- und Orgelbauerdynastien. Die Geige, an Ausdruckskraft der menschlichen Stimme am nächsten kommend, gelangt an die Spitze der Orchestermusik.

Einschneidende Prozesse, markante Ereignisse und »Riesen an Geist und Charakter« stehen am Anfang des behandelten Abschnitts: die folgenschwere Landung der Europäer in Amerika, die frühbürgerliche Revolution in Deutschland, die ursprüngliche Akkumulation, die kopernikanische Wende, Tizian, Leonardo, Dürer, More, Rabelais. Am Ende, um die Mitte des 17. Jh., ist trotz feudaler Gegenwirkungen der begonnene Aufbruch in die Neuzeit, wie der deutsche Humanist Cellarius (Christoph Keller) sein Zeitalter bezeichnet, unumkehrbar. Im Übergang vom Feudalismus zum Kapitalismus gebührt den Pionierleistungen an der Wende vom 15. zum 16. Jh. und den kühnen Vorstößen des folgenden Jahrhunderts ein besonderer Platz, doch stehen neben den Fortschritten, die der Spätfeudalismus noch und der frühe Kapitalismus schon zu leisten vermag, die Geißeln, die in größerem Ausmaß die Menschheit heimsuchen: Kolonialismus, große und langandauernde Kriege, Massenelend und Epidemien. Der *Begriff der Neuzeit* beruht auf der Geringschätzung des »finsteren« Mittelalters im Gegensatz zur idealisierten Antike, in Wirklichkeit sind deren Leistungen im 16. und 17. Jh. dialektisch aufgehoben. Die evolutionäre und revolutionäre Ablösung der feudalen durch die kapitalistische Gesellschaftsformation hat bis 1640 für die außereuropäischen Kontinente kaum reale Bedeutung. Allein für Europa besitzt der eingeleitete Formationswechsel tiefgreifende Relevanz und offenbart hier seine Fortschrittspotenz. Die führende Stellung im geschichtlichen Fortschritt, der sich Europa im Mittelalter erst allmählich näherte, geht für die Folgezeit auf die europäischen Völker mit wechselnder Position über.

Die überseeische Expansion Europas 1.2.

Ursachen und Vorgeschichte 1.2.1.

Die europäische überseeische Expansion gehört zu den folgenreichsten Kapiteln der Weltgeschichte. Sie besitzt die formationssprengenden Kräfte, die den Übergang vom Feudalismus zum Kapitalismus beschleunigen, und beginnt mit dem Aufbruch des in spanischen Diensten stehenden Genuesers Christoph Kolumbus (spanisch: Cristóbal Colón) zu seiner ersten Seereise 1492 bis 1493. Damit ist der historische Ausgangspunkt für die rasch sich verdichtende Verbindung zwischen den Kontinenten gesetzt. Kolumbus selbst und viele andere überqueren in rascher Folge wiederholt den Atlantik, getrieben von den spätfeudalen und frühkapitalistischen Bedürfnissen, die in der Gesellschaft ihrer europäischen Heimatländer in der zweiten Hälfte des 15. Jh. herangereift sind. Seeleute wie die ihnen folgenden Eroberer fungieren als »Ritter der ursprünglichen Akkumulation«.

Kolumbus und seine Vorläufer

Die verstärkte Wendung des italienischen, portugiesischen und spanischen Handels und Expansionsdranges nach Westen resultiert aus einer veränderten Situation des Mittelmeerhandels. Eine wesentliche Rolle für die bereits lange vor den Kolumbusfahrten nach Amerika einsetzende Westverlagerung des Mittelmeerhandels spielen die frühen Vorstöße nach Madeira, den Azoren (1432) und den Kanaren (1434), bei denen in zeitlicher Folge die Erschließung neuer Getreideanbaugebiete und die Expansion der Zuckerrohrkultur, die Konkurrenzsituation zwischen Venedig und Genua im Kampf um den Orienthandel und der führende Einfluß des genuesischen Frühkapitalismus in den wichtigsten portugiesischen und spanischen Küstenstädten der Mittelmeer- und Atlantikküste im Mittelpunkt stehen.

Westverlagerung des Mittelmeerhandels

Mit der *Eroberung Konstantinopels* (1453), Syriens, Ägyptens (1516/17) und des Roten Meeres durch die Türken wird der seit den Kreuzzügen großartig eröffnete italienisch-arabisch kombinierte See-Land-Handel mit den vorder-, klein- und ostasiatischen (»indischen«) Ursprungsländern der Gewürze, Duftstoffe, Drogen, Farbstoffe, Seide, Baumwolle und Südfrüchte sowie des Zuckers mit hohen Abgaben belastet. Einen zusätzlichen Störfaktor bilden die von den Osmanen protegierten Korsaren Nordafrikas. In den Handelszentren des westlichen Mittelmeeres wächst das Bedürfnis, die osmanische Barriere auf dem Seewege zu umfahren und direkt nach Indien zu gelangen.

Diesen Weg über die Meerenge von Gibraltar hinaus (den Spuren phönizisch-karthagischer Seefahrer folgend), an der Westküste Afrikas entlang, erkunden im 15. Jh. portugiesische und spanische Seefahrer. Damit werden erste Breschen für die Weiterfahrt sowohl zur Südspitze Afrikas als auch über den Atlantik geschlagen.

Ein noch stärkerer Impuls für die Erschließung neuer Wege nach Afrika und den reichsten Ländern Asiens ist die *Suche nach Edelmetallen*, nach Gold als dem idealen Zirkulations- und Schatzmittel. Infolge seit Jahrhunderten anhaltender Passivbilanz im Handel zwischen Europa und

Edelmetalldefizit

Asien ergibt sich für das europäische Kaufmannskapital ein Defizit an edlem Münzmetall. Mit dem Wachsen des Warenverkehrs fließen mehr Gold und Silber in die asiatischen Länder; der mitteleuropäische Bergbau kann diesen Abfluß nicht ausgleichen.

Die Krise des Mittelmeerhandels wird offensichtlich im 15. Jh.: »*Gold* suchten die Portugiesen an der afrikanischen Küste, in Indien, im ganzen Fernen Osten; *Gold* war das Zauberwort, das die Spanier über den Atlantischen Ozean nach Amerika trieb; ...«[14]

Gold- und Sklavenjagd in Westafrika

Dieses Motiv läßt in der ersten Hälfte des 15. Jh. in Portugal ein bemerkenswertes Unternehmen emporwachsen: Der Sohn des portugiesischen Königs Johann I., *Prinz Heinrich*, genannt der Seefahrer, finanziert und entsendet immer wieder Expeditionen an die westafrikanische Küste und in den Atlantik. Sie stoßen auf Inseln, betreiben Sklavenfang, aber Gold finden sie an der »Goldküste« und in den »Goldflüssen« nicht in der gewünschten Menge. Immer wieder bringen die Seefahrer, die im Jahre 1482 bis zur Mündung des Kongo vorstoßen, Kunde von der *Existenz großer Reiche in Innerafrika*, von denen auch die arabischen Chronisten ausführlich berichten: Mali und Songhai (Sonrhai) am Gambia und mittleren Niger, Kongo am Mündungsgebiet des damals Zaire genannten Flusses. Zu den Herrschern dieser auf vor- und frühfeudaler Stufe befindlichen Staaten sowie zu den Häuptlingen der zahlreichen Stämme pflegen die Portugiesen (neben den Arabern) lebhafte Handelsbeziehungen. Eines der wichtigsten Objekte sind Sklaven, die meist an Araber und an die Osmanen verkauft werden.

An einer der Erkundungsfahrten, die von 1484 bis 1486 dauert und bis zum Kap Negro führt, nimmt der junge Nürnberger Edelmann *Martin Behaim* teil, der später, nach einem mehrjährigen Aufenthalt auf den Azoren, in seine Heimatstadt zurückkehrt und den *ersten Globus* herstellt.

Expansionsinteressen in Portugal und Spanien

Die Ursachen der europäischen Expansion nach Übersee erwachsen aus einem beschleunigten Tempo des frühkapitalistischen Aufschwungs, doch dieser Faktor wirkt auf der Iberischen Halbinsel in spezifischer Weise. In Portugal führt der Aufschwung die ökonomisch-soziale Krise des Adels herbei, der in seiner Heimat weder im Dienste der Kirche noch des Staates Aufstiegsmöglichkeiten findet und der Verarmung preisgegeben ist. Die Reconquista findet in Spanien im Laufe des 15. Jh. ihr Ende, im Jahre 1492 fällt Granada, die letzte Bastion der arabisch-maurischen Herrschaft. Die großen Heere und Adelsgefolgschaften werden aufgelöst, die niederen Adligen (*Hidalgos*), beseelt vom Geist der Reconquista, dürsten nach neuer Betätigung. Mit der Heirat zwischen Ferdinand von Aragón und Isabella von Kastilien (1469) werden sowohl der Vereinigungsprozeß der Königreiche als auch die allmähliche Disziplinierung des einander befehdenden Adels eingeleitet. Die Krone erkennt die Chance, dieses unruhige Element nach außen abzulenken. Hinzu kommt das eigene *Expansionsinteresse der Krone* in Spanien (wie in Portugal). Spaniens und Portugals Krise entlädt sich nach außen. *Merkantil-frühkapitalistische*

14   F. Engels, Über den Verfall des Feudalismus und das Aufkommen der Bourgeoisie, in: MEW, Bd. 21, S. 394.

Triebkräfte verbinden sich mit *spätfeudalen Elementen*. Das spätfeudale Element ist das in der iberischen Expansion bestimmende. Vom Fortwirken der streitbar-christlichen Traditionen der Reconquista bei der Eroberung Amerikas zeugt der Schlachtruf »Santiago!«.
Militante Kirchenorden (Dominikaner, auch Franziskaner, die eine Mystik der Expansion predigen) beeinflussen zutiefst die geistig-religiöse Motivation dieser Vorgänge.

Technisch-wissenschaftliche Voraussetzungen   1.2.2.

Die weiten Reisen zur See sind ohne entsprechende wissenschaftliche, weltanschauliche und technische Voraussetzungen nicht denkbar. Biblische, scholastische und antike Überlieferung, vor allem die des *Claudius Ptolemäus*, muß durchbrochen werden. Er hatte den Indischen Ozean in seinem Werk als rings von Festland umgeben gezeichnet, demzufolge es unmöglich sei, auf dem Seewege aus dem Atlantischen in den Indischen Ozean zu gelangen. Nach der Theorie von den fünf Klimazonen könnte nur in den gemäßigten Breiten Leben gedeihen. Die Karthager sind die Urheber der Ansicht, das Wasser des Atlantischen Ozeans verdicke sich in Richtung Wendekreis. Die Praxis der Seefahrt an der westafrikanischen Küste zerreißt im 15. Jh. das zähe Gewebe tradierter Irrtümer; Gelehrte der Renaissancezeit propagieren ein Weltbild, das von der *Kugelgestalt der Erde* ausgeht. Der florentinische Arzt und Kosmograph *Paolo Toscanelli* verficht den durchaus nicht neuen Gedanken, es gäbe einen westlichen Seeweg nach Indien. Auf seiner Karte von 1474 existiert Amerika noch nicht, wohl aber phantastische Inseln: Antilla und die Brandeansinsel. Entscheidend für den kühnen Entschluß des Kolumbus, mit dem Toscanelli korrespondiert, ist ein Grundirrtum des Florentiners, der sich auch in der *Imago Mundi* des französischen Kardinals *Pierre d'Ailly* (1480 als Prachtausgabe erschienen) findet: Die Entfernung zwischen Spanien und dem Ostrande Asiens (»Zipango«, Japan) wird weit kürzer angegeben, als sie in Wirklichkeit ist.

Toscanellis Weltkarte

Neben richtigen Erkenntnissen und Erfahrungen ermutigt dieser kardinale Irrtum dazu, den westlichen Weg nach Indien zu befahren.
Um die Mitte des 15. Jh. entwickeln die portugiesischen Seefahrer und Schiffsbauer in engem Zusammenhang mit den Fahrten die westafrikanische Küste entlang ein auf den genuesischen Dreimaster zurückgehendes Segelschiff – die Karavelle. Im Gegensatz zu den Seglern, die sich nur in Küstennähe bewegen konnten, besitzt die Karavelle eine aus zahlreichen Segeln bestehende Takelage, die es erlaubt, auch bei ungünstigem Wind zu segeln. Weitere Vorteile sind der optimale Laderaum bei relativ geringer Besatzung. Die Karavelle als klassisches Expeditionsschiff ermöglicht eine entscheidende Wende in der Seefahrt: die *Loslösung von der Nähe der Küsten* und das *Hinaussegeln auf den Ozean*. Verfeinertes nautisches Instrumentarium – ein zuverlässiger Kompaß (seit dem 13. Jh. den Arabern bekannt), das *Astrolabium* und *Planetentafeln* zur Standortbestimmung sowie Anfänge der *Seekartographie* liefern weitere Voraussetzungen.

Karavelle und nautische Geräte

Maritime
Expansion
asiatischer
Völker

Über ähnliche, teils noch weiter gediehene Errungenschaften verfügen die Araber, Chinesen und Malaien schon weit früher, was ihnen erlaubt, die weiten Gewässer Südostasiens und des Indischen Ozeans zu befahren. Als die Portugiesen Anfang des 15. Jh. mit einzelnen Schiffen Afrikas Küsten südwärts abtasten, sind ganze Flotten des chinesischen Kaisers bereits bis zur Einfahrt ins Rote Meer und an die Somaliküste Afrikas gelangt. Die materiell-technischen und die geistigen Bedingungen dieser Seefahrten stehen denen der Europäer nicht nach. Doch die Expansion letzterer wird von frühkapitalistischen Triebkräften in Gang gesetzt und weitergetrieben.

1.2.3.   Portugiesische Expansion

Erschließung
des Seeweges
nach Indien

Die erste große Leistung der portugiesischen Afrikafahrt, die nach der Erreichung des Golfs von Guinea (1460) erst überhaupt ins Blickfeld rückt, ist der Vorstoß zur Südspitze Afrikas durch *Bartolomeo Dias* im Jahre 1487. Er nennt das Vorgebirge *Cabo Tormentoso* (Kap der Stürme). Der portugiesische König, in Erwartung neuer gewinnbringender Fahrten in Richtung Indien, nennt es: *Kap der Guten Hoffnung*. Inzwischen tritt auch jenes Ereignis ein, das zur Eile mahnt: Kolumbus, von König Johann II. 1487 mit seinem Projekt einer Westfahrt als Abenteurer abgewiesen und nun in spanischen Diensten stehend, bringt 1493 die Nachricht, in westlicher Richtung auf »Indien« gestoßen zu sein.

Mit gewaltigem Aufwand rüstet der neue König Manuel I. eine Flotte von drei Segelschiffen mit 150 Mann Besatzung aus, die Anfang Juli 1497 den Hafen Restello bei Lissabon verläßt – der Ungewißheit entgegen, die unter den feindseligen Arabern in Indien auf sie wartet. Bei Moçambique dringen die Portugiesen mit ihrem Kapitän *Vasco da Gama* in die verlockende Welt der indisch-arabischen Handelsschiffahrt ein. Vasco da Gama tritt Ende April 1498 mit Hilfe eines arabischen Lotsen die Fahrt über den Indischen Ozean an. Am 20. Mai erreicht er die von vielen asiatischen Völkern besuchte reiche indische Hafenstadt Kalikut (Calicut). Die Portugiesen erhandeln eine große Ladung Gewürze, deren Wert die Ausgaben der Reise um ein Vielfaches übersteigt. Im Juli und August 1499 treffen Schiffe Vasco da Gamas in Lissabon ein.

Die erste erfolg- und ertragreiche Fahrt über den östlichen Seeweg nach Indien zieht eine Serie kommerziell-militärischer Unternehmen nach sich, die mit der Vernichtung des malabarisch-alexandrinischen Handels der Araber über das Rote Meer sowie mit dem erzwungenen Bau von Forts und Niederlassungen in Kalikut, Goa, Maskat, Hormuz und auf Ceylon (Sri Lanka) durch die Portugiesen endet. Die Grundlagen für die *portugiesische Kolonialherrschaft in Indien* sind gelegt, ebenso für die monopolartige Stellung Lissabons im Gewürzhandel Europas. In zeitgenössischen Zeugnissen werden die Portugiesen in Asien als »blutrünstige Tiger und Löwen« bezeichnet.

Malakka und
Gewürzinseln

Der profitable Handel mit Muskatnuß und Nelken treibt die portugiesischen Händler und Eroberer weiter – zu den Sundainseln, nach Malakka und zu den legendären »Gewürzinseln«, den Maluku (Molukken). Hier finden sie das *javanische Feudalreich Madjapahit* im Zerfall vor, seine Erben sind zahlreiche muslimische Fürstentümer auf Java und Sumatra. Die rivalisierenden Sultanate Tidore und Ternate unweit der Molukken unterwerfen sich die gewürzreichen Inseln und spielen eine große Rolle im weitreichenden Handel. Entwickelte Feudalverhältnisse weist der *westjavanische Staat Bantam* auf, dessen gleichnamige Hauptstadt gegen Ende des 16. Jh. zu den großen Handelszentren des Fernen Ostens gehört. Alle Versuche der Portugiesen, Bantams führende Stellung zu vernichten, scheitern. Erfolg ist ihnen auf den Molukken beschieden, sie nutzen die scharfe Konkurrenz von Tidore und Ternate aus, bauen hier eine Festung und erwerben das Monopol für den Ankauf von Gewürzen. Die billigen Aufkaufpreise sichern den Portugiesen hohe Profite trotz der riesigen Entfernung bis Europa. Sie dringen 1511 in das reiche Malakka ein und errichten ein Fort. Durch Zolleinnahmen an der Straße von Malakka wollen sie die Handelsgewinne der chinesischen und der indischen Kaufleute abschöpfen, diese aber weichen auf die Sundastraße aus. Die Völker Malayas und Indonesiens wehren sich hartnäckig gegen die fremden Eroberer, an deren Spitze der grausame Admiral *Afonso de Albuquerque* steht. Im Jahre 1520 erhalten die Portugiesen auf den Bandainseln die überraschende Nachricht, daß ihre stärksten europäischen Rivalen, die Spanier, die Molukken erreicht haben.

Portugiesisches Gewürzhandelsmonopol

Spanische Expansion   1.2.4.

Bis 1520 sind Fahrten, Erkundungen und Eroberungen unter dem Patronat der spanischen Krone unternommen worden, die alle portugiesischen Unternehmen an Popularität und Folgenschwere übertreffen. Das Schlüsselereignis der gesamten europäischen Expansion nach Übersee stellt die transatlantische Westfahrt spanischer Seeleute dar, die auf einen bis dahin unbekannten Erdteil stoßen. Der Initiator der ersten Fahrt, Christoph Kolumbus, sticht am 3. August 1492 in See mit dem königlichen Schreiben, in dem ihm »alle Inseln und Kontinente, die er persönlich und dank seiner Kunst entdeckt« auf seiner Reise, als Vizekönig unterstellt werden. Das Ziel der Fahrt bleibt ungenannt, es ist kein anderes als *Asien*. Folgende Waren führen die drei Karavellen (Admiralsschiff Santa Maria, dazu die Pinta und die Niña) mit: Perlen, Edelsteine, Gold, Silber und Gewürze. Das spanische Königspaar, das unter dem Eindruck der Eroberung Granadas dem kostspieligen Projekt des Kolumbus nach langem Zögern zugestimmt hatte und finanzielle Zuschüsse leistet, akzeptiert die Forderungen des Genuesers, der schon bei drei Königen (Frankreich, England, Portugal) mit seinen Plänen gescheitert war. Höchste Feudal- und Kirchenkreise Spaniens vereinigen sich mit dem Kaufmannskapital, um das riskante Unternehmen des Kolumbus zu fördern.

Der Admiral bringt offensichtlich vorzügliche Eigenschaften mit. Ein Großteil seiner Lebensdaten ist bis heute strittig, sie stützen sich vielfach auf seine eigenen Äußerungen.

Westlicher Seeweg

Erste Fahrt des Kolumbus

Im Herbst 1451 in Genua als Sohn eines Webers geboren, erwirbt er sich gediegene Sprachkenntnisse, Fertigkeiten als Seemann und Kaufmann. Als Angehöriger des genuesischen Handelshauses Centurione ist er im Zucker- und Goldhandel engagiert und wird zu einem der unbeugsamen Verfechter der Idee, über den Atlantik nach Indien zu segeln. In seinem Charakterbild fließen nüchterner Verstand, scharfe Beobachtungsgabe, Besessenheit, Frömmigkeit, Kühnheit und Eigennutz zusammen – Eigenschaften, die ihn zu einer der größten Leistungen seiner Zeit und der Weltgeschichte befähigen. Sein Bordtagebuch gehört zu den aufschlußreichsten Dokumenten der Geschichte. Er führt es doppelt: ein geheimes für sich mit exakten Angaben, eines für die bunt zusammengewürfelte Mannschaft (87 Mann), unter der auch Straftäter und üble Abenteurer nicht fehlen. In letzterem notiert er kürzere Wegstrecken als zurückgelegte, um bei den Seeleuten kein Unbehagen über die Größe der Entfernung von der Heimat aufkommen zu lassen.

An den Küsten von Kuba und Haiti

Nach der am 12. Oktober 1492 erfolgten Landung auf einer Bahamainsel drängt Kolumbus zur Weiterfahrt, stößt am 28. Oktober auf Kuba, das er schon für das Festland hält. Dort sehen die Spanier erstmalig tabakrauchende (»brennende«) Einheimische, doch weder hier noch auf Haiti (»Española« getauft) finden sie die erwarteten Goldschätze, Gewürze, Städte und Anzeichen für die Herrschaft eines reichen, mächtigen Kaisers. Niemand versteht Arabisch. Im Schiffsbuch nennt Kolumbus die Bewohner der Inseln *Indios* (Indianer). Aus dem Material der gestrandeten *Santa Maria* wird auf Haiti ein Fort errichtet, und 39 Spanier bleiben zurück mit dem Auftrag, von den Eingeborenen so viel Gold wie möglich gegen Tand einzutauschen und weiter nach dem Goldland zu forschen. So gründet sich die erste europäische Siedlung auf amerikanischem Boden auf die Goldsucht der Spanier.

Was Kolumbus am 15. März 1493 in den Hafen Palos zurückbringt, sind einige Indios, etwas Gold, exotische Pflanzen und Früchte, Federn von herrlich bunten Vögeln – und sensationelle Kunde vom Naturreichtum der fernen Inseln und Gestade. Die Hoffnung vervielfacht sich zugleich mit dem Drang, bald auf die reichen Goldländer zu stoßen.

Erste Aufteilung der Welt

Am portugiesischen Königshof wächst indessen die Unruhe, denn dem König von Portugal ist in päpstlichen Bullen die Herrschaft über alle neuentdeckten Länder südlich und östlich des Kaps Bojador (in Westafrika) »bis zu den Hindus« zugesprochen worden. Die Könige von Kastilien und Portugal wählen die friedliche Lösung des Konflikts durch einen *Schiedsspruch des Papstes*. Nach der Rückkehr des Kolumbus ergeht im Mai 1493 die Bulle Alexanders VI. *Inter castere*, die Kastilien die Inbesitznahme neuer Länder im Westen zubilligt – dasselbe Recht, das Portugal für den Süden und Osten bereits innehat. Mit einem Federstrich teilt der Papst die außereuropäische Welt unter zwei europäische Mächte, die sich anschicken, ihre Expansion global fortzusetzen. In aller Hast verständigen sie sich im *Vertrag von Tordesillas* (1494), die vom Papst fixierte Demarkationslinie weiter nach Westen zu verlegen, vom 38. zum 46. Grad westlicher Länge. Niemand weiß in Europa zu dieser Zeit, daß diese Linie bereits den Nordosten des heutigen Brasiliens durchschneidet.

Zweite Fahrt des Kolumbus

Auf Grund der Erfahrungen und Verträge wird die zweite Reise des Kolumbus rasch vorbereitet. Sie hat militärisch-kommerzielle Ziele: Anlage von Faktoreien, Eroberungen zu Ausbeutungs- und Siedlungszwecken. Offizielles Motiv ist die »Bekehrung der Heiden zum Christentum«. Auf den 17 Karavellen befinden sich etwa 2 500 Menschen, darunter 200 Hidalgos, weiterhin Kronbeamte, Priester und Ordensbrüder; aber auch Pferde, Esel, Schafe und Schweine, die Haustiere der »Alten Welt«, werden mitgeführt, ebenso das Zuckerrohr. Das Geschwader läuft am 25. September 1493 aus.

Es sichtet bereits am 2. November kleinere Inseln der östlichen Antillengruppe. Kolumbus gründet eine neue befestigte Siedlung auf Haiti, die er nach der Königin Isabella benennt, doch das Gelbe Fieber dezimiert die Einwohner. Die Kariben – so werden die Inselbewohner benannt – verhalten sich feindselig gegen die spanischen Eindringlinge. Kolumbus sucht rastlos nach dem ersehnten Goldland, stößt auf Jamaika, erkennt den Inselcharakter Kubas und Haitis und hört erstmalig von den Mayas. Sein jüngerer Bruder gründet auf Haiti die *erste europäische Stadt auf amerikanischem Boden*: Santo Domingo (1496). Es kommt zu schweren Kämpfen mit den Bewohnern, da die Spanier räuberisch in deren Siedlungen einbrechen, Bluthunde verrichten ihr schreckliches Werk, die Pferde, auf denen die spanischen Soldaten sitzen, verbreiten Angst und Schrecken, man hält Reiter und Pferd für übermenschliche Wesen.

Kolumbus empfiehlt, Kariben (zum Ersatz für das ausbleibende Gold) als Sklaven zu verkaufen, er selbst kehrt 1496 nach Spanien zurück.

Die dritte Fahrt des Kolumbus (Mai 1498–Oktober 1500) fällt daher weit bescheidener aus: 6 Karavellen und 300 Mann, meistens für das Unternehmen begnadigte Verbrecher.

Dritte Fahrt des Kolumbus

Da er die Goldländer weiter in Richtung Süden vermutet, stößt Kolumbus bis zur venezolanischen Küste und zur Orinokomündung vor. Auf Haiti herrscht inzwischen völliges Chaos, Krankheiten und Aufstände wüten, die Hidalgos klagen ihn an, die »Blüte« des kastilischen Adels geopfert zu haben. Gemeinsam mit seinen Brüdern wird er gefangengesetzt und nach Spanien zurückgeschickt, doch auf königlichen Befehl sofort befreit.

Seine vierte Fahrt unternimmt der von Kronbeamten bereits entmachtete Admiral mit dem Ziel, eine Durchfahrt zum *Südlichen Meer*, dem Stillen Ozean, zu suchen, daher erkundet er die südlich von Kuba gelegenen Ufer der Karibik. Er kommt zu dem Schluß, daß beide Meere durch eine große Landbarriere voneinander getrennt sind, erhält jedoch Kenntnis von Menschen mit hoher Kultur irgendwo an den Westufern der Karibischen See und von einem gewaltigen Reich voller Goldschätze weit im Süden. Es handelt sich um die *Mayas* in Yukatan und die *Inkas* in Peru.

Vierte Fahrt des Kolumbus

Krank kehrt Kolumbus Ende November 1504 nach Sevilla zurück. In der Überzeugung, das östliche Asien erkundet zu haben, stirbt er am 20. Mai 1506. Seine Söhne führen endlose Prozesse um ihre Rechte und Privilegien.

Erst nach der Zeit der großen Eroberungen in Mexiko und Peru, als »Gold«- und ganze »Silberflotten« in die spanischen Häfen gelangen, erkennen die Zeitgenossen das Ausmaß der Leistung des Genuesers. Sie hat jedoch ihre Gegenseite: Indem er die Überfahrt über den Ozean wagt, als erster Europäer das Karibische Meer befährt, alle Antilleninseln und Südamerika berührt und Anstoß zur Erkundung der mittelamerikanischen Landenge gibt, stößt er das Tor für die europäischen Konquistadoren und Sklavenjäger auf. Seine Leistungen sind Bestandteil, Impuls und Ausdruck des Doppelcharakters des kapitalistischen Fortschritts.

Das Werk des Kolumbus in Amerika ergänzt und setzt eine Reihe Spanier, Portugiesen und Italiener fort: *Sebastian* und *John Cabot* segeln im Auftrag des englischen Königs 1497/98 nach Nordamerika (Labrador,

Auf den Spuren von Kolumbus

Neufundland); weiter erkunden *Alonso de Hojeda* und *Juan de la Cosa* 1499 die südamerikanische Nordostküste, *Vincente Yáñez Pinzón* 1499/1500 die Mündung des Amazonas und die Ostküste Südamerikas, *Pedro Alvarez Cabral* berührt 1500 die Ostküste Südamerikas auf dem Wege um das Kap der Guten Hoffnung (Entstehung des Namens Brasilien); *Vasco Núñez de Balboa* überquert 1513 die Landenge von Panama und sichtet den Stillen Ozean (*Mar Pacífico*, das heißt Pazifik).

Der florentinische Kaufmann *Amerigo Vespucci* nimmt 1500–1505 an mehreren Fahrten zur Erkundung und Beschreibung der südamerikanischen Ostküste von Venezuela bis Brasilien teil, er liefert 1503/04 spannende Schilderungen in Briefen an italienische Bankiers. Der in Saint Dié (Lothringen) lebende, in Freiburg i. Br. geborene Kosmograph *Martin Waldseemüller* nimmt 1507 zwei Briefe Amerigos in seine kleine, weitverbreitete Schrift *Cosmographiae introductio* auf und bezeichnet den neuen Erdteil als *Ameriga*. Nach der Mitte des 16. Jh. findet der Name Eingang in die großen Atlantenwerke und in den täglichen Sprachgebrauch.

Erste Welt-
umsegelung

Die erste Weltumsegelung liefert die endgültige praktische Bestätigung der Existenz und Ausdehnung Amerikas. Sie unternimmt der portugiesische Adlige *Fernão de Magalhães* im Auftrage des spanischen Königs Karl I. (Kaiser Karl V.) mit fünf Schiffen 1519–1522. Magalhães selbst findet im Kampf mit Einheimischen auf den Philippinen den Tod, ein einziges Schiff (Victoria) kehrt in die Heimat zurück. Es hat so viel Gewürze geladen, daß die Kosten des Unternehmens mehrfach abgegolten sind.

Eroberung
Mittel- und
Südamerikas
(Conquista)

Zu dieser Zeit setzen die spanischen Eindringlinge die Eroberung, Unterwerfung und Kolonialisierung in allen drei Teilen Amerikas fort. Als erste fallen den Konquistadoren die Bewohner der Karibischen Inseln zum Opfer: Indianer der Stämme der Kariben und der Aruaken, die auch die nördliche Küste Südamerikas besiedeln. In wenigen Jahren sind die Einwohner der Inseln völlig ausgerottet, 1510 leben nach Angaben der Spanier auf Haiti etwa 30 000 Indianer, 30 Jahre später ist die Insel fast menschenleer.

Bartolomé de las Casas, leidenschaftlicher Verfechter für das Lebensrecht der Ureinwohner Amerikas, bezeichnet die Eroberer als »blutdürstige Tyrannen« und nennt als Augenzeuge der Conquista zwei Vernichtungsmethoden: »Die erste ist der ungerechte, grausame, blutige Krieg, den sie geführt. Die zweite Weise ist, daß sie alle ums Leben brachten, falls sie die Ketten dieser schnöden Gefangenschaft zu brechen und die vordem genossene Freiheit wiederzugewinnen versucht haben ...«

»Seelen für
Gott und Land
für den König«

Die Konquistadoren handeln im höchsten Auftrag: »Seelen für Gott und Land für den König«. Aktivstes Element bei der Eroberung sind die Hidalgos; auch Bauern und Geistliche nehmen teil, vor allem aber abenteuerliche skrupellose Elemente aller Klassen und Schichten. Dadurch erhält die Conquista zusätzlich unerhört grausame Züge. Da die Spanier noch weitgehend nach feudalen Wertvorstellungen handeln und in Amerika den in der Heimat nicht mehr möglichen gesellschaftlichen Aufstieg suchen, ist ihr Ziel, »Land mit Menschen« zu erobern, das heißt die Indianer als Sklaven und leibeigene Arbeitskräfte zu unterjochen.

Amerika ist in präkolonialer Zeit zum größten Teil von Stammesgesellschaften bewohnt, bei denen ein wesentlicher Wirtschaftszweig nahezu fehlt – die ausgeprägte Viehhaltung und Viehzucht. Fortgeschrittene Stufen der gesellschaftlichen Entwicklung weisen um 1500 die mexikanisch-zentralamerikanischen Gebiete sowie Peru – Bolivien und die nördliche Andenregion auf.

Den höchsten politischen und kulturellen Stand erreichen die auf der Hochebene von Anahuác, dem Zentralgebiet des heutigen Mexiko, lebenden *Azteken*.

Aztekenreich

Ende des 15. Jh. ist ihre Entwicklung bis zur Herausbildung von Ansätzen eines auf Klassendifferenzierung beruhenden Staates, der auf spezifische Weise sklavenhalterische und frühfeudale Elemente in sich vereint, gediehen.

Die Grundform der Gesellschaft der Azteken ist das *capulli*, an dessen Spitze jeweils ein Vorsteher (capullec) steht; die capullis sind zugleich militärische Kampfeinheiten. Im 15. und zu Beginn des 16. Jh. setzt sich deutlich eine *Schicht der Würdenträger* (tecuhtli) ab. Herrscher ist der Tlacatecuhtli. Eine einflußreiche Rolle spielen infolge der ständigen Expansionskriege der Kriegeradel (»Adler«, »Jaguare«), ebenso die *Kaufleute* (pochteca), die im Fernhandel neue Expansionsziele auskundschaften. Zentrum des Aztekenreiches, das auf der Tributabhängigkeit der unterworfenen Stämme basiert, ist *Tenochtitlán*. Der oberste Herrscher genießt göttliche Verehrung.

Ökonomische Basis der Aztekengesellschaft ist der Maisanbau, der Boden wird mit Grabstock bearbeitet. Haustierhaltung fehlt, Rad und Eisen sind unbekannt, andere Metalle verwenden und bearbeiten die Azteken kunstreich, auch schon als Münze. Töpferei, Weberei, Bergbau und Metallverarbeitung haben – trotz geringer mechanischer Mittel – einen hohen Fertigungs- und Schönheitsgrad erreicht, den auch Albrecht Dürer bewunderte. Staunen erregen die Monumentalbauten, vor allem die Tempel. Zeugen hoher geistiger Kultur sind ideographisch-phonetische und Hieroglyphenschrift, ein Kalender, der präziser als der europäische ist, und ein Zwanziger-Zählsystem. Die Religion der Azteken ist polytheistisch bestimmt und gehört zu den astrobiologischen Systemen, ähnlich wie bei den alten Griechen. Oberster Gott ist Quetzalcoatl. Kriegsgefangene werden den Göttern geopfert.

Als die Spanier eindringen, ist Moctezuma II. – »der Zornige« – Herrscher der Azteken.

Die südöstlichen Nachbarn der Azteken sind die Mayas, die Teile Ostmexikos (Chiapas), die Halbinsel Yukatan, die bewaldeten Tiefländer der heutigen Staaten Guatemala, El Salvador und Honduras bewohnen.

Die Mayas

Die Spanier treffen bereits auf die nachklassische Mayakultur. Einstige Tempelstädte von nie gesehener Pracht überwuchert der Dschungel.

Die Ursachen für den Verfall der Mayakultur sind bis heute umstritten (Aufstände? Epidemien? Katastrophen? Erschöpfung der Bodenfruchtbarkeit?). Enthusiasten der Mayakultur bezeichnen sie als die »Griechen der Neuen Welt«. Bedeutende Zeugnisse sind die 18 Chroniken mit dem Titel *Chilam Balam* (Mayatexte in lateinischer Umschrift) und das *Popol Vuh* (Buch der Gemeinschaft), das »Heilige Buch« der Maya-Quiché. Yukatan bleibt in der Kolonialzeit und bis in das 19. Jh. ein Zentrum heroischen und ungebrochenen indianischen Widerstandes.

In den Jahren 1517/18 scheint die fieberhafte Suche nach dem Goldland endlich von Erfolg gekrönt. Die Spanier landen auf der Halbinsel Yukatan und an der Westküste des Golfs von Mexiko. Die Eroberung und Unterwerfung des Aztekenreiches ist wesentlich das Werk von *Hernán Cortés*, eines aus der Estremadura stammenden gebildeten, aber mittellosen Adligen.

Eroberung des Aztekenreiches

Mit 508 Söldnern, über 100 Matrosen, 16 Pferden und 6 Geschützen landet er in der Nähe der heutigen Stadt Vera Cruz, liefert mit überlegener Technik den Indianern das erste Gefecht und zieht ins Innere Mexikos, ständig von der Natur und den Bewohnern bedroht. Doch deren Widerstand lähmen die Furcht vor den unbekannten Pferden sowie die alte Legende, bärtige weiße Männer, die übers Meer kommen, würden die neuen Herren sein. Cortés läßt die Expeditionsschiffe verbrennen, um bei seinen Mitstreitern jegliche Hoffnung auf einen Rückzug zu vernichten.

Der erste Versuch, Tenochtitlán zu besetzen, scheitert am Widerstand der Bewohner unter der Führung von *Cuauhtémoc* (1502–1525), dem Nachfolger Moctezumas, der als Gefangener von Cortés stirbt. Die Spanier ziehen sich fluchtartig zurück (*Noche triste*, 30. Juni 1521). Mit Hilfe indianischer Bundesgenossen, die glauben, die Aztekenherrschaft abwerfen zu können, belagern und erobern die Eindringlinge (Mai–August 1521) das von Tod, Verzweiflung und Hunger gezeichnete Tenochtitlán. Nur eine Trümmerstätte bleibt, auf deren Grundmauern die Kolonisatoren später die Stadt Mexiko erbauen. Die Katastrophe ist mit der von Karthago vergleichbar. Neben dem Gold erbeuten die Eroberer das gesamte Land, die indianische Bevölkerung wird zu Zwangsarbeit und Sklaverei verurteilt. Cortés löscht das Aztekenreich mit der Gewalt des Eroberers aus, die neuerrichtete Kolonie erhält den symbolischen Namen Neu-Spanien (*Nueva España*), er selbst wird der erste Gouverneur. In verschiedenen Richtungen gehen die militärischen Expeditionen weiter. Yukatan wird teilweise erobert, die Maya-Indianer werden unterworfen, es folgen das heutige Guatemala und andere Teile Mittelamerikas.

Die Inkas　Fast um dieselbe Zeit beginnen die Konquistadoren in Südamerika ihr Werk. Sie stoßen auch hier auf eine Kultur, deren Wurzeln weit in die Geschichte zurückreichen – auf das Inkareich im Westen Südamerikas. Die aus den nördlichen Anden eingedrungenen Quechua, deren herrschende Dynastie der Inka in Cuzco bald den übergreifenden Namen gibt, haben zunächst nur lokale Bedeutung. Erst unter dem Inka *Pachacuti Yupanqui* (1438–1471) und dessen Nachfolgern *Tupac Yupanqui* (1471–1493) und *Huaina Capac* (1493–1527) erreicht das Inkareich seine immense Ausdehnung vom heutigen Ekuador und Südkolumbien über Peru und Bolivien bis weit nach Chile und Argentinien hinein.

Basis der Inkaherrschaft ist die Agrargemeinde (ayllu). Als »Sohn der Sonne« trägt der oberste Herrscher den Titel Sapay Inka. Der Adel entstammt vornehmlich dem Inka-ayllu, Führer der unterworfenen Stämme bilden die Schicht der curacas. Obwohl Wissenschaft und Kunst nicht den Stand der Azteken und der Mayas erreichen, gibt es auf einzelnen Gebieten überragende Leistungen: in Verwaltung, Architektur und Straßenbau. Zwei Trassen aus Stein, mit Kurier- und Raststationen, durchziehen in einer Länge von 2 000 km die Küste entlang und über die Anden das Reich. Nur das alte Rom kann Gleichartiges aufweisen. Neben dem Mais wird die Kartoffel angebaut, die von hier aus über die Erde verbreitet wird. Lama und Alpaka werden als Haustiere gehalten. Das Rad ist unbekannt. Die Religion weist ähnliche Grundzüge wie bei den Azteken auf, tendiert jedoch stärker zum Monotheismus. Die Tempelbauten erregen die Bewunderung der Spanier, die Fülle der goldenen Gegenstände und Kunstprodukte stachelt ihre Gier an. Hier in Peru scheint das begehrte Goldland zu liegen. »Vale un Perú« – ein Peru wert sein, oder »Perder un Perú« – sein ganzes Vermögen, das heißt Peru verlieren, werden geflügelte Worte.

Eroberung des Inkareiches　Nach Erkundungsfahrten von Panama aus an der Küste entlang stoßen spanische Abenteurer, angeführt von *Diego de Almagro, Francisco Pizarro* und dem Priester *Hernando de Luque*, im Jahre 1527 auf erste Spuren des Inkastaates.

Pizarro verkörpert den Typ des brutalen, raubgierigen, verschlagenen Eroberers. Aus der zahlreichen Sippe eines verarmten Hidalgos aus Estremadura hervorgegangen, dient er, als

Findling aufgenommen, einige Jahre als Schweinehirt; zeitlebens bleibt er Analphabet. Ihn ernennt Karl V. zum Statthalter der zu erobernden Provinz, die später den Namen Peru (nach dem Fluß Biru) erhält. Seine Abteilung zählt drei Schiffe und 180 Mann, etwa 50 Pferde werden mitgeführt.

In den Jahren 1531–1534 fällt das *Reich der vier Weltgegenden (Tahuantinsuyo)* den Konquistadoren zum Opfer. Diese finden eine ungewöhnlich günstige Situation vor, da das Reich durch Kämpfe zwischen zwei Herrschernachfolgern (*Huascar und Atahualpa*) geschwächt ist. Pizarro erobert Cuzco, läßt den gefangenen Atahualpa erdrosseln, nachdem dieser mit einer riesigen Goldmenge sich freizukaufen versucht hat. Die Spur der Konquistadoren zeichnen Raub, Zerstörung und Massenmord. Bevor Peru ganz unterworfen ist und Kolonie (*Neu-Kastilien*) wird, erhebt sich die einheimische Bevölkerung unter Führung von *Manco* und *Tupac Amaru* in Aufständen, die jedoch unterdrückt werden. Rivalitäten zwischen Pizarro und Almagro führen zum bewaffneten Konflikt unter den Konquistadoren, dabei erschlagen Almagros Anhänger den Statthalter in Lima (1541), das dieser gegründet hat.

In den vierziger Jahren dringen die Spanier unter *Pedro Valdivia* nach Chile vor, stoßen aber auf den erbitterten Widerstand der einheimischen halbnomadischen *Araukaner*. Ihnen gelingt es in ständigen Abwehrkämpfen und Gegenattacken, erhebliche Teile ihres Territoriums bis in das 19. Jh. von den Kolonisatoren frei zu halten. Die Führer des ersten Widerstandes (Lautaro, Caupolicán) gehen in die indianischen Legenden und die spätere Nationalgeschichte Chiles ein. *Vorstoß nach Chile*

Seit Ende der zwanziger Jahre bis zur Mitte des 16. Jh. dringen Expeditionen in die Gebiete der heutigen Staaten Ekuador, Argentinien, Uruguay und Paraguay vor. Von der Ostküste Brasiliens ergreifen die Portugiesen Besitz. Als im heutigen Bolivien 1545 reiche Silbervorkommen entdeckt werden, gründen die Kolonisatoren die Stadt Potosí in 4 000 m Höhe. *Es beginnt der amerikanische »Silberstrom« nach Spanien und Europa zu fließen.*

Das spanische Kolonialsystem in Amerika   1.2.5.

Im Gefolge der Eroberungen entstehen in Mittel- und Südamerika zunächst zwei politische Zentren: Neu-Spanien (Mexiko) und Peru, an deren Spitze Vizekönige stehen. Rasch wächst der Einfluß der katholischen Kirche, ihre riesigen Güter stammen aus königlichen Schenkungen. Den beiden Erzbischöfen in Mexiko und Lima unterstehen 22 Bischöfe. Produkt kirchlicher Aktivität ist die frühe Gründung der Universitäten Lima (1551) und Mexiko (1553). Die Vizekönige sind direkt dem König und dem neugeschaffenen *Indienrat* (Consejo Supremo Real de Las Indias) mit allen administrativen und gesetzlichen Vollmachten unterstellt. Die wirtschaftlichen, das heißt kommerziellen Angelegenheiten leitet die Casa de Contratación (*Handelsbehörde*) in Sevilla, in Portugal die Casa da India in Lissabon. Weitere Kolonialinstitutionen sind die *Audiencias* (territoriale Untergliederungen der Vizekönigreiche, mit umfassenden Gerichts-

und Verwaltungsvollmachten), die Capitanías Generales (*Generalkapitanien*) für die bedrohten Grenzterritorien und die Cabildos (Stadtgemeinden).

Mit dem Fortgang der Conquista, die 1540–1550 abgeschlossen wird, ist die indianische Bevölkerung der Antillen ausgerottet. Die Einwohnerzahl Mexikos sinkt durch Eroberung und Kolonisation von etwa 20 auf 1 Mio, in Peru bewegt sich der Rückgang in ähnlichen Größenordnungen. Hauptursachen sind (außer der Ausrottung infolge von Kriegen und Epidemien) die kolonialen Wirtschafts- und Ausbeutungsformen, deren Grundzüge auf den Erfahrungen der feudalen Reconquista Portugals und Spaniens fußen.

Repartimiento, Encomienda, Mita

Zur Rechtfertigung der Unterwerfung wird den Indianern das *Requerimiento*, eine ihnen unverständliche Aufforderung, die Oberhoheit von Krone und Kirche anzuerkennen, vorgetragen. Widerstehen sie, ist der Grund für die *Guerra justa* (gerechter Krieg) gegeben. Im Ausbeutungssystem dominiert anfänglich das aus der Reconquista übernommene *Repartimiento* (von repartir, das heißt verteilen), das die Indianer (= Kriegsbeute) faktisch als Sklaven an die Eroberer ausliefert. Es wird in der Folge von der bis zu Beginn des 18. Jh. existierenden *Encomienda* (von encomendar, das heißt über jemand die Betreuung ausüben) abgelöst. Gegen die Pflicht, den Indianer zum christlichen Glauben zu bekehren und eine bestimmte Tributsumme an die Krone abzuführen, verfügt der Encomendero über die Arbeitskraft und das Land der Indianer. *Die Encomienda ist der sozialökonomische und juristische Ausgangspunkt für den spanischen Kolonialfeudalismus in Amerika.* (Ähnliche Funktion hat in Portugiesisch-Amerika das *Donatário- und Sesmariasystem*). Speziell in Peru knüpfen die Spanier an präkoloniale Formen der Gemeinschaftsarbeit (*Mita*) an, die sie in eine der barbarischsten Formen der Zwangsarbeit (vor allem im Bergbau) verwandeln.

Sklavenhandel Afrika – Amerika

Um die Menschenverluste auszugleichen, werden Sklaven vorzugsweise aus Schwarzafrika eingeführt. Erste Berichte über Sklavenhandel von Westafrika nach Amerika datieren aus dem Jahre 1505, der allgemeine Handel beginnt 1518. Bis zum Jahre 1700 werden annähernd 2 Mio Afrikaner (bei einer Sterblichkeitsrate von 20 % bei der Überfahrt) aus der angestammten Heimat verschleppt. Die Sklaverei verbreitet sich vor allem mit der *Plantagenwirtschaft*, dem von den Mittelmeerregionen übertragenen Anbau des Zuckerrohrs in Brasilien und später auf den Antillen. Die Anfänge liegen Mitte des 16. Jh., die Zahl der Zuckermühlen (*ingenios*) steigt von 60 im Jahre 1576 auf 346 im Jahre 1629. Sklavenarbeit rentiert sich weit unter ihren Reproduktionskosten, so daß die Lebenserwartung gering ist und in der Anfangsperiode fast keine generative Reproduktion erfolgt. Noch liefert Afrika immer neue Sklaven, und die Herren der westafrikanischen Küste, die Portugiesen, besitzen das Monopol des Sklavenhandels, bis sie Mitte des 17. Jh. der niederländischen Konkurrenz weichen müssen.

Verhältnis von ethnischer und sozialer Struktur

Im Gegensatz zu den iberischen Kolonisatoren, die in weiten Gebieten auf entwickelte Kulturen stoßen und die Indianer als Zwangsarbeiter binden, nehmen die zu Beginn des 17. Jh. nach Nordamerika einwandernden

Engländer, Niederländer und Franzosen das Land in Besitz und vertreiben die Indianer völlig. Im Unterschied zur *feudalherrschaftlichen Landnahme* in Spanisch-Amerika, gilt in der *freibäuerlichen Agrarkolonisation* der Neu-Englandkolonien der Grundsatz: »Only a dead Indian is a good Indian.« (Nur ein toter Indianer ist ein guter Indianer.)

Die Formen der Landnahme sind Ausdruck der unterschiedlichen, sich in historischer Progression ablösenden *Kolonialtypen.* England vor allem entläßt seinen Überschuß an Landlosen und religiösen Emigranten nach Amerika. In den spanischen Kolonien ist die weiße Herrenschicht nominell streng von den Indianern getrennt (*República de los Españoles – República de los Indios*). Die Nachfahren der einheimisch gewordenen Spanier sind die Kreolen (*criollos*), deren Oberschicht die sich herausbildende Kolonialaristokratie stellt. Aus der Vermischung der beiden Hauptrassen gehen die Mestizen hervor, jedoch bleibt die »Reinheit des Blutes« (*limpieza de sangre*) Grundbedingung für höhere Ämter. Schon frühzeitig sind die Elemente eines Interessengegensatzes zwischen Kreolen und Europaspaniern (*Godos*, das heißt Goten, oder *Gachupines* genannt) herausgebildet, da erstere zwar ökonomisch mächtig sind und die Lokalgewalt (*Cabildos*) beherrschen, wogegen die zweiten alle entscheidenden politischen Kommandostellen in Kolonialverwaltung, Kirche, Armee und Übersehandel besitzen.

In den Kolonien entwickeln sich keine oder nur rudimentäre frühkapitalistische Verhältnisse. Die »Alte Welt« führt (speziell im Falle Portugals und Spaniens) die grausamsten Formen der Sklaverei und der feudalen Abhängigkeit ein, weil gerade sie die Bedingungen dafür darstellen, daß durch die Ausbeutung der unterworfenen Gebiete der Spätfeudalismus seine Existenz stabilisiert und der Kapitalismus die Stadien seiner Frühentwicklung bewältigt. Das bürgerliche Element herrscht lediglich in Nordamerika vor oder in der handelskapitalistisch orientierten Expansion der Niederlande.

Wirkungen auf Europa   1.2.6.

In Europa hat die überseeische Expansion und die Entstehung von weltweiten Kolonialimperien eine regional unterschiedliche Wirkung im Prozeß des Übergangs vom Feudalismus zum Kapitalismus. Das Volumen des europäischen Handels nimmt im 16. Jh. allgemein zu, sowohl des Landhandels als auch des Seehandels im Nord-/Ostsee- und Mittelmeerraum und an den Atlantikküsten. Dazu tritt der Übersehandel mit Amerika und Asien. Der europäische Markt beginnt sich zum Weltmarkt zu weiten. Die Zahl der nach Asien auslaufenden Schiffe (vor allem im Gewürzhandel) steigt rapide. Der Anteil Portugals fällt von 100 auf 40 %, da ihm die Niederlande und England erfolgreich das asiatische Seehandelsmonopol streitig machen. Stürmisch verläuft die Entwicklung des spanischen Amerikahandels. Die Getreideausfuhren aus den Ländern des Ostseeraumes nach Westeuropa stellen im Wert nur 64 % der Gewürzimporte aus Asien und nur 28 % der Edelmetalleinfuhren aus Amerika. Beide Wa-

Entstehung des Weltmarktes

ren unterliegen der Spekulation, bei Pfeffer liegt gegen 1600 der Verkaufspreis bis 900 % über dem Einkaufspreis und der Gewinn 33 % über dem Verkaufspreis. Das forciert die Akkumulation von Handelskapital (bürgerlicher und feudaler Unternehmer), blockiert aber zugleich dessen Eintritt in die Produktionssphäre. Für die frühen Kolonialmächte (Portugal und Spanien) hat der Überseehandel eine vorherrschend konservierende Wirkung auf die alten Produktionsverhältnisse, er trägt sogar zur Stabilisierung der Macht der Feudalklasse bei. In Deutschland beschleunigt der Zustrom amerikanischen Silbers in der zweiten Hälfte des 16. Jh. das Versiegen des »Bergsegens« und den Rückzug des bürgerlichen Kapitals aus dem konjunkturellen Bergwerksbetrieb.

Für die Länder Nordwesteuropas, in denen das Handelskapital bereits zu einem bedeutenden Teil in produktive Unternehmen fließt, zahlreiche manufakturelle Produktionseinrichtungen existieren und die feudalen Produktionsverhältnisse infolge rasch fortschreitender ursprünglicher Akkumulation in der Auflösung begriffen sind, konstatiert Marx: »Die plötzliche Ausdehnung des Weltmarkts, die Vervielfältigung der umlaufenden Waren, der Wetteifer unter den europäischen Nationen, sich der asiatischen Produkte und der amerikanischen Schätze zu bemächtigen, das Kolonialsystem, trugen wesentlich bei zur Sprengung der feudalen Schranken der Produktion.«[15]

Geistige Kultur

Im Bereich der geistigen Kultur zieht die überseeische Expansion in Europa eine Umwälzung des Weltbildes nach sich: Die »Welt« ist identisch mit der Erdkugel, neue Menschenmassen und -kulturen rücken ins Blickfeld. Während sich die Staaten und Gesellschaften Asiens als gefestigt genug erweisen, um trotz Eindringens der Europäer wesentliche autochthone Entwicklungsprozesse weiter zu verfolgen, bewirkt die Expansion in Amerika die völlige Zerstörung der klassischen Kulturen, den radikalen Bruch ihrer Entwicklung. Es entstehen die Grundelemente der iberoamerikanischen sowie (später) anglo-amerikanischen und frankoamerikanischen Gesellschaften und Kulturen. Die in urgemeinschaftlichen Stammesgesellschaften lebenden Indianer unterliegen entweder der Vernichtung, oder ihre Entwicklung stagniert.

Produktion und Konsumtion

Die Expansion ist zugleich Begegnung, in deren Gefolge sich die Produktions- und Konsumtionsgewohnheiten tiefgreifend verändern. Neue Agro- und Gartenkulturen, Haustiere, Rohstoffe, Nahrungs- und Genußmittel, auch Krankheiten nehmen wechselseitig ihren Weg über die Weltmeere und werden heimisch: Kartoffel, Tabak, Tomate, Mais, Kakao und Seuchen aus Amerika in der »Alten Welt«; Pferd, Rind, Hund, Schwein und andere Haustiere, Zuckerrohr, Alkohol und zahlreiche Infektionskrankheiten von Europa in allen drei Amerika. In Asien vermag die globale Mission der christlichen Kirchen (vor allem des Katholizismus) die Ausbreitung des Islam allenfalls zu bremsen, in Amerika jedoch erobert sich die römisch-katholische Kirche neuen Boden und weitere Quellen ökonomischer Macht.

---

15   K. Marx, Das Kapital, Bd. III, in: MEW, Bd. 25, Berlin 1976, S. 345.

Europa zur Zeit der frühbürgerlichen Revolution   **1.3.**

Charakter und Inhalt der Bewegung   **1.3.1.**

Mit der beginnenden europäischen Expansion nach Übersee entfalten Ansturm gegen
sich soziale, politische und geistige Bewegungen in vielen Ländern Euro- die Feudalord-
pas gegen tragende Institutionen des Feudalsystems in einer Geballtheit, nung
die bis zu Beginn des 16. Jh. unbekannt ist. Traditionell werden diese Bewegungen mit den Begriffen Renaissance, Humanismus und Reformation
umschrieben. Diesen Teilprozessen gilt es die Massenerhebungen der
Bauern hinzuzufügen, um die Kumulation und wechselseitige Durchdringung dieser Bewegungen als *ersten allgemeinen revolutionären Ansturm gegen
die europäische Feudalordnung* zu begreifen. Die verbindende, gemeinsame
Basis des zyklischen, mit regional-nationalem Zentrenwechsel fortlaufen-
den Bewegungskomplexes sind die bereits manifest werdenden Entwick-
lungsbedürfnisse des Frühkapitalismus. Dem Frühstadium seiner Genesis
entspricht die Tatsache, daß der Grundantagonismus in der Gesellschaft
nicht in der unmittelbaren Alternative Feudalismus oder Kapitalismus
bzw. Sturz der Feudalgewalten und Errichtung der Herrschaft einer Bourgeoisie besteht. Vielmehr geht es primär darum, einen innerfeudalen,
aber bereits stark frühkapitalistisch geprägten Problem- und Konfliktstau
abzubauen mit dem Ziel, den kapitalistischen Elementen neue und wei-
tergespannte Entwicklungsmöglichkeiten im Rahmen der Feudalordnung, die noch nicht an die historischen Grenzen ihrer Existenz gestoßen ist, zu schaffen.
Die frühbürgerliche Bewegung richtet sich zunächst nicht gegen die Feudalordnung als Ganzes, sondern gegen die *Papstkirche*, die »die Feudalverfassung mit dem Heiligenschein göttlicher Weihe« umgibt und das »große
internationale Zentrum des Feudalsystems« bildet.[16] Die gegen dieses gewaltige Ideologie- und Machtzentrum antretenden Gesellschaftskräfte
sind sehr heterogen. Kritik, Protest und schließlich umfassender Ansturm
gegen die Hauptbastion der west- und mitteleuropäischen Feudalordnung können deshalb im radikalsten Falle auf deren revolutionäre Überwindung überhaupt hinzielen, sie können aber auch bei der Einschränkung der kirchlichen zugunsten der weltlichen Feudalmacht verharren,
also eine Macht- und Eigentumsverlagerung ohne sozialen Umbruch bewirken. Der Ansturm gegen die Feudalordnung bleibt fast in keinem
Lande auf den ideologischen oder kirchenorganisatorischen Bereich beschränkt; sein Inhalt besteht vielmehr in der tiefen Erschütterung und
schließlich der Schwächung der bisher stabilsten Struktur der Feudalordnung – der römisch-katholischen Universalkirche.
Eine solche Leistung kann nur im internationalen Maßstab, Land für
Land, unter Einsatz geistiger wie materieller Waffen vollbracht werden.
Der Übergang vom Universalismus der römischen Papstkirche zur vorwiegend *nationalstaatlich* geprägten Feudalmacht stellt einen bedeutenden
historischen Fortschritt dar, weil die aufstrebende Bourgeoisie, obwohl

---

16 F. Engels, Einleitung zur englischen Ausgabe (1892) der »Entwicklung des Sozialismus
von der Utopie zur Wissenschaft«, in: MEW, Bd. 22, Berlin 1977, S. 299.

kosmopolitische Profitmacherei betreibend, den abgegrenzten »nationalen Markt« als Operationsbasis benötigt. Da die Papstkirche mit ihrer zahlreichen Priester- und Ordensbruderschaft ein gigantischer Parasit ist, behindert sie überdies die produktive, rationelle Verwendung von menschlicher Arbeitskraft und freiem Kapital. Es geht um die Installierung einer »wohlfeilen Kirche«. Die bürgerliche Wurzel der Reformationsbewegung offenbart sich zugleich in der Abwendung von ausschließlich jenseitsgerichteten Glaubensmaximen hin zu stärker diesseitigen, individualisierten, arbeitsethischen Formen. Diese Tendenz birgt den Keim zu pantheistischen und atheistischen Weltanschauungen in sich.

Krise des Papsttums

Wesentliche Bedingungen für die in die Breite und Tiefe wachsende *Opposition gegen die Kirche* bildet diese selbst bis zur Wende zum 16. Jh. heraus. Sie hat sich im allgemeinen Entfaltungsprozeß der Ware-Geld-Beziehungen während des späten Mittelalters bereits zu einer Einrichtung gewandelt, die nicht nur feudale Hebungen einzieht, sondern immer neue Abgaben fordert und Titel, Ämter, Lehen und Pfründen zur Ware macht. Aus dem Heiligen Römischen Reich fließen erhebliche Summen nach Rom, um den Päpsten, deren Nepoten und der Kurie ihren materiellen Reichtum und Aufwand sowie ihre weltliche Macht zu mehren. Der Kreis der aristokratischen Familien, deren Vertreter den Stuhl Petri besteigen, ist bis Anfang des 16. Jh. auf die teils verwandten, teils rivalisierenden Sippen der Borgia, Delle Rovere, Piccolomini, Medici, Farnese und Carafa eingeengt. Der Kirchenstaat stellt ein Herrschaftsgebilde dar, das – gleich anderen italienischen Staaten – immer mehr von Bürokratie, reinem Machtkalkül und Expansionsdrang geprägt wird. In einigen Ländern läßt sich die Tendenz beobachten, die Kirchenlehen erblich zu machen und die einträglichen Sitze in den Domkapiteln allein dem hohen Adel vorzubehalten. In dieser Aristokratisierung sehen kritische Zeitgenossen die Hauptursache für die Übelstände in der Kirche, ihre Demoralisierung, ihre Entfremdung von den geistlich-seelsorgerischen Aufgaben. Der materiell-machtpolitischen Infragestellung geht die geistig-moralische voraus, ihre positive Grundforderung lautet: Reformierung der Kirche oder (im zeitgenössischen Sprachgebrauch) eine Reformation.

1.3.2.   Renaissance und Humanismus

Historische Leistung

Jene die Reformation vorbereitende Leistung sowie die Herausbildung eines neuen, alternativen Menschenbildes, einer völlig veränderten Weltsicht und Ethik sowie des modernen Wissenschaftsbegriffes bewältigt eine Bewegung, die in Italien im 13. Jh. ihren Ausgangspunkt hat – die Renaissance. Sie prägt Inhalt und Form wesentlicher ideologischer und ideologiegeschichtlicher Prozesse fortschrittlicher Richtung am Vorabend von europäischer Reformation und frühbürgerlicher Revolution in Deutschland, die nach Friedrich Engels der »großartigste Revolutionsversuch des deutschen Volks«[17] ist. In der Umwälzung steht nicht mehr der

17   F. Engels, Der deutsche Bauernkrieg, in: MEW, Bd. 7, Berlin 1976, S. 409.

mit dem Fluch der Arbeit belastete, sünden- und furchtbeladene, sondern der lebenszugewandte und schöpferische Mensch im Zentrum des gesamten literarischen, künstlerischen und wissenschaftlichen Schaffens. Die »Entdeckung des Menschen« als souveränes und gesellschaftliches Wesen – darin besteht die eigentliche Leistung der Renaissance, deren weltanschauliche Basis der Humanismus bildet. Seine wichtigsten Ausdrucks- und Kampffelder sind Literatur und Künste, die in der Renaissance einheitliche Inhalts- und Formcharakteristika aufweisen: antischolastisch-antikuriale Orientierung, Realismus, Tendenz zu Klarheit und Harmonie, umfassende Verarbeitung des antiken Erbes (daraus der Epochebegriff für den Gesamtprozeß abgeleitet: Renaissance = Wiedergeburt), Kosmopolitismus und zugleich frühnationale Besinnung (Beginn der nationalen Historiographie).

Die Renaissance und der Humanismus offenbaren sich ihrem Klasseninhalt und ihrer historischen Einordnung nach als wesentlich bürgerliches Phänomen mit doppelter Stoßrichtung – *antifeudal* (vor allem im Sinne von antikurial) und *antiplebejisch*. Nur mittelbar und durch einzelne Vertreter verbindet sich die streitbare Ideologie mit Volksbewegungen und revolutionären Kräften der Reformationszeit; sie bleibt weiterhin die Sache einer gelehrten Elite, die unter sich lebhaft im europäischen Maßstab korrespondiert und polemisiert. Dies ermöglicht es der Feudalklasse, beträchtliche Teile der Aufbruchsideologie zu rezipieren und sich dienstbar zu machen. Als Vermittler und Multiplikatoren der Renaissancekultur und -wissenschaft fungieren zahlreiche *Drucker*, von denen einige bereits in größeren manufakturellen Werkstätten mit arbeitsteiliger Kooperation produzieren. Unter ihnen ragen hervor: Anton Koberger in Nürnberg, Pierre Petit und Familie Estienne in Paris und vor allem Aldo Manuzio in Venedig und Christoph Plantin in Antwerpen. *(Randnotiz: Klasseninhalt von Renaissance und Humanismus)*

Durch die Mobilität der höheren Bildungsschicht, die zahllosen Pilgerfahrten nach Rom und die Renaissancekriege europäischer Mächte auf dem Boden Italiens fließt der Strom der humanistischen Ideen seit der zweiten Hälfte des 15. Jh. in die Länder westlich und nördlich der Alpen. Tief verwurzeln sie sich in Deutschland, Frankreich und England und gehen in die reformatorischen Anläufe und Bewegungen ein, besonders in Deutschland. Hier beginnt in der ersten Hälfte des 16. Jh. das Studium der alten Sprachen (Griechisch, Hebräisch) zu blühen (Johann Reuchlin), ebenso die kritische Hinwendung zu den Grundlagen und Quellen des Christentums, vor allem zu den Bibeltexten. Die Dogmen der Papstkirche, die sich diesen Quellen entfremdet hat, können unter den obwaltenden sozialen und ideologisch-weltanschaulichen Bedingungen nur von theologischer Seite in Frage gestellt werden. Die Entwicklung des französischen Humanismus verläuft deutlich in Richtung auf den Rationalismus (Jacques Lefèvres d'Etaples, Guillaume Budé, Etienne Dolet). In England bringt er außerordentliche Leistungen im gesellschaftlich-politischen Denken hervor. Er findet – wenn auch eigentümlich verformt und als periphere Strömung – in weiteren Ländern Eingang, so in Spanien, Portugal, Ungarn, den skandinavischen und slawischen Ländern. In Polen-Litauen begünstigen dynastische Verbindungen zu italienischen Fürsten- *(Randnotiz: Ausstrahlung des Humanismus)* häusern die Blüte einer vor allem in Kraków gedeihenden Renaissance-kultur. Die größte Ausstrahlung auf den außeritalienischen Humanismus geht von dem überlegenen Geist des Erasmus von Rotterdam aus.

Leonardo da Vinci

Die Hinwendung zum Menschen als Individuum und soziales Wesen lautet bei Leonardo da Vinci: »Gott, Du verkaufst uns alle Güter für den Preis der Arbeit!« Die Macht des Menschen äußert sich nach Leonardo da Vinci in der Technik, dank derer der Mensch sich die Natur dienstbar macht, und in der Kunst, der neue Werte schafft und die Schönheit der Welt vermehrt. Kein Gebiet des menschlichen Wissens und Kunstschaffens ist ihm fremd, sein genialer Geist bringt zahllose neue technische, wissenschaftliche und bildkünstlerische Entdeckungen, Entwürfe und Werke hervor. Vieles läßt der Rastlose unvollendet, das meiste seiner rasch skizzierten Gedanken bleibt ungedruckt, so daß sein Ruhm erst im 19. Jh. zu strahlen beginnt.

Niccolò Machiavelli

Der Mensch, den die gesellschaftlichen Bedingungen als Persönlichkeit formen und der diese aktiv beeinflussen kann – diese Frage steht im Mittelpunkt des Denkens und der Werke des Florentiners Niccolò Machiavelli. Als Beamter und geschätzter Diplomat im Dienste der Republik Florenz wirkend und nach der Rückkehr der Medici 1512 gemaßregelt, steht Machiavelli mitten im bewegten politischen Geschehen des staatlich zerrissenen Italiens. Neben historischen und dramatischen Werken schafft er sein berühmtestes Werk: *Il Principe* (Der Fürst).

Dieser Fürst ist als Idealgestalt gezeichnet; ihm werden Fähigkeiten zugesprochen, die Umwälzungen bewirken können, vor allem die Potenz, einen Staat zu schaffen und zu erhalten. Antonio Gramsci sieht in Machiavellis »Fürsten« eine Spielart der Revolution von oben. Karl Marx sagt von dem großen Florentiner, er habe als erster Staat, Geschichte und Politik »aus menschlichen Augen«[18] gesehen und sie vom Ballast des christlichen Moralisierens befreit. Nicht mehr vor Gott und dem Gewissen hat sich Machiavellis »Fürst« zu verantworten, sondern vor dem Staat und der Gesellschaft. Die Mittel seiner Politik wählt er unabhängig von der Moral, sie sind allein dem Ziel untergeordnet, einen Staat zu schaffen, der den Menschen Fortschritte bringt. Daraus ist der Begriff des *Machiavellismus* als Inbegriff des »Unmoralischen« entstanden, und der Autor des *Principe* ist bis heute in der bürgerlichen Wissenschaft weitgehend verfemt.

Machiavellis Leistung als politischer Denker bleibt jedoch unbestritten. Er erkennt: Den Lauf der Geschichte bestimmt nicht mehr die göttliche Vorsehung und ein christlicher Heilszweck, sondern das Handeln des Menschen nach seinen Interessen und Triebkräften im Rahmen gesellschaftlicher Bindungen. Sein ersehntes Ziel ist ein geeintes, von Fremdherrschaft befreites Italien.

Thomas More

Der englische Humanist Thomas More entwirft in seiner *Utopia* (1516–1518 geschrieben) ein kritisch-realistisches Bild des sozialökonomischen Lebens in England zu seiner Zeit und stellt diesem eine ideale, zukünftige Gesellschaft auf der Insel Utopia (Nirgendwo) entgegen.

In dieser Gesellschaft ist das Privateigentum abgeschafft, und alle Glieder des klassenlosen Gemeinwesens (Sklaven allerdings läßt More weiterhin zu) produzieren nach einem Plan, die Verteilung der Güter erfolgt nach den Bedürfnissen. Utopia wird von gewählten Vertre-

18 K. Marx, Der leitende Artikel in Nr. 179 der »Kölnischen Zeitung«, in: MEW, Bd. 1, Berlin 1981, S. 103.

tern verwaltet, die Basis ist die Familie, es herrscht religiöse Toleranz. Mit diesem Werk legt More den Grund zur Geschichte des utopischen Sozialismus. Er gehört dem Oxforder Humanistenzirkel an, der unter dem Einfluß des Erasmus steht.

Im Konflikt König Heinrichs VIII. mit dem Papst ergreift er als standhafter Katholik die Partei der alten Kirche, wird dafür zum Tode verurteilt und 1535 hingerichtet.

Eine zweite Version einer Sozialutopie verfaßt der italienische Dominikanermönch *Tommaso Campanella* mit seiner *Civitas solis* (Sonnenstaat, 1603). Wegen Ketzerei und seines Versuches, Süditalien mittels eines Aufstandes vom spanischen Joch zu befreien, gerät er in die Fänge der Inquisition und schmachtet 27 Jahre im Kerker.

Im Werk des Erasmus von Rotterdam, von seinen Verehrern »Fürst der Humanisten« genannt, erreicht der Kritizismus seine Meisterschaft und Vollendung. Mit seinem *Encomium morise* (Lob der Torheit, 1509), einer unübertroffenen zeitkritischen Satire, geißelt er den »stinkenden Sumpf« der päpstlichen Theologen, der unwissenden Mönche und Priester ebenso wie die Gier und Lasterhaftigkeit der Könige. Mit seiner Übersetzung der Bibel ins Lateinische und der kritischen Herausgabe ihres griechischen Textes gibt er den künftigen Reformatoren der Kirche eine scharfe Waffe in die Hand. Als die reformatorischen Bewegungen sich auf seine Ideen berufen, distanziert er sich jedoch von jedem Aufruhr und bekennt sich zur bestehenden Kirche. *Erasmus von Rotterdam*

Indem Erasmus unter Berufung auf Sokrates den Grundsatz verkündet, daß man am angenehmsten lebe, wenn man ein Narr sei, stellt er das positive Menschheitsideal seiner italienischen Vorläufer in Frage. Die Negation des optimistischen Menschenbildes der Humanisten – ein Reflex des Widerspruchs zwischen der erbarmungslosen gesellschaftlichen Realität und dem Ideal der gelehrten Elite – treibt der französische Humanist *Michel de Montaigne* bis zum Skeptizismus gegenüber dem Sinn des menschlichen Lebens weiter.

Das Verhältnis der bedeutendsten Humanisten zu den Kirchen ist vielschichtig und voller Widersprüche. Trotz scharfer Kritik bleiben viele der römischen Kirche treu, einige werden zu streitbaren Geistern der antirömischen Bewegung, besonders in Deutschland (Philipp Melanchthon, Ulrich von Hutten), weitere bewahren sich eine weitreichende innere Unabhängigkeit zu beiden, beziehen irenistische Positionen, und in der Phase des vornehmlich von rein philologischen Interessen und dem Neostoizismus bestimmten Späthumanismus in den westlichen Ländern Europas an der Schwelle des 17. Jh. verliert sich die politisch-gesellschaftliche Fragestellung völlig.

Kunst und Wissenschaft der Renaissance   1.3.3.

In Italien (Spätrenaissance – Cinquecento) und zahlreichen weiteren Ländern ist in den *bildenden Künsten* und der *Architektur* – ähnlich wie beim Humanismus – sowohl der Rückgriff auf das Altertum als auch die Konzentration auf die Darstellung des Menschen, sein Antlitz und die *Spätrenaissance in Italien*

Schönheit und Harmonie des menschlichen Körpers zu beobachten. Die Gesetze der Perspektive, neue Farben sowie Licht- und Schatteneffekte werden eingesetzt, um ein Höchstmaß an Realität, Natürlichkeit und Ausdruckskraft zu erreichen. Unter den Päpsten Julius II. und Leo X. wird dank ihres verschwenderischen Mäzenatentums Rom neben Florenz Anfang des 16. Jh. zu einem Zentrum der Architektur, Plastik und Malerei. Das gewaltigste Projekt (der Um- und Neubau des Petersdoms) entwirft *Donato Bramante*, gestützt auf altgriechische Vorbilder. Nach seinem Tode 1514 setzen die Maler und Baumeister *Raffaelo Santi* (Rafael, Schöpfer zahlreicher Porträts und Madonnenbilder) und Michelangelo Buonarroti das Werk mit veränderter Konzeption fort. Der von Michelangelo projektierte Kuppelbau gehört zu den Großleistungen der Spätrenaissance überhaupt und weist zugleich die Stilmerkmale des entstehenden Barock auf. Rafael gilt als der Klassiker der bildenden Kunst der Renaissance, weil seine Werke Ruhe, Harmonie und vornehmlich Realismus der äußeren Form atmen. Weitere Zentren großartiger Entfaltung verschiedener Künste sind *Florenz* und *Mailand*, in denen der universellste Kopf der italienischen Spätrenaissance tätig ist – Leonardo da Vinci. In Florenz entsteht sein »Erzwerk« – das Bildnis der Mona Lisa Gioconda. Es stellt nicht nur wegen der Neuheit der Farbgebung ein Novum dar, vielmehr gelingt es dem Schöpfer auch, die Persönlichkeit seines Modells zum Ausdruck zu bringen. Spannungsgeladene, großartige Schöpfungen der Architektur und Freskenmalerei hinterläßt Michelangelo, in gewisser Weise dramatische, fast barocke Gegenstücke zu Rafaels Bildharmonie. Das Fresko *Jüngstes Gericht* in der Sixtinischen Kapelle gilt als eines der größten Kunstwerke, das menschliche Hand schuf. In *Venedig* arbeitet eine produktive »Schule« mit ausgeprägter Renaissancetradition, ihre bedeutendsten Vertreter sind: *Tizian* (Herrscherporträts), *Veronese* (Paolo Caliari) und *Tintoretto* (Jacopo Robusti).

Frankreich

Unter dem Eindruck der epochalen und maßgeblichen Leistungen der Italiener vollziehen andere europäische Länder um 1500 ebenfalls den Übergang von der Gotik zur Renaissance, wobei nationale Eigenständigkeiten deutlich sichtbar sind. Das trifft auf die hervorragenden Maler Frankreichs wie *Jean Cousin* und *François Coust* ebenso zu wie auf den Architekten des Louvre, Pierre Lescot, und den Tuilerien-Baumeister *Philbert Delorme*. Die neuen humanistischen Ideen schlagen sich in dem großen lebensvollen literarischen Werk des *François Rabelais* nieder, vor allem im *Pantagruel* (1532) und im *Gargantua* (1534). Es formiert sich 1566 eine Gruppe Poeten, die »Plejade«, deren Haupt der Urheber der modernen nationalsprachlichen französischen Dichtung, Pierre Ronsard, ist.

Deutschland/
Niederlande

In Deutschland erreicht vor allem die Malerei mit den Werken *Albrecht Dürers* und *Hans Holbeins d. J.* internationalen Rang. In den Niederlanden führt *Pieter Bruegel* mit seinen Bildern den Bauern in die Kunst ein.

Spanien

Die größte nationale Eigenständigkeit im Verhältnis zum italienischen Vorbild erreichen die bildenden Künstler Spaniens und Portugals. Im Vordergrund steht die Architektur, und der herrschende Stil, das sogenannte *plateresco*, vereinigt in sich gotisch-iberische und maurische mit italienischen Stilelementen.

In der Musik eröffnet das 16. Jh. ebenfalls eine neue Epoche, und dies *Musik der* wiederum vor allem durch die *Pionierleistungen italienischer Meister*. Außer *Renaissance* der geistlichen behauptet die weltliche Musik eine ausgesprochen selbständige Funktion, vor allem für höfische und bürgerliche Bedürfnisse. In Venedig entsteht die beliebteste weltliche Form vokaler Tonsprache – das Madrigal. Hier wirkt als Kapellmeister bei St. Markus der gebürtige Niederländer *Adrian Willaert*. Mächtige Impulse für die großartige Weiterentwicklung der Musik vermitteln die Reformation (auffallend wenig allerdings der Calvinismus) und die katholische »Gegenreformation«. In Rom wird eine Reform der katholischen Kirchenmusik durchgeführt, deren ersten Glanzpunkt das Schaffen des Giovanni Pierluigi da *Palestrina* setzt. Alle Stile und Formen der europäischen Musik des 16. Jh. faßt der weitgereiste und seit 1556 in München als Hofkapellmeister tätige *Orlando di Lasso* zusammen. Um 1600 beginnt eine neue Ära in der Musikgeschichte, die durch eine weitere Säkularisierung, umwälzende Fortschritte wie die *Oper*, die *Monodie* und den *Kontrapunkt* gekennzeichnet ist.

In den Naturwissenschaften werden bedeutsame Fortschritte erzielt. Der *Naturwissen-* spanische Philosoph und Arzt *Miguel Servet* entdeckt den kleinen Blut- *schaften* kreislauf, der Schweizer *Paracelsus* (Theophrastus Bombastus von Hohenheim) legt den Grundstein für die chemische Medizin, die Anatomie verdankt dem gebürtigen Niederländer und Professor in Padua, *Andreas Vesalius*, wesentliche Bereicherungen, und der Naturforscher, Arzt und Bibliograph *Konrad Geßner* gilt als Schöpfer der Zoologie und der Biologie. Der in Torún geborene *Kopernikus*, der größte Gelehrte der Renaissance und zugleich einer der bedeutendsten Denker der europäischen Geschichte, vollzieht mit seinem Werk *De revolutionibus orbium coelestium*, 1543 in Nürnberg erschienen, den Übergang vom geozentrischen zum heliozentrischen System und damit die große *Wende in der Astronomie und im gesamten Weltbild*. Daß die Renaissance insgesamt nicht einen so breiten Durchbruch in den Naturwissenschaften erreicht, wie er im 17. und 18. Jh. vollzogen wird, ist auf die noch starke Anlehnung an antike Autoritäten zurückzuführen; außerdem setzen alle religiösen Bekenntnisse dem naturwissenschaftlichen Erkenntnisfortschritt Barrieren entgegen.

Die frühbürgerliche Revolution in Deutschland   1.3.4.

So umwälzend Renaissance und Humanismus im Bereich der Ideologie und Wissenschaftsauffassung wirken, sie ergreifen nicht die Massen. Dies kann einzig über Religion und Theologie geschehen. Eine in der materiellen Sphäre, den Produktionsverhältnissen, den Sozial- und Klassenspannungen angelegte revolutionäre Situation schlägt in die tatsächliche Revolution der Massen um, wenn ein allgemeines Problem in konkreter, faßlicher Gestalt durch Tat und Gedanken eines Kirchenmannes zum zündenden Funken wird. Ein solches für die »Revolution Nr. 1«[19] der Bour-

19   F. Engels, Zum »Bauernkrieg«, S. 402.

geoisie erforderliches Faktoren- und Ursachengefüge existiert im Heiligen Römischen Reich. Die in ganz Westeuropa aktuelle durchgreifende Kirchenreform zeigt sich hier am dringlichsten und populärsten als gesamtgesellschaftliches Problem.

Neue Mensch-Gott-Beziehung

Die römische Papstkirche, im Grunde eine gigantische Kultverwaltung und ein riesiges Machtinstrument, enthüllt sich den Menschen immer mehr als ungeeignet, den Kontakt zu Gott zu vermitteln, den die Papstkirche auf den Modus der zunehmend in Ware verwandelten »Werke« fixiert hat. Diese Werke aber verwaltet, schätzt und verkauft die Geistlichkeit, die damit eine hochprivilegierte Stellung im gesamten Leben der Gesellschaft einnimmt. Doch die sichtlich verdorbene, in Unwissenheit versinkende, unproduktive Hierarchie beraubt sich selbst der Mittlerfunktion, nicht nur, weil sie moralische Entrüstung auslöst, sondern vor allem aus ökonomisch-sozialen Gründen. An einer Form des päpstlichen Fiskalismus, dem Ab-

Ablaßhandel

laßhandel, der dem meistbietenden Bewerber Pfründe zuschanzt, entfacht sich schließlich nicht nur beißende Kritik, sondern auch der anschwellende Massensturm gegen die Papstkirche. Für eine bestimmte Summe Geldes kann der Gläubige für sich oder auch für Verstorbene Nachlaß der Fegefeuerstrafen erkaufen. Der vom Christen geforderte Wille, künftighin nicht mehr zu sündigen, wird durch Geldzahlung ersetzt. Der Mensch stellt seinen Eigennutz über den Willen Gottes. Der Ablaßhandel ist nur denkbar auf der Grundlage tiefster Gläubigkeit, er provoziert jedoch wie keine andere Äußerung des maßlosen Mißbrauchs der Frömmigkeit durch die Kirche die kritische Überprüfung des für die Gläubigen entscheidenden Mensch-Gott-Verhältnisses – des Weges, auf dem der Mensch die Gnade Gottes und das Seelenheil erlangen kann.

Alle reformatorischen Theologen und Konfessionsschöpfer gründen ihre Lehre auf die in effektiven Leistungen sich äußernde Glaubensstärke des Einzelmenschen und einer Gemeinde. Damit ist der Gläubige mündig gemacht, die Vormundschaft der römischen Hierarchie abgeschüttelt. Arbeit, Denken und Empfinden des Menschen erfahren eine tiefgehende Wandlung.

Gesamtnationale Krise

Am schwunghaftesten betreiben die Kurie und die hohe Geistlichkeit des Reiches den Handel mit Ämtern, Reliquien und Ablässen in den *deutschen Territorien*. Die kaiserliche Macht ist zu schwach, um die immer dreisteren Zugriffe Roms abzuwehren – im Gegensatz zu England, Frankreich und Spanien, wo die Könige sich im 15. Jh. die Kirche und ihre Einkunftsquellen weitgehend unterworfen haben. *Deutschland wird zum Ausgangsland der allgemein-europäischen reformatorischen Bewegung und zugleich zum Schauplatz der frühbürgerlichen Revolution.* Hier befindet sich die feudale Gesellschaft in einer umfassenden, tiefen Krise. Diese resultiert nicht mehr allein aus tiefen innerfeudalen Widersprüchen, sondern wesentlich auch aus solchen, die dem beginnenden Übergang vom Feudalismus zum Kapitalismus entspringen.

Die ökonomische Entwicklung offenbart, »wie sehr die Gold- und Silberproduktion Deutschlands (und Ungarns, dessen Edelmetall dem ganzen Westen via Deutschland vermittelt wurde) das letzte treibende Moment war, das Deutschland 1470–1530 ökonomisch an die Spitze Europas stellte und damit zum Mittelpunkt der ersten bürgerlichen Revolution, in religiöser Verkleidung der sog. Reformation, machte. Das *letzte* Moment in dem Sinn, daß es zu der relativ hohen Zunfthandwerks- und Zwischenhandelsentwicklung kam und damit für Deutschland gegenüber Italien, Frankreich, England den Ausschlag gab.«[20]

Bergbau, Hüttenwesen und das darauf beruhende Montangeschäft bilden in Oberdeutschland, Sachsen und dem rheinischen Raum die wichtigste Grundlage der ursprünglichen Akkumulation des Kapitals und fördern die rasche Ausbreitung kapitalistischer Verhältnisse in anderen Bereichen der Produktion, im Handel und Bankwesen. Die Produktionsverhältnisse in Bergbau und Hüttenwesen entsprechen in hohem Maß der Enwicklungsstufe des *Manufakturkapitalismus* (kapitalistische Unternehmer – Lohnarbeiter, arbeitsteilige kapitalistische Kooperation). Im Bereich der Zirkulation überflügeln die großen oberdeutschen *Kapitalgesellschaften* (Fugger, Welser, Tucher, Imhof und andere) auf Grund ihrer neuen, frühkapitalistischen Wirtschaftspraxis mit ihrer Verbindung von Handel, Produktion, Bank- und Finanzgeschäften die alten Handelsgesellschaften und gelangen zu internationaler Marktgeltung. Die Fugger und Welser engagieren sich über Jahrzehnte im Handel und Kolonialgeschäft mit Amerika. Auch in den geistig-kulturellen Bereichen des Überbaus besitzt das Bürgertum ein deutliches Übergewicht über den Feudaladel.

Die Reformation entfaltet sich nach Martin Luthers Initialleistung, dem Anschlag der Thesen gegen den Ablaßhandel an die Wittenberger Schloßkirche am 31. Oktober 1517, als eine von der Universitätsintelligenz und der niederen Geistlichkeit begonnene, von den plebejischen und kleinbürgerlichen Schichten vorangetriebene, vom mittleren Bürgertum gestützte Bewegung zur Umgestaltung von Kirche und Gesellschaft. Sie entfaltet sich zu einer breiten *Volksbewegung gegen den Feudalismus*, die im deutschen Bauernkrieg kulminiert. Damit wird die Reformation zum treibenden und wesentlichen Element der *frühbürgerlichen Revolution* und bestimmt deren aufsteigende Phase von 1517 bis 1524. Die Funktion der reformatorischen Gesellschaftsbewegung besteht darin, immer breitere Schichten zu mobilisieren und so objektiv an den Massenaufstand gegen den Feudalismus im Bauernkrieg 1524–1526 heranzuführen. Im Fortschreiten differenziert und radikalisiert sich die reformatorische Bewegung, ein breiter Strom geht in seinen Zielsetzungen und Aktionen über die von Martin Luther ideologisch geführte und repräsentierte *bürgerlich-gemäßigte Bewegung* hinaus. Am *äußersten linken Flügel* profiliert sich die *Volksreformation Thomas Müntzers* mit eigenen, revolutionär-utopischen Zielvorstellungen, die Grundideen der zukünftigen politischen Aktion des revolutionären Proletariats antizipieren.

Die großartige Erhebung der deutschen Bauern (1524–1526) ist der Versuch, die im Kern bürgerliche Bewegung mit den Mitteln des bewaffneten Kampfes weiterzuführen, und führt damit die revolutionären Energien zur Kulmination. Die bäuerliche Komponente verleiht der frühbürgerlichen Revolution, die zum Typus der Revolution im Feudalismus gegen den Feudalismus zählt, ihre Eigenart, aber auch ihre Wir-

Reformation und Bauernkrieg

---

20 F. Engels, Brief an K. Kautsky vom 15. September 1889, in: MEW, Bd. 37, Berlin 1974, S. 274.

kungskraft auf weitere Länder und Gesellschaften Europas. Die Niederlage der revolutionären Kräfte in den deutschen Territorien (mit
negativen Langzeitwirkungen) wird im Maßstab Mittel- und Westeuropas
sowie durch die dort ausgelösten Bewegungen wettgemacht. Darin besteht die Dialektik von Sieg und Niederlage der frühbürgerlichen Revolution in Deutschland.

Ergebnisse der Revolution

Mit dem militärischen Sieg der verbündeten Fürstenarmeen über die Bauern überschreitet die frühbürgerliche Revolution ihren Zenit und wird
auf *Teilerfolge* verwiesen. Sie bestehen vor allem in der Herstellung einer
»wohlfeilen Kirche«, die sowohl den Territorialfürsten als auch dem Städtebürgertum funktional angepaßt und dienstbar gemacht wird. Im Reich
siegt die lutherische Reformation in ihrer Zwiegesichtigkeit – als städte-
bürgerliche Bewegung mit antipatrizischen, antikurialen Zielen und als
obrigkeitliche »Fürstenreformation« mit antirömischer Spitze. Die im Bereich der Ideologie und der Kirchenorganisation erreichte Innovation
bleibt weitgehend auf sich selbst beschränkt, doch tritt mit der Säkularisierung der Kirchengüter ein gewaltiger Eigentumsumschwung zugunsten weltlicher Eigentümer ein. Ein großer Teil der Fürsten tritt das Be-
sitzerbe der enteigneten Papstkirche an und errichtet ein *landesherrliches
Kirchenregiment*, in dem der weltliche Herrscher zugleich als Kirchenober-
haupt (summus episcopus) fungiert.

Da nach Luthers Staatslehre alle Obrigkeit auf göttlichen Ursprung zurückführbar ist, wird
mit dem Prozeß der »Fürstenreformation« eine festere Ein- und Unterordnung der Untertanen zur staatlichen Gewalt erreicht. Dazu tritt das Prinzip der Monokonfessionalität, nach
welchem der Untertanenverband eines feudalen Staatswesens ein und derselben Konfession, die der Herrscher bestimmt, angehören muß.

Augsburger Religionsfrieden

Die Anhängerschaft Luthers gibt sich durch Melanchthon ein neues Reli-
gionsbekenntnis, die *Confessio Augustana* (1530). Es behauptet sich trotz
heftiger Angriffe und Versuche der Vereinigung mit anderen Konfessionen und verfestigt sich als weitgehend konservative Variante aller reformatorischen Bekenntnisse Europas. Im sogenannten *Augsburger Religionsfrieden* (1555) ist seine reichsrechtliche Anerkennung erreicht und die
bürgerlich-gemäßigte Reformation Luthers in rückständigen Machtverhältnissen verankert. Jede Weiterführung der reformatorischen Gesellschaftsbewegung mußte auf anderen ideologischen Grundlagen erfolgen.
Doch diese sind ohne die Initialleistung der deutschen Reformation und
ihr Hinüberwachsen in eine frühbürgerliche Revolution nicht denkbar.
Diese war die erste der »drei großen Entscheidungsschlachten« im
»Kampf des europäischen Bürgertums gegen den Feudalismus«.[21]

Ausbreitung der Reformation

In Dänemark/Norwegen führt König Kristian III. das Luthertum 1536 als
einzig geduldetes Bekenntnis ein, in Schweden geschah das bereits 1527
durch Gustav Wasa. Die Säkularisierung der Kirchengüter schafft in beiden Ländern eine der wichtigsten Bedingungen für den langwierigen,
konfliktreichen Aufbau einer starken Königsmacht. Ähnliches gilt für die
Herrschaft der Tudors in England, wo der Bruch mit Rom zur Errichtung

---

21 F. Engels, Einleitung zur englischen Ausgabe (1892) der »Entwicklung des Sozialismus
von der Utopie zur Wissenschaft«, S. 300.

der anglikanischen Staatskirche führt. Durch Revolten und Kritik gegen die feudale Papstkirche vorbereitet, vollzieht sich die Reformation als obrigkeitlicher Akt. Im Baltikum und in Polen faßt das Luthertum vor allem in den Städten Fuß; auch ein Großteil des Adels bekennt sich zu ihm. Das Herzogtum Preußen wird durch den Übertritt des letzten Ordenshochmeisters bereits 1525 säkularisiert und damit völlig dem Zugriff des Papsttums entzogen. Auch in die niederländischen Provinzen und die Schweizer Kantone dringt das neue Bekenntnis vor, doch entstehen hier aus radikaler bürgerlicher Wurzel weitere Zweige der reformatorischen Gesamtbewegung, die sich über das in feudalen Herrschaftsstrukturen und der konservativen städtischen Gesellschaft festgefahrene Luthertum hinaus entwickeln: Zwinglianismus und Calvinismus. Der Anabaptismus (Täufer- und Sektenbewegung) ist sozial an die zahlenmäßig wachsende plebejische Schicht der westeuropäischen Städte (Niederlande, Deutschland) gebunden, steht überall außerhalb der Legalität und ist der Verfolgung durch Behörden und offizielle Kirchen jeder Art ausgesetzt. | *Anabaptismus*

In Münster entsteht 1534/35 durch plebejischen Aufruhr, als ein nachrevolutionärer Höhepunkt in Deutschland, eine Täuferkommune, die das Ideal einer naturalwirtschaftlichen Gütergemeinschaft verwirklichen soll. Das Ziel ist utopisch, die Kommune erliegt dem konzentrierten militärischen Angriff der Fürstenarmeen. Unter dem fortwährenden Druck der feudalen und städtischen Obrigkeiten verliert die Täuferbewegung ihre antifeudalen, radikalen Züge. Mähren wird einer ihrer europäischen Sammelpunkte. Doch auch von hier werden die friedfertigen Sekten und Gemeinden Anfang des 17. Jh. vertrieben, um im Fürstentum Siebenbürgen wieder ein Asyl zu finden. Ein weiteres Zufluchtsland ist Nordamerika.

Zwingli und Calvin   1.3.5.

Eine Reihe Faktoren bewirkt, daß die reformatorische Bewegung in der Schweiz, obwohl von Deutschland Impulse empfangend, eigene Wege geht. Nach erfolgreichen Kämpfen gegen die Habsburger und die burgundischen Herrscher erlangt die Eidgenossenschaft im Jahre 1511 ihre Unabhängigkeit durch Vertrag mit dem Kaiser. | *Reformation in der Schweiz*

Das Land ist eine Föderation lose verbundener Kantone und abhängiger Gebiete. Neben den Waldkantonen Schwyz, Uri, Unterwalden, Luzern und Zug, deren Bewohner sich von Weidewirtschaft und Viehzucht ernähren, existieren die Stadtkantone Zürich, Bern, Basel u. a. m., deren Wirtschaft von Handel und Handwerk mit kapitalistischen Elementen bestimmt wird. Ein Charakteristikum sind die freien Landgemeinden, deren Bewohnern das Nutzungsrecht über gemeinsame Ländereien (Wiesen, Wälder) zusteht. Die ursprüngliche Gleichheit ist jedoch längst einer tiefen Besitzdifferenzierung und schroffen sozialen Gegensätzen gewichen. Hunger und Not, verschlimmert durch einen relativen Bevölkerungsüberschuß, bilden die Quelle für den Söldnerdienst der jungen Generation unter fremden Fahnen (Reislaufen). Die Stadtkantone stellen demgegenüber eine ganz andere Welt dar, in der Arbeitshände nötig sind und der Gegensatz Bürgerschaft–Patriziat waltet. Die Bürgerschaft ist lebhaft interessiert an der Reformation, an der Einziehung der Kirchengüter zugunsten der Staatsgemeinde, aber auch an festeren Bindungen der Kantone untereinander. Die Anfänge der Reformation sind mit dem Wirken Ulrich (Huldrych) *Zwinglis* verbunden. Er sagt dem Dienst in fremden Söldnerheeren den Kampf an. Als einzige Quelle des Glaubens erkennt er, wie Luther, die Heilige Schrift an und fordert, alles aus dem Leben der Kirche zu entfernen, was später (vor allem durch die Hierarchie) hinzugefügt wurde.

Er bekämpft die Messe; die Sakramente betrachtet er nur als Symbole. Aus den Kirchen werden Altäre und Bilder verbannt, der Besitz der Kirche wird unter städtische Verwaltung und in den Dienst der Armenfürsorge gestellt. Als Formen des Gottesdienstes gelten Zwingli das Lesen der Bibel, die Predigt und die Erteilung des Abendmahls in beiderlei Gestalt (Brot und Wein) an die Gläubigen. Der Zölibat wird aufgehoben und die Landessprache in den Gottesdienst eingeführt.

Trotz Widerstand des Patriziats werden die einschneidenden Veränderungen auch in Basel, Bern und weiteren Städten vollzogen, gestützt auf die Bürgerschaft und Zwinglis Anhänger, wie Johann Hausschein Oecolampad und Albrecht von Haller. Der weltlichen Gewalt räumen die Reformatoren entscheidende Befugnisse in Konfessions- und Kirchenfragen ein.

Eine solche radikal-bürgerliche Entwicklung können die von wohlhabenden Grundbesitzern beherrschten patriarchalischen Waldkantone nicht nachvollziehen, sie bleiben katholisch und verbünden sich mit den Habsburgern. Die Eidgenossenschaft zerfällt in zwei Lager. Zum offenen *Bürgerkrieg* kommt es durch den von Zwingli geführten Überfall auf katholische Kantone (1529), doch tragen diese in der *Schlacht bei Kappel* (11. Oktober 1531) den Sieg davon. Der schwer verwundete Zwingli gerät in Feindeshand, wird erschlagen, sein Körper gevierteilt und verbrannt. Im November 1531 schließen die streitenden Parteien Frieden, in dem Katholiken wie Anhängern Luthers und Zwinglis die Ausübung ihrer Religion gleichberechtigt garantiert und die alten lockeren Bundesverhältnisse wiederhergestellt werden. Trotz vielerorts ausbrechender Bauernunruhen und ihres radikal-bürgerlichen Charakters vermag die Reformationsbewegung im Sinne Zwinglis nicht, die bestehende soziale Struktur und die Verfassung der Eidgenossenschaft wesentlich zu verändern. Sie vermittelt jedoch dem geistigen Leben und dem politischen Bewußtsein des Bürgertums kraftvolle Impulse und verfestigt demokratische Traditionen.

Calvinismus   Kurz nach dem Tode Zwinglis taucht in der Schweiz ein Reformator auf, dessen Werk und Wirken eine ungleich größere Bedeutung gewinnt – der Franzose *Jean Calvin*. Als kompromißloser Verfechter der staatlichen Suprematie im gesellschaftlichen Leben gerät er in immer schärferen Konflikt mit der katholischen Kirche, wird des Ketzertums bezichtigt und vollzieht schließlich die Trennung von Rom. Vor den Verfolgungen des Königs Franz I., der Gegner der Reformation ist, flieht Calvin über Straßburg nach Basel, wo 1536 sein reformationstheologisches Hauptwerk *Institutio christianae religionis* erscheint. In Genf findet er schließlich eine bleibende Wirkungsstätte. Sie wird zugleich zur Wiege nicht nur einer starken Gemeinde reformatorischen Glaubens, sondern zum Ausgangspunkt einer mitreißenden Strömung und neuen Konfession, die sich zum eigentlichen Todfeind der Papstkirche entwickelt und in vielen Ländern Europas Fuß faßt, oft unter Abkehr vom Luthertum: in Frankreich (1559 *Confession de foix*), den Niederlanden (1561 *Confessio belgica*), England und Schottland (1560 *Confession of faith*), in Polen-Litauen und Ungarn sowie in deutschen Territorien (1563 Heidelberger Katechismus). Zu den Konfessionen im Geiste Calvins bekennen sich Bürger wie Adlige, vor allem die ökonomisch wie politisch aktivsten Teile dieser Schichten und Klassen.

Die religiöse Doktrin Calvins gründet sich auch wie die Luthers und Zwinglis auf die Bibel als einzige Quelle des Glaubens. Neu ist jedoch die Lehre von der *Prädestination*, der Vorherbestimmtheit des individuellen menschlichen Schicksals und der Beschränkung der menschlichen Willensfreiheit durch Gott: Den einen bestimme er zur Gnade, den anderen zur Verdammnis.

Prädestinationslehre

Die Menschen sind nicht verdammt, weil sie sündigen, sondern sie sündigen, weil sie von Gott verdammt sind, lehrt Calvin. Aus diesem Grundsatz leitet er jedoch keinen fatalistischen Schluß über das menschliche Tun ab – im Gegenteil: In der erfolgreichen Arbeit eines Christen gibt Gott zu erkennen, daß der Betreffende zur Gnade auserwählt ist. Wegen des in der Theorie steckenden Paradoxons kommt es zu erbitterten Auseinandersetzungen über die Prädestination.

Calvins Gnadenwahl »war der religiöse Ausdruck der Tatsache, daß in der Handelswelt der Konkurrenz Erfolg oder Bankrott nicht abhängt von der Tätigkeit oder dem Geschick des einzelnen, sondern von Umständen, die von ihm unabhängig sind. ›So liegt es nicht an jemandes Wollen oder Laufen, sondern am Erbarmen‹ überlegner, aber unbekannter ökonomischer Mächte. Und dies war ganz besonders wahr zu einer Zeit ökonomischer Umwälzung, wo alle alten Handelswege und Handelszentren durch neue verdrängt, wo Amerika und Indien der Welt eröffnet wurden und wo selbst die altehrwürdigsten ökonomischen Glaubensartikel – die Werte des Goldes und Silbers – ins Wanken und Krachen gerieten.«[22]

Als meisterhafter Organisator der evangelischen Glaubensgemeinde in Genf vollzieht Calvin eine Synthese eigener Art zwischen Kirche und Staat, denen das gesamte Leben der Bürger restlos unterworfen ist, denn beide Institutionen werden von Gott abgeleitet. Der Dienst an Gott entbehrt jeder Sinnenfreude, Bilder und Musik sind verdrängt.

Kirchenverfassung

Die Moralnormen sind denkbar asketisch und werden staatlich und kirchlich streng überwacht. Theater, Würfel- und Kartenspiel werden verboten, ebenso das Tanzen; Wirtshäuser bleiben zeitweilig geschlossen. Die oberste Kontrollinstanz stellen die *Konsistorien* dar. Den von der Gemeinde gewählten *Presbytern* und *Diakonen* obliegen der Gottesdienst, die Wortverkündigung, die Armenpflege und die Kirchenzucht. Diese Grundsätze kennzeichnen die auf eine starke Gemeinde gegründete Kirchenverfassung des Calvinismus als oligarchisch und gemischt staatlich-kirchlich bei Überwiegen der kirchlichen Autorität. Ein weiterer Wesenszug liegt in der Tendenz zum regionalen, nationalen und übernationalen Zusammenschluß mittels *Synoden* sowie in der Intoleranz und Streitbarkeit gegen Andersgläubige und Ketzer.

Bei seinem Tode (1564) hinterläßt Calvin seine Kirche als die stärkste und am meisten geschlossene Organisation aller reformatorischen Be-

22 F. Engels, Einleitung [zur englischen Ausgabe (1892) »Die Entwicklung des Sozialismus von der Utopie zur Wissenschaft«], S. 534.

kenntnisse. Die von ihm 1559 gegründete Hochschule in Genf bildet jährlich immer mehr Pfarrer aus. Calvin, der theologischer Lehrer, Organisator und Propagandist, politischer Denker und Diplomat in einem ist, erzieht seine Schüler und Bekenner dazu, die »reine Lehre« in alle Welt zu tragen und Gemeinden zu gründen. Der Calvinismus bringt die erste reformatorische Weltkirche hervor, seine Bekenner tragen die Mission in sich, die gesellschaftlichen Verhältnisse umzugestalten, wenn es Gottes Ehre erfordere. Er ist militant-politisch, und deshalb eignet er sich als Kampfbanner der ersten siegreichen bürgerlichen Revolutionen in den Niederlanden und in England – er ist »Religion einer Klasse in Waffen« (A. L. Morton). Als solche dient er jedoch auch oppositionellen, rebellischen Adelsfraktionen in Frankreich, Schottland, Polen-Litauen, Ungarn und den habsburgischen Ländern Mitteleuropas, die einen hartnäckigen Kampf gegen den Aufbau absolutistischer bzw. zentralistischer Regime führen.

Calvin ist sich stets bewußt, daß seine Leistung und Sendung bei aller Kritik und Abgrenzung gegenüber Luther, besonders in der Abendmahlslehre, auf dessen großer Durchbruchstat für das Evangelium beruht. Die gesellschaftlichen Bedingungen, unter denen sie beide und ihre zahllosen Mitreformatoren und Nachfolger wirken, bestimmen den Spielraum ihrer im Wesen umwälzenden Lehre. Das Zentrum des Kampfes gegen das Feudalsystem verlagert sich aus dem Heiligen Römischen Reich in die nordwesteuropäischen Länder, es tritt eine regional-stadiale Verschiebung des revolutionären Prozesses ein, der auf der deutsch-niederländisch-englischen Achse noch immer im Zeichen politisch-religiöser Motivierung und theologischer Problemstellung verläuft. Die gewaltige Kraft der reformatorisch-frühbürgerlichen Bewegung spiegelt sich in den dynamischen Mitteln und der Dimension der Gegenbewegung – der sogenannten *Gegenreformation* unter der Hegemonie Spaniens.

1.4.   Die Niederländische Revolution (1566–1581)

1.4.1.   Staatsrechtliche Stellung, Wirtschafts- und Sozialstruktur

Die 17 Provinzen der Niederlande gehören in das burgundische Erbe der Habsburger und bilden seit 1548 einen unabhängigen Reichskreis. Bei seiner Abdankung übergibt Kaiser Karl V. 1556 das reiche Erbe seinem Sohn, der als Philipp II. von Spanien regiert. Dieser Akt verwandelt die Niederlande aus einem Zentrum des Universalreiches in ein peripheres Gebiet der spanischen Monarchie.

Bevölkerung und Wirtschaftsstruktur

In den Provinzen wohnen Mitte des 16. Jh. etwa 1,8 Mio Menschen, davon 1 Mio im südlichen Teil (vor allem in Flandern und Brabant).

In der *ökonomischen Entwicklung* zeichnen sich drei Hauptregionen ab: die mittleren Provinzen (Flandern, Brabant) mit blühendem Handel und entfalteter Gewerbeproduktion, die nördlichen Gebiete (Holland, Seeland)

mit rasch aufstrebendem Handels- und Produktionssektor und die relativ
zurückgebliebenen südlichen Provinzen mit starkem Agraranteil (Artois,
Luxemburg, Namur). Einen starken Agrarsektor haben auch die nördlich
gelegenen Provinzen Geldern und Overijssel. Eine kontrastreiche Misch-
struktur (gewerblich-agrarisch) bestimmt das wirtschaftliche Profil im
Hennegau (Hainot), in Limburg und Utrecht.

Der Handel, das ökonomische Rückgrat der nördlichen Provinzen, erfährt *Dominanz*
im 16. Jh. wesentliche Veränderungen: Er vermittelt zwischen Ost-Nord- *des Handels*
ost-Europa und den Mittelmeerländern und gliedert sich zunehmend in
den Überseeverkehr ein. In Antwerpen (mit täglich 500 Schiffen) und
Amsterdam wird Handelskapital rasch akkumuliert. Die Verstädterung
zwingt zu wachsendem Getreideimport aus den Ostseeländern. Daneben
existiert eine starke gewerbliche Eigenproduktion (vor allem für Textil-
und Metallgewerbe). Der weitreichende Handel begünstigt die Entstehung von Veredelungsprozessen in der Metall-, Papier- und Zuckererzeu-
gung, er fördert Bankwesen, Transportmittelherstellung (Schiffbau) und
Handelsnebengewerbe. Auch die Entwicklung der Landwirtschaft unterliegt dem Handel und fördert den Anbau spezieller Kulturen (Tulpen)
und die Viehzucht (Pferde). Die Ballung in den Städten und Gewerbe-
dörfern sichert dem Land- und Gartenbau einen ständigen Absatz und
drängt die Landwirtschaft auf den Weg der Intensivierung und Spezialisierung. Die Neulandkultivierung (Eindeichung) wird zunehmend als kapitalistisches Unternehmen finanzkräftiger Kaufleute und Großbauern
mit Lohnarbeitern betrieben oder ist das Werk freier Bauerngemeinden.

Die Bevölkerung der zahlreichen Städte setzt sich zu 80 % aus *Handwer-* *Produktions-*
kern zusammen, die vor allem in der Produktion von Tuch und Leinen *verhältnisse*
beschäftigt sind. Neben den alten Textilzünften entsteht die »neue Tuch-
macherei« (*nieuwe draperie*), die leichte und preiswerte Stoffe herstellt.
Vor allem die Leichttuchfabrikation überschreitet die Schwelle zur *Manu-*
faktur; auch der *Verlag* ist eine verbreitete Organisationsform.

Die Mehrzahl der *Bauern* in Flandern und Brabant sind persönlich freie
Besitzer oder Nutzer von Grund und Boden mit Zinsleistungen in Geldform. Da infolge der »Preisrevolution« die Entwertung des Geldes fortschreitet, gerät der auf Rente angewiesene Adel in eine Krise. Gewinne
erzielen reiche Bauern und Bürger, die eine neue Schicht von Grundbesitzern bilden. Ihre Wirtschaften betreiben sie mit Lohnarbeit landarmer
oder landloser Dorfbewohner, und sie gehen zu neuen Fruchtwechselme-
thoden über. Diese Farmhöfe stellen zunächst eine Minderheit agrari-
scher Wirtschaften dar; die Hauptmasse des Bodens bleibt feudales Eigentum von Adel und Kirche. In Friesland, Holland und Seeland
existieren wie ehedem zahlreiche Freibauern in den Dörfern, die vielfach
eine intensivierte Warenwirtschaft (Milchvieh) anstreben. Der Anteil der
Adels- und Kirchengüter umfaßt in diesen Provinzen durchschnittlich
25 %. Rein feudale Ausbeutungsformen halten sich nur noch in wenigen
peripheren Provinzen (Geldern, Overijssel, Teile von Artois, Luxemburg
und Namur). Doch weder die Pauperisierung der Landbevölkerung noch
die kapitalistische Struktur mit großen Farmwirtschaften erreicht ein solches Ausmaß wie zu gleicher Zeit in England.

Wie die wirtschaftliche Struktur und Entwicklung, so weicht auch die *gesellschaftliche Schichtung* in den einzelnen Provinzen stark voneinander ab. Die Entfaltung von Handel und Gewerbe bringt eine bürgerliche Unternehmerschicht hervor, die in die konservative Sozialstruktur der Städte mit ihrem noch starken Zunft- und Patrizierelement eindringt, ohne sie jedoch aufzubrechen. Das *Manufakturbürgertum*, das sich vor allem in Hondschoote und Umgebung herauszubilden beginnt und sich von den Wucher- und Handelskapitalisten unterscheidet, ist schwach. Charakteristisch für die Städte ist die sich ständig regenerierende Herrschaft einer privilegierten, exklusiven und konservativen Oligarchie, des *Ratspatriziats*, das adlig-feudalen Leitbildern nacheifert und scharf gegen die handwerklich-kleinhändlerischen Zunftbürger abgegrenzt ist. Seine Existenzquellen bestehen in Handel, Geldverleih und Grundbesitz, aber es rekrutiert sich auch in wachsendem Maße aus Schichten der Intelligenz und bürokratischen Elementen.

Der fortschreitenden Akkumulation von Kapital und Herrschaftsgewalt steht eine wachsende Pauperisierung und Entmündigung der städtischen Mittelschichten gegenüber. Es kommt häufig zu Revolten der Stadtarmut. Ihre schwierige Lebenslage bildet den Nährboden für die rasche Ausbreitung des *Anabaptismus* und des Sektenwesens (Holland, Friesland), wie überhaupt die scharfen sozialen Kontraste, die von der Diktatur einer aristokratisch-oligarchischen Minderheit überhöht werden, die Städte zu den führenden Zentren der Revolution prädestinieren.

Der *Adel* wird durch die ökonomische Entwicklung in seinen Existenzgrundlagen bedroht. Relativ sicher fühlt er sich noch in den südlichen Provinzen, dort entfaltet er den für eine untergehende Klasse typischen Luxus. Obwohl einzelne Aristokraten riesige Einkünfte aus ihren Landgütern beziehen, geraten sie immer tiefer in Schulden. Die Lage des mittleren und des kleinen Adels gestaltet sich noch schwieriger, falls sich ihm nicht der Weg zu Kirchenpfründen, in den Staatsdienst oder an den Brüsseler Hof eröffnet. Die »Preisrevolution« verkürzt ständig den Wert der in Geld fixierten Feudalrente. Es kann von einer Krise des Adels gesprochen werden, die seine erschütterte gesellschaftliche Stellung weiter unterhöhlt, zugleich aber den Nährboden für seine politische Aktivität und seine Neigung zum Bündnis mit dem reichen Bürgertum herstellt.

In den Niederlanden reifen in den ersten Jahrzehnten des 16. Jh. Konflikte heran, in denen sowohl innerfeudale Widersprüche als auch zugespitzte Probleme der konjunkturellen handels- und frühen manufakturkapitalistischen Entwicklung zum Austrag kommen. Deshalb findet die *lutherische Reformation* Widerhall und dringt in städtische Zentren (vor allem Antwerpen) und Teile des Adels ein. Macht und Reichtum der katholischen Kirchen und Klöster sind in Gefahr, doch der Kaiser setzt der weiteren Ausbreitung der »Ketzerei« einen Damm in Gestalt der Inquisition entgegen. Neben dem Luthertum faßt der *Zwinglianismus* Fuß, seine Bekenner werden »Sakramentierer« genannt. Die *Täuferbewegung* mit ihrer Negation allen äußeren Kirchwesens und aller Dogmen sowie mit utopisch-chiliastischen Vorstellungen eines nahenden Gottesreiches findet in den Niederlanden unter der zahlreichen Stadtarmut um 1530 neue Anhängerschaft, zumal die Tätigkeit verschiedener Sekten (Waldenser) vorgearbeitet hat.

Dem aus Straßburg kommenden anabaptistischen »Propheten« Melchior Hofmann laufen vor allem in den Nordprovinzen viele Menschen aus den armen Schichten zu, Amsterdam wird das Zentrum der »Melchioristen«. Aus ihnen entwickelt sich eine radikal-kämpferische Richtung des Täufertums. Nach dem Scheitern einiger Revolten setzt sich allmählich eine passiv-friedliche Ideologie im Täufertum durch, dessen Repräsentant der Friese Menno Simonssoon ist. Er durchzieht predigend ganz Friesland und Holland sowie deutsche Territorien und hinterläßt bei seinem Tode 1559 eine zahlreiche Anhängerschaft, die man »Mennoniten« zu nennen beginnt.

Der Calvinismus verbreitet sich seit den vierziger Jahren von Frankreich her, vor allem unter den Webern der Tuchzentren Südflanderns. Antwerpen bildet die geistige Hochburg. Die bei den Unterschichten verbreitete, sozial gefärbte Richtung stößt bei den Drapiers (Tuchherren), Kaufleuten und Patriziern auf Ablehnung, sie vertreten einen gemäßigten Calvinismus, von dem sie Rechtfertigung ihrer Profitmacherei sowie beherrschenden Einfluß auf die Kirchenangelegenheiten in Gestalt der Konsistorien erwarten. Diese Konsistorien bilden jedoch auch für radikale bürgerliche Kräfte Plattform und Werkzeug streitbarer orthodoxer Ideologie und Organisation. Ein Teil des Adels neigt vor allem der antiabsolutistisch-antityrannischen (hugenottischen) Prägung des Calvinismus zu. Eine ähnliche Tendenz tritt später in der Revolution auch bei den städtischen Oberschichten zutage. Die Radikalisierung und Demokratisierung des Calvinismus wird wesentlich gefördert durch die gnadenlose Verfolgung, der er durch Kirche und Regierung ausgesetzt ist. *Übergreifen des Calvinismus*

Die Abrechnung und der Bruch mit der Papstkirche sind nicht nur ein Verdienst der Reformation, sondern auch des niederländischen Humanismus, dessen Verfechter bis in die Schulstuben der ungewöhnlich zahlreichen Elementar- und Lateinschulen hinein wirken. Die von der Philosophie des Menschen durchdrungene Ideologie gipfelt in der Leistung des *Erasmus von Rotterdam*, genannt *doctor universalis*. *Niederländischer Humanismus*

Er ist eng mit Thomas More befreundet und genießt in ganz Europa Ansehen; selbst katholische Fürsten und Würdenträger zollen seiner philologischen Gelehrsamkeit und seiner Sprachgewalt höchste Anerkennung, obwohl seine streitbare Feder sich vor allem gegen die Suprematie der Religion, den Klerus, die verknöcherte Scholastik und die Dogmen der Kirche richtet. Sein Ziel sieht er in der durchgreifenden Erneuerung der Kirche in Richtung auf die Eliminierung äußerer Konfessionsformen und die Verinnerlichung des Glaubens. Er bleibt jedoch ein Gegner jeder Gewalt und gibt der Erziehung und der Überzeugung den Vorzug, er verurteilt Feindschaft im Gewande der Religion und verkündet den Toleranzgedanken, er ist ein leidenschaftlicher Gegner von Kriegen, die zu seiner Zeit vor allem der feudalen Ordnung entspringen.

Dem Werke des Erasmus entnehmen sowohl kompromißlerische Strömungen im Verlauf der Revolution als auch streitbare Geister ihre Anregungen. Ungewöhnlich formenreich und breit entfaltet sich auch wie in Deutschland die *Flugschriften- und Liedliteratur* im Zuge der Reformation. Unmittelbar im Kreise gelehrter Humanisten verkehren auch die rührigsten Drucker, die in der hervorragenden Gestalt des Antwerpener Druckers Christoph Plantin (Herausgeber der fünfsprachigen Bibel) ihren Spitzenrepräsentanten finden.

Malerei

In die erste Hälfte des 16. Jh. gehen die Ursprünge der später so unvergleichlich reichen *niederländischen Malerei* zurück. In Auseinandersetzung mit den übermächtigen Italienern ringen die von adligen Mäzenen und einem rasch wachsenden Kunstkonsum reicher Bürgerschichten geförderten Niederländer erfolgreich um eigenen Stil und Gegenstand. Nach und neben dem von Symbolik, Phantastik und Visionen gekennzeichneten Werk des *Hieronymus Bosch* entwickeln sich das Porträt, das Familienbildnis und die Landschaftsmalerei mit dem für die niederländischen Meister charakteristischen Realismus in Form und Inhalt bei vorherrschend weltlicher Thematik. Unter dieser nimmt das bäuerliche Genrebild einen besonderen Rang ein. In den Marktszenen und Bauernküchen des Amsterdamer Malers *Pieter Aertsen* begegnet dem Betrachter der Typ des selbstbewußten, vermögenden Bauern. Von Aertsen führt ein direkter Weg zu *Pieter Bruegel d. Ä.*, dem größten niederländischen Maler des 16. Jh. Für ihn bedeuten die Bauern nicht nur ein Darstellungsobjekt, sondern sie sind Ziel seiner Kunst, einen Teil des Lebens zu gestalten mit allen seinen Details. Mit Bruegels Werk wird eine Entwicklung in Gang gesetzt, die sich zu Rembrandts Zeiten vollenden wird.

Architektur

In der Architektur hingegen mangelt es an eigenständigen Leistungen des Renaissancestils; die Schlösser und Bürgerhäuser sind entweder noch der Gotik verhaftet oder italienischen Mustern nachgebildet. Erst im 17. Jh. bringt das Barock wiederum Bedeutendes hervor.

1.4.2.   Revolutionäre Krise

Herrschaft
Karls V. und
Philipps II.

Unter Karl V. erfahren die oberen Schichten des Bürgertums noch Schutz und Förderung. Dem Kaufmannskapital steht der Kolonialhandel offen, der Kaiser bestätigt die Privilegien der Städte und untersagt den Betrieb von Gewerben auf dem Lande, womit Zunftinteressen entsprochen wird. Mit der Regierungsübernahme durch Philipp II. 1556 ändern sich die Verhältnisse; die Niederlande werden zu einem Herd wachsender Widersprüche und Spannungen. Es bedarf der Sprengkraft bürgerlicher Mittelschichten sowie der doktrinären calvinistischen Orthodoxie einerseits und härtesten ökonomischen, politischen und geistigen Drucks der Regierung andererseits, um vor allem Teile der städtischen Gesellschaft in solchem Maße in Bewegung zu bringen, daß es zum offenen Kampf mit Philipp II. kommt. Das Befreiungsmotiv gegen Spaniens Tyrannei und seine religiöse Form entschärfen in gewissem Grade die inneren sozialökonomischen und politischen Gegensätze und fördern immer wieder die zeitweilige Zusammenführung der Einzelbewegungen. Die Revolution wird so zum konstitutiven Faktor *frühnationaler Gemeinschaftsbildung* (als Unabhängigkeitskrieg). Es dominiert die »äußere Front«.

Wirtschafts-
krise

Erstes Signal der politischen Krise ist der spanische *Staatsbankrott* von 1557; er bringt den Spitzen des Bürgertums, den Bankiers, große Verluste. Drei Jahre später erleiden die Verleger und Manufakturunternehmer einen schweren Schlag: Sie werden vom Handel mit den Kolonien ausgeschlossen, die Wolleinfuhr aus Spanien unterliegt hoher Besteuerung.

Trotz der Krise fordert der König von den Städten Steuern und Anleihen
für seine kostspielige Kriegführung mit Frankreich. Die Spannungen zwischen König und Generalständen erhöhen sich durch den Streit um die
im Lande stehende spanische Armee, die zur Geißel der Bevölkerung geworden ist. Es gelingt schließlich, auch durch Drängen der von Philipp
eingesetzten Statthalterin *Margarete von Parma*, die Soldateska loszuwer-
den. Kaum ist diese Frage gelöst, als – neben dem fortdauernden Terror   Bistumsreform
der Inquisition – der König Ende 1560 die Einrichtung von 14 neuen Bis-
tümern verkündet, um den Glaubens- und Herrschaftsdruck zum Zwecke
der Zentralisierung der Macht zu verstärken. Er bricht damit in traditionelle Rechte ein, verwehrt dem Adel Einnahmen an geistlichen Pfründen.
Am Brüsseler Hof sammelt der allmächtige Berater der Statthalterin und
spätere Sekretär Philipps II., *Kardinal Granvella*, immer mehr spanische
und italienische Beamte und Höflinge um sich.
Die Gegensätze des auf seine ständischen Rechte bedachten Adels zur   Aristokratische
Brüsseler Statthalterregierung gewinnen an Schroffheit. An der Spitze der   Opposition
opponierenden aristokratischen Oberschicht stehen die Mitglieder des
vom König berufenen Staatsrates *Prinz Wilhelm von Oranien*, *Graf Egmont*
und *Admiral Hoorn*. Im Jahre 1563 einigt sich die Spitzengruppe der
Adelsopposition auf einen taktischen Zug, um Granvella zu stürzen. Im
März legen die drei genannten Führer ihre Ämter im Staatsrat aus Protest
gegen die Willkür des Kardinals nieder, gegen den sich außerdem eine
breite Antipathie im Volke äußert. Mancherorts kommt es zu Revolten, in
deren Gefolge Opfer der Inquisition befreit werden. Die Statthalterin
und der König lassen Granvella 1564 fallen; er verläßt das Land, die Opposition hat ihren ersten Sieg errungen.
Doch Granvellas Entfernung ist nur ein taktisches Zurückweichen des
Absolutismus. Noch im Jahre 1564 publiziert die Brüsseler Regierung die
Verordnung des Königs, unverzüglich mit der Durchführung der Beschlüsse des Konzils von Trient zu beginnen. Philipp II. bestätigt überdies alle Verfolgungsedikte Karls V. und die Urteile der Inquisitionstribu-
nale. Die weltlichen Gerichte, die vielerorts milde Sprüche gegen
»Ketzer« durchsetzen können, werden ermahnt, mit aller Strenge zu ver-
fahren. Schon die öffentliche Vorlesung des Edikts durch königliche He-
rolde stößt in zahlreichen Orten auf Empörung. Die meisten Geistlichen,
die Statthalter und Ständeversammlungen der Provinzen (Provinzialstände) leisten Widerstand. Im Staatsrat findet sich zwar eine gefügige
Mehrheit, doch die Verweigerer Oranien, Egmont und Hoorn boykottieren den Staatsrat und ziehen sich auf ihre Schlösser in den Provinzen zurück; besonders Oranien befürchtet den allgemeinen Volksaufstand.
Eine Adelsgruppe, vor allem Angehörige des calvinistischen niederen   Adelskompro-
Adels unter Führung von Graf Ludwig von Nassau (dem jüngeren Bruder   miß
Oraniens), Graf Heinrich von Brederode, Jan von Marnix und dem engen
Vertrauten Oraniens, Philipp Marnix van Sint Aldegonde, organisiert sich
Ende des Jahres 1565 zum geschlossenen Widerstand gegen das Tridenti-
num und die Inquisition. Der Adelsbund, dem auch angesehene Bürger
und selbst katholische Priester beitreten, erhält seinen Namen nach dem
Titel seines programmatischen Manifests (*Le Compromis des Nobles*).

Der Bund findet nur wenig Beifall unter den Aristokraten. Deren Opposition zielt auf Übereinkunft mit der Statthalterin, um über den Staatsrat das Land zu regieren. Wilhelm von Oraniens Distanz äußert sich in anhaltendem Schweigen (»der Schweiger«). Die Nachricht von den Aktivitäten der Adelsverschwörung versetzt die Statthalterin in Schrecken, sie sucht im Staatsrat, zu dem sie Oranien und Hoorn Ende März 1566 ausdrücklich bittet, Rat, ob sie eine Delegation des Bundes mit einer Petition empfangen soll. Die oppositionellen Aristokraten raten zum Empfang der Abordnung des Adelsbundes.

Am 4. April 1566 ziehen ihre Mitglieder unter großem Aufsehen in Brüssel ein und marschieren am nächsten Morgen unbewaffnet zum Palais der Regentin, um sich ihr mit der Petition zu nähern. Die Statthalterin zittert, doch einer ihrer Berater flüstert ihr beruhigend zu: »Ce sont de gueux.« (Es sind nur Bettler.) Auf die Verschuldung der meisten und auf den Bittgang anspielend. Der Name *gueux* (Geusen) wird im Verlaufe der Revolution zum Synonym für die tapfersten Kämpfer gegen das spanisch-feudale Regime.

Am 31. Juli 1566 betraut Philipp II. die neuen Bistümer mit der Inquisition und verweigert kategorisch jedes Zugeständnis. Die kompromißlerische Adelsopposition ist damit manövrierunfähig, andere Kräfte drängen weiter.

Konsistorien   Mit der Verdichtung der revolutionären Krise schreitet die calvinistische Reformation fort, und die Konsistorien erweisen sich immer mehr als Zentren des Widerstandes. In diesen Gremien bestimmen die reichen Bürger (Kaufleute, Drapiers, Unternehmer). Die Konsistorien als gewählte Führungsgremien der calvinistischen Gemeinden erleben bald einen Prozeß der Radikalisierung; er führt mit den zunächst spontanen, seit Juni/Juli 1566 durch Synodalbeschluß zum Prinzip erhobenen »Hage-« oder »Heckepredigten« die Bewegung zum Reifestadium organisierter und disziplinierter bewaffneter Demonstrationen und regelrechter calvinistischer Heerschauen. Der bürgerliche Klassencharakter der calvinistischen Kircheninstitution setzt jedoch auch einen anderen Prozeß in Gang: die Kanalisierung des sich anstauenden Unruhepotentials der Gemeinden. Im Jahre 1563 fällen Synoden wichtige Entscheidungen: Die Gemeinden der Gläubigen verlieren das Recht zur Wahl der Konsistorien, diese verwandeln sich in Gremien, die sich durch Kooptation selbst ergänzen und sich der öffentlichen Kontrolle entziehen. Die Führungskräfte leiten über die Predigerschaft und durch reichliche Almosen und Zuwendungen in die Kirchenkassen den immer weiter anwachsenden Zustrom zum Calvinismus in ihre Bahnen.

1.4.3.   Beginn der Revolution

Bildersturm   Die umfassende, sich im Bildersturm entladende, revolutionäre Bewegung entspringt nicht zuletzt einer schweren *Wirtschaftskrise*, die im *hongerjaar* (Hungerjahr) 1566 ihren Höhepunkt erreicht. Erste Aufstände der ärmeren Stadtbevölkerung brechen in den Tuchmacherzentren Westflanderns und in Artois los. Am 11. August 1566 stürmen 300 Calvinisten (Handwerker, Tagelöhner, Lohnarbeiter der Textilwerkstätten, Bettler,

Bauern), mit schwerem Werkzeug ausgerüstet, die katholischen Kirchen in St. Omer und zerschlagen Heiligenbilder und Altäre.

In wenigen Tagen läuft der Sturm durch 12 von 17 Provinzen, er greift von Flandern aus um sich und erfaßt Brabant, einen Teil von Artois und mehrere nördliche Provinzen wie Holland, Seeland und Utrecht. Insgesamt werden 5000 Klöster und Kirchen geplündert. Im Gegensatz zur Inquisition schonen die Ikonoklasten jedoch die Menschen, sie zerschlagen die Symbole und Kultgegenstände der verhaßten Papstkirche und registrieren die Kirchenschätze auf den Rathäusern zum Zwecke der Verwendung für Armenfürsorge und Gemeinnutz. Aus dem *hongerjaar* ist ein *wonderjaar* (Wunderjahr) geworden.

Der Bildersturm reißt die lockere Einheit der antiabsolutistisch-antispanischen Bewegung jäh auseinander. Der Adelsbund schließt bereits am 25. August 1566 mit Margarete von Parma ein Kompromiß (Accord). Gegen deren Zusicherung, die Inquisition einzustellen und die »Ketzerplakate« zu mildern, löst er sich auf. Seine Mitglieder erhalten Amnestie. Führende Aristokraten (Oranien, Egmont) kehren in ihre Statthalterämter zurück, werben eilends Truppen und beginnen in Übereinstimmung mit der Regierung, den Aufruhr militärisch niederzuwerfen. Konsistorien und Prediger mahnen zur Ruhe und Unterordnung, Aristokratie und Adel scheinen am Ziel: die Regierung zum Nachgeben gezwungen sowie Besitz und Privilegien gesichert zu haben. Nur ein kleiner Teil der Adelsgeusen, an der Spitze der »Großgeuse« Heinrich von Brederode und Philipp Marnix, setzen den Kampf eine Zeitlang fort und finden Unterschlupf bei den westflandrischen Gemeinden.

Doch alle die Revolution auslösenden Faktoren wirken weiter, und dies in verschärfter Form. Die schwierige Wirtschaftslage des Südens verschlimmert sich noch dadurch, daß reiche Bürger ihr Kapital in die Nordprovinzen und ins Ausland verlagern. Durch den einsetzenden Terror unter *Herzog Alba*, der 1567 Margarete von Parma ablöst, werden Adel und Aristokratie wiederum auf die Gegenseite getrieben, auch dem Bürgertum wird die letzte Möglichkeit für einen Ausgleich mit dem Absolutismus genommen. Am 22. August 1567 hält Alba an der Spitze von 30 000 Soldaten Einzug in Brüssel, und bereits am 9. September kommt es zum ersten Gewaltakt: Er läßt Egmont, Hoorn und weitere Aristokraten bei einem Bankett verhaften. Noch schlimmer trifft den loyalen Adel die Auflösung der einheimischen Truppen und die Besetzung der Städte und befestigten Plätze mit spanischen Garnisonen; in die öffentlichen Ämter ziehen Spanier ein, die Inqisition wütet härter denn je. Die härteste Maßnahme des neuen Statthalters ist die Berufung des »Rates der Unruhen«, eines mit Niederländern besetzten Tribunals, bald »Blutrat« genannt. Sein Ziel ist die Verfolgung aller Personen, die sich an den Aufständen und den oppositionellen Akten beteiligt haben oder dessen verdächtig sind bzw. als »Ketzer« fixiert werden. Außer der Straffunktion hat der »Blutrat« die ökonomische Aufgabe, das gesamte Vermögen der Verurteilten zur Sanierung der Staatsfinanzen einzuziehen. Insgesamt 8000 Menschen, Angehörige aller Schichten, fallen dem »Blutrat« zum Opfer. Die *öffentliche Hinrichtung Egmonts und Hoorns* in Brüssel (5. Juni 1568) ist nur ein, wenn auch das spektakulärste Beispiel des Terrors. Oranien und weitere Aristokraten suchen in Deutschland Zuflucht. Im März 1569 fordert

Terror Albas

»Rat der Unruhen«

Alcabala

Alba in Brüssel von den Generalstaaten die Einführung der Alcabala, eine in Spanien praktizierte Steuerform: 1 % vom Besitz, 10 % von gehandelten Mobilien und 5 % von gehandelten Immobilien sind an den Staat zu zahlen. Ein Sturm des Protestes (auch der Kirchenhierarchie und hoher Potentaten wie des Kaisers, die des niederländischen Kapitals bedürfen) bewegt Alba zur Aussetzung der Steuer bis 1571, er fordert stattdessen ein Subsidium von 2 Mio Gulden.

Busch- und Wassergeusen

Der Druck des Terrors und die Enttäuschung der Volksmassen über das Versagen der obereren Bürgerschichten, des Adels und der Ständeversammlungen bewirken, daß die Revolution in eine *Phase der Stagnation* eintritt, in der sich aber Kräfte und Formen der späteren Aktivierungsphase ausbilden. Im Jahre 1568 beginnen sich in Flandern, Hennegau und Artois Gruppen von *Buschgeusen* zum partisanenartigen Kleinkrieg gegen die fremden Söldner und die katholischen Priester zu sammeln. Der Widerstand in den größeren Städten wird von den calvinistischen Gemeinden organisiert. Völlig getrennt von diesem Volkskampf – auf die Hilfe Englands, Frankreichs und deutscher Fürsten setzend, denen niederländische Provinzen angeboten werden – führen Ludwig von Nassau und Wilhelm von Oranien im Laufe des Jahres 1568 mit deutschen Söldnern Feldzüge nach Groningen und Brabant, doch ohne Erfolg und größeres Echo im Volke.

In den Nordprovinzen, in denen statt des Waldes das Wasser den zerstreuten Volkskampf begünstigt, entfalten die *Wassergeusen* ihre Aktivität gegen den Terror Albas: Hafenarbeiter, Fischer, Seeleute, Flüchtlinge aus den niederen Schichten, einzelne Adlige (Wilhelm von der Marck). Sie verfolgen die Spanier und deren Parteigänger in den Gewässern und Häfen, ihre Stützpunkte finden die Geusen im englischen Dover und in Emden.

1.4.4.   Revolution der Nordprovinzen

Einnahme Brielles

Als die englische Königin angesichts des spanischen Sieges bei Lepanto 1571 über die Osmanen den Geusen keinen Unterschlupf mehr gewährt und der Graf von Ostfriesland und der Rat von Emden sie verräterisch preisgeben, sind die Geusen gezwungen, entweder auf dem Wasser zu bleiben oder an den niederländischen Küsten einen Stützpunkt für ihre kühnen Operationen zu suchen. In dem kleinen Fischerstädtchen Brielle (Insel Voorne) in der Maasmündung finden sie dank der Sympathie der Bürger und der Unentschlossenheit des Rates Anfang April 1572 ihre neue Flottenbasis, die sie gegen die angreifenden Spanier erfolgreich verteidigen.

Brielle wird zum Fanal des rasch um sich greifenden Aufstandes in den Städten der Nordprovinzen. Die zweite Phase der Revolution beginnt. Der Aufstand begräbt wie ein Erdrutsch die Militärmacht Albas und das Regime der mit ihm kollaborierenden Stadträte. Überall bilden sich Schützengilden und Einheiten der Bürgermiliz, die Konsistorien steuern und koordinieren den Aufstand. Die Güter der katholischen Kirche und Anhänger Spaniens werden konfisziert. Der Aufstand in den Nordprovinzen bedeutet die *Wende in der niederländischen Revolution.* Handels- und frühe Manufakturbourgeoisie übernehmen – gedrängt durch die breite Volksbewegung einerseits und den Terror Albas andererseits – die Hegemonie im Kampf, finanzieren und treiben ihn unmittelbar an. Ihre Kapitalinteressen vereinigen sich vorübergehend mit den radikalisierten städtischen Mittelschichten und den Geusen in einer Woge antispanischen Patriotismus. Doch bald nähert sich der Hegemon der Revolution in den Nordprovinzen der Aristokratie an; Wilhelm von Oranien, der nach der Bartholomäusnacht (23./24. August 1572) nicht mehr mit Frankreichs Hilfe rechnen kann, übernimmt die Führung. Als Statthalter von Holland und Seeland ruft er zum Kampf gegen Spanien auf; die in Dordrecht versammelten Provinzialstände von Holland wählen ihn am 19. Juli 1572 zum *Regenten von Holland und Seeland.* Als Gegenleistung soll Oranien den Geusen seine Kaperverbriefung entziehen; das siegreiche Bürgertum sucht sich des aufständischen Volkes als Verbündeten zu entledigen. Bündnis Bourgeoisie – Oranien

Die Absicht Oraniens und seiner Anhänger in den reichen Bürgerschichten, die Geusen und die revolutionären Organe des Aufstandes zurückzudrängen, ist zunächst nicht zu verwirklichen angesichts des gnadenlosen Krieges, den Alba in den Nordprovinzen führt. In Haarlem stoßen die Spanier auf geschlossenen, heldenmütigen Widerstand der Kaufleute, Handwerker, Weber, Gesellen, Frauen und Kinder; er dauert sechs Monate über den Winter 1572/73 an, unterstützt von kühnen Entlastungsaktionen der Wassergeusen, und endet mit Haarlems Kapitulation. Die Belagerung Alkmaars verläuft erfolglos, die Wassergeusen erringen neue Siege über spanische Schiffskonvois, eine spanische Flotte wird im November 1573 in der Zuiderzee durch Geusen unter Führung von Cornelis Dirksson vernichtet. Da Albas Kampagne zur Wiederunterwerfung der Nordprovinzen nahezu scheitert, erfolgt 1573 seine Abberufung durch Philipp II. Ablösung Albas

Angesichts der Niederlagen und des Drucks der revolutionären Kräfte macht der neue Statthalter, Luis de Requesens, Zugeständnisse: Amnestie unter der Bedingung, sich zum Katholizismus zu bekennen, Auflösung des »Blutrates«, Lockerung der Steuerpolitik. Doch auch Requesens setzt letztlich auf militärische Gewalt. Im Januar 1574 unternimmt er eine Kampagne gegen die seeländischen Inseln, allerdings ohne Erfolg. Bei Mook erringt er im April 1574 einen Sieg über eine vereinigte deutsch-französische Interventionsarmee unter den beiden jüngeren Brüdern Oraniens. Im Laufe des Jahres 1574 müssen die Spanier jedoch zwei Niederlagen hinnehmen, durch die sie endgültig den Norden verlieren.

Die Generalstaaten verweigern dem Statthalter in Brüssel die Bewilligung neuer Steuern. Auf diese politische folgt eine noch größere militärische Niederlage: Nach viermonatiger Belagerung Leidens (Ende Mai bis Anfang Oktober) durchstechen die Eingeschlossenen die Dämme, damit eine Flotte der Wassergeusen auf dem überschwemmten Gebiet die Spanier angreifen kann. Die denkwürdige Befreiung des schwergeprüften Leiden krönt den Kampf der Geusen in den Nordprovinzen. Auf Vorschlag Oraniens beschließen die Provinzialstände von Holland und See- Befreiung Leidens land am 6. Januar 1575, eingedenk des heldenmütigen Kampfes gegen die spanische Tyrannei in der Stadt Leiden eine *Universität* zu gründen.

»Spanische Furie«

Unterdessen bricht die spanische Kriegführung zusammen. Führerlos gewordene, unbesoldete, meuternde Soldatenscharen ziehen plündernd nach Süden. Im Oktober 1575 fällt Maastricht in die Hände der Spanier, sie foltern und erschlagen die Einwohner und legen Brand in der Stadt. Bald darauf wird Antwerpen das Opfer der »Spanischen Furie«, obwohl sich die Bürgermiliz tapfer wehrt. Drei volle Tage, vom 4. bis 6. November 1576, hausen die Spanier in der noch blühenden Stadt. 6 000 Menschen werden erschlagen oder verbrennen, den angerichteten Schaden schätzen Zeitgenossen auf 24 Mio Gulden. *Glanz und Größe der reichsten und berühmtesten Stadt Europas verlöschen.*

1.4.5.   Der Kampf im Süden

Schwerpunkt-verlagerung der Revolution nach Süden

Im Herbst 1576 – dem Beginn der dritten Phase der Revolution – verlagert sich der Schwerpunkt der Auseinandersetzung der revolutionären Kräfte mit dem spanischen Militärregime nach Süden, wo die Aktionen der Waldgeusen und Bauernunruhen nie ganz aufgehört haben. Nach dem Tode von Requesens Anfang März tritt ein Interregnum ein, erst im November 1576 zieht der neue Regent, *Juan de Austria*, natürlicher Sohn Karls V. und Sieger von Lepanto, in Brüssel ein – ohne Truppen, da es an Geld mangelt. In den großen Städten Brabants verkünden calvinistische Prediger, man dürfe die Spanier ohne Gewissensskrupel umbringen. In Brüssel besetzt am 4. September 1576 die vom Volke unterstützte und von oranientreuen Offizieren angeleitete Stadtmiliz das Gebäude des Staatsrates und nimmt seine königstreuen aristokratischen Mitglieder in Arrest. Die spanische Herrschaft ist gestürzt. Nach dem Brüsseler Beispiel machen auch in anderen Städten bewaffnete Abteilungen und das empörte Volk die spanischen Garnisonen unschädlich, vertreiben die Beamten und bilden eigene Verwaltungsorgane. Aufständische Bauern organisieren Selbstschutztrupps, die die Straßen kontrollieren.

Genter Pazifikation

Eine Folge sowohl der spanischen Söldneranarchie als auch der sozial vielfältig zusammengesetzten Aufstandsbewegung ist die eigenständige Versammlung der *Generalstände in Gent* (Oktober 1576). Die Delegierten der Nord- und Südprovinzen einigen sich auf ein Dokument, die *Genter Pazifikation* (8. November 1576). Es proklamiert den gemeinsamen Kampf gegen das fremde Kriegsvolk und für die Wiedergewinnung der früheren Freiheiten. Allgemeine Amnestie wird gefordert, ebenso die Rückgabe der von Alba beschlagnahmten Güter und die Annullierung aller seit 1566 wegen »Ketzerei« und Aufruhrs gefällten Urteile. Die königlichen Glaubensedikte sollen ruhen, bis die Generalstaaten endgültig über die Konfessionsfrage entscheiden. Der in Holland und Seeland herrschende Calvinismus wird stillschweigend anerkannt. Die Generalstände bestätigen Oranien als Admiral und Oberbefehlshaber des Militärs sowie als Statthalter der beiden Provinzen. Der Staatsrat und Juan de Austria als Regent bestätigen in Brüssel die auf Ausgleich und Kompromiß orien-

tierte Pazifikation in ihren wesentlichen Teilen und sichern den Abzug
der spanischen Truppen zu.

Ende Juli 1577 bricht der neue Statthalter den vereinbarten Frieden mit
einem Überfall auf die Zitadelle von Namur, die Einnahme weiterer
Städte im Süden ist vorbereitet. Durch die Wachsamkeit der bewaffneten
Bürger werden jedoch die Pläne vereitelt. In Brüssel und anderen Städten
Brabants und Flanderns bilden sich calvinistische Komitees der Achtzehn, meist aus Handwerkern bestehend, die den Selbstschutz organisieren und in öffentliche Angelegenheiten eingreifen. Der Forderung dieser
Kräfte nachgebend, rufen die Generalstände Oranien nach Brüssel, und
die Brabantischen Stände nehmen ihn als Statthalter an. Am 23. September 1577 hält er als »Retter des Vaterlandes« feierlichen Einzug in der Re-
sidenzstadt. Einen Versuch des katholischen Statthalters von Flandern,
sich bewaffnet in Gent festzusetzen, vereitelt der Volksaufstand der Genter Radikalen Ende Oktober. Am 1. November übernimmt das Komitee
der Achtzehn, gestützt auf 40 000 aufständische Weber und Tuchmacher,
die Macht in der Provinzhauptstadt. Sie verweigert die Steuerzahlung an
die Generalstaaten und zwingt deren Truppen zum Abzug. Durch Flandern und Brabant geht eine neue revolutionäre Welle von Kirchen- und
Klosterstürmen und Abrechnungen mit Spanienfreunden (»Diktatur der
Städte«). In Arras bilden Oranien-Anhänger Komitees der Fünfzehn. Ein
großer Erfolg im Mai 1578 ist die Machtübernahme durch die calvinistische Bürgerschaft in *Amsterdam*, der großen Handels- und Finanzmetro-
pole des Nordens, wo eine konservative spanienfreundliche Patrizier-
gruppe aus dem Rathaus entfernt wird. Oranien und die Konservativen
des Südens suchen in der Intervention fremder Feudalpotentaten ihr
Heil: Vereinbarungsgemäß marschieren französische Truppen in Flandern ein, die revolutionären Organe müssen weichen. Unter dem Befehl
des calvinistischen Pfalzgrafen Johann Kasimir, der von England finanziert wird, betritt ein deutsches Heer im Herbst niederländischen Boden
bei Mecheln. Nunmehr verstärken die revolutionären Bürgerorgane ihre
Aktivität, die Kontakte zu Bauern bewähren sich: In ganz Flandern und
Brabant bilden sich 1578/79 bewaffnete Bauernabteilungen. Der sich an-
kündigende allgemeine Bauernaufstand findet in weiteren Provinzen,
auch des Nordens, Widerhall. Der bäuerliche Kampf richtet sich vor allem gegen die Soldateska, gleich welcher Partei. Vielerorts nehmen sie
grundherrliches Land in Besitz. Die revolutionäre Bewegung radikaler
Bürgerkräfte in den aufständischen Städten der Südprovinzen von 1578
orientiert sich sozialökonomisch zum Zunft- und Gildewesen, sie bleibt
auf wenige Zentren beschränkt und erreicht nicht die geballte Wucht und
das koordinierte Ausmaß wie 1566. So gelingt es dem Adel im Bündnis
mit dem spanischen Statthalter, die Aufstandsherde einzeln auszu-
löschen. In der Phase 1576–1579 kommt es zu einer Abflachung der Re-
volutionskurve.

Komitees der
Achtzehn

Aufstand der
Genter
Radikalen

Komitees der
Fünfzehn

Bauernauf-
stände

1.4.6.   Das Ende der Revolution

Union von
Arras und Utrechter
Union

Am 6. Januar 1579 schließen Vertreter des Adels der Provinzen Artois, Hennegau und des wallonischen Teils von Flandern in Arras die Union von Arras. Sie erkennen Philipp II. als ihren rechtmäßigen Herrn und den Katholizismus als einzige Religion an. Die Konterrevolution hat sich formiert und zerschlägt alle Organe und Errungenschaften des revolutionären Kampfes im Süden. Auf diesen Bund antworten die Vertreter der sieben Nordprovinzen (Holland, Seeland, Friesland, Utrecht, Geldern, Overijssel, Groningen) und einige flämische und brabantische Städte mit der Bildung der Utrechter Union (29. Januar 1579). Dieser Bund basiert auf den Prinzipien der Glaubensfreiheit (ausgenommen Holland und Seeland, wo der Katholizismus nicht geduldet wird), dem gemeinsamen Kampf gegen den spanischen Absolutismus und den Sonderrechten und Privilegien der einzelnen Provinzen. Die Generalstaaten der Vereinigten Provinzen der Niederländer in Utrecht wählen Oranien zu ihrem Statthalter (stadhouder). Damit ist die *Trennung von Spanien* erfolgt. (Die formelle Absetzung des Königs folgt 1581.) *Die Revolution ist beendet.*

Unabhängigkeit
der nördlichen
Niederlande

Die Unionen bedeuten die *Teilung des Landes* im Gefolge gegenläufiger Prozesse: des Sieges der feudalen Reaktion im Süden und der Machtübernahme durch die Handels- und Manufakturbourgeoisie im Norden. Die Niederlage der Revolution im Süden ist in bestimmtem Maße Voraussetzung und Impuls für deren Erfolg im Norden, vor allem durch den Transfer von Produktivkräften und Kapital nach Norden sowie durch die Konkurrenz gegen den südlichen Rivalen: Amsterdam tritt an die Stelle des geschwächten Antwerpen.

Verteidigung
der Republik

Das weitere Geschehen in den Vereinigten Provinzen, der späteren *Republik*, ist weniger durch neue Aufstände gekennzeichnet, als vielmehr durch den Krieg zur Verteidigung des neuen bürgerlichen Staatswesens gegen den spanischen Absolutismus und dessen südniederländischen Vorposten. Im April 1609 sieht sich das finanziell bankrotte Spanien gezwungen, mit den Vereinigten Provinzen einen Waffenstillstand (bis 1621) abzuschließen. Dieser Akt ist gleichbedeutend mit der faktischen *Anerkennung der Unabhängigkeit des ersten bürgerlichen Staates der Weltgeschichte.*

Die erneute Auseinandersetzung mit Spanien in den Jahren 1621–1648 geht schon als Teilkonflikt in den Dreißigjährigen Krieg ein. Der endgültige *Friedensschluß zu Münster* am 30. Januar 1648 ist ein wesentliches Resultat des Westfälischen Friedenskongresses, der im Oktober 1648 die völkerrechtliche Herauslösung der befreiten Niederlande aus dem Reichsverband vollzieht.

Der Sieg der Revolution im Norden und die Konstituierung der bürgerlichen Republik wird durch äußere Bedingungen begünstigt: Die Zahl der Feinde Spaniens wächst unaufhörlich (Frankreich, das Osmanische Reich, England, Portugal und Neapel), die Zahl der Bundesgenossen der Niederlande ebenfalls (Frankreich, England, protestantische Reichsfürsten, Dänemark, Schweden). Das Heilige Römische Reich bleibt im wesentlichen neutral. Nach Schillers Auffassung wird das 16. Jh. durch die Niederländische Revolution zum »glänzendsten der Welt«. In der Tat hat sie im Prozeß des Übergangs vom Feudalismus zum Kapitalismus weitere

Durchbrüche erzielt, ohne daß die neue Produktionsweise schon System-
charakter angenommen hat. Staatlich-rechtlich schafft die Revolution eine
bürgerlich-republikanische Form, im ökonomischen Bereich ein hochent-
wickeltes Seefahrts- und Kreditwesen, und sie stabilisiert die Vorherrschaft des Handelskapitals. In der geistigen Kultur und Kunst entfalten
sich die antifeudalen, bürgerlichen Normen und Leitbilder weiter, es entsteht erstmals in der Geschichte eine bürgerliche Nationalkultur.

Das »goldene Zeitalter« der Niederlande   1.4.7.

Die innere Entwicklung der Republik Ende des 16. und in der ersten   Innere
Hälfte des 17. Jh. (diese Zeit gilt als *Gouden Euuw* – »Goldenes Zeitalter«)   Entwicklung
ist durch folgende Prozesse gekennzeichnet: Die verheerenden Kriegsverluste werden durch kraftvollen ökonomischen Aufschwung, vor allem
der holländischen Städte (Amsterdam, Leiden, Rotterdam, Haarlem,
Delft), und durch Zuzug von Emigranten, die ganze Gewerbe einführen,
sowie Kapitalzufluß aus dem Süden rasch wettgemacht.

Während in Leiden die Tuchproduktion in den siebziger Jahren unter 1000 Stück Tuch
jährlich betragen hat, werden 1584 etwa 27000 Stück und Anfang des 17. Jh.
70000–120000 Stück produziert. In Haarlem konzentriert sich die weltweit bekannte Erzeu-
gung von Leinen. Manufakturen werden immer häufiger. Der Fernhandel mit den Mittel-
meer- und den Ostseeländern, mit Afrika, Amerika und Ostasien, die Schiffahrt und die Fi-
scherei (bis Spitzbergen) bilden das Rückgrat der Wirtschaft. Über den Handel mit
dem Ostseeraum übt Holland nahezu ein Monopol (85 % der Tonnage) aus. Im Jahre 1602 schließen sich kapitalkräftige Städte und Kaufleute zu einer *Aktiengesellschaft* zusammen, der *Ostindischen Kompanie*, die das Monopol des Handels im Indischen Ozean und Pazifik und den
verlängerten Arm der Staatsmacht (mit Heer und Flotte, Recht zum Vertragsabschluß) in
den fernen Ländern darstellt. Der *Schiffbau* (Zentren: Hoorn, Zaandam) liefert jährlich
1000 Schiffe, darunter seit 1594 die langen, schmalen, im seichten Wasser gut geeigneten
Fleuten (Flöten), der modernste Typ seiner Zeit. Die holländische *Handelsflotte* wird Mitte
des 17. Jh. auf 20000 Schiffe geschätzt, sie ist bei weitem die größte (und schnellste) der
Welt. Im Jahre 1609 wird die berühmt gewordene Wisselbank und zwei Jahre später die
Börse in Amsterdam gegründet zur Regulierung des Geldwertes und für Depositen bzw. zur
Fixierung der Warenpreise. Es beginnt bereits der »Handel mit Wind«, das heißt die Speku-
lation mit noch nicht vorhandenen Waren bzw. Wertpapieren, zu blühen. Die erste große
Überproduktionskrise der kapitalistischen Ära, die »Tulpenmanie« 1634–1637, zeugt vom
Ausmaß der Spekulation ebenso wie vom hohen Stand der Landwirtschafts- und Gartenkul-
tur.

Anfang des 17. Jh. beginnt die Geschichte des niederländischen *Kolonial-*   Entstehung des
imperiums mit dem Sieg über eine portugiesische Flotte bei Java (1602)   Kolonial-
und mit der Gründung der Stadt Batavia (Jakarta), dem Zentrum des ost-   imperiums
asiatischen Kolonialreiches. Die Portugiesen müssen weichen, die Gegensätze zwischen den einheimischen Fürsten werden geschürt, um Stützpunkte und Handelsmonopole zu erlangen. Wo sich (wie auf der Insel
Banda) Widerstand erhebt, antworten die Gouverneure mit Vernich-
tungsfeldzügen. Die niederländischen Kaufleute setzen sich, die Portugiesen verdrängend, in Brasilien fest, wo die Plantagenwirtschaft das in
der Republik in Siedereien verarbeitete Zuckerrohr liefert, aber auch den
Handel mit Sklaven veranlaßt.

Marx schreibt über den »doux commerce« (sanfter Handel): »Die Geschichte der holländischen Kolonialwirtschaft – und Holland war die kapitalistische Musternation des 17. Jahrhunderts – ›entrollt ein unübertreffbares Gemälde von Verrat, Bestechung, Meuchelmord und Niedertracht‹.«[23] Die für den Handel mit Amerika und Westafrika 1621 gegründete *Westindische Kompanie* kauft Mitte des 17. Jh. an der Küste von Angola jährlich 15000 Sklaven für einen Kopfpreis von 30 Gulden.

Gesellschaft und Machtausübung

Dieser ökonomischen Entwicklung entsprechen Gesellschaft und Machtausübung. Die große Bourgeoisie konzentriert sich auf die ökonomische Macht, die politischen und Regierungsgeschäfte delegiert sie an eine Bürokratie mit aristokratischer Spitze, den *Staatsrat* und den *Statthalter*. Das Amt des Statthalters gründet sich vor allem auf militärische Funktionen (kapitein-generaal, admiraal-generaal), ist an das Haus Oranien (mit hervorragenden Heerführern wie Moritz und Friedrich Heinrich) erblich gebunden und bildet ein fast monarchisches Zentrum der föderativen Republik. In der von tiefen Widersprüchen zerklüfteten Gesellschaft können die Anhänger der Oranier (»Orangisten«) eine eigene Partei aufbauen und die dünne, exklusive Patrizier- und Regentenschicht der Städte durch demagogische Manöver mit den calvinistischen Prädikanten und den armen Volksschichten (gemeene man) attackieren.

Vom niederländischen Manufakturarbeiter sagt Colbert, er leiste an einem Tag mehr als ein französischer Arbeiter in einer Woche. Ausbeutungsgrad und Arbeitsintensität sind Zeugen dafür, daß das Leben der breiten Massen in Stadt und Land (Heimarbeit) bereits weitgehend von den Normen kapitalistischer Profitmacherei bestimmt wird. Die Arbeiter wehren sich mit Streiks (in Leiden 1637, 1643, 1648; 1638 sogar ein Aufstand der Arbeiter), die allerdings im Zunftsektor häufiger sind als in den Manufakturen. Dem Frühproletariat der Manufakturen mangelt es an der Organisationskraft der Zünfte, zumal Frauen- und Kinderarbeit verbreitet sind. Das mittelalterliche Zunft- und Gildewesen bleibt erhalten, neben hemmender ökonomischer Wirkung schafft es Barrieren gegen die Intensivierung der Ausbeutung der Arbeiter und die Vermehrung des zahlreichen »Lumpenproletariats«.

So sind Gesellschaft und Staatsaufbau der ersten bürgerlichen Republik in der Weltgeschichte durch feudal-ständische und -föderalistische Traditionen, die Bedürfnisse der Herrschaftsübung und die Interessen des noch dominierenden Handelskapitals geprägt. Der revolutionäre Kampf gegen das spanische Regime, der alle Schichten des Volkes zunehmend erfaßt, schafft jedoch ein starkes Band gemeinsamer Interessen und nationaler Selbstbewußtheit. Er fördert die Vervollkommnung bestimmter Teile des Machtapparates und Überbaus außerordentlich: des Finanzwesens, der Bürokratie, des Heerwesens und der Kirchenorganisation. Letztere wird nach dem Siege der Revolution ihrer demokratisch-streitbaren Elemente beraubt und ausschließlich Herrschaftsinstrument.

Das »goldene Zeitalter« rechtfertigt sich auch mit *Pionierleistungen in Wissenschaft, Technik und Kunst*. Die Bedürfnisse der dynamischen Wirtschaftsentwicklung, des Kampfes mit dem Wasser bzw. dessen Nutzung sowie des revolutionären Befreiungskampfes und der bürgerlichen Machtdarstellung schaffen dafür günstigen Boden.

Flämische und Holländische Malerschule

In den *südlichen Provinzen* stagniert die Entwicklung einer nationalen Kultur, doch stimulieren Hof und katholische »Gegenreformation« die Ent-

23 K. Marx, Das Kapital, Bd. I, S. 779 f.

faltung des titanischen Werkes von Peter Paul Rubens, der mit seinen Bildern voller betörendem Formenreichtum und dekorativer Bewegtheit zu den Begründern der europäischen Barockmalerei zählt und den Gipfelpunkt der *Flämischen Schule* darstellt. Sein begabtester Schüler ist *Antonis van Dyck*, der Schöpfer zahlreicher Herrscherporträts. Das flämische Barock des 17. Jh. führt zugleich die Traditionen der früheren niederländischen Malerei auf dem Gebiete des bäuerlichen Genres, des Interieurs und des Stillebens weiter, so in den Werken von Frans Sniders, Jacob Jordaens und Adriaen Brouwer.

Die *Holländische Schule* der Malerei entbehrt des höfisch-kirchlichen Mäzenats, ihre zahlreichen Vertreter arbeiten im wesentlichen für den Verkauf an reiche Patrizier, Kaufleute, Manufakturbesitzer, auch Handwerker und wohlhabende Bauern.

Die privaten Wohnräume dieser Käufer erfordern kleines Bildformat mit Tafelmalerei. Die Besitzer wollen darauf sehen, was ihnen vertraut ist: Natur, Schiffe, Alltagsdinge, Häuser, biblische Szenen, Menschen in ihrer Individualität und gesellschaftlichen Umwelt realistisch, ja naturalistisch dargestellt. Die meisten Maler entstammen zunftbürgerlichem Milieu.

Bis in die vierziger Jahre des 17. Jh. dauert die Entwicklungsphase der Holländischen Schule mit den Meistern *Frans Hals* (Porträts und bürgerliche Gruppenbilder), *Jan van Goyen* (Landschaften), Pieter und Willem Claesz Heda (Stilleben) und *Rembrandt Harmensz van Rijn*, der in fast allen Genres zu Hause ist. In Leiden und seit 1635 in Amsterdam reift Rembrandt zu dem führenden Maler der Schule, gelangt zu Reichtum und hoher gesellschaftlicher Stellung. Das im Jahre 1642 vollendete Gemälde *Nachtwache*, das Gruppenbildnis einer Schützenkompanie, das Rembrandt als bewegte Massenszene mit den charakteristischen Hell-Dunkel-Kontrasten gestaltet, krönt die Frühphase seines Schaffens.

Für die Entfaltung des geistigen Lebens wirkt sich günstig aus, daß die Freiheit des Wortes und Gedankens größer und der Bildungsstand höher sind als irgendwo. Analphabeten gibt es nur wenige. Der Entstehung der Universität Leiden folgt eine ganze Welle von *Neugründungen*: Franeker, Groningen, Amsterdam, Utrecht und Harderwijk. Dank staatlicher Förderung entwickelt sich *Leiden* zur führenden Stätte alter und völlig *neuer Wissenschaften* (Botanischer Garten, astronomisches Observatorium, Orientalistik, Ingenieurwissenschaft) und zieht Studenten aus ganz Europa an. Hier lehren der Astronom Willebrand Snellius und der Arabist Jacobus Gallius. Die Medizin löst sich von den antiken Autoritäten, das Studium der antiken Quellen wird führend (Justus Lipsius). In Leiden wächst das große *Druck- und Verlagshaus Elzevier* und faßt in anderen Städten Fuß. Der Rechtsgelehrte *Hugo de Groot* (Grotius), hoher Beamter der Republik, bekennt sich zum Naturrecht, zur Vertragstheorie und gilt als *Begründer des Völkerrechts* und des Prinzips des *mare liberum* – der freien Schiffahrt auf allen Meeren. Außerdem erleben die nationalsprachliche Literatur und die Geschichtsschreibung einen großen Aufschwung, ebenso die Musik, insbesondere das Orgelspiel (Jan Pieterszoon Sweelinck). Die Republik ist eine Zufluchtsstätte für berühmte Gelehrte, die in ihrer Heimat Verfolgungen ausgesetzt sind, so für Jan Amos Komen-

Universitäten, Wissenschaften

ský (Comenius) und für René Descartes (Cartesius), den Begründer des philosophischen Rationalismus und eines mechanisch-materialistischen Systems der Naturphilosophie.

1.5.   Die Entwicklung des Absolutismus

1.5.1.   Historische Voraussetzungen

Zeitgenössische
Theorien

»Es gibt auf Erden nichts Größeres und Höheres nächst dem allmächtigen Gott als die Majestät der Könige«, schreibt der französische Staatstheoretiker und Ökonom Jean Bodin im ersten Buch seiner *Six livres de la république* (1586). Der englische König *Jacob I.* bezeichnet in seiner Schrift *Jus librae monarchiae* (1598) die Könige als »Herren und Eigentümer aller Güter« und »unmittelbare Herren über alles in seinem Herrschaftsbereich«, ihnen gebühre das Recht über Leben und Tod ihrer Untertanen. In einer Rede vor dem Parlament 1609 faßt er die ganze Fülle der uneingeschränkten Macht des Monarchen gleichnishaft zusammen:

»Könige sind in Wahrheit Götter, dieweil sie auf Erden eine Art göttliche Macht üben. Sie schaffen und vernichten ihre Untertanen, erhöhen und erniedrigen, gebieten über Leben und Tod, richten in allen Sachen, selber niemand verantwortlich denn allein Gott. Sie können mit ihren Untertanen handeln als Schachpuppen, aus Bauern Bischöfe und Ritter machen, das Volk wie eine Münze erhöhen und herabsetzen. Ihnen gebührt die Zuneigung der Seele und der Dienst des Leibes.«

Der englische Philosoph Thomas *Hobbes* verwirft in seinem größten Werk *Leviathan* (1651) die göttliche Herkunft der monarchistischen Diktatur, sie sei vielmehr jene Herrschaftsform, die den menschlichen Bedürfnissen am meisten entspreche. Die Menschen haben sich den Staat geschaffen, um den urtümlichen, chaotischen Zustand des *bellum omnium contra omnes* (Kampf aller gegen alle) zu überwinden und sich so eine gesellschaftliche Ordnung zu geben. Der Staat allein sei Quelle des Rechts und das Recht Quelle des Privateigentums. Vollkommenste Regierungsform sei die uneingeschränkte Monarchie.

Dem französischen König *Ludwig XIV.* spricht die Legende den Satz zu, den er 1668 widersetzlichen Pariser Parlamentsjuristen entgegen gehalten haben soll: »L'état c'est moi.« (Der Staat bin ich.)

Diese Äußerungen und zeitgenössische Machttheorien umschreiben die Hauptform staatlicher Machtausübung der Feudalklasse im spätfeudalen Europa – den *Absolutismus* oder die absolute Monarchie. Ein vergleichbares Machtmonopol gibt es in der Geschichte des Feudalstaates nicht.

Absolutismus bedeutet die durch andere Staatsorgane nicht oder kaum eingeschränkte Stellung des Monarchen und dessen unmittelbare Verfügungsgewalt über die Hauptinstrumente der Macht: stehendes Heer, Polizei, zentrale Verwaltung (Staatsbürokratie), Finanzwesen und Kirche.

Die *absolute Monarchie* markiert eine Stufe der Staatsgeschichte, durch die »fast alle zivilisierten Länder Europas hindurchgegangen«[24] sind, *sie stellt die höchste und historisch letzte Form des Feudalstaates dar.* Ihre Geschichte um-

---

24   F. Engels, Die preußische Verfassung, in: MEW, Bd. 4, S. 31.

faßt im Kern drei Jahrhunderte: vom 16. bis zum Ende des 18. Jh., was weltgeschichtlich der Epoche des Übergangs vom Feudalismus zum Kapitalismus entspricht. Die absolute Monarchie erfüllt als Produkt dieser Transformation eine historische Doppelfunktion. Einerseits konserviert und verlängert sie die gefährdete Herrschaft der Feudalklasse in ihrer Niedergangsphase, darin besteht ihre politisch-soziale Hauptaufgabe. Andererseits bietet sie der noch nicht zur Machtergreifung gereiften Bourgeoisie des Frühkapitalismus und der Manufakturperiode Entwicklungschancen in den Grenzen des feudalen Klassen- und Staatsinteresses. Dieser Effekt trägt neben anderen Faktoren (Stärke des bäuerlichen Klassenkampfes, evolutionäre Auflösung feudaler Produktionsverhältnisse, Schärfe innerfeudaler Rivalitäten) zur allmählichen Unterhöhlung der Herrschaft der Feudalklasse bei. *Doppelfunktion des Absolutismus*

Das für die Epoche des Übergangs vom Feudalismus zum Kapitalismus spezifische Kräfteverhältnis zwischen Feudalklasse, die *nicht mehr* die Staatsmacht *unmittelbar* auszuüben vermag, und der Bourgeoisie, die sich *noch nicht* des staatlich-politischen Überbaus bemächtigen kann, läßt eine Situation entstehen, in der »die Staatsgewalt als scheinbare Vermittlerin momentan eine gewisse Selbständigkeit gegenüber beiden erhält«[25]. Die relative Autonomie des Staates vergrößert dessen politischen Spielraum, vor allem des Monarchen. Durch Herrscherkult und Gottesgnadentum den Menschen entrückt, wird die Illusion einer über den Klassen stehenden Monarchie mit Schiedsgerichtsfunktion (Legende vom gerechten und guten König) genährt. *Kräfteverhältnis*

Die jeweilige nationale Form der absoluten Monarchie hängt von inneren und äußeren Bedingungen ab. Gemeinsam ist der Zug zur Zentralisierung im Bereich der oberen Behörden und der obersten Gewalten (Gesetzgebung, Exekutive, Rechtsprechung) sowie der Aufbau effektiver Machtinstrumente. Diese Attribute sind zwar notwendige Kriterien, treffen aber auch auf Staaten anderer Epochen (Antike) zu, so daß die Typologie des Absolutismus nicht vorrangig davon, sondern vom Entwicklungsgrad bürgerlich-kapitalistischer Verhältnisse im Niedergangsstadium des Feudalismus abgeleitet werden muß. Der Absolutismus baut auf wirtschaftlichen, sozialen und politischen Grundlagen auf, deren optimale Konstellation vom Kräfteverhältnis Krone–Adel–Bourgeoisie–Bauern geprägt ist. Das 16. und die erste Hälfte des 17. Jh. umfassen das *Stadium der Herausbildung des Absolutismus* in den großen Ländern des europäischen Kontinents, Elemente und Vorstadien liegen im 15. Jh., gewisse Analogien bestehen zu asiatischen Feudalstaaten (Japan).

Verfassungsgeschichtlich vollzieht sich die Herausbildung der monarchischen Macht, Ausdruck der kollektiven Gesamtinteressen des Adels, als Zurückdrängung oder fast völlige Überwindung mittelalterlich-ständischer Institutionen (États généraux, Parlament, Cortes, Landstände, Riksdag etc.) im nationalen oder zentralen Maßstab, örtliche Ständevertretungen existieren dagegen fast überall weiter. Die Bewältigung dieses *Dualismus Stände–Herrscher*

---

25 F. Engels, Der Ursprung der Familie, des Privateigentums und des Staats, in: MEW, Bd. 21, S. 167.

Prozesses kann dramatische Formen annehmen, weil die aristokratische Oberschicht des Adels kaum freiwillig auf die direkte Machtausübung verzichtet. In Ländern mit vorherrschender Gutswirtschaft oder mit wirtschaftlich aktivem Adel hat sich die Position des Adels im politischen Bereich außerordentlich verstärkt. Die ständische Bewegung erreicht hier im 16./17. Jh. den Höhepunkt ihrer Entwicklung und ist nur schwer zu unterdrücken. Vielfach entfaltet sich der *Dualismus Monarch–Stände* in Gestalt religiöser Konfrontation. Es handelt sich jedoch um keinen Klassen-, sondern um einen Interessenkonflikt. Die Errichtung einer starken monarchischen Gewalt ist nur möglich bei Einschränkung, Unterwerfung oder Ausschaltung der mit den weltlichen Herrschern rivalisierenden Hierarchie der *römischen Papstkirche.* Die Säkularisierung des Kircheneigentums im Zuge der Reformation bedeutet einen großen Machtzuwachs für den Herrscher, sie ist jedoch nicht überall die Voraussetzung für den Absolutismus. Die Monarchen der romanischen Länder (Spanien, Frankreich) gehen andere Wege, um die Kirche ihren Interessen zu unterwerfen.

Indem die absolute Monarchie die aristokratische Oberschicht weitgehend von der unmittelbaren Regierung ausschließt, realisiert sich die Adelsherrschaft über die Person des Monarchen. Die privilegierte Stellung der Adelsklasse in der ständisch gegliederten Gesellschaft bleibt erhalten, die feudalen Rentenbezüge sind besser garantiert als in einer von Adelsrebellionen und -fehden verunsicherten Herrschaft, die zentrale Machtausübung wird an den aufkommenden »modernen Staat« delegiert. Feudale Grundherrschaft wandelt sich in staatliche Verwaltung mit einer fortwährend wachsenden Zahl an Finanzbeamten; ein zentraler Staatshaushalt (Budget) entsteht, die Steuereinziehung und Finanzierung von Heer, Flotte, Bürokratie und Hof sind seine Hauptaufgaben. Der Hof (in Paris 20000 Menschen) oder die »höfische Gesellschaft« ist ein wichtiges Produkt des strukturellen Umbaus im zentralen Machtbereich. Die anwachsende Hofgesellschaft fungiert als Auffangbecken für die politisch entmündigten Familien des Hochadels, die Hofämter stellen nur noch Scheinämter dar, um den Müßiggang der Aristokraten zu drapieren. Diese Gesellschaft mit ihrem Zeremoniell, ihren Intrigen, Maitressen, Skandalen, Festen und Schaustellungen ist eine große, relativ geschlossene parasitäre Verbraucherschicht für gewerbliche Produkte und geistigkulturelle Güter, die bürgerliche Unternehmer ebenso in Dienst stellt wie die Intelligenz, insbesondere die Künstler. Die dem Absolutismus eigene *höfische Kultur* ist ein Ausdruck des gesteigerten Kunstmäzenats der Aristokratie. Die Masse des Adels (mittlerer und niederer Adel) bleibt ausgeschlossen.

Außer Hof und Kirche hält der sich herausbildende »Staat« (dieser Ausdruck entsteht erst jetzt) Karriere- und Wirkungsfelder (Kommandostellen in Bürokratie und Armee) für den Adel bereit.

Die Bauern (mindestens 80% der Bevölkerung) werden von den strukturellen Wandlungen bei der Herausbildung des Absolutismus weniger berührt. Ihre rechtliche und ökonomische Stellung als Ausgebeutete und Unterdrückte ändert sich kaum. Durch die Expansion des zentralen Machtapparates mit seinen Steuern, Einquartierungen und Diensten je-

(Marginalien:)
Kirche und Herrscher

Hof und höfische Gesellschaft

Bauern

der Art (ohne daß örtliche Verpflichtungen und Lasten abgebaut werden) erhöht sich allerdings der Ausbeutungsgrad, das Tempo der Pauperisierung der Dorfbevölkerung wird beschleunigt. Neben die Grundherrschaft tritt der Staat als neues Element, mit dem sich die Bauernschaft auseinanderzusetzen hat. Diese Auseinandersetzung erfolgt zumeist in *Steuerrevolten*, Widersetzlichkeit gegen Beamte und Armee, aber auch in Gestalt von Beschwerden und Prozessen bei den staatlichen Organen gegen die eigene Grundherrschaft. Es entsteht eine Dreiecksbeziehung Staat (Herrscher)–Grundherr–Bauer, die den legalen Widerstand des Bauern ebenso stimuliert, wie sie seine Illusionen von einem »guten König« als Schutzverbündeten nährt.

Die Herausbildung des Absolutismus ist ein evolutionärer Vorgang im Bereich des politischen Überbaus. Die Ausgangsstruktur entsteht in den *italienischen Renaissancestaaten*, in denen im späten Mittelalter das vielschichtige Bürgertum bereits politisch einflußreich ist und die antiken Staats- und Rechtstraditionen am stärksten wirken. Es sind die Regime und Höfe in Rom (die päpstliche Kurie), Florenz und Mailand mit ihrer monarchischen Alleinherrschaft, ihrer Finanzverwaltung, ihren Söldnerheeren und Diplomaten, die im Retortenmaßstab die Grundbestandteile des Absolutismus hervorbringen. Hier wirft die Klassenherrschaft des Adels und der frühen Bourgeoisie erstmalig ihre theologisch-religiöse Hülle ab, der Staat säkularisiert sich, hier beginnt die rationale Analyse staatlicher Machtmechanismen mit den Werken *Machiavellis* und *Francesco Guicciardinis*. Sie leben und arbeiten in *Florenz*, das sich unter der Dynastie der Medici 1569 in ein Großherzogtum (Toscana) verwandelt. Der Herrscher stützt sich nicht mehr auf das Bürgertum, sondern auf den Adel der Toscana, deren wirtschaftlicher Niedergang unaufhaltsam fortschreitet. Dieser Staat vermag sich aber nicht völlig aus der Abhängigkeit von Spanien zu lösen.

Dagegen tritt die Kaufmannsrepublik *Venedig* niemals formal den Weg zur Monarchie und zum Absolutismus an, hier herrscht eine kleine Gruppe von reichen Kaufleuten, Grundbesitzern und Bankiers. Ihre militärische Schwäche kompensiert die Republik durch den Ausbau ihres weiträumigen Netzes internationaler Kontakte (Entstehung der neuzeitlichen Diplomatie). Sie schafft das *Modell für die Diplomatie der absoluten Monarchien*.

Venedig kann seine Unabhängigkeit bewahren, ebenso das Herzogtum *Savoyen*. Hier entsteht eine zentralisierte Staatsverwaltung, die Ständevertretung und die autonome Stellung der Städte sind beseitigt. Der Herrscher verfügt über ein straff organisiertes Justiz- und Finanzwesen und ein kleines stehendes Heer. Während alle anderen Staaten Italiens ökonomisch und politisch in Verfall geraten, erstarkt Savoyen allmählich, geschickt zwischen den rivalisierenden Großmächten Spanien und Frankreich lavierend.

1.5.2.   Der spanische Absolutismus

Relativ früh bildet sich die absolute Monarchie auch in Spanien aus. Erstmalig beschreitet ein großer Staat (das heißt die in Personalunion vereinigten Königreiche Kastilien und Aragon) diesen Weg. Eines der wichtigsten Anzeichen dafür liefert die Tatsache, daß Spanien die erste wirkliche Weltmacht der Geschichte ist, als solche ist sie zugleich die »absoluteste Monarchie« (F. Mehring). Die Vereinigung Spaniens wird mit der Eheschließung zwischen *Isabella von Kastilien* und *Ferdinand von Aragon* (1469) erreicht. Trotz dieser dynastischen Zusammenführung der größten Teilstaaten bleibt Spanien ein Konglomerat unterschiedlich entwickelter und strukturierter Königreiche und weitgehend autonomer Städte mit blühendem Handel und Gewerbe. Im Jahre 1492 endet die *Reconquista*; sie ist nicht zuletzt von einer zahlreichen Ritterschaft (Hidalgos) vollzogen worden. Städte wie Sevilla, Burgos, Toledo, Granada, Barcelona leiten als Festungen und Versorgungszentren daraus ihre politische und ökonomische Macht ab. Die Masse der Bauern ist verschiedenen feudalen Ausbeutungsformen ausgesetzt, jedoch bietet in einigen Landschaften (vor allem des Nordens) die Neubesiedlung eine günstigere Rechtslage (Fehlen von Leibeigenschaft). In Kastilien mit seinen Weideflächen breitet sich die Schafzucht als führender warenproduzierender Wirtschaftszweig (Wolle) aus; die Masse der Schafherden ist Eigentum des Adels.

Mesta

Die Privilegien dieser Teile des Adels werden durch die Mesta geschützt. Sie ist eine der wichtigsten Ursachen für die Beschleunigung der ursprünglichen Akkumulation, die durch Expropriation das Heer der verarmten, besitzlosen Bauern, Vagabunden und Räuber vergrößert. An der Spitze der Mesta stehen die Granden, die schmale Schicht großer Grundbesitzer, die sich in Widerspruch zu den Städten als auch zum erstarkenden Königtum befinden. Dessen stärkste Stütze bilden die katholische Kirche und die Städte mit eigenen bewaffneten Aufgeboten (Hermandades). Krone und Kirche führen den Kampf gegen Juden und Morisken (Mauren) mit Hilfe der Inquisition. Sie ist angesichts der weiterexistierenden Sonderrechte der Teilreiche die einzige nationale Institution. Die Ausweisungs- und Verfolgungsedikte führen zu einer verhängnisvollen Schwächung der gewerblich-agrikulturellen und finanziellen Kraft des Landes.

Karl I.

Der Aufbau der absoluten Monarchie beginnt unter der Regierung König Karls I. Er festigt, vor allem auf Kastilien gestützt, den zentralen Machtapparat, zieht dazu zahlreiche Niederländer heran, er ist dem Humanismus gegenüber aufgeschlossen und greift in die Privilegien des Adels und der Städte ein. Es gelingt ihm, die Opposition in den Cortes und den in einer frühbürgerlichen Revolution (1519–1523) kulminierenden Aufstand der kastilischen Städte (Comuneros) und der Handwerker und Bauern von Valencia und Mallorca (Germanías) zu brechen. Die anfänglich mit den Comuneros sympathisierenden Granden trennen sich von den Comuneros angesichts der deutlicher akzentuierten antiaristokratischen Aspekte der Bewegung. Der König kann nun auch die aristokratische Op-

Comuneros
und
Germanías

position zähmen und den direkten Einfluß der Granden auf die Staatsgeschäfte einschränken. Er nutzt »den tiefen Klassengegensatz zwischen Adel und Stadtbürgern dazu aus, sie beide niederzudrücken«.[26] Nach 1522/23 tritt Spanien in die Periode der *vollen Entfaltung des Absolutismus* ein, wobei die Städte politisch entmachtet werden und sich die inneren und äußeren Bedingungen für die Weiterentwicklung frühkapitalistischer Elemente verschlechtern.

Während die absoluten Monarchen anderer Länder zur Festigung der ökonomischen Basis ihrer Herrschaft eine mehr oder minder ausgeprägte Förderung der eigenen Bourgeoisie betreiben, stehen Karl I. die Kredite der großen Bankfamilien Italiens und Deutschlands sowie die Ressourcen der Niederlande und bald der Kolonien zur Verfügung. Der König ist der Notwendigkeit enthoben, die inneren Wirtschaftskräfte zu mobilisieren, er liefert die Wirtschaft Spaniens zum größten Teil den Granden aus. Beide Prozesse bilden wesentliche Ursachen für den in der zweiten Hälfte des 16. Jh. beginnenden Niedergang (Rückgang des Fernhandels, Ausfuhr von Rohstoffen, Einfuhr hochwertiger Fertigwaren, dadurch Schrumpfung der gewerblichen Produktion, Verelendung der Bauern) Spaniens. Weitere Ursachen leiten sich aus der kostspieligen Weltmachtpolitik ab, die zu Lasten der von Steuern gedrückten Bevölkerung Spaniens geht.

König Philipp II., der Sohn Karls I., verstärkt durch seine Innen- und Außenpolitik die negativen Züge des Absolutismus. Ein düsterer, schweigsamer Einzelgänger, religiöser Fanatiker und Bürokrat, der er ist, regiert er das riesige Reich mit rastlosem Eifer, aber fern von den Menschen, gestützt auf seine Räte. Das höchste Beratungsorgan ist der *Consejo de Estado* (Staatsrat). Die Rolle der Ständeversammlung begrenzt der Monarch auf Hofzeremonien und die Zustimmung zu königlichen Entschlüssen, insbesondere zu neuen Steuern. Bedeutende politische Köpfe haben keinen Platz im Escorial, dem neuerbauten, klosterähnlichen Königspalast bei Madrid (seit 1561 Residenz). Mit seinem Thronfolger Don Carlos gerät Philipp II. in einen tragischen Konflikt, der mit Einkerkerung und Gefängnistod des Sohnes endet (1568). Friedrich Schiller hat dieses dramatische Ereignis in die Weltliteratur eingeführt (*Don Carlos*).

(Marginalie: Philipp II.)

Einer der charakteristischen Züge des spanischen Absolutismus besteht in der rigorosen Handhabung der Kirche und der Inquisition zur Zentralisierung des Landes und des gewaltigen Reiches sowie zur Stärkung der Königsmacht. Der im Jahre 1478 durch Vereinbarung mit dem Papst für Kastilien und Aragon geschaffene kirchliche Gerichtshof erfüllt dadurch eine wichtige Funktion (sein Präsident – Großinquisitor – wird vom König ernannt) zur Zügelung aller Gegner der Krone. Er verhindert durch geistigen und physischen Terror die Ausbreitung der Reformation auf der Iberischen Halbinsel. Dies geschieht auch durch das Verbot König Philipps II. für junge Spanier, an fremden Universitäten zu studieren, und durch eine strenge Bücherzensur. Die Exekution der Opfer der Inquisition auf dem Scheiterhaufen ist auf psychische Wirkung eingestellt: Sie vollzieht sich öffentlich, in feierlicher Prozession mit düsterem Prunk (auto de fe – Glaubensakt) und in Anwesenheit höchster Würdenträger, nicht selten des Hofes und des Volkes.

(Marginalie: Inquisition)

(Marginalie: Auto de fe)

26   K. Marx, Das revolutionäre Spanien. I, in: MEW, Bd. 10, Berlin 1977, S. 438.

Eine Beurteilung des Platzes der Inquisition im Rahmen des spanischen Absolutismus sollte berücksichtigen, daß es hauptsächlich mit ihrer Hilfe gelingt, die andere Länder heimsuchenden Bürgerkriege unter stark religiösem Schibboleth in Spanien zu bannen, die nationale Einheit zu festigen, und daß sie auch im Bewußtsein der Bevölkerung als ein Heilswerkzeug lebt. Ihre ausschließlich regressiven Seiten zeigen sich vor allem in den außeriberischen Besitzungen Spaniens, wo eigenständige Entwicklungskräfte behindert und terrorisiert werden, und bei der Verfolgung und Austreibung der gewerbefleißigen ethnischen Minderheit der Juden und Moriscos. Die Moriscos erheben sich 1568 unter moslemischen Losungen, werden 1570 blutig unterdrückt und von 1609 bis 1614 endgültig aus Spanien vertrieben.

Hegemonie Spaniens

In der expansiven *Außenpolitik Philipps II.* stehen große Erfolge (Abwehr der Türken, Seeschlacht bei Lepanto 1571, Angliederung Portugals 1581, koloniale Eroberungen) neben schweren Niederlagen (Abfall der Niederlande, Vernichtung der »unbesiegbaren Armada« 1588, Aufstieg der Niederlande und Englands als Seemächte). Bis 1648 kann von einer *Vormacht Spaniens in Europa* gesprochen werden. Innerer Verfall und schrittweiser Zusammenbruch dieser Stellung treten in der ersten Hälfte des 17. Jh. ein – jener Zeit der Decadencia, in der die schöpferischen Kräfte der sich formierenden spanischen Nation trotz ökonomischer und politischer Dauerkrise in großen geistig-kulturellen Leistungen zutage treten.

Geistig-kulturelle Blüte

In der *Literatur* verbreitet sich neben dem Abenteuer-, dem höfischen Ritter- und Schäferroman die volkstümliche Pícaro-Gattung, der Schelmenroman. Diese Genres wirken auf Westeuropa anregend und stilbildend. In die Weltliteratur finden die Werke von *Miguel de Cervantes* Eingang, vor allem sein *Don Quijote* (1605, 1615). Die tragikomische Geschichte des fahrenden Ritters in spätfeudaler Zeit widerspiegelt den Untergang einer einst heroischen Klasse, der Hidalgos und der Caballeros, und ist zugleich eine Enzyklopädie des spanischen Lebens, voller Realismus, Satire und humanem Grundgehalt. Aus den tiefen Wurzeln der Frömmigkeit und der Volkstradition schöpft die großartige Entfaltung des Dramas und des öffentlichen Theaters mit dem unerhört produktiven *Lope de Vega* (er schreibt 2000 Stücke) und seinen schon von höfischer Manier überschatteten Nachfolgern *Tirso de Molina* und *Calderón de la Barca*. Vom Geist der Renaissance, ihrem Realismus und Humanismus durchdrungen sind die Werke der großen spanischen Maler *El Greco*, *Velázquez* und *Ribera*.

Platz des spanischen Absolutismus

Die Bestimmung des historischen Platzes des spanischen Absolutismus ist in der Forschung umstritten. Es steht außer Zweifel, daß der Absolutismus große Faszinationskraft auf die Monarchen Europas ausgeübt und besonders dem aristokratisch-höfischen Leben Impulse verliehen hat (Mode, Hofzeremoniell, kultiviertes adliges Leitbild, Reit- und Fechtkunst, diplomatischer Verkehr). Seine religiöse Intoleranz, aggressive Außenpolitik, die skrupellose Einmischung in innere Konflikte anderer Länder (England, Frankreich, Deutschland, Italien) provozieren jedoch Abwehrkräfte und Gegenoffensiven, die ihrerseits in den bedrohten Ländern integrierend auf Politik und Gesellschaft wirken. Auffällig ist auch die ökonomische und politische Schwäche des Bürgertums.

Der Absolutismus der Tudors in England 1.5.3.

Auf der Basis einer günstigeren Klassenlage als in Spanien entwickelt sich der Absolutismus in England, dessen Entstehungs- und Blütezeit mit der Herrschaft der *Tudordynastie* (1485–1603) und bedeutenden Herrschern wie Heinrich VII., Heinrich VIII. und Elisabeth I. zusammenfällt. Die ökonomische und gesellschaftliche Entwicklung steht im Zeichen der beschleunigten Textilproduktion und des Tuchhandels sowie der daraus resultierenden Umwälzung im entscheidenden Bereich der feudalen Produktionsweise – in der Landwirtschaft. Im 16. Jh. verwandelt sich England aus einem Lieferanten von Wolle an das florentinische und das flämische Tuchgewerbe in einen Eigenproduzenten mit wachsendem Tuchexport (Anfang des 17. Jh. 90% des Gesamtexports). Daneben entstehen oder erweitern sich die Steinkohleförderung (Mitte des 16. Jh. jährlich 210000 t auf den britischen Inseln, damit führend in Europa), die Brauerei, der Schiffbau, die Leinen-, Spitzen- und Strumpfproduktion sowie die Eisenwarenherstellung (Birmingham, Sheffield). Bestimmend bleibt die Woll- und Textilproduktion.

Tuchproduktion

Noch heute thront der Lordkanzler von England im Oberhaus auf einem Wollsack vor dem königlichen Baldachin.

Zu den alten Produktionszweigen im Südwesten und Osten tritt die Herstellung von grobwolligen Tuchen auf den Dörfern in den nördlichen Grafschaften Yorkshire und Lancashire; denn charakteristisch für die rasche Ausbreitung der Textilproduktion ist die Beschäftigung von Arbeitskräften in zunftfreien Marktflecken und Dörfern. Die Tuchmacher (clothiers) vergeben die verschiedenen Arbeitsprozesse an Lohnarbeiter oder Kleinmeister, so entstehen immer mehr dezentralisierte und vielerorts auch zentralisierte *Manufakturen*. Die steigende Nachfrage nach dem Hauptrohstoff Wolle forciert die *Verwandlung von Ackerland in Schafweiden* durch die neuadligen Grundbesitzer (größtenteils aus der Gentry, dem Mittel- und Kleinadel), für welche »Geld die Macht aller Mächte«[27] ist, sowie durch die vermögenden freien Bauern (Yeomen). Ihr Grundbesitz ist kein rein feudaler mehr, sondern schon zum erheblichen Teil bürgerlicher, frei verfügbar für Pacht und Verkauf. Die neuadligen Grundbesitzer geben der Landwirtschaft jene Richtung, die dem Stande der gewerblichen Produktion und des Handels entspricht. Im 16. Jh. setzt verstärkt der Prozeß der gewaltsamen Expropriation der copyholders (zumeist erbliche oder Pacht auf Lebenszeit von Grundbesitz) im Zuge der Einhegungen ein. Die kapitalkräftigen Großgrundbesitzer gehen dazu über, erst das Gemeindeland, dann die Parzellen der Bauern zu rauben, sie in Weiden zu verwandeln und zu umzäunen (»einhegen« – enclosure).

Agrarische Revolution

Thomas More formuliert in seiner *Utopia* die Anklage: »Eure Schafe ..., die gewöhnlich so zahm und genügsam sind, sollen jetzt so gefräßig und wild geworden sein, daß sie sogar Menschen verschlingen sowie Felder, Häuser und Städte verwüsten und entvölkern. In all den Gegenden eures Reiches nämlich, wo die feinere und deshalb teurere Wolle gewonnen wird, genügen dem Adel und den Edelleuten und sogar bisweilen Äbten, heiligen Männern,

27 K. Marx, Das Kapital, Bd. I, S. 746.

die jährlichen Einkünfte und Erträgnisse nicht mehr, die ihre Vorgänger aus ihren Gütern erzielten …«.

Die eine Seite der *ursprünglichen Akkumulation* vollzieht sich in England auf klassische Weise, es entsteht die große Masse Besitzloser. Umsonst sind die »Blutgesetze« der Krone gegen die Landplage der Massenvagabundage (unter Heinrich VII. werden 72 000 »Diebe« – meist Bettler – gehängt), umsonst auch die königlichen Gesetze und Mandate gegen die Einhegungen, die beginnende Vernichtung der englischen Bauern als Klasse läßt sich nicht aufhalten, sie endet im 18. Jh.

Bauern-aufstände

Die bedrohten Bauern wehren sich hartnäckig gegen die Vernichtung ihrer Existenz, auch in *großen Aufständen*.

Der bedeutendste bricht 1549 in den östlichen Grafschaften Norfolk und Suffolk aus, benannt nach dem zwielichtigen Führer Robert Kett. Ein diszipliniertes, gut versorgtes Bauernheer von 10 000 Mann sammelt sich bei Norwich, die Forderungen sind in 29 Artikeln niedergelegt, sie zielen lediglich auf die Einschränkung der Expropriation hin. Ein rasch (vor allem aus deutschen Söldnern) geworbenes Heer des Königs zerschlägt die Bauernarmee. Trotzdem verzögert der Aufstand den Fortgang der Einhegungen, Ostengland liefert den festen bäuerlichen Rückhalt für das Parlament und die Musterarmee Cromwells in der Revolution des 17. Jh.

Reformation

Die Reformation in England ist vorrangig das Werk der Krone. Den formellen Anlaß zum Bruch mit Rom liefert die Weigerung des Papstes, der Trennung Heinrichs VIII. von seiner Gattin Katharina von Aragon zuzustimmen. Der König erzwingt die Unterstützung des Parlaments: Durch den *Act of Supremacy* (1534) wird der König zum *Oberhaupt der englischen Kirche* erklärt, die sich nunmehr in eine nationale Institution, die Anglicana ecclesia, verwandelt. Die Zahlungen an die römische Kurie werden eingestellt. Durch Parlamentsbeschluß werden 1536 und 1539 alle Klöster aufgelöst, der König konfisziert ihr Eigentum und verkauft Grund und Boden an adlige und bürgerliche Grundbesitzer. Der Gottesdienst wird in englischer Sprache abgehalten, die Kirchengemeinde stellt eine administrative Einheit im Staatsaufbau dar. Doch die Form des Gottesdienstes (Kult), der Episkopat, die kirchlichen Gerichte, der Zölibat und die Sakramente bleiben erhalten. Gegen diese auf halbem Wege stehenbleibende, die Macht der Krone und der ihr gefügigen Hierarchie gewaltig vermehrende Kirchenreform erhebt sich vielseitiger Widerstand, der rücksichtslos gebrochen wird.

Puritanismus

Die Reformation findet nicht lange danach ihre Fortsetzung mit dem Eindringen des *Calvinismus*, dessen Bekenner (vor allem Teile der Bourgeoisie, des Neuadels und der bäuerlich-städtischen Volksschichten) sich damit in Gegensatz zur Staatskirche stellen. Sie erstreben die »wohlfeile« bürgerliche Kirche, gesäubert von allen Resten des Katholizismus, woraus sich ihr Name *Puritanismus* (pur – rein, sauber) ableitet. Sie huldigen dem Ideal des sparsamen, gewinnbringenden Wirtschaftens und verwerfen jegliche Vergnügungen, Feste, Theater und Spiele. Der Puritanismus entfaltet sich von Anfang an in zwei Richtungen: als *gemäßigter Flügel*, der die Presbyterialversammlung einführen will, daher der Name Presbyterianer, und als *radikale Richtung*, die die obrigkeitliche Staatskirche ablehnt und in England das Prinzip unabhängiger Glaubensgemeinden erstrebt, daher die Bezeichnung Independenten (Unabhängige), ihre erste Gemeinde entsteht 1581 in Norwich.

Die Reformation ist nur eine erste Etappe im Prozeß des Ausbaus der ab- **Zentralbehör-** soluten Königsgewalt. Heinrich VII. leitet ihn mit folgenden Maßnahmen **den** ein: Gegen die Reste der rebellischen Aristokratie erläßt er das Verbot, militärische Gefolgschaften zu unterhalten, er schafft königliche Gerichte für die Klärung politischer und administrativer Angelegenheiten. Zur Verstärkung des königlichen Regierungsarms in den Außenbezirken Englands (Wales, Cornwall, der Norden) werden der Nördliche Rat (Council of the North) und der Rat von Wales (Council of Wales), zum Kampf gegen politische Gegner der Krone die gefürchtete Sternkammer (Court of Star Chamber) eingesetzt. Der geizige, unheroische König Heinrich VII. gilt als der Begründer einer englischen Flotte.

Diese Linie der Regierungspolitik setzen Heinrich VIII. und Elisabeth I. **Elisabeth I.** im wesentlichen fort, außenpolitisch verfolgen sie eine antispanische Grundrichtung mit Blick auf die Entfaltung des eigenen Handels und Gewerbes. Elisabeth stellt sich mehr oder weniger entschieden auf die Seite der Niederländer.

Sie läßt die aus dem calvinistischen Schottland vertriebene katholische Königin *Maria Stuart*, um die sich spanisch-katholische Restaurationskräfte sammeln, einkerkern und hinrichten (1587).

Während der Regierungszeit Elisabeths beginnt England mit weiträumiger *Handels- und Kolonialexpansion.* Legendäre, skrupellose Seefahrer und Piraten wie Francis Drake und Walter Raleigh plündern und erkunden die Küsten Süd- und Nordamerikas, die im Jahre 1600 gegründete Ostindienkompanie dringt in die Gefilde des portugiesischen Gewürzhandels ein und schafft den Grundstock für Englands Herrschaft über Indien. Im Jahre 1555 entsteht die Moskauer Kompanie, 1579 die Eastland Company für den Ostseehandel und 1588 die Levant Company für den Mittelmeer-Afrika-Nahosthandel. Es sind Aktiengesellschaften, die über den Handel Kapital akkumulieren und den weiteren Aufstieg der englischen Bourgeoisie und des Neuen Adels stimulieren. Unter den Tudors setzt die *Eroberung Irlands*, dessen Volk sich tapfer wehrt, unter dem Banner des Katholizismus und mit zeitweiliger Hilfe Spaniens ein.

Der Absolutismus der Tudors befindet sich weitgehend im Interessen- **Besonderheiten** gleichklang mit dem Kaufmannskapital sowie dem neuen, weitgehend **des Tudor-** verbürgerlichten Adel. Die Ambitionen beider Klassen sind zu einem er- **Absolutismus** heblichen Teil identisch. Die Reste feudalaristokratischer Opposition werden gezügelt, die Kirche ist Werkzeug der Krone. Aus der ökonomischen Entwicklung und Klassenstruktur ergibt sich, daß auch das Parlament zunächst als eine der Krone dienstbare Institution fungiert, es wird relativ selten einberufen. Trotz Installierung einiger zentraler Behörden behält die lokale Selbstverwaltung, vom Adel und der städtischen Oberschicht beherrscht, ihre Bedeutung, vor allem die Friedensrichter. Der König verfügt nicht, wie andere absolute Monarchen, über ein stehendes Heer, dagegen gilt der Flotte wachsende Aufmerksamkeit. Ebensowenig existiert eine zentralisierte Bürokratie oder ein entsprechendes Finanzwesen. Somit fehlen den Tudors wesentliche Attribute des voll ausgeprägten Absolutismus. Im ersten Jahrzehnt des 17. Jh., als der Stuart Jakob I. den Thron von Schottland und England besteigt, brechen die Widersprüche zwischen König und Parlament auf und werden zu einem entscheidenden inneren Faktor für die künftige Revolution.

Humanismus   Die Regierungszeit der Tudors ist zugleich eine *Blüte der geistigen Kultur.* England wird zu einer Bastion des Humanismus, der im Oxforder Kreis seine hervorragenden Verfechter findet, ihm gehört auch *Erasmus von Rotterdam* an. Zur Zeit der Reformation wird die Bibel ins Englische übersetzt. Der Humanist und Schriftsteller *Thomas More* steigt bis zum Amt des Lordkanzlers auf, wird aber wegen seines Auftretens gegen den skrupellosen König Heinrich VIII. suspendiert und als Hochverräter hingerichtet. Als standhaft gebliebener Katholik wird er später heiliggesprochen. In der zweiten Hälfte des 16. Jh. tritt die *dramatische Dichtung* in den Vordergrund. Zahlreiche freie Komödiantengruppen streifen durch das Land, werden als Vagabunden verfolgt, gehen auf den Kontinent hinüber als Mittler zwischen Literaturen. In London existiert eine Reihe privater Theater, von denen das als Aktiengesellschaft betriebene Globe-Theater (seit 1599) das bedeutendste ist. Unter dem Einfluß dieser volkstümlichen Richtung und aus den Traditionen des Humanismus heraus entfalten sich das titanische Werk William *Shakespeares* und das dramatische Schaffen von Christoph *Marlowe* und Ben *Jonson*. Die Ausbreitung des Calvinismus führt jedoch zum Abbruch der großen Theatertradition.

In der *Baukunst* geht die Renaissance eine Symbiose mit starken gotischen Elementen ein und profiliert sich zum nationalen *Tudorstil.*

Eine Umwälzung im philosophischen Denken vollbringt der ebenfalls zum Lordkanzler aufsteigende und gemaßregelte Francis Bacon mit seinem Werk *Novum organum* (1620), das eine vernichtende Kritik der mittelalterlichen Scholastik enthält und der Beobachtung und dem Experiment, der empirischen Methode wissenschaftlicher Erkenntnis, huldigt.

1.5.4.   Anfänge des Absolutismus in Frankreich

Die Anfänge des Absolutismus in Frankreich vollziehen sich – ähnlich wie in Spanien und England – im letzten Drittel des 15. Jh. und am Beginn des 16. Jh. unter der Regierung der Könige *Ludwig XI.* und *Franz I.* Die Basis dafür liegt einerseits in der relativ starken Position der Feudalklasse, die ständig Ergänzung durch Nobilitierungen in Gestalt des Amtsadels (Noblesse de robe) erhält, und andererseits im allmählichen Wachs

Ökonomische   tum einer Bourgeoisie im städtischen Handel und Gewerbe. Hier und
Entwicklung   weniger auf dem Lande kommen vor allem die für Hof, Aristokratie und städtische Oberschicht arbeitenden *Luxusgewerbe* (Seidenherstellung, Goldschmiede, Kürschner, Strumpfwirker, Teppichweber) zur Entfaltung, obwohl sie den Rahmen der Zunft zunächst kaum durchbrechen. *Verlag* und *Manufaktur* bilden sich in der Leinen-, Tuch- und Rüstungsproduktion. Bemerkenswert früh tritt die Krone mit wirtschaftsfördern

den Maßnahmen hervor, die stets fiskalischen Zielen untergeordnet sind: mit der Aufnahme der Seidenweberei in Frankreich, der Unterstützung des Silberbergbaus, der Drosselung des Imports teurer Waren (z. B. von spanischen Wolltuchen 1539), der Festsetzung eines einheitlichen Ellenmaßes. Sie tragen dazu bei, die Konturen eines Binnenmarktes zu formen sowie Herstellung und Absatz einheimischer Produkte voranzutreiben. Handelsverträge mit dem Sultan (1536, 1555, 1581), die zugleich die politisch-militärische Kooperation gegen die Habsburger kaschieren, öffnen die Nahostmärkte; über Spanien hat Frankreich Anteil an der Nutzung der ersten Kolonien.

Im agrarischen Bereich sind dagegen wenige neue Entwicklungstendenzen zu beobachten. Es herrscht die Grundherrschaft vor. Die Masse der Bauern sitzt auf erblichen Zinsgütern, doch ihre wirtschaftliche Lage ist im allgemeinen schwierig. Die hohen staatlichen Steuern, die auch Unternehmerkräfte im Gewerbe lähmen, übersteigen vielfach die dem Grundherrn zu leistenden Abgaben. Parzellierung der Bauernwirtschaften und soziale Differenzierung schreiten langsam voran, ebenso das Wachstum einer Landarmut. Neue Arbeits- und Wirtschaftsmethoden wenden – neben den Angehörigen des Amtsadels – vor allem die bürgerlichen Eigentümer von Grundbesitz in Stadtnähe an. Hier sind Pacht und Halbpacht verbreitete Erscheinungen. Auch nicht ansatzweise kommt es zu einer agrarischen Umwälzung wie in England. Feudale Produktionsverhältnisse bestimmen das Gesicht des Dorfes, die *Neugeadelten* brechen sie ebensowenig auf, die Noblesse de robe bleibt wirtschaftlich, sozial und dem Lebensstil nach ein Bestandteil der herrschenden Feudalklasse. *(Agrarsektor)*

Die französischen Könige treiben den Prozeß der *Vereinigung und Arrondierung des Staatsterritoriums* weiter voran, sie erwerben das Herzogtum Burgund und die Picardie, die Provence, die Bretagne, das Herzogtum Auvergne und eine Reihe Grafschaften. Die Eroberungszüge nach Italien bringen dagegen keinerlei Gewinn, sie verschlimmern nur die finanziellen Schwierigkeiten der Krone und fördern Steuererhöhungen. *(Einheit des Territoriums)*

Mit dem territorialen Unifizierungstrend wächst die Macht der Könige auf Kosten der noch mächtigen Aristokratie. Die Generalstände (*États généraux*) werden seit 1484 insgesamt 76 Jahre nicht mehr einberufen, die Monarchen bedienen sich eher der von ihnen und nicht von den Ständen (Geistlichkeit, Adel, Dritter Stand – Bürger) berufenen Notabeln (Assamblée de Notables). Im Jahre 1523 schafft Franz I. eine neue Zentralbehörde zur Verwaltung der regelmäßigen Kroneinkünfte (Trésor de l'Espargne); tatsächlich steigen die Staatseinkünfte 1517–1543 von 2,4 auf 4,6 Mio Livres. Vom *königlichen Rat*, dem wichtigsten Beratungsgremium des Königs, spalten sich weitere Zentralbehörden ab, vor allem der Große Rat (Grand Conseil) mit richterlicher Funktion, der ein Gegengewicht zum äußerst eigenständigen Pariser Gerichtshof (*Parlement*) ist. Ein spezifisches Phänomen der französischen Staatsverwaltung entsteht unter Franz I. mit der *Käuflichkeit der Ämter.* Sie führt zur Aufblähung des Beamtenapparates, den vor allem bürgerliche Bewerber besetzen. Das Bürgertum kauft sich in die Staatsverwaltung ein und wird (oft geadelt) auf diesem Wege tendenziell feudalisiert. *(Zentralbehörden)*

Trotz der Zentralisierungsbestrebungen ist Frankreich im 16. Jh. weit von einem straff regierten Nationalstaat entfernt, noch bestehen zahlreiche regionale und ständische Sonderrechte, örtliche Ständevertretungen und Verwaltungen. Die Fortschritte, die der beginnende Absolutismus mit sich bringt, werden jäh durch die im Jahre 1562 einsetzenden Bürgerkriege, die Hugenottenkriege, unterbrochen.

Reformation

Die Reformation findet zunächst nur ein schwaches Echo, da die Kirche durch das Konkordat mit dem Papst (1516) zum Teil der königlichen Gewalt (Ernennung von Bischöfen) unterworfen und das Land nicht in dem Maße wie die deutschen Territorien der päpstlichen Ausbeutung ausgesetzt ist. Mitte des 16. Jh., im Zusammenhang mit der Verschlechterung der wirtschaftlichen Situation fast aller Gesellschaftsschichten infolge des Steuerdrucks und der »Preisrevolution«, findet der Calvinismus raschen Eingang. Die entstehenden Gemeinden genießen den Schutz einflußreicher Adliger, die ihrerseits den Machtzuwachs der Krone mit Besorgnis verfolgen. So bildet sich unter religiösen Losungen und Gruppierungen die Frontstellung: katholischer König, Hof und Hochadel – calvinistische Opposition im Volke, in Teilen des Bürgertums und der Aristokratie.

Hugenotten-kriege

Als der katholische Herzog Franz von Guise 1562 im Städtchen Vassy (Champagne) einen calvinistischen Gottesdienst mit Waffen überfällt, beginnt der *offene Bürgerkrieg* und die allgemeine *Erhebung der Hugenotten.* Noch grausamer gehen Hof und Kirche gegen sie in der Bartholomäusnacht (23./24. August 1572) vor, in der massenweise Hugenotten ermordet werden. Nur die Standhaftigkeit städtischer Hochburgen rettet die Hugenotten vor der völligen Vernichtung. Sie finden außerdem Verbündete in den Niederlanden, in England und unter den protestantischen deutschen Fürsten. Ende der achtziger Jahre ist Frankreich in *drei Parteien* zerfallen: das königlich-katholische und das hugenottische Lager und die Hauptstadt Paris unter einem Rat der Sechzehn, der sich auf die Mittel- und Unterschichten sowie die katholische Geistlichkeit stützt. Um seine Hauptstadt zurückzuerobern, verbündet sich König Heinrich III. mit dem Hugenottenführer Heinrich von Bourbon-Navarra. Als der König am 1. August 1589 einem Attentat zum Opfer fällt, wird das Oberhaupt der Hugenotten sein rechtmäßiger Nachfolger als König *Heinrich IV.* Erst mit dem politischen Akt des Übertritts zum Katholizismus (1593: »Paris ist eine Messe wert!«) öffnen sich ihm die Tore der Hauptstadt und zum vollen Machtantritt.

Der Weg wird damit frei zum Ausgleich zwischen der Staatsreligion und den Hugenotten, der dem spanischen König fürderhin die Möglichkeit nimmt, in Frankreich zu intervenieren. Zur Beendigung des Bürgerkrieges trägt auch bei, daß städtische Mittel- und Unterschichten politisch immer aktiver werden und Bauernaufstände gegen das staatliche Steuerregime und den Adel ausbrechen. Bedrohliche Ausmaße nehmen Bauernunruhen in der Normandie (1590–1593) und die Bewegung der *Croquants* in Mittel- und Südfrankreich (1593–1595) an.

Edikt von Nantes

Am 13. April 1598 unterzeichnet Heinrich IV. nach Verhandlungen mit Hugenottenführern das Edikt von Nantes: Es sichert allgemeine Religionsfreiheit zu, damit die Ausübung calvinistischer Gottesdienste. Hugenotten steht der Zugang zu Universitäten und Schulen sowie zu allen Staatsämtern offen. Als Garantie für ihre Rechte erhalten sie Sicherheitsplätze mit eigenen Streitkräften, u. a. Montpellier, Montauben und La Rochelle.

Heinrich IV., dem Historiker und Schriftsteller zur Legende eines »guten Königs« verholfen haben, ist bestrebt, das ruinierte Wirtschaftsleben wieder in Gang zu setzen. Es wird den Gläubigern verboten, bäuerlichen Schuldnern Zugtiere und Gerätschaften abzunehmen, in den Jahren 1598–1600 verfügt der König eine begrenzte Senkung der Kopfsteuer, der Taille. Staatliche Kredite und Schutzmaßnahmen fördern die Entstehung neuer Manufakturen, zur Hebung von Handel und Verkehr werden zerstörte, überwucherte Wege und Brücken wiederhergestellt. Der Ausbau der Positionen des Königtums zum Absolutismus kann fortgeführt werden, jedoch wird Heinrich IV. 1610 von einem fanatischen Katholiken ermordet. — *Heinrich IV.*

Wiederum gerät Frankreich in eine *politische Krise*, in der die Generalstände 1614 letztmalig zur Mithilfe bei der Lösung der finanziellen Probleme einberufen werden. Die Debatten gehen hauptsächlich um die Abschaffung der Paulette, eines Gesetzes, das die Käuflichkeit der Ämter verankert hatte. Ihre Beibehaltung hat jedoch für die Krone existentielle Bedeutung, ebenso die Ablehnung eines Antrages des Dritten Standes, alle staatlichen oder zünftlerischen Reglementierungen in Handel und Gewerbe abzuschaffen. Die folgenden Jahre stehen im Zeichen aristokratischer Oppositionsversuche und einer unentschiedenen Außenpolitik. — *Krise des Absolutismus*

Mit der Berufung des aus altadliger Familie stammenden Armand-Jean du Plessis de *Richelieu*, Bischof von Luçon und seit 1622 Kardinal, zum Ersten Minister durch Ludwig XIII. 1624 beginnt ein neuer Abschnitt in der gesellschaftlichen Entwicklung. Der Absolutismus wird weiter ausgebaut und in der Außenpolitik ein antispanischer Kurs eingeschlagen. Richelieus erster entscheidender Schritt und Erfolg ist die Beseitigung der Sonderstellung der Hugenotten. Mit der Eroberung ihrer Festung La Rochelle (Oktober 1628) und mit der Verfügung, daß die Hugenotten nur ihren Kult ausüben dürfen, ist Frankreich der inneren Einheit wieder ein Stück näher. In den folgenden Jahren bricht Richelieu auch die Sondergewalten katholischer Aristokraten und Prinzen von Geblüt. Ihre Festungen läßt er schleifen, die hartnäckigsten Gegner hinrichten. Ein wesentlicher Schritt, die Regeneration der Macht hochadliger Provinzgouverneure zu verhindern, besteht in der Einsetzung der *Intendanten* – außerordentlicher Beamter mit königlicher Vollmacht und Kontrollbefugnis in den Provinzen. Aus ihnen entwickeln sich zuverlässige Stützen für die *Zentralisierung*. Das Amt ist nicht mehr käuflich, seine Inhaber sind jederzeit absetzbar. An die Stelle des alten Staatsrats setzt Richelieu einen *Ministerrat* mit abgegrenztem Geschäftsbereich, der dem Ersten Minister untersteht. — *Richelieu*

Die Teilnahme am *Dreißigjährigen Krieg* verursacht steigende Kosten, die auch durch höhere Einnahmen nicht mehr zu decken sind. Die Steuerlast wird schwerer, die Einnahmen aus der Kopfsteuer, vor allem von Bürgern und Bauern zu zahlen, wachsen bis 1643 von 11,5 auf 44 Mio Livres. Unter Richelieu häufen sich die Bauernunruhen; 1635/36 erheben sich die Bauern in den Provinzen Guyenne und Poitou, 1639 in der Norman- — *Bauernaufstände*

die (Nu-pieds – Barfüßler genannt). Der absolutistische Staat als Sachver-
walter der Feudalklasse läßt die Erhebungen grausam unterdrücken. Auf
wirtschaftlichem Gebiet setzt Richelieu die *Protektion gewerblicher Unternehmen* fort, jedoch hohe Zölle und kaum passierbare Straßen hemmen die
Entfaltung des Binnenmarktes. Der *Außenhandel* hingegen erweitert sich
rasch, nicht zuletzt durch den Bau einer Kriegsflotte und koloniale Eroberungen in Kanada und auf den Antillen.

Nach Richelieus Tod (1642) kommt es erneut zu bäuerlichen Revolten
gegen die staatlichen Steuern in den südwestlichen Provinzen. *Kardinal
Mazarin*, Nachfolger Richelieus, sucht indes rastlos nach neuen Einnah-
mequellen und verletzt dabei die Kontrollrechte des beamteten Bürgertums. Dessen Widerstand gruppiert sich um das Pariser Parlement; seine
Richter legen 1648 ein populäres antiabsolutistisches Reformprogramm
vor: Abschaffung der Intendanten und der Steuerpacht, Annullierung der
Steuerrückstände, keine Verhaftung eines Untertanen ohne Anklage
u. a. m. Bauern beginnen die Steuerabgaben einzustellen. Der offene
Konflikt entlädt sich ab 1648 in der Fronde.

**Literatur,
Kunst,
Philosophie**

Frankreich, das zum klassischen Land des Absolutismus aufsteigt, spielt
in den beiden geistig-künstlerisch-sozialen Strömungen, der Reformation
und der Renaissance, keine führende Rolle, doch leistet es durch bedeutende Humanisten und Reformationsideologen wie *Budé* und *Lefèvre
d'Etaples* sowie das übermütig-lebensvolle, satirische Werk des *Rabelais*
einen bleibenden Beitrag. Die unkonventionelle, kritische und freisinnige
Unabhängigkeit fehlt bei der folgenden Dichtergeneration, höfisches
Leitbild und Mäzenat dringen vor. Das Verdienst der aus adligem Milieu
hervorgegangenen Dichterplejade um Du Bellay und Ronsard besteht in
der Verwendung und Pflege der Nationalsprache. Die bildenden Künste
und die Musik geraten immer mehr in den Sog des feudal-höfischen Elements. Eine innerkirchliche Bewegung zur reformerischen Lösung der
Kirche aus der Bindung an die weltliche Gewalt, der (nach dem holländischen Theologen Cornelius Jansen benannte) *Jansenismus*, wird rücksichtslos bekämpft. Ausbrüche aus der weltanschaulichen Enge des theo-
logisch-irrationalen Denkens gelingen zwei bedeutenden Philosophen:
René Descartes und *Blaise Pascal*, beide der Noblesse de robe entstammend.
Mit dem prinzipiellen Zweifel an der sinnlichen Erkenntnis und dem Primat des Verstandes (cogito ergo sum – ich denke, also bin ich) und der
Trennung von Leib und Seele im Menschen bei Descartes wird die Geschichte der neuzeitlichen *rationalistischen Philosophie* eingeleitet.

1.6.   Die internationalen Beziehungen

1.6.1.   Das Weltreich der Osmanen auf dem Gipfel seiner Macht

**Ausdehnung
und Krisen
um 1500**

Die Geschichte vieler Völker und Staaten Asiens, Nordafrikas und Europas wurde durch die fortgesetzte feudale *Expansion der Osmanen* zutiefst
beeinflußt und für Jahrhunderte in neue Bahnen gelenkt. Anfang des

16. Jh. beherrschen die osmanischen Sultane neben dem turkstämmig be-
siedelten Kernland Anatolien die gesamte Balkanhalbinsel und die Nordküste des Schwarzen Meeres; das Krimkhanat und die Fürstentümer Mol-
dau-Walachei befinden sich im Vasallenstatus. Im Mai 1481 stirbt
unerwartet Sultan Mehmed II., der Eroberer Konstantinopels und Begründer der türkischen Großmacht. Als Todesursache vermutet man Gift,
das ihm sein ehrgeiziger ältester Sohn verabreichen ließ. Dieser regiert als
Sultan Bajazid II. bis 1512, vor allem im Interesse des hohen Grundadels,
der Mulk- und Wakfherren. Der Militär- und Dienstadel, die Spahi und
die Janitscharen, schließt sich dagegen um den jüngeren Bruder des Sultans, Dschem, zusammen und will ihn auf den Thron heben – doch vergeblich. Dschems Truppen werden in Anatolien geschlagen.
Das beginnende zweite Jahrzehnt des 16. Jh. bringt für die osmanische
Herrschaft schwere innere Erschütterungen, so daß größere Kriegsunter-
nehmen unmöglich sind. Widerstand erhebt sich bereits 1508 gegen die
drückende Macht des Sultans vor allem im Osten *Anatoliens*, wo die halb-
nomadische turkmenische Bevölkerung im Schiismus eine ideologische
Stütze findet. Die Aufständischen erkennen, geführt von dem Derwisch
Nur Ali, der sich den Titel Kalif zulegt, den Schah des Iran als ihr Oberhaupt an. Im südwestlichen Anatolien flammt 1511 der Aufstand der Ky-
zylbasch (Rotköpfe, da rote Mützen zu schwarzem Gewand) auf, dem
sich auch Spahi in wachsender Zahl anschließen. Doch die seßhafte Ak-
kerbau- und Stadtbevölkerung bleibt regierungstreu. Den Janitscharen
gelingt es nach schweren Kämpfen, die Aufstände niederzuwerfen.
Inmitten der schweren Krise fordern die Janitscharen in Istanbul stürmisch die Abdankung des Sultans, sie stützen dessen jüngsten Sohn, der
als Selim I., genannt der Grausame, 1512 den Thron besteigt, nachdem er
den Vater, seine Brüder und Cousins hat umbringen lassen. Der neue Sultan ist nicht nur ein Geschöpf der Janitscharen, er steuert auch eine anti-
aristokratische Innenpolitik zugunsten der Spahi. Ihre Timare (Lehen)
stabilisiert er durch Gesetze, zugleich nimmt ein folgenschwerer Prozeß
seinen Anfang: Das Timar wird immer enger an einen festumrissenen
Grundbesitz gebunden, und die Spahi wandeln sich aus reinen Nutznießern
von Renten in Inhaber von feudalem Grund und Boden. Daraus entspringt das Motiv, Eigenwirtschaften – ähnlich wie beim europäischen
Adel – zu begründen und die Dienstpflicht gegenüber dem Staat und
dessen Oberhaupt zu lockern. *Eine Haupttriebkraft für den späteren Niedergang der osmanischen Herrschaft beginnt zu wirken.*
Um den Unruheherd in Anatolien für immer auszutilgen und zugleich
dem Schah die Basis für weiteres Einwirken zu nehmen, greift der Sultan
zum Massenmord und beraubt das Kernland seines Reiches so eines
außergewöhnlich produktiven Elements. Er läßt die schiitischen Einwohner und Familien registrieren; alle – etwa 40 000 Menschen – werden um-
gebracht. Tausende fliehen nach Persien, Massendeportationen folgen.
Nach diesem grausamen Aderlaß scheint der Zeitpunkt günstig, den
Krieg mit dem persischen Safavidenstaat zu beginnen.
Die Wiege des neuzeitlichen *persischen Staates* liegt im iranischen Aserbeidschan; dort entfaltet sich um die Stadt Ardebil eine Bewegung unter

Krieg mit den
Safaviden

schiitischen Losungen, geführt von einer zahlreichen und streitbaren Derwischbruderschaft. An die Spitze tritt im Jahre 1499 der junge Ismail aus dem Geschlecht der Safaviden, der in wenigen Jahren die kleinen Emirate, Khanate und Stämme des weiten iranischen Hochlandes unterwirft und angliedert. Die lebhafte schiitische Propaganda der Derwische ist ein ständiges Unruheelement für das nahe Anatolien; das Reich der Safaviden wird der gefährlichste Rivale der Osmanen in Asien.

Die Macht Ismails, der sich den Titel Schah-in-schah (König der Könige) zulegt, nimmt bedrohliche Dimensionen an. Die Truppen Ismails erobern nicht nur die Pufferzone zum Osmanenreich (Armenien, Kurdistan, Mesopotamien, Aserbeidschan, Irak), sondern dringen sogar bis zu den Dardanellen vor. Charakteristisch für den persischen Feudalismus ist die Existenz einer breiten Schicht freier Bauern und Hirten. Die *Expansion der Perser* erfolgt unter der religiösen Losung, den Schiismus gegen die altgläubigen Moslems, die orthodoxen Sunniten, durchzusetzen – ein Beleg dafür, daß sogenannte Religionskriege nicht allein ein europäisches Phänomen darstellen.

Der Schirmherr der sunnitischen Moslems, Sultan Selim I., wirft seine Streitmacht gegen die Perser ins Feld, die im Tal von Tschaldyran am Urmissee (August 1514) von den waffentechnisch überlegenen Spahi und Janitscharen besiegt werden. Der Sultan dringt erobernd weiter vor, die Grenze seines Reiches weiter nach Osten dehnend, ohne die Safavidenherrschaft aber vernichten zu können. Der geeinigte persische Staat bleibt fürderhin ein potentieller Bundesgenosse aller Osmanengegner bis hin nach Europa.

Mißerfolge in Jemen und Indien

Auch in anderen Regionen stoßen die Osmanen in Asien vielfach an die Grenzen ihrer Macht. Es gelingt ihnen nicht, durch Vorstöße nach *Äthiopien* und *Jemen* den von den Portugiesen beherrschten Handelsweg in die Hand zu bekommen. Die örtlichen Imame in Jemen führen Dauerkrieg gegen die osmanischen Eindringlinge, 1566 bricht ein Aufstand aus, bei dem alle Osmanen, auch die Gefangenen, erschlagen werden. Im Verlaufe des Kampfes gegen die portugiesische Machtstellung rüstet der Sohn Selims, Sultan Suleiman II., 1538 ein Geschwader aus, das von Suez aus nach Indien segelt, um den Herrscher von Gudscharat gegen die auf der Insel Diu ansässigen Portugiesen zu unterstützen. Die Intervention ist nicht erwünscht, die kostspielige Flotte kehrt unverrichteter Dinge wieder um. Im Jahre 1534 gelingt es dem Großwesir Ibrahim Pascha, Täbris und Bagdad in einem Feldzug zu nehmen. Frieden mit Persien kann erst 1551 geschlossen werden, er bestätigt den Osmanen den Besitz Aserbeidschans und Iraks, das noch immer einträgliches Transitland im Handel zwischen Europa und Indien ist.

Eroberung Syriens und Ägyptens

Der Triumph bei Tschaldyran eröffnet dem Sultan die südliche Expansionsrichtung. Erstes Objekt ist der *Staat der Mamelukensultane* im Südwesten. Schwere ökonomische Erschütterungen, zu denen auch die spürbare Verwaisung des Handelsweges am Roten Meer infolge der portugiesischen Umsegelung Afrikas beiträgt, sowie Verschwörungen in der Armee bewirken den raschen Verfall der Macht des Sultans Kansu al-Ghuri. Durch den Schah ermuntert, sucht er sich mittels eines Krieges gegen die

Osmanen aus der Krise zu retten, doch sein Heer unterliegt bei Marj Da-
bik 1516 in Syrien, und er findet den Tod. Ganz Syrien, die reichen Städte
Aleppo und Damaskus stehen nun dem Sultan offen, der sein Heer in
einem Gewaltmarsch über Schneegipfel und durch glutheiße Wüsten bis
Ägypten führt und im Januar 1517 Kairo erobert. Die Scherife von Mekka
und Medina erbitten eilends den Schutz des neuen Herrn für die Heiligen Stätten des Islam. Fortan gilt Sultan Selim I. als Oberster Priester aller
rechtgläubigen Moslems, Erbe der Kalifen und symbolisches Haupt der
islamischen Welt. In der Tat ist er deren mächtigster Herrscher geworden.
Selim greift sogar mittels einer Flottenexpedition nach der Herrschaft
über Nordafrika, wo (so in Algier) Piratenführer ihr Regime ausüben. Sie
unterstellen sich dem Sultan, der damit in offenen, unüberbrückbaren
Gegensatz zur aufsteigenden Weltmacht Spanien gerät und zum Aktiv-
posten in der Politik Frankreichs gegen die spanischen Habsburger
wird.

Die Ausdehnung des Imperiums auf fast ein Drittel der Erde und die Stabilisierung des Osmanenregimes dauern nicht länger als acht Jahre. Von
diesen Grundlagen ausgehend, führt der von 1520 bis 1566 regierende
Suleiman II. Kanuni (der Gesetzgeber, in Europa »der Prächtige« genannt) das Reich auf den Zenit seiner Macht und Größe. Den Prozeß der
Landkonzentration in den Händen des großen Feudaladels kann auch er
nicht aufhalten – im Gegenteil: Die Eroberungskriege fördern ihn. Durch
Gesetz verfügt der Sultan die Fesselung der Bauern an die Scholle.

Die Polarisierung der sozialen Gegensätze signalisieren abermals Noma- **Rebellion des**
den, Bauern, Derwische und Spahi in Kleinasien, wo es zwischen 1525 **Kalender**
und 1529 zu ausgedehnten Aufständen kommt. Am gefährlichsten für die **Oghlu**
Pforte in Istanbul entwickelt sich die Rebellion des Kalender Oghlu
(1526/27), der unter Bauern und turkmenischen Nomaden eine leiden-
schaftliche, erfolgreiche Agitation führt, für das schiitische Ideal einer
menschenwürdigen Ordnung ohne ungerechte Gewalt werbend. Er bestreitet der tyrannischen Regierung des Hauses Osman die Berechtigung,
über die Moslems zu herrschen, und ernennt sich selbst zum Schah. Wie
die Bauern in Europa, so sind die Aufständischen in Anatolien wohl in
der Lage, die Feudalklasse in Schrecken und äußerste Bedrängnis zu versetzen, doch der ausgeklügelten Politik von Hinhalten, Versprechungen
und gnadenloser, zerstreuter Niederwerfung durch waffengeübte Truppen sind sie letztlich nicht gewachsen.

Im Westen des Osmanischen Imperiums wirkt neben der neuen *Rivalität* **Vordringen ins**
zu Spanien der alte *Gegensatz zur Seemacht Venedig* weiter; sie zurückzudrän- **westliche**
gen und weitere Küstenländer des Mittelmeeres zu erobern ist nur mög- **Mittelmeer**
lich, wenn sich die Osmanen – Meister des Krieges zu Lande – eine
Flotte schaffen.

Sie besteht aus Ruder- und Segelschiffen, auf den Ruderbänken sitzen Sklaven. Die Gefechtsweise wird von den Freibeuterei betreibenden nordafrikanischen Korsaren übernommen, die auch die ersten Flottenbefehlshaber stellen, darunter Cheireddin Hyzyr-Rels, von
den Spaniern Barbarossa (Rotbart) genannt. Die Türken lassen die Schiffe des Gegners nahe
herankommen, feuern auf sie mit schwerem Geschütz und überschütten die Mannschaft mit
einem Pfeil- und Kugelhagel. Unter dessen Schutz werfen sie Enterbrücken und stürmen
das feindliche Schiff, alles niedersäbelnd, was sich ihnen in den Weg stellt.

Die See- und Landstreitkräfte der Osmanen operieren zunächst mit Erfolg gegen Venedig. Sie entreißen der Republik die letzten ägäischen Inseln und erkämpfen 1522 mit Rhodos eine Bastion gegen Venedig, das jetzt nur noch die Ionischen Inseln, Kreta und Zypern beherrscht. Cheireddin Barbarossa erobert 1530 Tunis. Eine spanische Flotte bemächtigt sich der Festung Goletta und kontrolliert damit den Zugang zum Hafen Tunis, doch Algier verteidigen die Osmanen mit Erfolg. Die Landung auf dem vorzüglich befestigten Malta, das dem Johanniterorden gehört, mißlingt 1565, in Tripolis aber kann sich die osmanische Macht gegenüber allen spanischen Eroberungsversuchen behaupten.

Expansion in Ungarn

Sultan Suleiman II. nimmt die Expansion in westlicher Richtung auch zu Lande wieder auf: Erstes Opfer soll Ungarn werden. Dort hat sich der hohe Feudaladel eine der Krone gegenüber unabhängige Position erstritten und beutet die Bauern rücksichtslos aus. Diese sind zu Tausenden einem Kreuzfahrerheer zugelaufen, daß sich auf Grund eines päpstlichen Aufrufs 1514 in Ungarn gegen die Osmanen sammelt. Als der besorgte Hochadel den Bauern die Teilnahme am Kreuzzug untersagt, richten diese ihre Waffen gegen die Magnaten. Die Aufständischen, geführt von dem Kleinadeligen György Dózsa, erliegen jedoch nach viermonatigem heldenmütigem Widerstand dem Heere des Königs. Die Sieger, an ihrer Spitze der Wojewode von Siebenbürgen, János Zápolyáy, wüten mit Grausamkeit unter den Bauern, denen die Waffen und das Recht auf Freizügigkeit genommen werden. Damit zerbricht eine Hauptstütze des Widerstandes gegen die andrängenden Osmanenheere; weder die Habsburger noch die polnischen Jagiellonen, deren Geschlecht König Ludwig II. entstammt, leisten Hilfe. Nachdem der Schlüssel zu Ungarn, das befestigte Belgrad, 1521 genommen ist, marschiert fünf Jahre später eine osmanische Armee nach Norden, der ungarischen Hauptstadt Buda zu. Am rechten Donauufer, bei Mohacs, stellt sich das ungarische Heer am 29. August 1526 zur Schlacht; es wird vernichtend geschlagen. *Diese Schlacht erweist sich als ein Wendepunkt in der Geschichte des ungarischen Volkes.* Heftige Rivalitätskämpfe um den Thron zwischen Zápolyáy und dem legitimen Thronerben, Erzherzog Ferdinand, spalten das Land in Adelsfraktionen. Der Sultan unternimmt im Jahre 1529 einen Vorstoß bis vor Wien, nachdem er Buda eingenommen hat. Drei Wochen liegt eine türkische Armee von 120 000 Mann im weiten Halbkreis vor Wien, doch die Verteidiger halten stand. Rauhes Herbstwetter und Lebensmittelmangel tun das übrige, um die Osmanen zum Abzug zu zwingen. Im Jahre 1541 verwandelt der Sultan Zentralungarn mit Buda als Mittelpunkt in eine osmanische Provinz, die ein Statthalter regiert. Siebenbürgen beläßt er dem Sohne des János Zápolyáy als Lehen. Ein Versuch des Habsburgers Ferdinand – gestützt auf Mittel und Truppen, die der Reichstag in Regensburg bewilligt –, vom nordwestlichen Rest-Ungarn aus das Königreich zurückzuerobern, endet 1542 vor Buda mit einem Mißerfolg.

Schlacht bei Mohacs

Ungarn bleibt für 150 Jahre in drei Teile zerrissen, der Hauptteil leidet unter dem regressiven Türkenregime, das unerhörte Opfer fordert. Im Friedensschluß zwischen König Ferdinand und dem Sultan im Jahre 1547 werden die Grenzen festgelegt, der Habsburger muß für die Verfügung über Nordwestungarn mit Preßburg (Bratislava) als Zentrum jährlich einen hohen Tribut entrichten. Die ständig drohende Türkengefahr prägt das Antlitz Kroatiens, Ungarns westlich des Balatons und der Slowakei; die Slowakei verwandelt sich in eine militär-politische Pufferzone mit einer unruhigen, umstrittenen »Militärgrenze«.

Im 16. Jh. liegt der politisch-militärische Zenit der Osmanenherrschaft und auch ihr geistig-kultureller Höhepunkt. Es entfalten sich die Chronistik, die Poesie und die Architektur, vielfach maßgeblich getragen von iranischem Einfluß. Sultan Mehmed II. läßt die *Hagia Sophia* in Istanbul in eine prachtvolle Moschee umbauen.

Es breitet sich ein wahrhaftes Baufieber aus, der bedeutendste Architekt ist Mimar Sinan (1489–1578). Nach Dienst bei den Janitscharen entfaltet er eine Schöpferkraft, die selbst in Italien ihresgleichen sucht: 81 Moscheen, 26 Bibliotheken, 33 Paläste und Hunderte weitere Bauten sind das Werk seiner phantasievollen Kunst. Aus praktisch-militärischen Erwägungen fördert der Staat die Fortifikation, das Ingenieurwesen und die Geographie.

Das *Osmanische Weltreich* bleibt noch zwei Jahrhunderte nach Suleimans II. Tode eine *Großmacht,* die die spanischen und die deutschen Habsburger, Venedig, den polnisch-litauischen Staat, Iran und eine große Zahl kleinerer Länder in kriegerische Konflikte verwickelt. Am 7. Oktober 1571 erleidet die türkische Flotte eine schwere *Niederlage bei Lepanto* im Korinthischen Meerbusen gegen die von Don Juan de Austria kommandierten, vereinigten Geschwader der Heiligen Liga, zu der sich Spanien, Venedig, weitere Staaten Italiens und der Papst zusammengeschlossen haben. Die Osmanen verlieren in der Seeschlacht, die zu den größten ihrer Art gehört, 225 Schiffe und 20 000 Mann, die Verluste des gegnerischen Geschwaders sind etwas geringer. Infolge Uneinigkeit der Alliierten bleibt der Sieg ohne entsprechende politische Folgen.

Seeschlacht von Lepanto

Ein späterer Krieg mit dem Kaiser (1593–1608) endet mit unbedeutenden Ergebnissen. Im sogenannten *Kretischen Krieg* (1645–1669) entreißen die Osmanen den Venezianern Kreta. Polen-Litauen wehrt wiederholte Einfälle Anfang des 17. Jh. ab. Der hervorragende Herrscher Irans, Schah Abbas der Große (1587–1629), bestürmt zu der Zeit, als in Europa der Dreißigjährige Krieg tobt, die Ostgrenzen des Reiches, die nur unter höchstem Kraftaufwand gehalten werden können.

Der innere Zerfall des Osmanischen Reiches hat längst begonnen mit dem Emporkommen großer Feudalbesitzer, die in blutigen Kämpfen um den Thron ringen, mit Spahi- und Janitscharenaufständen, Geldentwertungen und erschöpfenden, stetig wachsenden Steuern, mit Verödung ganzer Landstriche, mit einer maßlosen Korruption und Günstlingswirtschaft am Hofe, im Harem und auf allen Ebenen der Staatsverwaltung. In den 77 Jahren bis zum Amtsantritt Körülü Mehmed Paschas als Großwesir im Jahre 1656 gibt es 67 Wechsel im Großwesirat; nach den Gesetzen des Brudermords befreien sich die Sultane von Thronrivalen aus der eigenen Sippe. Der Zusammenbruch des Reiches kann durch die Eingriffe tatkräftiger Großwesire wie Kara Mustafa (1640–1643) und die Körülü-Reformer hinausgeschoben werden. Eine Befreiung der zahlreichen Völker, die unter dem harten Türkenjoch stöhnen, ist noch nicht in Sicht.

Beginnender innerer Zerfall

1.6.2. Die Offensive der katholischen Kirche gegen die Reformation

Wesen der
»Gegen-
reformation«

Im Gefolge der antikurialen reformatorischen Bewegung trennt sich ein Großteil der europäischen Staatenwelt bis zur Mitte des 16. Jh. völlig von Rom. Die in Jahrhunderten errichtete, durch Reformen immer wieder funktionstüchtig gemachte Organisation der Kirche zerbröckelt; selbst in die Staaten, Städte und Universitäten Italiens dringt durch Schriften und Personen der Geist des Luthertums.

Am päpstlichen Hof bilden sich seit den zwanziger Jahren *zwei Gruppen* heraus: die meist in einträglichen Kurialämtern sitzenden Vertreter einer konservativen, reformfeindlichen Richtung und die »Außenseiter«, die das Ausmaß der Katastrophe voll ermessen und zu einschneidenden innerkirchlichen Änderungen drängen.

Unter fortwährenden heftigen Auseinandersetzungen beschreitet die Kurie, zunächst zögernd, den Weg der inneren Selbsterneuerung. Er mündet in eine breite, hauptsächlich »von oben« in Gang gesetzte und gehaltene Bewegung, die den Keim zu einer umfassenden Offensive gegen jede antirömische Bewegung in sich birgt und von der älteren bürgerlichen Historiographie als *»Gegenreformation«* bezeichnet wird.

Die bürgerliche Geschichtsschreibung berücksichtigt jedoch in ihrer Definition der »Gegenreformation« nur die eine Seite des Prozesses, nämlich die des feudalen Schlages gegen die aus frühbürgerlichen Verhältnissen erwachsene Reformation. Ein solcher Schlag kann aber nur unternommen werden, wenn die katholische Kirche Anpassungs- und Rezeptionszwängen nachgibt, die aus der historischen Entwicklung resultieren: bürgerlich-kapitalistische Produktionsweise, explosiv erweiterter Welthandel, monarchische Zentralisierung und beschleunigter wissenschaftlicher Fortschritt. Die im letzten Drittel des 16. Jh. einsetzende »Gegenreformation« setzt die »katholische Reform« voraus.

Die päpstliche
Inquisition

Erste energische Schritte zur inneren Selbsterneuerung der Kirche unternimmt der 1534 gewählte Papst Paul III. Farnese. Er beruft eine Reihe entschiedener Gegner der antikurialen Bewegung, die zugleich flexible Verfechter der Reformidee nach innen sind, in das Kardinalskollegium. Unter ihrem Einfluß installiert der Papst durch die Bulle *Licet ab initio* (1542) ein zentrales *Inquisitionstribunal,* das Heilige Offizium. Dieser Gerichtshof säubert mit ausgeklügeltem Terror die gesamte Apenninenhalbinsel in wenigen Jahren von jeglicher »Ketzerei«.

Das römische Tribunal übergibt auch später standhafte Verfechter des wissenschaftlichen Fortschritts dem Scheiterhaufen: Der sich zu Kopernikus bekennende Philosoph Giordano Bruno stirbt 1600 nach jahrelanger Kerkerhaft und qualvollen Verhören als »Ketzer« auf dem römischen Campo di Foro in den Flammen; der greise Galileo Galilei muß, vor den Richtern im Kardinalsornat kniend, im Jahre 1633 der kopernikanischen Lehre abschwören, die 1616 durch Dekret des Tribunals verdammt worden war.

In den Niederlanden geht seit den sechziger Jahren des 16. Jh. die Zahl der Opfer in die Tausende. Portugal erlebt von 1547 bis 1580 35 Autodafés, unter spanischer Herrschaft steigt ihre Zahl in den Jahren von 1586 bis 1596 auf 45. Es verbrennen dabei 162 »Ketzer« bei lebendigem Leibe und 51 »in effigie« (im Bild); über nahezu dreitausend Personen verhängt die Inquisition weitere Strafen. In den Kolonien richtet sich der Terror gegen Nichtkatholiken, Juden und Indianer. Während in Goa, dem Hauptquartier der portugiesischen Kolonialmacht in Indien, im Jahre 1561 ein Tribunal eröffnet wird, schafft Philipp II. durch Dekret von 1569 ein solches für ganz Westindien.

Einen Damm gegen die Flut reformatorischer Schriften und den Strom neuer wissenschaftlicher Erkenntnis soll der von Papst Paul IV. Carafa (1559) ins Leben gerufene *Index librorum prohibitorum* (Verzeichnis der verbotenen Bücher) errichten. Stehen zunächst vorrangig Werke theologischer Gegner der Papstkirche im Vordergrund, so verbietet der Index den Gläubigen später immer mehr solche Bücher, die der Verbreitung eines wissenschaftlichen Weltbildes dienen. *Verzeichnis der verbotenen Bücher*

Gemeinsam mit Schriften Keplers und Galileis wird im Jahre 1616 auch das von Kopernikus 1534 herausgebrachte Werk *De revolutionibus orbium coelestium* (Über den Umlauf der Himmelskörper) auf den Index gesetzt. Erst 1835 streicht man das Werk; die letzte Indexausgabe stammt von 1948.

Daß der Index die Entfaltung der wissenschaftlichen Forschung und Bildung in den katholischen Ländern empfindlich behindert, ist bereits zu seiner Entstehungszeit erkennbar.

Als eine der erfolgreichsten Maßnahmen des Papsttums erweist sich innerhalb kurzer Zeit die Bestätigung eines Ordens neuer Art, zu dem sich eine Gruppe mystischer Fanatiker 1534 auf dem Montmartre in Paris verschworen hat: Durch die Bulle *Regimini militantis Ecclesiae* Papst Pauls III. vom 27. September 1540 wird ihm der anspruchsvolle, verpflichtende Name *Societas Jesu* (Gesellschaft Jesu) bestätigt. Bald hebt der Papst die Beschränkung auf sechzig Mitglieder auf, im Jahre 1556 zählt der Jesuitenorden bereits tausend Patres, die in zehn Ordensprovinzen in Europa und Übersee wirken. Anfang des 17. Jh. sind es über 10000 Mitglieder in 27 Provinzen. Ordenshäuser, Kirchen, Missionen, Großgrundbesitz, Universitäten, Seminare und Schulen, Bibliotheken, Schiffe, Handelsgüter, Soldaten und vieles andere mehr zählt der Orden zu seinem Besitz, damit dem Beispiele alter Mönchsorden folgend. *Gesellschaft Jesu*

Wie ist der grandiose Aufstieg und die weltweite Wirkung des von Anfang an von vielen Seiten, auch innerhalb der katholischen Kirche, beargwöhnten und angefeindeten Ordens zu erklären? Der Begründer Iñigo de Loyola (Ignatius von Loyola) stammt aus Spanien, dem traditionellen Hort der Ecclesia militans, der streitbaren Kirche. *Ignatius von Loyola*

Er und seine Gefährten, die er während seiner Studien an der Sorbonne um sich schart, unterwerfen sich selbstlos dem Dienst an der Kirche und trainieren ihren Willen mittels der von Loyola geschaffenen *Exercitia spiritualia* (*Geistliche Übungen* in wiederkehrenden Zyklen von Tagen oder Wochen). Nach der Losung *Ad maiorem Dei gloriam* (Zur höheren Ehre Gottes in der Welt) zu wirken, wird die Willens- und Verstandeskraft in höchstem Grade gefordert. Die innere Disziplinierung des Ordensbruders ist Bedingung seines äußeren Wirkens durch Predigt, Krankenpflege und Seelsorge, als Beichtvater von Fürsten, in der Diplomatie, im Lehramt an Schulen und Universitäten, unter den Indianern Amerikas und in nichtkatholischen Kulturstaaten Asiens und Afrikas durch Missionierung.

Der Begründer hinterläßt dem Orden auch die *Formula Instituti,* die nach seinem Tode auf der ersten Generalkongregation 1558 als Grundgesetz offiziell in Kraft gesetzt wird. Sie weisen den Orden als zentralisiert gelei- *Organisationsstruktur* tete, dem auf Lebenszeit gewählten Ordensgeneral und dem Papst unmittelbar unterstellte Organisation mit hierarchischer Gliederung aus. Die auf den Errungenschaften des Humanismus aufbauende *Ratio studiorum* vom Jahre 1599 verleiht dem *Bildungswesen der Jesuiten* eine überlegene Stellung und große Anziehungskraft, die auch die Förderung von Kindern wenig vermögender Eltern nicht ausschließt. Doch die Masse des Ordens rekrutiert sich aus den höheren Gesellschaftsschichten, aus dem Feudaladel in Europa und dem Stammesadel oder den oberen Kasten in Amerika und Asien. Diese Elite füllt vornehmlich die Studienräume der in wenigen Jahrzehnten für einzelne Länder in Rom entstandenen Collegien sowie der neugegründeten Seminare und Universitäten.

Für und gegen wissenschaftliche Erkenntnis Die intensive Pflege von Wissenschaft, Bildung und Kunst bringt indes nicht wenige Ordensmitglieder in inneren und äußeren Gegensatz zu ihren Oberen und stürzt sie in Gewissenskonflikte. So protestieren die Jesuitenpater Adam Tanner und Friedrich Spee gegen den von deutschen Bischöfen geförderten Hexenwahn Ende des 16. und zu Beginn des 17. Jh. Spees *Cautio criminalis,* 1631 anonym erschienen, wird zu einem Kampfmittel gegen die Hexenprozesse. Die Mehrheit der Jesuiten folgt jedoch dem Gesetz des vollkommensten Gehorsams und ordnet die Errungenschaften des schöpferischen Geistes bedingungslos dem Glauben und der Kirche unter.

Die Jesuiten wirken, im Gegensatz zu anderen, volkszugewandten Orden wie den Dominikanern, Kapuzinern und Franziskanern, bevorzugt an Fürstenhöfen als Ratgeber und Beichtväter. Als solche sind sie »Ärzte der monarchischen Seele« (Voltaire) und steuern über die Hebel der Herrschaftsgewalt in vielen Ländern Politik und Diplomatie mit. Der Jesuitenpater Johann Adam Schall aus Köln gehört seit 1642 zu den engsten Freunden und Räten des ersten Manzhukaisers in China.

Mission Die *Societas Jesu* ist der *erste wahrhaft universale Orden der katholischen Kirche,* er folgt den portugiesischen und den spanischen Konquistadoren und Kaufleuten und leistet neben und mit anderen Orden (besonders den Dominikanern und Franziskanern) einen eigenständigen Beitrag zum Ausbau des Kolonialsystems und eines neuen Wirkungsbereichs der Kirche, der Terra Missionis, der *Weltmission.*

Bürgerliche Historiker heben die Schaffung der als »Jesuitenstaat« gedeuteten Indianerreduktionen in Paraguay, die vom Beginn des 17. Jh. bis 1767 bestanden, als zivilisatorische Großleistung und »kommunistisches« Gemeinwesen hervor. In Wirklichkeit sind die Verhältnisse in den Reduktionen ihrem Wesen nach eine spezifische Form der ursprünglichen Akkumulation in Gestalt der Encomienda. Die Ackerbau- und Viehwirtschaft, das öffentliche und private Leben der Indianer wird bis ins kleinste reguliert und der Aufsicht der Patres unterworfen. Auf Grund eines *Handelsprivilegs* des spanischen Königs gelangen die Produkte der Arbeit der Guaraníindianer, vor allem die begehrte Yerba (fälschlich als Maté bezeichnet) auf den Weltmarkt. Durch die Schaffung warenproduzierender Agrarwirtschaften mit neuen Kulturen und Arbeitstechniken heben sich die Unternehmer des Ordens jedoch deutlich von der sonst verbreiteten, extrem rücksichtslosen kolonialen Ausplünderung in Lateinamerika ab.

Wo die Missionare des Ordens außerhalb Europas auf hohe, teils überlegene Zivilisation und ausgebildete Staatswesen stoßen, wie in Indien, Äthiopien, China und Japan, versuchen sie durch Anpassung, Rezeption

und Kompromisse für den christlich-katholischen Glauben zu werben.
Den größten Erfolg verzeichnet die *Jesuitenmission in Japan,* wo die Patres
besonders unter Matteo Ricci Hunderttausende für das Christentum bekehren, nachdem der Mitbegründer des Ordens, Franz Xaver, 1549 in
Kyoto die Erlaubnis erwirkt, unter der Bevölkerung zu predigen.

Ende des 16. Jh. bestehen zweihundert Kirchen, zahlreiche Schulen und Hospitäler und
eine Missionsdruckerei. Auch hier beteiligen sich die »Soldaten Loyolas« am Handel, vor allem mit Seide auf der Route von Nagasaki nach dem portugiesischen Macao.

Im Jahre 1640 beendet ein jäher Kurswechsel der Shogun-Regierung das
»christliche Jahrhundert« in der Geschichte des Inselreiches: europäische
Kaufleute und Missionare dürfen den Staat nicht mehr betreten *(sakoku).*
Diese Epochenbezeichnung ist allerdings eine Übertreibung aus europa-
zentrischer Sicht, denn die Christen machen nur 2 % der Bevölkerung aus,
die übrigen Teile bekennen sich zum Buddhismus.

Die führenden Köpfe der Societas Jesu gehören auch zu jenen inner- **Konzil**
kirchlichen Kräften, die das schwerste und umfangreichste Unterfangen **von Trient**
der Kirchenreform, ein neues *Konzil,* in einen Erfolg des Papsttums wandeln. Mit der Bulle *Laetare Jerusalem* (1544) beruft Papst Paul III. ein allgemeines Konzil ein, das in *drei Etappen* stattfindet (1545–1547,
1551–1552, 1562–1563). Die ersten beiden stehen im Zeichen der Übermacht der in Spanien und im Heiligen Römischen Reich herrschenden
Habsburger. Doch in der Sessionspause zwischen 1552 und 1562 ändert
sich die internationale Lage weitgehend zuungunsten des Kaisers. Nach
dem Schmalkaldischen Krieg erleidet Karl V. gegen die rebellischen deutschen Fürsten eine Niederlage, dankt ab, der *Augsburger Religionsfriede*
markiert einen Kompromißzustand mit den Reichsfürsten. Der folgende
spanische König Philipp II. verstrickt sich in langandauernde Auseinandersetzungen mit Frankreich, Kaiser Ferdinand I. stehen nicht mehr
Hilfsquellen von solcher Dimension wie Karl V. zur Verfügung. Das Konzil nimmt, nachdem es vom Papst 1551 nach Bologna verlegt worden ist,
seine Beratungen auf Reichsboden 1562 (in Trient) wieder auf und führt
sie im Dezember 1563 zu Ende. Es erweist sich von Jahr zu Jahr deutlicher als ein Ereignis von historischer Wirkungsdauer, nicht zuletzt dadurch, daß die nachfolgenden Päpste – vor allem Pius V., Gregor XIII.,
Sixtus V. (der »eiserne Papst« genannt) und Clemens VII. – das Konzil
zum Hebel der katholischen Reform und »Gegenreformation« machen.
Die Verwaltung der Kurie, ihre Kommissionen und Zentralbehörden arbeiten noch heute im wesentlichen nach dem »sixtinischen« System.

Gegen alle Versuche, zu den auf Luthers Lehren fußenden Kirchengemeinschaften Brücken
zu schlagen, deklariert das Konzil alle reformatorischen Grundthesen für ketzerisch und
verdammt sie. Das Dekret über die Rechtfertigung vom 13. Januar 1547 erklärt den Lutheri-
schen »Glauben ohne Werke für tot und nichtig«. Weitere Lehrdekrete fixieren die sieben
Sakramente erneut und halten am lateinischen Bibeltext der *Vulgata* fest. Das Konzil schiebt
damit die gewaltige Leistung der Humanisten, die biblische Überlieferung auf die Urtexte
zurückzuführen, beiseite.

Am heißesten streiten die Teilnehmer des Konzils unter sich und gegen **Reform-**
die römische Kurie um die vier Reformdekrete, denn sie rühren an dem **dekrete**
Nerv der feudal strukturierten Kirche (Pfründen und Residenz-, Bil-

dungs- und Seelsorgepflichten des Klerus). Das Privileg der durch Priesterweihe aus der Masse herausgehobenen, hierarisch geschichteten Priesterschaft verteidigend, verwirft das Konzil alles »allgemeine« oder Laienpriestertum. Allerdings wird allen Seelsorgern die persönliche Anwesenheit in ihren Residenzen eingeschärft; dasselbe Dekret trifft Vorsorge für gebildeten Priesternachwuchs durch Einführung von Priesterseminaren.

Konfessionalisierung der Politik

Im *Tridentinischen Glaubensbekenntnis* (1564) schlagen sich, für den Gläubigen verständlich, die Dogmen nieder. Beschwört er dieses Bekenntnis (professio fidei Tridentinas), dann grenzt er sich von allen übrigen Konfessionen klar und entschieden ab. Damit tritt der konfessionelle Gegensatz mit neuer Schärfe in das gesellschaftliche Leben der klassengespaltenen und rivalitätsträchtigen spätfeudalen Gesellschaft und reflektiert deren vielfältige Widersprüche äußerlich als konfessionellen Konflikt, als »monokonfessionellen Staat« und als »Religionskrieg«.

Der von der bürgerlichen Geschichtsschreibung formulierte Terminus »Zeitalter der Glaubensspaltung« oder »Glaubenskriege« kennzeichnet nicht das Klassenwesen der Gesellschaft und ihrer Konflikte, sondern orientiert sich daran, wie den Menschen die sozialen Verhältnisse und die Staatsordnung im Bewußtsein erscheinen. Die verstärkten sozialen Kontraste der spätfeudalen Ordnung müssen mit Politisierung der Konfessionen und Konfessionalisierung der Politik durch die herrschende Klasse bewältigt werden.

In der Dimension der Weltreligion gesehen, kommt zur Spaltung der christlichen Kirche in eine östliche (griechisch- bzw. russisch-orthodoxe) und westliche (römisch-katholische) die Zerklüftung der westlichen hinzu.

Ergebnisse der »Gegenreformation«

Der Gegenstoß der römischen Papstkirche geht von feudal-reaktionären Grundlagen aus, deshalb kann er sein Maximalziel nicht erreichen: die Zurückführung aller durch die Reformation verlorenen Gebiete. Trotz Flexibilität, hoher geistiger Dynamik, Organisiertheit und zäher Geduld scheitern alle Rekatholisierungsversuche und Unionspläne in den skandinavischen Ländern, in Rußland und in England, in Äthiopien, Indien, China und Japan. Dank der Tatsache, daß die römische Papstkirche Zugeständnisse im Pragmatischen mit Unnachgiebigkeit im Theologisch-Prinzipiellen verwebt, bleibt aber die Kirche als globale Institution erhalten und gewinnt vielerorts in der Welt Boden zurück, ja sogar hinzu: im Nordwesten und Süden des Reiches, in den böhmischen Ländern, in Polen-Litauen und in den Kolonien Spaniens und Portugals.

Gregorianischer Kalender

Ein Teilvorgang der katholischen Gegenoffensive ist die im christlichen Europa von Astronomen längst für fällig erklärte *Kalenderreform,* die Papst Gregor XIII. durch die Bulle *Inter gravissimas* vom 21. Februar 1582 einleitet. Der *Gregorianische Kalender,* noch heute gültig, hebt die Verspätung der vorangegangenen Julianischen Zeitrechnung gegenüber dem Sonnenjahr auf, indem er auf den 4. gleich den 15. Oktober 1582 folgen läßt und durch Schaltjahre weiteren Differenzen vorbeugt.

Gegen diese Reform, die mancherorts von »Kalenderunruhen« begleitet wird, sperren sich die meisten nichtkatholischen Staaten. In Deutschland findet der neue Kalender durch Reichstagsbeschluß 1701 allgemein Eingang, in England 1752, in Schweden 1753 und in den Ländern der Rechtgläubigen Kirche erst im 20. Jh. (in Rußland 1917).

Hegemoniekriege in Europa   1.6.3.

Mit der Zurückdrängung des Papsttums endet eines der auf universale, übernationale Herrschaftsansprüche gegründeten Machtgebilde des Mittelalters. Das Kaisertum als zweite Säule der Universalpolitik unternimmt im 16. und 17. Jh. wiederholt Versuche, seine dominierende Position in der Hierarchie der feudalen Staatenwelt Westeuropas geltend zu machen, wobei es sich auf Ressourcen stützt, die vorrangig in nationalem Maßstab Spaniens, der Niederlande und des Heiligen Römischen Reiches mobilisiert werden.

Das klassische Beispiel für die feudale Expansion eines nationalen, säkularisierten Königtums liefert Frankreich mit den »Renaissancekriegen« in Italien, die letztlich Konflikte mit dem habsburgischen Kaisertum sind. Nachdem der französische König Karl VIII. (1495) mit weitausgreifenden Eroberungsplänen in Italien gescheitert ist und den Rückzug antreten muß, versucht sein Nachfolger Ludwig XII. eine realistischere Variante: Er vertreibt 1499 die Sforza aus Mailand und reißt einen Teil des Herzogtums an sich; der Griff nach Neapel wird im Einvernehmen mit Spanien durch den Vertrag von Granada 1500, der beiden Mächten das Königreich ausliefert, unternommen. Doch bald brechen die Feindseligkeiten wieder aus, und Spanien verdrängt dank seiner gut ausgebildeten Infanterie (Tercios), die über See herangeführt wird, die französischen Truppen. Im *Vertrag von Lyon* 1504 einigen sich beide Mächte darüber, daß Spanien Neapel behält und Frankreich Mailand beanspruchen kann. Auf Betreiben Papst Julius' II. kommt eine Allianz Venedigs, Spaniens, Englands und der Eidgenossen zustande, die 1512 der französischen Herrschaft ein Ende macht. Doch im Jahre 1515 überschreitet wiederum ein französisches Heer die Alpen unter der Führung von König Franz I. Mailand wird abermals eingenommen und 1516 mit dem Papst ein auf dem Gallikanismus beruhendes Konkordat ausgehandelt, das bis 1789 gültig bleibt. Frankreich beherrscht den Norden der italienischen Kleinstaatenwelt, Spanien den Süden. Damit ist *Italien endgültig Objekt der internationalen Politik,* und seine nationalstaatliche Entwicklung wird an der Wurzel getroffen.

In diesen Jahren vollziehen sich gravierende *Veränderungen in der internationalen Arena:* Karl, Enkel Kaiser Maximilians und Sohn Philipps des Schönen von Burgund, heiratet 1516 Johanna (genannt die Wahnsinnige), die Tochter des spanischen Herrscherpaares. Zu den Thronen Spaniens und Burgunds (Niederlande, Franche-Comté) kommt 1519 die Wahl Karls zum Kaiser des Heiligen Römischen Reiches deutscher Nation hinzu. Frankreich ist von habsburgischem Besitz umkreist und bedroht. Im März 1521 bricht der Krieg zwischen Frankreich und Spanien-Habsburg erneut aus, doch er wächst nunmehr in die Dimension eines *Kampfes um die Vorherrschaft in Westeuropa* hinüber und spielt sich außer in Italien auch auf deutschem und französischem Boden ab. Nachdem die französischen Truppen 1524 aus Italien vertrieben sind, betreten englische Truppen von Norden und Söldner Karls V. von Süden her französischen Boden. Eine Gegenoffensive in Oberitalien endet mit einer schwe-

Seitliche Randnotizen:

Renaissancekriege in Italien

Kampf um die Hegemonie in Westeuropa

ren Niederlage der Franzosen in der Schlacht bei Pavia am 24. Februar 1525. Sie gehört zu den blutigsten ihrer Art im 16. Jh. (12 000 Gefallene, König Franz I. gerät in spanische Gefangenschaft). An der Ausnutzung des Schlachtensieges hindern Kaiser Karl V. zwei Umstände: der Mangel an Geld zur Besoldung der sich allmählich auflösenden Söldnerarmee und Kriegsrüstungen der Türken. Franz I. erkauft sich mit einem Totalverzicht auf alle Eroberungsansprüche seine Freiheit, um im Mai 1526 mit dem Papst, Venedig, Mailand und Florenz eine *»Heilige Liga« gegen die Übermacht Spaniens* zu gründen. Die Truppen Karls V., die sich auf italienischem Boden immer mehr in plündernde und mordende Banden verwandeln, erstürmen am 6. Mai 1527 Rom und rauben die »ewige Stadt« mit nie dagewesener Barbarei in acht Tagen aus (Sacco di Roma). Eine Pestepidemie steigert die Leiden der Bevölkerung. Die allgemeine Erschöpfung zwingt aber auch zum *Friedensschluß von Cambrai* 1529, der den Medici Florenz, den Sforza Mailand und Karl V. die Oberherrschaft in Italien zusichert. Äußeres Zeichen dafür ist die Krönung Karls zum römischen Kaiser durch den Papst im Februar 1530.

Die Fürstenopposition im Reiche und die kostspieligen Kriege mit den Osmanen unterminieren die überlegene Position des Kaisers, während der Konflikt mit Frankreich mit Unterbrechungen andauert. Der Thronverzicht Karls V. 1556 und die damit verbundene Teilung seines Erbes in deutsche und spanische Besitzungen unter König Ferdinand I. und Philipp II. von Spanien schaffen eine neue Lage. Philipp schließt mit dem Nachfolger des 1546 verstorbenen Königs Franz I., Heinrich II. Valois, am 2./3. April 1559 den *Frieden von Cateau-Cambrésis.* Frankreich verliert alle Besitzungen in Italien, erhält (für acht Jahre) den Hafen Calais zugesprochen, ebenso die Bistümer Metz, Toul und Verdun, allerdings ohne Rechtstitel. Infolge der Bürgerkriege *(Hugenottenkriege),* die Frankreich bis ans Ende des 16. Jh. erschüttern, scheidet diese Macht zeitweilig aus dem Ringen um die Hegemonie aus, diese liegt – wenn auch mit einem hohen Preis erkauft und vielfach attackiert – in den Händen Spaniens, das zugleich die Rolle des *Vorreiters der katholischen »Gegenreformation«* übernimmt.

Der Frieden von Cateau-Cambrésis und die Seeschlacht bei Lepanto markieren die vorherrschende Stellung Spaniens, seine Expansion greift auch nach England, das damals noch eine zweitrangige Rolle spielt. König Philipp erhebt auf Grund seiner Ehe mit der katholischen Königin Maria Tudor, genannt die Blutige, Thronansprüche in London und betrachtet die seit 1558 herrschende Elisabeth als Usurpatorin. Vor allem die Niederlande sind jenes Terrain, auf dem die englisch-spanische Rivalität ausgetragen wird. Elisabeth unterstützt die Niederländer gegen Spanien, englische Kaperkapitäne führen mit Billigung der Königin einen dauernden Kleinkrieg gegen die spanische Flotte.

England als aufsteigende Seemacht bestreitet das vom Papst im Vertrag von Tordesillas (1494) fixierte Monopol Spaniens und Portugals auf den Erwerb von Kolonien in Amerika, Afrika und Asien (»No peace beyond the line« – kein Frieden jenseits der Markierungslinie). In den Gewässern Amerikas stoßen die Seestreitkräfte Philipps II. und Elisabeths seit den

Sacco di Roma *(margin note)*

Umstrittene Hegemonie Spaniens *(margin note)*

Spanisch-englische Rivalität *(margin note)*

sechziger Jahren immer häufiger aufeinander. Nachdem der König 1585 ein Handelsembargo über englische Schiffe verhängt und der englische Kaperkapitän und Flottenführer Francis Drake 1587 bei Cádiz spanische Schiffseinheiten versenkt hat, rüstet Philipp II. eine große Flotte aus, die Englands Seestreitmacht mit einem Schlage vernichten soll. Die »unbe- Untergang siegbare Armada« mit fast 130 Schiffen und nahezu 30 700 Mann (darun- der Armada ter fast 19 000 Söldner) verläßt im Juli 1588 spanische Gewässer und nimmt Kurs auf die britischen Inseln. Die zur Verteidigung Englands aufgebotene Flotte zählt fast 200 (allerdings kleinere) Schiffe mit nahezu 16 000 Mann (darunter 14 400 Söldner), sie verfügt über die größere Feuerkraft. Beide Flotten entsprechen dem modernsten technischen Stand: Sie sind unter Segeln schwimmende Batterien (im Gegensatz zu den veralteten Mittelmeerflotten mit Ruderern und Enterbrücken).

Die Schlacht entfaltet sich in mehreren Begegnungen seit dem 31. Juli 1588 in den Kanalgewässern und -häfen, in denen die schweren Schiffe der Spanier nicht zum Zuge kommen und den kühnen englischen Angriffen nicht standhalten können, bis die Reste der Armada während der ersten Augustdekade in schottische Gewässer entweichen oder von Stürmen zerstreut werden.

Der Untergang der größten spanischen Kriegsflotte bedeutet eine tiefgreifende Schwächung der spanischen Seeherrschaft; England muß als konkurrierende Macht in den europäischen und atlantischen Gewässern geduldet werden.

Der Krieg zwischen England, den Niederlanden und Spanien dauert bis zum Friedensschluß 1604, die Zahl der Feinde des »Allerkatholischsten Königs« wird um die Jahrhundertwende erneut durch das katholische Frankreich erweitert.

Im Osten Europas geht es in den andauernden Kriegen nicht vordergrün- Osteuropa dig um die Hegemonie, sondern es sind andere Probleme bestimmend: Abwehr oder Zurückdrängung der Tatarenkhane und der Osmanen, Zugang zum russischen Markt und die Herrschaft über die Ostsee (Dominium maris Baltici). Dem durch die *Lubliner Union* (1569) entstandenen polnisch-litauischen Staat gelingt es, sich 1578–1581 bis vor Moskau auszudehnen, in diesen Kriegen eignet sich auch Schweden russisch-baltische Gebiete an (Estland, Narva). Im Krieg um das Erbe des Ordens der Schwertritter, dem *Livländischen Krieg* (1558–1583), wird der Ordensstaat unter Dänemark, Schweden und Polen-Litauen aufgeteilt. Rußland geht fast leer aus. Im *Nordischen Siebenjährigen Krieg* (1563–1570) kann sich Dänemark gegenüber Schweden behaupten. Auch der *Kalmarkrieg* (1611–1613) endet mit einem Kompromiß; Dänemarks Position als erstrangige Ostseemacht ist infolge des einträglichen Sundzolls und der gedeihlichen Entwicklung von Handel und Gewerbe nur schwer zu schwächen. Die Aggression Schwedens nach Osten sperrt 1617 mit dem Frieden von Stolbovo Rußland den Zugang zur Ostsee, während sich der Moskauer Staat allmählich nach Süden hin (durch Eroberung der Tatarenkhanate Kasan und Astrachan) und in östlicher Richtung (durch Unterwerfung Sibiriens) ausdehnt. Er entbehrt jedoch noch immer, abgeschlossen durch Barrieren (Krimkhanat und türkisch beherrschte Gebiete), einer Verbindung zum Schwarzen Meer.

Dreißig-
jähriger
Krieg

Die verschiedenen regionalen Rivalitäten und Konflikte verschmelzen im zweiten Jahrzehnt des 17. Jh. zu einem sich ständig ausweitenden, etappenweise ablaufenden *europäischen Krieg* mit peripheren Konflikten, dessen Hauptschauplatz die deutschen Territorien werden: zum Dreißigjährigen Krieg (1618–1648). Durch die Rebellion der adligen Stände in Böhmen (Prager Fenstersturz) und Österreich ausgelöst, nimmt der Krieg zeitweilig die Form einer Auseinandersetzung zwischen einem (gegenreformatorisch stilisierten) habsburgisch-spanisch-katholischen und einem antihabsburgischen Lager an. Während letzteres relativ stabil zusammengesetzt ist (Kaiser, Spanien, katholische Fürsten, Polen-Litauen, zeitweilig der Papst), wechseln im gegnerischen Lager die Vorreiter von der Kurpfalz über Dänemark (1625) bis Schweden (1630). Es gruppieren sich um sie zeit- und teilweise: protestantische Fürsten des Reiches, die Vereinigten Niederlande, England, Siebenbürgen (Transsylvanien), Venedig und Savoyen. In der ersten Hälfte werden Diplomatie und Kriegsgeschehen noch stark von konfessionellen Triebkräften und Frontstellungen geprägt. Kronzeuge dafür ist der schwedische König Gustav II. Adolf, der seinen militärischen Eingriff in den Krieg auf Reichsboden (1630) als »Befreiung« der protestantischen Bevölkerung des Reiches vom »Päpstlichen Joch« beginnen kann. Der mit dieser Motivierung zunächst beschleunigte Siegeszug der schwedischen Armeen wird durch eine neue kaiserliche Armee unter Wallenstein gebremst, Gustav Adolf fällt in der Schlacht bei Lützen (1632). Mitte der dreißiger Jahre, als sich ein erneuter Sieg des Hauses Habsburg nach der *Schlacht bei Nördlingen* (1634) andeutet, fällt diese Verhüllung und Triebkraft: Frankreich übernimmt die Führung des Krieges gegen den Kaiser und seine Verbündeten, die katholischen Fürsten und Spanien. Das habsburgisch-spanische Lager muß, vor allem infolge der versiegenden spanischen Hilfsquellen und der Niederlage gegen die Republik der Vereinigten Niederlande, zurückweichen.

Westfälischer
und Pyrenäen-
Frieden

Auf dem Westfälischen Friedenskongreß (1644–1648) finden Frankreich und Schweden in den Reichsfürsten willfährige Verbündete, um die Reichsverfassung zugunsten der Territorialgewalten bis zur vollen fürstlichen Souveränität und einem Schattenkaisertum umzugestalten. Frankreich erhält die Bistümer Metz, Toul und Verdun endgültig zugesprochen und sichert sich durch links- und rechtsrheinische Gebiete im Südwesten dauerhaften Einfluß auf die Reichspolitik.

Der *Krieg mit Spanien* läuft bis 1659 weiter in Italien, den spanischen Niederlanden und auf der Pyrenäenhalbinsel. Er findet nach 25jähriger Dauer im *Pyrenäenfrieden* seinen Abschluß. Spaniens Macht in Italien wird restauriert, aber es muß territoriale Verluste zugunsten Frankreichs im südwestlichen Teil der spanischen Niederlande hinnehmen. Damit endet Spaniens Hegemonie; an ihre Stelle tritt die *Hegemonie Frankreichs*.

Französische Diplomaten greifen auch vermittelnd und regulierend in die Kriege ein, die sein Verbündeter Schweden gegen Polen, Dänemark und Rußland im Rahmen der von König Karl Gustav fortgesetzten Großmachtpolitik vom Zaume bricht. Im *Frieden zu Oliva* (3. Mai 1660) verzichtet der polnische König auf alle Anrechte in Livland und auf den schwedi-

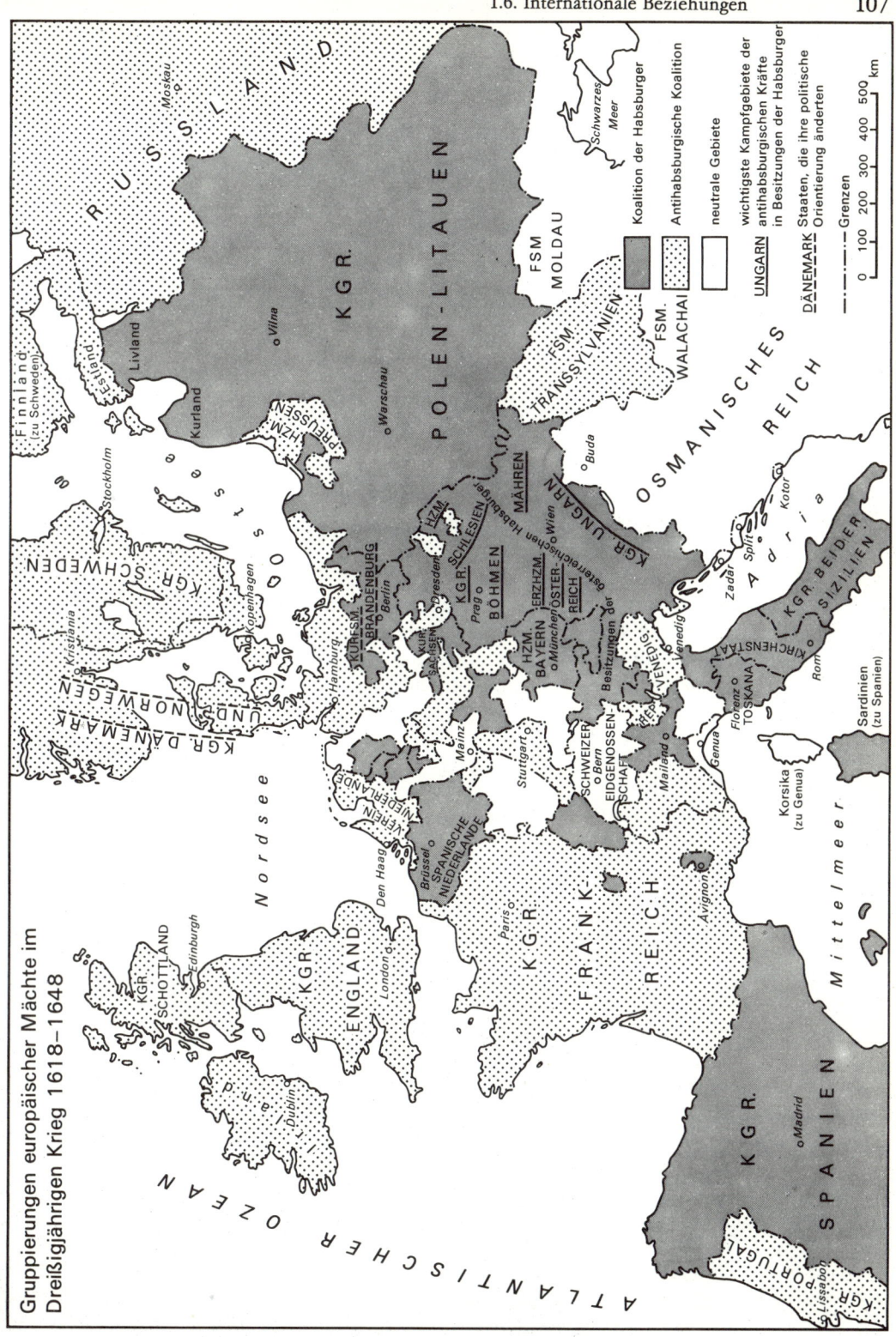

Gruppierungen europäischer Mächte im Dreißigjährigen Krieg 1618–1648

schen Thron. Dänemark verliert durch den *Friedensschluß von Kopenhagen* (6. Juni 1660) alle Besitzungen jenseits des Sundes und des Kattegats, der *Frieden von Kardis* mit Rußland (21. Juni 1661) bestätigt Schweden die mit dem Vertrag von Stolbovo (1617) zugestandenen russischen Gebiete.

Vom Westfälischen Frieden, der die Staatenwelt Europas auf die Basis formaler Souveränität stellt, über die Friedensschlüsse in West- und Osteuropa bis zur Restauration der Stuarts in England 1660 vollzieht sich ein Prozeß der relativen Stabilisierung der internationalen Beziehungen unter der Vorherrschaft Frankreichs, der stärksten Feudalmacht. Die Durchsetzung des Absolutismus bewirkt die innere Stabilisierung der Feudalordnung im größten Teil des Kontinents.

1.7.   Staaten und Staatenbildungen in Asien und Afrika

Die sozialökonomische Entwicklung des asiatischen Kontinents vollzieht sich bedeutend ungleichmäßiger als in Europa. Neben hochentwickelten Feudalstaaten mit jahrtausendealter Kultur im Süden und Osten existieren in den Weiten Mittel- und Nordasiens Nomadenvölker mit staatlicher Organisation (Mongolen) oder auf früher Kulturstufe mit urgesellschaftlicher Organisation (z. B. die Stämme der Ostjaken und Woguren) oder Völker, die sich in den Anfangsstadien der Klassengesellschaft befinden (z. B. die sibirischen Tataren). Eine ähnliche Differenzierung herrscht in der Inselwelt des heutigen Indonesien.

1.7.1.   China

Unter den großen Feudalstaaten Asiens nimmt China hinsichtlich Bevölkerungszahl (um 1600 80–90 Mio Einwohner), Ausdehnung und ökonomischen, gesellschaftlichen, politischen und geistig-kulturellen Entwicklungsniveaus den ersten Platz ein. Es ist der größte Staat der damaligen Welt. An der Schwelle zum 16. Jh. sind ihm, außer den Gebieten mit chinesischem Ethnos, Korea, Vietnam und Tibet als abhängige Lehensländer angegliedert. Sein politischer, ökonomischer und kultureller Einfluß reicht weit darüber hinaus – bis in die Gebiete des heutigen Burma, Indonesiens und der Philippinen.

Seit dem letzten Drittel des 14. Jh. wird China von der einheimischen *Mingdynastie* regiert, deren zweite Herrschaftshälfte (16.–Mitte 17. Jh.) jedoch im Zeichen allmählichen Niedergangs steht; auf einzelnen Gebieten werden bedeutende Fortschritte und große Leistungen erzielt, die denen der Glanzzeit ebenbürtig sind. Die Spätzeit der Mingherrschaft – das ist die Periode der vollen Entfaltung der feudalen Produktionsverhältnisse mit entwickelten Ware-Geld-Beziehungen und Anfängen manufktureller Unternehmens- und Produktionsformen.

Agrarver-
hältnisse   Das Charakteristikum der Agrarverhältnisse besteht darin, daß der rentenpflichtige *Bauer* (juristisch) persönlich frei und erblicher Besitzer ist und es eine bedeutende Gruppe von Freibauern mit Parzelleneigentum

gibt. Die zustätzlichen Leistungen für Staat und Feudalherren (unentgelt-
liche Arbeiten und Dienste verschiedener Art) bringen die Bauern jedoch
in eine so schwere Lage, daß ein großer Teil das Land verkaufen und sich
in Teilpacht oder ins leibeigenähnliche Joch unter einem Patronatsherrn
begeben muß. Abwanderung und Flucht in die Städte und Gebirge häufen sich. Bis zur zweiten Hälfte des 16. Jh. herrscht die *Produktenrente* vor,
offiziell ist sie auf ein Zehntel das Ernteertrages festgelegt, in Wirklichkeit liegt sie weit darüber. Die Verwandlung der Produkten- in eine *Geld-
rente,* die schon im 15. Jh. einsetzt, wird im Jahre 1581 staatlich sanktioniert: Der rentenpflichtige Bauer zahlt in Silbermünze – Ausdruck
verbreiteter Ware-Geld-Beziehungen. Eine weitere Veränderung besteht
darin, daß sich der private Grundbesitz (sogenannte Volksfelder) auf Kosten des staatlichen (kaiserlichen) und bäuerlichen ausdehnt. Gleichzeitig
ist eine ständige Konzentration des Grundbesitzes zu beobachten. All
diese Veränderungen bieten Nährboden für die Verschärfung der Widersprüche zwischen Bauern und Feudalherren sowie unter der herrschenden Klasse selbst.

Die gewerbliche Produktion erreicht sowohl in der Stadt wie auf dem **Gewerbliche**
Lande einen hohen Stand, besonders die Herstellung von Porzellan, Sei- **Produktion**
den- und Baumwollstoffen und Papier. Daneben entwickeln sich der
Schiffbau, die Produktion von Glas, Blank- und Feuerwaffen, der Bergbau
und das Hüttenwesen. In der Papierherstellung findet die Anwendung
von Wasserkraft Eingang, das Bauwesen (Paläste, Tempel, Brücken, Ka-
näle, Bögen) behält seine Bedeutung, das graphische Gewerbe verfeinert
sich. Insgesamt zählt man in China 188 Handwerksarten. In der gewerblichen Produktion existieren vier Grundformen: das ländliche *Hausgewerbe*
mit verbreiteter Frauenarbeit (Textilherstellung), das städtische kleine
Handwerk mit Meister, seinen Familienangehörigen und Gesellen, die
staatlichen Werkstätten und die großen *privaten Werkstätten.* In den beiden
letzten Bereichen existiert bereits die Manufaktur.

Die großen Manufakturen entstehen in den Städten, speziell im Bereich
der Porzellan- und Töpferindustrie (Provinz Juangxi), der Textilindustrie
und Baumwollverarbeitung (Shanhai und Nanjing), Seidenweberei (Suz-
hou und Hangzhou), Eisenverhüttung (Provinz Hebei) und Färberei
(Provinz Anhui). In beträchtlichem Umfang existiert freie Lohnarbeit,
wofür die *Landflucht* als Massenerscheinung Voraussetzungen schafft. Die
Entwicklung der gewerblichen Produktion begünstigt das *Wachstum der
Städte,* unter denen die beiden Hauptstädte der Ming, Nanjing und Peking, eine Einwohnerzahl von 1 Mio bzw. 700 000 erreichen. Zum ge-
werblich entwickeltsten Teil des Reiches wird der Südosten mit zwölf
großen Städten.

Trotz vieler Beschränkungen und Lasten (Steuern, Zölle, Drosselung des **Handel**
privaten Sektors) erlebt der *Binnen- und Außenhandel* einen bedeutenden
Aufschwung. China exportiert (vor allem in den indopazifischen Raum
und bis nach Afrika) in der Hauptsache Porzellan, Seidenstoffe und Me-
tallprodukte, es importiert Duftstoffe, Farben, Pharmaka, Silber, Perlen
u. a. m. Die Ausweitung des privaten Überseehandels gegen Ende des
16. Jh. regt den *Anbau technischer Kulturen* (Zuckerrohr, Baumwolle, Tabak)

an, vor allem in einer Reihe küstennaher Provinzen. Mit dem Eindringen der Europäer ist ein deutlicher Rückzug chinesischer Kaufleute aus dem Raum des Malaischen Archipels verbunden, doch entstehen auch florierende Handelskontakte zwischen Chinesen und Europäern.

Philosophie und Kunst

Im *geistig-kulturellen Leben* bleibt die Philosophie des Neokonfuzianismus erhalten (Wang Jang-min, Wang Ken), mit der Verschärfung der sozialen Widersprüche gewinnen radikale Soziallehren an Boden (z. B. unter den Führern des Bauernkrieges). Das chinesische Theater erlebt eine Blüte, ebenso die phantastische Erzählliteratur. Werke der Fachliteratur und Enzyklopädien erscheinen in wachsender Anzahl, in der Architektur tritt eine Wende vom Monumentalen zum Leichten ein. In der Malerei bleibt vor allem der feine Holzschnitt beherrschend.

In den zwanziger und dreißiger Jahren des 17. Jh. findet die gesellschaftliche Krise in China zur Zeit der Mingherrschaft ihren Ausdruck in einer *Verschärfung des Klassenkampfes*. Die unerträgliche Ausbeutung durch Grundbesitzer und Beamte, Naturkatastrophen, Hunger und Elend führen zu Massenerhebungen der unterdrückten Bauern, denen sich auch arme Handwerker in den Städten anschließen. Die Aufständischen, die sich unter Li Zicheng und Zhang Xianzhong zu einer mächtigen Bauernarmee vereinen, erringen in den Provinzen Shenxi, Honan, Gansu und Sichuan bedeutsame Siege gegen die Kronbürokratie und besetzen am 25. April 1644 die Hauptstadt Peking. Der letzte Ming-Kaiser erhängt sich, und Li Zicheng, von einem Teil der Beamten unterstützt und sich anschickend, einen neuen Machtapparat aufzubauen, proklamiert sich zum Kaiser einer neuen Dynastie (Shun).

1.7.2.   Japan

Japan prägt eine *Vierstände-Gliederung*, die im 16. und 17. Jh. an Strenge gewinnt: Adel, Ritterschaft (Samurai), Bauern und Stadtbewohner (Handwerker und Kaufleute). Der Übergang von einem Stand in den anderen gelingt äußerst selten. An der Spitze der gesellschaftlich-staatlichen Organisation steht der *Shogun* – uneingeschränkter politisch-militärischer Herrscher. Das Land wird nach dem militärischen System des Bakufu regiert. Die Macht der Shogune aus der Dynastie Ashikags sinkt während der ersten Hälfte des 16. Jh. in den Wirren der Privatkriege (Sengoku-shidai) unaufhörlich.

Ständische Gliederung

Tokugawa-shogunat

Um 1560 befindet sich Japan an der Schwelle einer historischen Wende. Im Lauf der folgenden 40 Jahre stoßen immer wieder große Armeen aus Mittel-Ost-Japan vor und zwingen die *Daimyo* (Fürsten) in die Abhängigkeit ihrer aufeinanderfolgenden herausragenden Führer, die als die »drei Einiger« des Landes gelten: Oda Nobunaga, Toyotomi Hideyoshi und *Tokugawa Jejasu* (1542–1616). Unter den beiden ersten kann der Sturz des alten Shogunats und eine militärische Hegemonie über die übrigen Daimyo erreicht werden, Jejasu verwandelt sie in das (formal vom Schattenkaiser: Tenno) legalisierte neue Shogunat (seit 1603), das für zweieinhalb Jahrhunderte in der allmächtigen Familie Tokugawa verbleibt.

Die Bezwingung der nahezu unabhängigen Feudalfürsten und der ihre

Macht stützenden und an der Anarchie partizipierenden buddhistischen Klöster (viele werden zerstört und konfisziert) geschieht unter Einsatz großer Massenarmeen sowie durch Schaffung eines sich konzentrisch verbreitenden Systems von befestigten Residenzen. In deren Schutz und Umkreis wachsen große Städte, so daß von einer feudal-aristokratisch initiierten Urbanisierungswelle (1580–1610) gesprochen werden kann. Da die Vereinigung des Landes die Macht der Daimyo keineswegs vernichtet, sondern sie nur dem stärksten Vertreter der Adelsklasse unterordnet, bilden die nunmehr unter Kontrolle gebrachten Fürsten politisch-ökonomische Kristallisationselemente. Städte wie Himeja, Osaka, Hiroshima, Edo (Tokio, seit 1600 Hauptstadt), Okayama entstehen oder entfalten sich in dieser Zeit der neuen Shogune, vielfach als planmäßige Anlage mit Festungscharakter und Repräsentationsbauten.

Keinen Erfolg bringt der Versuch Hideyoshis, Korea, Taiwan und China in den neunziger Jahren des 16. Jh. zu erobern, nicht zuletzt wegen des Widerstandes in den überfallenen Ländern.

Das Regierungssystem der »drei Einiger« Japans (Bakuhan), das auf der Basis des größten Großgrundbesitzanteils mit abhängigen Städten und Häfen sowie Sonderrechten der Shogunfamilie (Edelmetallbergbau, wichtigste Verkehrswege in ihrer Hand) ruht und die gleichzeitige Existenz von 250 großen Domänen-Komplexen (Han) der Daimyo einschließt, trägt feudalen Charakter. Ein Viertel des Landes regieren die Shogune unmittelbar, das heißt als Hausmacht. Die *Samurai* (5–7 % der Bevölkerung) werden von allen anderen als den militärischen Aufgaben strikt getrennt; sie entwickeln sich zu einem reinen *Militäradel* (Söldner-, Rittertruppe) mit bürokratischer Funktion und profiliertem eigenem Moralkodex; sie befinden sich in völliger Abhängigkeit von den Daimyo mit ihren Clans. Kaum ein Fünftel der Samurai besitzt Land, weshalb sie Unterhalt bei den großen Feudalfürsten suchen und von Krieg, Raub und Piraterie leben. Einfuhr und Eigenproduktion der Feuerwaffen verändern tiefgreifend das *Heerwesen:* Der Nahkampf der Reitertruppen der Samurai wird ersetzt durch Fußtruppen, die mit Musketen bewaffnet sind (»die Leichtfüßigen«). In wachsender Zahl werden Bauernsöhne für die Truppen rekrutiert. Die erste mit Musketen ausgetragene Schlacht findet 1558 statt, 15 Jahre nach dem Kennenlernen der Waffe bei den Portugiesen.

Die *Städte* verlieren allmählich ihre politische Eigenständigkeit, doch erfahren *Handel* und *Handwerk* einen bedeutenden Aufschwung infolge der Befriedung des Landes, der Vervollkommnung der Maße und Gewichte und der Förderung des offenen Handels der einheimischen Kaufleute mit asiatischen und europäischen Partnern. Die schon früher entstandenen zerstreuten *Manufakturen* (mit Heimarbeit) und großen staatlichen Werkstätten (mit Zwangsarbeit) verbreiten sich weiter, Fayence- und Porzellanherstellung – teils aus Korea durch Kriegsgefangene übernommen – erleben einen Aufschwung. Ohne Zweifel kommt es in der zweiten Hälfte des 16. Jh., wenngleich bei vorherrschend feudaler Einbindung, zur breiteren Entfaltung des städtisch-kaufmännischen und städtisch-gewerblichen Elements.

Feudalklasse

Bauern

Die Hauptlast ruht auf den Bauern, die eine Feudalrente in Naturalien zu entrichten (40–60 % des Ernteertrags) und weitere Pflichten zu erfüllen haben. Die Größe einer Bauernwirtschaft (Hauptprodukt Reis) beträgt durchschnittlich reichlich 1 ha, Reis ist zugleich Wertmaßstab im Warenaustausch. Daneben treten im 16. Jh. neue Kulturen: Baumwolle, Tee, Tabak und Zuckerrohr. Die Lage der Bauern unterscheidet sich grundsätzlich nicht von der in anderen asiatischen oder in europäischen Ländern: Die Lasten wachsen mit der Verschuldung an Wucherer; Hungersnöte und bewaffnete Revolten gegen die schwere Ausbeutung sind eine bleibende Erscheinung, ohne daß – wie in China – Bauernkriege großen Ausmaßes ausbrechen.

Kaufleute, Handwerker

In besserer Situation leben Kaufleute und Handwerker, die nicht nur die Residenzen der Feudalfürsten, den Hof des (politisch bedeutungslosen) Kaisers und die Samurai mit Waffen, Kleidung und Luxusgütern versorgen, sondern auch für den ausgedehnten Export (vor allem Schwerter) liefern. Angeregt von den Europäern (Portugiesen, Holländern), erleben der Schiffbau und die Produktion von Feuerwaffen einen außerordentlichen Aufschwung. Auch der Eisen-, Kupfer- und Silberbergbau erreichen einen hohen Stand. Die *Blüte des Handels* führt zum Wachstum vieler Küstenstädte. In der Folgezeit erstarkt das Bürgertum soweit, daß es ungeachtet aller Hemmnisse durch das Shogunat und dessen Gesetzgebung eine beträchtliche ökonomische Potenz darstellt. Zunehmend wird der Kampf zwischen Feudalmacht und Bauern durch den sich entfaltenden Konflikt mit dem *Bürgertum* ergänzt. Das Shogunat sieht sich gezwungen, den Forderungen der bürgerlichen Elemente wenigstens teilweise nachzugeben (gegen Ende des 18. Jh. erhalten die Kaufmannsgilden mehr Schutz, um mit Hilfe des Handelskapitals Neuland zu gewinnen).

Ideologie

In der Ideologie tritt eine spürbare Hinwendung von der religiös-mystischen (buddhistischen, sintoistischen) zur weltlichen Auffassung von Mensch und Gesellschaft ein, der Neokonfuzianismus findet weitere Verbreitung.

Einer der japanischen Philosophen drückt die Emanzipation seiner Lehre von der Religion so aus: »Es gibt keine Hölle, es gibt keine Seele, es gibt nur den Menschen und die materielle Welt.«

Eine gewisse Analogie zu europäischen Vorgängen bietet die politische Ausschaltung der zahlreichen buddhistischen Klöster und ihre Begrenzung auf den religiösen Aufgabenkreis sowie auf die religiöse Weihe des herrschenden Geschlechts. Die philosophische Rechtfertigung leistet der genannte Neokonfuzianismus, der die kastenartige Ständegliederung als »natürliches Recht« preist und daraus die Moral der Regierung ableitet.

Selbst-isolierung

In den Jahren 1635–1641 ergreift der dritte Tokugawashogun *Jemitsu* eine Reihe Maßnahmen, die zur fast völligen Isolation des Landes *(sakoku)* von seinen asiatischen Nachbarn und europäischen Handelspartnern führt. Ein Edikt von 1635 verbietet Japanern das Verlassen des Landes, den Portugiesen wird verboten, sich außerhalb der von ihnen erbauten künstlichen Insel Deshima (bei Nagasaki) zu bewegen, die Konzession für die Insel geht 1641 auf die Holländer über. Diese bleiben für

1

1 Landung des Kolumbus in Westindien 1492. Kupferstich von D. de Bry, 1594

2 Gründung der Börse in Antwerpen 1531. Kupferstich von P. van der Borcht, 1581

2

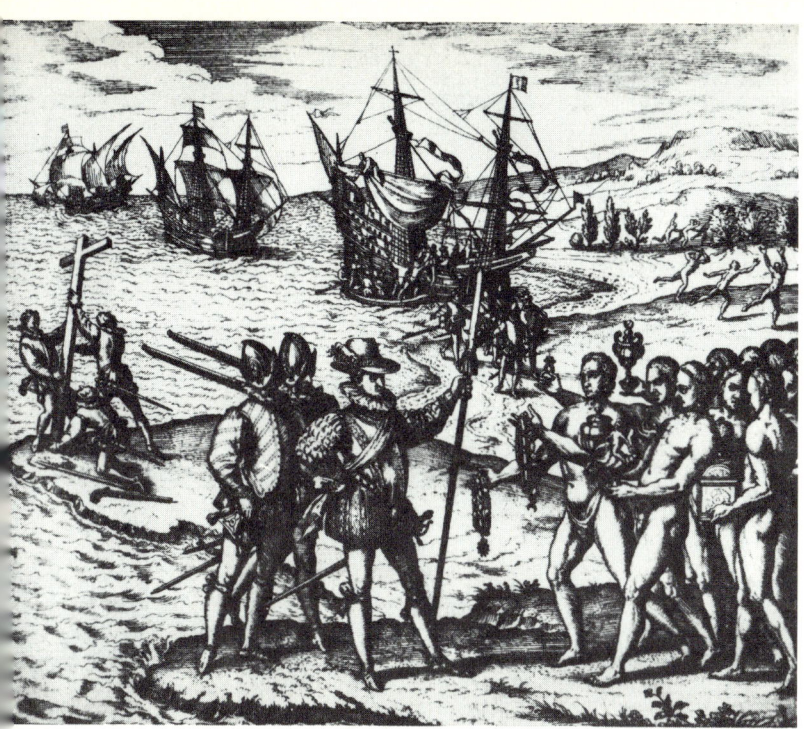

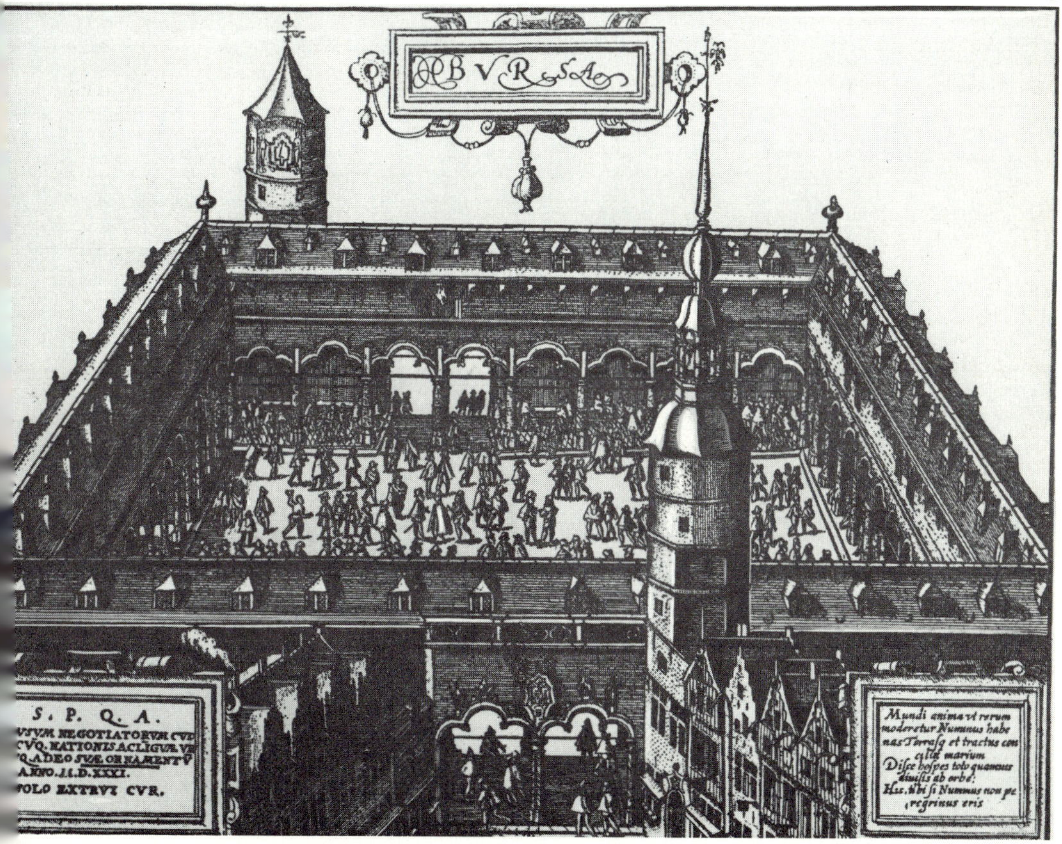

3

3 Wassermühle für Getreide. Kupferstich
von Ph. Galle, um 1580

4 Schacht- und Stollenanlage eines Bergwerkes
im 16. Jh. Stich

5 Nikolaus Kopernikus, Verfechter des heliozentrischen Weltbildes. Kupferstich von J. van Meurs

6 Erasmus von Rotterdam, Humanist. Gemälde von
H. Holbein d. J. Longford Castle

7 Anatomie des Doktor Tulp. Gemälde von Rembrandt, 1632. Mauritshuis, Den Haag

4

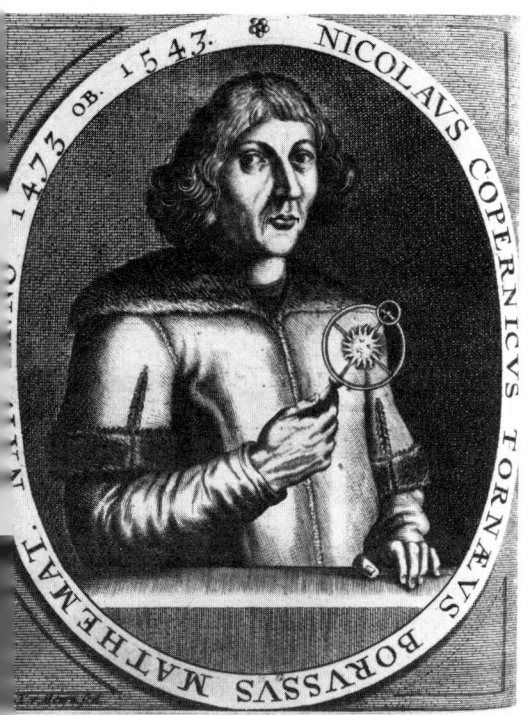

1473 OB. 1543.
NICOLAVS COPERNICVS TORNÆVS BORVSSVS MATHEMAT.
Non docet inſtabilis Copernicus ætheris orbes,
Sed terræ inſtabiles arguit ille vices.

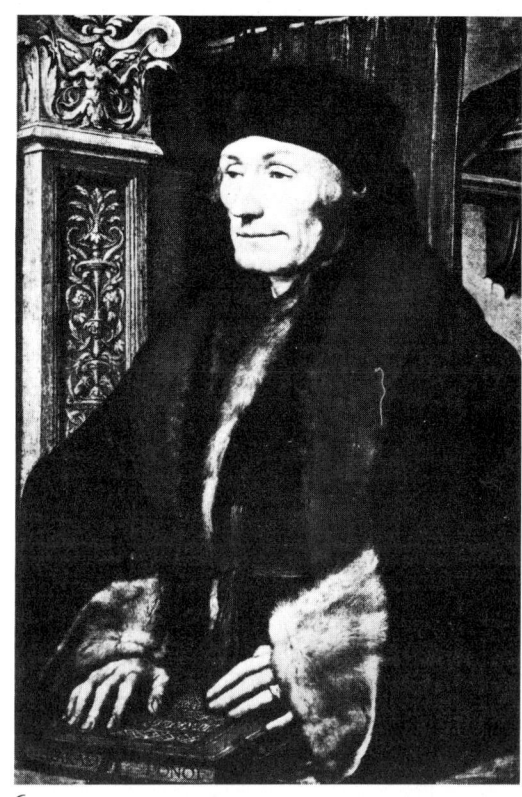

6

7

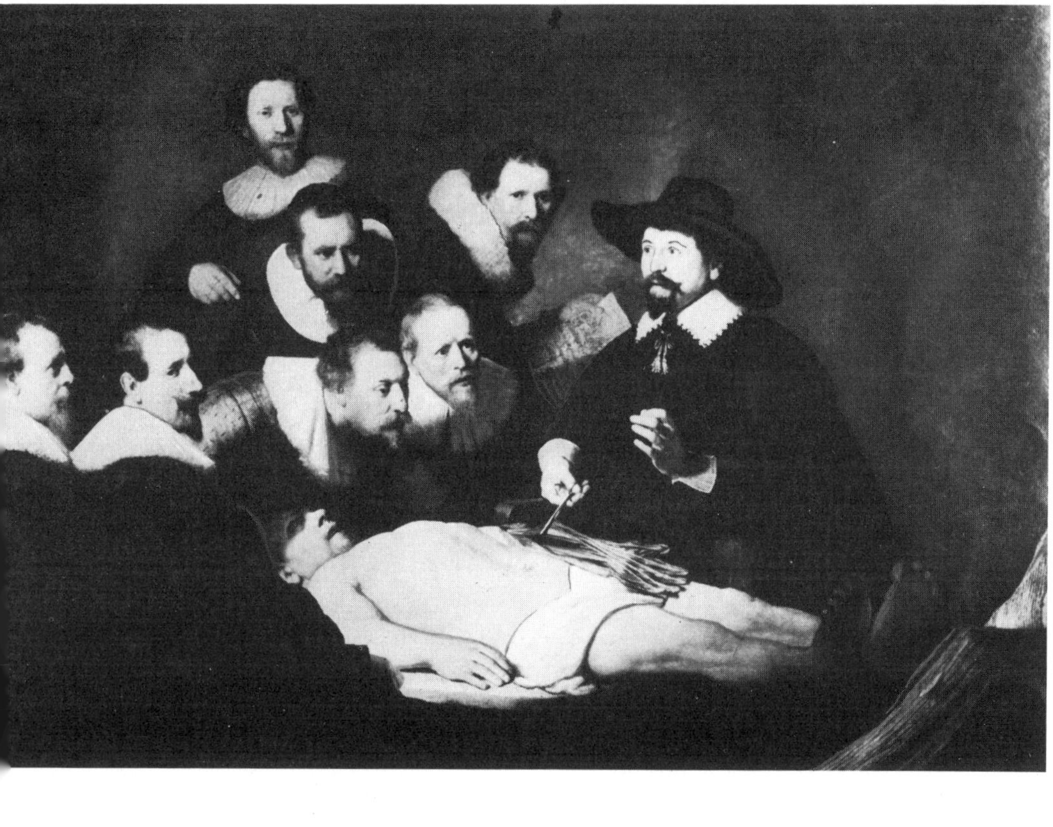

8 Jean Calvin, Reformator. Stich von R. Boyvin

9 Bildersturm, Beginn der Niederländischen Revolution. Kupferstich von F. Hogenberg, 1566

PROMPTE · ET SINCERE ·

IOHANNES · CALVINVS ·
ANNO · ÆTATIS ·53·
·B·

8

9

Nach wenigh Predication
Die Caluinsche Religion

Das bildentsturmen fiengen an
Das nicht ein bilde dauon bleib sstan
Anno Dñj. M. D. LXVI. ? XX Augusti

Kay. Monstrantz, kelch, auch die altar
Vnd weß sonst dort vor handen war.

Zerbrochen all in kurtzer stundt.
Gleich gar vil leuten das ist kundt.

Elisabeth Königin von Engellandt.

10

11

Philipp II., König von Spanien 1556–1598.
pferstich von I. S. Suyderhof

Elisabeth I., Königin von England
8–1603. Kupferstich von M. Bernigeroth.
tliche Kunstsammlungen Dresden

Heinrich IV., König von Frankreich
9–1610. Kupferstich von H. Goltzius.
tliche Kunstsammlungen Dresden

12

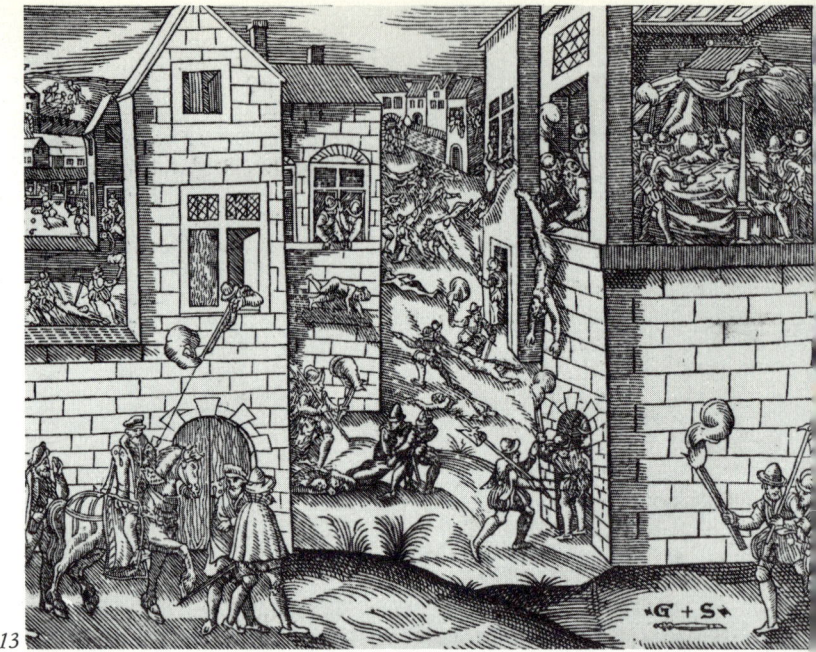

13 Hugenottenmassaker in der Bartholomäusnacht am 23./24. August 1572. Kupferstich, um 1575

14 Untergang der spanischen Armada am 30. Mai 1588. Stich

13

14

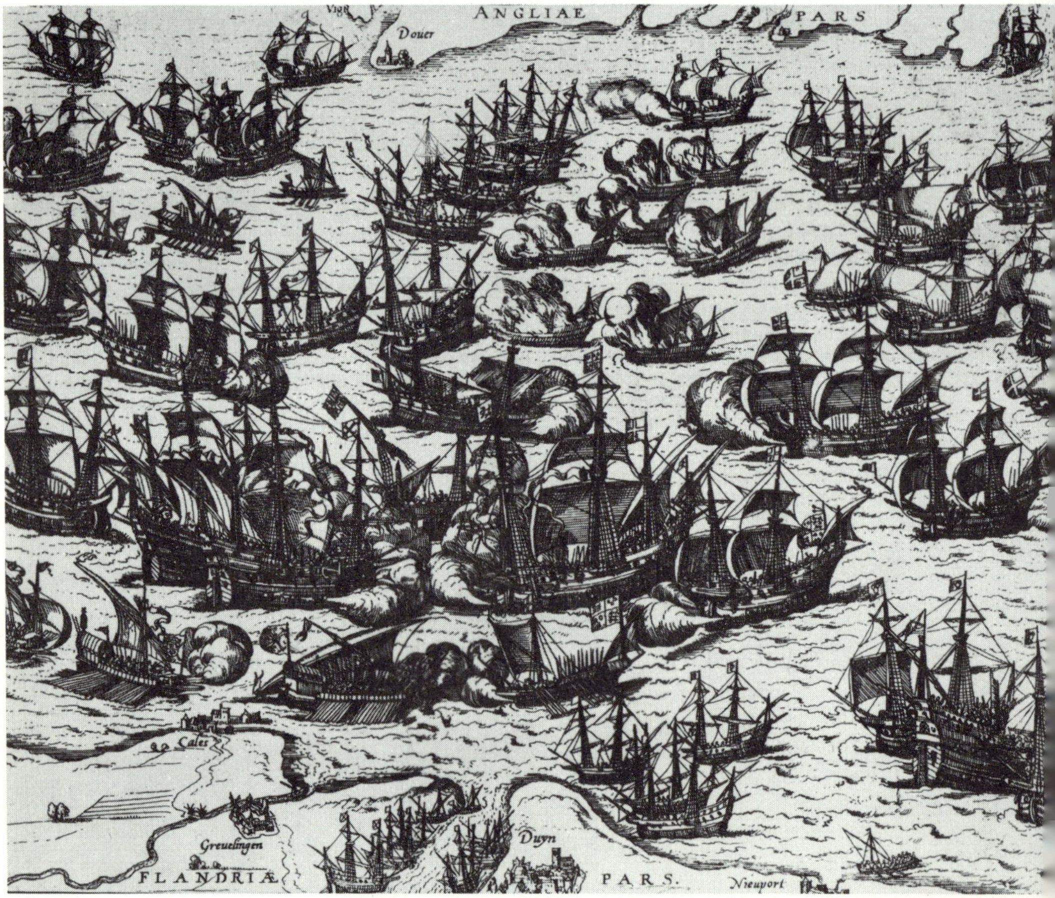

QVILOA

15 Sultanat Kilwa
im 16. Jh., bedeutendes
Zwischenhandelszentrum.
Kupferstich

16 Aufstellung der
Flotten in der Seeschlacht
von Lepanto
am 16. September 1571.
Stich

15

16

are eigentliche ordnung vnd gelegenheit, der Liga vnd bundtniß auffgericht vnd gemacht im Iar vnseres Herrn 1571. Am 16. Septemb. fnder Abreiß von de Foſſa D. S. Ioan. zu Me

17

17 Eine Sitzung des Konzils zu Trient (1545–1563). Gemälde von Tizian. Louvre Paris

18 Prager Fenstersturz am 5. Mai 1618. Kupferstich von M. Merian

Jahrhunderte die einzigen (neben den Chinesen in Nagasaki), die Zugang zum Inselreich haben. Nagasakis Handel hat der Shogun monopolisiert, nur einem Daimyo ist es gestattet, Handelskontakte mit Korea zu unterhalten. Bestandteil der Abschließungspolitik bildet die Einschränkung der christlichen Missionstätigkeit, die rigorose *Unterdrückung des Christentums* in der einheimischen Bevölkerung und die gänzliche Vertreibung der europäischen Priester und Mönche (1640). Die Einwohner des Reiches werden in den buddhistischen Tempeln registriert, der Shogun beruft eine religiöse Aufsichtsbehörde, Druckschriften in Japan und Bücher aus dem Ausland unterliegen einer scharfen Kontrolle und Zensur. Ein Bauernaufstand, der 1637/38 unter christlichen Losungen auf der Insel Kiushu aufflammt, wird mit Hilfe niederländischer Kriegsschiffe, die das bewaffnete Lager der Bauern unter Beschuß nehmen, unterdrückt. Es folgt eine gnadenlose Ausrottungswelle gegen Anhänger des Christentums.

Die Wertung dieser Politik des sakoku ist umstritten, sie zeitigt jedoch vorwiegend regressive Wirkungen, denn die beginnende Blüte von Handel und Gewerbe wird unterbrochen, die ständische Ordnung erstarrt, und das geistige Leben entbehrt äußerer Impulse. Andererseits schirmt die Selbstisolierung Japan vor äußeren Konfliktherden, die den schwer errungenen »inneren Frieden« stören können, ab, die Eigenständigkeit der Entwicklung bleibt gesichert, möglichen Kolonisatoren wird jedes Einfallstor verschlossen.

Indien   1.7.3.

In der Geschichte des indischen Subkontinents, dessen Einwohnerzahl Anfang des 17. Jh. auf 100–125 Mio geschätzt wird, verzeichnen, ähnlich wie in Japan und China, das 16. und beginnende 17. Jh. tiefgreifende Umwälzungen im Herrschaftsgefüge, weniger dagegen im Bereich der Ökonomie und Gesellschaftsstruktur. Die traditionelle *Dorfgemeinde* bleibt trotz beginnender Zersetzungserscheinungen im wesentlichen erhalten. Weitere Kennzeichen der Gesellschaft sind das staatliche Feudaleigentum (Obereigentum des Herrschers am Boden), das Fehlen einer Leibeigenschaft europäischen Stils sowie die Existenz des *Kasten-, Stände-* und *Gildewesens*. Die politischen, gesellschaftlichen und ideologischen Beziehungen stehen unter starkem Einfluß der (meist) rivalisierenden Religionen: des *Hinduismus* und des *Islam* mit einem zahlreichen Priestertum, der *Buddhismus* hat an Bedeutung verloren.

Zu Beginn des 16. Jh. ist Indien in zahlreiche größere und kleinere Staaten gegliedert. Die beiden bedeutendsten sind das Sultanat Delhi, das den Norden beherrscht, allerdings im Ergebnis des verheerenden Überfalls türkischer Reiterheere unter *Tamerlan* (Timur) schweren Erschütterungen ausgesetzt ist (1398 Zerstörung Delhis). Weiter entwickelt ist das (bereits 1336 gegründete) hinduistische Königreich Widschajanagar. Im Jahre 1517 stirbt Sultan Sikandar aus der Dynastie Lodi, in den folgenden Thronwirren wendet sich ein mächtiger Feudalherr an den Herrscher des benachbarten Kabul (Afghanistan), *Baber*. Er zählt zu den hervorragenden Heerführern und Staatsmännern des Orients, ist Verfasser ungewöhnlich farbiger Memoiren und glühender Sunnit. Mit einem kleinen,

Gesellschaft

Songhai

die herrschende Dynastie nur noch ein Schattendasein fristet, ist die Hauptstadt Mali zu Beginn des 16. Jh. noch ein volkreiches Zentrum hochentwickelten Textilgewerbes mit Export nach Timbuktu und Djenne. Diese Städte stellen dynamische Metropolen eines Reiches dar, das sich aus den Ostteilen des Mali-Staates formiert – Songhai. In ständigem Kampf um das Erbe des untergehenden Mali gegen feindselige Stämme und Nachbarstaaten wächst die Macht herrschender Aristokraten und Dynasten. Im 16. Jh. übernimmt die mohammedanische Dynastie der Askia mit König *Mamadou Touré* (Mohammed Ture I.) das Herrscheramt, sie vergrößert das Territorium des Reiches und bemächtigt sich der reichen Salz- und Kupferbergwerke von Taghazzi und Taodeni; diese wie andere wichtige Stützpunkte werden durch Garnisonen gesichert, die Einheiten eines stehenden Heeres besetzt halten. Auf dem Niger kreuzt eine bewaffnete Flottille. Die Hauptstadt Gao zählt im 16. Jh. 75 000 Einwohner. Die Bevölkerung ist nach Klassen und Ständen gegliedert. Außer den Freien (Bauern, Hirten) existieren Sklaven. Obwohl in den Staaten Schwarzafrikas weit verbreitet, ist diese Form der Sklaverei nicht mit den Ausbeutungsverhältnissen in der griechisch-römischen Antike oder der eines einer unmenschlichen Behandlung ausgesetzten Sklaven in der Ära des kapitalistischen Sklavenhandels vergleichbar und stellt eine Übergangserscheinung im Prozeß der Feudalisierung dar. Neben dem *Ackerbau* (Reis) blühen in Songhai die *Textilproduktion* (Baumwolle) und der *Fernhandel.* Nach einer kurzzeitigen politischen Krise im Reiche tritt unter König *David* (1549–1582) ein erneuter wirtschaftlicher Aufschwung mit weiträumigen Handelskontakten bis Marokko ein. Der Sultan von Marokko, El Mansur ed-Dehebi, beginnt Krieg mit Songhai unter dem Vorwand, dessen Herrscher Ishak II. habe den Handelsvertrag gebrochen. Eine Armee, mit Feuerwaffen und Artillerie ausgerüstet, schlägt die Streitkräfte Songhais 1591 bei Tonbidi vernichtend. Songhai wird zeitweilig in einen Vasallen des marokkanischen Sultans verwandelt. In Songhai herrscht ein reiches geistig-kulturelles Leben. An der höheren Lehranstalt Sankore (Timbuktu) werden neben Theologie (Koran) Literatur, Geschichte, Geographie und Astronomie gelehrt. Im 16. Jh. gibt es nach Berichten 100 Gelehrte und Dichter in Timbuktu, ihre Werke gehen größtenteils durch den Einfall Marokkos verloren. Sie bezeugen die Anfänge einer eigenen westsudanesischen Kultur.

Kongo

Die Herausbildung des Kongo-Reiches im 13. Jh. liegt im Dunkel der Legende. Als die Portugiesen es berühren, ist der von einem Monarchen (Mani) regierte embryonale »Staat« ein gegliedertes Herrschaftsgebiet. Verwaltungs- und Verkehrseinrichtungen, gewerbliche (Markt-)Produktion, Fernhandel (Gewebe, Salz, Elfenbein, Sklaven) und lebhafte Markttätigkeit in größeren Siedlungszentren, Kupfer- und Eisenverhüttung sowie die Verarbeitung des Eisens zu Werkzeugen (Beile, Hämmer, Messer, Ketten), Waffen und Schmuck stehen im 16. Jh. in hoher Blüte.

Äthiopien

Im Osten Afrikas stellt Äthiopien seit Jahrhunderten eine christliche Enklave dar, die aus dem kleinen Staat Aksum hervorgewachsen und ständig von moslemischen Expansionen bedroht war. Nach tiefgreifenden Reformen zur Vereinheitlichung des Staates im 15. Jh. tritt während der Herrschaft des Königs (Negus) *Lebua Dengel* (1508–1540) die kritische Phase der Existenz und Abwehr der Osmanen ein. Diese dringen ein, doch es gelingt, die Unabhängigkeit des Staates mit Hilfe der Portugiesen aufrechtzuerhalten. Im Gefolge der portugiesischen Söldner agieren seit 1557 jesuitische Missionare. Sie führen die Herrscher zu Beginn des 16. Jh. zur Annahme des Katholizismus. Unter den Aristokraten, der koptischen Geistlichkeit und dem Volk entsteht jedoch eine Gegenbewegung, die den katholischen Negus zur Abdankung (1672) zwingt. In Äthiopien herrscht bereits eine entwickelte feudale Klassengesellschaft, in der weltlicher Adel, Geistlichkeit und Klöster sowie der König über den Großteil des Grundbesitzes verfügen. Die darauf ansässige bäuerliche Bevölkerung ist zu Fronleistungen, Wehrdienst, Natural- und anderen Steuerabgaben verpflichtet. Kriegsgefangene Sklaven werden vor allem bei »Staatsarbeiten« verwendet.

Im Südosten Afrikas existiert das wohl größte Reich dieses Gebietes – Monomatapa, dessen Name auf seinen Herrscher Mweni Mutapa (»Herr der Bergwerke«) zurückgeht. Das Reich Monomatapa erstreckt sich auf dem Höhepunkt seiner Macht im 14./15. Jh. auf das Gebiet zwischen Sambesi und Limpopo und erfaßt damit große Teile des heutigen Moçambique und Simbabwe. Mehr als 300 Ruinen teils monumentaler Steinbauten, Spuren von Tausenden Gold- und Kupferminen, Eisenerzlagern und Zinngruben sowie Konturen einer über große Weiten verbreiteten Terrassenkultur mit Bewässerungskanälen und oft bis zu 12 m tiefen Felsenbrunnen zeugen von der Existenz eines dynamischen, hoch organisierten Staatswesens, das jedoch der Forschung noch manches Rätsel aufgibt. Der autochthone Ursprung des Reiches Monomatapa ist unbestreitbar. Sein Herrscher wirkt zugleich als oberste religiöse Autorität, verfügt direkt über die Kernprovinzen und besitzt Schlüsselpositionen in Handel und Bergbau. Zu Beginn des 16. Jh. schwächen Rivalitätskämpfe innerhalb der herrschenden geburtsadligen Häuptlingsschicht das Reich. Sein legendärer Reichtum treibt die Portugiesen den Sambesi aufwärts ins Innere des Landes. Sie errichten militärisch gesicherte Handelsstützpunkte und ringen dem Herrscher das Recht des freien Zugangs ab. Trotzdem kann Monomatapa der Gefahr einer direkten kolonialen Unterwerfung durch die Portugiesen entgehen.

Monomatapa

2.1.2.   Bevölkerungsentwicklung und Sozialstruktur

Demografische Entwicklung

Die Bevölkerung Europas entwickelt sich im Zeitraum von 1640 bis 1789 schneller als die anderer Erdteile (mit Ausnahme Chinas). Ihre Zahl steigt von etwa 104 Mio (1600) auf 115 Mio (1700) und auf 180 Mio (1800). Die *Weltbevölkerung* wird für 1650 auf 450 bis 550 Mio geschätzt. Erheblich wächst der Anteil der europäischen *Stadtbevölkerung,* der sich am Ende des 17. Jh. auf etwa ein Zwölftel der Weltbevölkerung beläuft.

Die *Sozialstruktur* ändert sich dahingehend, daß die kapitalistischen Elemente anwachsen (wobei in Ländern wie den Niederlanden und England Verbürgerlichungstendenzen auch im Adel eine Rolle spielen), andererseits steigt die Zahl der Angehörigen werktätiger Schichten, vornehmlich der Handwerksgesellen und -lehrlinge sowie des Frühproletariats. Eine zunehmende *Polarisierung der Klassenkräfte* ist erkennbar.

Formierung der Bourgeoisie

Die Formierung der Bourgeoisie vollzieht sich nicht nur in Auseinandersetzung mit spätfeudalen Wirtschaftsverhältnissen, sondern auch mit der absolutistischen Staatsgewalt. Dabei ringen die Unternehmer vor allem um die uneingeschränkte, der Zunftkontrolle entzogene Verfügung über Arbeitskräfte, das heißt deren (doppelte) »Freisetzung« für die kapitalistische Ausbeutung. Trotz der Protektion des absolutistischen Staates gegenüber den Unternehmern kann die feudale Gewalt – will sie ihre Klassenbasis nicht preisgeben – dem nur in Ausnahmefällen nachgeben, wie z. B. bei der Freigabe von leibeigenen spezialisierten Handwerkern für Hofmanufakturen.

Im Aufstieg der Bourgeoisie offenbart sich die *Doppelfunktion des Absolutismus.* Einerseits begünstigt er die Entfaltung der kapitalistischen Produktivkräfte, die Tendenzen der Zentralisierung, die beginnende Herausbildung eines nationalen Marktes und damit die Nationwerdung. Andererseits wirkt der Absolutismus gerade in seiner Spätphase zunehmend deformierend auf die kapitalistische Entwicklung, indem er sie in den Rahmen der feudalen Verhältnisse einzuzwängen und ihnen dienstbar zu machen sucht. In vielen Ländern (selbst in Frankreich, besonders in Spanien oder Portugal und Italien) zeigen Teile der Bourgeoisie eine ausgeprägte Tendenz, durch »Territorialisierung« (Erwerb von Grundeigentum) den sozialen Anschluß an den Adel zu erhalten. In Frankreich nimmt der Amtsadel (Noblesse de robe) eine Zwischenstellung zwischen dem »eigentlichen« Bourgeois und den (Alt-)Adligen ein. Dies schwächt über längere Zeit die antifeudale Stoßkraft und Bewußtseinsbildung der Bourgeoisie. Während sich in England im Gefolge der Revolution die Verbürgerlichung des Adels entscheidend beschleunigt, herrscht in weiten Gebieten des europäischen Kontinents eher eine gegenläufige Entwicklung. Aber lediglich in Frankreich wird in der zweiten Hälfte des 18. Jh. der Gegensatz zwischen Bürgertum und dem feudalabsolutistischen System unüberbrückbar. In den anderen Ländern des Kontinents ist dieser Antagonismus weniger ausgeprägt, so daß auch Manufakturunternehmer der Illusion huldigen, der feudale Staat könne auf dem Wege von Reformen in einen Staat bürgerlichen Zuschnitts umgewandelt wer-

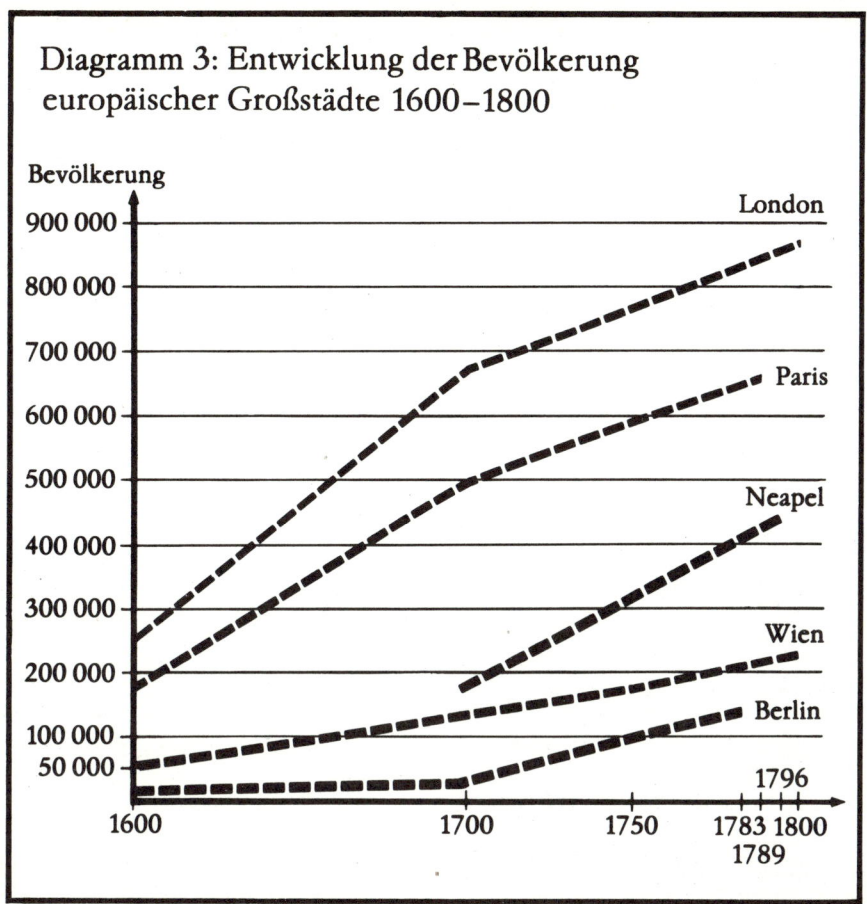

Diagramm 3: Entwicklung der Bevölkerung europäischer Großstädte 1600–1800

den. Dagegen erreicht in Frankreich der antifeudale und antiabsolutistische Klassenkampf solche Qualität, daß hier der bürgerliche Revolutionszyklus eine neue und höhere Stufe erreicht.

Entwicklung von Produktion und Wissenschaft

2.1.3.

Charakter und Rhythmus der ursprünglichen Akkumulation und der Bevölkerungsbewegung einerseits und die Entfaltung der Produktivkräfte und des Manufakturkapitals andererseits stehen im Wechselverhältnis. Eine Pionierfunktion übt England aus, dessen Revolution zunächst den ungehemmteren Aufstieg des Manufakturkapitals ermöglicht. Auf die Entwicklung der Produktivkräfte und der Produktionsverhältnisse in der zweiten Phase der Manufakturperiode wirken zwei Hauptfaktoren:
1. Die Vervollkommnung der *Produktionstechnik.* Es entstehen erste Voraussetzungen für das künftige Maschinenstadium des Kapitalismus durch zwei wichtige materielle Säulen: Uhr und Mühle. Von ihnen gehen im besonderen Maße Impulse zur Entwicklung neuer Mechanismen und zum Aufschwung der Mathematik im 17. und 18. Jh. aus.

Entwicklung der Produktivkräfte

Diagramm 3: Entwicklung der Bevölkerung
europäischer Großstädte 1600–1800

nik der Eisengewinnung (Hochöfen). Bereits gegen Ende des 17. Jh. besteht die Notwendigkeit des Ersatzes für die traditionelle Holzkohle, vor allem durch Steinkohle.

Aus der Zerlegung der Produktion in einzelne Operationen in verschiedenen Betrieben erwächst eine fortlaufende Revolutionierung der Arbeitsverfahren. Die Ausarbeitung technologischer Methoden sowie allgemein einer vermehrten technischen Bildung wird unumgänglich: Es entsteht die Wissenschaft der *Technologie* (der Begriff wird durch den Göttinger Professor Beckmann 1777 geprägt).

Verkehrswesen Im Verkehrswesen nimmt die Entwicklung der Produktionstechnik, den Bedürfnissen des ausgedehnteren Handels folgend, einen großen Aufschwung: Es werden Hafenanlagen ausgebaut und großräumige Schiffe mit erheblichem Tiefgang (»Ostindienfahrer«), zweiachsige Wagen mit drehbarem Vordergestell neu konstruiert. Bedeutende Leistungen sind große Kanalbauten (z. B. in Südfrankreich, England, Preußen).

Mit Ausnahme Englands, dessen reifes Manufakturstadium in die Zeit nach der Überwindung des Feudalismus durch die Revolution fällt, bewahrt in allen Ländern Europas generell das Handelskapital die beherrschende Position gegenüber dem produktiven Kapital. Die Voraussetzungen zur endgültigen Unterwerfung des Handelskapitals unter das produktive Kapital entstehen erst im Ergebnis der industriellen Revolution.

Während zwischen dem Manufaktur- und Handelskapital mannigfache Interessenverflechtungen existieren, die zu einem gewissen Grade berechtigen, von *Handels- und Manufakturbourgeoisie* (als Einheit) zu sprechen, ist das Verhältnis zwischen Zunftbürgertum und den Manufakturunternehmern durchweg widersprüchlich. Mit der Entfaltung der Manufaktur sieht sich das Handwerk eingeengt, vor allem, da der Kaufmann zunehmend mit der gekauften Ware Arbeitskraft Bedarfsartikel produziert, die er in eigener Regie absetzt. Primär auf diesem Wege wird die Position der Zünfte geschwächt. Verstärkt dringt das Handelskapital in Handwerk und Manufaktur ein.

2.1.4.   Der voll entfaltete Absolutismus

Festigung des Absolutismus Politisch-institutionell wird die europäische Staatenwelt im 17. und 18. Jh. durch den voll entfalteten Absolutismus geprägt. Zu den Ausnahmen gehört vor allem Polen, wo in Form des *Liberum veto* die sogenannte Adelsdemokratie (faktisch aber Adelsmonarchie) auf der Basis einer Wahlmonarchie erhalten bleibt. Die *ständische Gliederung der Gesellschaft* (Erster Stand: Geistlichkeit; Zweiter Stand: Adel; Dritter Stand: der primär vom Bürgertum repräsentierte »Rest« der Bevölkerung) bleibt im wesentlichen bestehen. Seinen auf ganz Europa ausstrahlenden Höhepunkt erreicht der Absolutismus in *Frankreich* unter der Herrschaft des »Sonnenkönigs« (Roi Soleil) Ludwig XIV. (1661–1715). Ihm zur Seite stehen talentierte Minister (besonders Jean-Baptiste Colbert), die für die Entwicklung des Landes und seine internationale Geltung bestimmend sind.

Während bis zur Mitte des 18. Jh. der traditionelle Absolutismus bestimmend bleibt, wird seit dieser Zeit für einige Länder der aufgeklärte Absolutismus charakteristisch, z. B. für Österreich, Italien, Spanien, Portugal, Preußen, Dänemark, Schweden und Rußland.

Der aufgeklärte Absolutismus ist Ausdruck der Anpassung des Staates an die neuen gesellschaftlichen Verhältnisse unter den Bedingungen des Übergangs vom Feudalismus zum Kapitalismus. Stark von aufklärerischen Ideen geleitet (daher »aufgeklärter« Absolutismus), reagieren die jeweiligen Monarchen und Teile der herrschenden Klasse mit Reformen auf die Krise des feudalen Systems. Kennzeichnend für die Länder des aufgeklärten Absolutismus ist eine nur embryonal entwickelte Bourgeoisie; soweit Elemente einer Bourgeoisie existieren, erwarten sie eine Erfüllung ihrer Ansprüche noch innerhalb des bestehenden Systems und nicht durch dessen revolutionäre Überwindung. *(Randnotiz: Aufgeklärter Absolutismus)*

Zwischen den Staaten des aufgeklärten Absolutismus bestehen bedeutende qualitative und typologische Unterschiede: Die Variationsbreite reicht vom Beispiel Rußlands (Regierung Katharinas II.) mit äußerst begrenzten Reformen bis zur weitreichenden Reformpolitik in Österreich (Regierung Josephs II., der sogenannte Josephinismus), die zum offenen Widerstand des betroffenen Adels führt.

Umfassende wirtschaftliche und politische Reformen werden auch in Spanien (unter der Regierung Karls III.), in Portugal (durch den Ersten Minister Pombal), in italienischen Staaten (Toskana, Mailand, zeitweilig Neapel-Sizilien) und in Preußen (durch Friedrich II.), in Dänemark unter Kristian VII. in die Wege geleitet.

Internationale Beziehungen und forcierte Kolonialexpansion

2.1.5.

Wandlungen im Kräfteverhältnis der europäischen Staaten vollziehen sich rascher als vor dem Dreißigjährigen Krieg, dessen Hauptkampffeld Deutschland ist. Nach 1648 entsteht für Mitteleuropa erneut eine akute Bedrohung durch neue *osmanische Vorstöße*. Diese Gefahr ist erst nach der Entsetzung Wiens und durch den Sieg am Kahlenberg 1683, der größten Schlacht des 17. Jh., gebannt. Danach verliert das Osmanische Reich in Südosteuropa zunehmend Machtpositionen, während die österreichischen Habsburger im europäischen Mächtekonzert an Einfluß gewinnen. Dagegen verfällt das habsburgische Spanien nach dem Verlust seiner Hegemonie in Europa einem unaufhaltsamen Niedergang. Die folgende Hegemonie Frankreichs bleibt bis in die Zeit des *Spanischen Erbfolgekrieges* (1700–1714) erhalten. *(Randnotiz: Europäisches Staatensystem)*

Schweden verliert seine im *Dreißigjährigen Krieg* gewonnene Großmachtstellung im Ergebnis des *Nordischen Krieges* (1700–1721), während die Niederlande als führende See-, Handels- und Kolonialmacht bereits zuvor von England abgelöst wurden. An Schwedens Stelle tritt nach dem Sieg Peters I. bei Poltava (1709) Rußland. Im Verlaufe siegreicher Kriege gegen die Osmanen steigt auch Österreich zur Großmacht auf; ihm folgt

pationsbewegung des Bürgertums, der Aufklärung, die über Europa hinaus auf Amerika wirkt. Zu den Wegbereitern der Aufklärungsphilosophie gehört der Niederländer Benedikt Spinoza, der die von Giordano Bruno und René Descartes herführende materialistische Linie weiterführt und auf radikal-deterministische Weise deutet.

Die *Aufklärung* stellt im Vergleich zur antifeudalen Philosphie des 17. Jh. eine höhere Stufe geistiger bürgerlicher Emanzipation dar, obwohl in starkem Maße auch Teile des Adels davon erfaßt werden und selbst absolute Herrscher den Versuch machen, bestimmte Elemente der Aufklärung zur Systemstabilisierung zu nutzen. Die Aufklärung prägt sich zudem in sozialen und nationalen Varianten aus. So ist die englische Aufklärung (David Hume, John Locke) als Ideologie einer Bourgeoisie, die ihre Revolution bereits vollendet hat, anders einzuordnen als die *klassische französische Aufklärung,* die eine wesentliche Rolle in der Vorbereitung der Großen Revolution spielt. Unumstrittenes Haupt der Aufklärung ist François-Marie Voltaire (Arouet), dessen philosophisches, literarisches und historiographisches Werk einen überragenden Einfluß ausübt. Die Radikalisierung des aufklärerischen Denkens kulminiert mit Jean-Jacques Rousseau. Besonders sein *Contrat Social* (Gesellschaftsvertrag) wird zum Grundgesetz der kleinbürgerlichen Kräfte. Aus dem Versuch, das Wissen und die Erfahrungen der Zeit nach aufklärerischen Prinzipien neu zu deuten, erwächst das gigantische Vorhaben der Enzyklopädie. An der Spitze der Enzyklopädisten steht Denis Diderot.

In den Regionen mit schwacher bürgerlicher Entwicklung wird die Aufklärung vorrangig von Adligen getragen, woraus oft eine Abschwächung der sozialen Konsequenzen aufklärerischen Denkens erwächst. Zu den bemerkenswertesten Ausnahmen gehört die radikale Kritik Aleksander Nikolaevič Radiščevs am Leibeigenschaftssystem in Rußland. Im Unterschied zu Frankreich bleibt in einigen Ländern (Spanien oder Portugal) die religiöse Komponente innerhalb der Aufklärung weiterhin ein bestimmendes Element. In Ost- und Südosteuropa ist eine besonders starke nationale Komponente spürbar (Dogitej Obradovič in Serbien).

Auch das revolutionäre Bewußtsein der aufständischen Neu-England-Kolonien und der kreolischen Opposition im iberischen Amerika nährt sich über vielfältige Quellen der europäischen Aufklärung.

Entwicklung der Naturwissenschaften

An die großen Leistungen der Renaissance und des 17. Jh. anknüpfend (Kopernikus, Kepler, Galilei und Newton), nimmt – parallel zur Aufklärung – die Entwicklung der Naturwissenschaften neue Züge an. Sie äußern sich vorrangig in der Tendenz zu allseitiger Anwendung des Experiments, zur Mathematisierung und Meßbarkeit aller Erscheinungen. Charakteristisch dafür ist die Entdeckung der Infinitesimalrechnung durch Newton und Gottfried Wilhelm Leibniz und die Konstituierung von neuen Teildisziplinen der Naturwissenschaften, etwa der klassischen Mechanik, deren Denkmethode und Lehren beispielgebend wirken. So nähren die Ergebnisse der *klassischen Mechanik* die Auffassung, das Bewußtsein der Menschen sei durch körperliche, physiologische Mechanismen und äußere Kräfte bedingt. Es verstärkt sich die Ansicht, der Fortschritt der Menschheit wäre durch pädagogische Mittel (zentrale Rolle der Erziehung) zu erreichen. Ähnlich trägt die Erklärung seelischer Vorgänge nach Prinzipien der Mechanik zur Herausbildung der *Psychologie* bei. Einen großen Aufschwung nehmen andere, bisher in den Kinderschuhen steckende Teilgebiete der Naturwissenschaft, wie die Zoologie und Botanik (vor allem durch Georges Louis Leclerc Buffon und Karl von Linné), der Chemie (deren größter Erneuerer im 18. Jh. Antoine-Laurent Lavoisier ist) und der Geologie.

Die Grundfrage der Philosophie stellt sich in der Aufklärung in neuer Form. Im Unterschied zum Idealismus und Agnostizismus bei George Berkeley, Leibniz oder Hume orientieren sich materialistische Philosophen des 17. und 18. Jh. wie Hobbes, Locke, Paul Thiry d'Holbach oder Claude Adrien Hélvétius auf die Erfolge insbesondere der mechanischen Physik. Von hier aus wirken viele Anregungen und Anstöße zur Kritik des traditionellen klerikal-feudalen Weltbildes. Der *Materialismus* des 18. Jh. entwickelt trotz seines überwiegend mechanistischen Charakters als Kontrahent religiösen Denkens einen konsequenten Atheismus; er stellt den Höhepunkt in der Entwicklung des progressiven Gedankengutes der gesamten Aufklärung als geistige Waffe des Bürgertums gegen den Feudalismus dar.

(Randglosse: Materialistisches Denken)

Literatur, Kunst und Architektur

2.1.8.

Die literarische Entwicklung weist eine große Mannigfaltigkeit dichterischer Gestaltungsarten in nationalen, regionalen und stadialen Formen auf. Die Wechselbeziehungen zwischen den Literaturen der einzelnen Länder und die Wirkungen fortgeschrittenerer Länder (besonders Englands) haben großes Gewicht, wenn sie auch nicht allein die bei aller Widersprüchlichkeit einheitliche Grundlinie in der Literatur zu erklären vermögen. Die Annäherung in der Literaturentwicklung der einzelnen Länder ist im Zusammenhang mit den Gesetzmäßigkeiten des deutlicher ausgeprägten Übergangs vom Feudalismus zum Kapitalismus in Europa vornehmlich durch den Aufstieg des Bürgertums bestimmt. Für dessen antifeudale Emanzipation gewinnt gerade die Dichtkunst eine steigende Bedeutung im ideologischen Kampf. Die Literatur trägt objektiv zur Beschleunigung der Überwindung der feudalen Normen der Gesellschaft und der Herausbildung einer bürgerlichen Ideologie bei, selbst wenn diese literarischen Auseinandersetzungen in nicht unerheblichem Umfange vom Adel mit bestritten werden.

Wie das gesellschaftliche Leben so beginnt die Literatur, sich aus den feudal-ständischen höfisch-apologetischen Bindungen und Denkkategorien zu lösen. Jedoch ist diese Wirkung in den jeweiligen Ländern unterschiedlich. Der Platz Englands als bereits bürgerlich-kapitalistisches Land findet vor allem im Werk von John Milton Ausdruck. In Nordwesteuropa tritt zuerst eine erhebliche Veränderung in der gesellschaftlichen Stellung und Funktion der Schriftsteller zutage: In den Niederlanden (in der wissenschaftlichen Literatur) und in England (mehr in der Dichtung) wirken Ende des 17. und Anfang des 18. Jh. Autoren, die nicht nur überwiegend

(Randglosse: Literatur)

vom Produkt ihrer Feder leben (»freie Schriftsteller«). Im Vergleich zu den Niederlanden und England überwiegen in den feudalabsolutistischen Staaten noch bis ins 18. Jh. hinein höfisch-galante Literaturgenres und -forminhalte (z. B. im Roman), und die Dichter bleiben trotz kritischer Tendenzen (so bei Molière, eigentlich: Jean-Baptiste Poquelin) noch weitgehend dem Absolutismus verpflichtet. Das neue, dem Charakter des in den Niederlanden und in England siegreichen Kapitalismus entsprechende Verhältnis zur Wirklichkeit macht bald in Frankreich, dann auch in anderen Ländern Schule. Dies gilt besonders für die Wirkung englischer Romane und Erzählungen, die beispielgebend dafür sind, wie eine den Bedürfnissen des Bürgertums entsprechende moralisch-didaktische Grundhaltung in den Dienst der Aufklärung des Menschen gestellt werden kann. Die von der englischen Erzählkunst ausgehenden Anstöße tragen dazu bei, den Einfluß des französischen Klassizismus des 17. Jh., wie er sich vor allem in der Dramatik (Jean-Baptiste Racine, Pierre Corneille) kundtut, zu verdrängen.

Je mehr aber die Entwicklung der französischen Bourgeoisie im 18. Jh. voranschreitet und sich die Widersprüche in diesem Land verschärfen, um so eher verliert die englische Aufklärung, die auf Selbstrechtfertigung einer saturierten Bourgeoisie und weniger auf antifeudale Sozialkritik abzielt, an wegweisender Bedeutung. Dagegen wachsen die Wirkungsmöglichkeiten der in der Grundtendenz revolutionären französischen Literatur. Während im England der zweiten Hälfte des 18. Jh. der Sentimentalismus zur Geltung kommt (bezeichnend ist dafür die »Friedhofspoesie«, die sich gefühlvoll-melancholisch der Natur zuwendet), offenbaren französische Schriftsteller eine zunehmend diesseitsbejahende, militante Haltung. Sie äußert sich auch im Ringen um eine neue, fortschrittliche bürgerliche Ästhetik (z. B. bei Diderot), in einer die Adelsgesellschaft geistvoll verhöhnenden und entlarvenden Dramatik (Figaros Hochzeit von Pierre-Augustin Caron de Beaumarchais) und in einer besonders die Kirche als ideologische Hauptstütze des Absolutismus bloßstellenden kritischen Romandichtung und Essayistik.

Auch in anderen Ländern, jedoch mit zeitlicher Verzögerung, widerspiegelt die Dichtung ein neues Gesellschaftsverständnis; im Falle Spaniens in dem noch religiös gebundenen Werk von Benito Jerónimo Feijóo y Montenegro oder in Rußland bei Denis Ironovič Fonvizin. In seinen die Fürstenwillkür anprangernden Schauspielen (Drama »Der Landjunker«, das die Menschenfeindlichkeit und Fäulnis des Leibeigenschaftssystems darstellt), ist Fonvizin Gotthold Ephraim Lessing und dem jungen Friedrich Schiller vergleichbar. In Deutschland kommt die antifeudale Tendenz radikaler bürgerlicher Kräfte als Echo auf die Krisenerscheinungen in den siebziger Jahren des 18. Jh. im *Sturm und Drang* zum Ausdruck, den auch der junge Schiller und der junge Johann Wolfgang Goethe als Entwicklungsphase durchlaufen.

Kunst und Musik

In der Kunst und Musik ist die Entwicklungstendenz gleichermaßen vom geistigen Widerstreit zwischen niedergehendem Feudalismus und aufsteigendem Kapitalismus getragen. Regional besteht zunächst ein fundamentaler Widerspruch zwischen den Niederlanden und England einerseits und den anderen Ländern des Kontinents, in denen die Kunst noch überwiegend die Vormacht der Feudalklasse und der Kirche widerspiegelt. Kennzeichnend dafür ist noch immer das Barock als herrschende Kunstrichtung, die im wesentlichen (aber nicht ausschließlich) den ideologisch-repräsentativen Bedürfnissen des in Blüte stehenden Absolutismus entspricht. Zwar wird das Barock in der bildenden Kunst durchaus noch von bürgerlichen Künstlern und Auftraggebern mitgestaltet, es erfüllt aber letztlich die von der herrschenden Feudalklasse gestellten Aufgaben. Aus dem Barock geht das die feudalen Länder bestimmende Ro- **Rokoko** koko hervor. Mit seiner Überfeinerung und der Verdrängung großer imponierender durch spielerische Formen widerspiegelt das Rokoko den dekadenten Absolutismus des 18. Jh. und bringt keine neue originale Stufe der Kunstentwicklung mit sich. Gewisse Schöpfungen des Rokoko, besonders in der Malerei (Jean-Antoine Watteau, Jean Honoré Fragonard, François Boucher), in der Kleinplastik und der Architektur, können jedoch einen hohen Rang beanspruchen.

Die französische Kunst in der Zeit Ludwigs XIV. ist im Unterschied zu **Höfischer** dem stärker römisch-klerikal bestimmten Südeuropa von einem frühen **Klassizismus** Klassizismus geprägt, der im Unterschied zum bürgerlichen Klassizismus der späten Hälfte des 18. und beginnenden 19. Jh. höfischer oder palladianischer Klassizismus genannt wird. Diese Strömung knüpft wieder an die Renaissance an, steht aber zugleich in vielfacher Wechselbeziehung zum Barock.

Eine andere Qualität besitzt der spätere, erst nach 1789 allgemein vorherrschende Klassizismus, der im Unterschied zum vornehmlich aristokratischen Charakter tragenden frühen Klassizismus das ausgeprägte kulturelle und politische Selbstbewußtsein der Bourgeoisie zum Ausdruck bringt und zum »Revolutionsstil« wird.

In der *Musik* treffen feudale und bürgerliche Weltauffassung in verschiedenen Formen aufeinander. Obwohl die herrschenden Mächte, Fürstenhöfe und Kirche, noch Hauptträger des Musiklebens sind, bedeutet das nicht, daß alle in diesem Rahmen entstehenden schöpferischen Leistungen der feudalen Kultur zugehörig anzusehen sind. Die gesellschaftliche Funktion der Musik wird in dieser Zeit durchaus nicht allein von Kirche und Staat bestimmt. In der Musik ist – im Unterschied zur Architektur **Höfische** und bildenden Kunst – der Barockbegriff lediglich auf die höfische Oper **Oper** anwendbar. Diese erreicht in Italien im 17. Jh. zunächst im altaristokratischen Venedig hohe Blüte, findet aber später das besondere Interesse absoluter Herrscher, so auch Ludwigs XIV. in Frankreich. Im bewußten Gegensatz zur anfänglich vorherrschenden italienischen Oper entsteht hier, beispielgebend auch für andere Länder, die *Nationaloper,* und zwar zunächst als höfische Tragödie (Jean-Baptiste Lullys *Thésée*, 1675).

Eine tragende Rolle in der Förderung des Musiklebens spielen bürgerli- **Neue Formen** che Denker, z. B. Descartes, der die Grundlagen einer modernen Musik- **der Musik** wissenschaft schafft, und Jean-Philipp Rameau, der erste Gedanken für eine moderne Harmonielehre entwickelt. Auch neue musikalische Gestaltungsarten und -formen finden im 17. und 18. Jh. Verbreitung. *Instrumentalkonzert, Sonate, Oratorium* und *Suite* entstehen zwar überwiegend in Italien, dem noch klassischen Musikland, aber bereits unter weitaus geringerem höfisch-aristokratischem Einfluß im Verhältnis zu bürgerlichen Elementen. Während feudale Ideologie im 18. Jh. sich vor allem im galanten Musikspiel des Rokoko ausdrückt, entwickelt sich eine im wesentlichen dem Bürgertum gemäße Musik in der Stilrichtung der Klassik. Sie drückt sich vornehmlich in den genannten neuen Formen aus, zu denen auch das *Concerto grosso* gehört, das Antonio Vivaldi und Georg Friedrich Händel zur Blüte führen, von Johann Sebastian Bach in den *Brandenburgischen Konzerten* in neuer Weise fortgeführt wird. Der bürgerlich orientierte Mensch lernt nicht nur die Welt anders zu verstehen, er erlebt auch mit einem anderen Gefühl. So rückt die Musik mehr als zuvor in den Mittelpunkt seiner Neigungen. Kennzeichnend ist deshalb auch eine höhere Aufnahmebereitschaft für volkstümliche Musizierformen und deren künstlerische Verarbeitung.

Die Klassik knüpft besonders intensiv an die fortschrittlichen Traditionen der früheren Musik an. Sie bleibt bis zum Ende des 18. Jh. und teils darüber hinaus vorherrschend gegenüber der Musik der »Empfindsamkeit«.

»Reformoper«   Die höfische Oper, die sich zuerst in England überlebt, wird vollends überwunden, als im letzten Drittel des 18. Jh. vor allem der deutsche Komponist Gluck im Sinne aufklärerischer Musikästhetik daran geht, in harten Auseinandersetzungen mit den Verteidigern des alten Opernstils eine prinzipiell bürgerliche Geschmacksrichtung durchzusetzen (»Reformoper«). Christoph Willibald Gluck erringt mit seiner in Paris aufgeführten Oper *Iphigenie in Aulis* (1774) einen durchschlagenden Erfolg, der das Selbstbewußtsein der aufsteigenden Bourgeoisie zum Ausdruck bringt.

Volkskultur   Im Übergang vom Feudalismus zum Kapitalismus bringt auch die Kultur des werktätigen Volkes in Auseinandersetzung mit der der herrschenden Klassen entwickeltere und vielfältigere Formen hervor. Unter den Bedingungen zunehmenden feudal-reaktionären Drucks entwickelt die bäuerliche und plebejische Kultur neue Volkslieder und Erzählungen, auch als Reflex einer »plebejischen« oder *»Volksaufklärung«*. Die materiellen und geistigen Leistungen der Volksmassen tragen zunehmend dazu bei, der antifeudalen Bewegung sowie der Herausbildung einer bürgerlichen Nationalkultur Impulse zu verleihen. Der sozialkritische und revolutionäre Gehalt der Volkskultur tritt nicht in allen Äußerungen in gleicher Weise in Erscheinung. Er ist jedoch, wenn auch oft in verhüllten Formen, vorhanden, besonders in den traditionsgebundenen Volkserzählungen und im Volkskunstschaffen. Hervorragendes Beispiel ist dafür die Volkskultur der slawischen Völker. So entsteht in Rußland zur Erinnerung an Stepan Razin ein ganzer Zyklus von Volksliedern; ähnlicher Natur, wenn auch nicht gleichrangig, sind Lieder über bäuerliche Freiheitskämpfer (»Wildschützen«) in Teilen Deutschlands, Frankreichs oder Ungarns. Auf den großen indianischen Bauernaufstand unter Tupac Amaru in Peru (1780/81) reagieren die spanischen Kolonialherren mit einer systematischen Verfolgung der autochthonen Kultur in Sprache, Dichtung, Tänzen und Kleidung, die sie als wesentliche Quelle des Widerstandes ansehen. In der zweiten Hälfte des 18. Jh. treten die sozialkritischen und sozialre volutionären Akzente des Volksschaffens noch deutlicher hervor, wie in dem gegen die Leibeigenschaft gerichteten *Klagegesang der Cholopen* in Rußland und ähnlichen Liedern in Süditalien. Auch die französische revolutionäre Kunst und Literatur am Vorabend der Revolution verdankt ihre aufrüttelnde Wirkung zum Teil dem Bemühen, Elemente des Volksschaffens in sich aufzunehmen, was dem gesamtnationalen Führungsanspruch der revolutionären Bourgeoisie im Kampf gegen den Feudalabsolutismus entspricht.

Die Epoche von 1640 bis 1789 ist durch einen tragenden Antagonismus geprägt:

Mit der Englischen Revolution tritt der bürgerliche Revolutionszyklus in sein Reifestadium ein. Zwar bleibt der bürgerliche Fortschritt noch regional und insular eingegrenzt, seine Impulse – vor allem die politischen und ideologischen – strahlen auf ganz Europa (und weit darüber hinaus) aus. Vor allem die Aufklärung wird ein Element der Schärfung des Bewußtseins für die historische Überlebtheit der Feudalordnung und des Absolutismus. Im Ergebnis der sich in England in der zweiten Hälfte des 18. Jh. abzeichnenden industriellen Revolution tritt die ökonomische Alternative zur Feudalität bestimmend in Erscheinung. Auf der Gegenseite erreicht der Spätfeudalismus in Gestalt des voll entfalteten Absolutismus seine höchste Blüte und Machtentfaltung und überschreitet sie zugleich. Das ökonomische (allerdings von der einsetzenden kapitalistischen Entwicklung bereits abhängige), das politisch-militärische, das diplomatische und vor allem auch das kulturell-künstlerische Potential – symbolisiert im »Zeitalter Ludwigs XIV.« – stehen im Zenit. Die zeitweilige Symbiose von feudal-zentralistischen und embryonalen bürgerlichen Elementen überlebt sich in dem Maße, wie sich die Positionen des Feudalismus bei der Verteidigung seiner Klassennatur (Adelsherrschaft) verhärten. Damit ist der Weg in Richtung 1789 unausweichlich vorgezeichnet.

Die bürgerliche Revolution in England   2.2.

England am Vorabend der Revolution   2.2.1.

Die Englische Revolution in der Mitte des 17. Jh. bildet ein entscheidendes Kettenglied im bürgerlichen Revolutionszyklus der Neuzeit; sie markiert den Beginn einer neuen, höheren Entwicklungsstufe der bürgerlichen Revolutionen in der Epoche der weltgeschichtlichen Umwälzung vom Feudalismus zum Kapitalismus.

Historischer Ort der Revolution

Im Ergebnis der Revolution wird England zum Hauptland des reifen Manufakturkapitalismus; hier erfolgt im Ergebnis der industriellen Revolution zuerst und auf klassische Weise die Herausbildung des Fabrikkapitalismus.

Ideologiegeschichtlich nimmt die Englische Revolution eine Zwischenstellung ein: Einerseits werden die Klassenkämpfe noch eindeutig unter religiöser Flagge geführt (Puritanismus gegen Anglikanismus), anderer-

seits entwickeln sich mit der Revolution Ansätze modernen, weltlich-po-
litischen Denkens (Volksvertrag der Leveller), selbst Elemente eines metaphysischen Materialismus (insbesondere in der Position des Levellers
Overton) werden sichtbar. Die Digger entwickeln utopisch-kommunistische Ideen für die Beseitigung der alten und den Aufbau einer neuen,
egalitären Ordnung, die sich am klarsten in den Schriften von Winstanley
niederschlagen.

Klassenlage   Am Vorabend der Revolution ist infolge des Eindringens bürgerlich-kapitalistischer Elemente in die englische Wirtschaft eine *zunehmende Klassendifferenzierung* feststellbar.

Der *Altadel*, der sich zu erheblichen Teilen in den Rosenkriegen
(1455–1485) aufgerieben hat und den konservativsten Teil der herrschenden Klasse stellt, führt eine noch vorwiegend feudale Existenz. Er ist vor
allem im Norden und Nordwesten des Landes ansässig.

Der *Neuadel*, häufig weitverzweigte Nachkommen des vernichteten Altadels, aber auch vermögenden Kaufmannsfamilien (vor allem Londons)
entstammend, konzentriert sich auf den Osten und den Süden Englands.
Er produziert zunehmend kapitalistisch.

Infolge ähnlicher sozialökonomischer Interessen hat der Neuadel in entscheidenden Fragen (Wollproduktion, Wollexport, Protektionismus und
Kolonialexpansion) mehr Gemeinsamkeiten mit der (städtischen) Bourgeoisie als mit dem Alten Adel. »Diese mit der Bourgeoisie verbundene
Klasse großer Grundbesitzer, …, befand sich nicht, …, im Widerspruch,
sondern vielmehr in vollständigem Einklang mit den Lebensbedingungen
der Bourgeoisie.«[1]

Für die Klassenkonstellation während der Revolution ergibt sich daraus
eine fundamentale Konsequenz, auf die Karl Marx hinweist: In England
»war die Bourgeoisie mit dem modernen Adel gegen das Königtum, gegen den feudalen Adel und gegen die herrschende Kirche verbunden«, in
der nachfolgenden Revolution Frankreichs von 1789 ist »die Bourgeoisie
mit dem Volke verbunden gegen Königtum, Adel und herrschende Kirche«.[2] Dem Range nach gehört der Neuadel größtenteils zur *Gentry* (dem
niederen Adel), der Alte Adel dagegen vorwiegend zur *Nobility* (dem
Hochadel). Die weiterhin existenten feudalen Beziehungen zwischen
Krone und Adel zeigen sich vor allem im Charakter des Staates und der
sogenannten Ritterlehen.

Obwohl England im 17. Jh. noch *Agrarland* ist (ein Fünftel der Bevölkerung lebt in Städten), entwickeln sich bereits Metallurgie und Kohlebergbau. Verlagssystem und dezentralisierte Manufakturen bestimmen die
Tuchproduktion. Nicht nur im Agrarsektor erfolgt eine rasche kapitalistische Umgestaltung, sondern auch die Zünfte unterliegen der Zersetzung.
Viele Produktionszweige entfalten sich bereits ohne Zunftzwang (z. B.
Bergbau, Metallurgie, Schiffbau, Baumwollverarbeitung); im rasch expan-
dierenden Außenhandel spielen *Monopolkompanien* (Ostindische und

---

1   K. Marx/F. Engels, Rezensionen aus der »Neuen Rheinischen Zeitung. Politisch-ökonomische Revue«. Zweites Heft, Februar 1850, III, in: MEW, Bd. 7, S. 210f.
2   K. Marx/F. Engels, Die Bourgeoisie und die Konterrevolution, in: MEW, Bd. 6, Berlin
1973, S. 107.

Westindische Kompanie) in der ersten Hälfte des 17. Jh. eine wachsende
Rolle.

Innerhalb der *Bourgeoisie* zeichnen sich verschiedene *Fraktionen* ab:
- Monopolinhaber mit königlichen Privilegien und Finanziers;
- die größere Gruppe der nichtprivilegierten Handelsbourgeoisie, innerhalb derer es deutliche Interessenunterschiede der Kaufleute Londons und der großen Seestädte gegenüber dem Binnenland gibt;
- Unternehmerbourgeoisie, in der die Besitzer von Textilmanufakturen und Bergwerken eine entscheidende Rolle spielen. Obwohl vielfach mit dem Handelskapital verbunden, haben sie zugleich übereinstimmende Interessen mit dem Neuadel.

Die Handwerksmeister bilden, zusammen mit den Kleinhändlern, Kleingewerbetreibenden und arrivierten Gesellen die Mehrheit des *städtischen Kleinbürgertums.*

Ärmere Meister, Gesellen und Lehrlinge, faktisch unter frühproletarischen Verhältnissen lebend, gehören formal noch den großen Zunftkorporationen an. Dieses *Frühproletariat* ist, entsprechend der Rolle des Agrarkapitals, auf dem Lande stärker als in der Stadt, wo Manufakturarbeiter, Tagelöhner, Hafenarbeiter, Gelegenheitsarbeiter dazu zählen.

Die Agrarrevolution hat die Struktur auf dem Lande völlig verändert. Im Zuge der Reformation (besonders unter Heinrich VIII.) sind Kirchengüter beschlagnahmt und verkauft worden. Es erfolgte aber keine allgemeine Aufteilung des Bodens, sondern Hauptprofiteur ist der Neuadel, der diesen Bodenfonds kapitalistisch nutzt. Ein erheblicher Teil fällt der Krone zu. Mit der weitgehenden Umwälzung der Agrarbasis bereits vor der Revolution wird der Feudalismus an der Wurzel getroffen. *Agrarrevolution*

Einhegungen, auch des Gemeindelandes, führen zum Ruin vieler Bauern, die als »Paupers« landlos werden bzw. in die Landarmut und das Landproletariat *(cotters)* absinken. Hörigkeit und Leibeigenschaft sind dagegen in England kaum noch zu finden. Aus den *feudalabhängigen copyholders* (aber auch freeholder) sind in vielen Fällen, vor allem im Süden und Osten, bereits *kapitalistische leaseholders* (Pächter) hervorgegangen. In den anderen Gebieten sind die copyholders weiterhin zur Leistung des Feudalzinses verpflichtet. Die soziale Hauptbasis der Revolution bilden die Besitzer der *freien Bauernstellen (yeomen* oder *freeholders).*

Politisch-religiöse Grundpositionen   2.2.2.

Die sozialen Veränderungen in Stadt und Land begünstigen die Entfaltung einer Ideologie, die den neuen bürgerlich-kapitalistischen Kräften entspricht. Mit dem *Puritanismus* schaffen sie sich ihre Religion, die sie gegen die anglikanische Hochkirche stellen. Teile des Neuadels, Handels- und Manufakturbürger, Handwerker, Bauern und plebejische Schichten finden im Puritanismus ihre geistige Heimstatt und fordern von der Krone den Bruch mit den katholischen Traditionen. *Die religiöse Befreiung wird unmittelbare Vorstufe des politischen Angriffs auf das absolutistische System.* Indem die Puritaner eine demokratisierte Kirchenverfassung erstreben,

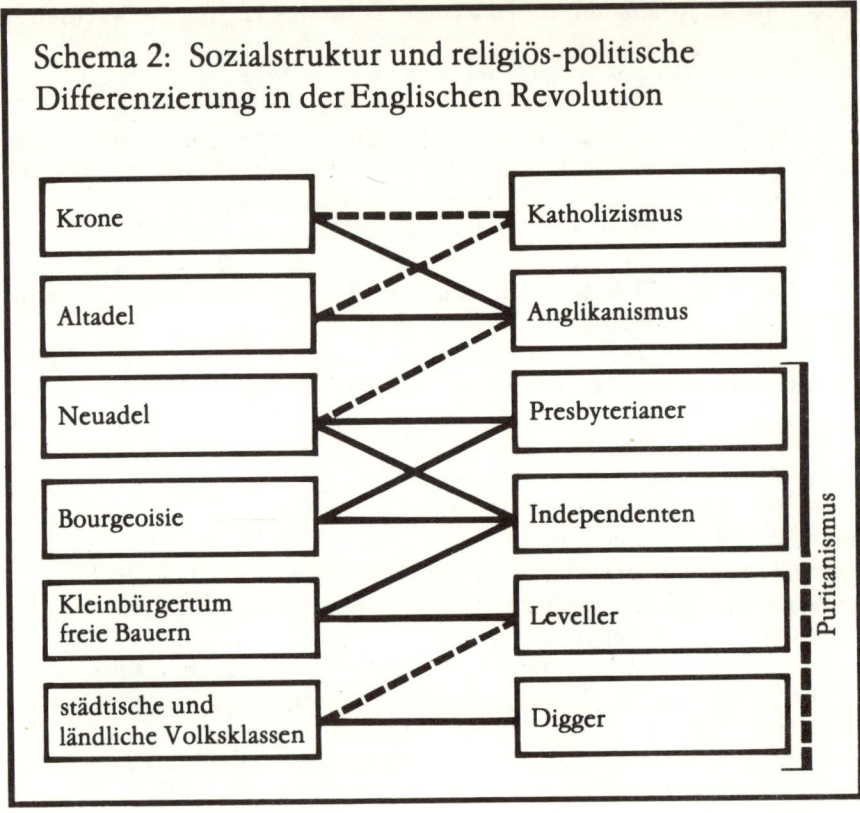

Schema 2: Sozialstruktur und religiös-politische Differenzierung in der Englischen Revolution

Krone	Katholizismus
Altadel	Anglikanismus
Neuadel	Presbyterianer
Bourgeoisie	Independenten
Kleinbürgertum freie Bauern	Leveller
städtische und ländliche Volksklassen	Digger

Puritanismus

setzen sie ein positives Gegenbild gegen den unter Jacob I. (1603–1625) und Karl I. (1625–1649) verhärteten Absolutismus. *Zwei Hauptströmungen* des Puritanismus existieren am Vorabend der Revolution: Presbyterianer und Independenten.

Presbyterianer Die Presbyterianer reflektieren Interessen des Großbürgertums (vorrangig des Handelskapitals) und des Adels, fordern eine vom Staat unabhängige Kirche mit Wahl der Pfarrer und der Gemeindeältesten (Presbyter) sowie eine Synode als oberstes Entscheidungsorgan, faktisch eine bürgerlich-parlamentarische Kirchenverfassung. Die Independenten (»Unab-

Independenten hängige«), denen sich yeomen, freeholders, Manufakturbourgeoisie, Handwerker und plebejische Schichten, aber auch niederer und mittlerer Adel (Gentry) anschließen, sind radikaler und anerkennen kein vom Staat vorgeschriebenes Glaubensbekenntnis; sie lehnen ebenso die Synodalverfassung ab, sehen ihr Ideal in der völlig unabhängigen Gemeinde. Damit ist ein Grundstein für das später blühende *Sektenwesen* gelegt.

Leveller und Erst im Verlauf der Revolution selbst nimmt der sozialreligiöse Radikalis-
Digger mus mit der Bewegung der Leveller (Gleichmacher) und der Digger (Grabende oder »wahre Leveller«) eigene Gestalt an.

Auf die offene Konfrontation des Absolutismus und der Feudalklasse mit dem Neuadel, der Bourgeoisie und der Masse des Volkes steuert England seit dem Dynastiewechsel (von den Tudors zu den Stuarts) 1603 zu. Bis dahin konnten Bürgertum und kapitalistisch wirtschaftender Neuadel die protektionistische und expansive Politik des Absolutismus in wachsende ökonomische Prosperität ummünzen. Die Stuarts versuchen dagegen, teils vom französischen Vorbild, aber auch von Spanien inspiriert, den Absolutismus vollendet durchzusetzen und die erstarkenden neuen gesellschaftlichen Kräfte einzudämmen. Es setzt sich die Tendenz durch, die absolutistische Staatsgewalt gegen das Parlament zu festigen und dieses auszuschalten.

Die erste offene Kampfansage gegen den sich verhärtenden absolutistischen Machtanspruch erfolgt im Juni 1628 mit der im Parlament eingebrachten *Petition of Rights* (Bitte um Rechte). Den Forderungen nach Unantastbarkeit der Person, des Vermögens und der Freiheit der Untertanen begegnet Karl I. mit Auflösung des Parlaments (1629). Es ist der Punkt erreicht, hinter den der König nicht weiter zurückweichen kann, ohne sich faktisch in die Hände von Bürgertum und Neuadel zu begeben. Elemente einer *revolutionären Situation* beginnen heranzureifen. Karl I. geht jedoch zunächst mit der Auflösung des Parlaments in die politische Offensive und kann elf Jahre unumschränkt herrschen (»parlamentslose Zeit«). Eine feudale Reaktion, hauptsächlich von politischer und (die Bourgeoisie besonders treffender) finanzieller Willkür der Krone (neue Steuern ohne Parlamentsbeschluß) geprägt, beherrscht die Szene. Der schwelende Konflikt kommt 1639 offen zum Ausbruch: Karl I. wird im *Krieg gegen Schottland* geschlagen und muß jetzt an das Parlament appellieren, um neue Gelder für eine größere Armee zu erhalten. Da die Vertretung jedoch nicht dem Willen des Monarchen nachkommt, löst er dieses nach drei Wochen bereits wieder auf *(Kurzes Parlament)*. Im November 1640 muß Karl ein neues Parlament einberufen, das die Initiative an sich reißt. Die Regierung ist faktisch zur Kapitulation gezwungen.

Auflösung
des Parlaments

Beginn der Revolution. Erster und zweiter Bürgerkrieg   2.2.3.

Der Beginn der Englischen Revolution ist eng mit *Bauernunruhen* verbunden. Vor allem die Bauern Ostenglands werden 1640 nach Auflösung des Kurzen Parlaments (5. Mai 1640) durch Karl I. zur unmittelbaren Gefahr für das Regime, vornehmlich dort, wo sie sich gegen Trockenlegungen und Einhegungen des Landes wenden. Kennzeichnend für die Bauernbewegung ist ein Zweifrontenkampf. Er richtet sich nicht allein gegen altfeudale Relikte, sondern auch gegen die Auswirkungen der kapitalistischen Umwälzung im Agrarbereich. Dieser Dualismus bestimmt die Bewegung der – 1646 unterdrückten – *clubmen* (Keulenmänner).

Ohne zunehmende Aktivitäten der bäuerlichen Bevölkerung wären die Wahlen zum neuen Parlament vom Herbst 1640, die Karl I. auf Grund neuer Angriffe der Schotten zugestehen muß, kaum so ungünstig für ihn ausgefallen. Das am 3. November 1640 zusammentretende Parlament trägt, obwohl noch nach altfeudalem Wahlrecht gewählt, durchaus schon den Charakter eines modernen Repräsentationsorgans: Es kann um so mehr zum Zentrum des antiabsolutistischen revolutionären Kampfes werden, als es ihm vor allem durch energisches Nachrücken der Volksbewegung (führende Rolle Londons) gelingt, die beiden entscheidenden staatlichen Instanzen, das Oberhaus, in dem bis dahin Hochadel und Bischöfe der Staatskirche eine maßgebliche Rolle spielen, und die Krone beiseite zu drängen. Vor allem der Druck der bäuerlichen und plebejischen Elemente trägt dazu bei, das Unterhaus zur Hauptbasis des bürgerlich-neuadligen Klassenblockes zu machen. Dieser Block übernimmt die *Hegemonie in der Revolution*.

Langes Parlament

Schon die ersten Maßnahmen des Langen Parlaments lassen erkennen, daß Neuadel und Bourgeoisie gewillt sind, ihre Forderungen in die Tat umzusetzen; sie signalisieren aber auch Kompromißbereitschaft gegenüber der Krone. Das Parlament läßt die obersten, als rechte Hand des Herrschers geltenden Exponenten verhaften (Lord Thomas Wentworth Strafford, Erster Minister, wird hingerichtet, Erzbischof William Laud stirbt im Gefängnis). Weitere, dem König hörige Gerichts- und Verwaltungsinstanzen (so die Sternkammer und die hohe Kommission) werden aufgelöst, eingekerkerte Puritaner entlassen, Monopole aufgehoben und deren Inhaber aus dem Parlament ausgeschlossen. Die wichtigsten Stützen der proabsolutistischen Fraktion bis in den Neuadel und die Bourgeoisie sind entmachtet. Ein Verbot der Steuererhebung ohne Zustimmung des Parlaments wird erlassen; weiter wird festgelegt, daß das Parlament nur mit eigener Zustimmung aufgelöst werden dürfe. Auf programmatische Weise bringt das Parlament seine antiabsolutistische Position in der *Großen Remonstranz* zum Ausdruck (November 1641). Bourgeoisie und Neuadel vermögen auf dem Wege der politisch-institutionellen Revolution bereits ihre Forderungen, zwar mit Hilfe des Drucks, aber ohne das selbständige bewaffnete Eingreifen der Volksbewegung, zu verwirklichen.

Kirchenfrage

Zunächst handelt das Unterhaus einhellig. Als jedoch die anglikanische Staatskirche und die Stellung ihrer Bischöfe, die über erheblichen Grundbesitz verfügen und im Oberhaus als geschlossene Gruppe eine Hauptstütze des Königs darstellen, auf Drängen der Volksmassen zur Debatte stehen, scheiden sich die Geister: Eine Minderheit im Unterhaus will die Staatskirche lediglich reformieren, aber nicht abschaffen, die Mehrheit der Puritaner jedoch verlangt eine vom Herrscher völlig unabhängige Kirche.

Irischer Aufstand

Im Herbst 1641 verschärft sich die innenpolitische Situation durch einen großen Aufstand der Iren gegen die englischen Bedrücker. Für dessen Ausbruch machen die Puritaner den König verantwortlich, um ihm die Verfügung über das Heer zu entziehen und die neu aufzustellenden Truppen unter parlamentarisches Kommando zu stellen. Dagegen wendet sich ein Teil der reicheren Großgrundbesitzer und Handelskapitalisten, die ohnehin fürchten, die Beseitigung des kirchlichen Grundbesitzes schaffe Gefahren auch für den weltlichen Großgrundbesitz, zumal die Bauernunruhen anhalten.

Als das Unterhaus sichtlich unter Druck der Unruhe in Stadt und Land im November 1641 ein Programm für die Schaffung einer konstitutionellen Monarchie beschließt, deren Regierung vom Vertrauen des Parlaments abhängig sein müsse, ähnlich wie die neu zu schaffende Kirche, stimmt eine beträchtliche Minderheit dagegen. Damit verfügt der König im Unterhaus über eine starke Stütze und glaubt, nunmehr zum entscheidenden Schlag gegen die puritanische Opposition ausholen zu können: Führende Abgeordnete der Puritaner, an der Spitze *John Pym*, werden von Karl I. des Hochverrats angeklagt. Das Unterhaus verweigert jedoch deren Auslieferung. Ein Versuch des Königs, sein Ziel mit Gewalt zu erreichen, schlägt Anfang 1642 fehl. Vor allem das Volk von London nimmt danach eine derart drohende Haltung ein, daß Karl I. es vorzieht, sich nach dem Norden zu begeben, wo er zahlreiche Anhänger, besonders aus dem Alten Adel, hat. Die *erste Phase der Revolution*, in der es dem Parlament gelingt, den König ohne Anwendung offener militärischer Gewalt in seiner Macht zu beschränken, *ist beendet*. {.margin Staatsstreichversuch Karls I.}

Der weitere Revolutionsverlauf wird in offener militärischer Konfrontation ausgetragen.

Es beginnt nunmehr die *zweite Phase*, deren Inhalt vom ersten und zweiten Bürgerkrieg (1642–1646 und 1648/49) bestimmt ist. Die Gebiete östlich der Linie Hull-Southampton folgen größtenteils dem Parlament, westlich davon verfechten sie überwiegend die Sache des Königs. Während das Unterhaus in London über die Flotte verfügt und dazu übergeht, die Milizen der Grafschaften Süd- und Ostenglands um sich zu scharen, stützt sich Karl I. im Norden und Westen vor allem auf die altadligen Großgrundbesitzer, die ihm eine schlagkräftige Reiterei und die abhängigen Bauern und Dienstleute zuführen. {.margin Die Bürgerkriege}

Zu Beginn des *ersten Bürgerkrieges* (bis etwa 1644) kann die königliche Partei mit ihrem Adelsheer (»Kavaliere«) in die Offensive gehen, da sie die Unentschlossenheit des Parlaments und die anfängliche Überlegenheit der eigenen Reiterei über das Parlamentsheer (*Roundheads*) zu nutzen versteht. Die Niederlagen lösen jedoch eine zunehmende Radikalisierung der Revolution aus. An die Stelle der gemäßigten Presbyterianer treten die entschlosseneren Independenten, deren führende Persönlichkeit *Oliver Cromwell* ist. Der Krieg beschleunigt die Polarisierung im revolutionären Lager, da die Frage »Wer – Wen?« deutlich in den Vordergrund rückt, die Basis der kompromißlerischen Kräfte einengt und radikal-puritanische Elemente sich an die Spitze der Bewegung schieben. Damit geht die Hegemonie von den gemäßigt-neuadligen und großbourgeoisen Kreisen an den *radikal-bürgerlichen Flügel* (kleine Gentry, Manufakturbürgertum, Handwerker, freie Bauern) über.

Mit Oliver Cromwell, der das militärische Potential des Parlaments reorganisiert und diszipliniert (New Model Army), wird die Armee *zentrale politische Machtinstitution*. Sie repräsentiert über längere Zeit die Interessen der Volksbewegung klarer als das presbyterianisch beherrschte Parlament. Es entsteht zeitweilig eine *Doppelherrschaft von Parlament und Armee*, worin sich der Konflikt zwischen den beiden Komponenten der bürgerlichen Revolutionsführung widerspiegelt: einerseits die gemäßigt-großbürgerlich-neuadligen Kräfte mit Kompromißbereitschaft gegenüber der Krone, andererseits die radikal-bürgerlichen Kräfte mit völligem Bruch gegenüber König und Altadel. Die Siege der Armee bei *Marston Moor* {.margin New Model Army}

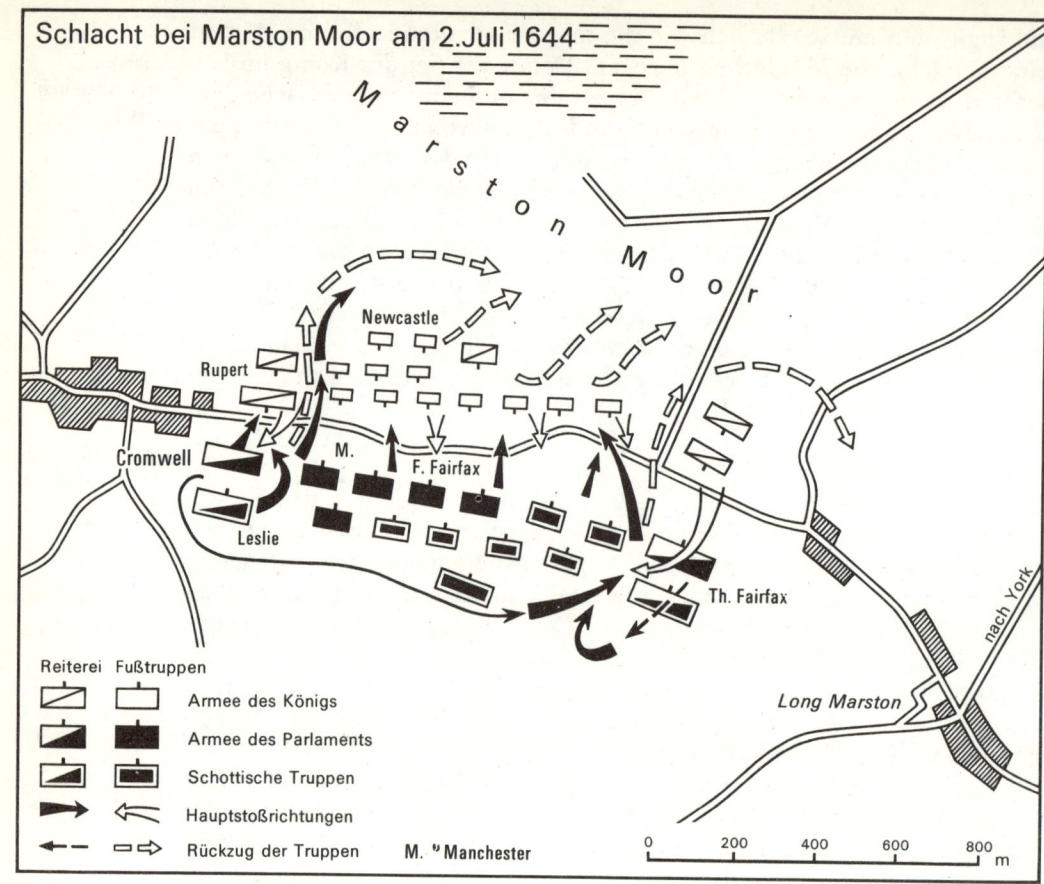

Schlacht bei Marston Moor am 2. Juli 1644

Reiterei Fußtruppen

Armee des Königs

Armee des Parlaments

Schottische Truppen

Hauptstoßrichtungen

Rückzug der Truppen   M. »Manchester

(1644) und *Naseby* (1645) über die Royalisten entscheiden zugleich den Machtdualismus zwischen Parlament und Armee zugunsten Cromwells, der sich ab August 1647 auf eine Mehrheit von Independenten im Parlament stützen kann.

Konflikt mit den Levellern
Um dieselbe Zeit entfaltet sich der offene Konflikt zwischen Independenten und Levellern. Die Leveller um Lilburne versuchen, ihre in *The Case of the Army* und dem *Agreement of the People* niedergelegten Forderungen zur politischen Radikalisierung der Revolution (Hauptziel: demokratisches Wahlrecht) vor allem durch Einflußnahme auf die Armee durchzusetzen. In diesem Sinne wirken »Agitatoren«; es kommt zur Schaffung von Soldatenräten. In der *Debatte von Putney* (bei London) stehen von Ende Oktober bis Anfang November 1647 die Vertreter der Independenten und Cromwells (die »Granden«) den Levellersprechern im politischen Streitgespräch um das Agreement of the People gegenüber.

Cromwell, der im Sinne der Independentenmehrheit nicht gewillt ist, eine weitere Radikalisierung der Revolution zuzulassen, führt die *schrittweise Entmachtung der Leveller* durch eine flexible und vielschichtige Gegenaktion herbei:

1. Verhaftung und Ausschaltung der entschlossensten Levelleranhänger;

2. Unterwanderung und damit Schwächung der Räte durch Aufnahme cromwelltreuer Offiziere;

3. Ausnutzung der Widersprüche innerhalb der Volksbewegung, die vor allem darin sichtbar werden, daß sich die Leveller vom Egalitarismus der Digger fast ängstlich distanzieren;

4. bevorzugter Einsatz der von der Levelleragitation betroffenen Regimenter im späteren Krieg gegen Irland, in dem sie teils im Kampf aufgerieben oder als schließliche Sieger durch den Erwerb von Grundbesitz zu Stützen der englischen Kolonialherrschaft über Irland werden.

Bis zu einem gewissen Grade fängt Cromwell überdies den revolutionären Druck auf, indem er den Kampf gegen das gemäßigte Parlament intensiviert. Dabei spielt der von Karl I. im März 1648 vom Zaune gebrochene *zweite Bürgerkrieg* eine entscheidende Rolle. Independenten und Leveller rücken gegen den äußeren und inneren Feind erneut zusammen. Nach Abwehr der royalistischen Gefahr (Schlacht bei *Preston*, August 1648) erzwingt Cromwell die Vertreibung von 140 presbyterianischen Parlamentsabgeordneten (*Rumpfparlament*, Dezember 1648).

Republik und Protektorat

2.2.4.

König Karl I. wird am 31. Januar 1649 als »Tyrann, Verräter, Mörder und Landesfeind« enthauptet. Damit fällt zum ersten Mal in der Weltgeschichte ein gekröntes Haupt der bürgerlichen Revolution zum Opfer.

Hinrichtung des Königs. Commonwealth

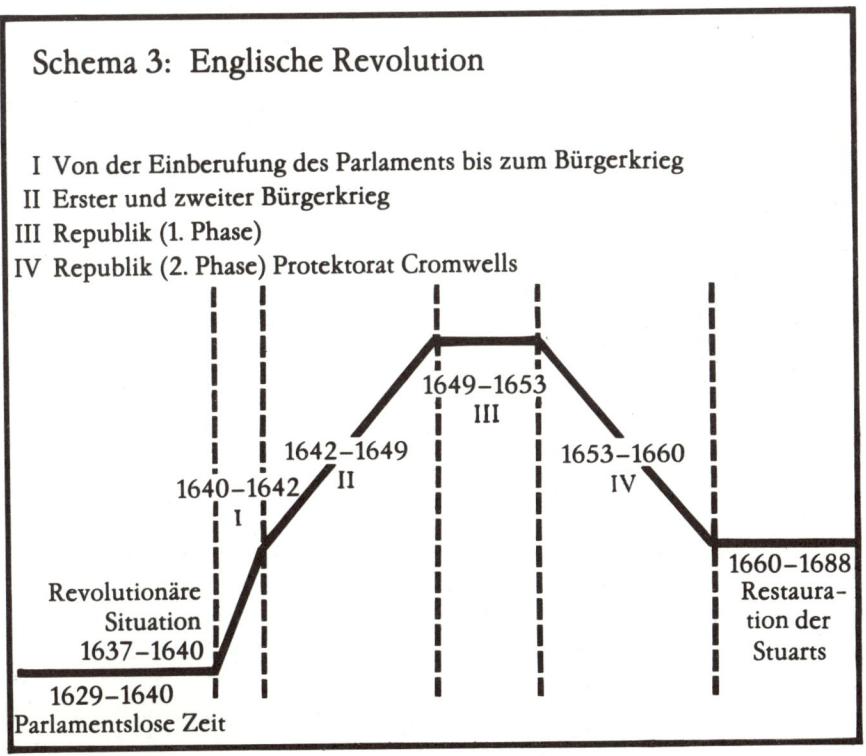

Schema 3: Englische Revolution

I Von der Einberufung des Parlaments bis zum Bürgerkrieg
II Erster und zweiter Bürgerkrieg
III Republik (1. Phase)
IV Republik (2. Phase) Protektorat Cromwells

1649–1653
III

1642–1649
II

1640–1642
I

1653–1660
IV

Revolutionäre
Situation
1637–1640

1660–1688
Restauration der
Stuarts

1629–1640
Parlamentslose Zeit

Als Folge dieses Aktes kommt es am 19. Mai 1649 zur *Ausrufung der Republik* (Commonwealth). Die Monarchie wird als »unnötig, lästig und gefährlich für die Freiheit, Sicherheit und öffentlichen Interessen des Volkes« erklärt und abgeschafft. Es ist jedoch eine Republik, die auf der Niederlage der Leveller, des demokratischen Flügels der Revolution, fußt. Mit einem Staatsrat unter Cromwell an der Spitze fungiert die neue Republik zunehmend im großbürgerlich-neuadligen Klasseninteresse.

Nach Ausschaltung der Leveller wirkt die Armee nicht mehr als Motor der Revolution, sondern als Garant gegen jede neue Radikalisierung. Unter Cromwell, der sich gegen die Royalisten, die gemäßigte Parlamentsfraktion der Presbyterianer und die Leveller durchsetzt und damit sein Janusgesicht »als Robespierre und Napoleon in einer Person«[3] zu erkennen gibt, herrscht die Einheit von »innerer Ruhe« und forcierter Expansion nach außen, die das erforderliche Klima für intensive Spekulation und Kapitalakkumulation schafft.

Der entfesselte Expansionismus wird deutlich im *Krieg gegen Irland* (1649–1652), begleitet vom *Krieg gegen Schottland* (1650/51). Vor allem der Kolonialkrieg gegen Irland läßt den Klassencharakter und die Klassengrenzen des bürgerlichen Fortschritts deutlich hervortreten: Dieselben Kräfte, die in England den Absolutismus stürzen, errichten über Irland ein Regime gnadenloser Kolonialausbeutung. In diesem Sinne versteht sich die Charakteristik durch Karl Marx: »In der Tat, die englische Republik unter Cromwell scheiterte an – Irland.«[4]

Navigations-
akte

Nach der Niederwerfung Irlands und Schottlands geht der neue Staat daran, die kapitalistische Konkurrenz, die Niederlande, herauszufordern. Durch die Navigationsakte von 1651, die jeglichen Handel mit England auf nichtenglischen Schiffen verbietet, wird das Monopol der Niederlande im europäischen Handel an der Wurzel getroffen. Der anschließende Krieg endet mit einem Sieg Englands (1654). In den folgenden Jahrzehnten löst England die Niederlande als neue führende See-, Handels- und Kolonialmacht ab. Mit gleichem Erfolg wird ein anhaltender *Handels- und Kolonialkrieg gegen Spanien* (1655 Eroberung Jamaikas) geführt.

Protektorat

In Form des 1653 proklamierten Protektorats etabliert Cromwell eine Diktatur im Interesse der Bourgeoisie und des Neuadels, begleitet vom rapiden Abbau der demokratischen Errungenschaften der Revolution. Alle Parlaments- und Verfassungsprojekte unter Cromwell scheitern, so daß er die letzten Monate bis zu seinem Tode (3. September 1658) ohne Parlament regiert.

Die Nachfolge tritt sein untalentierter Sohn Richard an, der nicht in der Lage ist, die Schwierigkeiten, in die das Protektoratsregime schon zu Lebzeiten seines Vaters gerät, zu überwinden. Die Armeeführung macht sich die Schwäche Richards und die anhaltende Krise des Protektorats zunutze, um faktisch die Macht mit Hilfe des Offiziersrates (»Regiment der Generalmajore«) auszuüben. Weder kann Cromwells Nachfolger Unru-

---

3   F. Engels, Die Lage Englands. Das achtzehnte Jahrhundert, in: MEW, Bd. 1, S. 554.
4   K. Marx, Brief an L. Kugelmann vom 29. November 1869, in: MEW, Bd. 32, Berlin 1965, S. 638.

hen noch die sich verschärfende Finanzkrise bändigen. Richard kapituliert vor den hohen Offizieren, die ihn zunächst zwingen, das Rumpfparlament wieder einzuberufen und dann zurückzutreten.

In den aufflammenden Machtkämpfen zwischen Armee und »Rumpf« wird offenbar, daß die Zentralgewalt in dem Maße an Autorität verliert, wie der Widerstand im Volke, besonders unter den Bauern, wächst. Scheinbar entspricht die Konstellation Armee gegen Parlament der Lage von 1647, jetzt aber mit dem gravierenden Unterschied, daß die Armee keine historisch progressive Funktion mehr ausübt. Vor allem eine Welle bäuerlicher Unbotmäßigkeit gegen Grundbesitzer und die zunehmende Radikalisierung plebejischer Sekten stärken in Neuadel und Bourgeoisie die Überzeugung, daß das bestehende Regime außerstande ist, ihre Klasseninteressen weiterhin erfolgreich wahrzunehmen. Es wächst die Tendenz zum Kompromiß mit den einstigen Gegnern. Als Degen (Königsmacher) dient General George Monk. Er verjagt den »Rumpf« und läßt ein neues Parlament zusammenrufen, das sich mit dem im Exil lebenden Karl II. auf die Deklaration von Breda einigt: 1660 kehrt dieser als neuer Herrscher nach London zurück.

Deklaration von Breda

Restauration der Stuarts   2.2.5.

Die *Restauration der Stuarts* unter Karl II. bedeutet keine Wiederherstellung der alten Ordnung, sondern ist ein Kompromiß zwischen Bürgertum und Neuadel auf der einen und den Stuarts und Teilen des Altadels auf der anderen Seite. Es kommt zur Wiedereinführung der anglikanischen Staatskirche, die allerdings nicht mehr der Krone, sondern dem Parlament untersteht. Die Zugehörigkeit zur Staatskirche ist unabdingbare Voraussetzung für die Ausübung aller Ämter. Gegenüber dem Parlament muß der König die durch die Revolution neugeschaffenen Eigentumsverhältnisse anerkennen und einer allgemeinen Amnestie (außer für »Königsmörder«) zustimmen. Auch finanziell bleibt er vom Parlament abhängig.

Karl II. hält sich aber nicht an die in Breda ausgehandelte Deklaration, sondern steuert einen restaurativ-absolutistischen Kurs, der wesentliche Errungenschaften der Revolution in Frage stellt. Ein Bemühen um Ausschaltung des Parlaments wird deutlich, ebenso eine Begünstigung des Katholizismus (trotz der Testakte von 1673, die Katholiken ausdrücklich von den Staatsämtern ausschließt). Außenpolitisch verfolgt die Krone eine Linie, die zu weitgehender *Abhängigkeit gegenüber Frankreich* führt.

Im Parlament formieren sich zwei politische Richtungen, die (nach 1680) als *Whigs* und *Tories* bezeichnet werden.

Erstere, mit Anhängerschaft in der städtischen Bourgeoisie, Teilen des Landadels sowie unter Bauern und Plebejern, fordern den Ausschluß Jakobs II. (des fanatisch-katholischen Bruders Karls II.) von der Thronfolge; die zweiten, denen der größere Teil der Großgrundbesitzer und der Geistlichkeit anhängt, treten für die traditionelle Thronfolge ein. Ein wichtiges Nebenergebnis dieser Auseinandersetzungen ist die Habeas-

Habeas-korpusakte

korpusakte (1679) zum Schutz vor willkürlicher Verhaftung, eine Methode, die Karl II. und seine Anhänger mehrfach praktizierten.

Jakob II. (1685–1688) versucht die Entwicklung weiter in absolutistischer Richtung zu treiben. Er vollendet damit den Weg Karls II., der sich zum Katholizismus bekennt (1685). Jakob besitzt aber nicht das Minimum an taktischer Flexibilität, das seinem Bruder eigen war. Unter seiner Herrschaft bricht der Konflikt offen aus, als ihm im Frühjahr 1688 ein Sohn von seiner zweiten (katholischen) Gemahlin geboren wird und damit die Hoffnung auf eine protestantische Thronfolge schwindet (die Töchter Jakobs II. aus erster Ehe sind protestantisch). Eine weitgehend einheitliche Opposition von republikanischen Elementen bis zu den Anhängern der gemäßigten konstitutionellen Monarchie bietet Wilhelm von Oranien, dem Gemahl der älteren Tochter Jakobs II., Maria, den Thron an. In der »glorreichen Revolution« von 1688 wird Jakob II. durch einen Staatsstreich seines Schwiegersohns auf dem Thron abgelöst. Das Ereignis vollzieht sich ohne Blutvergießen, hinter dem Rücken und auf Kosten des Volkes, ohne die Möglichkeit der Durchsetzung revolutionärer Forderungen.

»Glorreiche Revolution«

Die Ergebnisse von 1688 werden zwischen den wichtigsten Gruppierungen der herrschenden Klasse, den Großgrundbesitzern und der Bourgeoisie, vereinbart, deren Macht über den weiteren Ausbau der Parlamentskompetenzen wächst. Es handelt sich um eine Kompromißlösung, bei der gewisse Privilegien des alten Adels erhalten bleiben, gleichzeitig die Grundinteressen des kapitalistischen Neuadels und der Bourgeoisie anerkannt werden. Damit sind die institutionellen Voraussetzungen und Sicherungen für die weitere Entfaltung des Kapitalismus in England gegeben. Das *Klassenkompromiß von 1688* erweist sich als relativ dauerhaft.

Die »glorious Revolution« bringt »mit dem Oranier Wilhelm III. die grundherrlichen und kapitalistischen Plusmacher zur Herrschaft ... Die bürgerlichen Kapitalisten begünstigten die Operation, u. a. um den Grund und Boden in einen reinen Handelsartikel zu verwandeln, das Gebiet des agrikolen Großbetriebs auszudehnen, ihre Zufuhr vogelfreier Proletarier vom Lande zu vermehren usw. Zudem war die neue Grundaristokratie die natürliche Bundesgenossin der neuen Bankokratie, der eben aus dem Ei gekrochenen hohen Finanz und der damals auf Schutzzölle sich stützenden großen Manufakturisten.«[5]

Ergebnisse der Revolution

Eine Rückkehr zu altfeudalen und absolutistischen Verhältnissen ist unmöglich geworden. Mit der *Aufhebung der Ritterlehen* (1646) ist das Land vollends zur Ware geworden, die frei gekauft und verkauft werden kann. Dagegen bleibt die Zinsabhängigkeit der copyholders erhalten. Zahlreiche Ländereien wechselten in der Revolution den Besitzer (u. a. durch Beschlagnahme bischöflicher Ländereien oder von royalistischem Grundbesitz). Einhegungen und ansteigende Pacht treiben somit den Marktwert der Grundstücke herauf. Voraussetzungen für die Entwicklung einer großkapitalistischen Musterwirtschaft sind gegeben. Der König selbst fungiert als der oberste Beamte des Staates. Da er nicht mehr primär von dem Einkommen seiner Güter und den Lehnsgeldern lebt, ist er vom Parlament abhängig. Er besitzt Einfluß, jedoch keine unabhängige Macht.

5   K. Marx, Das Kapital, Bd. I, S. 751 f.

In der Geschäftswelt verschwinden die Monopole sowie die königliche Kontrolle des Gewerbes und des Handels. Zunft- und Gesellengesetze sind beseitigt. Zugleich öffnet die Niederlage der demokratischen Bewegung zu Lasten des kleinbäuerlichen Besitzes Tür und Tor für skrupellose Pachterhöhungen, forcierte Einhegungen, Exmittierungen und die Entstehung eines schutz- und rechtlosen Landproletariats.

Das Parlament befördert eine Politik, die vornehmlich Grundbesitz-, Handels- und Finanzinteressen entgegenkommt. Als Zeichen einer Institutionalisierung in dieser Richtung kann die *Gründung der Bank von England* (1694) gelten.

Im reifen Manufakturstadium stattfindend und dessen Entfaltung zur Höhe führend, stellt die Englische Revolution eine »moderne«, alle Merkmale ausweisende bürgerliche Revolution dar. Sie schafft die Voraussetzungen für eine qualitativ neue Stufe der wirtschaftlichen Dynamisierung auf kapitalistischer Grundlage. In europäischem Maßstabe wirkt die Revolution vor allem auf politisch-institutionellem (Parlament, konstitutionelle Monarchie, erstes Parteiensystem) und philosophisch-staatsrechtlichem Gebiet (Thomas Hobbes, James Harrington, Locke). Jedoch erfolgt kein der Wende von 1789 vergleichbarer universaler Durchbruch. Deshalb sind die Versuche bürgerlicher Historiker, die englische (gemäßigte) gegenüber der französischen (radikalen) als Modellrevolution zu deuten, wissenschaftlich unhaltbar. Für die Debatte um den »konservativen« Charakter gibt es zwei unterschiedliche Anhaltspunkte: 1. Da der neuadlig-bourgeoise Block bereits vor der Revolution über wesentliche Machtpositionen (im Parlament) verfügt, versucht er zunächst, diese Positionen zu verteidigen (zu »konservieren«). 2. Das Ergebnis ist ein Klassenkompromiß (1688) zwischen Altadel, Neuadel und Bourgeoisie, für dessen Zustandekommen die Entmachtung der Volksbewegung und aller demokratischen Kräfte eine entscheidende Voraussetzung bildet; entsprechend konservativ sind die institutionellen, politisch-ideologischen und allgemeingesellschaftlichen Auswirkungen dieses Kompromisses.

Zum literarisch-politischen Testament der Epoche wird das vom bereits erblindeten und von der Restauration verfolgten Dichter John Milton geschaffene Epos *Das verlorene Paradies* (1667), worin er den Kampf des puritanischen Bürgertums gegen den Absolutismus in die Symbolik des Ringens der himmlischen mit den satanischen Heerscharen faßt. | John Milton

Beginn der industriellen Revolution in England   2.2.6.

In England zeigt sich schon nach der Revolution die enge Grenze der manufakturellen Produktion. Ihre Kapazität erschöpft sich, sie ist nicht mehr in der Lage, der Nachfrage zu genügen und den Bedürfnissen nach verbesserten Erzeugnissen zu entsprechen. Ihre Technik und Organisation erlauben ebensowenig, grundlegende Neuerungen einzuführen, die über den Rahmen der Handarbeit hinausgehen. Trotzdem entstehen innerhalb der Manufaktur Ansätze einer maschinellen Technik, so im Bergbau, in dem bereits teilweise Maschinenkraft genutzt wird. Das von *Jacques Sa-* | Ökonomisch-technische Voraussetzungen *vary* (Ende des 17. Jh.) und von *Thomas Newcomen* (Anfang des 18. Jh.) entwickelte Modell einer Dampfmaschine findet vereinzelt bei der Entwässerung von Kohlengruben Verwendung. Aus der beginnenden Anwendung der »Maschinerie« in der Manufaktur entstehen für die zeitgenössische Wissenschaft Anreize zur Entwicklung der wissenschaftlichen Grundlagen der Technik. So tragen z. B. die mit dem Mühlenwesen zusammenhängenden Berechnungen zur Entfaltung der technischen Mathematik bei.

Aus der Agrarrevolution, die einen entscheidenden Teilaspekt der ursprünglichen Akkumulation des Kapitals darstellt, erwächst eine ländliche Sozialstruktur, deren Spezifik bei Beginn der industriellen Revolution um 1760 ein Bild schärfster sozialer Gegensätze bietet: Einer geringen Zahl kapitalistisch wirtschaftender Großagrarier stehen eine ständig schwindende Zahl selbständiger Bauern und die große Masse bereits expropriierter Bauern und der ländlichen Tagelöhner als Kern der agrarischen Überbevölkerung gegenüber. Die massenhafte »Freisetzung« bäuerlicher Produzenten schafft das notwendige Heer von potentiellen Lohnarbeitern, das sich zunehmend in den Städten und ihren Produktionszentren konzentriert. Vermehrter Nahrungsbedarf dieser neuen Ballungsgebiete und die damit zusammenhängende Erweiterung des inneren Marktes erfordern die Steigerung der Agrarproduktion.

Politische
Bedingungen

Die Revolution hat durch die Zerschlagung des noch vorhandenen feudalen Landeigentums und die Beseitigung der Zunftvorherrschaft die entscheidende Voraussetzung dafür geschaffen, daß die industrielle Revolution als »Umwälzung der gesellschaftlichen Betriebsweise«[6] beginnen konnte. Mit der »glorreichen Revolution« wird zur Regel, daß der Premierminister stets an der Spitze der Parteirichtung steht, die im Unterhaus über die Mehrheit der Abgeordneten verfügt. Nachdem sich durchgesetzt hat, daß ein Ministerkabinett zurücktreten muß, wenn das Unterhaus ein Mißtrauensvotum ausgesprochen hat, gewinnt das Parlament zusätzlich an Übergewicht gegenüber der monarchischen Autorität. Das Parlament und die von ihm abhängigen Kabinette schaffen mit ihrer Politik wesentliche *gesellschaftliche Voraussetzungen* für den Sieg der industriellen Revolution: durch günstige Kredite für die Unternehmer und die sogenannte Sozialgesetzgebung, besonders die Armengesetze. Die gesamte Innenpolitik trägt dazu bei, die expropriierte Landbevölkerung in die entstehenden Fabriken hineinzuzwingen, wo sie von den Unternehmern gnadenlos ausgebeutet werden kann. Das Fehlen gesetzlicher Bestimmungen über Arbeitszeit, Mindestlöhne, Frauen- und Kinderarbeit erleichtert den Raubbau an menschlicher Arbeitskraft. Die Erweiterung der kolonialen Ausbeutung und die Ausdehnung des äußeren Marktes beschleunigen zusätzlich den Übergang zur industriellen Revolution.

Erst das Zusammenwirken aller Voraussetzungen ermöglicht den historischen Schritt von der *Manufaktur zum Fabriksystem*. Charakteristisch für die industrielle Revolution ist die Einheit von technischer, ökonomischer und sozialer Umwälzung, sie vollendet die mit der bürgerlichen Revolu-

---

6 Ebenda, S. 496.

tion beginnende volle Durchsetzung des Kapitalismus als sozialökonomische Formation.

Die erste Phase der industriellen Revolution umfaßt die Zeit von 1760 bis etwa 1790, inhaltlich gekennzeichnet durch grundlegende Erfindungen (*Spinn- und Webmaschinen, Dampfmaschine, Kohlenräummaschine*). Diese Erfindungen umfassen das Potential an Arbeitsmaschinen, aus denen die wirksamsten Möglichkeiten zur Umstellung der Produktion auf maschinelle Basis resultieren. Der Einsatz von Maschinen als Grundlage der entstehenden Fabrikproduktion fußt auf drei miteinander verketteten Hauptelementen: der Bewegungsmaschine, dem Transmissionsmechanismus und der Werkzeugmaschine.

Erste Phase der industriellen Revolution

Für die Auftaktphase der industriellen Revolution ist zugleich charakteristisch, daß die *Werkzeugmaschine* entscheidende Anstöße zur Herausbildung des Fabriksystems in der Textilproduktion gibt. Der sogenannte Spinnfadenhunger stellt dieses auslösende Moment dar. Er ist auf die Disproportionen zwischen Spinnerei und Weberei in den ersten Jahrzehnten des 18. Jh. zurückzuführen. Mit der Einführung des Schnellschützen am Webstuhl (John Kay 1733) bleibt die Spinnerei in ihrer Leistung weit hinter der Weberei zurück. Auch die von *James Hargreaves* (1764) konstruierte bzw. die mit Wasserkraft betriebene Spinnmaschine von *Richard Arkwright* (1769) können den Vorsprung der Weberei nicht wettmachen. Das gelingt erst durch die verbesserte Spinnmaschine Arkwrights (Mitte der siebziger Jahre), die sogar die Arbeitsleistung der Spinnerei über das Niveau der Weberei hebt. Schließlich führt der mechanische Webstuhl *Edmund Cartwrights* (1784) zu einer annähernd gleichen Arbeitsleistung von Spinnerei und Weberei. Daß die Textilindustrie zum Ausgangspunkt der kapitalistischen Industrialisierung Englands wird, hängt zunächst mit den wichtigen Vorleistungen zusammen, die von der Manufaktur gerade auf diesem Gebiet erbracht worden sind. Ein weiterer Grund liegt darin, daß die Textilindustrie den Vorrang innerhalb der Leichtindustrie einnimmt. Die vornehmlich für den Massenbedarf produzierenden Zweige der Konsumindustrie erheischen wesentlich geringere Investitionen als die Schwerindustrie. In der Leichtindustrie erfolgt ein rascherer Umschlag, damit eine bessere Verwertung des Kapitals.

Die bedeutendste Erfindung im Bereich der *Bewegungsmaschinerie* in der ersten Phase der industriellen Revolution ist die *Dampfkraftmaschine*. Dieser von *James Watt* konstruierte (1769 patentiert) doppelt wirkende Fliehkraftregler wird durch seinen Erfinder ständig verbessert. Nach Ausreifen der Konstruktion erhält sie 1784 das zweite Patent; ihre volle Betriebsfähigkeit erlangt sie jedoch erst im weiteren Verlauf der industriellen Revolution. Sie kommt zunächst in Erzgruben und Kohlenschächten, bald darauf auch in der Textilproduktion und später in anderen Zweigen zum Einsatz.

Die von den neuen Bewegungs- und Werkzeugmaschinen bewirkte Umwälzung macht Veränderungen auch im Bereich der *Transmissionsmechanismen* und in vielen anderen Produktionssphären erforderlich. In der Textilindustrie vollzieht sich während der industriellen Revolution eine

Verlagerung des Schwergewichts von der Woll- auf die Baumwollerzeugung, da Baumwolle durch Maschinen leichter verarbeitet werden kann. Hinzu kommt, daß mit Erfindung der Entkernungsmaschine (1793) die Baumwolle in erforderlicher Menge zur Verfügung steht.

Wesentlich ist, daß in England die bürgerliche Revolution der industriellen Revolution vorangeht. Daraus erwächst – neben dem zeitlichen Vorsprung – der klassische Charakter dieser Umwälzung. Soweit feudale Länder den Versuch unternehmen, konkurrenzfähig zu bleiben, führt dies zu einer außerordentlichen Verschärfung der Ausbeutung (»feudale« Manufakturen in Rußland, Weberelend in Schlesien). Wie sehr England, das beide Umwälzungen (die politisch-soziale wie die industrielle) als erstes Land vollzieht, an Weltgeltung und historischem Entwicklungsvorsprung gewinnt, zeigt nicht zuletzt die in der Bourgeoisie anderer Länder verbreitete »Anglomanie«, die in ökonomischer, aber auch in politischer Hinsicht zur Nachahmung englischer Errungenschaften führt.

2.3.   Europa im Zenit des Absolutismus

2.3.1.   Frankreich unter Ludwig XIV.

Ausbau des
Feudal-
absolutismus

Seit Mitte des 17. Jh. prägt der Absolutismus seine klassischen Merkmale in Frankreich voll aus. Maßgebend dafür ist nach dem Tode von *Kardinal Mazarin* (1661) die Regierung Ludwigs XIV. Der Prozeß der Entmachtung der Ständevertretungen setzt sich beschleunigt fort. Einen gewissen Einfluß behaupten jedoch die lokalen Gerichts- und Appellationshöfe (Parlements), unter denen das *Parlement von Paris* auf Grund seines Registrierungsrechtes für alle königlichen Gesetze die privilegierte Position einnimmt; in einigen Provinzen (*Pays d'État*) existieren lokale Ständevertretungen weiter.

Für den verstärkten Ausbau der feudalen Staatsgewalt in der Periode des voll entfalteten Absolutismus sind nationale wie internationale Gründe maßgebend. Hauptursache ist die sich seit Mitte des 17. Jh. deutlich verschärfende Krise der feudalen Gesellschaftsformation in Europa. Diese Krise ist in vielen Ländern, besonders auch in Frankreich, von einer Welle antifeudaler (ländlicher wie städtisch-plebejischer) Bewegungen gekennzeichnet. Krone und erhebliche Teile des Adels leiten daraus die Notwendigkeit einer weiteren Stärkung der Zentralgewalt ab. Zugleich steht Frankreich vor der Notwendigkeit, sich gegen die bürgerliche Konkurrenzmacht England zu behaupten. Auch der Konflikt mit den Niederlanden um territoriale Ausweitung (speziell zu Lasten der spanischen, südlichen Niederlande), im Handels- und Kolonialsektor wirkt weiter.

Der Absolutismus in Frankreich vermag nicht nur die Krise zu bewältigen, sondern unter Ludwig XIV. sogar den Höhepunkt zu erreichen; zugleich setzt mit dem Ende der Regierung Ludwigs XIV. der Niedergang des Absolutismus ein. Für die noch vorhandene machtpolitische Reaktionskraft ist die *Überwindung der Fronde* das prägnante Beispiel.

Die Fronde als die gefährlichste Form der offenen antiabsolutistischen *Die Fronde*
Opposition (1648–1653) gliedert sich in die *Parlaments-* und die *Prinzen-*
fronde. In der ersten Phase der Fronde (1648/49) führt das Parlement von
Paris, in der zweiten Phase (1650–1653) ein Teil des Hochadels die Bewegung. Beide Gruppierungen verteidigen ihr bisheriges Mitsprache-
recht, das sie durch den weiteren Ausbau der absolutistischen Macht gefährdet sehen. Nicht zuletzt die Interessenkonflikte zwischen den
Hauptlagern der Fronde begünstigen die spätere Niederlande der Opposition.

Ein Durchbruch in Richtung bürgerliche Revolution steht für Frankreich
noch nicht auf der Tagesordnung der Geschichte. Nach der Niederschlagung der Fronde durch Jules Mazarin werden alle Institutionen, derer
sich die antiabsolutistische Opposition bediente, insbesondere die Parlements und Kommunen, strengster Kontrolle unterworfen, damit der
Herrscher nicht nur den bisher in den Ständen tonangebenden aufsässi-
gen Hochadel, sondern auch Teile des Bürgertums unter seiner Botmäßig-
keit hat. Speziell auf die Gewinnung des Bürgertums zielt die Förderung *Zusammenar-*
der Manufakturen, die auch im Interesse der Staatsgewalt liegt (Rüstung, *beit von Krone*
Export, Luxusproduktion). Diese bedingte Zusammenarbeit mit bürgerli- *und Bürgertum*
chen Unternehmern und Kaufleuten kennzeichnet die aufsteigende und
daher progressive Phase der Entwicklung des Absolutismus, die der ursprünglichen Akkumulation des Kapitals neue Impulse verleiht und zugleich dem staatlichen Fiskus nützt. Für den Absolutismus ist die Han-
dels-, Finanz- und Manufakturbourgeoisie eine Quelle ständiger
Abschöpfung. Keine Zugeständnisse werden bei der Lockerung feudaler
Restriktionen zur freien Entfaltung der kapitalistischen Produktionsverhältnisse gemacht, ganz zu schweigen von echten politischen Mitsprache-
rechten für die aufsteigende Bourgeoisie.

Der Absolutismus muß die Grundinteressen und Privilegien der Adelsklasse unter den Bedingungen eines zunehmenden Niedergangs der feudalen Ökonomie, des beschleunigten Heranwachsens des Manufakturkapitals und der zunächst noch regional eingegrenzten Entfaltung der
kapitalistischen Produktionsweise erfüllen.

Das absolutistische Regime erreicht nunmehr seine für feudale Verhältnisse *größte Machtkonzentration*. Vor allem das System der *Intendanten* ermöglicht ein vertikales Durchstoßen der traditionellen Machtebenen.
Kennzeichnend für den Absolutismus bleibt, daß er zahlreiche neue
(zentrale) Institutionen aufbaut, ohne die alten Organe abzuschaffen.

Die Machtsteigerung nach innen und außen ist nicht zuletzt an eine ideo- *Der*
logisch-kulturelle Ausstrahlung des Herrschers und seines Hofes gebun- *»Sonnenkönig«*
den. Ludwig XIV. kleidet diese Politik in den Anspruch, als »Sonnenkönig« (Roi Soleil) zu gelten. Der Prunk des Hofes mit einem
ausgeklügelten, raffinierten und auf die Person des »Göttlichen« zugeschnittenen Zeremoniells neutralisiert zunächst Teile des Hochadels, die
als Hofadel nach Versailles und Paris gezogen werden. Auch die Wirkung
auf das Bürgertum ist genau berechnet, da die Tendenz einer »Feudalisierung« der Bourgeoisie (Titelkauf, Rolle der Noblesse de robe) eindeutig
die geringen Ansätze einer Verbürgerlichung des Adels überwiegt. Der

Dichter Molière geißelt den Hang des arrivierten Bourgeois zu adligen Sitten in dem Schauspiel *Der Bürger als Edelmann.*

Wesentliche Leistungen der von Frankreich auf ganz Europa ausstrahlenden spätabsolutistischen *höfischen Kultur* (wozu auch die nach dem Dreißigjährigen Krieg erfolgte Durchsetzung des Französischen als Diplomatensprache gehört) werden durch das im Dienste des Absolutismus stehende Bürgertum erbracht. Auch die klassischen Komödiendichter Racine und Corneille tragen dazu bei, ähnliches gilt für die Musik. Ausdruck der auf und um den Herrscher zentrierten Baukunst ist das *Schloß von Versailles* (Louis Le Vau, Jules Hardouin-Mansart).

In der *Staatstheorie* dominieren neue Werke, die das Gottgnadentum von Krone und Herrscher begründen (Bischof Jacques Bénigne Bossuets Predigten und seine *Politik, der Heiligen Schrift entnommen,* postum 1709).

Adel

Der Adel bleibt in seiner Gesamtheit die *herrschende Klasse*, ungeachtet der Einschränkung ständischer Vertretungen. Eine Machtteilung zwischen Adel und Bourgeoisie findet nicht statt, der absolutistische Staat hat deshalb auch nicht – wie von bürgerlichen Historikern behauptet – den Charakter eines Zweiklassenstaates oder einer über den Klassen stehenden Institution, ebensowenig erfolgt eine schleichende »Verbürgerlichung« des Ancien Régime. An dieser fundamentalen, für die Bestimmung des historischen Ortes des Spätabsolutismus entscheidenden Tatsache ändern Anpassungs- und Nivellierungstendenzen, die Adel und Bourgeoisie betreffen, nichts. Zwar kommt es zu einer partiellen Umverteilung des feudalen Mehrprodukts zugunsten von Krone und Staat, die Ergebnisse werden aber mehr als kompensiert durch das parasitäre Leben des Hofadels, das Privileg für alle hohen Armee- und Kirchenstellen und die zunehmende Auslieferung der Bauern an den Provinzadel.

Bauern

Die Bauern, deren Einkommen erheblich durch Steuern und andere Abgaben aufgezehrt wird, tragen die Hauptlast, sie bilden die unterste Ebene der Sozialpyramide. Der Landmann gilt als Packesel, der derartige Belastungen durchaus verträgt. Die soziale Abstufung innerhalb der Bauernschaft reicht vom bereits weitgehend freien, relativ wohlhabenden Bauern bis zu breiten Schichten, die direkter feudaler Ausbeutung unterliegen (in großen Teilen Südfrankreichs gilt der Grundsatz: *Nulle terre sans seigneur*). Reste der Leibeigenschaft existieren nur begrenzt (z. B. in den Cevennen). Unabhängig von der rechtlichen und ökonomischen Stellung der Bauern wird die Willkür der adligen Herren, der Steuereintreiber, der staatlichen Bürokratie und auch der Kirche als unerträglich empfunden. Vor allem gegen Ende der Regierung Ludwigs XIV. kommt es zu Erhebungen und Hungerrevolten. Der große *Camisardenaufstand in den Cevennen* (1702–1705), teils durch die Unterdrückung der dort lebenden Protestanten mit verursacht, kann nur durch massiven Einsatz der Armee niedergeschlagen werden. Für die Stimmung des Volkes gegenüber dem Absolutismus mag der Fakt als kennzeichnend gelten, daß die Bevölkerung von Paris den Trauerzug des verstorbenen Roi Soleil mit Steinwürfen begleitet.

Bourgeoisie

Das Verhältnis des Absolutismus zur aufsteigenden Bourgeoisie (Handels- und Finanzkapitalisten, Manufakturisten und Verleger) ist vor allem durch das Protektionssystem geprägt, das den Übergang aus der herkömmlichen in die moderne Produktionsweise abkürzt. Dazu dient eine weitreichende Begünstigung der Manufakturen, die vor allem das Verdienst des Wirtschafts- und Finanzministers *Colbert* ist. Die auf ihn zurückgehende Variante des Merkantilismus ist der *Colbertismus*, geprägt durch Einfuhrzölle, Ausfuhrprämien für Fertigwaren, Exportverbot für Rohstoffe, Bildung von Außenhandelsgesellschaften, Förderung neuer Wirtschaftszweige, expansive Kolonialpolitik. Die Grundidee der Merkantilisten, die in der Zirkulation, nicht in der Produktion die Quelle des Reichtums sehen, besteht darin, durch Eingreifen des Staates möglichst viel Geld ins Land zu holen, zugleich aber dessen Ausfuhr zu vermindern. In der dominierenden Rolle des Merkantilismus als Wirtschaftspolitik des Absolutismus findet der noch bestimmende Einfluß des zirkulierenden Kapitals (im Handel, Bankwesen, Wuchergeschäft) gegenüber dem produktiven Kapital (in der Manufaktur) Ausdruck.

Der Protektionismus besitzt – neben der Funktion der politisch-administrativen Zentralisierung – außerordentliches Gewicht für die *Herausbildung eines nationalen Marktes*, obwohl der Absolutismus die vielen Lokal- und Provinzbarrieren (Binnenzölle, regional unterschiedliche Maße und Gewichte) nicht beseitigt. Ebenso bedeutungsvoll ist die Schutzfunktion des Protektionismus für den Kampf um Außenmärkte in der Kolonialexpansion. Angesichts der zeitweiligen Interessensymbiose zwischen Absolutismus und Bourgeoisie ist das Verhalten vor allem der Spitzen der Bourgeoisie bis in die Zeit Ludwigs XIV. und seines Nachfolgers durch eine integrative, sich dem System einpassende und davon partizipierende Funktion geprägt. Von der Masse des Bürgertums setzt sich eine »Bourgeoisie des Ancien Régime« ab, die ihr Schicksal mit dem Absolutismus verbindet. In die Rolle der führenden Kraft des antifeudalen Lagers wächst die Bourgeoisie erst nach Ende der Herrschaft Ludwigs XIV. hinein.

Die *staatliche Gewalt* wird vor allem durch Armee und zentralisierte Bürokratie, das Finanzwesen sowie die katholische Kirche repräsentiert. Die *Armee* unter Ludwig XIV., auf eine Friedensstärke von 180 000 Mann vergrößert, dient sowohl der Expansion als auch der Niederhaltung der inneren antifeudalen Opposition. Eine *Heeresreform*, für die der energische Kriegsminister François-Michel le Tellier Louvois Sorge trägt, führt zur Errichtung eines einheitlichen straffen Kommandos. Sie ermöglicht die raschere Truppenmobilisierung und deren erfolgreicheres Manövrieren gegenüber dem Gegner. Bedeutsam ist, daß sich das Heer nicht nur durch Werbung von Söldnern aus dem In- und Ausland ergänzt, sondern in wachsendem Maße durch inländische Rekruten.

Absolutistische Machtinstitutionen

Das Heer erweist sich in den ersten Expansionskriegen Ludwigs XIV. allen Gegnern überlegen und wird in Bewaffnung, technischer Ausrüstung, Organisation, Strategie und Taktik, in der Qualität der Ausbildung des Offizierskorps zum Vorbild. Im Unterschied zu früheren Zeiten erfolgt eine Uniformierung und Disziplinierung der Armeeangehörigen; bürgerliches Fachwissen – besonders im Artillerie- und Pionierwesen – findet größere Beachtung. Das moderne Festungswesen ist das Werk des Marquis Sébastian le Prestre de Vauban.

Der späte Absolutismus verfügt über eine *Administration* (Bürokratie) mit exakten Dienstvorschriften, Beförderungsordnungen, Arbeitsrichtlinien, Kompetenzabstimmung. Mochte auch der Ämterkauf eine wachsende Rolle spielen, entscheidend bleibt die Heranziehung ernannter, jederzeit abberufbarer Beamter, die willfährige Werkzeuge des Monarchen verkörpern. Wichtigste Beamte der Zentralregierung sind die *Minister und Räte* (wie Colbert und Louvois) und in den Provinzen die mit umfassenden Befugnissen ausgestatteten Intendanten.

Kirche

Eine tragende staats- und systemerhaltende Funktion hat die katholische Kirche als ideologische und politisch-administrative Institution. Stärker als die Kirche anderer katholischer Länder (mit Ausnahme Spaniens) ist sie an die monarchisch-absolutistische Zentralgewalt gebunden (Gallikanische Kirche). Der Klerus hat neben seiner religiösen Obliegenheit wesentliche administrative Aufgaben zu erfüllen (Geburten- und Sterberegister, Zensur, Sittenpolizei). Es gibt faktisch keine Lebensäußerung der Bevölkerung, die nicht direkt oder indirekt in die Kompetenz des Geistlichen fiele. Das politische Gewicht des Klerus ist besonders auf dem Lande spürbar.

Für den zunehmend regressiven Charakter des französischen Absolutismus unter Ludwig XIV. ist die *Aufhebung des Edikts von Nantes* (1685) bezeichnend. Erhebliche Teile der betroffenen hugenottischen Bevölkerung, vorzugsweise in Handel, Manufaktur und Geistesleben engagiert, verlassen das Land und wenden sich vor allem nach den Niederlanden, aber auch in die deutschen Staaten (z. B. Brandenburg-Preußen), deren wirtschaftliche und kulturelle Entwicklung sie stimulieren.

Die Erfolge des absolutistischen Frankreichs bei der Festigung der Staatsmacht und das Ansehen der Monarchie nach innen wie außen veranlassen andere Monarchen und Staatsmänner zur Übertragung dieser Erfahrungen auf ihr eigenes, oft weniger entwickeltes Land, wie in den habsburgischen Ländern, den deutschen Territorialstaaten, Schweden, Dänemark, Rußland. In Polen-Litauen wird die Adelsdemokratie (Rzeczpospolita) konserviert und nimmt Züge einer Adelsanarchie an.

Niedergang des französischen Absolutismus

Der beginnende Niedergang des Absolutismus gegen Ende der Regierung Ludwigs XIV. ist dadurch gekennzeichnet, daß es sich in steigendem Maße als unmöglich erweist, der fortschreitenden manufakturkapitalistischen Entwicklung, der Festigung bürgerlicher Elemente Rechnung zu tragen, ohne die Grundlagen der Feudalordnung anzutasten. Die erstarkende Bourgeoisie tritt mit eigenen Forderungen hervor, die immer weniger Kompromisse mit den Interessen des feudalabsolutistischen Staates zulassen. Auf die Interessensymbiose von Absolutismus und Bourgeoisie folgt die zunehmende *Konfrontation*.

Der Verlust großer Kolonialgebiete in Nordamerika seit 1763 verdeutlicht die Agonie des absolutistischen Regimes. Militärisch und außenpolitisch erleidet es Niederlage auf Niederlage. Die *Finanzkrise* wird chronisch. Entsprechend sinkt das Ansehen der Könige Ludwig XV. und Ludwig XVI. Selbst der vermeintliche Erfolg als Bündnispartner der USA (1783) mündet in eine finanzielle Misere. Die von der Opposition – deren Sprecher die herausragenden Aufklärungsphilosophen sind – geübte

Kritik findet zunehmend Gehör, auch bei Teilen des Adels. Der Versuch aufklärerisch-physiokratisch gesinnter Minister, besonders Anne-Robert-Jacques Turgots, das System durch Teilreformen zu stabilisieren, scheitert am Widerstreben engstirniger Hofkreise. Turgot wird 1776 gestürzt. Die *Endphase der Krise des Absolutismus* mündet in den Vorabend der Großen Französischen Revolution.

Rußland unter Peter I.

2.3.2.

Für Rußland ist die volle Durchsetzung des Absolutismus mit der Regierung Peters I. (1682–1725) identisch. Sie ist nicht zuletzt dadurch begründet, daß die Feudalklasse eines effektiveren Staatsapparates bedarf, der in der Lage ist, die umfassenden Bewegungen der Volksmassen gegen die feudale Ausbeutung niederzuwerfen, wie den Bauernaufstand unter Führung Stepan Razins 1670/71. Einerseits in der auf Ivan IV. zurückgehenden zentralistischen Traditionslinie stehend, orientiert sich Peter I. zugleich an der absolutistischen Praxis westeuropäischer Staaten (insbesondere Frankreichs) und den ökonomischen Errungenschaften der bürgerlichen Länder (Niederlande, England), um die Rückständigkeit zu überwinden und die Großmachtstellung Rußlands zu festigen.

Peter I. tritt 1682 zusammen mit seinem älteren Bruder Ivan V. die Regierung zunächst formell an, da die eigentliche Macht bei seiner Schwester Sofia Alexeevna und deren Favoriten Fürst Golicyn liegt. Die innen- und außenpolitischen Mißerfolge Sofias und ihrer Anhänger ermöglichen es Peter I. 1689, Sofia und Golicyn zu entmachten (Sofia wird in ein Kloster, Golicyn in die Verbannung geschickt); auch der Widerstand der Strelitzen wird gebrochen.

Das *außenpolitische Hauptziel* Peters I. ist die Gewinnung der Schwarzmeer- und der Ostseeküste. Dem dient eine intensive Rüstung, die auch die Flotte einschließt. Der Russisch-türkische Krieg (1695/96), der mit dem Frieden von Karlowitz endet, bringt zwar den Besitz von Azov, dagegen scheitert der Plan, das Krimkhanat zu erobern.
Für die weitere politische Orientierung Peters I. gewinnt die *Große Gesandtschaft* nach Westeuropa, an der der Zar inkognito (»Peter Michailov«) teilnimmt, entscheidende Bedeutung (Albert Lortzing: *Zar und Zimmermann*). Neben der Kenntnis der technischen Errungenschaften besteht das außenpolitische Hauptergebnis der Mission in einem Bündnis mit Polen gegen Schweden, dagegen scheitert der Plan einer umfassenden Koalition gegen die Osmanen.
Der Kampf um den Zugang zur Ostsee bestimmt den Charakter des Nordischen Krieges (1700–1721). Rußland vermag sich in diesem Krieg trotz schwerer innerer Erschütterungen (Bauernaufstand unter Führung von K. Bulavin 1707/08) erfolgreich zu behaupten. Nach der Niederlage von Narva (19. November 1700) gelingt der entscheidende Sieg über die Schweden unter Karl XII. bei Poltava (27. Juni 1709), auch die russische Flotte bringt die schwedische in Bedrängnis. Mit dem *Frieden von Nystad* gelangt Rußland in den Besitz der Ostseeküste von Riga bis Vyborg. Ausdruck der neuen Situation ist die Annahme des *Kaisertitels* durch Peter

Peter I.

Nordischer Krieg

(1721) und die Erhebung von *St. Petersburg* zur neuen Landeshauptstadt. Nach dem Ende des Nordischen Krieges kommt es zum *Krieg gegen Persien* (1722/23), in dessen Ergebnis Rußland seine Positionen am Kaspischen Meer ausbaut.

Petrinische Reformen

Die petrinischen Reformen zielen auf die Förderung von Landwirtschaft, Gewerbe und Handel sowie auf den Ausbau der absolutistischen Machtstruktur. Neue Kulturen in der Landwirtschaft und die Entwicklung der Viehzucht sollen das Land importunabhängiger machen. Die Zahl der Manufakturen wächst sprunghaft, sie behalten jedoch ihren feudalen Charakter (leibeigene Arbeitskräfte). Peter I. festigt die wirtschaftliche Position des Adels dadurch, daß 1714 auch die Dienstgüter erblich werden. Mit dem Ziel der stärkeren Kontrolle über die Adelsklasse führt Peter I. 1722 die sogenannte Rangtabelle ein. Für die Einschränkung des direkten politischen Einflusses auf die Staatsgeschäfte wird der Adel zu Lasten der Bauern entschädigt; diese sind nunmehr generell der *Leibeigenschaft* und der *Kopfsteuer* (1724) unterworfen.

An die Stelle der traditionellen Bojarenduma tritt der Senat, dessen Mitglieder der Zar bestimmt; die zentrale Verwaltung liegt seit 1718 in den Händen von zwölf *Kollegien*. In den Städten werden *Magistrate* gebildet, die der Kaufmannschaft eine gewisse Selbständigkeit gegenüber dem Adel ermöglichen; trotzdem bleibt das schwache Bürgertum voll in die Feudalgesellschaft integriert. *In der extremen Schwäche des Bürgertums und der kapitalistischen Elemente einerseits und der starken Stellung des Adels andererseits besteht ein spezifisches Charakteristikum des russischen Absolutismus.*

Die endgültige Entmachtung der orthodoxen Kirche gelingt 1721 mit der Errichtung des *Regierenden Synod* (ab 1726 Heiligster Synod). Für die militärische Macht Rußlands haben die *Heeresreform* (Einführung des Rekrutensystems) und das *Kriegsreglement* von 1716 zentrale Bedeutung. Der Förderung der Wissenschaft dient die 1725 gegründete *Akademie der Wissenschaften*; ihr gehören im 18. Jh. Gelehrte von internationalem Ruf an (Michael Vassilevič Lomonossov), darunter auch deutsche Wissenschaftler (Johann Friedrich Gmelin, G. Friedrich Müller).

Die mit den Reformen und der expansiven Außenpolitik verbundene Belastung für die Masse der Bevölkerung führt wiederholt zu Unruhen und Aufständen, die jedoch gewaltsam unterdrückt werden.

Nach dem Tode Peters I. ist die Lage zunächst durch die intensiven Versuche des Adels, erneut stärkeren Einfluß zu gewinnen und Teile der Reformen rückgängig zu machen, sowie eine Serie von Thronrevolten bestimmt. Unter der Zarin Anna Ivanovna (1730–1740) herrscht faktisch deren Favorit, Graf Biron; Ausländer erlangen einen erheblichen Einfluß. Durch Palastrevolte gelangt Elisabeth (1741–1761), Tochter Peters I., an die Regierung. In ihre Zeit fällt die *Gründung der Universität Moskau* (1755) und Rußlands erfolgreiche Teilnahme am Siebenjährigen Krieg (1756–1763).

Russische Truppen besetzen 1760 Berlin. Lediglich die Verehrung Peters III. (1762) für Friedrich II. rettet Preußen vor dem völligen Zusammenbruch. Diese Preisgabe der machtpolitischen Interessen nutzt Prinzessin Sophie-Friederike von Anhalt-Zerbst, Gemahlin Peters III., zu einem Staatsstreich (»Damenrevolution«), in deren Verlauf der Zar ermordet wird. Mit der folgenden Regierung *Katharinas* II. (1762–1796) ist für Rußland die Zeit des aufgeklärten Absolutismus verbunden.

Die Agonie des spanischen Absolutismus   2.3.3.

Der spanische Absolutismus tritt – im Kontrast zur kulturellen Blüte des Landes – in der ersten Hälfte des 17. Jh. in seine Niedergangsphase ein, wofür der Begriff Decadencia española kennzeichnend geworden ist. Krisen- und Niedergangssymptome sind bereits unter Philipp III. (1598–1621) deutlich erkennbar; offener Verfall kennzeichnet die Regierungen Philipps IV. (1621–1665) und Karls II. (1665–1700). Von der Bedeutung einer Weltmacht stürzt Spanien auf das Niveau eines bloßen Objekts der internationalen Politik herab. Die spanische Vorherrschaft endet mit dem Westfälischen Frieden (1648) und dem Pyrenäenfrieden (1659). Die Objektfunktion Spaniens zeigt sich nach dem Tode Karls II. im Spa- *Spanischer* nischen Erbfolgekrieg (1701–1714). Kennzeichnend für die außenpoliti- *Erbfolgekrieg* schen Rückschläge sind der Abfall Portugals (1640), die auf direkte Hilfe Frankreichs gestützten Erhebungen Kataloniens (1641, 1713), die definitive Anerkennung der Unabhängigkeit der Niederlande und der Verlust wesentlicher strategischer Gebiete (Artois, Teile Flanderns, Roussillons und Sardiniens). Im Erbfolgekrieg büßt Spanien die südlichen Niederlande, die italienischen Besitzungen und Gibraltar ein. Auch das spanische Kolonialimperium ist zunehmenden gegnerischen Attacken ausgesetzt (Eroberung Jamaikas durch die Engländer 1655). Das Jahr 1713 (Friede von Utrecht) stellt den Tiefpunkt der negativen Entwicklung dar.

Ein ähnlich tristes Bild bietet die innere Lage des Landes. Die Bevölkerungsentwicklung verläuft ab 1600 stark abfallend, wofür die Pest von 1599/1600 (und weitere Pestwellen 1647–1652, 1678, 1710) eine der Ursachen darstellt; erhebliche Verluste resultieren aus der Massenaustreibung der arabischen Bevölkerung (ca. 500 000 Mauren) zwischen 1609 und 1614, die in der Agrarproduktion und im Handwerk eine bedeutende Rolle spielt. Auf einen Bauer kommen im 17. Jh. 30 nichtproduktive Einwohner. Obwohl Spanien über die größten Silbergruben der Welt in Amerika (Zacatecas, Durango, Potosí etc.) verfügt, grassiert Kupferinflation; wiederholt kommt es zu *Staatsbankrotten*. Für bestimmte Regionen ist sogar ein Rückfall in die Naturalwirtschaft nachweisbar, die Kapitalakkumulation stagniert, der auf Viehzucht und Wollexport orientierte Großadel erdrückt den Ackerbau, das Edelmetall fließt in die kapitalistischen Wirtschaftszentren der Niederlande und Englands ab. In Spanien *Refeudali-* greifen Tendenzen der Refeudalisierung um sich. Religiöse Intoleranz *sierung* (Rolle der Inquisition) und anachronistischer Adelsstolz belasten jede praktische Arbeit mit dem Vorurteil der Unwürdigkeit. Die soziale Konflikt- und Krisensituation widerspiegelt sich im Elend der Bauern (vor allem in den südlichen Regionen), in einem ausgedehnten Bettler- und Banditentum; die in der spanischen Literatur romantisierte Figur des Pícaro ist ein Produkt dieser gesellschaftlichen Krise. Die Lage am Hof unter den letzten Habsburgern ist durch Korruption, Intrigen, Dekadenz, erstarrtes Zeremoniell und Günstlingswirtschaft (Herzog von Lerma unter Philipp III., Graf von Olivares unter Philipp IV.) geprägt.

Eine Wende beginnt sich mit der zur Macht gekommenen *Bourbonendynastie* abzuzeichnen, deren erster Herrscher *Philipp V.* (1700–1746) ist. Unter dem Druck der katastrophalen inneren und äußeren Lage des Landes und von Frankreich beeinflußt, erfolgt eine Reformpolitik, die zu einem allmählichen ökonomisch-sozialen, politischen und kulturellen Aufschwung führt. Diese positive Entwicklung kulminiert im aufgeklärten Absolutismus Karls III. (1759–1788).

2.3.4.   Der aufgeklärte Absolutismus

Eine Variante oder »Sonderform« des Spätabsolutismus stellt der aufgeklärte Absolutismus dar, der sich im 18. Jh. in einigen europäischen Staaten herausbildet. Er ist kennzeichnend für solche Länder, die vor der Notwendigkeit stehen, ein Entwicklungsdefizit gegenüber den gesellschaftlich fortgeschritteneren Staaten aufzuholen oder innere Krisen zu überwinden, und in denen das Bürgertum relativ schwach ist, damit auf die Förderung durch die absolutistische Staatsgewalt angewiesen bleibt. Die daraus resultierende Reformpolitik hat die Systemstabilisierung und Anpassung an neue innere und äußere Bedingungen zum Ziel; die Reformpolitik ist nicht, wie von bürgerlichen Historikern behauptet, ein Vorgriff auf den bürgerlichen Staat oder die bürgerliche Revolution.

Für das politisch-ideologische Profil des aufgeklärten Absolutismus ist die Berufung auf die Prinzipien der (gemäßigten) Aufklärung kennzeichnend, die oft mit den Ideen des Freimaurertums verschmelzen. Der unlösbare Widerspruch besteht im Charakter der Aufklärung als einer Form der bürgerlichen Emanzipation und der Funktion des Absolutismus als Garant der Feudalherrschaft. Daraus erklärt sich, daß das Bekenntnis der meisten Herrscher zur Aufklärung (»der Philosoph auf dem Thron«) verbaler Natur bleibt oder in zugespitzten gesellschaftlichen Krisensituationen zurückgenommen wird. Definitiv endet das Experiment des aufgeklärt-reformerischen Absolutismus mit dem Ausbruch der Französischen Revolution, der in allen Ländern des aufgeklärten Absolutismus eine offene reaktionäre Wende zur Folge hat.

Die Wiege des aufgeklärten Absolutismus steht in Italien. Zum aufgeklärten Musterstaat avanciert das Großherzogtum Toskana unter Leopold I. (1767–1790) durch fortschrittliche Rechtsprechung, Besteuerung des Adels, Aufhebung der Zünfte und Binnenzölle sowie Schließung vieler Klöster.

Josephinismus   Am weitesten geht die *Reformpolitik Josephs II.* (1780–1790) in Österreich. Der Kaiser verfügt die Aufhebung der nicht karitativen Klöster und Orden, der Zensur, beseitigt die Leibeigenschaft auch in den slawischen Ländern der Monarchie (1781), toleriert nichtkatholische Bekenntnisse (Toleranzpatent 1781) und reduziert die Frondienste und Steuerabgaben der Bauern (Urbarialpatent 1789). Andererseits dient die Einführung des

Deutschen als Amtssprache für die Gesamtmonarchie einer forcierten
Germanisierung und Zentralisierung, die besonders in Ungarn auf heftig-
ste Opposition stößt.

Auf Anregung Josephs II. komponiert Wolfgang Amadeus Mozart die Oper »Entführung
aus dem Serail« für das sogenannte Nationalsingspiel. Wien wird Zentrum der klassischen
Musik.

Franz II. (1792–1806), der Nachfolger Leopolds II., hebt unter dem Eindruck der Adelsreaktion und der Französischen Revolution die meisten
der Reformen wieder auf; nicht wenige Josephiner gehen auf radikal-demokratische Positionen über (Jakobinerprozeß 1794/95).

In den *deutschen Staaten* sind Elemente des aufgeklärten Absolutismus im
Kurfürstentum Mainz (Freiherr von Dalberg), in Baden (Markgraf Karl
Friedrich) oder in den geistlichen Herrschaften von Köln, Trier, Münster,
Würzburg und Fulda nachweisbar. Als Hauptexponent des aufgeklärten **Friedrich II.**
Absolutismus tritt Friedrich II. von Preußen hervor. Seine politische Ma- **von Preußen**
xime als »erster Diener des Staates« legt er in seinem *Antimachiavell* nieder. Jedoch stehen theoretischer Anspruch und politische Praxis in kras-
sem Gegensatz zueinander. Das zunächst enge Verhältnis zu Voltaire
(»die Könige sollten Philosophen, die Philosophen Könige sein«) zerbricht bald. Voltaire revanchiert sich, indem er in seinen *Denkwürdigkeiten*
ein vernichtendes Bild des preußischen Hofes zeichnet.

Die begrenzte Reformpolitik Friedrichs II. konzentriert sich auf das
Rechtswesen (Abschaffung der Folter, beginnende Kodifikation des Allgemeinen Landrechtes), die religiöse Toleranz, die Förderung von Manufakturen (Tuche, Seide, Porzellan) und die Binnenkolonisation (ca.
900 Dörfer mit 57000 Siedlerstellen). Die Erleichterung der Lage der
Bauern reduziert sich – neben Vergünstigungen für Kolonisten – im wesentlichen auf die Begrenzung von Frondiensten im Domänenwesen.
Während der Einfluß des Adels auf die Kronpolitik eingeengt wird, steigt
sein Einfluß in Heerwesen, Verwaltung und Diplomatie. Besonders die
Überforderung des Landes durch Kriege, die überdimensionierte Armee
und die allgemeinen gesellschaftlichen Militarisierungstendenzen heben
zum großen Teil die Wirkung der Reformen wieder auf.

Für Rußland ist die Zeit des aufgeklärten Absolutismus mit der Regie- **Katharina II.**
rung Katharinas II. identisch. Ihre Herrschaft zeigt besonders eklatant **von Rußland**
den Widerspruch zwischen aufklärerisch-rationaler Theorie und konkret-
politischer Praxis. Als »Semiramis des Nordens« genießt Katharina die
Sympathien Voltaires, Diderots und anderer führender Vertreter der europäischen Aufklärung. Die eingeleiteten Reformen festigen jedoch die
Adelsherrschaft und verschärfen die Lage der bäuerlichen Massen über
die Grenze des Erträglichen. Im Jahre 1764 wird der *kirchliche Grundbesitz
säkularisiert*, wobei nicht zuletzt die Notwendigkeit einer Abfindung der
zahllosen Favoriten Katharinas eine Rolle spielt. Mit dem Ziel, das seit
1649 gültige *Uloženie* abzulösen und ein neues Gesetzbuch auszuarbeiten,
tritt 1767 die *Gesetzgebende Kommission* zusammen. In einer Instruktion
(*Nakaz*) gibt Katharina detaillierte Arbeitsrichtlinien, die auf Gedanken
von Montesquieu, Samuel Pufendorf und Grotius zurückgreifen. Bereits

1768 muß die Kommission ihre Tätigkeit ergebnislos einstellen. Der »Gnadenbrief« von 1785 legitimiert fast uneingeschränkt die traditionell-parasitäre Stellung des Adels. Für die Rücknahme aller Reformprojekte und den Übergang zur offenen Adelsreaktion hat die *Krise des Leibeigenschaftssystems* entscheidende Bedeutung. Sie entlädt sich im Bauernkrieg (1773–1775) unter Führung von Emel'jan *Pugačov*. Als der »durch ein Wunder« gerettete »Peter III.« stampft Pugačov eine Streitmacht von 50 000 Anhängern aus dem Boden, die weite Gebiete am Mittel- und Unterlauf der Wolga und des Uralflusses beherrscht. Hauptziel des Kampfes ist die Aufhebung der Leibeigenschaft. Die Bewegung wird nach wechselvollen Kämpfen militärisch geschlagen, Pugačov, von Verrätern ausgeliefert, gevierteilt. Als Symbol für die Wende in der Haltung Katharinas gilt auch die Verurteilung des radikalen Aufklärers A. N. Radiščev.

Rußlands Durchbruch zur Schwarzmeerküste

Erfolgreich ist die *Außenpolitik* Katharinas II. War es Peter I. gelungen, die Ostseeposition Rußlands zu erobern, so erzwingt Katharina den Durchbruch zur Schwarzmeerküste. Dieses strategische Ziel wird in drei Etappen erreicht: 1774 (Frieden von Kütschük-Kainardschi) kann das Krimkhanat aus der osmanischen Oberhoheit herausgelöst werden, 1783 kommen die Krim und Taurien zu Rußland, 1792 bestätigt der Frieden von Jassy (Iasi) Rußlands Besitzungen an der Schwarzmeerküste. Die Machtstellung in Osteuropa wächst im Ergebnis der *zweiten* und *dritten Teilung Polens* (1793 bzw. 1795) mit Preußen und Österreich.

Die Entwicklung in den *iberischen Staaten* zeigt besonders deutlich die Nuancen zwischen dem aufgeklärten Absolutismus monarchischen (Prince éclairé) und ministeriellen (Ministre éclairé) Typs.

Karl III. von Spanien

In Spanien erreicht der aufgeklärte Absolutismus mit Karl III. seinen Höhepunkt. Selbst weder mit überdurchschnittlichen geistigen noch körperlichen Vorzügen versehen (Casanova: »Physiognomie eines Schafes«), stützt sich Karl III. bei seiner Reformpolitik auf eine Phalanx hervorragender, meist an der französischen Aufklärung geschulter Minister (Pedro Pablo Abarca de Bolea *Aranda*, José Moñino *Floridablanca*, Pedro Rodríguez *Campomanes*, José Gaspar Melchor de *Jovellanos* und andere). Zu den bedeutendsten Maßnahmen gehören Förderung von Manufaktur und Handel, Vertreibung der Jesuiten (1765) und Neuorientierung der Kolonialpolitik (Aufhebung des Monopolhandels, Intensivierung des Bergbaus, Verwaltungsreformen, territoriale Expansion). Spanien erlebt im Ergebnis der Reformen einen ökonomischen, politischen und kulturellen Aufschwung, der sich auch auf außenpolitischem Gebiet (Teilnahme an der antienglischen Koalition während des Unabhängigkeitskrieges der 13 englischen Kolonien, neue Welle der territorialen Expansion in Nord- und Südamerika) widerspiegelt.

Pombal

Unter der Regierung Johanns I. (1750–1777) in Portugal erringt dessen Erster Minister Pombal einen überragenden Einfluß auf die Reformpolitik, die wesentliche Analogien zu Spanien aufweist. Neben der Vertreibung der Jesuiten (1759) gilt Pombals Energie dem Wiederaufbau der 1755 durch ein Erdbeben zerstörten Hauptstadt Lissabon. Nach dem Tode des Königs wird Pombal gestürzt und verbannt; wesentliche Reformansätze verkümmern.

Während der Regierung Kristians VII. (1766–1808) von *Dänemark* unternimmt der Leibarzt und Favorit der Königin, Graf Johann Friedrich von *Struensee*, einen Staatsstreich (1770), um Reformen im Sinne des aufgeklärten Absolutismus in die Wege zu leiten; er wird bereits 1772 gestürzt und hingerichtet. Trotzdem kommt es in den folgenden Jahren zu Reformen, die das Los der Bauern gegenüber dem Adel wesentlich bessern. In *Schweden* erlangt Gustav III. (1771–1792) durch einen Staatsstreich die absolute Macht und leitet bedeutende Reformen ein (neue Strafgesetzgebung, liberale Wirtschaftspolitik, Förderung der Landwirtschaft). Es entfaltet sich eine von der französischen Aufklärung inspirierte höfische Kultur. Die Königsmacht wird mit der Vereinigungs- und Sicherheitsakte (1789) weiter gestärkt. 1792 fällt Gustav III. einer Adelsverschwörung zum Opfer, es gelingt aber nicht, die Reformen aufzuheben.

Kristian VII./
Gustav III.

Die Aufklärung

2.4.

Historische Funktion und Frühgeschichte

2.4.1.

Der Prozeß der geistig-kulturellen Emanzipation des Bürgertums durchläuft verschiedene Phasen und Reifestadien. Er beginnt mit dem Humanismus der Renaissance und führt über die Reformation und die rationalistische Philosophie des 17. Jh. zur *Aufklärung*. Die Aufklärung vertieft die Vorstellungen des Wahren, Schönen und Guten sowie die Anschauungen über das Welt- und Menschenbild, die sich seit dem 16. Jh. entwickelt haben. Sie hebt somit die Erkenntnistheorie, die Ästhetik, die Ethik und die Weltanschauung auf eine höhere Stufe, wobei die Lehren der bedeutendsten Philosophen des 17. Jh., besonders Descartes', Spinozas und Lockes, als Bindeglied wirken.

Die Aufklärung ist ideologische Widerspiegelung des Aufstiegs des Bürgertums in der Phase des reifen Manufakturkapitalismus und theoretisch verdichteter Ausdruck des zunehmenden bürgerlichen Bewußtseins, das gegen die feudale Ideologie auf breiter Front in Opposition geht. In den Auffassungen der Aufklärer reflektieren sich somit die vertieften Widersprüche zwischen bürgerlichem Fortschritt und der Krise des feudalabsolutistischen Systems. Die Aufklärer stehen nicht nur in der Traditionslinie der vorangegangenen fortschrittlichen Denker, sie sind zugleich bemüht, deren Erkenntnisse kritisch zu verarbeiten, gedanklich weiter vorzustoßen.

Hauptkriterium der Aufklärung ist die Vernunft. Nach ihren Gesetzen (folglich nach den Gesetzen der Natur) sollen die Menschen leben. »Religion, Naturanschauung, Gesellschaft, Staatsordnung, alles wurde der schonungslosesten Kritik unterworfen; alles sollte seine Existenz vor dem Richterstuhl der Vernunft rechtfertigen oder auf seine Existenz verzichten«.[7] Damit ist in der Aufklärung die philosophische Grundlage für die

Vernunft-
kriterium

---

7 F. Engels, Herrn Eugen Dührings Umwälzung der Wissenschaft, in: MEW, Bd. 20, Berlin 1975, S. 16.

Schema 4: Vom englischen Rationalismus zur französischen Aufklärung

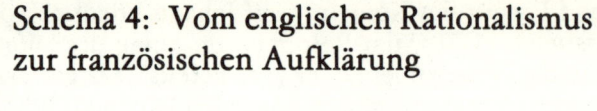

	Voraufklärung		
		Bayle	1647–1706
		Meslier	1664–1729
Bacon	Ältere Aufklärung		
1561–1626		Voltaire	1694–1778
Hobbes		Montesquieu	1689–1755
1588–1679	Jüngere Aufklärung		
Newton		Rousseau	1712–1778
1642–1727	Enzyklopädisten		
Locke		La Mettrie	1709–1751
1632–1704		Diderot	1713–1784
		Helvétius	1715–1771
		Holbach	1723–1789
		d'Alembert	1717–1783
		Condillac	1715–1780
		Raynal	1713–1796
	Physiokraten		
		Quesnay	1694–1774
		Dupont de	
		Nemours	1739–1817
		Turgot	1727–1781
Englischer	utopisch-kommunistische		
Materialismus		Morelly	18. Jh.
u. Rationalismus	Richtung	Mably	1709–1785
des 17./18. Jh.	Französische Aufklärung des 18. Jh.		

Naturrecht

Gestaltung der gesellschaftlichen Verhältnisse nach letztlich bürgerlichen Vorstellungen gegeben. Mit der Betonung des Vernunftprinzips rückt zugleich die katholische Kirche als Hauptträger der feudalen Ideologie in das Zentrum der geistig-politischen Auseinandersetzung. Da die Kirche aber untrennbarer Bestandteil des Feudalsystems und Stütze des Absolutismus ist, unterzieht die Aufklärung – vor allem über die Weiterentwicklung des Naturrechtes – schließlich die gesamte Gesellschafts- und Staatsordnung der Kritik. Die radikalsten Exponenten der Aufklärung verurteilen mit der feudalen Abhängigkeit und Leibeigenschaft zugleich den Kolonialismus und die Sklaverei. Ihr philantropisch-universaler Aspekt führt auch zu einer höheren Wertschätzung der außereuropäischen Völker und Kulturen, die allerdings nicht immer von romantisierenden Elementen frei ist (Rousseaus Ideal des *bon sauvage*).

Für das historische Verständnis der Aufklärung sind vier Aspekte wesentlich:

– Sie ist eine *gesamteuropäische Erscheinung*, die auch auf Amerika ausstrahlt. In diesem Sinne ist ihr ein betont kosmopolitischer Grundzug (»Gelehrtenrepublik«) eigen.

– Gleichzeitig prägen sich deutlich *nationale Unterschiede* und Eigenheiten in Abhängigkeit von den differierenden konkret-historischen Bedingungen aus. Aufklärerische Ideen beeinflussen die Entwicklung des *Nationalbewußtseins*, wobei Literatur, Theater und Historiographie eine besondere Rolle spielen.

– Die Aufklärung stellt keine einheitliche und geschlossene Geistesbewegung dar. Sie durchläuft Früh- und Reifestufen und gliedert sich in unterschiedliche Strömungen mit nicht selten ausgeprägt konträren Positionen.

– Obwohl die Aufklärung eine im Wesen und in ihrer historischen Funktion *bürgerliche Emanzipationsbewegung* darstellt, greift sie auf erhebliche Teile des Adels, der Geistlichkeit und der Kronbürokratie über. In Gestalt des aufgeklärten Absolutismus reicht sie bis in die Spitzen der herrschenden Klasse. Aus dieser veränderten sozialen Bindung aufklärerischer Ideen erwächst zwangsläufig ein Funktionswandel (meist in Richtung einer Abschwächung ihres progressiven Inhalts).

Die Wurzeln des aufklärerischen Denkens liegen in den *Niederlanden* und in *England*, in denen der bürgerliche Fortschritt und die bürgerliche Revolution zum Durchbruch der neuen Gesellschaftsordnung geführt haben.

Was die Rolle der Niederlande angeht, so ist insbesondere auf Spinoza zu verweisen. Als »Fürst der Atheisten« verketzert und von seiner jüdischen Heimatgemeinde verstoßen, verfällt sein bahnbrechendes pantheistisch-materialistisches Werk (*Theologisch-politischer Traktat*, 1670; *Ethik*, postum 1677) der gnadenlosen Kritik sowohl der jüdischen als auch christlichen Dogmatiker.

Spinoza

Noch tiefgreifender wirkt die Englische Revolution auf die Entfaltung des aufklärerischen Denkens. In hohem Maße steht die französische Aufklärung auf den Schultern der englischen Vorläufer: Ihren Höhepunkt erreicht die englische Aufklärung an der Wende vom 17. zum 18. Jh. Am Beginn steht Bacon. Mit seinem Werk *Novum Organum scientiarum* (1620) wird Bacon der »wahre Stammvater des *englischen Materialismus* und aller *modernen experimentierenden* Wissenschaft«[8]. Schon unter dem Eindruck der Krise des Absolutismus und der Revolution stehen die Ideen von Hobbes. Er vollzieht die praktische Trennung von Philosophie und Theologie. Mit dem Werk *Leviathan* (1651) ist eine neue Stufe in der Entwicklung des Naturrechtsbegriffs eingeleitet und ein Markstein der bürgerlichen Staatstheorie gesetzt. Da Hobbes die Gesellschaft im ständigen Kriegszustand befindlich sieht (»Krieg aller gegen alle«), besteht für

Bacon, Hobbes

---

8 F. Engels/K. Marx, Die heilige Familie, in: MEW, Bd. 2, Berlin 1976, S. 135.

ihn der Daseinszweck des Staates in seiner regulativen Funktion, um Recht, Ordnung und Frieden zu gewährleisten. Endgültig ist die theologische durch die rationalistische Staatsauffassung abgelöst. Eine kaum weniger tiefgreifende Umwälzung vollzieht Newton, von dem bahnbrechende Impulse für die naturwissenschaftliche Fundierung der Aufklärung ausgehen. Sein auf der Gravitationstheorie basierendes Werk *Philosophiae naturalis principia mathematica* (1687) wird zum Orientierungspunkt des mechanischen Materialismus und Deismus. Die Auffassungen Newtons bewegen noch im 19.Jh. die Gemüter; selbst Goethe hat sich damit auseinandergesetzt. Die nachrevolutionäre Philosophie kulminiert mit Locke. Durch ihn geht die sensualistische Erkenntnistheorie in die Aufklärung ein. Locke ist der Ideologe des Klassenkompromisses von 1688. Im Sinne dieser Konstellation begründet er staatsrechtlich die konstitutionelle Monarchie (*Two treatises of government*, 1690). Hauptaufgabe des Staates ist demnach der Schutz des Eigentums. John Locke trägt damit ebenfalls wesentlich zur Weiterentwicklung der bürgerlichen Naturrechts- und Staatstheorie bei. Die voll etablierte Herrschaft von Großgrundbesitz und Bourgeoisie findet ihre philosophische Begründung durch Hume. Seine empirisch-skeptizistische Methode beeinflußt das nationalökonomische und historische Denken (Adam Smith, Thomas Hilner Gibson, William Robertson und andere).

Der Bruch mit dem fortschrittlichen aufklärerischen Denken in England deutet sich im subjektiv-idealistischen Philosophiesystem des Bischofs Berkeley an, dessen nachhaltiger Einfluß auf die spätbürgerliche Philosophie in der Zeit des Imperialismus von W.I.Lenin der Kritik unterzogen wird.

Für die Vor- und Frühgeschichte speziell der deutschen Aufklärung kommt dem *Pietismus* eine wesentliche Bedeutung zu. Der Pietismus erwächst aus der Kritik an der erstarrten Orthodoxie des Luthertums und erstrebt ein verinnerlichtes Religionsverständnis. Als Begründer des Pietismus gelten Philipp Jacob Spener und August Herrmann Franke, der geistige Kopf des Halleschen Pietismus. Stärkere Einflüsse auf das spätere aufklärerische Denken sind bei Immanuel Kant, Friedrich Gottlieb Klopstock, Johann Gottfried Herder und anderen nachweisbar.

Marginalien:
Newton

Locke

Deutsche
Aufklärung

2.4.2.   Französische Aufklärung

Als Höhepunkt der geistig-politischen Emanzipation der Bourgeoisie erreicht die Aufklärung ihre klassische Ausprägung in Frankreich. Die Reife der französischen Aufklärung ist von der gegen Ende der Herrschaft Ludwigs XIV. einsetzenden Krise des Absolutismus und der zunehmenden Konfrontation zwischen dem Dritten Stand und dem Feudalabsolutismus bestimmt; weitere Faktoren sind die bis in die erste Hälfte des 17.Jh. zurückweisenden Traditionen des Rationalismus und die kritische Weiterentwicklung der niederländisch-englischen Aufklärungsphilosophie. Kennzeichnend ist zugleich die außergewöhnliche Breite des aufklärerischen Denkens in Frankreich, das alle Gebiete des Geisteslebens

durchdringt: Philosophie, Literatur, Staatslehre, Rechtswesen, Geschichtsschreibung, Ästhetik, Morallehre, Religionskritik, Nationalökonomie und in Gestalt des Klassizismus auch Architektur, bildende Kunst
und Malerei.

Die in der Forschung noch umstrittene *Chronologie* der französischen Auf- | Phasen der
klärung verbindet sich eng mit deren sich ständig präziser ausprägenden | französischen
gesellschaftlichen Funktion: Eine *erste Phase* umfaßt die Vor- und Früh- | Aufklärung
aufklärung (bis in das erste Drittel des 18. Jh.); sie geht nahtlos über in
eine *zweite Phase* (bis etwa zur Mitte des 18. Jh.), die oft als »ältere Aufklärung« bezeichnet wird; ihr folgt ab 1750 eine *dritte Phase*, meist »jüngere
Aufklärung« genannt; eine *vierte Phase*, die mit dem Sturz des Reformmi-
nisters Turgot (1776) einsetzt, reicht unmittelbar bis in die Revolution
von 1789 hinein.

Führende Exponenten der Frühaufklärung, die infolge der politischen | Bayle,
Verhältnisse nicht selten vom Ausland (Emigration in die Niederlande | Fontenelle
oder nach England) nach Frankreich wirken muß, sind Bayle und Fontenelle. Das von Pierre Bayle in Rotterdam verlegte *Dictionnaire historique et
critique* (1697) läßt bereits den für die französische Aufklärung kennzeich-
nenden Zug zur rationalistischen und materialistischen Systematisierung
des Wissens hervortreten. Bernard le Bovier de Fontenelle und seine einflußreiche Schule entwickeln den Fortschrittsbegriff, der das Geschichtsbild der gesamten französischen Aufklärung tief beeinflußt.

Im Mittelpunkt der »älteren Aufklärung« steht Voltaire. Er ist der unum- | Voltaire
strittene Fürst der französischen und gesamten europäischen Aufklärung.
Als Philosoph, Literat, Historiker – mit einer ganz Europa umfassenden
Korrespondenz – übt er einen kaum zu überschätzenden Einfluß auf
seine Zeitgenossen aus. Voltaire knüpft eng an Newton und Locke an,
deren Auffassungen er aus den Jahren seiner Emigration in England
kennt. Als Exponent der aristokratisch-großbürgerlichen Strömung innerhalb der französischen Aufklärung sieht er sein politisches Ideal im aufgeklärten Monarchen, das heißt, er ist um Kompromiß und Reform bemüht.
Als Hauptgegner gilt ihm die katholische Kirche und deren Intoleranz
(*Écrasez l'infâme!*). Die Grenzen seines intellektuell-aristokratischen
Atheismus zeigen sich in seiner Auffassung: Wenn es Gott nicht gäbe,
dann müßte er für die Armen (um sie in Ruhe zu halten) erfunden werden.

In die ältere Aufklärung gehört auch Montesquieu. Charles de Secondat | Montesquieu
de Montesquieu verteidigt von aristokratischer Position die Macht der
traditionellen Gerichtshöfe gegen die zentralistische Willkür der absolutistischen Staatsgewalt. In seinem Hauptwerk *De l'esprit des lois* (1748) formuliert er das Prinzip der Gewaltenteilung, gedacht als Waffe der stän-
disch-antiabsolutistischen Opposition. Dieses Prinzip greift das Bürgertum auf und macht es, mit veränderter politisch-sozialer Funktion, zum
Kernstück der bürgerlich-liberalen Staatstheorie.

Die jüngere Aufklärung ist von sichtlicher politischer und sozialer Radikalisierung geprägt, die der Schärfe der Gesellschafts- und Staatskrise entspricht. Zugleich gewinnt die Aufklärung eine breite innere Basis. Nicht
nur die feudale Ideologie, auch die gemäßigt-aristokratische Strömung ge-

rät in die Defensive. Es sind – grob gegliedert – vier Strömungen, die ab 1750 die Entwicklung kennzeichnen: die utopisch-kommunistische, die kleinbürgerlich-demokratische, die »philosophische Fraktion«, der Physiokratismus.

Morelly, Mably

Im *Code de la Nature* (1755) entwirft Morelly das Bild einer auf Vernunft und Gemeineigentum fußenden Gesellschaft. Ähnliche Ideen vertritt Gabriel Bonnot de Mably. Diese *utopisch-kommunistischen Theorien* bleiben jedoch isoliert und gewinnen keine praktische gesellschaftliche Wirkung.

Rousseau

Die Zentralfigur der kleinbürgerlich-demokratischen Aufklärung ist Rousseau. Am revolutionärsten wirken seine Auffassungen auf dem Gebiet des Natur- und Staatsrechtes und der Erziehung. Er formuliert in radikaler Weise die Idee des Gesellschaftsvertrages, basierend auf dem Prinzip des Gemeinwillens (*volonté générale*). Rousseau geht jedoch davon aus, daß die Demokratie nur in kleinen Gemeinwesen (z. B. in seiner Schweizer Exilheimat) zu realisieren sei, während für größere Staaten die Aristokratie und Monarchie die adäquate Staatsform darstellen. Sein Ideal von dem neuen Menschen entwickelt Rousseau in *Nouvelle Héloise* (1756–1758) und *Émile* (1762). Sozialer Egalitarismus und Kleineigentum sind das gesellschaftliche Ziel Rousseaus. Diese Auffassung stellt einen radikalen Angriff auf die Ungleichheit im bestehenden Feudalsystem dar, sie reflektiert die Interessen der bäuerlichen als auch der plebejisch-städtischen Volksklassen, steht aber schon im Widerspruch zum Besitz- und Profitstreben der aufsteigenden Bourgeoisie. Diese Seite des Rousseauismus widerspiegelt die Tragik der zwischen untergehendem Feudalismus und sich voll entfaltendem Kapitalismus zerriebenen kleinen Warenproduktion. In der Revolution von 1789 wird Rousseau der geistige Stammvater des Jakobinismus.

Friedrich Engels stellt fest, »daß der Vernunftstaat, der Rousseausche Gesellschaftsvertrag ins Leben trat und nur ins Leben treten konnte als bürgerliche, demokratische Republik«[9].

Ein Rousseaukult erfaßt sogar Teile des Adels, die romantischen Naturvorstellungen anhängen (Rousseauparks und -inseln, Héloise- und Émileverehrung). In seiner Religionskritik überschreitet Rousseau allerdings nicht die Grenzen des Deismus.

Französische Materialisten

Der Kern der »philosophischen Fraktion« innerhalb der französischen Aufklärung wird von den Anhängern des *mechanischen Materialismus* gebildet. Ihre führenden Köpfe sind Julien de la Mettrie, Diderot, Helvétius und d'Holbach. La Mettrie greift mit seinem Hauptwerk *L'homme machine* (1747) sowohl auf Descartes als auch auf die englischen Materialisten zurück. Diderot, Helvétius und d'Holbach stehen stärker in der sensualistischen Tradition von Locke.

»Die französischen Materialisten beschränkten ihre Kritik nicht auf bloß religiöse Dinge; sie kritisierten jede wissenschaftliche Überlieferung, jede politische Institution ihrer Zeit; ... So wurde denn der Materialismus ... die Weltanschauung der gesamten gebildeten Jugend Frankreichs; und zwar in solchem Maß, daß während der großen Revolution die von englischen Royalisten in die Welt gesetzte Lehre den französischen Republikanern und Terrori-

9   F. Engels, Herrn Eugen Dührings Umwälzung der Wissenschaft, S. 17.

sten die theoretische Fahne lieferte und den Text für die ›Erklärung der Menschenrechte‹ abgab.«[10]

Die epochale Leistung Diderots besteht in der (zunächst mit Jean le Rond d'Alembert) von ihm herausgegebenen Enzyklopädie (*Encyclopédie ou Dictionnaire raisonné des sciences, des arts et des métiers*, 28 Bde, 1751–1772). An diesem grandiosen Unternehmen – parallel dazu erscheint ab 1756 ein *Journal encyclopédique* – nehmen fast alle führenden Vertreter des progressiven Denkens in Frankreich teil. Es handelt sich um den Versuch einer kritischen Bestandsaufnahme des zeitgenössischen Wissens mit eindeutiger Spitze gegen das bestehende feudalabsolutistische System; auch die Idee, die Welt sei eine göttliche Schöpfung, wird verworfen. Trotzdem bleibt festzuhalten, daß selbst die radikalsten Aufklärer nicht an eine Revolution denken, ihre Grundsätze bleiben: Aufklärung, Erziehung, Reform. Andererseits ist die ideologische Vorbereitung der Revolution von 1789 ohne die Aufklärung undenkbar, denn mit ihr wachsen die entscheidenden subjektiven Faktoren (Bourgeoisie wird zur Klasse »für sich«) für den gesellschaftlichen Umbruch.

Enzyklopädie

Eine relativ selbständige Rolle innerhalb der jüngeren Aufklärung spielen die *Physiokraten*, deren Hauptanliegen die Ausarbeitung einer dem Ziel der Staatsreform und den Interessen der Bourgeoisie entgegenkommenden Wirtschaftstheorie ist. Die Physiokraten verwerfen den Merkantilismus, der vom Primat des kommerziellen Kapitals ausging, sie sehen dagegen die produktive Hauptakkumulationsquelle in der *Landwirtschaft*, im Boden. Es handelt sich um den Versuch der Begründung des Kapitalismus unter feudalen Bedingungen und dessen Durchsetzung auf reformerischem Wege.

Physiokratismus

»Die Physiokraten haben die Untersuchung über den Ursprung des Mehrwerts aus der Sphäre der Zirkulation in die Sphäre der unmittelbaren Produktion selbst verlegt und damit die Grundlage zur Analyse der kapitalistischen Produktion gelegt.«[11]
»Der Feudalismus wird so sub specie der bürgerlichen Produktion reproduziert ... Indem so der Feudalismus verbürgerlicht wird, erhält die bürgerliche Gesellschaft einen feudalen Schein.«[12]

Als führende Physiokraten treten François Quesnay (*Tableau économique*, 1755), Dupont de Nemours, Turgot und Jean-Claude-Marie Vincent Gournay hervor. Ihr gemeinsames Credo ist eine von feudalen Hemmnissen befreite Wirtschaft (Aufhebung der Zünfte, Reglementierungen, Binnenzölle, freier Getreidehandel, Förderung der Landwirtschaft etc.).

In der vierten und letzten Phase der französischen Aufklärung tritt, stark von der Desillusionierung über die Möglichkeiten einer Reformpolitik (Sturz Turgots) und den Fernwirkungen der Nordamerikanischen Unabhängigkeitsrevolution (Menschenrechte, Republik) geprägt, die Frage der praktischen Bedeutung aufklärerischer Ideen in den Vordergrund. Diesen qualitativen Umschlag markieren Jean-Paul Marat (*Les chaînes de l'esclavage*, 1774), Jacques Pierre Brissot, Antoine Nicolas de Condorcet (auf dem Ge-

---

10 F. Engels, Einleitung zur englischen Ausgabe (1892) der »Entwicklung des Sozialismus von der Utopie zur Wissenschaft«, S. 303.
11 K. Marx, Theorien über den Mehrwert, in: MEW, Bd. 26.1, Berlin 1973, S. 14.
12 Ebenda, S. 20.

biet des Staats- und Verfassungsrechtes) und der Abbé Emmanuel Joseph Comte Sieyès, die zugleich führend in der Revolution hervortreten.

2.4.3.   Deutsche Aufklärung

Die Eigenart der deutschen Aufklärung wird von Anfang an in höherem Maße als die anderer Länder durch das Bestreben charakterisiert, den Lehren der christlichen (vornehmlich protestantischen) Konfessionen einen bürgerlichen Inhalt zu verleihen. Infolge des langsamen »Wiederemporkriechens« (F. Engels) des Bürgertums nach 1648 war die deutsche Aufklärung, auch unter dem Einfluß der westeuropäischen, weniger selbstbewußt und konsequent in philosophischer Hinsicht, abstrakter als die in Westeuropa. Sie ist weniger der Realität zugewandt, besonders der ökonomischen, wie die niederländische und die englische Aufklärung, von denen sie in ihrer Frühzeit viele Anregungen erhielt.

Die führenden deutschen Aufklärer vollbringen jedoch – vornehmlich in theoretisch-systematischer Hinsicht – auf den wichtigsten Gebieten der Kultur bahnbrechende Leistungen, ohne die die spätere kulturelle Entwicklung Deutschlands undenkbar ist. Auch üben sie ihrerseits Einfluß auf die Nachbarvölker aus, wie z. B. die philosophischen Auffassungen Johann Gottfried Herders auf die slawischen Völker. Der wichtigste deutsche Philosoph der Frühaufklärung, Leibniz, ist um eine das alte statische Weltbild überwindende Theorie von der Entstehung des Kosmos bemüht, die trotz idealistischen Grundcharakters dialektische Elemente enthält. Ihm folgt sein bedeutendster Schüler, Christian Wolff, der alle Erscheinungen im Sinne eines neuen bürgerlichen Vernunftdenkens zu systematisieren sucht. Einige radikale deutsche Aufklärer stoßen bereits zu Elementen des metaphysischen Materialismus vor, auch wenn zumeist noch in religiöser Verhüllung, wie Johann Konrad Dippel und Johann Friedrich Edelmann. Diese Strömung bleibt jedoch schwach.

Leibniz, Wolff — margin note

Den Höhepunkt der Leistungen der idealistischen deutschen Philosophie stellt das Werk Kants dar, der stellenweise schon die Grenzen der Aufklärung überschreitet. Seine Philosophie enthält bereits einzelne Momente des Materialismus, so in der Erkenntnis, daß es ein »Ding an sich«, das heißt außerhalb unseres Bewußtseins, gibt; allerdings bezeichnet er dieses als unerkennbar. Kant versucht, auf fast allen Gebieten des menschlichen Denkens vom bürgerlichen Standpunkt aus neue Konzeptionen zu entwickeln: In der Erkenntnistheorie, vor allem in seiner *Kritik der reinen Vernunft*, der Ethik in seiner *Kritik der praktischen Vernunft* und in der Ästhetik in seiner *Kritik der Urteilskraft*.

Kant — margin note

Weitere führende Repräsentanten sind vor allem Winkelmann, Lessing sowie Bach und Händel. Johann Joachim Winkelmann wird der Begründer der Kunstgeschichte und der klassischen Archäologie, Lessing ist der wichtigste Vorkämpfer für eine fortschrittliche bürgerliche Literatur vor den deutschen Klassikern, Bach und Händel begründen das internationale Ansehen, das die deutsche Musik vor allem seit der Aufklärung genießt.

Aufklärerische Strömungen in Italien und Spanien   2.4.4.

Die Vertreter der Aufklärung in Italien knüpfen an die klassische Vergan- Italienische
genheit der Renaissance an, deren Traditionen trotz der »Gegenreforma- Aufklärung
tion« und der katastrophalen politischen und ökonomischen Lage der
Halbinsel weiterwirken. Im Verlaufe des 18.Jh. bilden sich drei regionale
Zentren der italienischen Aufklärung heraus: das unter österreichischer
Herrschaft stehende Herzogtum Mailand, das Großherzogtum Toskana
und das Königreich Neapel-Sizilien.
Vorläufer der Aufklärung, deren Wirken noch weitgehend isoliert bleibt,
sind Giambattista Vico und Lodovico Antonio Muratori. Ein Durchbruch
zeichnet sich in der Mitte des 18.Jh. ab. Im Mittelpunkt der geistigen Erneuerung steht nicht die Philosophie, da die religiösen Dogmen unter
den gegebenen gesellschaftlichen Bedingungen für unantastbar gelten;
dagegen setzen sich die neuen Ideen in der Staatsauffassung, Nationalökonomie (Physiokratismus, Handels- und Gewerbefreiheit), der Rechtsprechung durch und bestimmen die Reformpolitik. Führende Persönlichkeiten der Mailänder Aufklärung sind die Gebrüder Verri sowie
Cesare Beccaria, der für eine Reform des Strafrechts eintritt und die gesamte Rechtswissenschaft im Sinne der Aufklärung beeinflußt. In der
Toskana treten unter der Regierung von Großherzog Leopold I. Pompeo
Neri und Francesco Giovanni Gianni als Anhänger eines fortschrittlichen
Verfassungsrechtes hervor. Die neapolitanische Aufklärung steht in Blüte
während der Herrschaft Karls III., der 1759 den spanischen Thron besteigt, und am Anfang der Regierung seines Nachfolgers Ferdinand IV.
(1759–1825). Eine zentrale Rolle in der aufgeklärten Reformpolitik beider Monarchen spielt der Berater und Erste Minister Bernardo Tanucci;
er wird jedoch schon 1777 gestürzt. Neben Francesco-Mario Pagano, Ferdinand Galiani und Pierre Giannone bestimmen der physiokratisch orientierte Nationalökonom Antonio Genovesi, Inhaber des ersten Lehrstuhls
für Wirtschaftswissenschaften in Italien, und der Rechtswissenschaftler
Gaetano Filangieri mit seinem Hauptwerk *Die Wissenschaft von der Gesetzgebung* das Profil der Aufklärung in Neapel-Sizilien. Es zeichnet sich jedoch
bereits vor 1789 eine Gegenbewegung ab, deren Inspiratoren aus dem
Klerus kommen. Die Wirkung der modernen, weitgehend dem Bürgertum entgegenkommenden Wirtschafts- und Rechtsauffassungen Genove-
sis und Filangieris reicht bis Lateinamerika.
Auch in Spanien spielt die Philosophie bei der Durchsetzung der Aufklä- Spanische
rung infolge der noch dominierenden spätscholastischen Positionen eine Aufklärung
untergeordnete Rolle, bestimmend ist dagegen der Reformpragmatismus
des aufgeklärten Absolutismus Karls III. und seiner Minister. Soziale
Hauptträger der Aufklärung sind – analog zu Portugal – Adlige und
Geistliche. Eine am Beispiel Frankreichs meßbare Kritik an der katholischen Kirche und gar ein Vorstoß zu materialistischen Auffassungen erfolgen nicht. Bemerkenswert ist die ausgeprägt nationale Komponente in
der spanischen Aufklärung, wovon, neben der Literatur und Sprachwis-
senschaft, vor allem die Geschichtsschreibung zeugt.
Die spanische Frühaufklärung wird vom Werk des Benediktinerpaters Be-

nito Gerónimo Feijóo y Montenegro geprägt. Seine vor allem im *Kritischen Theater* und in den *Gelehrten Briefen* niedergelegte rationalistische Gesellschaftskritik ist von Bayle, Locke, Gassendi, Fontenelle, Newton und anderen (bewußt unzitiert gelassenen) Vorbildern beeinflußt. Einer seiner Kerngedanken lautet: »Der Schaden, den die Philosophie erlitten hat, weil sie soviele Jahrhunderte unter das Joch der Autorität gezwängt war, ist unüberwindbar.«

Die Reformpolitik Karls III. begünstigt vor allem den Aufschwung der nationalökonomischen, meist physiokratisch orientierten Literatur; auch die überholte Kolonialpolitik wird der Kritik unterzogen (Antonio de Ulloa, José del Campillo y Cossío). Mit Ideen über eine neue Agrarpolitik tritt Jovellanos hervor: *Informe sobre la Ley agraria*; sein Werk ist kennzeichnend für den gemäßigten Flügel der spanischen Aufklärung.

Nur geringe Resonanz finden radikale, auf Rousseau eingeschworene Aufklärer (José Marchena und andere).

Symbolisch für die Widersprüchlichkeit des aufklärerischen Denkens in Spanien ist das tragische Schicksal von Pablo de Olavide, einem der führenden Vertreter der *Afrancesados* (»Französlinge«, herabsetzend für Anhänger der französischen Aufklärung und der Revolution).

Pablo Antonio José de Olavide y Jaúregui ist zunächst Protegé von Aranda und Jovellanos, legt 1768 einen enzyklopädisch gefaßten Allgemeinen Studienplan vor, wird Opfer der Inquisition, gerät, obwohl Ehrenbürger des Konvents, unter den Jakobinern ins Gefängnis und schwört am Ende als Autor einer an Voltaire geschulten Religionskritik (Triumph des Evangeliums, 1798) den Gedanken an eine Revolution ab.

2.4.5.   Aufklärung in Rußland und Ost- und Südosteuropa

Russische
Aufklärung

Für die Aufklärung in Rußland gewinnt neben der Schwäche des Bürgertums ein besonderer historischer Umstand Bedeutung: die negative Wende in der Herrschaft Katharinas II. unter dem unmittelbaren Eindruck des Pugačov-Aufstandes. In der Publizistik und Dichtung ist die Kritik an der geistigen Allmacht der orthodoxen Kirche und den Auswüchsen der Leibeigenschaft immer vernehmlicher. Das aufklärerische Denken wird stark von westeuropäischen Ideen mitbeeinflußt. N.I.Novikov, D.I.Fonvizin und G.R.Deržavin treten in ihren journalistischen und literarischen Werken gegen Rückständigkeit und Leibeigenschaft auf, ohne aber eine direkte Konfrontation mit dem Zarismus zu wagen. In offener und radikaler Weise greift dagegen Radiščev Leibeigenschaft und Selbstherrschaft an (mit gleicher Vehemenz kritisiert er auch die Sklaverei in Nordamerika). Während seiner Studien an der Universität Leipzig mit der Aufklärung in engen Kontakt gekommen, legt er seine Auffassungen in dem Werk *Reise von Petersburg nach Moskau* (1790) nieder.

In diesem Werk kommt Radiščev zu der Erkenntnis, daß die Leibeigenschaft nur durch den Sturz der bestehenden Ordnung beseitigt werden könne. Der Autor wird deshalb zum Tode verurteilt und schließlich zur zehnjährigen Verbannung nach Sibirien »begnadigt«. Aus Verzweiflung über die politischen Verhältnisse begeht Radiščev Selbstmord. Sein Werk kann erst 1905 wieder erscheinen. Trotzdem üben seine Ideen einen großen Einfluß auf die Dekabristen (Pestel) und die revolutionären Demokraten (Belinskij) aus.

Auch in den anderen Ländern Ost- und Südosteuropas schlägt das aufklä- Polen
rerische Denken im Verlaufe des 18. Jh. Wurzeln. In Polen gewinnt das
Mäzenatentum der Magnaten (z. B. der Familien Czartoryski, Lubomirski
oder Ogiński) große Bedeutung für den Aufschwung einer von der Aufklärung (Voltaire, Etienne Bonnot de Condillac) mitgeprägten nationalen
Kultur und Wissenschaft. Neben neuen Tendenzen in der Literatur, Geschichtsschreibung, Sprach-, Wirtschafts- und Rechtswissenschaft tritt vor
allem die Pädagogik als aufgeklärte Pionierwissenschaft hervor (Wiederer-
öffnung des *Collegium Nobilium* in Anknüpfung an die pädagogischen Traditionen Konarskis und Universitätsreform, vor allem Kraków unter
Hugo Kollotaj). Von den vielfältigen Initiativen im Zeichen der Aufklärung gehen entscheidende geistig-politische Impulse für den 1791 und
1794 kulminierenden Kampf um nationale Unabhängigkeit aus.

Für die Aufklärung in Ungarn, die ebenfalls ausschließlich vom Adel ge- Ungarn
tragen wird, ist eine enge Verbindung mit dem Calvinismus (Graf József
Teleki) oder dem Luthertum (József Podmaniczky) kennzeichnend. Ähnlich wie in der deutschen Aufklärung kommt dem Pietismus (über die
Universitäten Halle und Jena vermittelt) als Vorbereitungs- und Zwi-
schenphase zur Aufklärung erhebliche Bedeutung zu. Die national-katho-
lische Komponente innerhalb des aufgeklärten Adels vertritt Ferenc Széchenyi. Die unlösbare Konfliktsituation für die Anhänger der Aufklärung
in Ungarn besteht darin, daß sie einerseits mit der weitreichenden Reformpolitik Josephs II. sympathisieren, andererseits entschieden dessen
zentralistische Germanisierungstendenzen ablehnen, um die traditionelle
Teilautonomie zu verteidigen.

Ein hervorragendes Beispiel für den Einfluß der Aufklärung auf dem Bal- Serbien
kan ist das Wirken von Dogitej Obradović in Serbien. Als ehemaliger
Mönch studiert Obradović Philosophie in Halle und Leipzig. Er schreibt
in serbischer Volkssprache und stellt als erster serbischer Unterrichtsmi-
nister seine aufklärerische Überzeugung in den Dienst der nationalen Befreiung von osmanischer Herrschaft.

Aufklärung in Amerika   2.4.6.

Die nordamerikanische Aufklärung, deren Wurzeln stark auf englische
Quellen zurückweisen (Locke), entfaltet sich in unmittelbarer Konfrontation mit dem puritanischen Dogmatismus und in enger Verbindung mit
der Unabhängigkeitsrevolution der 13 Kolonien. Infolgedessen nimmt die
nationale Frage (Selbstbestimmung, Unabhängigkeit, Menschenrechte,
Republik) einen hervorragenden Platz ein. Exponent des gemäßigten Flü- Franklin
gels der Aufklärung ist Benjamin Franklin, der als enzyklopädisch gebil-
deter Gelehrter, Politiker, Diplomat und Naturwissenschaftler entscheidenden Einfluß gewinnt. Sein Grundsatz »Zeit ist Geld« weist ihn als
Ideologen der aufsteigenden und dynamischen Bourgeoisie aus. Die bürgerlich-demokratische Richtung hat ihren Exponenten in Thomas Jefferson, dessen historisches Werk in der Abfassung der *Unabhängigkeitserklärung* von 1776 besteht. Er ist ein Anhänger der radikalen französischen

Aufklärung und verteidigt die Revolution auch in ihrer jakobinischen Phase. Die auf einer konsequenten Auslegung der Idee des Gesellschaftsvertrages fußenden Prinzipien Jeffersons werden jedoch in der Praxis von den herrschenden Kräften (Bourgeoisie – Pflanzeraristokratie) zurückgenommen. Am weitesten reichen die Auffassungen von Thomas Paine, der als Engländer an die Seite der Nordamerikanischen und der Französischen Revolution tritt. Große Wirkung erringt seine Schrift *Common Sense* (1776). Stark von Rousseau beeinflußt, vertritt Paine auf philosophischem Gebiet deistische Positionen.

Paine

In ihren verschiedenen Strömungen und Formen gewinnt die Aufklärung entscheidenden Einfluß auf die Herausbildung eines nordamerikanischen Nationalbewußtseins.

Mittel- und Südamerika

Im Unterschied zu Nordamerika (USA) fehlt in Mittel- und Südamerika die tragende bürgerliche Komponente. Da die Anhänger der Aufklärung meist aus den Reihen der kreolischen Aristokratie kommen, übernehmen sie fast ausschließlich den politischen Inhalt der aus den USA, Spanien, Frankreich und Italien einwirkenden Ideen (Wirtschaftsliberalismus, Unabhängigkeit, Republik). Auf sozialem Gebiet wird an den überkommenen Macht- und Ausbeutungsstrukturen der Kolonialzeit festgehalten. Auf die Verhärtung der sozialkonservativen Positionen wirken auch die Sklavenrevolution von Haiti und die Radikalisierung der Französischen Revolution unter den Jakobinern. Francisco de Miranda, der Vorkämpfer der Unabhängigkeitsrevolution, und Simón Bolívar, der »Befreier Südamerikas«, sind Repräsentanten des republikanisch-liberalen Flügels der Aufklärung und der Unabhängigkeitsrevolution ab 1810. Wesentlich von Rousseau und den Erfahrungen von 1789 inspiriert sind dagegen die Führer des demokratisch-radikalen Flügels der Unabhängigkeitsrevolution (Gual und España in Venezuela, Miguel Hidalgo y Costilla und José Morelos y Pavón in Mexiko, Mariano Moreno in Buenos Aires, José Gervasio de Artigas in der Banda Oriental, dem heutigen Uruguay).

2.5.   *Die Nordamerikanische Unabhängigkeitsrevolution*

2.5.1.   Vorabend der Revolution

Grundzüge der Kolonisation

Der amerikanische Kontinent ist seit dem Eindringen spanischer Eroberer auch *Ziel englischer Kolonisationsinteressen*. Nach gescheiterten Versuchen in den achtziger Jahren des 16. Jh. beginnt England Anfang des 17. Jh., an der Ostküste Nordamerikas eine ganze Kette Kolonien zu gründen (1607 Virginia, 1733 Georgia als bereits 13. Kolonie).

Eine der *Triebkräfte der Kolonisation* bildet die englische *Handels- und Manufakturbourgeoisie*. Sie sucht nach neuen Rohmaterialquellen und Absatzmärkten für die wachsende Manufakturproduktion. Gemeinsam mit dem Staat ist sie an der Brechung des spanischen Kolonialmonopols über Amerika interessiert. Sie organisiert sich in Handelsgesellschaften und betreibt eine kommerzielle Ausbeutung der okkupierten Gebiete.

Eine zweite Triebkraft sind *bäuerliche und kleinbürgerliche Elemente*. Durch die Einhegungen aus England verjagt oder am puritanischen Glauben festhaltend und deshalb in England mit der anglikanischen Staatskirche und dem Absolutismus in Konflikt geraten (1620 Landung der »Pilgerväter«), tragen sie den Gedanken eines auf freibäuerlicher Agrarkolonisation basierenden Gemeinwesens in die Kolonien. Sie bilden das soziale Hauptelement der Kolonisation Nordamerikas.

Auch *feudaladlige Interessen* spielen eine Rolle mit dem Ziel der Herstellung einer Gesellschaft alten Stils, für die in England die Existenzmöglichkeiten zunehmend prekärer werden. Bei diesem, von der englischen *Staatsgewalt* aktiv geförderten Zusammentreffen progressiver und regressiver Klassenintentionen setzen sich in beträchtlichem Maße die kleinbürgerlichen Kräfte durch, womit die Ausgangsbedingungen der nordamerikanischen Kolonialgesellschaft einen besonderen Charakter aufweisen.

Hauptopfer der Kolonisation ist die *indianische Bevölkerung*, die entweder ausgerottet oder nach Westen abgedrängt wird. Im 17. und 18. Jh. erfolgt ein rasches Anwachsen der Zahl der Kolonisten; leben 1640 ca. 40 000 Europäer in den Kolonien, so sind es 1750 über 1 Mio, wobei Engländer den Hauptteil (ca. 66 %) stellen, aber auch Schotten, Iren, Deutsche, Skandinavier, Franzosen und andere hier eine neue Heimat finden.

Die sozialökonomische Struktur der 13 Kolonien ist dadurch bestimmt, daß kapitalistische und halbfeudale Tendenzen, aber kein ausgeprägter Feudalismus existieren. Die Geschichte dieser Kolonien beginnt »mit den Elementen der modernen bürgerlichen Gesellschaft ..., wie sie sich im 17. Jahrhundert herausentwickelte«.[13] Jedoch bestehen zwischen den 13 Kolonien erhebliche ökonomische, soziale und politisch-institutionelle Unterschiede. In den nördlichen *Neu-England-Kolonien* (Massachusetts, New Hampshire, Rhode Island und Connecticut) dominiert neben dem stark bürgerlich-kommerziellen ein *freibäuerliches Siedlungselement*. Die freien Bauern haben die Möglichkeit, angesichts des sozialen Druckes in den Kerngebieten der Kolonisation als Squatter nach Westen an die Grenze (*frontier*) auszuweichen. An der Küste besteht in erheblichem Umfange Großgrundbesitz. Es vollzieht sich eine dynamische Entwicklung in Gewerbe und Handel. Mitte des 18. Jh. existieren bereits Manufakturen, wobei dem Schiffbau eine tragende Rolle zukommt. Die *Mittel-Kolonien* (New York, Delaware, New Jersey und Pennsylvania) stellen eine Art Übergangszone dar und bilden das Zentrum des Getreideanbaus teils auf Farmwirtschaften, teils auf größeren Gütern. Auch hier spielen handelskapitalistische Interessen eine wesentliche Rolle. Die Süd-Kolonien (Virginia, Maryland, North- und Southcarolina, Georgia) sind dagegen überwiegend *Sklavenhalterkolonien*. Auf den riesigen Getreide-, Tabak-, Reis- und Baumwollplantagen arbeiten zunehmend Negersklaven (1619 erster Negersklaventransport aus Afrika, 1710 etwa 50 000, 1760 etwa 400 000 Negersklaven). Es existiert neben den Negersklaven eine

Struktur der Kolonien

---

13 F. Engels, Vorrede zur amerikanischen Ausgabe von 1887 der »Lage der arbeitenden Klasse in England«, in: MEW, Bd. 2, S. 630.

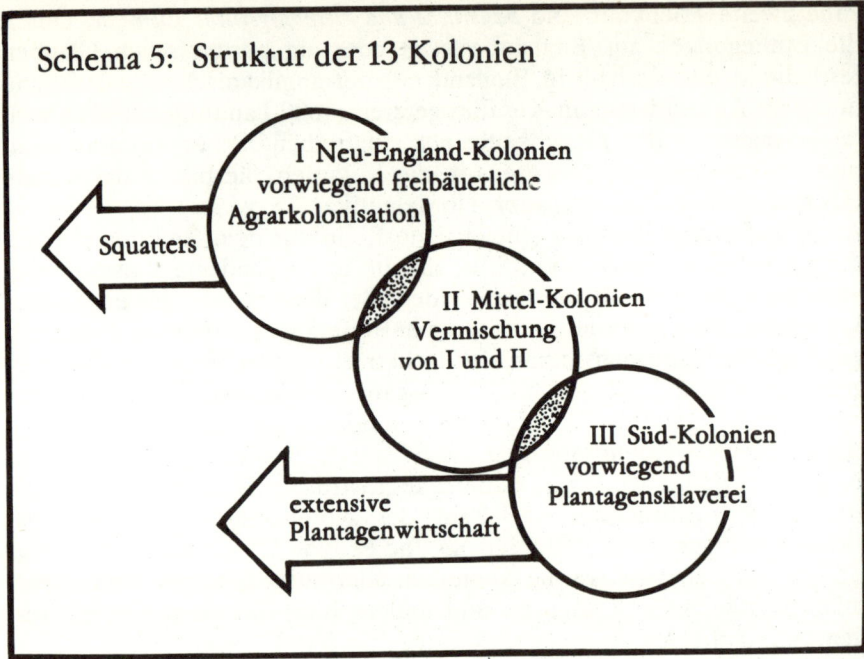

Schema 5: Struktur der 13 Kolonien

I Neu-England-Kolonien
vorwiegend freibäuerliche
Agrarkolonisation

Squatters

II Mittel-Kolonien
Vermischung
von I und II

III Süd-Kolonien
vorwiegend
Plantagensklaverei

extensive
Plantagenwirtschaft

umfangreiche Gruppe weißer Schuldsklaven (*indentured servants*). Ähnlich den Neu-England-Kolonien ist den Süd-Kolonien (hier aber infolge des extrem extensiven Charakters der Plantagenwirtschaft) ein Expansionsdrang nach Westen und Südwesten eigen, woraus ein ständiger Konflikt zwischen Plantagen- und Siedlungskolonisation erwächst.

Ökonomie   Am Vorabend der Revolution wird die Wirtschaftsstruktur noch durch die Landwirtschaft bestimmt; hier sind 90 % der Gesamtbevölkerung beschäftigt. Obwohl nur 3 % der Bevölkerung in Städten mit über 8 000 Einwohnern leben, spielt die städtische Produktion eine wachsende Rolle. Die Entfaltung des Manufakturwesens führt zu Tendenzen einer ökonomischen und politischen Verselbständigung der Kolonien im 18. Jh. Ein eigenes *Kolonialbürgertum* entsteht. Schiffbau und Metallurgie (1775 ca. ein Siebentel der Weltproduktion) entwickeln sich zügig und treten bereits in Konkurrenz zur englischen Metropole. Von erheblicher Bedeutung für das einheimische Handelskapital und die Kapitalakkumulation ist der Schmuggel (speziell nach Spanisch-Amerika). Im Prozeß der Akkumulation des Kapitals spielt auch der sogenannte *Dreieckshandel* (Nordamerika-Westafrika-Westindien-Nordamerika) eine beträchtliche Rolle. Das Handwerk kann sich im Unterschied zur Zunftgebundenheit in den feudal-europäischen Staaten frei entfalten. Die Marktproduktion erreicht bereits beträchtlichen Umfang; das gilt insbesondere auch für die weitgehend exportorientierte Plantagenproduktion des Südens.

Trotz der ausgeprägten Entwicklungsunterschiede zwischen Nord- und Süd-Kolonien ist die kapitalistische Entwicklung allgemein bestimmend, die kapitalistische Funktion der Plantagenökonomie und Sklavenarbeit besteht vor allem in ihrer Integration in den kapitalistischen Weltmarkt.

Relativ weit gediehene Formen politischer Selbstverwaltung, wachsende **Keimformen einer Nation** ökonomische Kraft, Entfaltung einer bürgerlichen Ideologie und Kultur führen zu Keimformen einer amerikanischen Nation im 18. Jh.
Die politische Entwicklung in den 13 Kolonien wird vorwiegend von zwei gegensätzlichen Tendenzen bestimmt: 1. das Ringen der Kolonialbevölkerung um Selbstbestimmung, insbesondere durch Verstärkung ihres Einflusses in den Repräsentativorganen der Kolonien und der Städte, 2. die wachsenden Bemühungen der britischen Krone nach Festigung und Erweiterung ihrer Machtpositionen, zumeist der Gouverneure als Vertreter der Krone.
Hauptkonfliktpunkte sind Regelung der Selbstverwaltung in den Teilkolonien und den Städten, Mitbestimmung bei der kolonialen Gesetzgebung, Fixierung der Art und der Höhe der Steuern, Finanzkontrolle, Wahl der Repräsentanten der Kolonien, Einsetzung und Zuständigkeit der Gerichte sowie Oberaufsicht und Entscheidung über den Einsatz der in den einzelnen Kolonien formierten Miliz.

Revolutionäre Situation 2.5.2.

Seit den fünfziger Jahren des 18. Jh. kommt es zur raschen Zuspitzung **Zuspitzung der Widersprüche** der Widersprüche mit der Metropole. Die englische Krone geht daran, nicht nur die politische, sondern auch die ökonomische Entwicklung in Nordamerika einzuschnüren. Eine Anzahl von Restriktionsgesetzen werden bereits in der ersten Hälfte des 18. Jh. erlassen (1699 *Woolen Act*, 1732 *Hat Act*, 1733 *Melasses Act*, 1750 *Iron Act*), um die Woll-, Hut-, Rum- und Eisenproduktion einzuschränken. Das Resultat ist eine zunehmende Englandfeindlichkeit des Bürgertums, der Handwerker und der Arbeiter.
Mit und nach dem Siebenjährigen Krieg, in dem sich England und Frankreich als Hauptgegner gegenüberstehen, verschärft sich die Situation dramatisch, da England die finanziellen Kriegsfolgen zum erheblichen Teil auf die Kolonien abwälzt. Scharfe Gesetze gegen Schmuggel, neue Steuern, Verbot weiterer Vorstöße nach Westen, lassen Siedlungsbauern und Plantagenbesitzer zu Gegnern der Krone werden. Die Verstärkung der militärischen Kontingente, die auf Kosten der Farmer leben (1765 *Quartering Act*), aber vor allem der am 22. März 1765 erlassene *Stamp Act* (Stempelsteuer) führt zu einer mehrere Kolonien ergreifenden Bewegung: *No taxation without representation!* (Keine Steuern ohne Vertretung im Parlament!) lautet die Losung der neun Kolonien vertretenden Abgesandten auf dem sogenannten *Stempelkongreß* 1765 in New York. Damit ist faktisch die *Machtfrage* gestellt, und es beginnt der Versuch, die Bewegung der 13 Kolonien zu koordinieren. England sieht sich 1766 gezwungen, das Stempelgesetz aufzuheben. Die Kolonien haben einen Sieg errungen und werden sich ihrer Kraft mehr und mehr bewußt. Widerstandsorganisationen entstehen, so die *Sons of Liberty* 1765 (Söhne der Freiheit), parallel dazu die *Daughters of Liberty* (Töchter der Freiheit), *Committees of Correspondence* 1772 (Korrespondenzkomitees). Letztere haben ihr Zentrum in Bo-

Formierung des Widerstandes

ston und gehen daran, mit konkreten Kampfprogrammen die Maßnahmen der Kolonien zu koordinieren, so daß ein einheitliches Handeln möglich wird.

Die Verstärkung der englischen Truppenkontingente und neue Gesetze gegen das Kolonialbürgertum (1773 hohe Importsteuer für Tee und Tee-Einfuhrmonopol für die englische Ostindienkompanie) führen zum *offenen Aufruhr* gegen die englische Herrschaft. Der Bostoner Teesturm (*Boston-Tea Party*) im Dezember 1773 (als Indianer verkleidete Kolonisten schütten die Teeladung der im Hafen ankernden Schiffe ins Meer) zeugt vom offenen Widerstand gegen die englische Steuerpolitik und vom Protest gegen die demonstrative Arroganz des englischen Parlaments und der Krone. Mit der Verhängung von *Blockade* und *Ausnahmezustand* über einige Kolonien geht England in die Offensive. Eine revolutionäre Situation bildet sich heraus. England kann mit herkömmlichen Methoden die Macht nicht mehr aufrechterhalten; die Kolonien sind nicht mehr bereit, sich wie bisher gängeln zu lassen.

Bostoner Teesturm (margin)

2.5.3.   Revolution und Krieg

1. und 2. Kontinentalkongreß (margin)

Am 3. September 1774 nimmt der 1. Kontinentalkongreß, der bis zum 26. Oktober tagt, in Philadelphia seine Tätigkeit auf. Außer Georgia sind alle Kolonien vertreten. Auf diesem Treffen dominieren die gemäßigten Kreise der Süd-Kolonien, die auf ein Kompromiß mit England orientieren. Protesterklärungen gegen die Krone bleiben jedoch nicht das einzige Resultat. Mit den *Minutemen* (Minutenmänner, das heißt sofort, »in einer Minute« bereit sein) entsteht faktisch eine eigene bewaffnete Gewalt. Außerdem werden Überwachungsausschüsse gebildet, die den Korrespondenzausschüssen unterstehen; letztere agieren zunehmend als Informations- und Agitationszentralen der antikolonialen Bewegung.

Der 2. Kontinentalkongreß im Mai 1775 fällt in die Zeit, als England auch militärisch die Offensive an sich reißen will. Die ersten militärischen Konfrontationen bei Lexington und Concorde (19. April 1775) entscheiden die Minutenmänner jedoch für sich. Der Bruch zwischen Krone und Kolonie ist unvermeidlich. Dem trägt der Kongreß mit der Schaffung der Kontinentalarmee unter George Washington, einem Sklavenhalter der Südstaaten, Rechnung. Am 16. Mai 1775 verkündet der 2. Kontinentalkongreß die Erklärung, es sei mit dem Gewissen und der Vernunft der Kolonisten unvereinbar, der Krone und ihren Beamten weiterhin Gehorsam zu leisten und jeder Kolonie gestattet, sich eine eigene Verfassung mit einer von England unabhängigen Regierungsgewalt zu geben. Die Kolonien erklären faktisch der Kolonialmacht England den Krieg, und die Kontinentalarmee ist das Instrument, ihn zu führen.

Kontinentalarmee (margin)

Der Unabhängigkeitskrieg der nordamerikanischen Kolonien muß an der äußeren wie an der inneren Front geführt werden. Hauptaufgabe ist die Überwindung des Kolonialjochs; daraus resultiert der *nationale Befreiungskrieg*. Zugleich findet ein Bürgerkrieg gegen die innere englandtreue Konterrevolution statt.

Das Klassenkräfteverhältnis ist geprägt durch die Spaltung in Tories *Kräfte-* (*Loyalisten*) und Whigs (*Patriotenpartei*). Die Tories stehen loyal zur Kolo- *verhältnis* nialmacht und unterstützen die royalistische Gegenoffensive. Da sie öko- nomisch an der Kolonialherrschaft interessiert sind, stellen sie sich poli- tisch und militärisch auf deren Seite. Zu den Loyalisten zählen Grundbesitzer der mittleren Staaten, Teile des Handelskapitals, die zu England besonders enge Beziehungen haben, die Mehrheit der Pflanzer des Südens sowie die meisten Vertreter der Kronbürokratie und die angli- kanische Staatskirche. Im Krieg bilden die Tories zeitweilig die Hauptge- fahr. Nach ihrer Niederlage wandern sie größtenteils aus (z. B. nach Ka- nada).

Innerhalb der *Revolutionspartei* (Whigs) besteht ein gemäßigter und ein ra- dikaler, revolutionär-demokratischer Flügel. An der Spitze der Gemäßig- .ten stehen der junge Rechtsanwalt Alexander Hamilton und der virgini- sche Plantagenbesitzer und Oberbefehlshaber der Kontinentalarmee George Washington. Führende Vertreter des *linken Flügels* sind Benjamin Franklin, Thomas Jefferson und Thomas Paine. Beeinflußt von den Ideen der europäischen Aufklärung repräsentieren diese Männer in unter- schiedlicher Intensität die Interessen der Masse des nordamerikanischen Volkes. Auch die »Söhne der Freiheit«, die »Töchter der Freiheit«, die Si- cherheitsausschüsse und die Minutenmänner zählen zum radikalen Flü- gel. Sie stellen die Massenbasis des Kampfes. Handwerker, Manufakturar- beiter und freie Bauern, auch Manufakturkapitalisten und ein geringer Teil der Pflanzer des Südens schließen sich ihnen an.

In der *ersten Phase des Unabhängigkeitskrieges* (1775–1777) erringen die Eng- *Beginn des* länder zunächst beträchtliche militärische Vorteile, da die Kolonien nur *Krieges* sporadisch ausgehobene Truppen gegen die gutgeschulten englischen Soldtruppen in den Kampf schicken. Auch die Schaffung der Kontinen- talarmee (22 000 Freiwillige) bringt zunächst keine Wende. Die Armee ist schlecht ausgerüstet. Politische Exponenten inner- wie außerhalb des Kongresses erwarten Wundertaten von den Soldaten, ohne bereit zu sein, den Kriegsspekulanten das Handwerk zu legen oder das Eigentum von Gegnern der Revolution zu beschlagnahmen. Trotz heroischen Kampfes muß die Kontinentalarmee Rückschläge in Kauf nehmen. Erst die allmäh- liche Verbreiterung der Massenbasis (Erlaubnis für Neger und Indianer, eigene Einheiten zu bilden), der Aufbau einer eigenen Flotte, die den Ring um die 13 Kolonien sprengt, und die politische Mobilisierung der breiten Massen führen zu einer Wende.

Im Januar 1776 erscheint Paines' *Common Sense* (Der gesunde Menschen- verstand). Diese Schrift des in England geborenen Publizisten, in der die Forderung nach nationaler Unabhängigkeit und die Warnung vor monar- chistischen Illusionen eine hervorragende Rolle spielen, übt einen star- ken Einfluß auf die Aktivierung der patriotischen Kräfte aus. Ähnlichen *Unabhängig-* Widerhall erfährt die von Jefferson verfaßte *Declaration of Independence* *keitserklärung* (Unabhängigkeitserklärung) vom 4. Juli 1776. Sie erklärt die Unabhängig- keit von England und begründet das Recht auf Widerstand und Revolu- tion. Sie stellt das politische Grundsatzdokument und das ideologische Kampfprogramm des aufsteigenden Bürgertums dar und bedeutet den

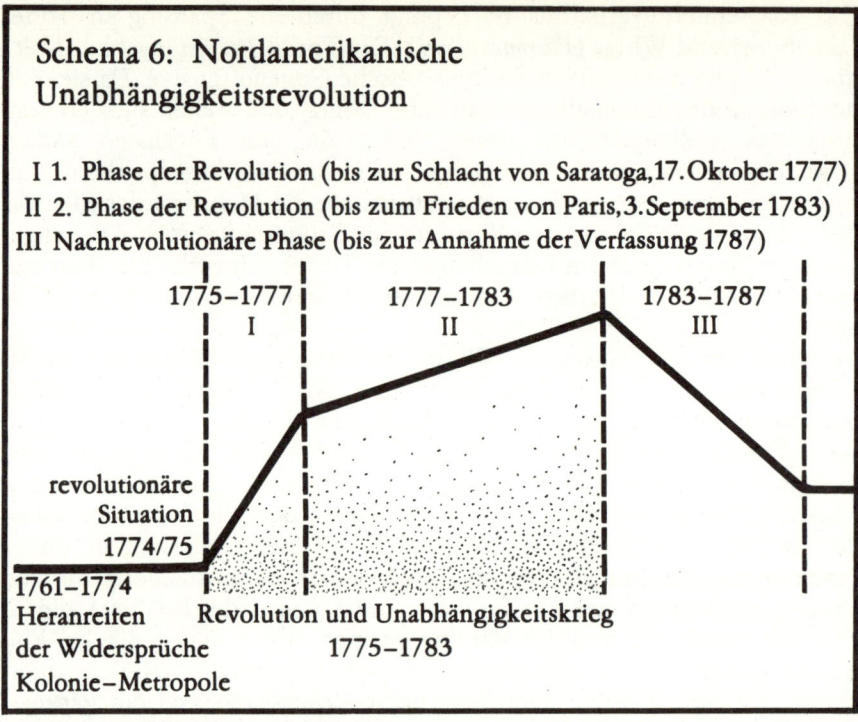

Schema 6: Nordamerikanische Unabhängigkeitsrevolution

I 1. Phase der Revolution (bis zur Schlacht von Saratoga, 17. Oktober 1777)
II 2. Phase der Revolution (bis zum Frieden von Paris, 3. September 1783)
III Nachrevolutionäre Phase (bis zur Annahme der Verfassung 1787)

1775–1777   1777–1783   1783–1787
      I   II   III

revolutionäre
Situation
1774/75

1761–1774
Heranreiten   Revolution und Unabhängigkeitskrieg
der Widersprüche   1775–1783
Kolonie–Metropole

zeitweiligen Sieg der radikalen über die gemäßigten Whigs. Indem die Patrioten die Willkürherrschaft, vor allem der Krone, in wirkungsvoller Weise anprangern, proklamieren sie zugleich allgemeingültige Grundgedanken einer neuen politischen Ordnung.

»Wir halten es für selbstverständliche Wahrheiten, daß alle Menschen gleich geschaffen sind, daß sie von ihrem Schöpfer mit gewissen unveräußerlichen Rechten ausgestattet sind, zu denen das Leben, die Freiheit und das Streben nach Glück gehören, daß zum Schutz dieser Rechte Regierungen unter den Menschen eingesetzt sind, die ihre rechtmäßigen Gewalten aus der Zustimmung der Regierten herleiten, daß das Volk das Recht besitzt, jede Form der Regierung zu ändern oder abzuschaffen, wenn sie diesem Zweck entgegenwirkt und eine neue Regierung einzusetzen!« (Aus dem Text der Unabhängigkeitserklärung)

Diese Worte wirken als Kampfansage an die europäischen Feudalstaaten und ihre Herrscher »von Gottes Gnaden«. Als antifeudales und antimonarchistisches Manifest kündet die Unabhängigkeitserklärung von der Errichtung eines historisch fortschrittlichen Staatswesens auf der Grundlage von bürgerlich-republikanischen Freiheiten, Volkssouveränität und Gleichheit vor dem Gesetz. Jeffersons Unabhängigkeitserklärung gewinnt für die Epoche des Übergangs vom Feudalismus zum Kapitalismus bahnbrechende Bedeutung. Ihre Klassengrenze ist daran ablesbar, daß der Passus über das Verbot von Sklavenarbeit und Sklavenhandel auf Druck der südlichen Pflanzer getilgt wird. Damit ist faktisch die brutalste Form der Rassendiskriminierung gerechtfertigt, deren Auswirkungen bis in die Gegenwart die innere Situation der USA bestimmen. Auch die 300 000 Indianer und 250 000 weißen Schuldsklaven bleiben von allen Grundrechten ausgeschlossen.

Ist die Unabhängigkeitserklärung die Geburtsurkunde der USA als bür- **Konfödera-**
gerliche Nation und kapitalistischer Staat, so stellen die Konföderations- **tionsartikel**
artikel vom 15. November 1777 die erste nordamerikanische Verfassung
dar. Ihren Prinzipien zufolge bilden die 13 Staaten keine feste Einheit,
sondern einen Staatenbund. Der Kongreß besitzt weder Zoll- noch
Steuerrechte in den einzelnen Kolonien. Nur zögernd bewilligen die Par-
lamente der einzelnen Staaten die von der Zentralregierung geforderten
Mittel zur Kriegführung und selten in geforderter Höhe. Ausländische
Anleihen verhindern mühsam den drohenden Staatsbankrott. Mit dem **Schlacht**
Sieg der Kontinentalarmee in der Schlacht bei Saratoga am 17. Oktober **von Saratoga**
1777, errungen durch die Taktik der beweglichen Schützenketten und mit
der hohen Kampfmoral der amerikanischen Soldaten, vollzieht sich die
militärische Wende.

Der weitere Verlauf der Ereignisse wird durch die günstige *internationale
Konstellation* beeinflußt. In Frankreich operiert Franklin als Repräsentant
der jungen Republik mit außerordentlichem Geschick (literarisch dargestellt von Lion Feuchtwanger im Roman *Die Füchse im Weinberg*). Frankreich tritt als Hauptrivale Englands 1778 an die Seite der 13 Kolonien,
Spanien folgt 1779. Rußland erklärt 1780 die bewaffnete Neutralität, womit Englands Blockadepolitik endgültig zum Scheitern verurteilt ist; dem
Schritt Rußlands schließen sich sieben weitere Staaten an.

Unter den fortschrittlichen Kräften Europas findet der Kampf der 13 Ko- **Weltwirkung**
lonien ein großes Echo; er wird als Angriff auf den Absolutismus verstan-
den. Tausende von Freiwilligen eilen an die Seite der nordamerikanischen Patrioten, darunter der polnische Nationalheld von 1794,
Kościuszko und der Marquis Marie-Joseph-Paul-Roch-Yves-Gilbert Clo-
tier de La Fayette, der in der ersten Phase der Französischen Revolution
eine bedeutende Rolle spielen sollte. Auch auf die Formierung der antikolonialen Opposition in Spanisch-Amerika (Miranda) wirkt das nordamerikanische Vorbild.

Entscheidend für den Ausgang des Krieges in Nordamerika bleibt der
Kampf der Volksmassen, sowohl in der Armee als auch im Innern gegen
die Loyalisten. Beide Seiten führen den Bürgerkrieg ohne Gnade. Auf
konterrevolutionäre Verbrechen antworten die Massen mit Maßnahmen,
die dem revolutionären Terror entsprechen. Aus 9 der 13 Kolonien werden die Loyalisten durch Gesetze verbannt, ihr Eigentum beschlagnahmt,
zum Nutzen des Staates verkauft. Die Radikalisierung des Kampfes im
Inneren des Landes wirkt auf die äußere Front zurück.

Ergebnisse und Wirkung der Revolution   2.5.4.

Die Jahre 1779–1781 bringen den Engländern keine durchgreifenden Erfolge mehr; die sieggewohnten »Rotröcke« bleiben in der Defensive. Es
gelingt der Kontinentalarmee, in den Südstaaten die Hafenstädte Savan-
nah und Charleston einzunehmen. Die jetzt verstärkt einsetzende militärische Hilfe Frankreichs und der nicht selten durch gegnerische Plünde-
rungen provozierte Partisanenkampf vereiteln schließlich auch im Süden

britische Pläne und Träume. Mit der *Kapitulation der englischen Truppen unter Cornwallis bei Yorktown* (19. Oktober 1781) endet der letzte große Feldzug der Engländer mit einem Fiasko. Dieser Sieg der Patrioten beendet im wesentlichen die Kriegshandlungen.

Frieden voh Paris

Im Frieden von Paris (3. September 1783) verzichtet England schließlich auf seine ehemaligen nordamerikanischen Kolonien und anerkennt fast bedingungslos die Unabhängigkeit.

Das Hauptziel, die nationale Unabhängigkeit, ist erreicht. Die inneren Klassenauseinandersetzungen aber gehen mit aller Heftigkeit weiter. Inflation, hohe Besteuerung zur Tilgung der im Krieg gemachten Staatsschulden, Bedrängung durch Gläubiger, Not der Massen einerseits und maßlose Bereicherung skrupelloser Spekulanten, Wucherer, Schmuggler und politischer Karrieristen andererseits geben den Massen ein Bild, wie weit die in der Unabhängigkeitserklärung verkündeten Ideale und die gesellschaftliche Wirklichkeit auseinanderdriften. Bäuerliche und städtisch-plebejische Unruhen flammen auf. Unter Daniel Shays, einem Veteranen des Unabhängigkeitskrieges, werden im Herbst 1786 zwar lokale Erfolge erzielt, allerdings bricht dieser Aufstand bereits im Frühjahr 1787 unter dem Gegenangriff der Armee zusammen.

Daniel Shays

Die Unruhen, aber auch die desolate ökonomische Entwicklung überzeugen die neuen Machthaber, daß die extrem föderalistische Konstitution unzulänglich ist. Der Ruf nach Stärkung des Bundes, das heißt nach einer starken Zentralregierung, wird laut.

Verfassung von 1787

Der im Mai 1787 vom Kongreß einberufene Verfassungsgebende Konvent, dem ausschließlich Vertreter des Bürgertums des Nordens und der Pflanzeraristokratie des Südens angehören, erarbeitet eine Verfassung, die eine *Festigung der Zentralgewalt* durch Ausweitung der Rechte für die Exekutive fixiert. Das neue bürgerliche Staatswesen erhält die Form einer *Präsidialrepublik*, in der Grundbesitz, Kapital und Hautfarbe über das Wahlrecht entscheiden. Im Jahre 1789 tritt die Verfassung in Kraft.

Um die neue Verfassung beginnt in den einzelnen Staaten eine anhaltende Auseinandersetzung, die nicht nur vom Gegensatz zwischen Gemäßigten und Radikalen geprägt ist, sondern auch von der sich abzeichnenden Fernwirkung der Französischen Revolution von 1789 (und deren weitergehenden Erklärung der Menschen- und Bürgerrechte). Im Ergebnis werden zehn wichtige Ergänzungen durchgesetzt, die *Bill of Rights* (Gesetz über die Rechte von 1791). Dieses Gesetz garantiert bis dahin nicht ausdrücklich festgelegte bürgerliche Freiheiten wie Rede-, Presse-, Petitions- und Versammlungsfreiheit, Sicherheit der Person, Recht auf Waffentragen etc. Mit ihren Zusatzartikeln ist die neue Verfassung – die Jakobinerverfassung von 1793 ausgenommen – die fortschrittlichste ihrer Zeit, obwohl weder die staatsbürgerliche Gleichberechtigung der Indianer noch die generelle Abschaffung der Sklaverei aufgenommen sind.

Bundesstaat

Die Verfassung von 1787 (mit den Zusatzartikeln) markiert eine wichtige Etappe in der Entwicklung der nordamerikanischen Nation. Sie beseitigt die zur Zeit der Konföderation vorhandenen Zollgrenzen und schafft eine einheitliche Währung. Die Zentralregierung erhält große Vollmachten; die Machtbefugnisse des Kongresses, der sich aus Senat und Reprä-

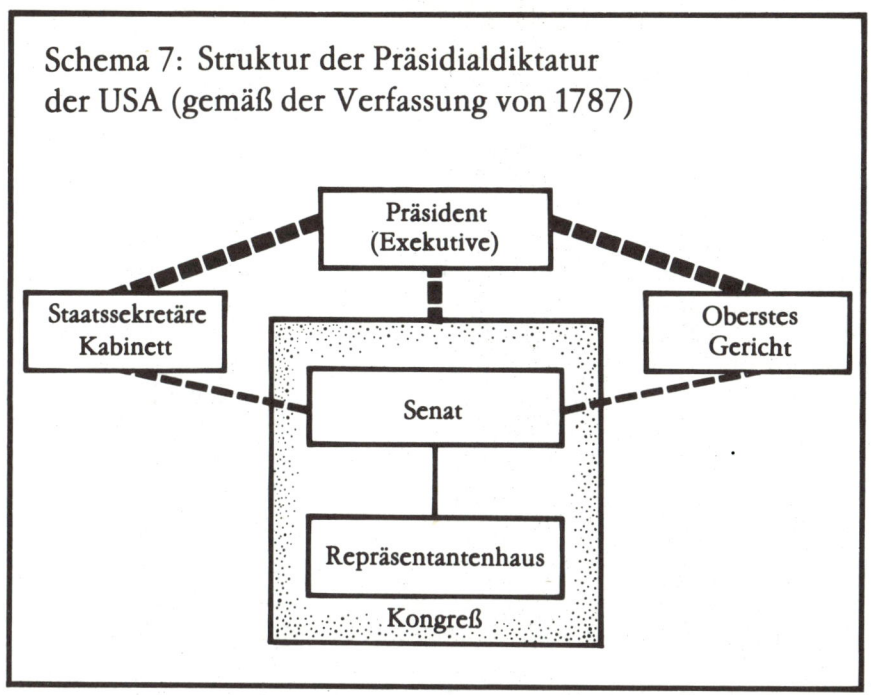

Schema 7: Struktur der Präsidialdiktatur
der USA (gemäß der Verfassung von 1787)

Präsident
(Exekutive)

Staatssekretäre
Kabinett

Oberstes
Gericht

Senat

Repräsentantenhaus

Kongreß

sentantenhaus zusammensetzt, werden erweitert (Besteuerung, Aufstellung von Armee und Flotte, Regelung des Handels, Prägen von Münzen etc.). Auch der an der Spitze der USA stehende Präsident verfügt über eine Machtfülle: er ist Oberbefehlshaber der Armee und der Flotte, ernennt die Mitglieder des Obersten Gerichts, schließt internationale Verträge ab (die vom Senat mit einer Mehrheit von zwei Dritteln ratifiziert werden müssen); die Ernennung von Botschaftern und Gesandten gehört ebenfalls zu seinen Aufgaben. Gemeinsam mit dem Senat und Obersten Gericht besitzt der Präsident mehr Macht als das Repräsentantenhaus, das den »Willen der Nation« verkörpern soll. An der Widersprüchlichkeit und den Grenzen der Verfassung und des stark auf den Präsidenten zugeschnittenen Staatsaufbaus ist ablesbar, daß nicht nur die demokratischen Ideale von 1775, sondern ebenso die Niederlage der Volksbewegung in der Zeit der unmittelbaren Nachemanzipation Pate stehen.

Mit der Erringung der nationalen Unabhängigkeit vollzieht sich in Nordamerika die *erste erfolgreiche antikoloniale Revolution der Weltgeschichte*, verbunden mit einer Umwälzung, die den Weg für die Entfaltung der bürgerlich-kapitalistischen Verhältnisse im Inneren öffnet. Dazu gehören die Beseitigung der kolonialen Institutionen, die Enteignung der Kronländereien und des Besitzes der Loyalisten, die Forcierung der freien Agrarkolonisation in Richtung Westen, die Trennung von Staat und Kirche, die Demokratisierung des Bildungswesens im bürgerlichen Sinn sowie die partielle Einengung der Sklaverei (z.B. 1780 Abschaffung der Sklaverei in Massachusetts, 1784 in New Hampshire). In den Südstaaten bleibt sie völlig unangetastet und erreicht in der Nachemanzipation (Baumwollkon-

Historischer Ort

junktur: *King Cotton*) durch die industrielle Revolution in Europa, speziell England, den größten Aufschwung. Mit der Schaffung des eigenen Staates vollzieht sich die weitere *Konsolidierung einer einheitlichen Nation*. Zugleich beginnt die industrielle Revolution in den USA, die den Manufaktur- in den Fabrikkapitalismus umwandelt.

Primär ist der historische Ort der Revolution dadurch gekennzeichnet, daß sie in dem umfassenden Übergangsprozeß vom Feudalismus zum Kapitalismus das Bindeglied zwischen der Englischen Revolution des 17. Jh. und der Französischen Revolution von 1789 darstellt. Sie läutet »die Sturmglocke für die europäische Mittelklasse«[14].

Aus- und Nachwirkungen lassen sich auch besonders für die westliche Hemisphäre, das heißt die späteren Revolutionen in Mittel- und Südamerika, nachweisen. Vor allem hier wirkt die nordamerikanische Unabhängigkeitsrevolution durch ihre bewußt im Sinne der aufklärerischen Kampfideologie geführte Vorbereitung, die Abschaffung der Monarchie und Institutionalisierung eines bürgerlichen Republikanismus als wichtiger Schlag gegen den Kolonialfeudalismus.

2.6.   *Grundzüge der Geschichte Asiens und Afrikas*

2.6.1.   China vom Beginn der Manzhuherrschaft bis zum Ende des 18. Jh.

Angesichts der durch die Dynastie Shun entstandenen bedrohlichen Lage für die feudale Ordnung ziehen es Exponenten der Feudalklasse vor, ein Bündnis mit den in Nordostchina eingedrungenen Mandschuren gegen die Aufständischen einzugehen, um so ihre Privilegien zu retten. General Wu Sangui läßt den mandschurischen Eroberern im Mai 1644 die Tore der Großen Mauer öffnen. In gemeinsamen militärischen Operationen mandschurischer und chinesischer Heerführer werden die Aufständischen aus Peking vertrieben, bis zum Sommer 1646 vernichtend geschlagen, ihre Führer getötet.

Errichtung der Manzhu-herrschaft

Bei ihrem Vormarsch nach Zentral- und Südchina stoßen die Mandschuren jedoch auf den erbitterten Widerstand der Bevölkerung und patriotisch gesinnter Vertreter der Oberschicht, die wie z. B. Shi Kefa bei der Verteidigung der Stadt Yangzhou vergeblich versuchen, den Ansturm der Eroberer aufzuhalten und das Ming-Regime vor dem Untergang zu bewahren. Auch nach Einnahme von Nanjing (Juni 1645) hält der Widerstand der Bevölkerung an, die sich in Jiangsu, Zhejiang und Jiangxi gegen die nationale Unterdrückung auflehnt und sich weigert, den Manzhu-Zopf zu tragen. Trotz heldenhaften Kampfes der Massen, die vielerorts Milizen bilden, erreichen die mandschurischen Heere und die mit ihnen verbündeten chinesischen Truppen im Januar 1647 Guangzhou, sind aber bald darauf mit neuen Widerstandsbewegungen konfrontiert. Die endgül-

---

14 K. Marx, Das Kapital. Vorwort zur ersten Auflage, in: MEW, Bd. 23, S. 15.

tige Einnahme der Stadt Guangzhou gelingt erst Ende 1649, die von Guilin Ende 1650. Kämpfe mit Aufständischen in Südwestchina, die den Ming-Prinzen *Gui* unterstützen, dauern bis 1659. Von See aus unternimmt *Zheng Chenggong* (Koxinga) Angriffe gegen die Manzhu, 1659 nähert er sich mit einer Flotte Nanjing; 1661 landet er auf Taiwan, wo er die Holländer vertreibt, um sich dort eine Basis gegen die Manzhu zu schaffen.

Die *vollständige Unterwerfung Chinas unter das Joch der Mandschuren* zieht sich bis 1683 hin. Erst nach Niederwerfung von Selbständigkeitsbestrebungen einer Reihe chinesischer Statthalter in Sichuan, Guangdong, Guangxi und Fujian und nach Einverleibung Taiwans durch die Manzhu tritt eine Stabilisierung des Regimes ein. Trotzdem kommt der von chinesischen *Geheimgesellschaften* (*Weißer Lotos, Trias, Gesellschaft der älteren Brüder*) organisierte Volkswiderstand nie wirklich zum Erliegen.

Der Aufstieg der Manzhu hatte Ende des 16. Jh. begonnen, als es dem Stammesführer *Nurhaci* (1559–1626) gelang, die in der heutigen Südmandschurei siedelnden und weitgehend seßhaft gewordenen Nachfolger des tungusischen Volkes der Dschurdschen (Ruthen) zu vereinen und politisch zu organisieren. 1618 proklamiert er sich zum Khan der (späteren) Jin-Dynastie, 1625 macht er Mukden (Shenyang) zur Hauptstadt des aufstrebenden mandschurischen Staates. Sein Sohn *Abahai*, der von 1626 bis 1643 regiert und eine expansive Politik gegenüber Mongolen, Koreanern und Chinesen betreibt, wird 1636 zum Kaiser einer Dynastie, die er Quing (die Reine) nennt, nachdem er seinem, am chinesischen Vorbild orientierten, Staatswesen bereits 1635 den Namen Manzhu gegeben hatte. **Qingdynastie**

Die mandschurischen Herrscher sichern ihre Macht durch die *militärische Organisation der Acht Banner*, die sich in Kompanien (Niru) untergliedern und faktisch alle Mandschuren mit ihren Familien erfassen, die so gezwungen sind, neben dem Ackerbau vor allem das Kriegshandwerk zu betreiben; ab 1635 existieren zusätzlich acht mongolische, ab 1643 acht chinesische Banner. Die Bannerleute, in einem feudalen Gefolgschaftsverhältnis zum Kaiser und mandschurischen Adel stehend, genießen politische und wirtschaftliche Privilegien. Später werden unter der Kontrolle der Manzhu weitere chinesische Verbände zur Niederwerfung innerer Unruhen geschaffen.

Es hat mehrere Gründe, daß es einem kleinen Volk wie den Manzhu (Ende der siebziger Jahre des 17. Jh. beträgt die Zahl der Krieger 160 000 bis 200 000) gelingt, das große Reich China langfristig zu beherrschen. **Organisation der Manzhuherrschaft**

Erstens waren die Manzhu trotz ihrer Politik der ethnischen Isolation und der Diskriminierung gegenüber den Chinesen (den Chinesen wird das Tragen mandschurischer Kleidung und Haartracht zur Pflicht gemacht, den Mandschuren ist körperliche Arbeit untersagt, Mischehen mit Chinesen sind verboten) von Anfang an darauf bedacht, die chinesische feudale Oberschicht, deren ökonomische Interessen nicht angetastet werden, in das Herrschaftssystem zu integrieren (z.B. durch eine Doppelbesetzung von Beamtenposten).

Zweitens betreiben die Manzhu bewußt die Anpassung an die chinesische Bildungs- und Kulturtradition auf der Grundlage des Neokonfuzianismus. Besonders deutlich wird das unter Kaiser *Kangxi*, der konfuzianische Traditionen auf dem Gebiet der Geschichte, Literatur und Kunst bewußt fördert, sich mit chinesischen Gelehrten umgibt, daneben aber auch großes Interesse für die Kenntnisse der in Peking tätigen Jesuiten auf dem Gebiet der Astronomie, Mathematik und Medizin bekundet.

Drittens setzen die Manzhu eine Zentralisierung der Macht durch, wobei sie unmittelbar an das absolutistische System der Ming anknüpfen. So übernehmen sie z. B. das Amt des Zensorats; neu eingeführt wird ein Oberster Militärrat, der die Entscheidungen des Kaisers vorzubereiten hat.

Wirtschaftliche Entwicklung und Fortdauer der Krise

Die mandschurische Eroberung geht mit großen Zerstörungen und der Vernichtung von Produktivkräften einher, besonders in den entwickelten Gebieten Ost- und Südostchinas. *China wird in seiner ökonomischen Entwicklung zurückgeworfen.* Erst Mitte des 18. Jh. hat sich die Wirtschaft von den Schäden so weit erholt, daß eine Weiterentwicklung der Produktivkräfte und auch jener neuen Elemente in den Produktionsverhältnissen möglich ist, die bereits in der Ming-Zeit bestanden. Neben *staatlichen Manufakturen*, die in der Textil- und Seidenverarbeitung sowie in der Porzellanindustrie bereits Lohnarbeiter ausbeuten, entfaltet sich trotz feudaler Beschränkungen in der Papier- und der Zuckerindustrie auch privates Unternehmertum weiter. Insgesamt sind die Ansätze des Manufakturwesens gering entwickelt. Arbeitsteilung und Spezialisierung lassen zahlreiche *Zünfte im Handwerk und im Handel* entstehen. Allein 1759 werden über Guangzhou Seidenerzeugnisse im Wert bis zu 1 Mio Liang Silber exportiert. Die Städte als Zentren des Handels und des Gewerbes erleben einen neuen Aufschwung. Es kommt zu einem bemerkenswerten *Anwachsen der Bevölkerung* (143,4 Mio im Jahre 1741, 264 Mio 1775, 300 Mio 1800). *Kaufleute* und *Wucherer*, die z. B. in Shanxi und Anhui den Handel mit Salz, Tee, Getreide und Seide monopolisieren und ein Netz von Pfand- und Leihhäusern errichten, erwerben großen Reichtum. Neun der mächtigsten Kaufleute erhalten 1760 das Monopol für den Handel mit Ausländern in Guangzhou (im Rahmen des sogenannten Cohong-Handels).

Charakter der Manzhuzeit

Die Errichtung der mandschurischen Herrschaft in China vermag die Krise des Feudalsystems nicht zu lösen, sondern sie allenfalls zu überlagern und hinauszuschieben. Die feudale Eigentumsstruktur des Landes bleibt voll erhalten; die *Abhängigkeit der Bauern* erfährt unter den von den Manzhu mit militärischer Gewalt eingeführten Formen der Bodennutzung (der mandschurische Adel requiriert für sich und die »Banner« Felder und okkupiert große Ländereien, die von hörigen Bauern, Sklaven und Gefangenen bestellt werden müssen) in den ersten Jahrzehnten, besonders in Nordchina, eine Verschärfung. Die *Konzentration des Grundbesitzes* wird nicht eingedämmt, sie erreicht neue Ausmaße, obwohl es anfangs Versuche gibt, den bäuerlichen Kleinbesitz durch entsprechende Steuermaßnahmen zu erhalten. Bereits 1704 verfügen in Zentralchina nur noch 30–40 % der Bevölkerung über eigenen Boden. Die Festlegung einer Einheitssteuer (Vereinigung der Boden- und Kopfsteuer zur Oiding-Steuer) 1727 bringt für die Bauern nur eine vorübergehende Erleichterung.

Unter Kaiser *Quianlong*, der von 1736 bis 1796 regiert, erreicht das territorial gewaltsam erweiterte Quing-Reich auf der Grundlage einer geordneten Verwaltung und eines funktionierenden Steuer- und Finanzsystems noch einmal einen Höhepunkt an wirtschaftlicher und politischer Macht. Auch die Kultur steht in Blüte (Philosophie und Philologie; es entstehen Thesauri, Lexika, Enzyklopädien und hervorragende Werke der Romanliteratur, Novellistik und Malerei). Aber am Ende des 18. Jh. bestimmen erneut Steuerwillkür und Korruption das gesellschaftliche Leben, so daß es besonders in Südchina wiederholt zu *Erhebungen der Bauern* gegen die zu hohen Pachtsätze und die extreme Steuerbelastung kommt, was wiederum dazu führt, daß die traditionellen Geheimgesellschaften ihre Aktivitäten verstärken.

Im 18. Jh. zeichnet sich die Krise verstärkt ab; sie soll – allerdings ohne Erfolg – durch eine aggressive Machtpolitik nach außen kompensiert werden. Die Manzhu hatten schon im Zuge ihrer Expansionspolitik im 17. und frühen 18. Jh. nicht nur das eigentliche China, sondern auch andere selbständige Staaten und Völker unterworfen und auf diese Weise ein mandschurisch-chinesisches Großreich mit einem riesigen Territorium geschaffen. Nachdem einige Stämme der Ostmongolen (Chalcha) in der heutigen Inneren Mongolei 1634/35 unterworfen wurden, annektiert Kaiser Kangxi 1691 die Äußere Mongolei, indem er sich die Chalcha-Mongolen botmäßig macht. Langjährige Kriege werden gegen die Westmongolen (Oiraten) und deren dsungarisches Großreich geführt. Nach dem Einfall mandschurisch-chinesischer Heere 1720 in Tibet und dessen Einverleibung in das Qing-Reich (1751) fällt nach blutigen Kämpfen 1756/57 das dsungarische Kernland. Bis 1759 unterwerfen die Qing Aksu, Yarkend und Kaschgar sowie eine Reihe weiterer islamischer Staaten im Tarimbecken. Die eroberten Gebiete in Ostturkestan und der Dsungarei (Xinjiang – neue Grenzmark) stehen nunmehr unter Militärverwaltung. Expansionskriege führen die Qing auch nach Süden: 1765 überfällt ein Heer von 40000 Mann Burma, das 1769 Tributstaat Chinas wird; 1788/89 dringen die Qing in Annam (Nordvietnam) ein, um Volksaufstände zu unterdrücken und den vietnamesischen König botmäßig zu machen; zur Anerkennung der Souveränität Qing-Chinas ist Nepal im Ergebnis eines Krieges 1791/92 gezwungen. Grenzverlauf und Handelsbeziehungen mit Rußland finden eine Regelung durch die Verträge von Nerčinsk (1689) und Kjachta (1727).

Mandschurischer Kolonialismus

Bereits in der zweiten Hälfte des 18. Jh. erheben sich die unterdrückten Völker immer häufiger gegen die Manzhuherrschaft, so 1755–1758 die Chalcha-Mongolen, 1764 die Uiguren, 1758/59 und 1781–1784 mohammedanische Völker in Turkestan, 1746–1749 und 1767 die Miao-Völker in Yunnan und 1795 in Guizhou, 1787 die Bevölkerung von Taiwan.

Das in kostspieligen und grausam geführten Eroberungskriegen errichtete mandschurisch-chinesische Imperium erweist sich als Koloß auf tönernen Füßen, der die Lösung der inneren wirtschaftlichen und sozialen Probleme verhindert und den im 19. Jh. eindringenden kapitalistischen Mächten keinen Widerstand entgegensetzen kann.

2.6.2.   Indien von der Mitte des 17. bis zum Ende des 18. Jh.

In Indien bestehen zwei *politische Hauptregionen*: eine größere im Norden unter der Herrschaft der islamischen Großmogule, deren Kerngebiet die Indus- und die Gangesebene ist, und eine kleinere im Süden. Letztere umfaßt mehrere mittlere und kleinere Staaten, wie z. B. Haiderabad und Maisur mit überwiegend hinduistischen Fürsten. Auch in diesem Gebiet gibt es Faktoreien europäischer Mächte, zunächst der Portugiesen, später der Niederländer, Engländer und Franzosen. Zwischen beiden Hauptregionen existieren Pufferzonen, die eine Art Niemandsland darstellen.

Niedergang des Mogulreiches Nachdem sich wiederholt Verfallserscheinungen bemerkbar gemacht haben, beginnt in der 2. Hälfte des 17. Jh. der endgültige Niedergang des Mogulreiches. Innere Ursachen liegen vor allem in der Erschöpfung der Dorfbevölkerung, die in zunehmendem Maße ihre bisherigen Naturalabgaben in Geldzins tilgen muß, was den wachsenden Einfluß der Wucherer auf dem Lande und den Ruin vieler Bauern zur Folge hat. Neben der Hauptsteuer an den Mogul wachsen die Steuern an die Fürsten und örtlichen Feudalherren, die bei der Ausplünderung der Dörfer mit den Provinzgouverneuren des Moguls wetteifern.

Trotz großer Anstrengungen des Moguls zur Ausdehnung seines Machtbereichs nach Süden (Eroberung von Bidschapur und Golkonda) bleibt diesen Bestrebungen ein dauernder Erfolg versagt. Insbesondere die *Angriffe der Marathen* (vornehmlich unter ihrem Herrscher Schiwadschie 1647–1680), die gegen den Mogul einen »Heiligen Krieg« führen, die Aufstände der Dschat-Bauern (1669/70) und der Satnawisekte-Anhänger (1672) in Nordindien sowie weitere Bauernunruhen vertiefen die Krise des Mogulreiches. Die Zentralgewalt verliert gegenüber den Machtansprüchen lokaler Feudalherren sichtlich an Boden, ihre wichtige Funktion der Aufrechterhaltung der Bewässerungssysteme wird vernachlässigt. Infolge von Dürren und Mißernten nimmt die sich ständig vergrößernde Verelendung der Volksmassen ein unerträgliches Maß an; zugleich führt der wachsende Einfluß kleiner und mittlerer Feudalherren zur stärkeren Differenzierung innerhalb der Dorfgemeinden. Verschärfend wirkt, daß **Bevorzugung des Islam** Aurangzeb und ihm folgende Herrscher im Unterschied zu früheren Mogulherrschern die Politik der Toleranz gegenüber dem Hinduismus zugunsten einer Bevorzugung des Islam preisgeben.

Schwäche und Niedergang der Mogulherrschaft wirken um so verhängnisvoller, da zur gleichen Zeit europäische Kolonialmächte, vor allem England und Frankreich, die Selbständigkeit Indiens bedrohen. Statt alle Kräfte für einen erfolgreichen Widerstand gegen die äußere Gefahr zu vereinigen, kommt es zur weiteren Zersetzung, da mit dem Tode Aurangzebs 1707 das Mogulreich mehr und mehr zerbricht und feudale Zersplitterung um sich greift. Die Unfähigkeit zum Widerstand zeigt sich bereits bei der Invasion des Perserherrschers Nadir Schah (1738/39).

Britisch-französische Rivalität Die erbitterte Rivalität zwischen Franzosen und Engländern um die Inbesitznahme Indiens bleibt bis in die ersten Jahrzehnte des 18. Jh. unentschieden. Frankreich stützt sich vor allem auf Pondichéry (1674) und Chandarnagar (1688), während England in Madras (1639), Bombay (1661)

und Kalkutta in strategischer Hinsicht über wesentlich bessere Ausgangsbedingungen für die Expansion nach dem Binnenland verfügt, so gerät
Frankreich (die portugiesischen Küstenplätze spielen bereits eine sekundäre Rolle) zunehmend ins Hintertreffen.

Die englische Ostindienkompanie nimmt 1702 eine Reihe reicher Kauf-   *Ostindische*
leute auf, die 1698 eine neue Ostindienkompanie gegründet haben. Diese   *Kompanie*
Fusion führt zu einem erheblichen Machtzuwachs der Kompanie nicht
nur in der Metropole, sondern auch in Indien. Die Kompanie (und damit
England) wird Hauptnutznießer der indischen Krise. Die anhaltende
Konkurrenz mit den Franzosen entscheidet sich endgültig mit dem *Siebenjährigen Krieg*. Frankreich sieht sich auf die Küstenpositionen zurückgedrängt, die Ostindienkompanie dagegen greift mit wachsendem Erfolg
in die innere Entwicklung Indiens ein.

Durch den Sieg Generals Clive in der Schlacht bei Plassey über den Herr-   *Schlacht*
scher von Bengalen (1757) und den Erwerb des Rechts auf Steuereinzie-   *von Plassey*
hung (1765) wird *England Territorialmacht in Indien*. Ausgangsgebiet der
schließlichen Beherrschung ganz Indiens, die bis Anfang des 19. Jh. größtenteils abgeschlossen ist, bildet *Bengalen*. Seit dem Sieg bei Plassey erreicht die Kompanie noch riesigere Gewinne als zuvor, vor allem durch
die Verknüpfung von Handel, systematischer Ausplünderung und Tribut-
eintreibung. Von 1760 bis 1780 werden für 12 Mio Pfund Sterling Waren
nach England eingeführt, die faktisch nichts kosten, da sie mit den von
der Kompanie eingetriebenen Steuern »beglichen« werden. Nicht selten
sind die Inder gezwungen, Waren weit über Wert anzunehmen, während
sie ihre eigenen Produkte weit darunter abgeben müssen. Da die Kompanie die Preise selbst festsetzt, schießen in ihren Reihen Riesenvermögen
wie Pilze aus der Erde; Clive, zur Symbolfigur des englischen Einflusses
avanciert, kehrt als Millionär und Besitzer ausgedehnter Ländereien nach
England zurück.

Durch die Überschwemmung des indischen Marktes mit englischen Waren wird der Ruin des hochstehenden indischen Baumwollgewerbes und
vieler Zweige des Handwerks wie der Töpferei und Goldschmiedekunst
eingeleitet. Auch in der Landwirtschaft greift ein unaufhaltsamer Verfall
um sich. Hungersnöte sind die Regel (die Hungersnot von 1770 rafft ein
Viertel der Bevölkerung Bengalens hinweg).

Wenn die industrielle Revolution Englands so schnell voranschreiten
kann, dann nicht zuletzt auf Kosten Indiens. Neben das sprichwörtliche
»irische Elend« tritt das »indische Elend«. Ohne die grenzenlose Ausbeutung Indiens hätten die Abschlußphase der ursprünglichen Akkumulation des Kapitals in England und die Entfaltung der industriellen Revolution nicht ihre »klassische« Dimension erreicht. Der Verfall von Gewerbe
und Agrarproduktion leitet die *Zerstörung der indischen Dorfgemeinschaft* ein,
sie erweist sich außerstande, dem Druck überhöhter Steuern, Tribute und
übermächtiger Marktkonkurrenz auf Dauer standzuhalten.

Die englischen Kolonialherren stärken die Stellung der Samindare als   *Samindar-*
Großgrundbesitzerklasse, die das Recht zu erhöhter Steuereinziehung er-   *system*
hält. Mit der einsetzenden Verwandlung Indiens in einen Rohstoff- und
Absatzmarkt und mit dem Übergang des Bodens in Privateigentum för-

dern sie die Ausbreitung der Ware-Geld-Beziehungen. Marx gelangt angesichts der britischen Herrschaft in Indien zu der Feststellung, daß der bürgerliche Fortschritt einem heidnischen Götzen gleiche, »der den Nektar nur aus den Schädeln Erschlagener trinken wollte«[15].

Nachdem die Engländer ihre letzten bedeutenden indischen Gegner, die (zeitweise mit den Franzosen verbündeten) Marathen 1818 und den *Sultan von Maisur* 1799 endgültig besiegen konnten, ist ihre Herrschaft nicht mehr gefährdet.

Ab 1773 unterliegt die Ostindienkompanie der Kontrolle des englischen Parlaments, elf Jahre darauf eines vom König ernannten Kontrollrates (in politischen und militärischen Angelegenheiten). Um einen koordinierten nationalen Widerstand zu verhindern, praktiziert die britische Kolonialmacht systematisch das Prinzip »Teile und herrsche«, indem sie die Widersprüche zwischen den verschiedenen Rassen, Stämmen, Kasten, Glaubensbekenntnissen und Einzelstaaten ausnutzt. Teile Indiens unterliegen direkter Beherrschung, andere Teile werden über mehr als 500 Vasallenfürsten, »die servilsten Werkzeuge des britischen Despotismus«[16] kontrolliert.

Spätblüte der indischen Kultur

Kulturell ist die Zeit von der Mitte des 17. bis zum Ende des 18. Jh. durch eine Nachblüte der indo-persischen Kultur am Hofe des Großmoguls gekennzeichnet. Der Machtverlust geht mit zunehmendem Luxusbedürfnis einher, das sich vor allem in der Überbetonung dekorativ-spielerischer Elemente niederschlägt. Beispiele dafür sind künstlerisch hervorragende Werke der *Goldschmiedekunst und Miniaturmalerei*. Die Kultur der herrschenden Klassen als Spiegelbild großer Leistungen der indischen Kultur auch früherer Jahrhunderte wird trotz ihres beginnenden Verfalls erst jetzt in Europa stärker bekannt, besonders die Meisterwerke indischer *Dichtung* und *Schauspielkunst*. Das berühmte altindische Schauspiel *Sakuntala* von Kalidasa wird ins Englische und bald darauf durch Georg Forster ins Deutsche übersetzt (1789).

2.6.3.   Afrika im 17. und 18. Jh.

Die Entwicklung Afrikas im 17./18. Jh. steht im Schatten des vordringenden europäischen Kolonialismus, obgleich dessen Hauptbasen sich noch auf die Küstenzone reduzieren. Die Wirkungen des Kolonialismus sind bis weit in das Innere spürbar (Rolle des stetig anwachsenden Sklavenhandels), wodurch die gesellschaftliche Entwicklung Afrikas zunehmend zurückgeworfen oder sogar total unterbrochen wird.

Nordafrika

Außer Marokko befindet sich Nordafrika, der *Maghreb*, größtenteils unter der Oberhoheit des türkischen Sultans. Die ohnehin nur schwachen An-

---

15 K. Marx, Die künftigen Ergebnisse der britischen Herrschaft in Indien, in: MEW, Bd. 9, Berlin 1960, S. 226.
16 K. Marx/F. Engels, Russisch-türkische Schwierigkeiten – Ausreden und Ausflüchte des britischen Kabinetts – Nesselrodes letzte Note – Die ostindische Frage, in: MEW, Bd. 9, S. 202.

sätze einer manufakturellen Produktion kommen nicht zur Entfaltung, zumal infolge der von den türkischen Gouverneuren und den lokalen Machthabern (Deys) auferlegten Abgaben die Entwicklung der Städte gehemmt wird. Im Falle *Algeriens* geht die Macht völlig an die Janitscharen über, die seit 1659 ihre politischen Kreaturen an die Regierung schieben (Aghas, Deys).

Marokko gelingt es, einer türkischen Oberhoheit zu entgehen. Unter dem Begründer der bis in die Gegenwart regierenden *Alawiten-Dynastie*, Mulai Ismail, erfolgt eine wirtschaftliche und politische Konsolidierung. Bis 1769 kann Marokko fast alle europäischen Stützpunkte an seiner Atlantikküste beseitigen. Für das übrige Nordafrika ist seit dem Ende des 17. Jh. eine vorwiegend nominelle Abhängigkeit von der Hohen Pforte kennzeichnend, womit sich deren Eigenentwicklung immer stärker ausprägt. `Marokko`

Am frühesten büßt die osmanische Herrschaft ihren Einfluß auf Ägypten ein, wo durch den Ausbau der feudal-militärischen Mamelukenoligarchie die frühere Macht des Sultans beseitigt wird. Im Laufe des 18. Jh. erringen einige Beys (Statthalter) die faktische Unabhängigkeit, wobei die sich abzeichnende französisch-britische Rivalität um Ägypten und die internationalen Verwicklungen in der aufkommenden *orientalischen Frage* eine erhebliche Rolle spielen. Der Mamelukenherrscher Ali Bey nutzt den Russisch-türkischen Krieg von 1768–1774 für eine Verweigerung der Abgaben an die Hohe Pforte. Zwar wird Ali 1772 durch mamelukische Gegenkräfte gestürzt, jedoch ist der Zusammenbruch der osmanischen Herrschaft über Ägypten, aus inneren wie äußeren (internationalen) Gründen, nicht mehr aufzuhalten. `Ägypten`

Von allen Gebieten Afrikas ist das Bevölkerungswachstum in Westafrika am geringsten, in einigen Regionen vollzieht sich sogar ein krasser Rückgang. Hauptgrund ist der Sklavenhandel, der viele ehemals blühende Gebiete, darunter Großreiche, veröden läßt. Im 17./18. Jh. stellt Afrika aus europäischer Sicht vor allem »ein Geheg zur Handelsjagd auf Schwarzhäute«[17] dar. Nach vorsichtigen Schätzungen hat Afrika durch den *Sklavenhandel* etwa 100 Mio Bewohner verloren, die im biologisch produktivsten Alter verschleppt werden und damit einen nicht aufholbaren Verlust an menschlicher, materieller und kultureller Substanz darstellen. Speziell für das subsaharische Afrika markiert der Sklavenhandel eine fast totale Blockade des ökonomisch-sozialen, politisch-institutionellen und kulturell-geistigen Fortschritts. Entvölkerung, Verwüstungen, ständige Sklavenkriege, Entfachung innerafrikanischer Rivalitäten, Kappung und Verlagerung traditioneller Handelswege und viele andere verheerende Folgen kennzeichnen die allgemeine Situation. `Westafrika`

Trotzdem – und das spricht für die historische Vitalität des Kontinents und widerlegt zugleich bürgerliche Thesen von einer Geschichtslosigkeit Afrikas – kommt es im 18. Jh. in den von der europäischen Expansion noch nicht oder nur peripher tangierten Gebieten erneut zur Gründung einer Reihe von Großreichen. (Diese Tendenz setzt sich bis in das 19. Jh. `Großreiche`

17   K. Marx, Das Kapital, Bd. I, S. 799.

fort.) In einigen Fällen handelt es sich um hochorganisierte *Staatsgründungen frühfeudalen Typs* oder ausgreifende Vereinigungen von Stammesverbänden. Im Zentralgebiet des heutigen Ghana entsteht unter Osai Tutu das *Ashanti-Reich*, dessen Expansion um die Mitte des 18. Jh. bereits den Volta-Fluß überschreitet und die lokalen Staaten Gondja und Dayomba unterwirft. Kennzeichnend für das Ashanti-Reich ist eine ausgeprägte politische, administrative und militärische Struktur (Kronrat, Unterhäuptlinge, Besteuerung, stehendes Heer). Weitere bedeutende Staatengründungen sind Dahomé und die *Fulbe-Staaten* von Futa Djalon (1725) und Futa Toro (1776).

Nordostafrika

Seine Eigenständigkeit kann auch Äthiopien verteidigen. Die ursprünglich als Verbündete gegen die Osmanen begrüßten Portugiesen werden ebenso wie die Jesuitenmissionare unter dem Herrscher Fasilidas des Landes verwiesen. Es beginnt eine Abschließung, die trotz des Zerfalls der Zentralgewalt im Verlaufe des 18. Jh. durch den Aufstieg lokaler Feudalherren (»Periode der Prinzen«) das Land als Ganzes erhält. Nur in Ausnahmefällen gelingt es Europäern, Äthiopien zu betreten (so 1699 einem französischen Arzt). Nordöstlich Äthiopiens erreichen die Sultanate *Darfur*, zu dem im 18. Jh. Kordofan und Gebiete östlich des Nils gehören, und *Sennar* einen relativ hohen Stand der gesellschaftlichen und politischen Organisation. Im Unterschied zum koptischen Christentum, das in Äthiopien bestimmende Religion ist, handelt es sich bei den Sultanaten um islamische Staatswesen. Die Hauptstadt Sennar soll Ende des 17. Jh. 100 000 Einwohner gehabt haben.

Zentralafrika

Zur portugiesischen Hauptbastion beim weiteren Vordringen in das Innere Afrikas wird das im 16. Jh. unterworfene *Kongo-Reich*, dessen Kerngebiet das heutige Nordangola umfaßt. Jedoch trifft die portugiesische Expansion im 17. und 18. Jh. auf eine Reihe von Staaten, die den ersten Wellen europäischer Kolonialexpansion noch mit Erfolg widerstehen. Das *Matamba-Reich* verteidigt sich unter seiner Herrscherin Nzinga gegen die Sklavenjäger. Auch das längst in seine Niedergangsperiode eingetretene »Goldreich« von *Monomatapa* kann den portugiesischen Einfluß zumindest in Grenzen halten, es endet erst durch die Invasion der benachbarten Rozwi-Stämme. Äußerst wehrhaften Charakters sind auch die *Luba- und Lunda-Reiche*.

Im östlichen Afrika gewinnen überregionale Stammesverbände wie Buganda, Rwanda und Urundi an Bedeutung.

Südafrika

In Südafrika trifft die 1632 durch die holländische Landnahme eingeleitete europäische Kolonisation vornehmlich auf Numa und Buschmänner, die in zahlreiche Stämme zergliedert und zumeist in patriarchalischen Großfamilien organisiert sind. Östlich ihrer Gebiete, an der Südostküste, siedeln Bantustämme. Beträgt die Zahl der europäischen Siedler Ende des 17. Jh. erst etwa 1 000 – zu den Holländern stoßen noch ausgewanderte Hugenotten und Sträflinge sowie erste Sklaven (hauptsächlich aus Indonesien und anderen südasiatischen Gebieten) – so erreicht sie Ende des 18. Jh. bereits 15 000. In dieser Zeit drängen die holländischen Siedler (Buren – Bauern) die einheimische Bevölkerung immer weiter nach Norden und Nordosten zurück. Um 1780 ist bereits der Fischfluß die Ost-

grenze der niederländischen Besitzungen. Von dort aus greifen die Buren
Bantustämme an und berauben sie zunehmend ihres Landes. Im Innern
des niederländischen Herrschaftsgebietes bleiben die »Farbigen« (besonders Malaien und Inder) sowie die Mischlinge fast ebenso rechtlos wie
die unterdrückte afrikanische Bevölkerung. Ein ausgeprägter Rassismus
kennzeichnet das Kolonialregime und seine Expansion.

Internationale Beziehungen von 1648 bis 1789   2.7.

Das System der internationalen Beziehungen in Europa wird nach 1648
durch folgende Hauptfaktoren bestimmt:
1. den objektiv gegebenen Widerspruch zwischen den beiden bürgerlichen Staaten und dem übrigen feudalen Europa;
2. den Kampf zwischen England und den Niederlanden um die Vormacht im Welthandel, der mit Beginn des 18. Jh. zugunsten Englands entschieden ist;
3. den Gegensatz zwischen den am Gedanken der Universalmonarchie
festhaltenden spanisch-österreichischen Habsburgern und dem nationalstaatlichen Absolutismus in Frankreich;
4. das Ringen um die Vorherrschaft im Ostseeraum, in dem Rußland
nachdrücklich seine Ansprüche anmeldet;
5. die noch anhaltenden Expansionsversuche des osmanischen Großreiches;
6. die Interessengegensätze europäischer Mächte bei der kolonialen Beherrschung der außereuropäischen Welt.
Diesem Handlungsrahmen sind die Beziehungen und Konflikte zwischen
den europäischen Staaten und den Klein- bzw. Mittelstaaten des Reiches
und Italiens ein- und untergeordnet.

Niederländisch-englischer Konflikt, französische Expansion und Kampf um die Ostseeherrschaft (1648–1721)   2.7.1.

Nach dem Dreißigjährigen Krieg gehört Schweden zum Kreis der europäischen Großmächte. Es hat gegen Polen, das Heilige Römische Reich und
den traditionellen Rivalen Dänemark die Vorherrschaft im Ostseeraum
erkämpft. Dänemarks Ansprüche werden zuletzt in einem Krieg
(1643–1645) abgewiesen. Im *Frieden von Brömsebro* (1645) fallen die Inseln
Gotland und Ösel sowie ein Teil Norwegens an Schweden. Doch Schwedens Vormacht bleibt nicht unangefochten. Der polnische König Johann
Kasimir, aus dem mit Gustav Adolf in der männlichen Linie ausgestorbenen Geschlecht der Wasa, erhebt nach wie vor Ansprüche auf die schwedische Krone und fordert Livland. Rußland sucht einen Weg an die Ostseeküste, Dänemark wartet auf eine günstige Gelegenheit zur Revision
des Friedens von 1645.

Mit einem Angriff auf Polen will König Karl X. die Position Schwedens sichern und durch die Annexion Westpreußens ausbauen. Er nutzt den

Marginalien:
Schwedens
Kampf um die
Behauptung
der
Ostseemacht

Kriege in
Nordosteuropa

Umstand, daß Polen seit 1654 im Krieg gegen Rußland um den Besitz der Ukraine und den Zugang zur Ostsee steht. Im Bündnis mit dem Kurfürsten von Brandenburg, der sich territorialen Gewinn und die Befreiung von der polnischen Lehnsherrschaft über Ostpreußen erhofft, fällt Karl X. 1655 in Polen ein. Im Juli 1655 erobert ein schwedisch-brandenburgisches Heer Warschau, wenig später Krakau. Karl X. beabsichtigt, Westpreußen und die angrenzenden Gebiete Schweden anzugliedern, das übrige Polen unter schwedische Marionettenfürsten zu stellen und mit seinem brandenburgischen Bündnispartner aufzuteilen. Schwedens Erfolge rufen jedoch Rußland, Dänemark, den Kaiser und die Niederlande auf den Plan. Letztere befürchten bei einer weiteren Machtsteigerung Schwedens mit Recht eine Einschränkung ihres baltischen Handels und unterstützen Polen. Dänemark erklärt Schweden den Krieg, Rußland unterbricht seine Auseinandersetzung mit Polen und fällt in die baltischen Gebiete Schwedens ein, der Kaiser schließt eine Allianz mit Polen. Angesichts dieser Konstellation trennt sich Brandenburg von Schweden und verspricht Polen jetzt Hilfe, das ihm seinerseits die gewünschte Souveränität über Ostpreußen garantiert.

Karl X. sucht den feindlichen Ring durch die Niederwerfung Dänemarks zu brechen. Im *Frieden von Roskilde* (Februar 1658) muß Dänemark allen gegen Schweden gerichteten Bündnissen entsagen sowie die Küstenprovinzen von Bohuslän bis Blekinge, das mittelnorwegische Gebiet um Drontheim und die Insel Bornholm abtreten. Im Gegenzug bilden Kaiser, Polen und Brandenburg eine antischwedische Tripleallianz. Als die Niederlande Dänemark zur Kündigung des Bündnisses mit Schweden bewegen, fällt Karl X. 1658 abermals in Dänemark ein. Jedoch kann sich Schweden gegen die Übermacht seiner Feinde, durch die niederländische Flotte wirksam unterstützt, nicht behaupten. Frankreich, das seinen traditionellen Bundesgenossen im Norden nicht zu sehr geschwächt sehen möchte, vermittelt zwischen Schweden, Polen, Brandenburg und dem Kaiser den *Frieden von Oliva* (1660) und zwischen Schweden und Dänemark den *Frieden von Kopenhagen*. Die polnischen Wasa verzichten auf die schwedische Krone, bestätigen Schweden den Besitz des nördlichen Livlands, Estlands und der Insel Ösel (Sarema). Westpreußen bleibt bei Polen, Brandenburg erhält die Souveränität über Ostpreußen, sieht sich aber gezwungen, das im Krieg eroberte Vorpommern an Schweden zurückzugeben. Drontheim und Bornholm fallen wieder an Dänemark. Die übrigen im Frieden von Roskilde erworbenen Gebiete verbleiben bei Schweden.

Zwischen Rußland und Schweden ist der Krieg erst 1661 mit dem *Frieden von Stolbovo* beendet. Rußland muß seine Eroberungen in Livland und Estland freigeben. Mit Polen unterzeichnet Rußland 1667 den *Waffenstillstand von Andrussovo*. Die Ukraine östlich des Dnepr mit der westlich des Flusses gelegenen Stadt Kiev und das 1618 mit Polen eroberte Land Smolensk erhält Rußland, das Großfürstentum Litauen verbleibt bei Polen.

Im Ergebnis der von 1655 bis 1667 andauernden Kriege in Nordosteuropa kann Schweden seine Ostseeherrschaft vor allem dank der diplomatischen Hilfe Frankreichs behaupten. Rußland gelingt es noch nicht, einen Weg zur Ostsee zu erkämpfen.

In der Mitte des 17. Jh. nimmt für die Niederlande der Konflikt mit Eng- Niederlän-
land um die maritime, kommerzielle und koloniale Hegemonie dramati- disch-engli-
sche Dimensionen an. Mit der Navigationsakte (1651) führt England scher Krieg
einen entscheidenden Schlag gegen das niederländische See- und Zwi-
schenhandelsmonopol, der den Krieg (1652–1654) unausweichlich
macht. Im April 1654 sind die Niederlande im *Frieden von Westminster* zur
Anerkennung der Navigationsakte gezwungen.

Mit dem Frieden von Westminster ist der Konfliktstoff keineswegs beseitigt. In den Kolonien kommt es zu wiederholten schweren Auseinandersetzungen. Zudem verschärft England zwischen 1660 und 1663 die Anwendung der Navigationsakte: Englische Kolonien bleiben fremder
Schiffahrt und fremdem Handel versperrt. Englische Truppen besetzen
1664 die Kolonie Neu-Niederlande mit dem Zentrum Neu-Amsterdam
(künftig New York) in Nordamerika, die niederländische Flotte ihrerseits
attackiert die von England besetzte Goldküste in Afrika, englische Kaper-
fahrer bringen niederländische Handelsschiffe auf.

Im März 1665 erklärt Karl II. den Niederlanden den Krieg (zweiter Eng-
lisch-niederländischer Krieg 1665–1667). Zugleich fällt (durch englische
Subsidien animiert) der Bischof von Münster in die zu Lande militärisch
schwachen Niederlande ein. Frankreich, das ein machtpolitisches Übergewicht Englands befürchtet, mischt sich in den Konflikt ein und zwingt
den Münsteraner zum Rückzug und Friedensschluß. In großen See-
schlachten suchen England und die Niederlande vergeblich die Entscheidung. Schließlich zwingt das *Medwaydisaster* (Juni 1667) England zum
Einlenken: Die niederländische Flotte unter Admiral de Ruyter dringt die
Themse bis London aufwärts und dann den Medway flußaufwärts bis
Chatham vor, zahlreiche Schiffe, Werften und Magazine der englischen
Kriegsflotte werden zerstört. Im *Frieden von Breda* (Juli 1667) erfolgt eine
Entschärfung der Navigationsakte: Güter aus dem Heiligen Römischen
Reich und den südlichen Niederlanden dürfen nunmehr auf niederländi-
schen Schiffen nach England eingeführt werden. Neu-Niederlande ver-
bleibt endgültig bei England; dafür erhalten die Niederlande dessen süd-
amerikanische Kolonie Surinam.

Nach Konsolidierung der innenpolitischen Verhältnisse und seiner abso- Außenpoliti-
lutistischen Herrschaft geht Ludwig XIV. zielgerichtet zu einer *Expan-* sche Ziele
sionspolitik über, die sich nicht mehr so stark wie die seiner Vorgänger auf Frankreichs
Italien konzentriert, sondern zunächst den Plan verfolgt, ein Frankreich
in seinen »natürlichen Grenzen« zwischen Rhein, Alpen und Meer zu »ar-
rondieren« (abzurunden) und damit die französische Hegemonie in
Europa auszubauen. Parallel dazu versucht der merkantilistisch versierte
Finanzminister Colbert Frankreich eine führende Position im Welthandel
zu schaffen und ein über drei Erdteile gespanntes Kolonialreich aufzubauen. Zu den Besitzungen Kanada, auf das schon Heinrich IV. ein Auge
geworfen hatte, und den Kleinen Antillen kommen Louisiana (Missis-
sippi-Mündung), Madagaskar sowie erste Erwerbungen an der indischen
Küste (Surate, Pondichéry).

Ist das politische Hegemoniestreben Frankreichs vor allem gegen die
Habsburger gerichtet, so muß sein transatlantisches auf den Widerstand

der Niederlande und Englands stoßen, die selbst um die führende Position im Welthandel kämpfen.

Erster Devolutionskrieg

Die Expansionspolitik Ludwigs XIV. zielt zunächst auf das im *Pyrenäenfrieden* (1659) gedemütigte Spanien. Mazarin hat beim Friedensschluß die Vermählung Ludwigs mit María Teresa, der ältesten Tochter des spanischen Königs Philipp IV., durchgesetzt. Ludwig erklärt nun den bei der Heirat ausgesprochenen Verzicht auf das spanische Erbe für ungültig und erhebt nach Philipps Tod (1665) auf Grund brabantischen Privatrechts (wonach Töchter aus erster Ehe Erbvorrang gegenüber Söhnen aus folgenden Ehen haben: »Devolutionsrecht«) gegenüber dem neuen spanischen König, Karl II., dem Bruder von María Teresa, für diese Anspruch auf Teile der spanischen Niederlande. Im Mai 1667 dringen französische Truppen in die spanischen Niederlande ein. Die Generalstaaten und England, durch diesen Schritt Frankreichs gleichermaßen bedroht, verbünden sich ungeachtet des eben noch geführten Kampfes um die kommerzielle Vorherrschaft. Ihnen schließt sich Schweden (gegen Zahlung von Subsidien) an. Diese Dreierallianz zwingt Frankreich zum *Frieden von Aachen* (1668). Ludwig XIV. erhält zwar einige Festungen in den spanischen Niederlanden, kann aber seine Ansprüche insgesamt nicht durchsetzen.

Zweiter Devolutionskrieg

Der Friede von Aachen ist für Frankreich nur ein Zwischenspiel. Es hat die Annexion der spanischen Niederlande gegen England und die Generalstaaten nicht erreichen können, nun sucht es den Erfolg im Bündnis mit England gegen die Niederlande. Nach langwierigem diplomatischem Ränkespiel, in dem Ludwig XIV. die Rivalität der beiden bürgerlichen Staaten geschickt ausnutzt, kommt es im Mai 1670 zum *Geheimvertrag von Dover*. Frankreich und England vereinbaren den gemeinsamen Angriff auf die Niederlande. Gegen die Gewährung von Subsidien treten Köln und Münster der Allianz bei.

Im April 1672 erklären Frankreich und England den Niederlanden den Krieg, deren einziger Bündnispartner der Kurfürst von Brandenburg ist, der seine niederrheinischen Besitzungen bedroht sieht. Zur See den Engländern überlegen, erleiden die Niederlande auf dem Lande empfindliche Niederlagen. Gegen den sich abzeichnenden französischen Erfolg treten Österreich und Spanien auf den Plan, die im August 1673 ein Bündnis mit den Niederlanden eingehen, dem auch der Herzog von Lothringen beitritt.

Schwere Niederlagen zur See und die Gefährdung seines Mittelmeerhandels durch den Kriegseintritt Spaniens veranlassen England im Februar 1674 zum Frieden mit den Niederlanden. Im Mai 1674 wird der Reichskrieg gegen Frankreich erklärt. Ludwig XIV. erreicht nun ein Eingreifen Schwedens, das im Dezember 1674 in Brandenburg einfällt, aber am 28. Juni 1675 in der *Schlacht bei Fehrbellin* entscheidend geschlagen wird. Brandenburg erobert Vorpommern und vertreibt die in Ostpreußen eingefallenen Schweden. Als England und die Niederlande im Januar 1678 ein Defensivbündnis eingehen, muß sich Ludwig XIV. zum Frieden bereitfinden.

Im *Frieden von Nijmegen*, der zwischen Frankreich und den Niederlanden (August 1678), zwischen Frankreich und Spanien (September 1678) und zwischen Frankreich und dem Heiligen Römischen Reich (Februar 1679) zustande kommt, gewinnt Frankreich Lothringen, die Freigrafschaft Burgund, dazu Grenzplätze in den spanischen Niederlanden. Es erhält das Besatzungsrecht in Freiburg i. Br. Im Frieden von St.-Germain-en-Laye zwischen Schweden und Brandenburg (Juni 1679) kann Frankreich die Herausgabe Vorpommerns durch Brandenburg durchsetzen, es muß sich mit einer Entschädigung von 30 000 Talern zufriedengeben, die Frankreich zahlt.

Nach dem Frieden von Nijmegen versucht Ludwig XIV. seinem großen Ziel, den Rhein zur Ostgrenze Frankreichs zu machen, durch »Reunionen« (Wiedervereinigungen) näherzukommen. Er erklärt, daß alle Gebiete, die irgendwann von den 1552, 1648, 1668 und 1679 an Frankreich gefallenen Territorien abhängig waren, der Krone Frankreichs gehören. Das Elsaß wird 1680 (bis auf Straßburg und Mühlhausen) annektiert, 1681 Straßburg, 1683 Grenzstreifen in den spanischen Niederlanden. Spanien antwortet darauf mit Kriegserklärung. Der Kaiser, durch den Türkenkrieg gebunden, sucht einen neuen Waffengang mit Frankreich zu vermeiden. So besteht das Ergebnis im *Regensburger Stillstand* zwischen Frankreich, Spanien und dem Kaiser, in dem die bis 1681 erfolgten »Reunionen«, dazu die französische Herrschaft über Straßburg und Luxemburg für 20 Jahre anerkannt werden. *(margin: Frankreichs »Reunions«-politik)*

Nach dem Tod des pfälzischen Kurfürsten Karl erhebt Ludwig XIV. 1685 für seine Schwägerin Lieselotte, der Schwester Karls, Erbansprüche. Zugleich verlangt er ultimativ die endgültige Anerkennung der »Reunionen« und verleiht diesen Forderungen mit einem Einfall in die Pfalz im Winter 1688/89 Nachdruck (Zerstörung des Heidelberger Schlosses). Dabei baut er darauf, daß der Kaiser wegen des andauernden Türkenkrieges keinen Widerstand wagen würde. *(margin: Dritter Devolutionskrieg)*

Fast zeitgleich mit dem französischen Angriff findet ein Ereignis statt, das die europäische Kräftekonstellation stark verändert: der Sturz des frankreichfreundlichen Jakob II. von England und die Übertragung der englischen Königswürde an dessen Schwiegersohn, den niederländischen Statthalter Wilhelm III. von Oranien und seine Frau Maria, die Nichte Karls II. (November 1688). Unter dem Einfluß Wilhelms und der whigistischen Kaufleute, denen die französische Konkurrenz bereits lästiger ist als die niederländische, wendet sich England von Frankreich ab. Da der Kaiser jetzt keinen Zweifrontenkrieg mehr fürchtet, sieht sich Ludwig XIV. überraschend mit einer *Großen Allianz* konfrontiert, der Kaiser und Reich, Niederlande, England, Spanien, Savoyen und deutsche Territorialfürsten angehören. Frankreich vermag sich nur auf den entmachteten Jakob II. zu stützen, der mit französischer Hilfe von Irland aus seinen Thron wieder zu erobern sucht. Zur gleichen Zeit kämpfen der Kaiser, Polen, Rußland und Venedig gegen die Osmanen. Fast ganz Europa ist im Kriegszustand.

Im September 1697 wird zwischen den Niederlanden, England, Spanien und Frankreich und im Oktober mit Kaiser und Reich in Rijswijk (bei Den Haag) Frieden geschlossen. Frankreich behält das Elsaß mit Straßburg, muß aber die anderen »reunierten« Gebiete zurückgeben. *Mit dem*

Frieden von Rijswijk deutet sich das Ende der französischen Hegemonie in Europa an. Frankreich ist gezwungen, den Krieg ohne Erweiterung seines Territoriums zu beenden, einige Gebiete muß es sogar wieder herausgeben. Empfindlich trifft Frankreich auch die Niederlage seines osmanischen Verbündeten gegen Österreich, die 1699 mit dem *Frieden von Karlowitz* besiegelt wird.

Türkenkriege
In der Mitte des 17. Jh. nehmen die *Osmanen* ihre Expansion wieder auf, sie richtet sich vor allem gegen Österreich, Polen, Rußland und Venedig. Frankreich nutzt mit Geschick die osmanischen Expansionsbestrebungen zur Schwächung der österreichischen Habsburger und des Heiligen Römischen Reiches. Jedoch erreichen die osmanischen Herrscher nicht mehr die früheren schnellen und dauerhaften Erfolge. Allein die Eroberung Kretas (im Besitz Venedigs) erstreckt sich über 25 Jahre. In Rußland und Österreich erwachsen den Osmanen ernsthafte Gegner.

Im Jahre 1663 beginnen die Osmanen den Krieg gegen das Reich und Österreich und gewinnen im *Frieden von Vasvar* (August 1664) einige Festungen in Ungarn. Nach einem 13 Jahre währenden Krieg (1667–1679) verliert Polen im Waffenstillstand von Zórawno (Oktober 1676) Podolien und etwa ein Drittel des von ihm beherrschten Teils der Ukraine. Das Ausgreifen der osmanischen Expansion auf die Ukraine mündet in den *Krieg mit Rußland* (1676–1681), in dem die Osmanen jedoch ihre ukrainischen Eroberungen behaupten können (Frieden von Radzýn, Februar 1681). Durch die französische Diplomatie ermuntert, die freie Hand für die »Reunions«politik Ludwigs XIV. schaffen will, fällt 1683 ein gewaltiges osmanisches Heer in Österreich ein und beginnt am 14. Juli 1683 mit der Belagerung Wiens. Kaiser und Reich finden wirksame Hilfe in Polen, das im Falle eines osmanischen Sieges um seine südlichen Territorien fürchtet. Unter dem Oberbefehl des polnischen Königs Jan III. Sobieski werden die Osmanen vor Wien vernichtend geschlagen (Schlacht am Kahlenberg, September 1683). Im März 1684 bilden Österreich, Polen und Venedig unter dem Protektorat des Papstes eine *Heilige Liga* gegen die Osmanen, Rußland tritt diesem Bündnis 1686 bei. Durch den Regensburger Stillstand im Westen gesichert, konzentriert sich der Kaiser auf einen Angriffskrieg gegen die Osmanen, die bei *Mohács* (August 1687) erneut empfindlich geschlagen werden, gleichzeitig jedoch durch den Beginn des dritten Devolutionskrieges eine Entlastung erfahren. Erst der von den kaiserlichen Truppen unter Prinz Eugen von Savoyen erfochtene Sieg bei *Zenta* (September 1697) besiegelt die *Niederlage der Osmanen*. Im *Frieden von Karlowitz* (Januar 1699) erhält der Kaiser Ungarn (ohne das Banat), Siebenbürgen und den größten Teil Sloweniens und Kroatiens. *Die österreichische Großmachtstellung in Europa wird begründet.*

Rußlands Verwicklung in den *Nordischen Krieg* nutzend, dazu durch den nach seiner Niederlage bei Poltava auf türkisches Gebiet geflohenen Schwedenkönig Karl XII. ermuntert, erklärt die Pforte im November 1710 Rußland den Krieg. Peter I. wird am Pruth besiegt, im Friedensschluß von 1711 (1713 bestätigt) verliert er das 1700 errungene Asov. Die Osmanen nehmen den Sieg über Rußland und den Umstand, daß andere Verbündete Venedigs (Polen und Österreich) in den Nordischen Krieg oder

Belagerung Wiens. Schlacht am Kahlenberg

den Spanischen Erbfolgekrieg verwickelt sind, zum Anlaß, diesem 1714 den Krieg zu erklären, um den Peloponnes zurückzugewinnen, was bis zum Herbst 1715 gelingt. Als Österreich 1716 auf der Wiederherstellung der Friedensversicherungen von Karlowitz besteht, antworten die Osmanen mit Krieg. Unter Prinz Eugen von Savoyen bereiten ihnen die österreichischen Truppen bei Peterwardein (August 1716) und Belgrad (August 1717) vernichtende Niederlagen. Im *Frieden von Passarowitz* (Juli 1718) erhält Österreich das Banat, Nordserbien mit Belgrad, Gebiete in Nordbosnien und in der Kleinen Walachei. Venedig büßt allerdings den Peloponnes wieder ein und behält nur einige Inseln (u. a. Korfu) sowie Küstenplätze in Albanien. *(Krieg Venedigs und Österreichs gegen die Osmanen)*

Im November 1700 stirbt kinderlos der degenerierte spanische König Karl II. Als Hauptanwärter auf das Erbe gelten Ludwig XIV. und Kaiser Leopold I. – beide sind Enkel Philipps III. und Neffen Philipps IV. von Spanien, mit spanischen Prinzessinnen verheiratet. Hinzu kommt der bayrische Kurprinz Josef Ferdinand, ein Enkel des Kaisers. Der Streit um die spanischen Besitzungen läßt ebenso wie der Nordische Krieg alle in Europa bestehenden politischen Widersprüche deutlich werden und führt zu einem der blutigsten Kriege des 18. Jh., dessen Schlachten vor allem in den spanischen Niederlanden, im Südwesten des Heiligen Römischen Reiches und in Oberitalien ausgetragen werden. Da Karl II. in seinem Testament seinen gesamten Besitz Philipp von Anjou, dem Enkel Ludwigs XIV., übertragen hat, scheint Ludwig XIV. sein Ziel – absolute Hegemonie Frankreichs in Europa – erreichen zu können (»Es gibt keine Pyrenäen mehr!«). Dagegen bilden England, die Niederlande und Österreich in Den Haag im September 1701 die *Große Allianz*, der später Portugal, Brandenburg-Preußen, Hannover und andere deutsche Staaten beitreten, Dänemark und Sachsen stellen Hilfskontingente. Verbündete Frankreichs sind Bayern, das für den Verzicht auf die spanische Anwartschaft von Frankreich territorialen Gewinn im Reich erhofft, und das Kurfürstentum Köln. *(Spanischer Erbfolgekrieg)*

Seit dem Jahre 1704 bleiben die unter Führung von Prinz Eugen und dem Herzog von Marlborough kämpfenden Truppen der Allianz in fast allen bedeutenden Schlachten siegreich (Höchstädt a.d. Donau, 1704; Ramillies und Turin 1706; Oudenaarde 1708; Malplaquet, September 1709). Schon im März 1709 ist Frankreich zu Friedensverhandlungen bereit, sie ziehen sich aber durch den 1710 erfolgten Kabinettswechsel in England in die Länge, da die nunmehr herrschenden Tories Verbindung zu Frankreich suchen: Gegen Sicherung der englischen Handelsinteressen bieten sie die Anerkennung Philipps von Anjou als König von Spanien an. Im April 1713 schließt Frankreich in *Utrecht* mit England, den Niederlanden, Savoyen, Portugal und Brandenburg-Preußen Frieden, im März 1714 in Rastatt mit Österreich, im September 1714 in *Baden* mit dem Heiligen Römischen Reich. *Philipp von Anjou wird als König von Spanien anerkannt und begründet die spanische Linie der Bourbonen.* Er erhält Spanien und dessen Kolonien mit der Verpflichtung, niemals eine Vereinigung mit Frankreich einzugehen. England erwirbt Gibraltar und Menorca sowie Labrador und die Hudsonbai in Nordamerika; mit dem *Asiento* sichert es sich Handelsvorrechte in den spanischen Kolonien, die vor allem den Sklavenhandel betreffen. An Österreich fallen die spanischen Niederlande (ohne Geldern), Mailand, Neapel, Sardinien und die Festungen Alt-Breisach, Freiburg und Kehl. Der Herzog von Savoyen bekommt den Königstitel und Sizilien. Brandenburg-Preußen kann die Bestätigung seiner Königswürde durchsetzen, ihm werden überdies Geldern, Lingen, Mörs, Neuenburg und Valengin übertragen. Die Niederlande erhalten das sogenannte Barrièretraktat bestätigt, das ihnen zur Sicherung ihres Territoriums das Besatzungsrecht in einigen Festungen innerhalb der nunmehr österreichischen Niederlande und im Reich gewährt.

Spanischer Krieg Philipp V. verfolgt das Ziel, die eingebüßten spanischen Besitzungen wieder zu vereinen, im August 1717 greift er Sardinien, 1718 Sizilien an. Um die Bedingungen des Utrechter Friedens aufrechtzuerhalten, schließen sich England, Österreich und Frankreich zusammen und zwingen Spanien, nach Vernichtung seiner Flotte im Mittelmeer, zum Frieden, der im Februar 1720 zustande kommt. Spanien verzichtet auf weitere Eroberungen, Österreich erhält Sizilien und übergibt dafür Sardinien an Savoyen.

Nordischer Krieg Nach dem erfolgreichen Krieg gegen die Osmanen nehmen Rußland und das in Personalunion mit Sachsen verbundene Polen im Bündnis mit Dänemark den Kampf gegen die schwedische Ostseeherrschaft wieder auf. Der Krieg beginnt im Februar 1700 mit dem Angriff polnisch-sächsischer Truppen auf Livland. In den Anfangsjahren des Krieges kann sich Schweden gegen Dänemark, Rußland (Niederlage Peters I. bei Narva, November 1700) und Polen erfolgreich behaupten, erleidet dann aber bei Poltava (1709) eine vernichtende Niederlage durch Rußland. Karl XII. von Schweden flieht mit dem Rest seiner Truppen zu den Osmanen.

Im Mai 1715 treten Preußen und das in Personalunion mit England verbundene Hannover in den Krieg ein, womit die Lage für Schweden aussichtslos wird. Verlustreiche Friedensschlüsse sind die Folge. Im *Frieden von Stockholm* zwischen Hannover und Schweden (1719) gehen die Bistümer Verden und Bremen verloren; Brandenburg-Preußen erhält beim Friedensschluß von 1720 Vorpommern bis zur Peene mit den Inseln Usedom und Wollin, Dänemark gewinnt durch den Frieden von 1720 ganz Schleswig. Der *Frieden von Nystad* zwischen Schweden und Rußland (1721) bringt Schweden den Verlust von Livland, Estland, Ingermanland, eines Teils von Karelien sowie der Inseln Ösel, Dagö und Moen. Zwischen Polen und Schweden erfolgt der Frieden formell erst auf der Grundlage des Waffenstillstandes vom November 1719 ohne territoriale Veränderungen.

Europa nach den großen Kriegen Im Ergebnis des Spanischen Erbfolgekrieges, des Nordischen Krieges und der Türkenkriege ändert sich das Kräfteverhältnis in Europa und in den Kolonien entscheidend zugunsten Englands. Der Versuch des feudalabsolutistischen Frankreichs, Europa auf Dauer seiner Vorherrschaft zu unterwerfen, mißlingt. Die Niederlande büßen ihre beherrschende Stellung als See-, Handels- und Kolonialmacht endgültig ein und bewegen sich seitdem weitgehend im Schlepptau Englands. Auch die aktive Rolle Polens und der Osmanen geht zu Ende. Schweden verliert seine do miniereinde Stellung im Ostseeraum und sinkt zu einem Staat zweiter Ordnung herab. Dagegen festigt Österreich den Aufstieg zur europäischen Großmacht durch seine südöstlichen Expansionserfolge. Das innerlich gefestigte Rußland erkämpft den Zugang zur Ostsee und meldet sichtbar die Anwartschaft auf einen Platz im Kreis der europäischen Großmächte an.

Englands Kampf um das Gleichgewicht auf dem Kontinent. 2.7.2.
Rußland auf dem Weg zur Großmacht.
Der österreichisch-preußische Dualismus (1721–1789)

Die nach Beendigung der großen europäischen Kriege folgende Zeit bis 1733 ist gekennzeichnet durch intensive Bemühungen der Großmächte, durch Bündnissysteme eine Vormachtstellung gegenüber ihren Konkurrenten zu erlangen. *England* kommt es vor allem auf das Gleichgewicht *(Balance of Power)* zwischen den Kontinentalmächten an, um im Konfliktfall durch Parteinahme für die eine oder die andere Seite das eigene Übergewicht zu erreichen. Eng verbunden damit ist die Realisierung seiner ökonomischen und politischen Ziele zur Beherrschung der Meere, des Welthandels sowie zur Erlangung der Vormacht in den Kolonien. In dieser Hinsicht ist *Frankreich* als Kontinentalmacht wie als Handels- und Kolonialmacht Hauptgegner. Der internationale Hauptgegensatz ist von den Interessenkonflikten dieser beiden Staaten bestimmt. *Österreich* sucht freie Hand für weitere Expansion in südöstlicher Richtung. *Rußland* kann ebenfalls aktiv in diese Machtkämpfe eingreifen, nachdem es sich den Zugang zur Ostsee und zum Schwarzen Meer geöffnet hat.

Aus den widersprechenden Interessen der europäischen Mächte kommt es zur Einberufung einer Vielzahl von *Kongressen*, in deren Ergebnis ständig wechselnde Allianzen eingegangen werden.

Im Februar 1733 stirbt König August II. von Polen (als Friedrich August I. zugleich Kurfürst von Sachsen). Bei der Neubesetzung des Thrones prallen die Interessen der Großmächte aufeinander, die Polen in einen Vasallenstaat verwandeln wollen. Auf Betreiben Frankreichs wählt eine Mehrheit des polnischen Adels Stanisław Leszczynski, den Schwiegervater Ludwigs XV., zum König. Rußland und Österreich organisieren, gestützt auf eine Minderheit im Sejm, ihrerseits die Wahl des Kurfürsten Friedrich August II. von Sachsen als König August III. Frankreich antwortet im Oktober 1733 mit der Kriegserklärung an Österreich, 1734 tritt das Reich gegen Frankreich in den Krieg ein; Frankreich erhält die Unterstützung Spaniens und Savoyens. Die labile Friedensperiode von zwölf Jahren ist zu Ende. Hauptkriegsschauplatz sind der Südwesten des Reiches und Italien. Mit den Wiener Friedenspräliminarien (1735), die 1737 in einen definitiven Frieden umgewandelt werden, endet der Krieg: Leszczynski verzichtet auf die polnische Krone, doch setzt Frankreich die Lehensoberhoheit über Lothringen durch. Durch Reichsgutachten wird im Mai 1736

»Kongreß«-Europa

Polnischer Thronfolge-krieg

der Verzicht des Reiches auf Lothringen sanktioniert. Österreich verliert Neapel und Sizilien an Spanien, erhält dafür Parma und Piacenza.

Russisch-österreichischer Krieg gegen die Osmanen

Nachdem sich Rußland den Zugang zu Ostsee geöffnet hat, gilt seine Aufmerksamkeit zunächst dem Schwarzen Meer. Hauptziele sind die Wiedereroberung von Asov, die Ausdehnung der Süd- und Südwestgrenze bis Dnestr und Kuban sowie ein Protektorat über die Donaufürstentümer. Der Angriff gegen die Türken beginnt im Jahre 1735. Österreich tritt 1737 an der Seite Rußlands mit der Absicht der vollständigen Eroberung Serbiens, Bosniens, der Moldau und der Walachei in den Krieg. Es ist allerdings durch den Polnischen Thronfolgekrieg geschwächt, und seine Eroberungsziele überschneiden sich mit den russischen, was Aktionen der Verbündeten nicht zuläßt. Im *Frieden von Belgrad* (1739) gehen Österreich alle beim Friedensschluß von Passarowitz gewonnenen Gebiete (mit Ausnahme des Banats) verloren, auch Rußland erreicht seine weitgesteckten Ziele nicht. Der Friedensschluß mit den Osmanen im Dezember 1739 bestimmt zwar, die Festung Asov zu schleifen, Asov und sein Umland werden zu neutralem Gebiet erklärt, doch bleibt das Schwarze Meer der russischen Flotte verschlossen.

Österreichischer Erbfolgekrieg

Kaiser Karl VI., ohne Söhne geblieben, unternimmt alles, um die europäischen Mächte und die deutschen Fürsten zur Anerkennung der 1713 erlassenen *Pragmatischen Sanktion* zu bewegen, nach der sämtliche habsburgischen Länder für immer unteilbar und auch in weiblicher Linie vererbbar sein sollen. Die Pragmatische Sanktion findet die Anerkennung Spaniens, Rußlands, Preußens, Großbritanniens, der Niederlande, Hannovers, des Heiligen Römischen Reiches, Dänemarks, Frankreichs und Sardiniens. Als nach Karls Tode (Oktober 1740) dessen Tochter *Maria Theresia* in den österreichischen Ländern die Regierung übernimmt, werden jedoch von Spanien, Sardinien, Bayern und Sachsen Erbansprüche angemeldet. Der preußische König Friedrich II. nutzt die Situation für einen Angriffskrieg zur *Eroberung Schlesiens* (1740); der Krieg weitet sich zu einer globalen Auseinandersetzung zwischen Frankreich und Großbritannien um die Beherrschung der europäischen Märkte und der amerikanischen Kolonien aus. Auch Vorderindien (Madras) wird Kriegsschauplatz.

Frankreich, Preußen, Bayern und Sachsen-Polen bilden eine antiösterreichische Koalition, der Österreich zunächst allein gegenübersteht. Preußen scheidet 1742 mit dem *Friedensschluß von Berlin*, durch den es Niederschlesien sowie den größten Teil Oberschlesiens erhält, aus dem Krieg aus. Als 1743 ein Bündnis zwischen Großbritannien, Österreich, Sardinien und den Niederlanden zustande kommt, dem Sachsen und Rußland beitreten, fürchtet Preußen um das neugewonnene Schlesien und tritt 1744 mit Frankreich, der Pfalz und Hessen-Kassel erneut in den Krieg ein. Im Frieden von Dresden (1744) zwischen Sachsen, Österreich, Preußen, Hannover, Hessen-Kassel und der Pfalz erhält Preußen den Besitz Schlesiens bestätigt. Es erweitert damit sein Territorium um ein Drittel: *Preußen wird europäische Großmacht. Im Reich wirkt der österreichisch-preußische Dualismus fortan als bestimmender politischer Gegensatz.* Frankreich und Spanien schließen erst 1748 mit Großbritannien, den Niederlanden, Österreich und Sardinien den Frieden von Aachen. Österreich erhält erneut die Pragmatische Sanktion garantiert, tritt aber zugleich Parma, Piacenza und Gastalla an den spanischen Prinzen Philipp sowie das Herzogtum Finale und die Lombardei westlich des Tessin an Sardinien ab. In den Kolonien stellen Frankreich und England den bei Beginn des Krieges gegebenen Besitzstand wieder her.

Nebenkriegsschauplatz des Österreichischen Erbfolgekrieges ist der Russisch-schwedische Krieg von 1741 bis 1742. Angestachelt durch die französische Diplomatie, die Rußland als Verbündeten Österreichs ausschalten möchte, erklärt Schweden im Juli 1741 den Krieg. Schweden macht einen neuen Anlauf, seine Ostseemacht auf Kosten Rußlands auszudehen. Der Krieg endet allerdings mit der Niederlage Schwedens, das im *Frieden von Turku* (August 1743) einen Teil Ostfinnlands an Rußland abtritt.

Der *Friede von Aachen* vermag die säkulare Auseinandersetzung zwischen Frankreich und England nicht zu entscheiden. In Indien und Nordamerika herrscht nach Aachen kein echter Frieden. Während die beiden Großmächte hier ihre Rivalität durch konkurrierende einheimische Fürsten austragen lassen, an denen sie sich lediglich mit kleineren Truppenkontingenten beteiligen, kommt es in Nordamerika wiederholt zu Streitigkeiten zwischen englischen und französischen Siedlern, die in blutige Konflikte münden. Beide Seiten versuchen, Indianerstämme auf den jeweiligen Gegner zu hetzen. Der Konflikt in Nordamerika entwickelt sich zu einem offenen Krieg. Im Mai 1756 erfolgt die *Kriegserklärung Englands an Frankreich*. {Siebenjähriger Krieg}

Beide Mächte suchen in Europa Bündnispartner und nutzen dabei die bestehenden Widersprüche. Es vollzieht sich ein Renversement des alliances (Umsturz der Bündnisse): Frankreich, Österreich und Rußland stehen auf der einen, Großbritannien und Preußen auf der anderen Seite. {Renversement des alliances}

Der Krieg auf dem europäischen Kontinent beginnt mit dem Einmarsch Preußens in Sachsen (August 1756). Preußens Ziel besteht in der Sicherung des Raubes Schlesiens und der Eroberung Sachsens. Auf Seiten Englands und Preußens stehen die deutschen Staaten Hannover, Braunschweig und Hessen-Kassel; auf der Gegenseite als Verbündete Österreichs, Frankreichs und Rußlands zunächst Sachsen, Bayern, Pfalz, Württemberg und Köln, 1757 beschließt eine Mehrheit des Reichstags die Reichsexekution gegen Preußen. Im September tritt Schweden gegen die Gewährung französischer Subsidien und mit der Zusicherung territorialen Gewinns in Pommern in den Krieg ein.

England läßt Preußen auf dem Kontinent einen Stellvertreterkrieg zum Schutz Hannovers und zur Bindung französischer Truppen führen, den es vor allem mit Subsidien unterstützt. Trotz der militärtechnischen und taktischen Überlegenheit der in vielen Schlachten auch gegen zahlenmäßig stärkere Gegner siegreichen preußischen Truppen scheint 1762 die Niederlage unabwendbar. Doch nach dem Tod der Zarin Elisabeth kommt mit Peter III. ein glühender Verehrer Friedrichs II. auf den russischen Thron. Peter III. schließt mit Preußen Frieden und sogar ein *Bündnis* (1762). Daraufhin scheidet Schweden aus dem Krieg aus. Nach der Ermordung Peters III. im Juli 1762 hebt dessen Gemahlin und Nachfolgerin Katharina II. zwar den Bündnisvertrag mit Preußen auf, bleibt aber neutral.

In zwei großen Seeschlachten besiegt England die französische Kriegsflotte und verhindert damit eine Invasion auf der Insel. In den Kolonien erweist es sich ebenso überlegen: 1757 fällt Kalkutta, 1760 erleiden die Franzosen eine entscheidende Niederlage, 1761 kapituliert die französische Bastion Pondichéry. In Nordamerika erobern die Engländer Louisbourg im Lorenzgolf und das Fort Duquesne (1758), das zu Ehren William Pitts d. Ä. den Namen Pittsburg erhält. Im September 1759 wird die kanadische Hauptstadt Quebec annektiert. Noch im gleichen Jahr nimmt England mehrere karibische Inseln und sämtliche westafrikanischen Niederlassungen Frankreichs in Besitz. Im September 1760 kapitulieren die französischen Streitkräfte in Nordamerika. Als Spanien im Januar 1762 als Verbündeter Frankreichs in den Krieg eingreift, verliert es in kurzer Zeit Kuba und die Philippinen.

Ende 1762 entschließt sich das in den Kolonien geschlagene und in Europa erschöpfte Frankreich zu Verhandlungen, die im Februar 1763 zum Frieden zwischen England, Frankreich und Spanien führen. Frankreich verliert an England Kanada, Louisiana, die Inseln Grenada, St. Vincent, Dominique, Tobago und in Afrika das Senegalgebiet. Spanien erhält Kuba und die Philippinen zurück, muß aber Florida an England abtreten. Um Spanien schneller zum Frieden zu bewegen, spricht ihm England Louisiana westlich des Mississippi zu.

Osteuropäische Konflikte in der zweiten Hälfte des 18. Jh.

Die politische Entwicklung in Osteuropa wird zunehmend von der erstarkenden *Großmacht Rußland* bestimmt, die außenpolitisch zwei Hauptziele verfolgt: das Osmanische Reich von der nördlichen Schwarzmeerküste und von der Balkanhalbinsel zu verdrängen sowie Polen in seine Einflußsphäre einzubinden. In der osmanischen Frage stößt es auf die Gegeninteressen Österreichs, in der polnischen Frage auf die Österreichs und Preußens.

Mit August III. stirbt 1763 der letzte polnische König aus dem sächsischen Haus. Zarin Katharina II. gelingt es durch Ausnutzung von Widersprüchen zwischen polnischen Magnaten (Hochadligen) und durch militärische Gewalt, ihren Exgeliebten Stanislaus August Poniatowski auf den Thron zu bringen.

Als Stanislaus August entgegen den Erwartungen Katharinas eine eigenständige Politik zu führen beginnt, organisieren Rußland und Preußen gegen das Erstarken der Zentralgewalt sogenannte Adelskonföderationen.

Erste Teilung Polens

Die mit großer Härte geführten militärischen Auseinandersetzungen der Adelsgruppierungen, in die Rußland direkt eingreift, haben die völlige innere Zerrüttung Polens zur Folge. Diese Schwäche nutzen Rußland, Österreich und Preußen, um polnisches Gebiet an sich zu reißen. In den *Teilungsverträgen zwischen Rußland und Preußen* sowie Rußland und Österreich (1772) erhält Rußland 84 000 km² mit 1 256 000 Einwohnern (den polnischen Teil Livlands, Weißrußland nördlich von Düna und Dnepr), Österreich 83 000 km² mit 2 669 000 Einwohnern (Galizien mit Lvov),

Preußen 34 900 km² mit 356 000 Einwohnern (Westpreußen mit Ermland, aber ohne Gdańsk und Toruń), dazu das nördliche Großpolen beiderseits der Notec.

Die Osmanen suchen die Bindung russischer Truppen in Polen für einen Eroberungskrieg gegen Rußland zu nutzen, erleiden jedoch zu Lande und zu Wasser schwere Niederlagen (Vernichtung der osmanischen Flotte in der Seeschlacht von Cesme 1770). Im *Frieden von Kütschük-Kainardschi* (1774) büßt die Hohe Pforte das Küstengebiet zwischen Dnepr und Bug an Rußland ein, ist gezwungen, der Entlassung des Krimkhanats aus ihrer Oberhoheit zuzustimmen und russischen Handelsschiffen freie Fahrt im Schwarzen Meer und in der Ägäis zu gewähren. Rußland erhält ferner das Schutzrecht über alle christlichen Untertanen im Osmanischen Reich, ein Privileg, auf das sich Rußland in späteren Konflikten mit der Türkei berufen wird. *Russisch-türkischer Krieg*

In dem aus osmanischer Oberhoheit entlassenen Krimkhanat gibt es unablässig Machtkämpfe zwischen verschiedenen Zweigen der auf Dschingis-Khan zurückgehenden herrschenden Giray-Dynastie. Trotz der Neutralitätsverpflichtungen des Friedens von Kütschük-Kainardschi suchen Rußland und das Osmanische Reich durch Unterstützung ihnen genehmerer Thronanwärter den entscheidenden Einfluß zu gewinnen.

Als im Mai 1782 der von Rußland gestützte Khan Sahm Giray verjagt wird, unterwirft ein russisches Heer unter Potemkin die Krim (1783). Als Provinz Taurien erfolgt ihre Angliederung an Rußland. Katharina II. feiert diesen Höhepunkt russischer Orientpolitik mit einer Lustreise durch die Krim, während der ihr der dortige Statthalter mit den »Potemkinschen Dörfern« Glanz und Wohlstand einer im Krieg schwerst mitgenommenen neuen Region vortäuscht.

Frankreich, durch den Pariser Frieden von 1763 zwar geschwächt, gibt im Kampf gegen die Vormacht Englands im Handel und in den Kolonien keineswegs auf. In diesem Punkt treffen sich die Interessen der französischen Bourgeoisie und des französischen Absolutismus. In der Nordamerikanischen Revolution scheint sich Frankreich eine Gelegenheit zur Revision der Ergebnisse des Siebenjährigen Krieges zu bieten. *Nordamerikanisch-westeuropäischer Krieg*

Die Nordamerikaner umwerben naturgemäß vor allem Frankreich. Im Dezember 1777 erkennt Frankreich die Unabhängigkeit der USA an, ein nordamerikanisch-französischer Vertrag über Freundschaft, Handel und gegenseitigen Beistand folgt im Februar 1778. Schließlich tritt Frankreich im Juli 1778 direkt in den Krieg gegen England ein. Aus dem Unabhängigkeitskrieg wird ein *weltweiter Konflikt*. Im Juni 1779 folgt die Kriegserklärung Spaniens. Da Großbritannien auch neutrale Schiffe mit Lieferungen für Amerika kapert, erklären auf Initiative von Katharina II. Rußland, die Niederlande, Österreich, Preußen, Portugal und die skandinavischen Staaten 1780 die »bewaffnete Seeneutralität«. Wegen massiver Lieferungen von Waffen, Ausrüstungen und Lebensmitteln tritt Großbritannien im Dezember 1780 gegen die Niederlande in den Krieg ein. *Vierter Niederländisch-englischer Krieg*

Im Nordamerikanisch-westeuropäischen Krieg verflechten sich feudale und kapitalistische Widersprüche. Das Ergebnis ist jene eigenartige Konstellation, die das feudalabsolutistische Frankreich gemeinsam mit Spanien und den bürgerlichen Niederlanden an die Seite der Revolutionäre gegen das bürgerliche Großbritannien führt.

Die Kapitulation der britischen Hauptmacht bei Yorktown in Virginia (Oktober 1781) entscheidet den amerikanischen Teilkrieg. Der internationale Krieg findet sein Ende mit dem *Pariser Frieden von 1783*: Wichtigstes Ergebnis ist die Anerkennung der Unabhängigkeit der USA. Frankreich erhält von Großbritannien Tobago, die Senegalküste und Gorea sowie das Fischfangrecht vor Neufundland; Spanien bekommt Menorca und Ostflorida zurück. Zwischen den Niederlanden und England ist erst 1784 Frieden. Die Republik verliert Negapatam in Vorderindien und muß Großbritannien zudem freie Schiffahrt in den indonesischen Gewässern zugestehen.

Die Epoche der Bourgeoisie (1789–1871)

3

Grundlinien der welthistorischen Entwicklung   *3.1.*

Das Zeitalter der bürgerlichen Revolutionen   3.1.1.

Der historische Ort der Epoche ist durch den Sieg der kapitalistischen   Charakter
Gesellschaftsformation im Weltmaßstab bestimmt. Es ist »die Epoche der   der Epoche
bürgerlich-demokratischen Bewegungen im allgemeinen und der bür-
gerlich-nationalen im besonderen, die Epoche, in der die überlebten feudal-absolutistischen Institutionen rasch zerbrochen werden«[1]. Sie wird
eingeleitet von der Französischen Revolution.
Mit dem Ausgang des 18. Jh. überwindet der Kapitalismus die regionale
Eingrenzung, er wird zur universal beherrschenden Gesellschaftsordnung. Als die Epoche prägendes Ereignis gewinnt die Französische Revolution den Rang einer Leitrevolution. »Nicht umsonst nennt man sie die
Große. Für ihre Klasse, für die sie wirkte, für die Bourgeoisie, hat sie so
viel getan, daß das ganze 19. Jahrhundert, jenes Jahrhundert, das der gesamten Menschheit Zivilisation und Kultur gebracht hat, im Zeichen der
Französischen Revolution verlief.«[2] In dem Grade, wie sich die »Bewegung der Bourgeoisie gegen die feudalen absolutistischen Kräfte« als die
»Haupttriebfeder« des historischen Prozesses und dessen »objektiver Inhalt« erweist[3], steht die Bourgeoisie im Zentrum der historischen Bewegung. Ihre Funktion als führende Klasse der Epoche erwächst aus der
zeitweiligen Übereinstimmung von bürgerlichen Klassen- und nationalen
Gesamtinteressen bei der Durchsetzung der neuen Ordnung. Der Prozeß
der Emanzipation der Bourgeoisie findet Ausdruck in einem *Zyklus bür-*
gerlicher Revolution und dessen weltweiter Dimension von Europa über
Amerika bis Asien. Als *Weltgeschichte im Zeichen der Bourgeoisie* ist diese Zeit
zugleich die *klassische Epoche der bürgerlichen und bürgerlich-demokratischen Re-*
volution. In Abhängigkeit von den Voraussetzungen und Zielen variieren   Typologie der
diese Revolutionen erheblich, woraus sich ihre *typologische Gliederung* er-   bürgerlichen
gibt: Revolutionen
– Revolutionen im Feudalismus gegen den Feudalismus, in denen die

1   W. I. Lenin, Unter fremder Flagge, in: Werke, Bd. 21, Berlin 1977, S. 135.
2   W. I. Lenin, I. Gesamtrussischer Kongreß für außerschulische Bildung, in: Werke,
Bd. 29, Berlin 1963, S. 360.
3   W. I. Lenin, Unter fremder Flagge, S. 132.

Bourgeoisie im Bündnis mit den bäuerlichen und städtischen Volksklassen gegen eine noch weitgehend geschlossene Herrschaft des Adels und der absoluten Monarchie ankämpft (Frankreich 1789).

– Revolutionen auf dem Wege zum Kapitalismus, in denen es um die historische Alternative geht, ob eine bereits in Gang gekommene Entwicklung des Kapitalismus auf reformerische (konservative) oder revolutionäre (demokratische) Weise weitergeführt und abgeschlossen wird (Deutschland 1848).

– Revolutionen im Kapitalismus mit dem Ziel, über die Ablösung einer historisch überholten Bourgeoisfraktion durch eine fortschrittlichere die Konsolidierung der bereits durchgesetzten kapitalistischen Ordnung in aufsteigender Linie zu erreichen (Frankreich 1848).

– Nationale Unabhängigkeits- und antikoloniale Befreiungsrevolution, die infolge des Primats der äußeren Front (Fremdherrschaft, Kolonialregime, Abhängigkeit) erhebliche Besonderheiten in Charakter, Triebkräften und Hegemonie aufweisen.

Viele Länder und Regionen durchlaufen einen in mehrere Etappen gegliederten *Revolutionszyklus*. In den Revolutionen von 1789 bis 1871 kommt dem französischen Revolutionszyklus die Rolle eines *Leitzyklus* zu: Frankreich prägt am deutlichsten die Elemente des *revolutionären Weges* beim Übergang vom Feudalismus zum Kapitalismus aus.

Die Durchsetzung des bürgerlichen Fortschritts vollzieht sich nicht linear; sie ist vielmehr durch eine komplizierte Dialektik von Revolution und Gegenrevolution, Reform und Restauration, Krieg und Krisen gekennzeichnet.

Revolutionäre Wellen

Der für die Zeit von 1789 bis 1870/71 in Europa konzentrierte, in seinen Folgewirkungen auf die ganze Welt übergreifende Revolutionszyklus vollzieht sich in fünf Wellen, die jeweils durch Zwischenphasen zeitweiliger Restauration gebrochen, abgeschwächt und überlagert werden:

Erste Welle: Französische Revolution von 1789, Revolutionskriege und nationale Befreiungskriege gegen die napoleonische Fremdherrschaft. Der unmittelbare Einfluß der Revolution von 1789 erfaßt zunächst die fortschrittliche (bürgerliche wie adlig-liberale) Intelligenz zahlreicher Länder und vertieft damit die Krise des feudal-absolutistischen Systems. In der Folge kommt es in einigen Gebieten zu revolutionären Erhebungen, bei denen bäuerliche Forderungen eine erhebliche Rolle spielen. Auch die französischen Revolutionstruppen tragen auf ihren Fahnen die Prinzipien der Revolution mit. Auf den allmählichen Umschlag in den Expansionskrieg antworten die europäischen Völker mit einem antinapoleonischen Befreiungskrieg, dessen Erfolg an mehr oder minder umfassende bürgerliche Reformen gebunden ist.

In den weiteren Wirkungsbereich gehören die erste Phase der nationalen Unabhängigkeitsrevolution Lateinamerikas (1810–1815), die Erhebung Serbiens (1804, 1815), die staatliche Selbständigkeit Norwegens (1814).

Zweite Welle: Die Zeit ab 1820 ist durch eine Reihe von »liberalen« Revolutionen, Aufständen und neuen nationalen Befreiungsbewegungen gekennzeichnet. Da diese Revolutionen zumeist in Ländern mit schwachentwickeltem Bürgertum stattfinden, spielt in ihnen oft die *Armee* eine führende Rolle (Spanien, Portugal, Italien, Griechenland und Moldau, Dekabristenaufstand; zweite Phase der lateinamerikanischen Unabhängigkeitsrevolution 1815–1826). Trotz der Niederlage vieler dieser Bewegungen bestätigt sich letztlich, daß mit dem Sieg der Französischen Revolution der Triumph der bürgerlichen über die feudale Gesellschaftsordnung unumkehrbar ist.

Nachfolgende konterrevolutionäre Gegenschläge (*System der Heiligen Allianz*) bringen der aristokratisch-absolutistischen Reaktion nur noch Erfolge auf Zeit. Die direkten und indirekten Folgen der Revolution von 1789 setzen schließlich auch die alten herrschenden Klassen zunehmend unter *Anpassungszwang*, was bedeutet, daß unter den Bedingungen eines qualitativ veränderten inneren und äußeren Kräfteverhältnisses für eine Reihe von Ländern auch die Möglichkeit entsteht, den *Übergang zum Kapitalismus auf reformerischem Wege* zu vollziehen. Die Auseinandersetzung um den revolutionären oder reformerischen Weg in der Ablösung der alten (feudalen) durch die neue (bürgerliche) Gesellschaft bestimmt den Grundinhalt der weiteren Entwicklung.

Dritte Welle: Französische Julirevolution von 1830 und die von ihr beeinflußten Revolutionen und revolutionären Bewegungen zu Beginn und (allmählich verebbend) im Verlaufe der dreißiger Jahre. Auf den Sturz der Restaurationsmonarchie in Frankreich folgen die Unabhängigkeitsrevolution Belgiens und eine Serie revolutionärer Bewegungen in den deutschen Mittel- und Kleinstaaten. Polen erhebt sich unter adliger Führung (Schlachta), auch Italien wird von einer neuen Revolution erfaßt. Selbst besonders stark von der Restauration geprägte Länder (Spanien und Portugal) erleben eine in Teilbereichen erfolgreiche Offensive des bürgerlichen Liberalismus. Im bürgerlichen England gelingt mit der Wahlrechtsreform von 1832 erstmals der historische Durchbruch zur Vorherrschaft der *Industriebourgeoisie*.

Das Hauptergebnis für das internationale Kräfteverhältnis besteht in der *Krise und der Schwächung der Heiligen Allianz*, die auf das Einflußgebiet ihrer Hauptmächte Rußland, Preußen und Österreich eingegrenzt wird. Eine »liberale« Gegenfront bilden England und Frankreich. {Krise der Heiligen Allianz}

Vierte Welle: Europäische Revolution von 1848/49. Sie stellt in Umfang und Tiefe den nach 1789 entscheidenden Schlag im kontinentalen Ringen um die Beseitigung des Feudalabsolutismus, halbfeudaler Relikte und die Konsolidierung des Kapitalismus dar. *Soziale (Agrar-)Frage und nationale Frage verbinden sich dabei in untrennbarer Weise*. Nach einem Vorspiel in Italien ergreift die Revolution von Frankreich aus die Mehrheit der europäischen Länder. Im Zentrum der Bewegung stehen die Staaten des Deutschen Bundes, in denen feudale und bereits ausgeprägte innerkapitalistische Widersprüche, dazu die nationale Frage in potenzierter Form zusammenwirken. Im Falle der deutschen Staaten besteht die Aufgabe der Revolution in der Beseitigung der feudal-absolutistischen Partikulargewalten und der Herstellung der nationalen Einheit (17 Forderungen des Bundes der Kommunisten: »einige, unteilbare, demokratische Republik«). Für Länder wie Italien oder Ungarn erwächst aus der (österreichischen) Fremdherrschaft ein national-revolutionärer Befreiungskrieg.

Neue Faktoren
im
bürgerlichen
Revolutions-
zyklus

Gegenüber den vorangegangenen bürgerlichen Revolutionen wirkt eine Reihe *qualitativ neuer Faktoren*. Die wesentlichsten sind:
– der aus der Entfaltung der industriellen Revolution resultierende *Widerspruch zwischen Arbeit und Kapital*;
– Folgen der *zyklischen Wirtschaftskrisen*; im Falle der Revolution von 1848 der Krise von 1847 als eine der ökonomisch-sozialen Hauptbedingungen für die Revolution und deren europäische Dimension;
– das in Organisation, Ideologie und Programm zunehmend selbständige *Auftreten des Proletariats* (am reifsten ausgeprägt im Bund der Kommunisten);
– die sich allmählich, aber immer deutlicher vollziehende *Trennung von Bourgeoisie und demokratischem Fortschritt*. In dieser Hinsicht markiert die Revolution von 1848/49 eine Wende. Zugleich erweist sich die allgemein in eine politische Niederlage einmündende Revolution von 1848/49 als die entscheidende Weichenstellung für die dominierende Rolle des reformerischen Weges, dessen ausgeprägteste politische Form die *Revolution von oben* wird.

Fünfte Welle: Mit den Ende der fünfziger Jahre erneut aufflammenden und bis in die sechziger Jahre anhaltenden Bewegungen findet die »Periode der Stürme und Revolutionen«[4] im Zeichen der Bourgeoisie in Europa und den USA ihren Abschluß. In Italien kulminiert der Kampf um die nationale Einheit 1859–1861. Auf dem Hintergrund einer traditionsreichen Adelsopposition (Dekabristenaufstand 1825) und der bahnbrechenden Rolle der revolutionär-demokratischen Intelligenz (Hercen, Černiševskij, Dobroljubov, Nekrassov und andere) entwickelt sich in Rußland eine massive Bauernbewegung, die in Verbindung mit den Folgen des Krimkrieges den Zarismus auf den Weg gemäßigter Reformen drängt (ab 1861). Polen erlebt 1865 seine vierte große nationale Erhebung. Im Deutschen Bund entwickelt sich Mitte der sechziger Jahre eine revolutionäre Krise, die jedoch – nicht zuletzt infolge des erneuten Versagens der liberal-bourgeoisen und kleinbürgerlichen Kräfte – in keine Revolution umschlägt. Es gelingt Otto Fürst von Bismarck, diese Situation für eine Revolution von oben auszunutzen und im Ergebnis des Französisch-deutschen Krieges von 1870/71 unter preußischer Hegemonie das Deutsche Reich zu gründen. Als Folge des militärischen Debakels von 1866 und des damit vollzogenen Ausscheidens aus dem Deutschen Bund beschreitet Österreich den Weg von Reformen und fixiert den »Ausgleich« mit Ungarn (1867). In Spanien scheitert zwar die bürgerliche Revolution von 1868 bis 1874, jedoch ist die folgende Restauration durch das Klassenkompromiß zwischen Adel und Bourgeoisie auf der Basis einer konservativ-kapitalistischen Entwicklung gekennzeichnet. Die USA schaffen durch Bürgerkrieg und zweite Revolution (1861–1865) die Voraussetzungen für den endgültigen Anschluß an die fortgeschrittensten kapitalistischen Staaten in Europa. Japan erzielt im Ergebnis der Meiji-Restauration (1868) den bürgerlich-kapitalistischen Durchbruch.

4 W. I. Lenin, Die historischen Schicksale der Lehre von Karl Marx, in: Werke, Bd. 18, Berlin 1962, S. 577.

Vollendung der industriellen Revolution – Entwicklung von Wissenschaft und Technik

3.1.2.

Die im Weltmaßstab beherrschende Stellung der Bourgeoisie und ihrer Produktionsweise hat ihre materielle Basis in einer zuvor nicht dagewesenen explosiven Entfaltung von Industrie, Verkehrswesen, Technik und Wissenschaft. Die von Frankreich ausgehende politisch-soziale Umwälzung wirkt gemeinsam mit der in England klassisch ausgeprägten industriellen Revolution als eine »Doppelrevolution«, deren Auswirkungen sich auf Dauer keine Region der Erde entziehen kann. Mit dem Ende des 18. Jh. tritt die industrielle Revolution, die England zur »Werkstatt der Welt« avancieren läßt, über die Grenzen dieses Landes hinaus und erfaßt mit zeitlicher Verzögerung und unterschiedlicher Intensität das kontinentale Europa und außereuropäische Gebiete (USA, Japan). Es ist die damit verbundene Vervielfachung der Arbeitsproduktivität unter kapitalistischen Bedingungen, die der feudalen Gesellschaft den Todesstoß versetzt. Das Rückgrat der industriellen Revolution bildet die Ablösung des vornehmlich noch von Handarbeit gekennzeichneten Manufakturkapitalismus durch das moderne, auf Maschinen fußende *Fabriksystem*. Das bedeutet nicht nur eine neue Qualität der Produktivkräfte, sondern auch volle Ausprägung der kapitalistischen Produktionsverhältnisse. Erst im Ergebnis der industriellen Revolution ist die sozialökonomische Basis des Kapitalismus umfassend ausgebildet. Mit dem Kapitalismus der freien Konkurrenz erreicht der Prozeß den Höhepunkt. Eine Pionierrolle in dieser epochalen Umwälzung spielt die Baumwollverarbeitung, die im Ergebnis der breiten Anwendung von Erfindungen revolutioniert wird.

Von der Leichtindustrie greift die industrielle Revolution Schritt für Schritt auf die Schwerindustrie über (endgültige Ablösung von Holz durch Kohle; bestimmende Rolle der Eisen- und Stahlproduktion). Frühes architektonisches Zeugnis der »neuen Eisenzeit« ist der Londoner Kristallpalast (Joseph Paxton).

Die Umwälzung erfaßt parallel die Landwirtschaft, wofür drei Hauptprozesse kennzeichnend sind:

– der Übergang von der Dreifelderwirtschaft zur geregelten Fruchtwechselfolge und zur Anwendung künstlicher Düngung. Die Entwicklung der von England ausgehenden modernen Landwirtschaft wird in hervorragender Weise durch die agrarwissenschaftlichen Erkenntnisse Albert Thaers und Justus von Liebigs mitbestimmt;

– die Einführung neuer technischer Geräte zur zunehmenden Ablösung der Handarbeit (erste Mähmaschine von Cyrus Hall McCormick);

– die soziale Hauptfolge der Agrarumwälzung besteht in vielen Ländern (besonders deutlich in England ausgeprägt: enclosures) in der Enteignung der Klein- und Mittelbauern zugunsten der Pächter und Großgrundbesitzer und in der Differenzierung der Bauernschaft.

Eine revolutionierende Wirkung auf Produktion und Verkehr hat die Verbreitung der Dampfmaschine. Nachdem Robert Stephenson die erste *Lokomotive* (»Mylord«, 1814) konstruiert hat, wird 1825 die Linie Stock-

Marginalien:
Industrielle Revolution

Kapitalismus der freien Konkurrenz

Umwälzung der Landwirtschaft

Verkehr und Kommunikation

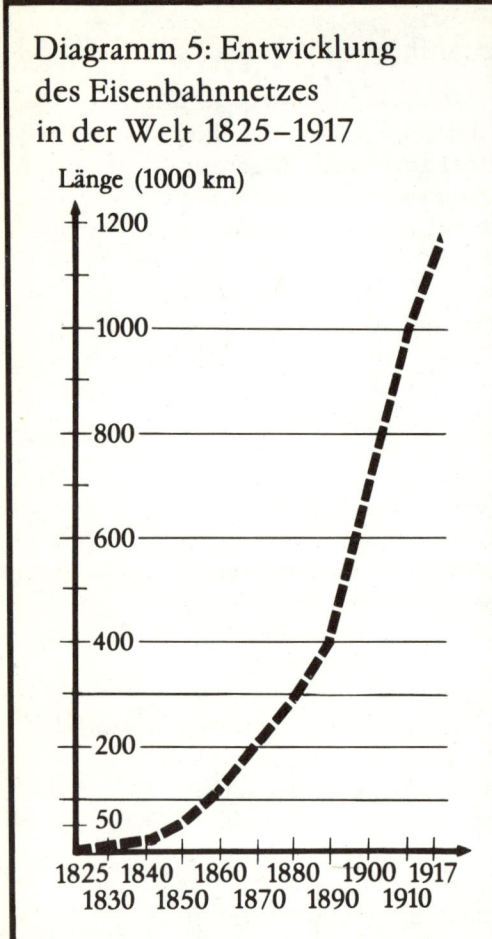

Diagramm 5: Entwicklung
des Eisenbahnnetzes
in der Welt 1825–1917

Länge (1000 km)

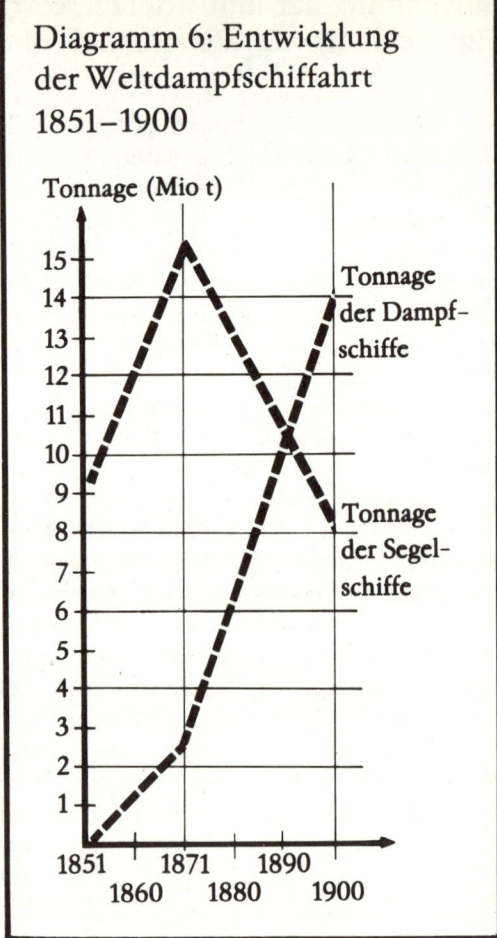

Diagramm 6: Entwicklung
der Weltdampfschiffahrt
1851–1900

Tonnage (Mio t)

ton-Darlington eröffnet; seit 1830 vollzieht sich eine rasante Entwicklung im *Eisenbahnbau*. Um 1840 gibt es 9000 km Bahnlinie, 1870 bereits 210000 km. In den USA wird die Eisenbahn das entscheidende technische Instrument für die Erschließung des *Far West* (1. Atlantik-Pazifikbahn 1869). Parallel zur Eisenbahn erfolgt der Ausbau traditioneller Verkehrsverbindungen (Kanal-, Brücken- und Tunnelbau). Die Umwälzung des Verkehrswesens erfaßt auch den Schiffsverkehr, von dessen Effektivität entscheidend die Entwicklung des kapitalistischen Weltmarktes abhängt. Nach 1850 beginnt die allmähliche Verdrängung der Segelschiffe durch die zuverlässigeren, schnelleren und eine höhere Transportkapazität bietenden Dampfschiffe. Von den 18 Mio Nettotonnage der Weltschiffahrt entfallen aber noch 1870 erst 3,5 Mio auf Dampfschiffe. Umwälzende Bedeutung für die Entwicklung des Schiffsverkehrs von Europa nach Asien hat die Eröffnung des Suez-Kanals 1869 (gefeiert in Guiseppe Verdis Oper *Aida*). Das Kommunikationswesen wird durch Telegraph (Samuel Finley Breese Morse, David Edward Hughes) und Telefon (Jo-

19 Oliver Cromwell. Gemälde von S. Cooper

20 Hinrichtung Karls I.,
König von England 1625–1649. Kupferstich

19

20

Endhaupfung deß Konias in Engelandt. A° 1649.

21   *22*

21 Peter I., Zar von Rußland 1689–1725. Stich von J.F. Bause. Staatliche Kunstsammlungen Dresden

22 Ludwig XIV., König von Frankreich 1643–1715. Kupferstich von P. St. van Gunst. Staatliche Kunstsammlungen Dresden

23 Allegorische Darstellung zur ersten Teilung Polens 1772

24 Petersburg, Ansicht vom Nevski-Prospekt Mitte des 18. Jh. Stich

25 Colbert besichtigt eine Gobelinmanufaktur. Kupferstich von S. Leclerc

26 Ausweisung der Jesuiten aus Spanien. Stich von J. Mancourt

23

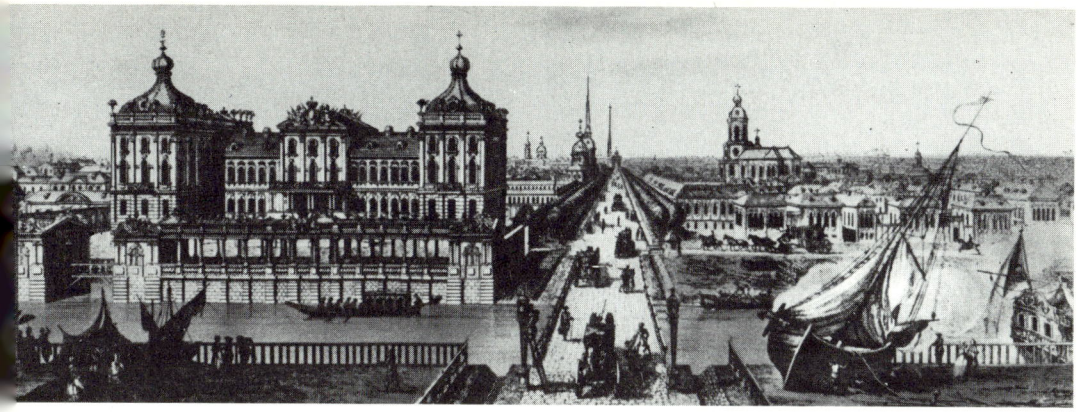

24

25

26

ENCYCLOPEDIE,
OU
DICTIONNAIRE RAISONNE
DES SCIENCES,
DES ARTS ET DES MÉTIERS,
PAR UNE SOCIÉTÉ DE GENS DE LETTRES.

Mis en ordre & publié par M. *DIDEROT*, de l'Academie Royale des Sciences & des Belles
Lettres de Pruſſe; & quant à la PARTIE MATHEMATIQUE, par M. *D'ALEMBERT*
de l'Academie Royale des Sciences de Paris, de celle de Pruſſe, & de la Societé Royal
de Londres.

Tantùm ſeries juncturaque pollet,
Tantùm de medio ſumptis accedit honoris! HORAT.

TOME PREMIER.

A PARIS,

Chez
{ BRIASSON, *rue Saint Jacques, à la Science.*
  DAVID *l'ainé, rue Saint Jacques, à la Plume d'Or.*
  LE BRETON, *Imprimeur ordinaire du Roy, rue de la Harpe.*
  DURAND, *rue Saint Jacques, à Saint Landry, & au Griffon.* }

M. DCC. LI.
AVEC APPROBATION ET PRIVILEGE DU ROY.

27

29

28

27 Jean-Jacques Rousseau. Stich von A. de Saint-Aubin

28 Titelseite der *Enzyklopädie*

29 Immanuel Kant. Stahlstich nach einem Gemä
von G. Doeppler

30 Benjamin Franklin, nordamerikanischer Auf

31 32

33

Die Magdeburger Halbkugeln Otto von Guerickes

Isaac Newton. Gemälde von J. Vanderbank. National Portrait Gallery London

Spinning-Jenny, Spinnmaschine mit 16 Spindeln von J. Hargreaves 1767

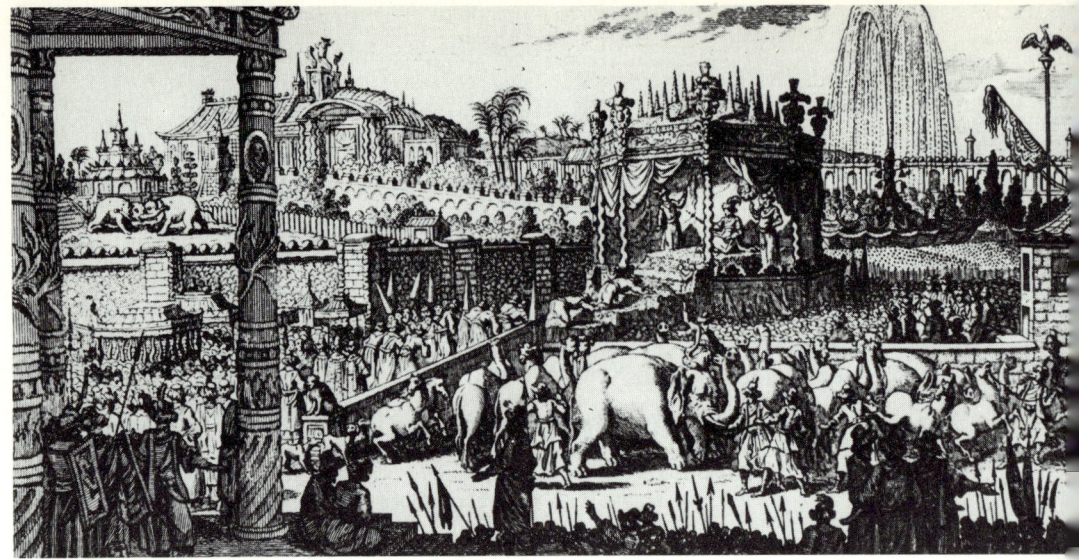

34

35

34 Hof des Großmoguls zu Dehli. Darstellung aus dem Jahre 1688

35 Verkauf von Afrikanern an Sklavenhändler

36 Seeschlacht zwischen den Flotten Englands und der Niederlande vor der Themsemündung 1653. Gemälde von W. van de Velde. Palazzo Chigi, Rom

37 Das türkische Heer während der Belagerung von Wien 1683. Stich von R. de Hooghe. Staatliche Kunstsammlungen Dresden

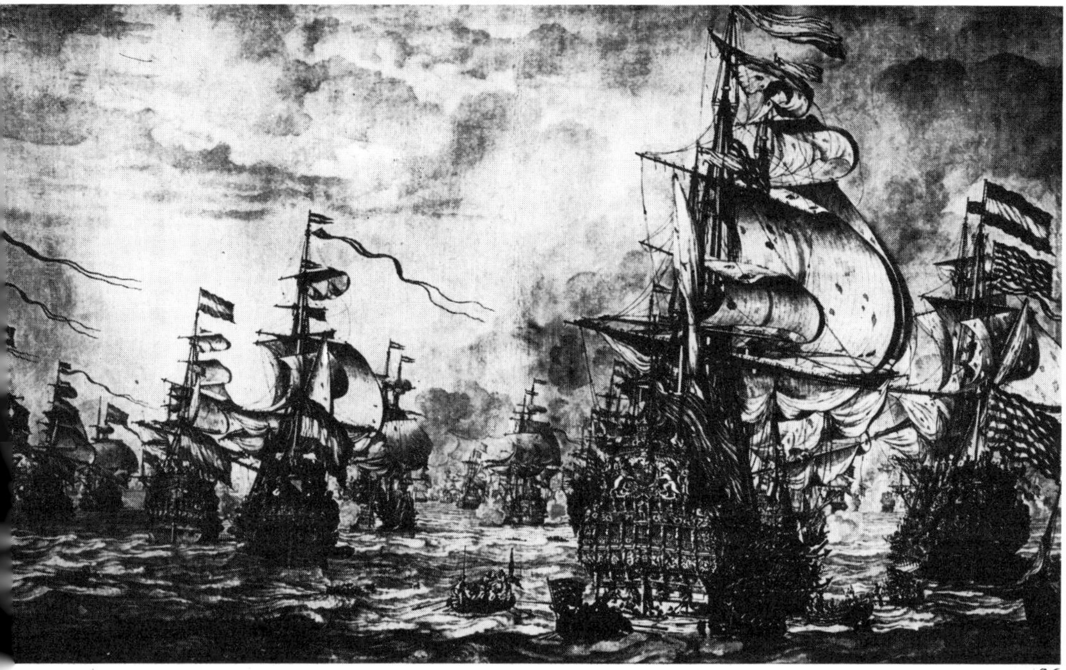

36
37

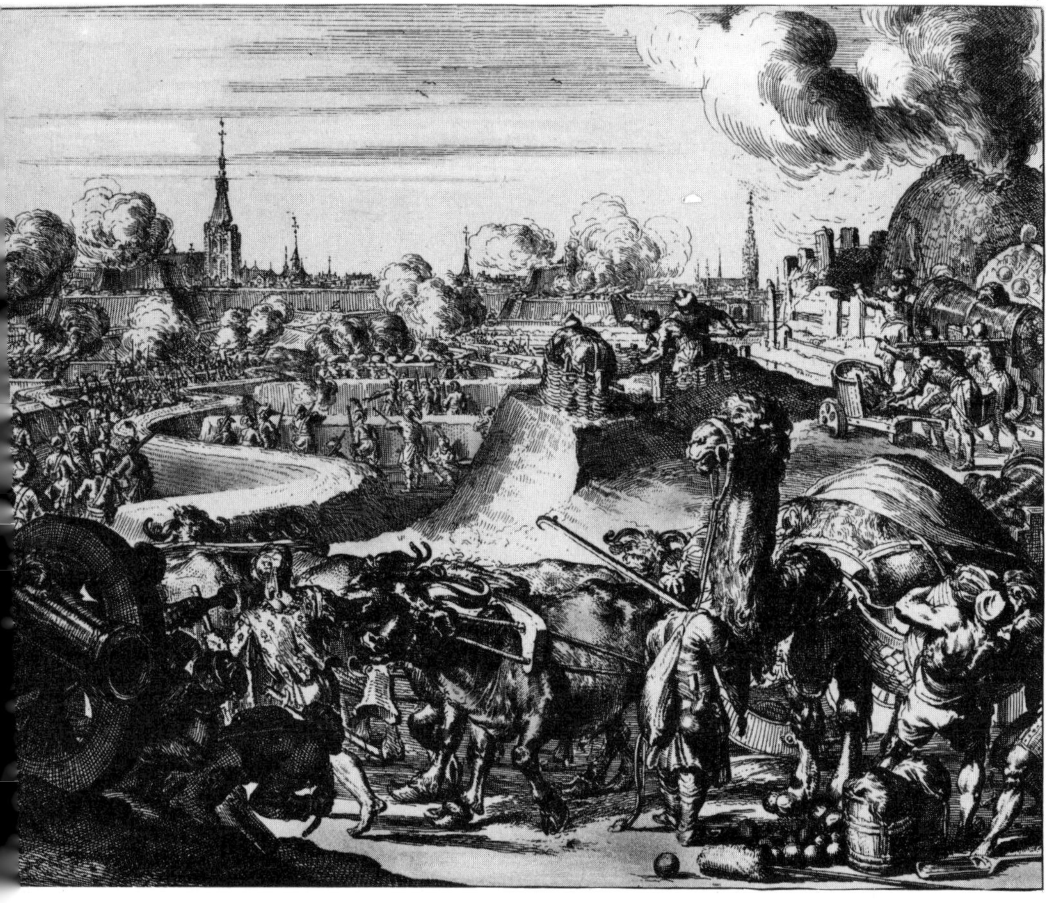

38

39

38 Der Bostoner Teesturm 1773

39 Kapitulation der englischen Armee bei Saratoga am 7. Oktober 1777. Stich von F. Godefroy

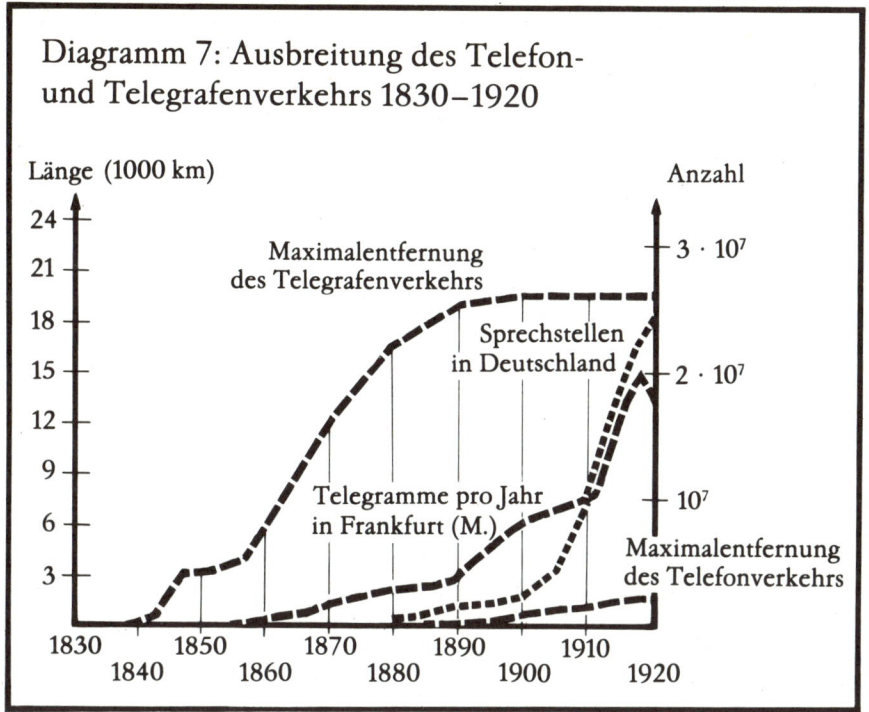

Diagramm 7: Ausbreitung des Telefon- und Telegrafenverkehrs 1830–1920

hann Philip Reis, Alexander Graham Bell) revolutioniert; die Verlegung des ersten Transatlantikkabels fällt in das Jahr 1866, es folgt die Verbindung von London nach Indien 1869. In den sechziger Jahren beginnt sich der Einsatz von Motoren und der Elektroenergie abzuzeichnen.

Ein Wesensmerkmal der Zeit besteht in der engen Verbindung von Wissenschaft und Technik. Mit der Wende zur eindeutig praxisorientierten Wissenschaft gewinnt sie einen immer größeren Rang als Produktivkraft. Der Siegeszug der Maschine und der grenzenlose Fortschrittsoptimismus der Bourgeoisie finden ihren symbolischen Ausdruck in der ersten Weltausstellung (London 1851). *Verbindung von Wissenschaft und Technik*

Als eine Schrittmacherwissenschaft des 19. Jh. erweist sich die Chemie, die ausgehend von England über Frankreich (Lavoisier) ihre klassische Heimstatt in Deutschland erhält. Zu den krönenden Leistungen gehört, daß der russische Chemiker Mendeleev (1869) und der deutsche Forscher Lothar Meyer (1868) unabhängig voneinander die Beziehungen zwischen den Elementen zum Periodensystem der Elemente zusammengefaßt haben. Mit dem Einzug der Naturwissenschaften in die Universitäten nimmt Deutschland am Ende der Epoche eine führende Stellung in Wissenschaftsentwicklung, -organisation und -anwendung ein. Die klassische Universität (Universitas litterarum), für deren Reform und Erneuerung in Deutschland Alexander und Wilhelm von Humboldt wirken (Gründung der Berliner Universität 1810, Prinzip der Einheit von Lehre und Forschung), wird durch wissenschaftliche Gesellschaften und technische Hochschulen ergänzt (Frankreich: Ecole polytechnique, 1795). *Rolle der Chemie*

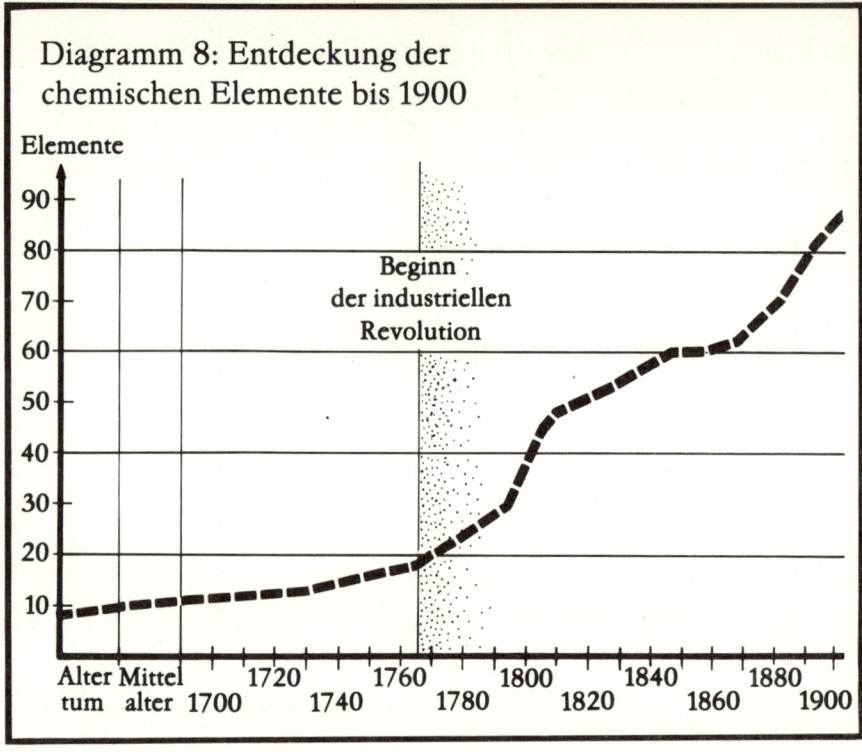

Diagramm 8: Entdeckung der chemischen Elemente bis 1900

Auch andere Wissenschaften, wie die Botanik (Linné und andere), die Entwicklungslehre (Darwin), die Mathematik (Gauß), die Elektrizitätslehre (Faraday), die Physik (Maxwellsche Gleichungen), die Mikrobiologie und die Medizin (Pockenimpfung Jenner; Pasteur, Virchow), zeugen von der *neuen Dimension in der Beherrschung der Natur durch den Menschen.*

Mißbrauch der Wissenschaft

Allerdings erweist sich das Doppelgesicht dieses die Weltgeschichte revolutionierenden und auf eine neue Stufe hebenden Fortschritts, indem die technischen Errungenschaften am raschesten und mit größtem Profit in der *Kriegstechnik* angewandt werden (Einsatz der Telegraphie im Krimkrieg; Hinterladegewehr, gezogenes Geschützrohr; industrielle Produktion von Nitroglyzerin und Dynamit durch Alfred Nobel). Über die zum erstenmal im nordamerikanischen Bürgerkrieg im größten Stil eingesetzten Panzerschiffe schreibt F. Engels: »Das moderne Schlachtschiff ist nicht nur ein Produkt, sondern zugleich ein Probestück der modernen großen Industrie, eine schwimmende Fabrik – ...«[5]

Im Ergebnis der Internationalisierung der industriellen Revolution greifen die *zyklischen Krisen* von England (1792 1. Krise) auf andere Länder über und werden mehr und mehr zu Weltwirtschaftskrisen (1825, 1836, 1847, 1857, 1866). Die Bildung nationaler Märkte findet ihren Abschluß,

Neue Dimension der Weltgeschichte

der Welthandel erreicht eine neue Stufe, womit auch die Weltgeschichte im Sinne gegenseitiger Abhängigkeit, Durchdringung und Beeinflussung

5   F. Engels, Herrn Eugen Dührings Umwälzung der Wissenschaft, S. 160.

eine neue und höhere Qualität gewinnt, weil »nur mit dieser universellen Entwicklung der Produktivkräfte ein *universeller* Verkehr der Menschen gesetzt ist, ..., jedes derselben (Völker – d. Vf.) von den Umwälzungen der andern abhängig macht, und endlich *weltgeschichtliche*, empirisch universelle Individuen an die Stelle der lokalen gesetzt hat«[6].

So verstehen sich auch die weiteren Hinweise bei K. Marx und F. Engels: Die große Industrie »erzeugte insoweit erst die Weltgeschichte, als sie jede zivilisierte Nation und jedes Individuum ... von der ganzen Welt abhängig machte und die bisherige naturwüchsige Ausschließlichkeit einzelner Nationen vernichtete«[7]. »Die nationalen Absonderungen und Gegensätze der Völker verschwinden mehr und mehr schon mit der Entwicklung der Bourgeoisie, mit der Handelsfreiheit, dem Weltmarkt ... und der ihr entsprechenden Lebensverhältnisse.«[8]

Bevölkerungsentwicklung und Klassenstruktur   3.1.3.

In engster Verbindung mit der ökonomisch-technologischen Umwälzung in Industrie, Landwirtschaft, Handel, Verkehr und Wissenschaft steht die grundlegende Veränderung der Bevölkerungsentwicklung. Als Hauptmerkmale der demographischen Umwälzung können gelten:
– neue quantitative Dimensionen der Bevölkerungsentwicklung;
– Ungleichmäßigkeit dieser Entwicklung zwischen den einzelnen Ländern und Regionen;
– qualitative Veränderungen in der Sozialstruktur in unmittelbarer Abhängigkeit vom Prozeß der industriellen Revolution.
Ein Absinken der Sterblichkeitsrate (Verbesserung der Ernährung und der hygienischen Verhältnisse, Fortschritte in der Medizin: 1850 letzte große Choleraepidemie in Europa) und ein gleichzeitiger, aber weniger ausgeprägter Anstieg der Geburtenrate führen seit 1750/1800 zu einem sprunghaften Anwachsen der Weltbevölkerung. Im Durchschnitt liegt die Geburtenrate industrialisierter Länder bei 30–35, für die Agrarländer bei 40 pro Tausend. Ebenso differieren in auffälliger Weise die Sterblichkeitsraten: für England 1820 bei 25, für Rußland noch 35 pro Tausend.
Am raschesten wächst die Bevölkerung der Einwanderungsländer (USA, Bevölkerungs-Kanada, Argentinien, Australien, Neuseeland etc.). Vor allem nach der entwicklung Wirtschaftskrise von 1847 und der europäischen Revolution von 1848/49 wird die Auswanderung aus sozialen und politischen Gründen eine Massenerscheinung; unter den Auswanderern dominieren Iren (»Irisches Elend«), Deutsche, Engländer, Spanier, später Italiener und Osteuropäer.
Bei Afrika ist zu beachten, daß infolge des Sklavenhandels erhebliche Teile der Bevölkerung dem Kontinent entzogen worden sind. Lateinamerika erreicht wahrscheinlich erst um 1850 wieder jenen Bevölkerungsstand wie vor Beginn der spanischen und portugiesischen Kolonisation.

6 K. Marx/F. Engels, Die deutsche Ideologie, in: MEW, Bd. 3, Berlin 1981, S. 35.
7 Ebenda, S. 60.
8 K. Marx/F. Engels, Manifest der Kommunistischen Partei, in: MEW, Bd. 4, S. 479.

Für die Zunahme der Weltbevölkerung von 1750 bis 1870 liegen folgende
Schätzungen vor:

	1750	1870 (in Mio)
Europa	140	328
Asien	479	796
Afrika	95	100
Nordamerika	2	43
Lateinamerika	11	36,5
Ozeanien	1	2,5
	728	1 306,0

Zu den hervorstechenden qualitativen Merkmalen der Bevölkerungsentwicklung gehört die Veränderung im *Verhältnis von Land- und Stadtbevölkerung*. Um 1820 leben in Europa noch etwa 80 % der Bevölkerung auf dem
Lande, um 1870 sind es etwa 50 %. Kennzeichnend ist eine rasche Verstädterung der industriell fortgeschrittensten Länder, wobei nicht wenige
Städte in unmittelbarer Abhängigkeit von der Existenz der für die industrielle Revolution entscheidenden Rohstoffe, insbesondere Kohle, ex-
pandieren (Manchester, Birmingham, Newcastle, Glasgow und andere im
Falle Englands; Städtekonzentrationen im Ruhrgebiet; im Osten der
USA). Am raschesten verläuft dieser Prozeß in England; während sich die
Gesamtzahl der Bevölkerung zwischen 1760 und 1850 verdreifacht, verzehnfacht sich die Einwohnerschaft großer Industriestädte: London
wächst von 960 000 (1800) auf 2,3 Mio (1850). Um 1850 überschreiten
28 Städte die 100 000er Grenze. In Deutschland gibt es um 1800 zwei
Städte mit über 100 000 Einwohnern (Berlin, Hamburg), bis 1870 kommen acht neue hinzu, und Berlin überschreitet die Millionengrenze. In
Osteuropa, wo die Industrialisierung zeitlich verzögert einsetzt, verläuft
diese Entwicklung wesentlich langsamer. Für die Volksmassen ist die rasche Verstädterung mit einer katastrophalen Zuspitzung der Lebensbedingungen verbunden. Die für Agrarländer typische Großfamilie zerfällt;
in den entstehenden Elendsvierteln (Slums) grassieren Kriminalität,
Krankheit, Alkoholismus; typische Krankheiten der Armen sind Rachitis
(»englische Krankheit«) und Tuberkulose. Friedrich Engels hat diese Situation auf klassische Weise in seinem Frühwerk *Die Lage der arbeitenden
Klasse in England* (1845) dargestellt.

Hauptklassen
des
Kapitalismus

Das soziale Hauptergebnis der industriellen Revolution besteht in der
endgültigen Formierung der Hauptklassen des Kapitalismus: Bourgeoisie
und Proletariat.
Der Formierungsprozeß der Bourgeoisie als Klasse »für sich« ist mit der
Herausbildung der industriellen Bourgeoisie abgeschlossen. Aus der ökonomischen Macht der Industriebourgeoisie erwächst deren Anspruch auf
politische Macht gegenüber den historisch »älteren« Bourgeoisfraktionen
aus Handels-, Wucher-, Finanz- und Agrarkapital. Die Lösung dieses in-
nerkapitalistischen Widerspruchs kann durch Revolution (1830, 1848 in

Frankreich) oder Reform (1832 in England) erfolgen. Für die Länder, in denen die Etablierung des Kapitalismus durch den preußischen Weg oder analoge Varianten reformerischer Kapitalismusentwicklung gekennzeichnet ist, geht die Bourgeoisie in der Regel ein Klassenkompromiß mit dem Adel ein, wenn ihr bei Verzicht auf die direkte politische Machtausübung die ökonomische Entwicklung und eine enorme Bereicherung garantiert werden.

Auf der Grundlage akkumulierten Kapitals und der Aneignung der Erfindungen von Handwerkern, Arbeitern, Gelehrten, vereinzelt aber auch von Kapitalisten selbst, entstehen neue Unternehmerdynastien: Boulton und Watt 1774, Henschel 1810, Krupp 1811, Vickers 1828, Schneider-Creusot 1836, Borsig 1837, Reederei Cunard 1840, Siemens und Halske 1847, Armstrong 1847, Gruson 1855, Steyr 1864. Die Mehrzahl der genannten Dynastien ist vorrangig in der profitträchtigen Waffenproduktion engagiert. *(Unternehmer-familien und -dynastien)*

Die gewachsene ökonomische Macht der Bourgeoisie findet ihren Ausdruck in der Gründungswelle neuer Banken. Neben traditionelle Bankhäuser treten neue Banken (1800 Bank von Frankreich, 1816 Österreichische Nationalbank, 1833 London und Westminster Bank, 1851 Diskontogesellschaft, 1860 Russische Staatsbank, 1861 Italienische Nationalbank, 1870 Deutsche Bank). Sprunghaft entwickeln sich besonders ab 1860 die *Aktiengesellschaften*. Am Ausgang der sechziger und zu Beginn der siebziger Jahre verstärken sich eindeutig die Tendenzen der Konzentration und Zentralisation von Produktion und Kapital; es sind Großbetriebe und Großbanken, die Tempo und Richtung der Entwicklung bestimmen. Zunehmend vollzieht sich der Übergang von der extensiven zur intensiven Ausbeutung. Es beginnen sich bereits erste Elemente des Monopolkapitalismus abzuzeichnen. *(Bankwesen)*

Auch der Adel ist tiefgreifenden sozialen Wandlungen unterworfen. Zunehmend setzt sich – in Verbindung mit dem reformerischen Weg des Übergangs vom Feudalismus zum Kapitalismus – dessen Verbürgerlichung, daß heißt Anpassung an die kapitalistische Warenproduktion (z.B. in Form des ostelbischen Junkertums) durch.

Als historische Gegenklasse tritt das Proletariat und dessen politisch-sozialer Kern, das Industrieproletariat, in den Vordergrund. Mit der Formierung des Industrieproletariats und seiner einsetzenden politischen Organisation vollzieht das Proletariat den entscheidenden Schritt zur Klasse »für sich«. Das Industrieproletariat rekrutiert sich aus den städtischen Volksklassen der vor- und frühkapitalistischen Zeit, enteigneten und entwurzelten Bauern und verelendeten Handwerkern. Da es sich um einen ebenso langwierigen wie widersprüchlichen Prozeß handelt, verläuft auch die Entwicklung eines proletarischen Klassenbewußtseins keineswegs geradlinig. Im Unterschied zu England, das im Prozeß der Herausbildung und Konsolidierung des Industrieproletariats vorangeht, ist die analoge Entwicklung in anderen Ländern sowohl durch zeitliche Verzögerung wie auch eine wesentlich länger dauernde soziale Abgrenzung gegenüber kleinbürgerlichen und bäuerlichen Klassenelementen geprägt. *(Das moderne Proletariat)*

Grund-
widerspruch
Kapital –
Arbeit

Mit der Entfaltung der industriellen Revolution und der Konstituierung der beiden Hauptklassen der bürgerlichen Gesellschaft beginnt der Grundwiderspruch zwischen Kapital und Arbeit (Bourgeoisie gegen Proletariat) entwicklungsbestimmend zu werden. Dieser Prozeß deutet sich ab 1830 an (Lyoner Aufstände 1831 und 1834, Entstehung des Chartismus in England) und erreicht in und nach der europäischen Revolution von 1848/49 eine neue historische Qualität.

Zunächst kämpft das Proletariat noch spontan (z.B. in der Ludditenbewegung), isoliert und ohne theoretische und strategische Orientierung. Die Kapitalismuskritik des utopischen Sozialismus (Claude Henry de Rouvroy Saint-Simon, François-Marie-Charles Fourier, Robert Owen) und der politische Aktivismus der utopischen Kommunisten (François Noël – genannt Gracchus – Babeuf, Etienne Cabet, Wilhelm Weitling) reflektieren bereits die antagonistischen Widersprüche der bürgerlich-kapitalistischen Gesellschaft. Aber erst der von Karl Marx und Friedrich Engels geschaffene wissenschaftliche Sozialismus bringt die kopernikanische Wende auf dem Gebiet des gesellschaftlichen Denkens. Die Lehre von Marx und Engels »ist die rechtmäßige Erbin des Besten, was die Menschheit im 19.Jahrhundert in Gestalt der deutschen Philosophie, der englischen politischen Ökonomie und des französischen Sozialismus hervorgebracht hat«[9].

Wissenschaft-
licher
Sozialismus

Politische
Organisation
des
Proletariats

Die historische Potenz des Proletariats wird in dem Grade wirksam, wie politische Theorie, politische Organisation und wissenschaftliche Strategie und Taktik sich vereinen. »Ein Element des Erfolges besitzt sie (die Arbeiterklasse – d. Vf.), die *Zahl*. Aber Zahlen fallen nur in die Waagschale, wenn Kombination sie vereint und Kenntnis sie leitet.«[10]

Für den Übergang vom spontan und primär ökonomisch geführten Klassenkampf (Entstehung von Gewerkschaften, Rolle der englischen Trade Unions) zum politischen Klassenkampf wird die Bildung proletarischer Klassenparteien die entscheidende Voraussetzung. Die »Konstituierung des Proletariats als politische Partei ist unerläßlich, um den Triumph der sozialen Revolution und ihres höchsten Zieles, der Aufhebung der Klassen, zu sichern«[11].

Die erste proletarische Partei schaffen Marx und Engels mit dem *Bund der Kommunisten*, dessen programmatische Grundlage das Manifest der Kommunistischen Partei (1847) wird. Diese »erste Periode«[12] der proletarischen Bewegung schließt 1871 ab: An ihrem Ende steht die *Konstituierung der I.Internationale* (1864) und die Entstehung der ersten marxistischen nationalen Massenpartei des Proletariats (1869 Sozialdemokratische Arbeiterpartei Deutschlands), die in der Folgezeit Vorbild für weitere Gründungen nationaler Parteien wird.

9 W. I. Lenin, Drei Quellen und drei Bestandteile des Marxismus, in: Werke, Bd. 19, Berlin 1977, S. 4.

10 K. Marx, Inauguraladresse der Internationalen Arbeiter-Assoziation, in: MEW, Bd. 16, Berlin 1962, S. 12.

11 K. Marx/F. Engels, Resolutionen des allgemeinen Kongresses zu Haag vom 2. bis 7. September 1872, in: MEW, Bd. 18, Berlin 1981, S. 149.

12 W. I. Lenin, Die historischen Schicksale der Lehre von Karl Marx, S. 577.

Als adäquate gesellschaftliche Existenzform der ökonomischen und politischen Herrschaft der Bourgeoisie erweisen sich die bürgerliche Nation und der Nationalstaat. Bürgerliche Revolution und Konsolidierung des inneren Marktes im Ergebnis der industriellen Revolution sind grundlegende Voraussetzungen für den Abschluß der Nationwerdung und die Schaffung eines modernen (in seinem Klassencharakter bürgerlich bestimmten) National- oder Nationalitätenstaates. Aus der konkret-historischen Situation erwächst wiederum der vorwiegend zentralistische (Frankreich) oder föderalistische (Schweiz) Staatsaufbau; in einigen Ländern wird die Frage Zentralismus oder Föderalismus (Spanien, Argentinien) in lang anhaltenden Bürgerkriegen ausgefochten. Ideologischer Ausdruck für den zentralen Stellenwert der nationalen Frage ist der *Nationalismus*. Gerade für diese Epoche muß im Sinne der von Lenin getroffenen Differenzierung deutlich zwischen dem (reaktionären) Nationalismus der unterdrückenden und dem (progressiven) Nationalismus der unterdrückten Nationen unterschieden werden. Nicht nur in Europa (Deutschland, Italien, Belgien, Norwegen, Polen, Balkanländer), sondern auch in anderen Teilen der Welt prägt die nationale Frage das historische Geschehen.

(Randnotiz: Bürgerliche Nation und Nationalstaat)

Auf optimale Weise ist die bürgerliche Macht in der Staatsform der *Republik* und durch das parlamentarische Repräsentativsystem ausgeprägt. Vor allem die Beispiele Englands, Frankreichs und der USA wirken bahnbrechend und beeinflussen die zeitgenössischen Verfassungskämpfe. Weitere Errungenschaften sind das (allerdings durch Zensusbestimmungen stark eingeschränkte) Wahlrecht, die bürgerlichen Grundfreiheiten und Rechtsordnungen (Code Napoléon), die Formierung politischer Parteien und Vereinigungen (konservativer, liberaler und kleinbürgerlich-demokratischer Grundrichtung) sowie das Pressewesen. Modernes Währungs- und Steuersystem, Freihandelspolitik oder Förderung der aufkommenden Industrie durch Protektionismus, Vereinheitlichung der Maße und Gewichte (metrisches System) stärken die ökonomischen Fundamente der neuen Gesellschaft.

(Randnotiz: Bürgerliche Institutionen und Errungenschaften)

Während die Bourgeoisie auf Dauer den *Liberalismus* stabilisiert, ist die bürgerliche *Demokratie* vor allem ein Ergebnis des Kampfes des radikalen Kleinbürgertums im Bündnis mit den Volksmassen (Jakobinische Verfassung von 1793). In dem Maße, wie das Kleinbürgertum (vor allem nach 1849) seine historische Rolle als Basis und Vorhut der bürgerlichen Demokratie einbüßt, nimmt die Arbeiterklasse die Verteidigung der progressiven bürgerlichen Errungenschaften in ihre Hand.

Internationale Beziehungen und Hauptkonflikte   3.1.4.

Das System der internationalen Beziehungen wird zunächst von der umstürzenden Wirkung der Französischen Revolution, der Koalitionskriege gegen Frankreich und der napoleonischen Expansion bestimmt. In den Koalitionskriegen wirken der *englisch-französische Gegensatz*, der im Kampf um Kolonien, Märkte und Kräftegleichgewicht England zur Seele (und

(Randnotiz: Internationales Kräfteverhältnis)

zum Finanzier) der antifranzösischen Koalitionen werden läßt, und der verzweifelte Widerstand der feudal-absolutistischen Mächte gegen die Revolution von 1789 und deren tiefgreifende Folgen für die eigene Klassenherrschaft zusammen.

Heilige Allianz: Ziele und Widersprüche

Die nach der Niederlage des napoleonischen Kaiserreiches (1814/15) aus der Taufe gehobene Heilige Allianz mit den Kernmächten Rußland, Österreich und Preußen unterdrückt unter Berufung auf das Legitimitätsprinzip (Charles-Maurice Talleyrand-Périgord) alle revolutionären nationalen Bewegungen durch Polizeiterror und Intervention. Die Seemacht England behauptet indessen ihre internationale Schlüsselstellung vor allem in der außereuropäischen Politik (z. B. in der südamerikanischen und in der orientalischen Frage). Auf die zunehmende Krise und den schließlichen Zerfall der Heiligen Allianz wirken drei Hauptfaktoren:

– der wachsende Widerstand der Völker, der sich in wiederholten Revolutionswellen entlädt (1820, 1830, 1848);

– die Widersprüche zwischen den Allianzmächten, die in besonders scharfer Weise nach 1821 in der griechischen Frage als Teil der orientalischen Frage aufbrechen (Rußland gegen Frankreich, Österreich gegen Rußland);

– das diplomatische Gegensteuern Englands, dem es gelingt, nach 1830 eine »liberale Entente« mit Frankreich zu erreichen.

In der *Konvention von Münchengrätz* (1833) erneuern Rußland, Österreich und Preußen nach der Julirevolution in Frankreich die Heilige Allianz, wobei das Hauptanliegen in der Niederhaltung der polnischen Nationalbewegung besteht.

Orientalische Frage

In der internationalen Politik der dreißiger und vierziger Jahre steht die orientalische Frage im Vordergrund. Vor allem der erfolgreiche Aufstand des ägyptischen Paschas Mehemed Ali (1831) und das damit drohende Herausbrechen entscheidender Teile des Osmanischen Reiches führen zu einer erneuten Vertiefung der Konflikte zwischen den Großmächten. Im Vertrag von Hunkiar-Iskelessi (1833) erreicht Rußlands Einfluß auf das Osmanische Reich seinen Höhepunkt. Allerdings gelingt es England in der Londoner Konvention über die Schwarzmeerengen (1841), ein kollektives »Protektorat« (England, Rußland, Österreich, Frankreich) durchzusetzen, das die Erfolge der russischen Diplomatie aufhebt.

Interventionspolitik

Nach der Revolution von 1848/49 und der in ihrem Verlauf massiv angewandten Interventionspolitik der Großmächte (Österreich in Italien, Rußland gegen Ungarn, Preußen in den deutschen Mittel- und Kleinstaaten, Frankreich gegen die Römische Republik) ist die internationale Politik der fünfziger und sechziger Jahre durch zwei große Problemkreise bestimmt:

– die im Krimkrieg (1853–1856) kulminierende erneute Auseinandersetzung um die orientalische Frage und

– die diplomatisch-militärischen Konfrontationen, die aus der nationalen Einigung Italiens und der Gründung des Deutschen Reiches erwachsen (1859 Krieg Sardinien-Piemonts und Frankreichs gegen Österreich, 1864 Krieg Preußens und Österreichs gegen Dänemark, 1866 Preußisch-österreichischer Krieg, 1870/71 Französisch-deutscher Krieg).

Während der dominierende Einfluß Rußlands auf die Politik im Ergebnis des Krimkrieges wie auch durch die wachsende innere Krisenlage nachläßt, rückt das 1871 gegründete Deutsche Reich zur führenden Landmacht auf. Seitdem überschattet der aus dem Krieg von 1870/71 resultierende deutsch-französische Gegensatz die europäische Politik.

(Randglosse:) Deutsch-französischer Gegensatz

Hauptlinien der Entwicklung in Lateinamerika, Asien und Afrika

(Randglosse:) 3.1.5.

Zu den welthistorisch folgenreichsten Ergebnissen des Aufschwungs der fortgeschrittensten europäischen Länder und der USA gehört der wachsende Entwicklungsvorsprung gegenüber der Masse der afroasiatischen und lateinamerikanischen Länder, deren Wirtschafts- und Gesellschaftsverhältnisse noch weitgehend von unterschiedlichen Stufen der Feudalformation oder sogar vorfeudalen Bedingungen geprägt sind. Abhängigkeit und Unterwerfung außereuropäischer Regionen erweisen sich als entscheidende Voraussetzung für die intensivierte Kapitalakkumulation und die darauf fußende weitere Entfaltung und Konsolidierung des Kapitalismus als weltumspannende Formation. Für die noch teilweise oder völlig auf vorkapitalistischen Stufen befindlichen Regionen Lateinamerikas, Asiens und Afrikas erwächst daraus eine weitere Verfestigung ihres Entwicklungsdefizits.

Historische Kehrseite des Kapitalismus ist der Kolonialismus. (Allerdings ist der Kolonialismus nicht nur eine außereuropäische Erscheinung, wie die Abhängigkeit Irlands von England beweist.) »Die tiefe Heuchelei der bürgerlichen Zivilisation und die von ihr nicht zu trennende Barbarei liegen unverschleiert vor unseren Augen, sobald wir den Blick von ihrer Heimat, in der sie unter respektablen Formen auftreten, nach den Kolonien wenden, wo sie sich in ihrer ganzen Nacktheit zeigen.«[13] Hauptträger der kolonialen Expansion sind (neben den traditionellen Kolonialmächten Portugal, Spanien, Niederlande) vor allem England, Frankreich und Rußland. Die Zeit von 1789 bis 1871 stellt in der Kolonialgeschichte eine Übergangsperiode zwischen dem fast totalen Zusammenbruch des auf das 15. und 16. Jh. zurückgehenden iberischen Kolonialsystems sowie großer Teile des alten französischen Kolonialreiches und der Entfaltung einer neuen, erst nach 1871 voll ausreifenden, vom Kapitalismus der freien Konkurrenz und schließlich vom Imperialismus geprägten Kolonialexpansion dar.

(Randglosse:) Kolonialismus

Die *Entwicklung Lateinamerikas ist durch die Nichtvollendung der antikolonialen Revolution von 1790 bis 1826 bestimmt.* Da die politische Revolution (Formierung unabhängiger Nationalstaaten) durch keine vollendete soziale Revolution ergänzt wird, dominieren weiterhin stark kolonialfeudale Wirtschafts- und Machtstrukturen. In der Folge gerät Lateinamerika durch einen Prozeß der indirekten Rekolonisation zunehmend in die Ab-

(Randglosse:) Monroe-Doktrin

---

13 K. Marx, Die künftigen Ergebnisse der britischen Herrschaft in Indien, in: MEW, Bd. 9, S. 225.

hängigkeit vom europäischen Kapitalismus, vornehmlich des englischen, und – später – der USA, die in der Monroe-Doktrin (1823) programmatisch ihren Vorherrschaftsanspruch anmelden und 1848 durch den Krieg gegen Mexiko in die Realität umsetzen.

Die kreolische Aristokratie und die aufkommende Handelsbourgeoisie fungieren durch ihren Kompradorencharakter als Juniorpartner des ausländischen Kapitals. Die fast permanente Anarchie der Nachemanzipation (Bürgerkriege, Caudillismus, Grenzkonflikte, Nichtexistenz oder krasse Deformierung bürgerlich-parlamentarischer Machtinstitutionen, Potenzierung der Klassengegensätze durch feudale Elemente und Rassenfrage) reflektiert den anhaltenden Kampf um das Erbe von 1810 und die negativen Folgen einer evolutionär-konservativen, schleppend und in äußerer Abhängigkeit erfolgenden Freisetzung des Kapitalismus.

Noch ungünstiger stellt sich die *historische Perspektive Afrikas und des Nahen Ostens* seit Ausgang des 18. Jh. dar. Die Masse der Gebiete Nordafrikas

Osmanisches Reich

sind nominell in das Osmanische Imperium eingebunden, haben aber faktisch schon die Autonomie gegenüber der Hohen Pforte erkämpft. Ansätze einer Reformpolitik (Tansimat des Sultans Abdul-Medschid 1839) können weder die wachsenden Unabhängigkeitsbestrebungen der Teilregionen noch den verstärkten (direkt wie indirekt ansetzenden) Zugriff europäischer Großmächte verhindern. Die internationalen Konflikte um das Erbe des »kranken Mannes am Bosporus« bestimmen den Inhalt der orientalischen Frage. Mit dem Überfall auf Algier (1830) faßt Frankreich als Kolonialmacht direkt in Nordafrika Fuß.

Frühfeudale Staaten südlich der Sahara

In den Gebieten südlich der Sahara setzt sich der Konsolidierungsprozeß frühfeudaler Staaten und die Entstehung überregionaler Stammesverbände fort. Das expansive *Ashantireich* unterwirft unter seinem Herrscher Bansu die Fantestämme und erreicht in der Folge die Goldküste. Mit 1824 beginnt der erbitterte Abwehrkampf gegen das britische Vordringen, der bis 1874 (Besetzung der Hauptstadt Kumasi) andauert und danach immer wieder neu auflebt. Auf dem Siedlungsgebiet der ehemaligen *Haussastaaten* (Nordnigeria) gründen die Fulbe das *Sokotoreich* (»Heiliger Krieg« 1804–1810), das eine islamisch geprägte, hochentwickelte Feudalorganisation besitzt. Zu den militärisch wehrhaftesten Staatenbildungen gehören die *Fulbe-Tukulör-Staaten*, bei deren Herausbildung ebenfalls die Verbreitung des Islam eine Rolle spielt. Ihren Zenit erreichen diese Staaten unter al-Hadj Omar Saidu Tall (1797–1864), der eine expansive Politik betreibt, aber am Separatismus rivalisierender Stämme scheitert.

In Ostafrika steht das *Burundireich* unter Ntare II. (1825–1852) in Blüte, das sich mit arabischen Sklavenhändlern konfrontiert sieht. Auch in Rvanda zeichnet sich eine feudalstaatliche Zentralisation ab, Buganda konsolidiert sich unter seinen Herrschern Sunna II. und Mtesa I.

Die Lage in *Äthiopien* ist vom Bemühen einer Überwindung der feudalen Anarchie (»Periode der Prinzen«) gekennzeichnet. Kaiser Theodoros II. setzt eine Zentralisierung und Reformen durch, jedoch wird das Werk durch die folgende britische Invasion in Frage gestellt. Erhebliche Teile der ostafrikanischen Küste und ihres Hinterlandes befinden sich im Einflußbereich des *Sultanats von Sansibar*.

In Südafrika unterliegen die großen Stammesverbände der Zulu und der Xhosa nach langen Kämpfen dem doppelten Expansionsdruck der Buren und der Engländer (1806 Kapkolonie).

Für die Mehrzahl der Länder Asiens ist die Verbindung von zwei Konfliktlinien kennzeichnend: Schwere soziale und politische Erschütterungen im Innern, die aus dem Niedergang und der Stagnation des Feudalsystems, aber auch dem Aufkommen lokalautochthoner Keimformen des Kapitalismus (Indien, China, Japan) resultieren, verschmelzen mit der von außen wirkenden Konfrontation mit den kolonial-expansionistischen Interessen europäischer Mächte und der USA. {.margin-note} **Widersprüche in der Entwicklung Asiens**

In *Persien* entlädt sich die Krise des überlebten Feudalsystems ab 1844 im Babistenaufstand. In der Form religiös-messianisch, richtet sich der schiitische Babismus sowohl gegen die Auswüchse der Schah-Herrschaft wie auch gegen die sich bereits abzeichnenden Folgen des wachsenden englischen und russischen Einflusses, der vor allem die Positionen einheimischer Kaufleute und Handwerker bedroht. Im Unterschied zu Persien kann sich *Afghanistan* zunächst mit Erfolg gegen die Machtansprüche Englands behaupten.

In eine schwere sozialökonomische und politische Existenzkrise wird *Indien* gestürzt, dessen koloniale Eroberung durch England um die Mitte des 19.Jh. (Niederwerfung des Sikh-Staates) im wesentlichen abgeschlossen ist. Einerseits begünstigt das Bündnis der großen einheimischen Feudalherren (Samindare) mit den Engländern die Aufrechterhaltung des Feudalsystems, andererseits stürzt die Öffnung des riesigen indischen Marktes für englische Waren (besonders Baumwollerzeugnisse) durch Auflösung der traditionellen Dorfgemeinschaft die Masse der indischen Bauern in grenzenloses Elend.

In *China* erweist sich die Manzhuherrschaft in wachsendem Grade als unfähig, das Land gegen den Druck der europäischen Mächte, die China ihren Interessen »öffnen« wollen, abzuschirmen. Endgültig scheitert die passive Politik der Abschließung im Ergebnis des ersten und zweiten Opiumkrieges. Die Verträge von Nanjing (1842) und Peking (1860) sind Schritte zur Umwandlung Chinas in ein halbkoloniales Land. Auch für *Japan* scheint sich eine ähnliche Entwicklung anzudeuten (Aufzwingung ungleicher Verträge durch die US-amerikanische Perry-Expedition 1853/54), jedoch ebnet der Sturz des feudalen Tokugawashogunats und die Wiederherstellung der kaiserlichen Macht (Meiji-Restauration) ab 1868 den Weg für eine Revolution von oben, in deren Ergebnis die außerordentlich rasche Entwicklung eines einheimischen und unabhängigen Kapitalismus einsetzt.

Das koloniale Vordringen der europäischen Großmächte und der USA, gleich ob direkten oder indirekten Charakters, trifft auf den heroischen Widerstand der Völker Lateinamerikas, Afrikas und Asiens. Die Geschichte der neuen Etappe der kapitalistischen Kolonialexpansion ist zugleich die Geschichte des ständigen Kampfes um Unabhängigkeit und soziale Befreiung durch die von kolonialer Unterjochung betroffenen oder bedrohten Völker. Zu den Höhepunkten des antikolonialen Freiheitskampfes, der integraler Bestandteil der revolutionären Bewegung der {.margin-note} **Antikolonialer Widerstand**

Epoche ist, gehören die Erhebung Javas unter Pangiran Diponegoro (1825–1830), der Widerstandskampf Algeriens unter Abd-el-Kadr (1832–1847), der Sieg Afghanistans über die Engländer (1839–1842), die Taiping-Revolution in China (1851–1864), die Volkserhebung in Indien (»Sepoy«-Aufstand 1857–1859) und die Abwehr der französischen Invasion durch Mexiko (1861–1867).

3.1.6.   Ideologie und Literatur der Epochenwende

Bürgerliche gegen feudale Ideologie

Der Charakter der Epoche findet eine ebenso vielfältige wie widersprüchliche Ausprägung in der *politisch-ideologischen* und *literarisch-künstlerischen Sphäre*. Unter dem Einfluß der Französischen Revolution und ihrer universalen Wirkung werden zunächst zwei Grundströmungen situationsbestimmend: Die progressive Ideologie der ökonomisch und politisch zunehmend dominierenden Bourgeoisie entfaltet sich in Konfrontation mit der regressiven Ideologie der um die Behauptung und Wiedergewinnung ihrer Machtpositionen kämpfenden feudalaristokratischen Reaktion. Ab 1830/1848 treten die Arbeiterfrage und die proletarische Ideologie hervor. Das mit der *Aufklärung* philosophisch-historisch begründete, schließlich in den Liberalismus einmündende Fortschrittsideal der Bourgeoisie schwächt sich unter dem Einfluß der revolutionären Ereignisse von 1830, 1848 und insbesondere 1871 ab. Hauptursachen für die tendenziell negative Wende in der bürgerlichen Ideologie sind die wachsende Revolutionsabstinenz der Bourgeoisie, dazu das in einigen Ländern vollzogene Klassenkompromiß mit dem Adel und der mit der industriellen Umwälzung voll wirksam werdende Grundwiderspruch zwischen Kapital und Arbeit.

Klassische deutsche Philosophie

Das progressive bürgerliche Denken kulminiert in der klassischen deutschen Philosophie (Kant, Johann Gottlieb Fichte, Friedrich Wilhelm Josef Schelling, Georg Friedrich Wilhelm Hegel, Ludwig Feuerbach, die Junghegelianer). Ihre historische Leistung besteht in der theoretischen, wenn auch idealistischen Verarbeitung der Französischen Revolution von 1789. (Marx: »Ist daher *Kants Philosophie* mit Recht als die *deutsche Theorie* der französischen Revolution zu betrachten«[14]). Höhepunkt und Abschluß findet die klassische deutsche Philosophie im System der Hegelschen Dialektik.

Die materialistische Umkehrung und wissenschaftliche Weiterentwicklung der objektiv-idealistischen Dialektik durch Karl Marx und Friedrich Engels läßt die klassische deutsche Philosophie zu einer der drei Quellen des Marxismus werden (dialektischer Materialismus). Der Niedergang der in Konfrontation zum feudal-aristokratischen Denken entstandenen klassischen bürgerlichen Philosophie findet seine schärfste Ausprägung in dem gegen Kant und Hegel gerichteten Irrationalismus und Pessimismus Arthur Schopenhauers. Seine Philosophie gewinnt vor allem nach der politischen Niederlage der Bourgeoisie in der europäischen Revolu-

14 K.Marx, Das philosophische Manifest der historischen Realschule, in: MEW, Bd.1, S.80.

tion von 1848/49 erheblichen Einfluß. Subjektiv-idealistischen, im Wesen **Positivismus**
agnostizistischen Charakters ist der in Frankreich (Auguste Comte) einflußreiche und als »soziale Physik« verstandene, schließlich auch in England vorherrschende Positivismus (James Stuart Mill, Herbert Spencer).
Im Interesse des bürgerlichen Liberalismus versucht der Positivismus, die
dynamische Entwicklung der historisch als ewig gesetzten kapitalistischen Produktionsweise und einer in ihren Diensten stehenden Naturwissenschaft philosophisch zu begründen (Comte: »Die Wissenschaft ist
sich selbst Philosophie.«).

Reflektiert die klassische Philosophie den Herrschaftsanspruch und Fort-
schrittsglauben der Bourgeoisie im Moment des universalhistorischen
Durchbruchs der neuen Produktionsweise und Gesellschaft, so stellt der
Positivismus die philosophische Widerspiegelung der Industrialisierung
und des Kapitalismus der freien Konkurrenz dar.

Die mit der regressiven Komponente der Romantik verbundene *konserva-* **Restaurations-**
tiv-aristokratische Gegenströmung hat ihre militantesten Vertreter in Edmund **ideologie**
Burke, François-René Vicomte de Chateaubriand, Louis-Gabriel Am-
broise Vicomte de Bonald, Joseph-Marie Comte de Maistre und Friedrich
von Gentz, wobei bürgerlicher Konservatismus (Burke) und feudale Restaurationsideologie eine Symbiose eingehen. Burkes *Reflections on the
French Revolution* (1790) bestimmen den Grundtenor jeglicher konservativen Auseinandersetzung mit dem gesellschaftlichen Umbruch von 1789.
Für die einflußreiche französische Restaurationsideologie ist eine militant klerikale und stärker aristokratische Orientierung kennzeichnend.
De Maistres *Du Pape* (1819) wird die Bibel des Ultramontanismus. In ana-
loger Weise verherrlicht Karl-Ludwig Hallers *Restauration der Staatswissenschaften* (1816–1820) das patriarchalisch-ständische Prinzip; seine Auffassungen bilden bis zur Jahrhundertmitte eine Hauptquelle des Konservatismus.

Parallel zur klassischen Philosophie entwickelt sich die klassische bürger- **Klassische**
liche politische Ökonomie, die ihre reifste Ausprägung in England schon **bürgerliche**
bei Adam Smith und David Ricardo findet. Vom objektiven Charakter der **politische**
Bewegungsgesetze des Kapitals ausgehend, begründen die Vertreter der **Ökonomie**
bürgerlichen Ökonomie den *Wirtschaftsliberalismus*, der in der Freihandels-
lehre und dem *Kapitalismus der freien Konkurrenz* seine reinste Ausprägung
findet. Ein Grundelement dieser politischen Ökonomie besteht in der Begründung der Hegemonie der industriellen Bourgeoisie gegenüber dem
Großgrundbesitz, das heißt des industriellen gegenüber dem agrarischen
Kapital. Im Wirken von Smith (*Reichtum der Nationen*, 1776) und Ricardo
(Begründung der Arbeitswerttheorie, 1817) ist der Höhepunkt der klassischen bürgerlichen Ökonomie erreicht und zugleich überschritten.
Die nachfolgende Entwicklung verläuft in drei Richtungen:
– Aufkommen der *Vulgärökonomie* und Apologetik als deren Hauptvertreter in England Thomas Robert Malthus und James Stuart Mill, in Frank-
reich Jean-Baptiste Say fungieren;
– Übernahme von Elementen der klassischen Ökonomie in die Kapitalismuskritik der utopischen Sozialisten;
– dialektische Aufhebung und Weiterentwicklung durch Karl Marx, wo-

**Historio-
graphie**

mit die klassische bürgerliche Ökonomie eine der drei Hauptquellen des
Marxismus wird.

In enger Wechselwirkung mit den neuen Erscheinungen auf dem Gebiet
der Philosophie und der politischen Ökonomie vollzieht sich ein Aufschwung der Geschichtsschreibung, die in den Rang einer Wissenschaft
gehoben wird. Mit Berechtigung gilt das 19. Jh. als ein »historisches Jahrhundert«, da die Geschichtsschreibung besonders deutlich bürgerliches
Klassenbewußtsein und Weltverständnis zum Ausdruck bringt. Kennzeichnend sind die Durchsetzung quellenkritischer Methoden (Rolle der
klassischen Philologie), die Dominanz der Nationalgeschichte, die stark
von der Philosophie (Johann Gottfried Herder, Hegel) beeinflußten Anfänge einer Weltgeschichtsschreibung und die Begründung bedeutender
wissenschaftlicher Schulen (Ranke-Schule). Bemerkenswert ist die enge
Verbindung, von Historiographie und Politik: Beispiele dafür bieten die
historisch begründete Kritik am Restaurationssystem in Frankreich, das
Engagement für die englische Empirepolitik, die Konfrontation von
»großdeutschen« und »kleindeutschen« Historikern, der besondere Rang
der nationalen Frage im historischen Denken der Länder Ost- und Südeuropas sowie Lateinamerikas.

Hervorragende Vertreter der *französischen Historiographie* der Restaura-
tionszeit sind Augustin Thierry, Auguste Mignet, Louis-Adolphe Thiers,
François Pierre Guillaume Guizot und Jules Michelet. Besonders nach
1848 gewinnen konservative Gegenströmungen an Einfluß.

In der *deutschen Geschichtsschreibung* wirkt eine stark aufklärerisch-antifeu-
dale Tendenz, als deren bedeutendste Exponenten August Ludwig Schlö-
zer, Friedrich Christoph Schlosser und Georg Gottfried Gervinus gelten
können. Besonders bei Gervinus sind bürgerlich-demokratische Grundhaltung und universalhistorische Sicht ausgeprägt. Romantisch-reaktio-
näre Gegenpositionen finden ihre programmatische Verkörperung in der
Historischen Rechtsschule Friedrich Karl von Savignys. Mit Berufung auf
das organische Prinzip und in direkter Konfrontation mit den Wirkungen
der Revolution von 1789 erfolgt eine Idealisierung der feudal-mittelalter-
lichen Verhältnisse in Wirtschaft, Staat und Recht. Die Spezifik der nationalen Frage findet ihre Widerspiegelung bei den auf die Machtansprüche
Preußens eingeschworenen »kleindeutschen« Historikern (Johann Gustav
Droysen, Heinrich von Treitschke). Ihren überragenden internationalen
Ruf verdankt die deutsche Historiographie den quellenkritischen Arbeiten Leopold von Rankes, Barthold Georg Niebuhrs und (Christian Matthias) Theodor Mommsens. Das von Ranke verfochtene Prinzip des Primats von Staat und Außenpolitik beeinflußt nachhaltigst den deutschen
Historismus.

In *England* findet der kontinuierliche Übergang von der Aufklärung zum
bürgerlichen Liberalismus seinen Ausdruck in den Werken von Henry
Thomas Buckle und Thomas Babington Macaulay zur Nationalgeschichte
dieses Landes. Auf widersprüchliche Weise verschmelzen der Einfluß
von klassischer Philosophie, Romantik und Elementen des utopischen Sozialismus im übersteigerten Heroenkult bei Thomas Carlyle.

Für *Rußland* ist der Beginn einer bürgerlichen Geschichtsschreibung durch die Werke von Karamzin (*Geschichte des russischen Reiches*), Pogodin und Konstantin Kavelin gekennzeichnet; ihren ersten Höhepunkt erreicht sie mit Sergej Solov'ev, der eine Monumentalgeschichte Rußlands vorlegt. Im Ergebnis der Reformen von 1861 beginnen die Rolle des Staates und die Agrarfrage bestimmende Themen der russischen Historiographie zu werden.

Als hervorragendes Beispiel für die Rolle der Historiographie bei der Begründung und Förderung des *Nationalbewußtseins* kann das Werk des tschechischen Historikers und Politikers František Palacký gelten. Analog zur entscheidenden Rolle historischer und sprachwissenschaftlicher Studien für die Entwicklung des nationalen Selbstbewußtseins der Völker Ost- und Südeuropas spiegeln auch erste Ansätze der nationalen Historiographie in Lateinamerika die schweren politisch-sozialen Konflikte, insbesondere der Gegensatz von Liberalen und Konservativen, der Nachemanzipation wider (Lucas Alamán und José Luis Bustamamante y Rivero in Mexiko, Diego Barros Arana in Chile); charakteristisch ist auch eine Verbindung zwischen Literatur und Geschichtsdenken (Jean-Baptiste Alberdi und Domingo Fausto Sarmiento in Argentinien).

In Literatur und Kunst sind Klassik, Romantik und Realismus epochespezifische Stilrichtungen. Zwischen diesen Stilen bestehen zeitliche wie inhaltliche Übergangszonen und Mischformen (frühromantische Elemente in Sturm und Drang; fließende Grenze zwischen Romantik und Realismus); zugleich existieren beträchtliche nationale Besonderheiten. **Literatur und Kunst**

Die in ihren Wurzeln noch in den Absolutismus zurückreichende Klassik mit ihrer Orientierung an antiken Modell- und Wertvorstellungen, den strengen Formen und dem aus der Aufklärung übernommenen Rationalismus artikuliert besonders ausgeprägt den noch ungebrochenen Fortschrittsoptimismus und den Macht- und Autoritätsanspruch der progressiven Bourgeoisie und des liberalen Adels in einer historischen Durchbruchs- und Aufstiegsphase. Bourgeoisie und liberaler Adel »fanden in den klassisch strengen Überlieferungen der römischen Republik die Ideale und die Kunstformen, die Selbsttäuschungen, deren sie bedurften, um den bürgerlich beschränkten Inhalt ihrer Kämpfe sich selbst zu verbergen und ihre Leidenschaft auf der Höhe der großen geschichtlichen Tragödie zu halten«[15].

Tiefer von inneren Widersprüchen gezeichnet ist die Romantik. Als Reaktion auf die Französische Revolution und den Rationalismus der Aufklärung enthält sie Elemente, die den Widerstand der feudal-aristokratischen Klassenkräfte ideologisch und künstlerisch zum Ausdruck bringen (religiöser Fanatismus, Irrationalismus, Mittelaltermythos, Monarchenkult, Verherrlichung des organischen Prinzips, das heißt der Evolution gegenüber der Revolution). Zugleich impliziert ihre besondere Betonung des Individuums eine, angesichts des Scheiterns der Ideale von 1789, zumeist die Vergangenheit idealisierende Kritik an den negativen und inhumanen Seiten der neuen bürgerlichen Gesellschaft. Der tiefgreifende Ein- **Innere Widersprüchlichkeit der Romantik**

15 K. Marx, Der achtzehnte Brumaire des Louis Bonaparte, in: MEW, Bd. 8, Berlin 1960, S. 116.

fluß, den die Romantik auf die historisch-philosophische und literarische Fundierung des Nationalbewußtseins ausübt, gibt ebenfalls Veranlassung, deutlich zwischen progressiver und konservativer Komponente dieser Strömung zu unterscheiden. Beträchtlich sind die Verdienste der Romantiker um die *Volkskultur* (Volkslieder, Märchen- und Sagensammlungen).

Als Zentren des literarisch-geistigen Lebens spielen die Salons bedeutender Frauen eine hervorragende Rolle (Madame Récamier, Madame de Staël-Holstein, Rahel Varnhagen).

Von der Position der progressiven Romantik und unter dem Eindruck der industriellen Umwälzung sowie der Revolutionen von 1830 und 1848 gehen bedeutende Literaten und Künstler zum Realismus über. Dessen radikalste Vertreter stoßen bis zur offenen Kritik an der bürgerlichen Klassenherrschaft vor, einige erahnen die historische Dimension der Arbeiterfrage.

Weimarer Klassik

Der als universal gültig gesetzte Humanitäts- und Emanzipationsanspruch des aufstrebenden Bürgertums findet in vollendeter Weise in der *deutschen Klassik* Ausdruck, die einen Höhepunkt der Weltliteratur darstellt. Friedrich Gottlieb Klopstock, Christoph Martin Wieland, Johann Christian Friedrich Hölderlin, insbesondere Schiller und Goethe prägen die Blütezeit des humanistisch-klassischen Realismus, dessen Weltanschauung der überlebten Feudalideologie entgegengesetzt ist und zugleich über die sich abzeichnenden Grenzen der bürgerlichen Gesellschaft hinauswächst. Der geniale Entwurf der freien Selbstverwirklichung des Menschen ist das Grundthema in Goethes Faust. Allerdings distanzieren sich letztlich fast alle Hauptvertreter der Klassik sowohl vom Rebellentum des Sturm und Drang als auch vom jakobinischen Radikalismus der Französischen Revolution und hoffen, ihre Ideale durch Reform und humanistische Erziehung zu erreichen. Zur jakobinischen Minderheit, die an der Idee einer Volksrevolution festhält, gehört Hölderlin; er zerbricht an den Widersprüchen seiner Zeit.

Literatur und Romantik

Eine bewußte Absage an die Klassik erfolgt in Deutschland bereits durch die Frühromantiker (»Jenaer Romantik«), die sich um die Zeitschrift *Athenäum* gruppieren und deren führende Köpfe Johann Ludwig Tieck und Novalis (eigentlich Friedrich Leopold Freiherr von Hardenberg) sind. Das Reifestadium der deutschen Romantik ist in der »Heidelberger Romantik« (Clemens Brentano, Ludwig Achim von Arnim, [Johann] Joseph von Görres, Joseph von Eichendorff, Gebrüder Jacob und Wilhelm Grimm) erreicht. National-freiheitliche und antinapoleonische Tendenzen sind für das nur sehr bedingt der Romantik einzurechnende Werk Heinrich von Kleists kennzeichnend. Den intensiv empfundenen Konflikt Künstler – Gesellschaft bezeugt in fatalistischer Verfremdung Ernst Theodor Amadeus Hoffmann (*Elixiere des Teufels*), von dem tiefgreifende Wirkungen auf Edgar Allen Poe, Honoré de Balzac, Gogol ausgehen.

In *England* stehen die Dichter der sogenannten Seeschule (William Wordsworth, der späte Coolridge, Robert Southey) den Vertretern einer progressiven Romantik gegenüber: Georg Gorden Noel Lord Byron tritt an die Seite der kämpfenden Griechen, Percy Bysshe Shelley (*Der entfes-*

selte *Prometheus*) bekennt sich zu utopisch-revolutionären Idealen. Als Chronist der Krise und des Verfalls der schottischen Clans (*Waverly, Ivanhoe*) wird Walter Scott zum Begründer des modernen historischen Romans. Hauptvertreter der nordamerikanischen Romantik sind Washington Irving, Poe (*Phantastische Geschichten*), Henry Wadsworth Longfellow und James Fenimore Cooper, der mit realistischem Einschlag die »Eroberung des Westens« schildert (*Lederstrumpferzählungen, Der letzte der Mohikaner, Wildtöter*).

Historischer Roman

Eine Schlüsselfigur der *Romantik in Frankreich* ist – nach Chateaubriand – Madame de Staël (Tochter Neckers), deren liberale Opposition Napoleon I. mit Verbannung ahndet. Ihr Werk (*Über Deutschland*) macht die deutsche Literatur und Philosophie in Frankreich bekannt. Während Victor Hugo zur revolutionären Romantik (*Notre Dame von Paris*, 1831) durchstößt, artikuliert Alfred de Musset seinen Gesellschaftsprotest als Weltschmerz (mal de siècle).

Die enge Verbindung von Romantik und nationaler Befreiungsidee ist bestimmend für das historisch orientalische Werk von Adam Mickewicz (*Pan Tadeusz*) in Polen, die Lyrik Sandor Petöfis in Ungarn und die Schöpfungen von Giacomo Leopardi und Allessandro Manzoni (*Die Verlobten*) in Italien.

Bewußt die Traditionslinie der aufklärerischen Kritik am System der Leibeigenschaft und der Selbstherrschaft (Radiščev, Karamzin) fortsetzend, dazu die patriotische Tradition von 1812 aufnehmend, entwickelt die *Romantik in Rußland* ausgeprägt sozialrevolutionäre Züge (Dekabristendichtung: Ryleev). Ihren Gipfel, der zugleich einen Glanzpunkt der russischen Nationalliteratur darstellt, erreicht sie im Werk von Puškin (*Eugen Onegin*).

Auf die Herausbildung und Entfaltung des Realismus haben gesellschaftliche Krisensituationen, voran die Revolutionen von 1830 und 1848, entscheidenden Einfluß. Demokratisch-realistische Tendenzen kulminieren in Deutschland in der Literatur des Vormärz (Ludwig Börne, Georg Büchner, Georg Herwegh, Ferdinand Freiligrath und Georg Weerth, erster Dichter des deutschen Proletariats). Von überragender Bedeutung ist das untrennbar mit der politischen Entwicklung Deutschlands und Frankreichs verbundene literarische Schaffen Heinrich Heines (*Deutschland. Ein Wintermärchen*).

Literatur des Vormärz

In Frankreich gewinnt die realistische Literatur ihr Profil durch Frédéric de Stendhal, eigentlich Maria Henri Beyle, (*Rot und Schwarz, Die Kartause von Parma*) und Hugo (*Die Elenden*). Die Meisterschaft des Realismus verbindet sich besonders mit dem Werk von Balzac (*Menschliche Komödie*), der ungeachtet seines aristokratisch-konservativen Utopismus illusionslos die Widersprüche einer von der Allmacht des Geldes und des Profits geprägten Gesellschaft entlarvt. Die rasch um sich greifende Kommerzialisierung der Literatur ist ablesbar an den Serienprodukten der Roman»manufaktur« Alexandre Dumas' d. Ä. (*Drei Musketiere, Der Graf von Monte Christo*) und an den Massenauflagen der stark bewußtseinsbildenden Trivialliteratur, für die aus finanzieller Not auch bedeutende Schriftsteller (z. B. Balzac) ihr Talent hergeben müssen. Ein Abflachen der gesell-

Kommerzialisierung der Literatur

schaftskritischen Note im Realismus nach 1848/49 läßt bereits Gustave Flaubert (*Madame Bovary*) erkennen; auch bei Charles-Pierre Baudelaire, dem führenden Lyriker des »Parnaß« (*Die Blumen des Bösen*), beginnen Resignation und Pessimismus angesichts der gesellschaftlichen Realitäten des zweiten Kaiserreiches zu dominieren.

In England repräsentieren Charles Dickens und William-Makepeace Thackeray den Realismus durch eine Fülle sozialkritischer und satirischer Werke von weltliterarischem Rang. Von der Bedeutung der sozialen Frage (Sklaven- und Agrarprobleme) und dem Ringen um bürgerliche Demokratie in den Südstaaten der USA zeugen das weltbekannte Buch *Onkel Toms Hütte* von Harriet Elizabeth Beecher-Stowe und der frühe Walt Whitman (*Grashalme*).

In der realistischen deutschen Literatur ist im Unterschied zur Vormärzzeit der gesellschaftskritische Aspekt nach 1848/49 weniger ausgeprägt (Fritz Reuter, Theodor Storm, Wilhelm Raabe). Gustav Freytags Werke (z.B. *Soll und Haben*, das Franz Mehring der Kritik unterzieht: »moralische Soße«) zeichnen den deutschen Unternehmer als patriarchalische Vaterfigur und ignorieren den Grundwiderspruch Kapital und Arbeit im anbrechenden Industriezeitalter.

Russischer Realismus

Der russische Realismus, dessen volle Entfaltung bereits in die Zeit nach 1871 fällt, knüpft dagegen bewußt an die revolutionär-demokratischen Tendenzen der Romantik an und führt diese weiter: Lermontov (*Ein Held unserer Zeit*), Belinskij, Gogol (umfassende Gesellschaftskritik in *Tote Seelen*). Seine Höhe erreicht der kritische Realismus in den Werken des revolutionär-demokratischen Flügels der Sovremmenik-Gruppe: Černyševski (*Was tun?*), Hercen, Dobroljubov, Nekrassov, Saltykov-Čsedrin. Zu den tragenden Persönlichkeiten der realistischen Erzählkunst gehört Ivan Turgenev (*Adelsnest, Väter und Söhne*). Der realistisch fundierte historische Roman steht in Blüte mit Lev Tolstoi (*Krieg und Frieden*). Höchste literarisch-psychologische Meisterschaft prägt die religiös-ethisch fundierte Kritik an Selbstherrschaft und Kapitalismus im Werk von Fedor Dostoevski (*Aufzeichnungen aus einem Totenhaus, Schuld und Sühne, Der Idiot*).

3.1.7.   Musik und bürgerlicher Epochegeist

Das für das Zeitalter der bürgerlichen Revolution und der Konsolidierung der neuen Gesellschaft kennzeichnende Element der »heroischen Illusion« spiegelt sich in besonders komplizierter Art und Weise in der *Musik* wider. Mit der Wachablösung des demokratisch engagierten Citoyen durch den gewinnorientierten Bourgeois entstehen Grundlagen einer unauflösbaren und sich ständig verschärfenden Konfliktsituation, die Inhalt und Existenzformen der Musikkultur zutiefst beeinflußt: Bekenntnis zu den Idealen von Freiheit, Gleichheit und Brüderlichkeit, nationale Verwurzelung, aber auch Rückzug in romantische Idylle oder Folgen einer wachsenden Kommerzialisierung und Manipulierung der Kunst kennzeichnen in widersprüchlicher, für den einzelnen Komponisten oft tragischen Weise die Szene.

In dem Maße, wie die traditionellen aristokratisch-absolutistischen Träger der Musik (Höfe und Kirche) ihren dominierenden Einfluß verlieren, werden nunmehr Opernhäuser und repräsentative Konzertsäle (vorrangige Bedeutung des *großen Orchesters*) die neuen Zentren einer bürgerlich bestimmten Musik; ihnen folgen die auf die »breiten Massen« zielenden Vergnügungsetablissements. Es entsteht der freischaffende Künstler. Als Pflegestätte bürgerlicher Musik wird in Frankreich das erste Konservatorium gegründet. Die für den Beginn der Epoche deutlich ausgeprägte Tendenz einer Demokratisierung des Musiklebens wird zunehmend von einer kulturellen Abgrenzung der neuen herrschenden Klasse gegen die Volksmassen abgelöst. Diese sozial-kulturelle Grenzziehung findet ihren Niederschlag in der aufkommenden Differenzierung zwischen »schwerer« (ernster) und »leichter« Musik. Am ausgeprägtesten entsprechen *Oper und Sinfonie* den neuen Ansprüchen nach Selbstdarstellung und Repräsentation. Bevorzugtes Instrument in den Bürgerhäusern und -salons wird das Klavier. Am bewußtesten erfolgt die Verbindung von Revolution und Musik in Frankreich. Patriotisch-demokratische Festmusik, eine Blüte des politisch engagierten Liedes (*Ça ira!*), dessen Tradition im Napoleonkult der Chansons von Pierre-Jean de Béranger Fortsetzung findet, mitreißende Märsche (insbesondere die von Claude-Joseph Rouget de Lisle komponierte *Marseillaise*) und die von Grétry, Gossec und Méhul, dem Komponisten des *Chant de Départ*, geschaffenen *Revolutionsopern* und sinfonische Musik sind dafür kennzeichnend.

(Randtitel: Freischaffende Künstler)

(Randtitel: Musik der Französischen Revolution)

Seinen frühen Höhepunkt erreicht das neue Musikverständnis in der Klassik, deren Hauptrepräsentanten die Wiener Klassiker sind: Joseph Haydn (*Sinfonie mit dem Paukenschlag*), Wolfgang Amadeus Mozart und Ludwig van Beethoven. Fest in der musikalischen Tradition der Aufklärung und der von Gluck verfochtenen Reformoper verwurzelt, beginnt mit der Klassik eine *neue Epoche europäischer Musikgeschichte*, die an den sich vollziehenden gesellschaftlichen und geistigen Umbruch gebunden ist. Antifeudal-bürgerliche Selbstbewußtheit vertont Mozart programmatisch in *Figaros Hochzeit*, sein Bekenntnis zu den humanistischen Idealen der Freimaurer bestimmen Musik und Inhalt der *Zauberflöte*.

(Randtitel: Wiener Klassiker)

Mit besonderer Entschiedenheit hält Beethoven an den Prinzipien von 1789 fest: In der Oper *Fidelio* obsiegt die bürgerlich-demokratische Moral gegen die Mächte der Tyrannei; aus Protest gegen die Kaiserkrönung löscht er 1804 die Widmung für Napoleon Bonaparte und gibt der III. Sinfonie den Titel *Eroica*. Auf programmatische und unübertroffene Weise ist der universale Emanzipationsanspruch des aufstrebenden Bürgertums (mit Schillers *Ode an die Freude*: »Seid umschlungen Millionen ...«) in der IX. Sinfonie wiedergegeben.

Im Unterschied zu Literatur und bildender Kunst ist die Entwicklung der nachklassischen Musik wenig durch einheitliche Epochestile, als von einer sich ständig weiter ausprägenden Vielfalt in Inhalt, Form und Technik gekennzeichnet; dem entspricht auch die wachsende Bedeutung nationaler Besonderheiten. Das demokratisch-nationale, stark von der Dichtkunst (insbesondere der Romantik) mitgeprägte Element findet eine feste Basis im Lied. Von Musikhistorikern wird das 19. Jh. als »Jahr-

(Randtitel: Musik und Nationalkultur)

hundert des Liedes« bezeichnet, wobei die Grenzen zwischen Kunst- und Volkslied durchaus nicht immer eindeutig gezogen werden können (Franz Schubert, Robert Schumann; Gründung von Liedertafeln und Singakademien). Auf das neue Verständnis der Volks- und Nationalkultur wirkt intensiv Herders Werk *Stimmen der Völker in Liedern*, das auch das Interesse auf die musikalische Kultur der slawischen Völker lenkt.

Anfänge des Arbeiterliedes

Mit den Fortschritten der Industrialisierung und Urbanisierung versiegen jedoch zunehmend die bäuerlich-traditionellen Quellen der Musik und die Volksklassen sind dem seichten kommerzialisierten Musikbetrieb ausgeliefert. Hervorhebung verdient die Widerspiegelung des erwachenden proletarischen Klassenbewußtseins im Arbeiterlied (Chartistenlieder in England; in Deutschland Franz Liszts »Herbei, herbei ...«, Vertonung von Herwegh-Gedichten).

In *Frankreich* verkörpert neben Giacomo Meyerbeer (eigentlich Jakob Liebmann Meyer Beer, *Die Hugenotten*) vor allem Hector Berlioz die Glanzzeit der Sinfonie (*Phantastische Sinfonie*) und der Oper (*Die Trojaner*). Seine überragende künstlerische Leistung strahlt auf die gesamte europäische Musik aus. Eine Verbindung von klassischer Tradition und romantischen Elementen ist in Deutschland im Werk von Carl Maria von Weber (erste deutsche Nationaloper *Der Freischütz*), Felix Mendelssohn-Bartholdy (Begründer des Leipziger Konservatoriums) und Schumann gegeben. Dagegen werden bei Albert Lortzing, dem Schöpfer der volkstümlichen deutschen Spieloper (*Zar und Zimmermann*), trotz ausgewiesener Sympathien für die Achtundvierziger, bereits Konzessionen an die kleinbürgerliche Sentimentalität des Biedermeier deutlich.

Wagners Musikdramen

Wesentliche Linien der Klassik und semantische Elemente führt Richard Wagner weiter. Sein epochales musikdramatisches Schaffen ist von der tiefgreifenden Wirkung der Jahre 1848 und 1870/71 geprägt. Als Mitkämpfer und Verbannter der Revolution von 1848 setzt Wagner mit künstlerischen Mitteln den Kampf gegen die »herrschende Religion des Egoismus« fort (*Der fliegende Holländer*, *Tannhäuser*, *Lohengrin*, *Der Ring der Nibelungen*, *Tristan und Isolde*, *Meistersinger*), gibt aber letztlich pessimistisch-religiösen Stimmungen nach (*Parsifal*). Gegen den ebenso überragend wie erdrückend empfundenen Einfluß Wagners auf die gesamte Musik tritt bereits der junge Johannes Brahms auf, dessen sinfonisches Werk aber erst nach 1871 voll ausreift.

Nationale Musik in Ost- und Südeuropa

Auf hervorragende Weise beeinflußt die Musik die Entfaltung der Nationalkultur und die Neuentdeckung der eigenen Traditionen in den Ländern Ost- und Südeuropas. In Rußland begründet Michail Ivanovič Glinka mit dem nationalen Stil zugleich die klassische Periode der Musik (*Ruslan und Ludmilla*). Sein Schaffen und die geistige Verarbeitung der Krisensituation der fünfziger und sechziger Jahre prägt den Weg für das eng mit den revolutionären Demokraten verbundene »Mächtige Häuflein«: Modest Mussorgski (*Boris Godunov*), Aleksandr Borodin (*Fürst Igor*), zu dem auch Nikolaj Rimski-Korsakov stößt (Sadko-Thema). Die Entwicklung einer national verwurzelten und zugleich die Weltkultur bereichernden Musik ist in Polen mit Frédéric Chopin (R. Schumann: »Chopins Werke sind unter Blumen eingesenkte Kanonen.«) und Stanisław

Moniuszko (Oper *Halka*) verbunden; in den *tschechischen Ländern* spielt eine vergleichbare Rolle das musikalische Werk von Bedřich Smetana (*Die verkaufte Braut, Mein Vaterland*). Mit dem Risorgimento erreicht in Italien die Nationaloper ihren vollendeten Ausdruck im Genie Verdis (Freiheitschor in *Nabucco*; *Rigoletto, La Traviata*).

In die sechziger Jahre fallen Entstehung und Blütezeit der Operette, die eng mit der Persönlichkeit von Jacques Offenbach verbunden ist. Seine Hauptwerke (*Orpheus in der Unterwelt, Die schöne Helena*) enthalten eine kühne Musiksatire des zweiten Kaiserreiches. Die mit Franz von Suppé eigenständig werdende Wiener Operette vermag nicht an die gesellschaftskritische Substanz der französischen Vorbilder anzuknüpfen. Zum bestimmenden Gesellschaftstanz wird seit Beginn des 19.Jh. der Walzer; durch kunstvolle Kompositionen von Joseph Lanner, Johann Strauß Vater (und Sohn) dominiert der Wiener Walzer, der als bürgerlicher Tanz das höfische Menuett ablöst.

(Randnotiz: Operette)

Architektur, bildende Kunst und Malerei   3.1.8.

Der grandiose Versuch, die Prinzipien von 1789 in einer eigenen »Revolutionsarchitektur« (Boullée, Ledoux, Lequeu, Desprez und andere) zum Ausdruck zu bringen, bleibt Utopie. Stattdessen setzt sich der Klassizismus als architektonischer Epochestil durch. Gegen feudal-absolutistischen Barock und Rokoko wird das durch Rückkehr zur Antike gegründete Bekenntnis zu »edler Einfalt und stiller Größe« (J.J.Winckelmann) gesetzt.

(Randnotiz: Klassizismus)

In Frankreich sind Friedrich Gilly, Soufflot Hauptvertreter des neuen Stils (Panthéon). Unter Napoleon I. mündet der französische Klassizismus allerdings in den übersteigerten Empirestil (Percier, Pierre-François-Leonard Fontaine). Der deutsche Klassizismus findet meisterhaften Ausdruck durch Carl Gotthard Langhans (Brandenburger Tor), Karl Friedrich Schinkel (Wache unter den Linden, Altes Museum), Gottfried Semper (Oper und Gemäldegalerie in Dresden) und Leo von Klenze (Münchener Pinakothek). Bestimmend für England ist Robert Smirke (Britisches Museum in London). Die historische Leistung des russischen Klassizismus kulminiert auf städtebaulichem Gebiet (Ausbau von Petersburg, Palais- und Kirchenbauten).

Zum Manifest der klassizistischen Malerei wird Jacques-Louis Davids *Schwur der Horatier*; als überzeugter Anhänger der Jakobiner schafft er das aufrüttelnde Gemälde *Der ermordete Marat*. Als späterer Hofmaler Napoleons I. erstarrt jedoch sein Talent zum Akademismus (Krönungsgemälde). Beispielgebend für den zunehmend abstrakt-akademischen Charakter der klassizistischen Kunst ist auch das Werk seines Schülers Jean-Auguste-Dominique Ingres (*Die Quelle*).

Beherrschend in der klassizistischen Bildhauerkunst sind der für Napoleon arbeitende Italiener Antonio Canova (*Paolina Borghese, Amor und Psyche*) und der Däne Bertel Thorwaldsen (*Ganymed, den Adler tränkend, Grabmal für Pius VII.*). Hervorragender deutscher Bildhauer des Klassizismus ist Johann Gottfried Schadow (Quadriga auf dem Brandenburger Tor, Luther-Denkmal in Wittenberg), zur selben Richtung gehören Johann Heinrich von Dannecker (Schiller-Büste), Christian Daniel Rauch (Denkmal Friedrich II.) und dessen Schüler Ernst Friedrich August Rietschel (Goethe-Schiller-Denkmal in Weimar).

Architektonischer Historismus

Bereits in der Blüte des Klassizismus beginnend, jedoch von der Romantik beschleunigt, prägen sich die Elemente des architektonischen Historismus durch Anleihen bei anderen historischen Stilformen aus, die dem Geschichts- und Traditionsverständnis der auf Repräsentanz bedachten Bourgeoisie entsprachen: *Neoromantik, Neogotik und Neorenaissance*. Mit dem Verlust der progressiven historischen Funktion der Bourgeoisie auf politischem und kulturellem Gebiet mündet die Entwicklung schließlich in eine unschöpferisch-eklektische Demonstrations- und Prunkarchitektur. Maßstabsetzende Impulse für die Wiederentdeckung der Gotik gehen von Frankreich (Restauration der französischen Kathedralen, einschließlich Notre Dame durch Eugène-Emmanuel Viollet-Le-Duc) und England (Charles Barrys Londoner Parlamentsgebäude) aus. In England dominiert die Neogotik im »Viktorianischen Zeitalter«; viele Länder erklären den gotischen Stil zur Norm des Kirchenbaus (Votivkirche in Wien). Unter Napoleon III. ist die Neorenaissance offizielle Architektur.

Romantische Malerei

Von der totalen Absage an die strengen und abstrakten Schönheitskriterien des Klassizismus ist die romantische Malerei geprägt; trotz des Zuges zum Historischen und Mythologischen bleiben realistische Elemente, mitunter sogar offen sozialkritischer Natur, kennzeichnend; auch die Landschaft wird neu gesehen. Als Pionierwerk gilt Jean-Louis-André-Theodore Géricaults *Floß der Medusa*. In Deutschland kulminiert die romantische Malerei mit Caspar David Friedrich und Philipp Otto Runge (*Tageszeiten*). Zum Begründer der romantisch fundierten neuzeitlichen Historienmalerei avanciert Eugène Delacroix (*Dantebarke, Gemetzel von Chios, Die Freiheit führt das Volk*).

Für die im Vergleich zur exponierten Rolle der Malerei weniger profilierte Bildhauerkunst der Romantik ist vor allem auf die Werke von François Rude (Relief *Die Marseillaise am Arc de Triomphe* in Paris) und Jean-Baptiste Carpeaux (*Der Tanz*) zu verweisen. Eine enge Verbindung von romantischen und realistischen Elementen sind für Francisco Goyas Gemälde und Grafiken charakteristisch; sein Wirken markiert einen neuen Höhepunkt der spanischen Malerei (*Caprichos, Die Schrecken des Krieges, Maja, 2. Mai, 3. Mai*). Die absolutistische Reaktion treibt nach 1815 Goya in die Emigration.

Realismus in der Malerei

In Frankreich vollzieht sich die Wende von der Romantik zum Realismus in der Malerei mit Honoré Daumier, dessen Grafiken, Karikaturen, Gemälde und Kleinplastiken von einer konsequent sozialkritischen Tendenz getragen sind. Als erster verwendet Gustave Courbet den Begriff Realismus für die Malerei; sein Bild *Die Steinklopfer* ist die früheste Darstellung von Arbeitern. Reife Ausprägung erhält die realistische Malerei durch Adolph von Menzel, der das erste Industriebild schafft (*Das Eisenwalzwerk*). Mit Edouard Manet, Edgar Hilaire Germain Degas und Auguste

Renoir erreicht die französische Malerei um 1860 eine neue Dimension im *Impressionismus*, der sich gegen die akademische Normierung des traditionellen Realismus wendet und in dem Natur, Licht (Freilichtmalerei) und Bewegung dominieren. Zur selben Zeit vollzieht sich in *Rußland* die Wende zu der ab den siebziger Jahren bestimmenden realistischen Malerei.

Als Meister der *realistischen Bildhauerkunst* tritt Auguste Rodin hervor (*Der Denker, Die Bürger von Calais, Der Kuß*), dessen nach 1871 ausreifendes Werk in Bronze und Marmor alle bedeutenden Bildhauer seiner Zeit beeinflußt.

Kulturelle Entwicklung außereuropäischer Länder   3.1.9.

Zur selben Zeit, da in Europa und den USA die Entwicklung der bürgerlichen Kunst und Literatur in voller Blüte steht und bereits erste Krisenelemente in Inhalt und Form spürbar werden, für deren Vertiefung und Ausprägung die Ereignisse der Pariser Kommune eine Wende markieren, dominieren in der Mehrzahl der Länder Asiens und Afrikas traditionelle feudale bzw. vor- und frühfeudale Kulturformen. Zugleich zeigen sich Keime einer neuen Literatur und Kunst, die bis zu einem gewissen Grade jene Widersprüche ausdrücken, die aus der Krise der überholten Gesellschaftsverhältnisse und dem sich abzeichnenden oder vollzogenen Einbruch des europäischen Kolonialismus resultieren. Wesentlich enger gestaltet sich die kulturelle Entwicklung zwischen Europa und Lateinamerika.

Im türkischen Kerngebiet des Osmanischen Imperiums ist eine neue Qualität des geistig-kulturellen und literarischen Lebens mit der Tansimatzeit verbunden, wobei sich die Öffnung für westeuropäische, insbesondere französische Einflüsse mit der Betonung eigenständiger Kulturtraditionen (durch die Jungosmanen) verbindet. Zum Begründer des türkischen Romans wird Namyk Kemal (*Das Abenteuer Ali-Bais*). Für die arabischen Regionen (Ägypten, Syrien, Libanon) sind aufklärerische Tendenzen in Prosaliteratur und Presse nachweisbar, auf deren Entfaltung die Revolutionen von 1789 und 1830 in Frankreich Einfluß ausüben. *(Osmanisches Imperium)*

In China beginnt sich eine Loslösung von traditionellen Sujets und Formen der Literatur, vor allem auf dem Hintergrund der Taiping-Revolution abzuzeichnen (demokratisch-patriotische Dichtung Huans Zunxians). Kennzeichnend für den Versuch, die noch übermächtigen Bindungen an Althergebrachtes zu überwinden und die Dichtkunst in den Dienst politischer und sozialer Reformen zu stellen, sind in Indien die in bengalischer Sprache verfaßten Werke von Ram Mohan Roy. In der von chinesischen Einflüssen mitgeprägten Literatur und Kunst Japans gewinnen angesichts der wachsenden Rolle des Städtebürgertums realistische Motive an Bedeutung: in der Literatur durch Jippenaha Ikku, in der Malerei (Farbholzschnitte) durch Utamaro Kitagowa und Hokusai (Sechsunddreißig Ansichten des Fujijama), dessen Werk eine neue Phase der Genre- und Landschaftsmalerei einleitet. Unter dem Einfluß der Meiji- *(China, Indien, Japan)*

Restauration kommt es allerdings rasch zu einer Imitationswelle europäischer Kultur und Kunst.

Mittel- und Südamerika

In Lateinamerika ist die literarisch-kulturelle Entwicklung nach der
Emanzipation durch drei Hauptmerkmale gekennzeichnet: 1. die Dialektik von nationalen Besonderheiten und kontinentalen Gemeinsamkeiten
(gemeinsame Sprache und Kulturtraditionen der Kolonialzeit), 2. die Divergenz zwischen der kreolischen Kultur der herrschenden Klasse, die
sich weitestgehend an westeuropäischen (französisch-englischen) und
nordamerikanischen Vorbildern orientiert, und den traditionellen indianisch-mestizischen und afroamerikanischen Kulturformen (z.B. Voodoo-
Kult in der Karibik) der breiten Volksmassen, 3. der ausgeprägt politische
und soziale Akzent der Literatur als Widerspiegelung der tiefgreifenden
Konflikte der Nachemanzipation. In Europa einflußreiche literarisch-phi-
losophische und politische Strömungen (Romantik, Positivismus, Realismus, Liberalismus) finden ihr unmittelbares Echo in Lateinamerika: Este-
bán Echeverría (*Das sozialistische Dogma*) und Domingo Faustino
Sarmiento (*Facundo*) in Argentinien, Andrés Bello in Venezuela und
Chile (Gründung der Universität Santiago de Chile) sind führende Repräsentanten der neuen progressiven Nationalkultur.

3.2.   Große Französische Revolution (1789–1795)

3.2.1.   Krise des Ancien Régime

Frankreich am Vorabend der Revolution

Die auf Ludwig XIV. folgenden Regierungen Ludwigs XV. und Ludwigs XVI. sind durch das Aufbrechen tiefer, antagonistischer Widersprüche in Ökonomie, Politik und Ideologie geprägt. Zerfall und Erstarrung
feudaler Wirtschafts- und Machtstrukturen auf der einen, Erstarkung der
neuen, kapitalistischen Produktionsformen auf der anderen Seite bilden
den grundlegenden Inhalt der Krise des Ancien Régime.
Am Vorabend der Revolution ist Frankreich ein Agrarland; aber die
Landwirtschaft, Hauptbasis des Systems, ist weitgehend zerrüttet, in vielen Gebieten von sinkenden Erträgen gekennzeichnet. Krone, Adel und
Klerus verfügen über ca. 40 % des Bodens, die Bourgeoisie besitzt 20 %,
was nicht automatisch heißt, daß sie kapitalistisch genutzt werden. Auf
die rund 20 Mio Bauern entfallen 40 %. Viele bäuerliche Wirtschaften
sind aber so klein, daß sie kaum den Eigenbedarf befriedigen. Zudem unterliegt der bäuerliche Besitz in vielfältiger Weise der feudalen Ausbeutung durch Adel, Staat und Kirche.
Der gewerbliche Sektor wird neben dem Handwerk zunehmend von Manufakturen geprägt. Außer den königlichen Manufakturen, meist auf die
Produktion von Luxusgütern und Heeresbedarf spezialisiert, gibt es zentralisierte *Manufakturen* bürgerlicher Unternehmer, noch aber überwiegt
die zerstreute, dezentralisierte Manufaktur. Handwerk und Manufaktur
stehen hinter England zurück, das schon den Übergang zur industriellen
Revolution vollzieht. Die Entwicklung des produktiven Kapitals stößt auf

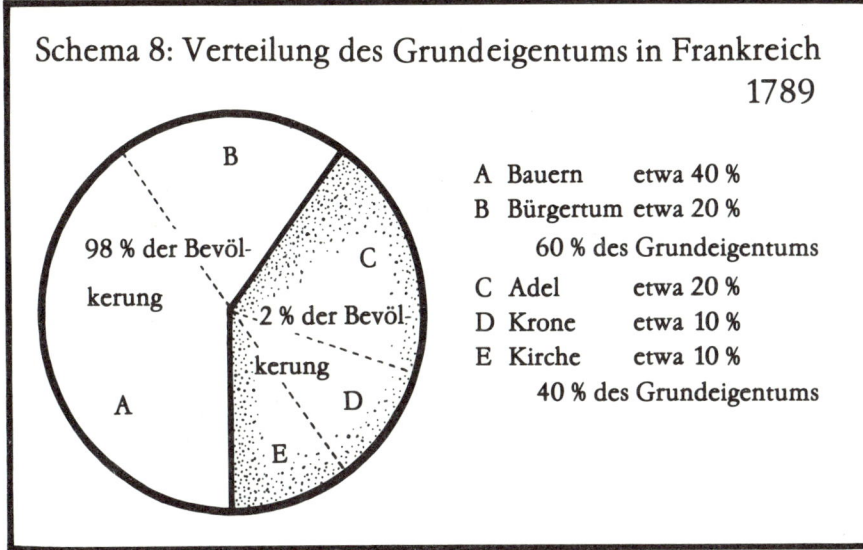

Schema 8: Verteilung des Grundeigentums in Frankreich 1789

98 % der Bevölkerung

2 % der Bevölkerung

A Bauern   etwa 40 %
B Bürgertum etwa 20 %
        60 % des Grundeigentums
C Adel   etwa 20 %
D Krone   etwa 10 %
E Kirche   etwa 10 %
        40 % des Grundeigentums

vier Haupthindernisse: feudale Fesseln und Bindungen in der Landwirtschaft, staatliche Reglementierungen und Eingriffe, starke Positionen des Zunftwesens, eine verhängnisvolle staatliche Außenhandelspolitik.

Am meisten spürt dies der Handel, der – mit Ausnahme der anhaltenden Konjunktur im Zuckergeschäft mit St. Domingue – auf den Außenmärkten der englischen Konkurrenz nicht gewachsen und im Innern durch die archaische Infrastruktur gehemmt ist.

Auf Grund des Standes der Produktivkräfte befindet sich Frankreich auf einer Art Mittelposition (Jean Jaurès spricht von »hybridem Charakter«) zwischen England und der feudalabsolutistischen Staatenmehrheit Europas. Diese Lage drängt durch das Wirken zweier Grundtendenzen (wachsende Krise im Agrarsektor – Anwachsen bürgerlichen Reichtums, der nach politischer Verwertung drängt) zur Beseitigung des absolutistischen Regimes. Vielzahl und Reife seiner Widersprüche, dazu die Spezifik ihrer gegenseitigen Verbindung, lassen das Frankreich der Bourbonen zum schwächsten Kettenglied der europäischen Feudalwelt werden.

Die Klassenstruktur Frankreichs ist noch stark von der mittelalterlichen Klassen-Ständeordnung geprägt. Zum Ersten Stand gehören nominell die struktur 120 000 Geistlichen; aber nur etwa 1 000 von ihnen zählen als hoher Klerus zur herrschenden Klasse.

Der Zweite Stand wird vom Adel repräsentiert, der grob nach Hof- und Provinzadel zu unterscheiden ist. Der Dienstadel (Noblesse de robe) nimmt eine Zwischenstellung ein, seinen Reihen entstammen vor allem die im Bereich des staatlichen Überbaus (Gerichte, Verwaltungen) tätigen Mitglieder, die über Generationen aus der Bourgeoisie aufgestiegen sind. Von dieser verachtet, vom Adel als Emporkömmlinge geschnitten, stellt die von der Krone mit zahlreichen Privilegien versehene Noblesse de robe erbitterte Verteidiger der alten Ordnung.

Neben dem Privileg der Steuerfreiheit genießt der Adel weitere Rechte (lokale Gerichtsbarkeit, Recht der Jagd und des Waffentragens, Vorrang bei Besetzung von Offiziersposten, Stellen im Staatsapparat und im diplomatischen Dienst), die er hartnäckig gegen Reformen und bürgerliche Opposition verteidigt. Bei den Bauern ist der Provinzadel besonders verhaßt: Ökonomisch ist dieser auf das Niveau eines Parasiten abgesunken.

Im Unterschied zur Englischen Revolution existiert am Vorabend der Französischen keine breite Fraktion des verbürgerlichten Adels, die zum potentiellen Bündnispartner oder gar Hegemon werden könnte. Allerdings spielt der liberale Adel auf dem Höhepunkt der revolutionären Krise und in der Anfangsetappe der Revolution eine beträchtliche Rolle als Element der antiabsolutistischen Opposition. Trotz der Tatsache, daß Teile des Adels im Zuge des physiokratischen Zeitgeistes Unternehmerfunktionen in Landwirtschaft, Manufaktur, Handel und Finanzwesen einzunehmen beginnen, bleibt die Revolution unvermeidlich.

Die Mehrheit der Nation ist im Dritten Stand (Tiers État) repräsentiert: Bourgeoisie, Intellektuelle (Rechtsanwälte, Schriftsteller, Ärzte), Bauern, ländliche und städtische plebejische und vorproletarische Schichten vertreten das ökonomische, materielle, moralische und geistige Potential des Landes, bleiben aber politisch weitgehend oder völlig rechtlos.

Die Bourgeoisie ist trotz vielfältiger Übergangselemente in einzelne Fraktionen separiert. Zur *Großbourgeoisie* zählen, bei regionalen Unterschieden, die eng mit dem Ancien Régime verbundene Rentenbourgeoisie, die Finanzbourgeoisie (Bankiers, Heereslieferanten, Inhaber von Steuerpachten) und die Spitzen der Handelsbourgeoisie (Großkaufleute, Reeder, Überseehändler). Manufakturbourgeoisie (mit Ausnahme der Besitzer zentralisierter Manufakturen) und die Masse der Handelsbourgeoisie bilden den Kern der *Mittelbourgeoisie*, die ihre Basis außer in den traditionellen Gewerben (Tuch- und Leineweberei) in neuentstehenden Produktionszweigen (Steinkohlenbergbau, Eisenverarbeitung, Baumwollproduktion) besitzt. Das *Kleinbürgertum* stellt nach der Zahl etwa zwei Drittel des bürgerlichen Elements. Inhaber von Handwerksbetrieben, Ladenbesitzer und Schankwirte sind ihre wichtigsten Komponenten. Es besteht ein ausgeprägtes Gefälle zwischen Paris und den Hafenstädten sowie gegenüber den Provinzen. Unterschiede gibt es in der Haltung zum Absolutismus und zu den Bauern, sofern die Bourgeoisie als Grundbesitzer bereits die neue Ausbeuterfunktion erfüllt oder sogar alte Abhängigkeitsformen durch Kauf übernimmt. Das Verhalten der verschiedenen Fraktionen und Schichten der Bourgeoisie ist deshalb widersprüchlich. Diese Widersprüche ändern indes letztlich nichts an der Existenz einer relativ einheitlichen Bourgeoisie und an ihrer Fähigkeit zur Hegemonie in der Revolution.

Die Bauern, nach Besitz und Interessen differenziert in Groß-, Mittel- und Kleinbauern, stellen die erdrückende Mehrheit der Bevölkerung (ca. 85 %). Obwohl die Leibeigenschaft, von geringen Ausnahmen abgesehen, nicht mehr besteht, sind sie vielen Formen feudaler Abhängigkeit unterworfen. Der Staat verlangt die *Kopfsteuer* (taille) und die besonders verhaßte *Salzsteuer* (gabelle), zudem werden sie zu Frondiensten herangezogen. Dem Klerus schulden sie den *Zehnt* von allen agrarischen Produkten. Der Grundherr verlangt eine Vielzahl von den Bauern besonders drückend empfundener *Abgaben, Zinsen und Steuern.* Von der Geburt bis zum Tode gibt es nichts, wofür die Bauern nicht zu Geld- oder Naturalleistungen verpflichtet werden könnten. Persönliche Freiheiten und eigener Boden nützen wenig, wenn die daran gebundenen Lasten Quelle bäuerlicher Verelendung werden. Trotzdem reicht die soziale Bandbreite von der Minderheit wohlhabender »Dorfhähne« (Coqs de village), über spannfähige Mittel-, Klein- und Parzellenbauern bis hin zum Landarmen, dem Dorfproletariat. Entsprechend verschieden sind die Haltungen nach Ausbruch des offenen Konflikts und die Vorstellungen von der Lösung der Agrarfrage.

Der Klassengegensatz Bauernschaft – Adel ist der Grundwiderspruch, den die Revolution lösen muß. Die Führung liegt in den Händen der Bourgeoisie, die mit ihren Klasseninteressen zugleich die Gesamtinteressen der Nation gegen Adel und Feudalität vertritt, sie steht »*wirklich* an der Spitze der Bewegung«[16]. Die Einheit des Dritten Standes (Albert Soboul: »antifeudaler Block«) basiert vorrangig auf der Negation des Bestehenden. Erst in der Revolution brechen die inneren Widersprüche sichtbar und ständig krasser hervor. Ähnliches gilt für die beiden anderen Stände: Der Gemeindepfarrer (curé) steht den ländlichen und städtischen Massen näher als dem Kirchenfürsten, und die liberale Adelsfraktion stimmt mit der bürgerlichen Opposition in der Verurteilung der schlimmsten Auswüchse des Absolutismus überein. *Klassengegensätze*

In den Jahren 1787/88 scheitert der Versuch der Krone, mittels Reformen (Teilbesteuerung des Adels, ständische Selbstverwaltung in den Provinzen, Verbesserung des allgemeinen Steuersystems, Abschaffung der Binnenzölle) die Finanzmisere zu beheben, endgültig am Widerstand der herrschenden Klasse. Auf die Revolte der Privilegierten (1787), geprägt von der Weigerung der Parlements, besonders des Parlements von Paris, und den Adelsversammlungen, der Krone entgegenzukommen, antwortet die Krone mit der *Einberufung der Generalstände* für den Frühsommer 1789, in der Hoffnung, durch dieses Manöver die Opposition der Privilegierten zu brechen. *Revolte der Privilegierten*

Die Jahre 1787/88 sind von der Herausbildung einer revolutionären Situation gekennzeichnet: Das Regime befindet sich in auswegl-oser Lage; das Resultat einer Serie von ineinander wirkenden Krisen sind: drohender *Staatsbankrott*, seit Jahren akute *Finanzkrise, Manufaktur- und Handelskrise, ideologisch-moralische Krise*, wofür die Aufklärung den Weg bereitet hat. *Revolutionäre Situation*

In den letzten Jahren der Regierung Ludwigs XVI. bezeugen die nicht abreißenden Unruhen in der Stadt und auf dem Land und die zunehmende Kritik durch die Bourgeoisie, daß die Mehrheit der Nation nicht mehr gewillt ist, die bestehenden Zustände zu ertragen und auf die alte Weise weiterzuleben. *Mißernten* und *Teuerungen* verschärfen die Situation. Die Revolution wird ein objektives Erfordernis und fußt daher nicht auf dem

---

16 K. Marx, Die Bourgeoisie und die Konterrevolution, in: MEW, Bd. 6, S. 107.

bloßen subjektiven Versagen und der Unfähigkeit von Krone und Adel.

Ideologische Offensive des Dritten Standes

In der Zeit zwischen dem 24. Januar und dem 5. Mai 1789, von der Einberufung der Generalstände bis zu ihrer Eröffnung, gewinnt die Aufklärung reale Bedeutung für die Auslösung der Revolution. Auf den Appell des Königs an seine Untertanen, ihm keine Beschwerden, Kritiken und Hinweise vorzuenthalten, antworten vornehmlich Repräsentanten des Bürgertums mit einer Flut von Schriften und programmatischen Erklärungen, in denen, ohne der Abschaffung der Monarchie das Wort zu reden, die bestehenden gesellschaftlichen Verhältnisse umfassender Kritik unterzogen werden. Sowohl in der von Mirabeau verfaßten Flugschrift *Aufruf an die Nation der Provence* (Dezember 1788) als auch in Maximilien Robespierres *Aufruf an die Nation des Artois* findet die Kampfansage an Adel und Feudalität flammenden Ausdruck. Im Januar 1789 erscheint die wirkungsvollste aller Schriften: Die berühmte Frage des Abbé Emmanuel-Joseph Sieyès *Was ist der Dritte Stand?* enthält in ihren Antworten ein ganzes Programm: »Alles! Was ist er bisher gewesen? Nichts! Was verlangt er? Etwas zu werden.« Die Betonung des Prinzips der (gesellschaftlichen) Nützlichkeit, das dem Dritten Stand eigen sei, schließt folgerichtig den Adel als überflüssige Klasse aus der nationalen Gemeinschaft aus. In Vorbereitung der Wahlen zu den Generalständen verfassen die Urwählerversammlungen aller drei Stände »Beschwerdehefte« (Cahiers des doléances).

»Beschwerdehefte«

Einmütig ist das Verlangen nach einer Nationalversammlung, die über das Recht der Steuerbewilligung und der Gesetzgebung verfügen soll. Übereinstimmung herrscht auch bei der Verurteilung der Willkür im Straf- und Justizwesen. Das revolutionäre Ferment findet sich in den Forderungen des Dritten Standes: Soziale und politische Gleichheit; Zugang zu allen Staatsämtern, wo nicht die Herkunft, sondern die Befähigung entscheiden soll; Abschaffung des Zehnten und aller feudalen Lasten und Abgaben, Zugang zu mehr Grund und Boden.
An eine Lösung der Agrarfrage durch Enteignung des Großgrundbesitzes von Adel und Klerus denkt seitens des Bürgertums kaum jemand. Forderungen der Dorfarmut und der städtischen Unterschichten finden, von Ausnahmen abgesehen, keine Beachtung. Gedanken utopisch-kommunistischer Denker um Meslier, L'Ange, Petitjean und Dolivier, die radikale soziale Gleichheit, die Gütergemeinschaft oder die Parzellierung allen Grund und Bodens zugunsten der Klein- und landlosen Bauern verlangen, bleiben weitgehend unbekannt und bewegen die Massen nicht.

Politische Offensive des Dritten Standes

Eine erste Vorentscheidung zu seinen Gunsten erzwingt der Dritte Stand durch die vom König bewilligte Verdoppelung der Mandate.

Am 2. Mai 1789 empfängt Ludwig XVI. die 1139 Abgeordneten aller drei Stände (Klerus 291, Adel 270, Dritter Stand 578). Die Erwartung des Monarchen, er könne dieser Versammlung seinen Willen aufzwingen, erweist sich als illusorisch. Die Auseinandersetzung um die scheinbar formalrechtliche Frage der Abstimmung nach Ständen oder nach Köpfen wird zum Prolog eines Prozesses, dessen Ausgang keiner der Akteure auch nur erahnt. In diesem zunächst noch rein parlamentarischen Konflikt ist der Dritte Stand insofern im Vorteil, als er mit partieller Unterstützung von 200 Abgeordneten des Ersten Standes, die dem niederen Klerus angehören, und von etwa 90 reformgeneigten Deputierten des Zweiten Standes rechnen kann. Daran zerbricht die Absicht von Monarch

und Hofadel, die Stände gegeneinander und zu eigenem Vorteil auszu-
spielen.

Am 17. Juni erklären sich die Vertreter des Dritten Standes zur National- »Ballhaus-
versammlung, am 20. Juni geloben sie, versammelt in einem früher Reiter- schwur«
ballspielen vorbehaltenen Gebäude, sich nicht eher zu trennen, bis Frankreich eine Verfassung habe. Der »Ballhausschwur« vom 20. Juni 1789
belegt die Entschlossenheit der Vertreter des Dritten Standes, das in den
»Beschwerdeheften« formulierte Mandat durchzusetzen.

Die Revolution hat drei Hauptaufgaben zu bewältigen: Aufgaben der
1. Brechung des feudalen Bodenmonopols und Beseitigung aller Feudal-   Revolution
rechte, um die *Agrarfrage* zu lösen.
2. Sturz des absolutistischen Regimes, um die *Machtfrage* zugunsten der
Bourgeoisie zu entscheiden.
3. Schaffung von *sozialen und demokratischen Verhältnissen*, die eine reale
Verbesserung der Lage der Volksmassen erreichbar machen.

Soziale Massenbasis und Haupttriebkraft der Revolution bilden die *Bau-* Massenbasis
ern. Aus ihren Forderungen nach Land und Ablösung der Feudallasten resultiert ein Dauerdruck, der den revolutionären Prozeß beschleunigt und
vertieft. Mit der schrittweisen Erfüllung ihrer Interessen akzentuiert sich
allerdings die Differenzierung innerhalb der Bauernschaft. In dem Maße
und solange, wie die drei Nationalversammlungen den bäuerlichen Forderungen entsprechen, sind die Bauern eine entscheidende Kraft für die
Verteidigung der Revolution. Der ungebrochene revolutionäre Elan konzentriert sich dann auf die (militärische) Niederwerfung der äußeren feudal-aristokratischen Konterrevolution.

Zweite entscheidende Triebkraft sind die *städtischen Volksmassen*, bis hin- Sansculotten
ein in Teile des Kleinbürgertums, für die sich der Begriff Sansculotten
einbürgert (obwohl im weiteren Sinne auch die Bedürftigen auf dem
Lande dazugehören).

Auf die Frage, wer ein Sansculotte sei, antwortet ein Flugblatt aus dem Jahre 1793: »Ein
Sansculotte, Ihr Herren Schufte? Das ist einer, der immer zu Fuß geht, der keine Millionen
besitzt, wie Ihr sie alle gern hättet, keine Schlösser, keine Lakaien zu seiner Bedienung, und
der mit seiner Frau und seinen Kindern, wenn er welche hat, ganz schlicht im vierten oder
fünften Stock wohnt ... Ein Sansculotte hat immer seinen Säbel blank, um allen Feinden der
Revolution die Ohren abzuschneiden.«
Neben dem sozialen Kriterium des Sansculotten gibt es ein politisches: Im Selbstverständnis
der Zeit können auch Besitzbürger, die der Revolution ergeben sind und dies durch Taten
beweisen, »Sansculotten« sein. Deshalb ist der sansculottische Terminus, der äußerlich die
Unterscheidung zwischen der höfischen und großbourgeoisen Kniehose und der langen
Hose des einfachen Mannes widerspiegelt, nicht mit dem des »Vierten Standes« identisch.
Dieser erst während der Revolution aufkommende Ausdruck bezeichnet die frühproletarischen Schichten.

Die *Bourgeoisie* ist Triebkraft und Hegemon der Revolution. Die Hegemo- Hegemon
nie ist zwar an die Gesamtklasse gebunden, sie wird aber in ihrer konkreten Form immer nur zeitweilig von einer ihrer Fraktionen (Groß-, Mittel-
und Kleinbourgeoisie) wahrgenommen. Die Revolution bewegt sich solange in aufsteigender Linie, wie es zu einer progressiven Ablösung
durch die jeweils radikalere Fraktion der Bourgeoisie in der Führung
kommt.

Phasen der Revolution

Die Revolution durchläuft vier Phasen: 1. Phase: 14. Juli 1789 – 10. August 1792; 2. Phase: 10. August 1792 – 31. Mai 1793; 3. Phase: 2. Juni 1793 – 27. Juli 1794; 4. Phase: 28. Juli 1794 – 23. September 1795.
In aufsteigender Linie bewegt sich die Revolution bis 1794, die letzte Phase ist von ihrer beginnenden Rückführung auf den großbürgerlich-liberalen Ausgangspunkt geprägt.

3.2.2.   Herrschaft der Großbourgeoisie und des liberalen Adels

Bourgeoisie und Volksbewegung

Die Bourgeoisie geht im Sommer 1789 keineswegs freiwillig in »ihre« Revolution. Destruktive Haltung von Monarch, Adel und Klerus einerseits und die aufflammenden Volksbewegungen in Stadt und Land andererseits zwingen sie voran. Für Charakter und Sieg der Revolution besitzt das Bündnis zwischen Bourgeoisie und Volksbewegung fundamentale Bedeutung.
Politisch-ideologischen und institutionellen Ausdruck findet der progressive Hegemoniewechsel in den *Entwicklungsetappen des Jakobinerklubs*. Als Bretonischer Klub für die Abgeordneten der Bretagne gegründet, erhält er erst durch die spätere Abspaltung der gemäßigten großbürgerlich-liberaladligen Elemente (*Feuillants*) und der republikanischen *Girondisten* (Brissotisten) seine eigentliche Funktion als Hort und Instrument der kleinbürgerlich-revolutionären Demokratie.
Die reale Geschichte der Revolution belegt den entscheidenden Anteil des Volkes am Sieg der Revolution gegen die inneren und äußeren Feinde, sie beweist den Charakter als Volksrevolution.

Bastillesturm

Auf den Versuch des Königs, durch Militär die Nationalversammlung auseinanderzujagen, antwortet das Volk von Paris am 14. Juli mit der Erstürmung der Bastille. Damit beginnt die Revolution. Dieser spontane Eingriff der Massen zeitigt Ergebnisse von historischer Tragweite:
1. die ganz Frankreich erfassende »Große Furcht« (Grande peur), eine Bauernbewegung, die spontan mit dem Feudalismus abrechnen will,
2. die Munizipalrevolution, das heißt, jede Gemeinde vollzieht ihren 14. Juli mit gewaltsamer oder friedlicher Amtsenthebung der alten Autoritäten,
3. erste Emigrationswelle des Adels, der auf Intervention setzt und damit nationalen Verrat begeht.
»Große Furcht« und Munizipalrevolution leiten einen spontanen *Prozeß der bürgerlichen Umgestaltung* ein, den die Bourgeoisie rasch unter Kontrolle zu bekommen sucht (z. B. durch Gründung der Nationalgarde).

Erste Revolutionsphase

In der ersten Phase der Revolution etabliert sich die Bourgeoisie rasch im ganzen Land als herrschende Klasse. Die Macht übt die Großbourgeoisie im Bündnis mit dem liberalen Adel aus (Herrschaft der Feuillants). Frankreich wird *konstitutionelle Monarchie*, in der Ludwig XVI. noch über wesentliche Rechte verfügt (aufschiebendes Veto, Oberbefehl über die Streitkräfte, Leitung der Außenpolitik). Das flache Land wird von der »Großen Furcht« regiert: Brennende Adelssitze und Vernichtung von Urkunden, die bäuerliche Abhängigkeit und Privilegien verbriefen, zeigen,

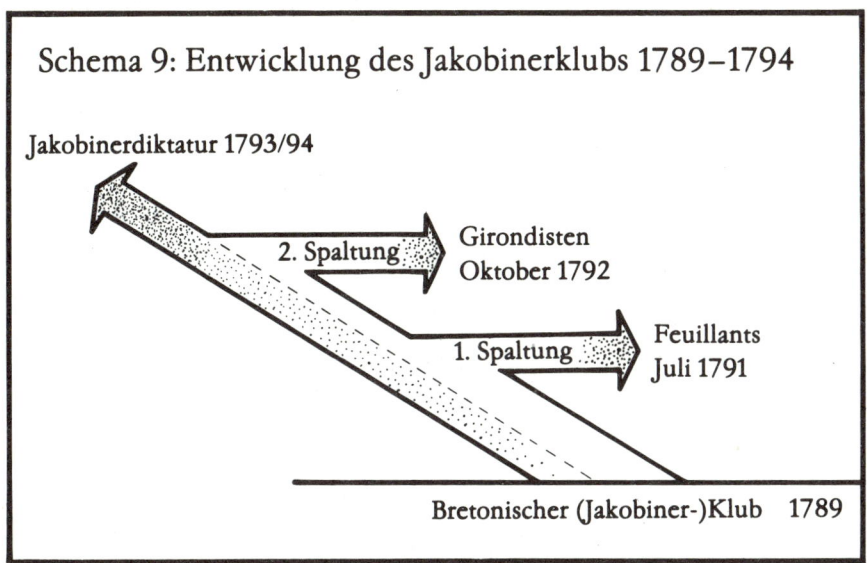

Schema 9: Entwicklung des Jakobinerklubs 1789–1794

Jakobinerdiktatur 1793/94

2. Spaltung   Girondisten
               Oktober 1792

1. Spaltung   Feuillants
               Juli 1791

Bretonischer (Jakobiner-)Klub   1789

daß der Bauer die Agrarfrage in eigener Regie lösen will und dabei selbst bürgerlichen Grundbesitz nicht schont. Um diesen Prozeß zu kanalisieren, dekretiert die Nationalversammlung mit feierlichem Pomp am 4. August 1789 (und weiteren Dekreten bis zum 11. August) die Aufhebung der auf der Person ruhenden Lasten, dagegen sollen die Rechte am Boden zurückgekauft werden.

Trotz sich bereits andeutender Gegenmaßnahmen von Großbourgeoisie und liberalem Adel sind die revolutionären Errungenschaften bedeutend. Die Erklärung der Bürger- und Menschenrechte (26. August 1789) und die von der Euphorie der Anfangszeit bereits weit entfernte *Verfassung von 1791* erfüllen, bei allen eingebauten Sicherungen, wie Unverletzlichkeit des Eigentums, Streikverbot (Gesetz Le Chapelier vom 14. Juni 1791), Zensuswahlsystem sowie Teilung der Nation in Aktiv- und Passivbürger, eine revolutionär-progressive Funktion. Dazu trägt nicht zuletzt das verankerte Recht auf Widerstand bei. Für die Feinde der Revolution – innen wie außen – ist die Herausforderung ungeheuer. **Erklärung der Menschen- und Bürgerrechte**

Durch weitere einschneidende Reformen werden die politischen, juristischen und Teile der ökonomischen Privilegien der ehemals herrschenden Klasse beseitigt. Es handelt sich um die Verwaltungsreform, die Finanzreform und die Kirchenreform.

Die Verwaltungsreform teilt Frankreich in 83 Departements und ist Ausgangspunkt einer effektiven, auf weitgehender Dezentralisation beruhenden Machtstruktur; Hauptinhalt der Finanzreform zur finanziellen Gesundung des Staates ist die Herbeiführung der Steuergleichheit und die Beschlagnahme des Grundbesitzes der Kirche. Er wird in Nationalgüter (Biens nationaux) umgewandelt und damit zur Ware, die mit Hilfe der Assignaten (Gutscheine, die bald die Funktion von Papiergeld annehmen) zu drei Viertel an Bourgeoisie und dörfliche Oberschicht übergeht. **Verwaltungsreform Finanzreform**

Die Kirche als eine traditionelle geistige, materielle und institutionelle **Kirchenreform**

Bastion des Feudalabsolutismus wird mit der Kirchenreform radikal der Kontrolle des Papstes entzogen. Mit der Zivilverfassung des Klerus haben die Geistlichen den Eid auf die Verfassung zu leisten und werden staatlich besoldete Diener der Nation. Die aristokratische Konterrevolution nimmt dies zum Anlaß, die Gläubigen gegen die neue Ordnung aufzubringen und damit einen besonders gefährlichen langfristig wirkenden Konflikt herbeizuführen. Als Papst Pius VI. die Zivilverfassung des Klerus verwirft (10. März/13. April 1791), ist das Schisma, die Kirchenspaltung, in Frankreich unvermeidlich. Der Bruch geht quer durch das Lager der Geistlichkeit. Während die einen den Eid auf die Verfassung leisten, wird die Mehrheit der »eidverweigernden Priester« (réfractaires) zu Wortführern einer Bewegung, die den katholischen Glauben wirksam in den Dienst der Reaktion stellt. Der Druck der Volksbewegung gewinnt in dieser Zeit zunehmend an Stärke. Es sind gerade die Massen, das heißt die von der Verfassung weitgehend ihrer Rechte beraubten »Passivbürger«,

Revolutionäre Klubs die ihre Forderungen anmelden. Sprachrohr der Radikalen sind der *Klub der Cordeliers*, der auf eine Republik drängt, der von Claude Fauchet geleitete *Cercle Social*, vor allem Jean-Paul Marats Zeitung *Ami du Peuple* (Volksfreund). Auch die Agitation für ein egalitäres Ackergesetz (Loi agraire) gewinnt an Boden.

Während die Großbourgeoisie das Werk der Revolution für beendet ansieht, liefern die gelösten wie ungelösten Aufgaben Zündstoff für deren Fortgang. Äußerer Ausdruck ist die Abspaltung der gemäßigten Kräfte vom Jakobinerklub, die sich mit dem *Klub der Feuillants* (16. Juli 1791) eine neue politische Plattform aufbauen.

Scheitern des Klassenkompromisses Das Scheitern des Klassenkompromisses zwischen den großbürgerlich-liberaladligen Kräften und der Krone, sichtbar geworden an der Massenemigration des Adels, der ständigen Obstruktionspolitik Ludwigs XVI. und seines bei Varennes vereitelten Fluchtversuches ins Ausland (21. Juni 1791) sowie an der von ihm lancierten Aufforderung an das Ausland (Preußen) zur bewaffneten Intervention, bildet den tieferen Grund für die Radikalisierung der Revolution.

Wachsen der Kriegsgefahr Die Zahl der inneren und äußeren Feinde steigt weiter durch die Folgen der Finanz- und Kirchenpolitik. Die Agrardekrete vom August 1789 stellen zwar die Masse der Bauern nicht zufrieden, betreffen aber auch deutsche Feudalherren mit Lehnsrechten im Elsaß und in Lothringen. Hier liegt der Vorwand für die europäische Konterrevolution, den Bitten der französischen Reaktion um Intervention zu entsprechen. Mit dieser Zielstellung schließen Österreich und Preußen am 7. Februar 1792 eine Militärkonvention, hinter der das bürgerliche England als Seele und Finanzier der feudal-absolutistischen Staaten Europas steht, um den Kampf mit dem alten Konkurrenten auf neuer Ebene zu führen.

Die *Legislative* (am 1. Oktober 1791 zusammengetreten) hat nur die Alternative: zurück zu 1789 oder Forcierung der Revolution. Seit Oktober 1791 orientieren sich daher auch Vertreter des radikalen Flügels der Bourgeoisie auf einen Offensivkrieg gegen Koblenz, den Hauptsitz der französischen Emigranten, und gegen Österreich, das nach dem Tod Leopolds II. auf die militärische Konfrontation setzt. Warnungen Robespierres (dem es darum geht, erst die innere Konterrevolution zu schlagen) gegen den »Krieg um jeden Preis«, verhallen ungehört: Im Januar 1792 siegt die von Brissot angeführte Kriegspartei, am 20. April erklärt Frankreich Franz II. in dessen Eigenschaft als König von Böhmen den Krieg. *Revolutionärer Krieg*

Dieser Krieg trägt für Frankreich von Anbeginn den Charakter eines gerechten Krieges. »Den Krieg hielten *alle* für einen gerechten Verteidigungskrieg, und das *war* er *in der Tat*. Das revolutionäre Frankreich verteidigte sich gegen das reaktionär-monarchistische Europa.«[17]

Das *Manifest des Herzogs von Braunschweig*, Befehlshaber der preußisch-österreichischen Invasion, läßt an der Absicht der Reaktion keinen Zweifel: vollständige Wiederherstellung des Ancien Régime und gnadenlose Bestrafung ergriffener Revolutionäre und Sympathisanten. Die Revolution gerät in tödliche Gefahr. In dieser Konstellation stehen die Jakobiner absolut auf der Höhe der Situation. George-Jacques Dantons leidenschaftlicher Appell zur Verteidigung der Revolution (»Kühnheit, Kühnheit und nochmals Kühnheit, und Frankreich wird gerettet sein«) wird zur populären, die Massen mitreißenden Losung. »Kühnheit« impliziert hier neben Mut und Tatkraft auch die objektive Erkenntnis von der Notwendigkeit, mit sozial und politisch weiterführenden Beschlüssen die Einheit zwischen Revolution und Volk weiter zu festigen. Um diesen Krieg bestehen zu können, müssen Schöpferkraft und Energien der Nation auf neue Weise freigesetzt werden. Wer dieser Aufgabe nicht gewachsen ist, zu Kompromissen neigt, zerbricht an der Realität. *Einheit von Revolution und Volk*

Die Girondisten an der Macht   3.2.3.

In der zweiten Phase der Revolution geht die Macht auf die republikanisch gesonnene Mittelbourgeoisie aus der Provinz über, deren Vertreter nach ihrer führenden Persönlichkeit (Jacques-Pierre Brissot) Brissotisten genannt werden. (Der Begriff Girondisten nach dem Departement Gironde, wird in die spätere Historiographie von Lamartine eingeführt.) Am 10. August greift das Volk mit dem *Sturm auf die Tuilerien* erneut entscheidend in den Lauf der Revolution ein: Der von der revolutionären Pariser Stadtverwaltung geleitete Aufstand fegt die Bourbonen vom Thron. *Frankreich wird Republik* (21. September 1792, 22. September – 1. Tag des Jahres I der Republik laut Revolutionskalender). Fast zur selben Zeit weichen die Preußen nach der Kanonade bei Valmy (20. September) vor den französischen Linientruppen und Freiwilligen zurück. *Zweite Revolutionsphase*

Über Valmy urteilt Goethe, der im Troß des Herzogs von Braunschweig die Aufgabe des Chronisten hat: »Von hier und heute beginnt eine neue Epoche der Menschheitsgeschichte, und Ihr könnt sagen, Ihr seid dabei gewesen.«

Zu den einschneidenden Ereignissen dieser Phase gehört die Enthauptung des Königs (21. Januar 1793), der nach dem Tuileriensturm des Lan- *Hinrichtung Ludwigs XVI.*

17 W. I. Lenin, Die drohende Katastrophe und wie man sie bekämpfen soll, in: Werke, Bd. 25, Berlin 1970, S. 373.

desverrats überführt wird. Die äußeren Gegner der Revolution antworten mit der Bildung der *ersten Koalition* unter Führung Englands. Frankreich gleicht einer belagerten Festung.

Seit dem Frühjahr 1792 stehen die Girondisten mit an der Spitze der Bewegung. Sie versagen jedoch bald in allen wesentlichen Fragen: Trotz beachtlicher Anfangserfolge (Sieg bei Jemappes, 6. November 1792) vermögen sie den Krieg nicht erfolgreich zu führen. Schwere Niederlagen im Frühjahrsfeldzug 1793 (Verlust Hollands und Niederlage bei Neerwinden, 18. März 1793) führen zu einer erneuten Bedrohung der Revolution.

Vendée-Aufstand

Als Anhänger des Wirtschaftsliberalismus scheuen sie radikale Eingriffe zur Verbesserung der Lebenslage der Bevölkerung. Die Aushebung von 300 000 Mann zur Auffüllung der Armee treibt im Gebiet der Vendée bäuerliche Massen in die Arme des royalistischen Adels und eidverweigernder Priester. Im Innern entsteht damit ein gefährlicher konterrevolutionärer Herd. Politisch bieten die Girondisten kaum weniger Gewähr für die effektive Verteidigung der Revolution. Unverständnis, Ablehnung und Ablenkung nach außen kennzeichnen ihre Haltung gegenüber der Volksbewegung. Die Lösung der Agrarfrage geht nur zögernd voran, die radikalen Forderungen der Sansculotten werden fast völlig ignoriert. Verhaftungen von populären Volksführern (Jean-Paul Marat, Jacques-René Hébert und Jean Varlet) deuten an, daß die Girondisten glauben, im Frühjahr 1793 sogar einen Bruch mit den Massen riskieren zu können.

In dem Maße, wie die Girondisten versagen, geht die Initiative an die *Jakobiner* über. Ihr Auftreten im Bündnis mit den Sansculotten ist letztlich entscheidend für die Aburteilung des Königs, die Einsetzung des *Revolutionstribunals* (10. März 1793), die Gründung des *Wohlfahrtsausschusses* (6. April 1793) und die Verabschiedung des ersten Maximums (4. Mai 1793) mit Festpreisen für »Güter der ersten Dringlichkeit« (Brot, Zucker, Seife, Brennstoffe), das Grundforderungen der Sansculotten aufgreift.

Zu Tribünen der Auseinandersetzung werden neben dem Jakobinerklub, aus dem Brissot und seine Anhänger bereits seit Oktober 1792 ausgeschlossen sind, der am 20. September 1792 zusammengetretene *Nationalkonvent*, die von linken Jakobinern beherrschte revolutionäre Stadtverwaltung von Paris (Commune de Paris) und die Volksgesellschaften.

Sturz der Girondisten

Am 26. Mai 1793 erklärt sich der Jakobinerklub, der Unterstützung der Sansculotten sicher, als im Zustand der Insurrektion befindlich. Am 29. Mai bilden 33 von 48 Pariser Sektionen ein revolutionäres Zentralkomitee, das am 31. Mai den Aufstand beginnt. Am 2. Juni beschließt der von Nationalgardisten umstellte Konvent die Verhaftung von 31 führenden Girondisten. Mit diesem dritten massiven Eingriff des Volkes geht die Revolution ihrem Höhepunkt entgegen.

3.2.4.   Revolutionär-demokratische Diktatur der Jakobiner

Dritte Revolutionsphase

Die dritte Phase der Revolution kulminiert in der revolutionär-demokratischen Diktatur der Jakobiner, das heißt des Kleinbürgertums im Bündnis mit der bäuerlich-städtischen Massenbewegung: »Jakobiner *mit* dem

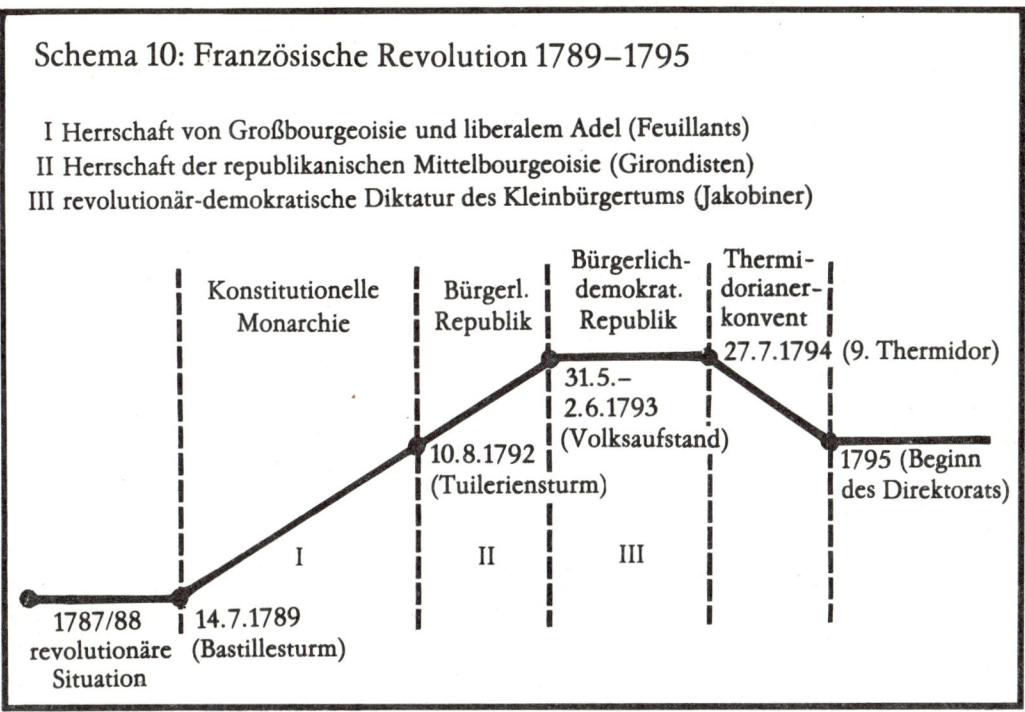

Schema 10: Französische Revolution 1789–1795

I Herrschaft von Großbourgeoisie und liberalem Adel (Feuillants)
II Herrschaft der republikanischen Mittelbourgeoisie (Girondisten)
III revolutionär-demokratische Diktatur des Kleinbürgertums (Jakobiner)

Konstitutionelle Monarchie

Bürgerl. Republik

Bürgerlich-demokrat. Republik

Thermidorianer-konvent

27.7.1794 (9. Thermidor)

31.5.–2.6.1793 (Volksaufstand)

10.8.1792 (Tuileriensturm)

1795 (Beginn des Direktorats)

I   II   III

1787/88 revolutionäre Situation

14.7.1789 (Bastillesturm)

Volk«[18]. Wichtigster Bündnispartner der Jakobiner ist die städtische Sans-culotterie. Die Jakobiner übernehmen die Macht in einer extrem ungünstigen Situation. Zum konterrevolutionären Krieg in der Vendée kommt die föderalistische Revolte der Gironde, die zunehmend mit der royalistischen Reaktion verschmilzt: 60 von 83 Departements sagen sich von der Revolution los. An den Fronten weichen die Armeen vor der Übermacht des Gegners zurück. Angesichts dieser Gefahr ergreift der jakobinisch beherrschte Konvent Sofortmaßnahmen, die das Bündnis zwischen Bourgeoisie und Volksbewegung auf neue Grundlagen stellen und damit letztlich den Triumph über die inneren und äußeren Feinde der Revolution sichern.

Um die Bauern fester an die Revolution zu binden, verabschiedet der Konvent im Juni und Juli 1793 neue Agrardekrete, die den Feudalismus endgültig zerschlagen. Die Aufteilung beschlagnahmter Emigrantenländereien in Parzellen kommt vor allem der dörflichen Oberschicht und den Mittelbauern zugute; von der Rückgabe der geraubten Allmende gewinnt auch die Dorfarmut. Eine Bodenreform, die den adligen Grundbesitz insgesamt beseitigt, findet aber nicht statt. *Jakobinische Agrardekrete*

Mit dem ausdrücklichen Ziel, den Vorwurf zu entkräften, eine Diktatur der Hauptstadt über die Provinzen zu errichten, und in der Illusion, der Lage mit parlamentarisch-demokratischen Methoden Herr zu werden, *Verfassung von 1793*

18 W. I. Lenin, Die Konterrevolution geht zum Angriff über, in: Werke, Bd. 24, Berlin 1978, S. 537.

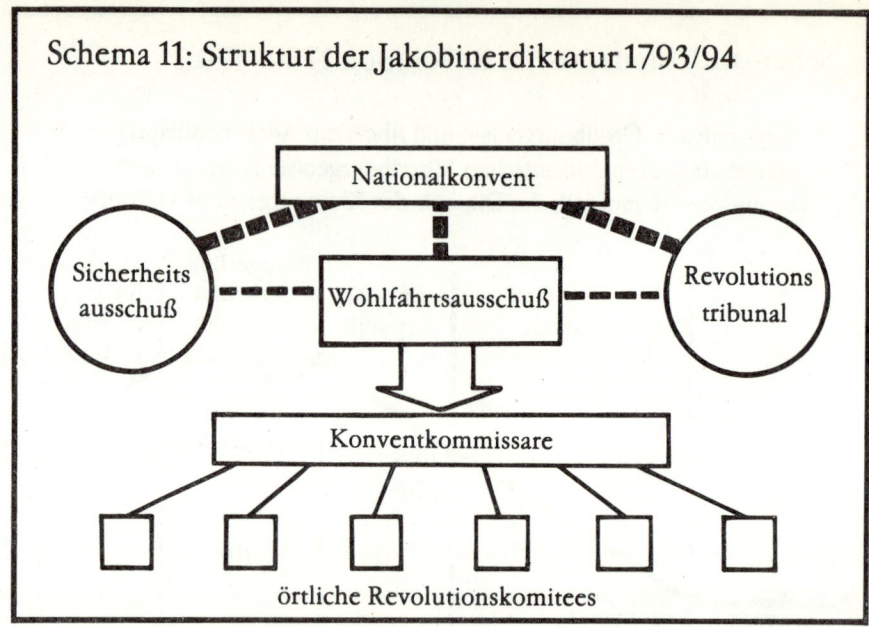

Schema 11: Struktur der Jakobinerdiktatur 1793/94

Nationalkonvent

Sicherheits ausschuß

Wohlfahrtsausschuß

Revolutions tribunal

Konventkommissare

örtliche Revolutionskomitees

wird im Juni die Verfassung verkündet. Angesichts der äußeren Bedrohung muß jedoch bald ihre Aufhebung erfolgen.

Ihre Prinzipien (Volkssouveränität, Recht auf Arbeit und Brot, Recht auf Bildung, Recht auf Widerstand, Einführung des allgemeinen Wahlrechtes für Männer ab 21 Jahre) geben ihr den Charakter der progressivsten bürgerlich-demokratischen Verfassung bis zum Beginn des 20. Jh.

Revolutionär-demokratische Diktatur
Mit dem Grundsatz »Frankreich ist revolutionär bis zur Wiederherstellung des Friedens« erfolgt am 10. Oktober 1793 die Errichtung der Revolutionsregierung, das heißt die Konstituierung der revolutionär-demokratischen Diktatur.

Saint-Just erklärt: »Die Gesetze sind revolutionär, die sie ausführen, sind es nicht … Die Republik wird erst dann fest begründet sein, wenn der Wille des Souveräns die monarchistische Minderheit unterdrückt hat und über sie nach dem Recht der Eroberung herrscht. Man muß jene mit dem Eisen regieren, die nicht durch Gerechtigkeit regiert werden können … Es ist unmöglich, revolutionäre Gesetze durchzuführen, wenn die Regierung nicht selbst auf revolutionärer Grundlage beruht.« Das bedeutet, »daß das Prinzip der revolutionären Autorität über das Prinzip der Wahldemokratie siegt« (Walter Markov).

Revolutionärer Terror
Mit der Einführung der Todesstrafe für Warenhortung und dem Verbot der Aktiengesellschaften beginnt auf ökonomischem Gebiet der revolutionäre Terror, der in politischer Hinsicht durch das Gesetz über die Verdächtigen ergänzt wird. Der jakobinische Terror (Terreur) ist die direkte Antwort auf den von der Reaktion entfachten weißen (im Zeichen des Lilienbanners stehenden) Terror.

Entchristianisierung
Auf ideologischem Gebiet äußert sich der Terror in der von linken Jakobinern (Pierre-Gaspard Chaumette), »Terroristen« (Joseph Fouché) und den Hébertisten gemeinsam getragenen Bewegung der Entchristianisierung.

Die Entchristianisierung (Schließung der Kirchen und ihre Umwandlung in »republikanische Tempel«, Prozessionsverbot, Verbot der Priesterkleidung, »Tod ist ewiger Schlaf«) beginnt im Herbst 1793 als Antwort auf die konterrevolutionären Umtriebe der réfractaires. Der von Aufklärung und Revolution eingeleitete Kampf gegen die Institution Kirche als die Hauptstütze des Ancien Régime verwandelt sich damit in den Versuch der gewaltsamen Aufhebung des christlichen Glaubens.

Der jakobinische Führungskern um Robespierre toleriert zunächst die Entchristianisierung, da sie erklärte Gegner der Revolution mit trifft. Da jedoch die überwiegende Mehrheit der Franzosen katholischen Bekenntnisses ist, erweist sich die Entchristianisierung als »der schwerste Mißgriff der gesamten Revolution« (Markov). Die feudalaristokratische Reaktion Europas nutzt sie geschickt, um mit der Losung des Kampfes »wider die gottlosen Franzosen« ihre Völker konterrevolutionär zu manipulieren. Beides zusammen erklärt die um die Jahreswende 1793/94 einsetzende Distanzierung und offene Gegnerschaft der Jakobiner zu den Initiatoren der Entchristianisierung. Bei ihrer Abrechnung mit den »radikalen Ultras« spielt der Vorwurf, die Entchristianisierung arbeite den Feinden der Freiheit direkt in die Hände, die zentrale Rolle.

Das Volksaufgebot (levée en masse) vom 23. August schafft die Voraussetzung für die Aufstellung von 14 Revolutionsarmeen, mit denen unter der Leitung hochbefähigter, meist dem Volke entstammender Heerführer die *Wende im Kampf gegen die äußere Konterrevolution* herbeigeführt werden kann (Schlacht bei Fleurus, 26. Juni 1794). Teile der Linientruppen und die im September 1793 geschaffene Pariser Revolutionsarmee bewähren sich im Kampf gegen die innere Reaktion. Am 23. Dezember erleidet das Gros der Vendée-Aufständischen bei Savenay die entscheidende Niederlage, auch die Rebellion der Girondisten wird niedergeworfen.

Levée en masse

Indes bleibt die soziale Politik der Jakobiner hinter ihrem politischen Radikalismus deutlich zurück. Das im September 1793 dekretierte *Große Maximum* und die Gewährung von 40 Sous Tagegeld, das den unbemittelten Sansculotten die Teilnahme am politischen Leben ermöglichen soll, ändern die Lage kaum. Der ökonomische Terror wird von den Jakobinern selbst unterlaufen. Revolutionäre Restriktionen verlieren mit der Auflösung der Pariser Revolutionsarmee (März 1794) und der Abschaffung des Vollzugsrates (April 1794), die gemeinsam gegen Warenhortung, Wucher und Spekulantentum vorgehen, erheblich an Wirkung.

Die radikalen Maßnahmen kommen letztlich unter dem Druck der Enragés zustande, deren Bewegung im September 1793 den Zenit erreicht.

Jakobiner und Enragés

An den Konvent gerichtet, erklärt deren führender Kopf, Jacques Roux: »Faßt Beschlüsse! Die Sansculotten werden mit ihren Piken für die Ausführung der Dekrete sorgen.« In seinem *Manifest der Enragés* (Juni 1793) formuliert er: »Die Freiheit ist nur ein leerer Wahn, solange eine Klasse die andere ungestraft verhungern lassen kann. Die Gleichheit ist ein leerer Wahn, solange der Reiche kraft seines Monopols über Leben und Tod seiner Mitmenschen entscheidet.« Kaum weniger bedrohend treten die den Enragés nahestehenden »Revolutionären Republikanerinnen« auf; schon im August heißt es in einer Petition: »Ach Gesetzgeber, ist es nicht so, daß man sich über das Volk lustig macht?« Das *Manifest der Sansculotten* vom November 1793 ist ebenso deutlich: »Die Zeit der halben Maßnahmen und der Winkelzüge ist vorbei. Helft uns, gewaltige Schläge auszuteilen, oder Ihr werdet sie als erste spüren, Freiheit oder Tod: Denkt nach und entscheidet Euch.«

Die radikale Vorhut der Volksbewegung stellt selbst das kleinbürgerlich-demokratische, von Rousseau inspirierte Gesellschaftsmodell der Jakobiner in Frage, sie beginnt, die bürgerliche Klassengrenze zu überschreiten: »Die revolutionäre Bewegung, welche 1789 im Cercle Social begann, in der Mitte ihrer Bahn *Leclerc* und *Roux* zu ihren Hauptrepräsentanten hatte ..., hatte die *kommunistische* Idee hervorgetrieben ... Diese Idee, konsequent ausgearbeitet, ist die *Idee* des *neuen Weltzustandes*.«[19]

Das jakobinische Zentrum um Robespierre, Saint-Just und Georges Couthon will aufrichtig das Glück des Volkes, betrachtet aber die Enragés als Gefahr für die Einheit (»union sacrée«) aller Patrioten. Als die Enragés die Wiedereinführung der Verfassung verlangen, womit die Konterrevolution eine parlamentarische Plattform erhält, führen die Jakobiner den Gegenschlag. Noch am Tage der letzten großen Demonstration der Enragés, deren Hauptforderungen die Jakobiner übernehmen, um die linke Opposition zu neutralisieren, wird Roux verhaftet (5. September), es folgen die Aufhebungen der Permanenz der Sektionsversammlungen und das Verbot aller Frauenklubs.

In die von den Enragés hinterlassene Lücke stoßen die *Hébertisten*, von denen nicht wenige, darunter ihr führender Kopf Hébert, einen populären Ultraradikalismus predigen.

Krise der Jakobiner-herrschaft

Die Jakobinerherrschaft verdankt ihre Existenz ausschließlich dem Erfordernis nach Festigung und Verteidigung der Revolution. In dem Maße, wie sich durch Erfolge im Kampf gegen die inneren und äußeren Feinde die Lage konsolidiert, gerät die Diktatur um die Jahreswende 1793/94 in die Krise. Die Robespierristen wollen die Revolution auf dem erreichten Stand stabilisieren, eine Utopie, die an der Unvereinbarkeit von kleinbürgerlichem Gesellschaftsideal und einer auf dem Laissez-faire-Prinzip fußenden bürgerlich-kapitalistischen Ordnung zerbrechen muß.

Rechts vom robespierristischen Zentrum sammeln sich die Gemäßigten (*Citras*) um Danton und Lucien-Simplice-Camille-Benoist Desmoulins. Sie vertreten die Bedürfnisse einer nicht selten »neureichen« Bourgeoisie, die fortan ungestört die Ergebnisse der Revolution sicherstellen will, sie kalkulieren aber auch die wachsende Revolutionsmüdigkeit der Massen und das Verlangen nach Frieden ein. Die Forderung nach Aufhebung der ökonomischen Ausnahmegesetze, Beendigung des Terrors und nach einem Verhandlungsfrieden mit der ersten Koalition bedeutet objektiv eine Vorwegnahme des 9. Thermidor. Links sammeln sich *radikale Ultras um Hébert*, die eine Rettung allein in der »Heiligen Guillotine« und im permanenten Krieg sehen. Ihnen schließen sich linke Jakobiner, so z. B. Chaumette an, die eine soziale Vertiefung der Revolution erstreben.

Entmachtung der »Fraktionen«

Zunächst siegt das robespierristische Zentrum. Im März 1794 werden die Hébertisten, im April die Dantonisten und die Anhänger Chaumettes hingerichtet. Es ist ein Pyrrhussieg, denn jetzt warten die Rechten auf die Gunst der Stunde, denn die Ausschaltung der bei den Massen populären Hébertisten macht den Bruch zwischen Jakobinern und Volk irreparabel. »Die Revolution vereist« (Saint-Just).

19 F. Engels/K. Marx, Die heilige Familie, S. 126.

Mit den *Ventôse-Dekreten* (26. Februar und 3. März 1794), die eine Verteilung des konfiszierten Eigentums von Konterrevolutionären an bedürftige Patrioten vorsehen, dem deistischen *Kult des Höchsten Wesens* (8. Juni
1794) als Konsequenz der demokratischen Gedanken der Aufklärung wie
als Alternative zur verhängnisvollen Entchristianisierung und der am
10. Juni verkündeten Ausweitung des Terrors (Prairialgesetz über den
»Großen Terror«) versuchen die Robespierristen, die schwindende Massenbasis von oben zu kompensieren. Rechte und Linke treten in eine gemeinsame Verschwörung zum Sturz Robespierres. Letzten Ausschlag geben die militärischen Erfolge Frankreichs. Der Sieg bei Fleurus hat Untergang der
nationale und internationale Tragweite. Die Diktatur erscheint für die Jakobiner
Verteidigung der Revolution nicht mehr notwendig – Preußen, seit der
zweiten Teilung Polens (Januar 1793) und durch den Aufstand unter Kościuszko im Osten gebunden, scheidet mit dem *Frieden von Basel* (5. April
1795) als erste der europäischen Großmächte aus der Koalition aus.
Am *9. Thermidor des Jahres* II (27. Juli 1794) triumphiert die antijakobinische Verschwörung. Inmitten des Konvents wird Robespierre verhaftet.
Seine letzten Worte: »Die Republik ist verloren, die Räuber triumphieren.« Am 28. und 29. Juli sterben er und seine engsten Kampfgefährten
auf der Guillotine.

Die Thermidorianer   3.2.5.

Mit dem Sturz der Robespierristen beginnt die vierte und letzte Phase Vierte Revo-
der Revolution. lutionsphase
Frankreich gewinnt zunehmend den Charakter einer großbürgerlichen
Republik. Reich gewordene Heereslieferanten, Kriegsgewinnler, Spekulanten, Großkaufleute, Händler und Bankiers bilden die Spitze einer von
feudalem Adel, aber auch jakobinischer Revolutionsdiktatur befreiten Gesellschaft, die ungehindert über die Früchte der Revolution verfügen will:
Der Bourgeois besiegt den Citoyen. Die neuen politischen Repräsentanten, die den von den Jakobinern gereinigten *Thermidorkonvent* beherrschen, betreiben den Abschluß der Revolution und die Ausschaltung der
Volksbewegung. Dieser Abbau der Revolution, ihre rasche *Bewegung in absteigender Linie*, mit Rücknahme wesentlicher vom Volke erkämpfter Errungenschaften, dominiert im Inneren des Landes auf sozialem und politischem Gebiet, während die revolutionären Impulse nach außen (gegen
die europäische Reaktion) noch fortwirken.
Die unter den Thermidorianern verstärkt einsetzende Jagd nach Reichtum und Gewinn, der Aufschwung der von allen Reglementierungen befreiten Wirtschaft und die ersatzlose Aufhebung des Großen Maximums
(Dezember 1794) bringen die kapitalistische Akkumulation in Schwung,
für die Massen bedeuten sie eine spürbare Zunahme des Elends, das auch
das Kleinbürgertum erfaßt. Bis 1795 wachsen die Lebenshaltungskosten
im Durchschnitt um 1 000 % über das Niveau des Jahres 1790. Während
siegestrunkene Bourgeois Feste feiern, verhungern in Paris Kinder, sind
Brot und andere Nahrungsmittel kaum zu haben. Schließung des Jakobi-

nerklubs (November 1794), Aufhebung des Revolutionstribunals (Mai 1795), Verbot der letzten noch bestehenden Volksgesellschaften (August 1795) verdeutlichen das Bestreben der Großbourgeoisie, ihre Herrschaft definitiv zu institutionalisieren.

Ergebnisse der Revolution

Zum Zeitpunkt des Umsturzes vom 9. Thermidor sind von den Hauptaufgaben der Revolution zwei im wesentlichen gelöst. In Übereinstimmung mit der Mehrheit der Bauern obsiegt bei der *Lösung der Agrarfrage* eine Variante, die das mittelbäuerliche Element stärkt, zugleich aber den bürgerlichen und erhebliche Teile des adligen Großgrundbesitzes intakt läßt. Dank der Radikalität der Revolution und der Vorstöße der Massen kommt mit der *Lösung der Machtfrage* die »reine«, das heißt ungeteilte Klassenherrschaft der Bourgeoisie zustande.

Hinsichtlich der dritten Hauptaufgabe der Revolution sind die Ergebnisse begrenzt: Die neue bürgerliche Gesellschaft ändert das materielle und politische Los der Massen keineswegs im erwarteten Maße. Unverlierbar bleiben indes die in den großen *journées* von 1789 bis 1794 gemachten Erfahrungen. Bis in das erste Drittel des 19. Jh. hinein ist die Losung »Brot und die Verfassung von 1793« kennzeichnend für alle Volksbewegungen, die bewußt an die Traditionslinie des revolutionär-demokratischen Jakobinismus anknüpfen.

3.2.6.   Europa und die Revolution

Die feudale Reaktion

Die Revolution findet in Europa und Außereuropa vielfältige und widersprüchliche Resonanz. Die feudalabsolutistischen Staaten, die sich dem geschwächten Bourbonenregime zunächst abwartend gegenüber verhalten, reagieren – wie die gesamte Adelsklasse – mit unterschiedlicher Intensität auf dreifache Weise:

Erstens findet unter dem Eindruck der französischen Ereignisse das Sympathisieren mit der Aufklärung ein abruptes Ende. So festigen sich in Preußen die Positionen von extrem rechten Vertretern der herrschenden Klassen, in der Habsburgermonarchie werden Reformen rückgängig gemacht. »Jakobinerprozesse« beherrschen die Szene; in Spanien und Portugal versanden ebenfalls jegliche Reformansätze. Alle feudalabsolutistischen Regime praktizieren einen forcierten Polizeidespotismus gegen jegliche oppositionelle Regung.

Rolle Englands

Zweitens tritt mit dem Fortschreiten der Revolution und der zeitweiligen Beendigung der Konflikte zwischen den Großmächten die *Politik der bewaffneten Intervention* in den Vordergrund. Hauptinspirator ist England, das Rückgrat aller Versuche einer konterrevolutionären Einkreisung Frankreichs. Unter Premier William Pitt d. J. transformiert sich der traditionelle französisch-englische Gegensatz in den vom Profitdenken bestimmten Antagonismus zwischen zwei bürgerlich-kapitalistischen Staaten. Nur die USA, die Schweiz und die Türkei wahren eine für Frankreich bedeutsame Neutralität.

Drittens leiten einige Staaten und Teile des Adels nach dem Fiasko der Interventionspolitik und unter dem Zwang, Energien gegen die nachfolgende napoleonische Expansion freizusetzen, erste Reformen ein, die in der Konsequenz einer allmählichen Anpassung an das bürgerlich-kapitalistische Gesellschaftssystem dienen. Preußen beginnt allerdings erst nach den verheerenden Niederlagen von Jena und Auerstedt (14. Oktober 1806) zu begreifen, »daß man die freien, grundbesitzenden französischen Bauernsöhne nicht mit den Söhnen leibeigner, täglich der Verjagung von Haus und Hof ausgesetzter Fronbauern besiegen«[20] kann.

Naturgemäß ist der Widerhall in den an Frankreich angrenzenden Ländern besonders intensiv. In Italien, vor allem in Savoyen und Piemont, erhält der Kampf um nationale Einheit beträchtliche Impulse, die Bewegung des *Risorgimento* (Wiedergeburt) nimmt hier ihren Anfang, wobei zunächst die Italienfeldzüge des jungen Napoleon Bonaparte beträchtliche Hoffnungen erwecken. In der *Schweiz* führen Bauernunruhen und das Wirken hervorragender Demokraten zu revolutionären Veränderungen, gleiches gilt für *Belgien* und die *Niederlande*, wo unter der Wirkung der Revolution politische und soziale Umwälzungen vor sich gehen. Auch in Teilen des *Heiligen Römischen Reiches deutscher Nation* beunruhigen Bauernaufstände (in Süddeutschland, Sachsen und Schlesien) und aufkommende bürgerliche Opposition die feudalabsolutistische Obrigkeit. An der Spitze der Sympathiebewegung stehen die *Intellektuellen*. Sie begrüßen, bejubeln, bedichten und besingen die Prinzipien von 1789. Viele eilen nach Paris, um die Stätten der gestürzten Thyrannei mit eigenen Augen zu sehen. Aber nur wenige bestehen die Nagelprobe der Enthauptung des Königs oder gar der jakobinischen Diktatur. Aufklärerische Revolutionsutopie und praktischer Revolutionsalltag klaffen zu weit auseinander, der Rückzug in die Erhabenheit der Klassik oder die Wende zur Romantik sind der Ausweg. Aber jenseits der Sympathien und Antipathien, der Solidarität und Verneinung des Augenblicks bleibt die unauslöschliche, über den engen Horizont einer sich mühselig emanzipierenden, von der Eruption in Frankreich geblendeten Bourgeoisie (Kant: »Sonne der Freiheit«) weit hinausweisende Wirkung. Eine ganze Pleyade von Zeitgenossen – Klopstock, Schiller und Goethe, Wieland, Herder und Hegel, Jefferson, Paine, italienische Carbonaria, Picornell, Manuel Gual, José María España, Francisco de Miranda und Simón Bolivar y Palacios in Spanien und Lateinamerika, Constantin Rhigas (genannt Pheraios), Byron oder Kościuszko und Puškin – steht und schafft im Zeichen der großen Revolution, deren Spuren unaustilgbar bleiben.

Glanzvoller Höhepunkt im Kampf des deutschen Volkes gegen Absolutismus und Kleinstaaterei sind die Taten süddeutscher Jakobiner und die Errichtung der Mainzer Republik (18. März 1793), zu deren führenden Persönlichkeiten Georg Forster gehört. Vor allem im Rheinland begünstigt die Anwesenheit französischer Revolutionstruppen, die den Losungen »Freiheit, Gleichheit, Brüderlichkeit« und »Friede den Hütten, Krieg den Palästen« greifbaren Inhalt geben, den antifeudalen und demokratischen Kampf. In fast allen Staaten Europas entstehen, trotz schärfster Repressalien, Jakobinerklubs und -zirkel.

Margin notes:
Bürgerlich-intellektuelle Opposition und Volksbewegung

Die Mainzer Republik

---

20 F. Engels, Zur Geschichte der preußischen Bauern, in: MEW, Bd. 21, S. 243.

Erhebung
Polens

In Polen kulminiert die nationale Bewegung nach der zweiten Teilung des Landes in einem Aufstand (März 1794), der unter Führung patriotisch gesinnter Vertreter des Adels entsteht. Ihr Kopf ist Tadeusz Kościuszko. Dieser Aufstand zielt in erster Linie gegen die Teilungsmächte Rußland, Preußen und Österreich. Übermacht der Interventen, ungenügende Basis in den bäuerlichen Massen und der Umstand, daß Frankreich weder militärisch noch materiell Hilfe leisten kann, führen zur Niederlage im Dezember 1794. Danach wird Polen der dritten Teilung unterzogen (Oktober 1795). Der Freiheitskampf Polens hat trotz der Niederlage eine große Tragweite, denn er erleichtert dem revolutionären Frankreich durch die Bindung eines beträchtlichen militärischen Gegenpotentials in Osteuropa die Lage.

3.3.   Vom Thermidor zum Kaiserreich

3.3.1.   Der Kampf um das Erbe der Revolution

Direktorium

Vor seiner Auflösung (26. Oktober 1795) gibt der Konvent dem Land eine neue Verfassung. Diese Direktorialverfassung (23. September 1795) stärkt die Exekutive (fünf Direktoren) zu Lasten der Legislative (Rat der Alten und Rat der Fünfhundert) und greift deutlich auf das Vorbild von 1791 zurück. Erneut beraubt das Zensuswahlrecht die Mehrheit der Nation der politischen Rechte; Rede und Pressefreiheit, Recht auf Bildung und auf Petitionen an den Gesetzgeber gelten nicht mehr als »natürliche« Rechte; materielle Hilfe für die Bedürftigen entfällt. Ergänzend treten Dekrete in Kraft, die mit dem Tode bestrafen, wer den Sturz der Regierung anstrebt, die Verfassung von 1793 oder Ideen der Güterteilung propagiert.

Germinal-
und Prairial-
aufstand

Gegen das Erdrosseln der Revolution steht die Volksbewegung in heroischen Nachhutgefechten. Im Germinalaufstand (1. April 1795) verlangen Tausende aus den Pariser Vororten vom Konvent »Brot und die Verfassung von 1793«, die Wiedererrichtung der revolutionären Commune und die Zulassung der Volksgesellschaften. Diese Erhebung scheitert ebenso wie der folgende Prairialaufstand (20.–23. Mai 1795) nach erbitterter Gegenwehr gegen die überlegene Nationalgarde der Besitzbürger und an fehlender einheitlicher Organisation und Führung. Beide Aufstände signalisieren ein letztes Aufbäumen der Sansculotten gegen den Rückfluß der Revolution.

Babeuf und
die
Verschwörung
der Gleichen

Eine andere historische Perspektive deutet sich in der Verschwörung der Gleichen unter Babeuf an. Auf höherer Stufe knüpft sie an spezifische Elemente der Volksrevolution (Cercle social, Jacques Roux und die Enragés) an. Babeufs Zeitung *Le Tribun du peuple* und das *Manifest der Plebejer* (November 1795) vertreten Ideen, die über den Egalitarismus zu utopisch-kommunistischen Positionen hinausweisend schon Interessen des Frühproletariats erkennen lassen. Der Gedanke einer Volksdiktatur und einer neuen Revolution (»und diese wird die letzte sein«) deuten bereits auf die Klassenschlachten der modernen bürgerlichen Gesellschaft. Zu den Forderungen der ersten »wirklich agierenden kommunistischen Partei«[21] gehören das Gemeineigentum (mit Ausnahme der Güter des persönlichen Bedarfs), gleicher Lohn für alle und die Planung und Leitung der Produktion.

Mit der Bildung des Aufstandskomitees (März 1796) nimmt der geplante Handstreich zum Sturz des Direktoriums konkrete Gestalt an. Durch einen eingeschleusten Spitzel informiert, kann die Regierung den Gegenschlag führen. Sie tauscht die als unzuverlässig geltenden Truppen aus und verhaftet die führenden Mitglieder der Verschwörung (10. März 1796). Babeuf und sein engster Mitstreiter Augustin-Alexandre Darthé werden nach einem vorsorglich in der Provinz abgehaltenen Prozeß hingerichtet (27. Mai 1797).

Heldentum und Siegeszuversicht sind ablesbar aus dem Abschiedsbrief, den Babeuf am Vorabend der Hinrichtung seinem Freund Felix Lepelletier schreibt: »Eines Tages, wenn die Verfolgung nachgelassen hat, wenn vielleicht die Menschen genügend frei atmen können, um einige Blumen auf unser Grab zu legen, wenn es soweit sein wird, von neuem an die Mittel zu denken, um dem Menschengeschlecht das Glück zu verschaffen, das wir ihnen bereiten wollten, dann kannst Du ... allen zur Erinnerung an mich die Sammlung der Bruchstücke darbieten, die all das enthalten, was die Lügner von heute meine Träume nennen.«

Babeufs Verschwörung muß letztlich scheitern. Zu einer eigenen sozialen Revolution ist das französische Frühproletariat noch nicht fähig, noch gibt es zur Herrschaft der Bourgeoisie keine Alternative. Aber die Ideen greifen schon viel weiter aus: Diese Ideen werden übernommen von Babeufs Mitkämpfer Filippo Michele Buonarroti und finden über den utopischen Kommunismus Eingang in das Denken von Marx und Engels. Babeufs und der »Gleichen« Hauptverdienst als Vorläufer des wissenschaftlichen Kommunismus besteht in dem Vermächtnis, daß das Volk, um die soziale Emanzipation erreichen zu können, zunächst die politische Macht erobern müsse. Herausragend sind seine Ansichten über die Notwendigkeit einer revolutionären politischen Gewalt und der Errichtung einer Volksdiktatur, in der die politisch und sozial gleichgestellten Bürger über ihre eigenen Geschicke selbst entscheiden.

Trotz des Aufschwungs von Industrie (Beginn der industriellen Revolution) und – wenn auch zögernder – Landwirtschaft bleibt die Lage des Direktoriums labil. Auf die Dauer ist es außerstande, die durch Revolution und Krieg angeschlagene und überforderte Wirtschaft und die Finanzen zu sanieren, von einer Anhebung der Lebenslage der Massen ganz zu schweigen. Vor allem versagt es im *inneren Zweifrontenkrieg*, den die Großbourgeoisie gegen die royalistische Gefahr und gegen ein Wiederaufkommen der demokratischen Bewegung geführt wissen will. Zwar kann der royalistische *Vendémiaire-Aufstand* (Oktober 1795) mit Hilfe der Armee (wobei sich der Artilleriegeneral Bonaparte auszeichnet) zerschlagen werden, aber die unsichere Lage im Innern und Mißerfolge an den Fronten lassen den Ruf nach einem starken Mann lawinenhaft anschwellen. Gefragt ist eine autoritäre Regierung, um Eigentum und Person des Besitzbürgers zuverlässig nach beiden Seiten und gegen außen zu verteidigen. Dies vermag die Republik des Direktoriums nicht zu garantieren. Frieden mit Europa stellt sich trotz der Friedensschlüsse von Basel (1795) und Campoformio (1797), mit dem die Kriege der ersten Koalition enden,

Krise des Direktoriums

Ende des ersten Koalitionskrieges

---

21 K. Marx, Die moralisierende Kritik und die kritisierende Moral, S. 341.

nicht ein. Von England finanziert, gewährt die europäische Reaktion Frankreich nur eine knappe Atempause. Mit dem zeitweiligen Verlust Italiens an Österreich, der mißglückten Expedition nach Ägypten (um England in Indien zu bedrohen) und der Bildung der *zweiten Koalition* (16. November 1798) wird die Lage des Direktoriums unhaltbar. Die Großbourgeoisie beschreitet den Weg des Staatsstreiches, die Armee wird zum Zünglein an der Waage.

Bonaparte

Diese Faktoren und die internationale Dimension des Kampfes bilden den Ausgangspunkt für die beispiellose Karriere eines talentierten und ehrgeizigen Generals. Ins Blickfeld der Drahtzieher des geplanten Umsturzes gerät aus einem Kreis von »Anwärtern« Bonaparte, der sich bereits bei der Belagerung Toulons (1793) auszeichnete, mit seinem glänzenden italienischen Feldzug (1797) die europäische Reaktion schockte, gemeinsam mit Lazare Hoche eine royalistische Mehrheit aus den beiden Räten der Legislative verjagte (September 1797) und demokratischer Neigungen längst nicht mehr verdächtig ist. Er scheint das gesuchte willfährige

18. Brumaire und Konsulat

Werkzeug zu sein. Doch soll sich diese Hoffnung nach dem Staatsstreich vom 18. Brumaire (8.–9. November 1799), der mit der Absetzung des Direktoriums und der Ernennung Bonapartes zum Ersten Konsul (von insgesamt drei) endet, als krasser Irrtum erweisen. Aus dem gedachten gehorsamen Degen der Großbourgeoisie wird deren Gebieter.

Die Herrschaft Bonapartes ist ein Beispiel für die Erkenntnis von Lenin, daß für die Bourgeoisie die Realisierung des Profits das Entscheidende bleibt, die politische Form, unter der sie geschieht, hingegen das Sekundäre.

In ihrem Klassencharakter repräsentiert die Herrschaft Bonapartes die Diktatur der Großbourgeoisie, kennzeichnend ist jedoch, daß die Bourgeoisie ihre Macht nicht direkt ausübt. Bonapartes persönliche Herrschaft stützt sich auf eine effiziente Staatsbürokratie, den Polizei-, Sicherheitsdienst und die Armee.

Seinen Massenanhang findet Bonaparte in den von der Feudalität befreiten Bauern, die ihren Besitz gesichert wissen wollen. Stabilität nach innen und Vormachtstellung in Europa (Grandeur nationale) sind die Bedingungen, unter denen die Bourgeoisie das Regime Bonapartes toleriert.

Vom Konsulat zum Kaiserreich

Bereits die Konsulatsverfassung (von 1799) fixiert deutlich den Primat der Exekutive, im August 1802 läßt sich Bonaparte zum Konsul auf Lebenszeit ernennen, im Dezember 1804 setzt er sich als Napoleon I. die Krone eines *Kaisers der Franzosen* auf das Haupt. Seine Innenpolitik beseitigt die letzten Reste der bürgerlichen Demokratie. Verschärfung der arbeiterfeindlichen Gesetzgebung durch Bestätigung des *Gesetzes Le Chapelier* und Einführung des diskriminierenden Arbeitsbuches, Ausbau der Repressivorgane (Polizei und Spitzelwesen) und Einführung des Präfektur- und Gemeindesystems, das den Beamten zum Soldaten in Zivil macht und die Exekutive zu Lasten demokratischer Mitwirkung stärkt, kennzeichnen das Regime. Gleichzeitig erweist sich Napoleon als Testamentsvollstrecker der Revolution und festigt durch eine Reihe von Maßnahmen deren historisches Werk. Die Zentralisation des Staatsapparates, starke Impulse für die industrielle Revolution und eine moderne, bald

von vielen anderen Staaten übernommene Rechtsprechung (Code Napo-
léon 1804) sind Instrumente, um die noch progressive Herrschaft der
Bourgeoisie zu konsolidieren. Das 1801 mit dem Vatikan abgeschlossene   Konkordat
Konkordat beendet den Kirchenkampf und beraubt die Reaktion mit der
Anerkennung des Katholizismus als der »Religion der Mehrheit der Fran-
zosen« und der päpstlichen Duldung der Revolutionsergebnisse im
Agrarsektor wesentlicher Stützen.

Wesen und Ziele der napoleonischen Expansionspolitik   3.3.2.

Unter Napoleon führt Frankreich fünf große Kriege. Trotz wechselnder   Koalitions-
Bündnisse bleiben die Hauptgegner dieselben: England, Österreich, Preu-   kriege
ßen und Rußland. Die französische Orientexpansion liefert England den
Vorwand für die Bildung der *zweiten Koalition* (1798–1802). Nach glänzenden französischen Siegen über die Österreicher bei Marengo (Juni
1800) und Hohenlinden (Dezember 1800) bricht sie mit dem Frieden von
Lunéville (1801) und dem Frieden zu Amiens zwischen England und
Frankreich (1802) zusammen. Frankreich annektiert u.a. das linke Rheinufer und erhält die an England zuvor verlorenen Kolonien in Nordamerika. Damit ist der Grundstein für den nächsten Krieg gelegt.
Wieder auf Betreiben Englands kommt es zur Bildung der *dritten Koalition*
(1805). Im Ergebnis des Sieges Frankreichs über Rußland und Österreich
in der Dreikaiserschlacht bei Austerlitz (2. Dezember 1805) läutet der
Frieden von Preßburg (26. Dezember 1805) das Ende des historisch überlebten Heiligen Römischen Reiches deutscher Nation ein.
Am 1. Oktober 1806 eröffnet das mit Rußland verbündete Preußen die
Kämpfe der *vierten Koalition* (1806–1807), die nach der *Doppelschlacht bei
Jena und Auerstedt* (14. Oktober 1806) zum Zusammenbruch Preußens führen. Im *Tilsiter Frieden* (7. Juli 1807) verliert Preußen seine 1793 erpreßten
polnischen Besitzungen, alle Gebiete links der Elbe und muß hohe Kontributionen zahlen. Österreich löst 1809 den *fünften Koalitionskrieg* aus.
Nach der Niederlage bei Wagram muß die Habsburgermonarchie im Frieden zu Wien auf Salzburg und Galizien verzichten. Nach der katastrophalen Niederlage der napoleonischen Armeen im Krieg gegen Rußland
(1812) bilden im Frühjahr 1813 Rußland, England, Preußen, Schweden
und Portugal die *sechste Koalition*, der sich vor der Völkerschlacht bei Leipzig noch Österreich anschließt. Erstmals ist die französische Armee gezwungen, sich hinter den Rhein zurückzuziehen.
Die hauptsächlich militärisch geführte Außenpolitik Frankreichs verfolgt   Charakter der
zwei Hauptziele: Verteidigung gegen die europäische Reaktion und   napoleoni-
Kampf um die politische und die ökonomische Vorherrschaft. Beide   schen Kriege
Ziele sind integraler Bestandteil der französischen Politik seit 1792. Mit
der Festigung der Herrschaft der Bourgeoisie im Innern Frankreichs als
direkte Folge der Siege im äußeren Bereich weitet sich das zunächst sekundäre Motiv der Expansion stetig aus. Mit Tilsit (1807) ist die erste
Aufgabe gelöst, seitdem verlieren die Kriege Frankreichs den Charakter
gerechter Kriege.

Napoleon bescheidet sich nicht damit, mit der Errichtung des Kaiserreiches und der Schaffung eines neuen Adels (1807) die demokratischen Ideale der Revolution preiszugeben. Königs- und Fürstenkronen entmachteter Potentaten fallen an seine unersättlichen Verwandten. Die Annexion weiter Gebiete und die Bildung von Vasallenstaaten in Form der Tochterrepubliken (später Königreiche) entfernen sich kraß von der ursprünglichen Mission von 1792, Europa in eine Gemeinschaft freier Völker zu verwandeln. Die Gründung des Rheinbundes 1806 beweist, daß Napoleon die traditionelle Deutschlandpolitik des Ancien Régime fortsetzt, entschiedener Gegner der deutschen Einheit bleibt und sich mit den Fürsten gegen die Völker arrangiert.

Rheinbund

Im Interesse der Bourgeoisie führt Napoleons Politik der Annexion und Ausplünderung, der Kontributionen und Steuern Riesenprofite nach Frankreich. Der Louvre erstrahlt im Glanz geraubter Kunstschätze. Hinter der belebenden Kriegsbeute bleiben die negativen Konsequenzen vorerst verborgen: In der hemmungslosen Expansionspolitik, die das Land überfordert, liegt eine wesentliche Ursache für die trotz der siegreichen Revolution schleppende Freisetzung des Kapitalismus.

Französisch-englischer Gegensatz

Diese Situation wird durch die Politik Englands weiter verschärft. England begreift als erste europäische Großmacht die historische Tragweite der Ereignisse seit 1789. Es betreibt eine Politik, die objektiv darauf hinausläuft, jede Konsolidierung der gerade erst über den Feudalismus triumphierenden französischen Konkurrenzmacht zu verhindern. Der traditionelle französisch-englische Gegensatz wandelt sich in den Widerspruch zweier bürgerlicher Staaten um Vormacht, Profit, Kolonien und Absatzmärkte. Ökonomischer Vorsprung, insulare Lage und Bündnis mit der Feudalreaktion Europas geben England den letztlich entscheidenden Trumpf in die Hand.

Seeschlacht von Trafalgar

Bereits 1801 scheitert mit dem Abzug der Reste des französischen Ägyptenkorps Napoleons Versuch, Englands Kolonialmacht an der Wurzel zu treffen, danach setzt der Erste Konsul auf eine direkte Invasion Englands (Lager von Boulogne). Die Vernichtung der vereinigten französisch-spanischen Flotte durch Horatio Nelson in der Seeschlacht bei Trafalgar (21. Oktober 1805) läßt diesen Plan untergehen. Des Kaisers Antwort, die *Kontinentalsperre*, ist trotz beachtlicher Anfangserfolge nicht geeignet, den englischen Konkurrenten, der auf den Überseehandel ausweicht, in die Knie zu zwingen.

Die relative Abschnürung Europas von England hat für die kontinentale Wirtschaft beträchtliche Folgen. Zugleich führt der weitgehende Ausfall englischer Waren zu einem Aufschwung der nationalen und regionalen Industrie, besonders in Frankreich, Belgien, in linksrheinischen Gebieten Deutschlands und in Sachsen. In dem Bestreben, Frankreich mit einem den neuen inneren gesellschaftlichen Bedingungen und Verhältnissen adäquaten äußeren Rahmen zu versehen, erfüllt Napoleon in Deutschland und anderen besetzten Gebieten objektiv die Funktion eines Förderers der bürgerlichen Umwälzung. Mit dem Reichsdeputationshauptschluß (1803) verringert sich die Zahl der deutschen Klein- und Zwergstaaten, zugleich wird eine politisch abhängige Pufferzone (Rhein-

Reichsdeputationshauptschluß

bund) geschaffen. Die Einführung des Code Napoléon führt vor allem in West- und Süddeutschland zu durchgreifenden Veränderungen (Säkularisierung des Kirchenbesitzes, Abschaffung der Feudallasten für die Bauern), die auch nach dem Sturz Napoleons erhalten bleiben. Für Reformen in anderen Regionen, so im Königreich Westphalen und in Bayern, wo die Leibeigenschaft mit der Verkündung einer bürgerlichen Verfassung aufgehoben wird, trifft das gleiche zu. Der von Frankreich getragene Fortschritt schrumpft allerdings in dem Maße, wie der expansiv-aggressive Charakter der Kriege zunimmt und sich die Armeen von Frankreichs Grenzen entfernen. Während die Revolutionstruppen der republikanischen Zeit in Norditalien Voraussetzungen für eine radikale bürgerliche Umgestaltung der Agrarverhältnisse schaffen und andere Reformen einleiten, toleriert das kaiserliche Heer bei den späteren Vorstößen nach Mittel- und Süditalien weitgehend das Machtmonopol der lokalen Aristokratie.

Der Verlust an Demokratie im Mutterland der Revolution führt dazu, daß sich die französische Diplomatie nicht auf die europäische Volksbewegung, sondern auf die Fürsten orientiert. Vergebens erhoffen daher demokratische Kräfte in Deutschland konsequente Unterstützung gegen Feudalismus und nationale Zersplitterung, 1810/11 werden nach Oldenburg Ostfriesland und die Hansestädte dem Kaiserreich einverleibt. An einer nationalen Wiedergeburt Polens ist Frankreich kaum interessiert, eine Bauernbefreiung im Herzogtum Warschau findet nicht statt. Die Italiener tauschen das Joch der Habsburger und der Bourbonen gegen das Napoleons oder das von ihm abhängiger Kreaturen ein, die Balkanvölker verbleiben unter der österreichischen Fremdherrschaft oder erhalten, wie die Illyrischen Provinzen, französische Statthalter. Unter diesen Umständen wachsen Ablehnung und Widerstand, die nationale und patriotische Bewegung in weiten Teilen Europas ist logische Konsequenz einer die Interessen der französischen Großbourgeoisie wahrnehmenden Okkupationspolitik.

Die antinapoleonischen Befreiungskriege und das Ende des Kaiserreiches

3.3.3.

Während sich die Fürsten und Oberschichten Europas fast ausnahmslos dem Joch Napoleons beugen, wird der Zusammenbruch seines überdehnten Imperiums durch den Widerstand der Völker eingeleitet. Eine Schlüsselfunktion besitzt der *Unabhängigkeitskrieg Spaniens* (1808–1814), weil hier die sieggewohnten napoleonischen Truppen mit dem Phänomen des Volkskrieges *(Guerrilla)* konfrontiert werden. Nach dem Sieg der Spanier in der Schlacht bei Bailén (Juli 1808) treten Teile des Adels und der Klerus an die Spitze der Volksbewegung.

In *Österreich* beginnt im April 1809 der religiös und patriarchalisch motivierte Tiroler Volksaufstand unter Führung von Andreas Hofer. Ihn niederzuwerfen gelingt den Franzosen nur mit schweren Opfern. In *Preußen* stehen an der Spitze der antinapoleonischen Opposition patriotisch gesinnte Vertreter aus Offizierskorps und Bürokratie, die den Kampf im

Volks-
widerstand

Lande oder vom russischen Exil aus vorbereiten. Militärische Insurrektionen von April bis Juni 1809 gegen die Okkupanten enden mit einer Niederlage. Ferdinand von Schill und zehn seiner Offiziere werden standrechtlich bei Wesel erschossen.

Wende von Moskau 1812

Angesichts einer intakten napoleonischen Militärmacht haben die einzelnen Aufstände keine Erfolgsaussicht. Erst der für das Kaiserreich in der totalen Niederlage endende *Rußlandfeldzug 1812* schafft neue Bedingungen für den endgültigen Erfolg des Freiheitskampfes der unterdrückten Völker.

Der russische Feldzugsplan, von preußischen Militärs (Gerhard Johann David von Scharnhorst, August Wilhelm Anton Neidhardt von Gneisenau) mit beeinflußt, zielt darauf ab, Napoleons *Große Armee* (Grande Armée) durch die Taktik hinhaltenden Widerstands zu zermürben. Die für beide Seiten verlustreiche *Schlacht bei Borodino* (7. September) endet zunächst unentschieden (Leo Tolstoi, *Krieg und Frieden*). Noch im selben Monat ziehen die französischen Truppen, zwar unbesiegt, aber empfindlich geschwächt, in Moskau ein. Mit dem Brand von Moskau und dem Ausbleiben des erhofften Friedensangebots ist für Napoleon der Rückzug unvermeidlich. Unter dem doppelten Druck von regulärer Armee (paralleler Flankenmarsch unter Michail Michailovič Kutuzov) und Partisaneneinheiten mündet der Rückzug in die offene Katastrophe. In der *Schlacht an der Beresina* (26.–28. November) vollenden sich Tragik und Untergang der Großen Armee. Der Kampf des russischen Volkes öffnet Europa das Tor zur Zerschlagung der napoleonischen Fremdherrschaft.

Trotz taktischer Siege in den Jahren 1813/14 kann das Kaiserreich nicht mehr der Wucht des europäischen Freiheitskampfes und der Offensive der antifranzösischen Alliierten widerstehen.

Revolution und Reform im napoleonischen Europa

Der Umschlag des Kräfteverhältnisses zuungunsten Frankreichs ist Resultat militärischer, politischer und ökonomischer Faktoren. Während Frankreich auszubluten beginnt, verfügen die verbündeten Staaten über die größeren materiellen Reserven. Die widersprüchliche Einheit zwischen Unterdrückern und Unterdrückten im Kampf gegen die Fremdherrschaft gibt der herrschenden Klasse die Möglichkeit, die Volksbewegung für reaktionäre Ziele auszunutzen und die Führung des Freiheitskampfes zu übernehmen. Diese Führungsrolle ist aber auch an die Fähigkeit zu positiven Antworten angesichts der durch Revolution und Kaiserreich geschaffenen bürgerlichen Realitäten gebunden; verfolgt die daraus resultierende Anpassung zwar das Ziel, das Gesamtsystem durch Konzessionen an Bourgeoisie und Bauern zu retten, so erfüllt sie letztlich eine objektiv progressive Funktion.

Preußische Reformen

Preußen führt die Stein-Hardenbergschen Reformen (1807/1812) durch, mit denen politische, militärische, ökonomische und ideologische Voraussetzungen für den Volkskrieg gegen Napoleon geschaffen werden, sie markieren zugleich den Beginn der bürgerlichen Umwälzung in Preußen. In *Schweden* kommt es im Ergebnis einer von Teilen der herrschenden Klasse gegen König Gustav IV. Adolf inszenierten Umwälzung (13. März 1809) zur außenpolitischen Orientierung auf Frankreich und zu weitreichenden Reformen (Absetzung des Königs, Annahme einer Verfassung mit ersten Zugeständnissen an die liberale Bourgeoisie). In *Spanien* wächst der Unabhängigkeitskrieg in die erste bürgerliche Revolution hinüber: Die Verfassung von Cádiz (1812) zielt auf die Umwandlung des Landes in eine konstitutionelle Monarchie, auf Garantierung umfassender bürgerlicher Freiheiten. In *Österreich* wird 1812 ein Allgemeines Bürgerliches Gesetzbuch eingeführt. Hier wie in *Rußland* überwiegt aber die extrem konservative Adelsfraktion (Sturz Speranskis 1812), die Neuerungen generell verwirft. Zumeist jedoch sind die Einsichten ausschließlich taktischen Überlegungen geschuldet. Das Kriegsmanifest der Wiener Regierung verspricht 1809 die Freiheit Europas und die »Erlösung der deutschen Brüder« vom französischen Joch. Die in seiner Eigenschaft als Oberbefehlshaber der alliierten Truppen von Kutuzov erlassene Proklamation von Kalisch (März 1813) verheißt den Deutschen die nationale Einheit. Solche Versprechungen werden die Völker Europas nach dem Sieg über Napoleon vergeblich bei ihren Fürsten einklagen. Dennoch haben Okkupation und die Kriege gegen diese Okkupation gleichermaßen zur Festigung oder zur Einleitung des Prozesses der bürgerlich-kapitalistischen Umwälzung in Europa beigetragen. Die Erfahrungen der Kämpfe von 1808 bis 1815 bleiben untilgbar.

Seit Ausbruch des spanischen Unabhängigkeitskrieges tragen alle gegen Frankreich geführten Kriege in sich Elemente von »Regeneration, die sich mit Reaktion paart«[22]. Während die Völker den Kampf gegen die Fremdherrschaft mit dem Ziel der Lösung der nationalen und sozialen Probleme verbinden und damit die herrschenden feudal-aristokratischen Verhältnisse in den eigenen Ländern in Frage stellen, bekämpfen Adel und Klerus in Napoleon die Revolution und deren Prinzipien. Die antinapoleonische Stoßrichtung, der Primat der äußeren Front, der Beherrschte und Herrschende trotz aller Gegensätze zusammenführt, drängt die tieferen Interessen der Volksbewegung in den Hintergrund. Auch die Dichter und Sänger der Freiheitskriege, die mit ihren Massenenthusiasmus weckenden Werken gleichwohl der Einheit gegen Napoleon einen politisch-ideologischen Sinn verleihen, tragen nicht selten zur Selbsttäuschung über die Lage bei. Während Beethoven den »Tyrannen« Napoleon verwirft, lassen andere Wortführer der Opposition solche Konsequenz vermissen. Manche (so der »Turnvater« Friedrich Ludwig Jahn oder Ernst Moritz Arndt) vertreten zugleich Prinzipien, in denen nationalistische und deutschtümelnde Losungen mitschwingen.

Dualistischer Charakter der Freiheitskriege

Napoleons Innenpolitik zwingt die Volksbewegung auf viele Jahre in die Defensive, macht aber gleichzeitig die wesentlichen Ergebnisse der Revolution unumkehrbar. Damit ist der erste Auftrag seiner Herrschaft erfüllt. Hingegen verwirklicht sich der aggressiv-expansive Auftrag – Profite und neue Absatzmärkte im Ergebnis einer imperialen Machtpolitik – nur zeitweilig. Der permanente Kriegszustand dient zwar einer schmalen großbourgeoisen Oberschicht von Heereslieferanten und Spekulanten, dem bürgerlichen Gesamtinteresse widerspricht er auf die Dauer. In dem Maße, wie die endlose Eroberungspolitik die harmonische Entwicklung

Innere Ursachen für den Sturz Napoleons

22 K. Marx, Das revolutionäre Spanien. II, in: MEW, Bd. 10, S. 444.

der eigenen Wirtschaft beeinträchtigt, Handel, Finanzen und Verkehr unter den Kriegsfolgen leiden und die Gefahr eines militärischen, folglich auch politischen Desasters deutliche Konturen annimmt, gerät Napoleon zunehmend in die Isolierung. Bereits auf dem Fürstentag zu Erfurt (1808) wechselt sein vormaliger Außenminister Talleyrand die Fronten und wird Agent Alexanders I. Das Beispiel macht Schule; es folgt später der kaiserliche Polizeichef und ehemalige ultralinke Terrorist Fouché, der seinen Brotherrn an die Morgenluft witternden »Ehemaligen« verrät. Die innere Erosion des Systems greift um sich.

Verschwörung des Generals Malet

Wie brüchig Napoleons Herrschaft ist, beweist die gescheiterte Verschwörung des Generals Malet (Oktober 1812), der mit dem Gerücht vom Tode Napoleons in Rußland ohne nennenswerten Widerspruch das Ende des Kaiserreiches verkünden kann. Auch die Bauernschaft, die ihre Söhne auf den Schlachtfeldern Europas verliert, wird trotz aller Treue zum Idol der großen Zeit des endlosen Krieges müde.

Solange die Frage offenbleibt, wer den Platz des Kaisers einnehmen kann, ist die Stunde seines Sturzes ungewiß. Thermidor, Direktorium und Konsulat haben die Idee der Republik derart diskriminiert, daß nur ein kleiner, in die Illegalität gedrängter Kreis von Demokraten noch daran festzuhalten wagt. Auch das äußere Kräfteverhältnis widerspricht einem solchen Ziel. Aus ihrer Verlegenheit sieht sich die Großbourgeoisie

Zerfall des napoleonischen Imperiums

durch die europäische Reaktion befreit. Volksbewegung und militärische Siege der Alliierten zerbrechen Position um Position des napoleonischen Imperiums. Ein Volksaufstand verjagt den Bruder des Kaisers, Jérôme, aus seinem Königreich Westphalen (Oktober 1813). Nach der Völkerschlacht bei Leipzig bricht der Rheinbund auseinander, die Macht der Gegenseite wird überwältigend. Politisch annehmbar wird die Niederlage für die französische Bourgeoisie, da sich die Reaktion unter dem Druck Englands und Rußlands und aus Angst vor einem neuen 1789 oder 1793 auf eine Kompromißformel einigt: Restauration der Bourbonen, die aber verfassungsmäßig regieren (Charta von 1814) und die wesentlichen Ergebnisse der Revolution respektieren müssen. Napoleon selbst gibt den Weg dafür durch den Thronverzicht in Fontainebleau frei (März 1814).

Ludwig XVIII.

Während die Großbourgeoisie »unsere Freunde, die Feinde« bei ihrem Einzug in Paris (31. März 1814) mit servilem Beifall überschüttet, sind für die Mehrheit der Nation der im Troß der Alliierten mitgeführte Ludwig XVIII. und der sofort einsetzende weiße Terror Anlaß, dem nach Elba verbannten Kaiser nachzutrauern. Als dieser mit seiner Garde am 1. März 1815 französischen Boden betritt, um noch einmal die Macht an sich zu reißen, gibt es in Frankreich keine Kraft, die seinen Gewaltmarsch auf Paris aufhalten könnte. Marschall Michel Ney, der den alten und neuen Kaiser »in einem eisernen Käfig« festsetzen soll, tritt zu Napoleon über.

In Paris versucht Napoleon vergeblich, die Bourgeoisie mit dem Versprechen einer Verfassung (April 1815) an sich zu binden. Auf die Stimmung in den Pariser Vorstädten gestützt, bietet Lazare Carnot, eine neue *Levée en masse* an. Napoleon verzichtet, er will nicht »Kaiser der Canaille« sein und unterschreibt damit sein politisches Todesurteil.

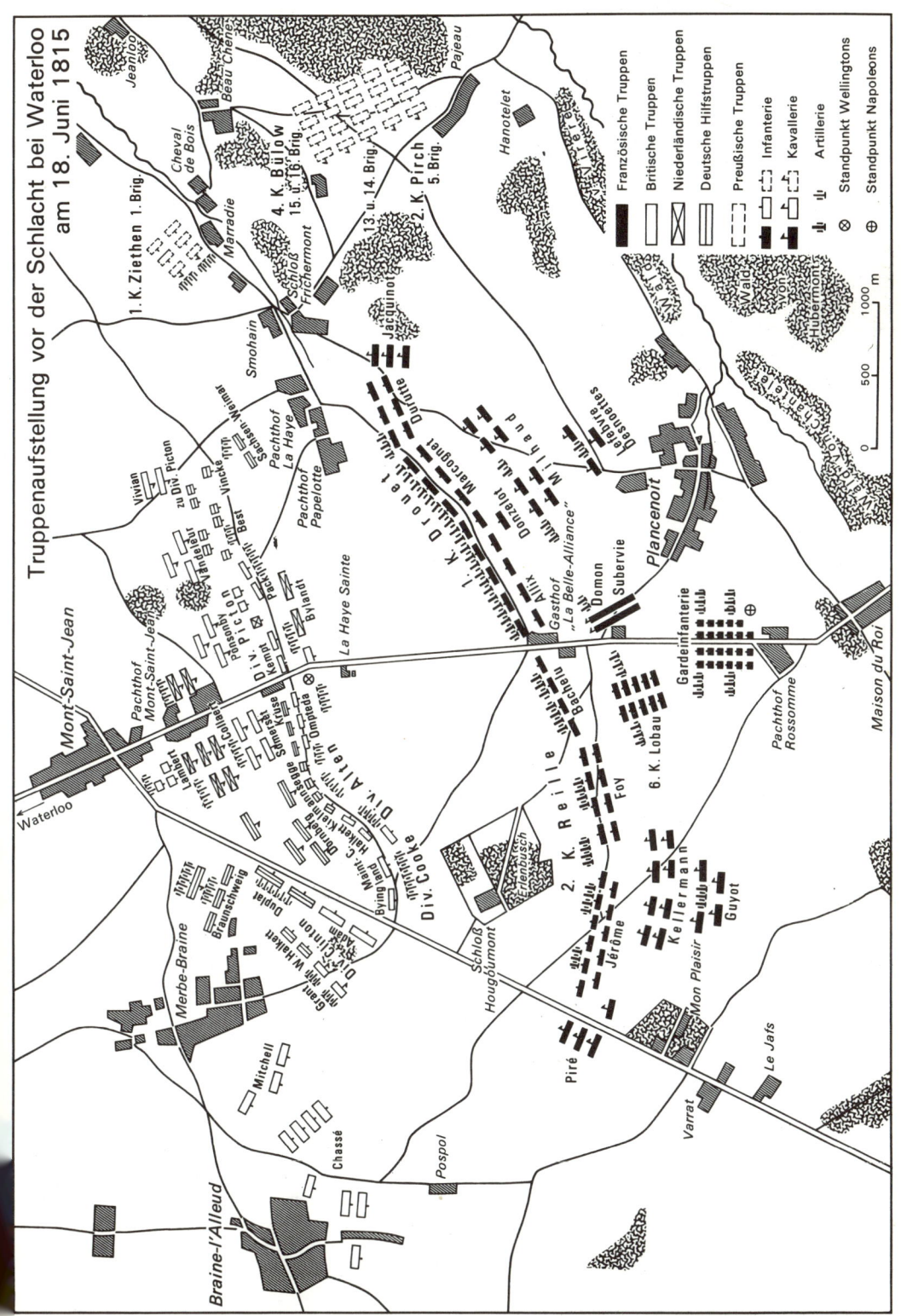

Truppenaufstellung vor der Schlacht bei Waterloo am 18. Juni 1815

Schlacht bei
Waterloo

Nach der Schlacht von Waterloo (18. Juni 1815) ist die Ära Napoleon unwiderruflich zu Ende. Es folgt die Verbannung auf die ferne, im Südatlantik gelegene Insel St. Helena.

Zunächst kann die von Rußland inspirierte und von Metternich organisierte Heilige Allianz Frankreich im zweiten Pariser Frieden (20. November 1815) härtere Friedensbedingungen diktieren (Gebietsverluste im Norden an die Niederlande, 800 Mio Francs Kontributionen, Besetzung Nord- und Ostfrankreichs durch die Alliierten), die entkräftete europäische Volksbewegung um die Früchte ihres Sieges über Napoleon bringen und in eine zeitweilige Defensive zwingen. Die Restauration, die sich vor allem im staatlichen Überbau der europäischen Länder vollzieht, vermag die angeschlagene Herrschaft des Adels zu stabilisieren, kann sie aber nicht in der alten Weise wiederherstellen. Die von Frankreich zur Zeit der Revolution, des Konsulats und des Kaiserreichs bewirkten Veränderungen und der von England auf den Kontinent übergreifende Prozeß der industriellen Revolution verwandeln die Restauration in ein feudal-aristokratisches Herrschaftssystem auf Zeit, das durch den bürgerlich-kapitalistischen Fortschritt binnen weniger Jahre schwersten Zerreißproben ausgesetzt ist.

3.4.   Nationale Bewegungen und revolutionäre Staatenbildungen 1815–1830 in Europa und Amerika

3.4.1.   Das System der Heiligen Allianz 1815–1830

Der militärische Erfolg der europäischen Völker über das napoleonische Kaiserreich mündet infolge des gegebenen nationalen und internationalen Kräfteverhältnisses in den politischen Sieg der aristokratisch-monarchistischen Reaktion. Vom 18. September 1814 bis 9. Juni 1815 tagen in Wien die Vertreter der Siegermächte, geführt von Zar Alexander I., dem österreichischen Kanzler Clemens Fürst von Metternich, dem preußischen Außenminister Karl August Fürst von Hardenberg und dem britischen Außenminister Henry Robert Stuart Castlereagh. Frankreich ist durch Talleyrand vertreten, der die Gegensätze unter den Großmächten geschickt ausnutzt und der Bourbonendynastie eine fast gleichrangige Position verschafft.

Wiener Kongreß

Unter Vorsitz Metternichs nimmt der Kongreß – nur unterbrochen durch die Rückkehr Napoleons von Elba – drei Aufgaben in Angriff: 1. die vertragliche Regelung der militärischen und der politischen Niederlage Frankreichs mit der Absicht, das Land als Hort des bürgerlichen Fortschritts so zu schwächen, daß es Europas »Ruhe« nicht mehr gefährdet; 2. die Bekämpfung des bürgerlichen Fortschritts auf breitester Front; 3. die Befriedigung handfester territorialer Interessen der Siegermächte. Bei der dritten Aufgabe stehen sich das zaristische Rußland und das bürgerliche England als Hauptgegner gegenüber. Preußen schließt sich Rußland, Österreich aus Opposition zu Rußland und Preußen zeitweilig England an. Frankreich laviert geschickt und nähert sich schließlich England und Österreich. Das von Talleyrand lancierte Legitimitätsprinzip macht es möglich, die Positionen der als Opfer der Revolution deklarierten restaurierten Bourbonen auf der Basis der Charta von 1814 festzuschreiben, womit wesentliche Ergebnisse der bürgerlichen Umwälzung unangetastet bleiben. Dieses Prinzip wird in der Folgezeit bei der Realisierung der zweiten Aufgabe des Kongresses zu einer gefährlichen Waffe der Reaktion, die damit jede revolutionäre Bewegung als Verstoß gegen geltendes Völkerrecht interpretiert.

Trotz aller Gegensätze kommt eine Einigung der Sieger zustande: *Rußland* behält seine Eroberungen von 1808/09 (Finnland) und 1806–1812 (Bessarabien) und gewinnt darüber hinaus den größten Teil Polens (*Kongreßpolen* oder *Königreich Polen*), *Preußen* vereinnahmt die Hälfte Sachsens, vergrößert seine Besitzungen im Rheinland und behält einen Teil Polens (vor allem das Großherzogtum Posen), *Österreich* verliert zwar Belgien, Luxemburg und Vorderösterreich, verteidigt aber das polnische Galizien (außer Kraków, das Freie Stadt wird) und gewinnt die Lombardei und Venetien. *Großbritannien* sichert seine koloniale und maritime Vormacht, indem es eine Reihe seiner Eroberungen zwischen 1793 und 1814 behält (Kap-Provinz, Ceylon, Mauritius, Malta, Ionische Inseln, Helgoland und andere). *Frankreich* kommt glimpflich davon: Zwar wiegen Kriegskontributionen und Teilbesetzung schwer, die Sieger garantieren aber im ersten Pariser Frieden die Grenzen von 1792 und im zweiten Pariser Frieden immerhin noch die Grenzen von 1790, es verliert seine Eroberungen nach 1792 und kleinere Kolonialbesitzungen (Mauritius). *Schweden* erhält in Personalunion Norwegen als Kompensation für das an Rußland verlorene Finnland, Dänemark wird für Norwegen mit Schweden-Pommern entschädigt, das es wiederum gegen das von Hannover an Preußen abgetretene Lauenburg an Preußen vertauscht. Die Niederlande, Belgien und Luxemburg bilden im Interesse Englands und als stärkeres Gegengewicht zu Frankreich – ohne Rücksicht auf ethnische und politische Gegebenheiten – das *Vereinigte Königreich der Niederlande* (die »niederländische Barriere«). In *Spanien*, *Portugal* und *Italien* sind die alten Monarchien wiederhergestellt. Bestimmenden Einfluß auf Italien erringt Österreich. Die *Schweiz* wird für »ewige Dauer« neutral erklärt.

In Deutschland tritt an Stelle des 1806 aufgelösten Heiligen Römischen Reiches deutscher Nation der *Deutsche Bund* aus 34 Monarchien und 4 Freien Städten, in dem Österreich dominiert und Preußen zunehmend als Konkurrenzmacht auftritt. Die Hoffnungen der deutschen Patrioten von 1813 auf nationale Einheit bleiben unerfüllt. Die am 9. Juni 1815 unterzeichnete, 121 Artikel umfassende *Schlußakte des Wiener Kongresses* sanktioniert alle Veränderungen. Fortan wird, gestützt auf das Legitimitätsprinzip, der Kampf um die Verteidigung des Status quo zu einem Grundzug der europäischen Politik. Hier liegt die Ursache dafür, daß in den Jahrzehnten nach 1815 Kriege zwischen den Großmächten ausbleiben.

Zur Aufrechterhaltung der bestehenden Ordnung wird auf Initiative Alexanders I. am 26. September 1815 die Heilige Allianz gegründet. Die verbündeten Monarchen – nur England, der Vatikan und die Türkei tre-

Ergebnisse des Wiener Kongresses

Gründung der Heiligen Allianz

ten aus unterschiedlichen Gründen nicht bei – verpflichten sich, die gegebenen Besitzstände nicht zu verletzen und mit allen Mitteln gegen revolutionäre Tendenzen und Umstürze vorzugehen; das schließt die Volksbewegungen ebenso ein wie Bemühungen realistischer Kreise der herrschenden Klasse um positive Veränderungen (Metternich: »parfümierte Revolutionen«). Logische Folge des Legitimitätsprinzips ist das *Interventionsrecht*, das kollektive oder an Einzelmächte delegierte Interventionen in von Revolutionen betroffenen Interessensphären der Reaktion vorsieht. Politische Zentralfigur der sich über Europa ausbreitenden Reaktion wird der österreichische Staatskanzler (»Ära Metternich«); das zaristische Rußland avanciert im Bunde mit Österreich und Preußen zum Gendarmen der europäischen Reaktion.

Kongresse der Heiligen Allianz

Vom reaktionären Wesen der Heiligen Allianz, die im Namen der Heiligen Dreieinigkeit als religiös-mystisch verbrämtes Organ eines kollektiven weißen Terrors gegen die revolutionären und nationalen Bewegungen fungiert, zeugen besonders deren Kongresse. Auf dem Kongreß von Aachen (1818) wird das bourbonische Frankreich voll rehabilitiert. Im August 1819 nehmen die Vertreter der wichtigsten deutschen Bundesstaaten die *Karlsbader Beschlüsse* an, die eine provisorische Exekutionsordnung, die Aufstellung von Bundestruppen für Interventionszwecke, eine verschärfte Pressezensur und eine stärkere Überwachung der Universität vorsehen (»Demagogen«verfolgungen). In *Troppau* (1820) und *Laibach* (1821) wird die Intervention Österreichs im Königreich beider Sizilien abgesegnet und in *Verona* (1822) die Intervention Frankreichs gegen die spanische Revolution beschlossen. Im Schoße der Heiligen Allianz entstehen durch die unterschiedliche Interessenlage der Mächte bald erhebliche Widersprüche, die ein gemeinsames Handeln unmöglich machen, was sich bereits gegenüber der Unabhängigkeitsbewegung in Griechenland und in der südamerikanischen Frage bemerkbar macht. Speziell in diesen beiden Konflikten zeichnet sich frühzeitig ein diplomatisches Gegensteuern Englands ab.

Phasen und Methoden der Restauration

Der Begriff Restauration (Wiederherstellung) geht auf den Schweizer Staatsrechtler Haller zurück, der in seinem ab 1816 erscheinenden Hauptwerk *Restauration der Staatswissenschaften* für ein patriarchalisches Verhältnis zwischen Monarch und Volk und für ein göttlich sanktioniertes Eigentum der Fürsten an Thron und Land plädiert. Die Restauration als gesamteuropäische Erscheinung vollzieht sich vorwiegend in der Überbausphäre (politisch-institutionell, diplomatisch, ideologisch und in der Armee), sie berührt weniger die ökonomische Basis der einzelnen Länder. Nur in Spanien, Portugal und großen Teilen Italiens werden die alten Zustände wiederhergestellt, dagegen sind in den meisten anderen Gebieten West- und Mitteleuropas die von der Revolution und der Herrschaft Napoleons direkt oder indirekt bewirkten sozialökonomischen Veränderungen nicht mehr aufhebbar. In erster Linie gilt das für Frankreich, aber auch für Belgien, die linksrheinischen Gebiete Deutschlands und Preußens, wo die wesentlichen Reformergebnisse überleben. Hinzu kommen die Anpassungszwänge, die, von der industriellen Revolution in England ausgehend, auf die feudal-absolutistischen Staaten übergreifen.

Das Restaurationsregime fußt nicht nur auf bloßem Terror. Es widerspiegelt die zeitweilige politische, militärische und diplomatische Dominanz der siegreichen feudalabsolutistischen und konservativen Kontinentalmächte, zugleich resultiert seine relative Stärke aus der Tatsache, daß die Auseinandersetzung Feudalismus – Kapitalismus im europäischen Maßstab noch in vollem Gange ist. Die Länder Ost-, Südost-, Süd- und Südwesteuropas liegen in den Ketten der alten Produktionsverhältnisse, der feudale Großgrundbesitz herrscht ökonomisch, politisch und sozial. Die Niederlage Frankreichs ist zugleich die zeitweilige Niederlage des bürgerlichen Fortschritts. Die Volksmassen sind entmutigt, desorientiert und geknebelt, und die zur Revolution unfähige oder unwillige Bourgeoisie paßt sich der Situation an oder verharrt in abwartender Opposition.

Ein wesentliches Element zur relativen Stabilisierung der alten Verhältnisse und zum offenen Angriff auf den progressiven bürgerlichen Zeitgeist stellt die Ideologie der Restauration dar. Neben den staatsrechtlichen Auffassungen Hallers dominieren vor allem der rechte Flügel der *Romantik* und der *Ultramontanismus*.

Ideologie der Restauration

Die Leitgedanken des Ultramontanismus als der führenden Restaurationsideologie werden von de Maistre formuliert, sein Hauptwerk *Vom Papst* (1819) verherrlicht Gottesgnadentum der Monarchen und oberste Autorität des Papstes. Seine Ideen liegen dem später (1870) offiziell verkündeten Unfehlbarkeitsdogma des Papstes zugrunde. Als einzige Heilmittel gegen die Revolution erklärt de Maistre die Zurückführung der Völker unter die »alte Zucht« und die feudalabsolutistischen Institutionen, die Wiederherstellung der unumschränkten Rechte der Monarchen und des Papsttums.

Weitere Ideologen der Restauration sind der in preußischen Diensten stehende Begründer der *Historischen Rechtsschule* Savigny sowie die Franzosen Bonald und Chateaubriand. Eine wesentliche Rolle im Restaurationsdenken spielt der patriarchalische Traditionalismus, demzufolge die »einfachen Menschen« in den Gang der Dinge weder eingreifen wollen noch dürfen. Die Ideen Hallers und des Traditionalismus führt Savigny in der Geschichts- und Rechtswissenschaft weiter. Bonald, als ein Vertreter der französischen Ultras um Karl X. und des Ultraroyalismus, Exponent der Restaurationsideologie in Frankreich, predigt die Einheit von Thron und Altar, verherrlicht den Katholizismus und die mittelalterliche Monarchie. Chateaubriand, der bedeutendste Dichter und Sprachschöpfer der französischen Romantik, formuliert schon in seinem Werk *Genius des Christentums* (1802) die radikale Abkehr von der Aufklärung, ohne sich aber nach 1815 bedingungslos der Bourbonenrestauration zu verschreiben.

Im Ideenkampf gegen Aufklärung und Revolution erhebt erneut der intransigente Katholizismus das Haupt. Bereits 1814 erfolgt die Wiederherstellung des Jesuitenordens, in Spanien und Italien auch der Inquisition.

Als Gegengewicht zur *Restaurationsideologie* entwickelt sich die *progressiv-bürgerliche Ideologie* weiter. In dem Maße, wie erhebliche Teile der Bourgeoisie dem radikalen Demokratieverständnis (Jakobinertum) entsagen, beherrschen fortschrittliche Romantik, Nationalismus und Liberalismus

Bürgerliche Gegenströmungen

das Feld. Politisch-ideologischer Ausdruck des Kampfes für die Befreiung der Völker von Fremdherrschaft (Italien gegen das Habsburgerjoch, Polen gegen die Teilungsmächte, Griechen und Serben gegen die osmanische Willkür), gegen die nationale Zersplitterung und Kleinstaaterei, für nationale Einigung (Deutschland, Italien, Polen) ist der bürgerliche Nationalismus. Unter seinem Banner kämpfen auch die Völker Lateinamerikas gegen das Kolonialjoch Spaniens und Portugals. Die nationalen Bewegungen sind untrennbar mit der Lösung der sozialen Frage, das heißt der Agrar- und Bauernfrage verbunden, da sie über die Massenbasis und die realdemokratische Dimension bei der Lösung der nationalen Frage (Beseitigung der Fremdherrschaft und/oder Herstellung der nationalen Einheit) entscheidet.

Der *bürgerliche Liberalismus* steht in der Linie des Rationalismus und der Aufklärung, ist aber zugleich die Negation seiner jakobinischen Konsequenz. Der Liberalismus plädiert für eine konstitutionelle Monarchie nach englischem Vorbild oder dem Muster der französischen Verfassung von 1791; die ideale Wirtschaftspolitik besteht für ihn in der freien Entfaltung von Produktion, Handel und Finanzwesen nach dem Motto: »Laissez faire, laissez aller«. Die ideologische und politisch-praktische Positionsbestimmung des Liberalismus ist in zweifacher Hinsicht kompliziert:

a) durch die Differenzierung zwischen Bourgeois- und Adelsliberalismus,

b) durch die Herausbildung eines radikalen Liberalismus, dem eine Minderheit der Bourgeoisie, aber auch des nationalgesinnten Adels zuneigt.

Revolutionärer Flügel der Romantik

Zum revolutionären Flügel der Romantik zählen vor allem die großen Dichter Byron und Shelley in England sowie Puškin in Rußland und Hugo in Frankreich. Eine hervorragende Rolle für das politische und ideologische Selbstverständnis der Bourgeoisie spielen stark von der Romantik beeinflußte französische liberale Historiker (Mignet, Thiers, Thierry, Guizot). Ihr bis heute nachwirkendes Verdienst besteht in der brillanten Verteidigung des Erbes von 1789 und der daraus fließenden Erkenntnis des (bei ihnen allerdings auf den Gegensatz Adel – Bauern – Bourgeoisie eingeengten) Klassenkampfes. Mit den utopischen Sozialisten (Saint-Simon, Fourier, Owen) rückt die *Arbeiterfrage* in das öffentliche Blickfeld.

Wiedererwachen der Volksbewegung

Die für den Beginn der Restauration typische Friedhofsruhe geht schon nach wenigen Jahren zu Ende. Trotz Verfolgung, Terror, militärischer Übermacht und geistiger Knebelung formiert sich die bürgerlich-liberale und demokratische Opposition. In Spanien, Portugal und Italien, die scheinbar absolut von der Reaktion beherrscht sind, brechen bereits 1820 Revolutionen aus. Auch der neue Aufschwung der Unabhängigkeitsrevolution in Lateinamerika ab 1815, der Beginn der griechischen Unabhängigkeitsbewegung 1821 und der Dekabristenaufstand von 1825 in Rußland sind Ausdruck der Alternative zum Restaurationssystem.

Der Charakter der Periode von 1815 bis 1830 wird folglich von der Wechselwirkung zweier entgegengesetzter Tendenzen geprägt:

– Für die *negative Tendenz* ist die feudalabsolutistische Reaktion kennzeichnend, die den Sieg über das napoleonische Frankreich als Sieg über die Revolution und den Fortschritt in ganz Europa zu verewigen wünscht.

– Die *positive Tendenz* manifestiert sich in einer neuen Welle von Aufständen und bürgerlichen Revolutionen, zugleich in der beschleunigten Entwicklung des Kapitalismus, vor allem in West- und Mitteleuropa und in den USA.

Die Prinzipien von 1789 brechen sich in neuen Formen und mit neuen Ergebnissen Bahn.

Die spanische Revolution 1820–1823   3.4.2.

Spanien gehört zu den Ländern mit der intensivsten Restaurationswoge. Zugleich gehen von hier entscheidende Impulse für die gesamteuropäische Welle national-revolutionärer Bewegung aus, die letztlich zur Überwindung des Systems der Heiligen Allianz führt.

Restauration 1814/15

Das Hauptziel des wiederhergestellten fernandinischen Regimes besteht in der gnadenlosen Verfolgung der Anhänger der Revolution 1808–1814 und der Ausrottung jeglicher Errungenschaften dieser Zeit. Die *Aufhebung der Verfassung von Cádiz* durch den am 14. Mai 1814 in Madrid als »Erlöser« (El Redentor) begrüßten Ferdinand VII. gibt den offiziellen Auftakt für die Konterrevolution auf allen Ebenen des gesellschaftlichen Lebens. Damit ist der Ausbruch einer neuen Krise des Systems vorprogrammiert.

Spanien vermag sich nicht oder nur teilweise von den Folgen des Krieges gegen die napoleonischen Invasoren zu erholen. Landwirtschaft (insbesondere Viehzucht: Rückgang der Schafbestände von 7 auf 2,5 Mio), Gewerbe und Handel stagnieren. Der Handel wird vor allem durch den faktischen Zusammenbruch des Überseehandels an der Wurzel getroffen. Todesurteile, Emigration, Entmachtung und Verfolgung sind das Schicksal der »Generation von 1812«. Allmächtige Hofkamarilla, royalistisches Banditentum und klerikale Wissenschafts- und Fortschrittsfeindlichkeit beherrschen die Szene, die Anhänger der Restauration skandieren: »Vivan las cadenas!« (Es leben die Ketten!).

Ihre soziale Hauptbasis findet die antiabsolutistische Opposition in der Handelsbourgeoisie, ebenso heftig ist der Widerstand der liberal orientierten Intelligenz und in Teilen der Armee. Die Tätigkeit von Geheimgesellschaften – einige freimaurerisch beeinflußt – und spontane Militärerhebungen (Pronunciamientos) signalisieren die allgemeine Krise.

Liberal-bürgerliche Opposition

Von großer Bedeutung für den Verlauf der Ereignisse ab 1820 ist die enge Verbindung von antikolonialer Revolution (in Spanisch-Amerika) und metropolitaner Revolution (in Spanien). Angesichts der Unmöglichkeit, mit parlamentarischen und publizistischen Mitteln gegen die fernandinisch-klerikale Reaktion ankämpfen zu können, aber auch infolge der eigenen Schwäche, setzt die Opposition ihre Hoffnung auf die Armee. Sie ergreift die revolutionäre Initiative und wird zu einem Kampf- und

Führungsorgan der Revolution. Damit bestimmt das Verhalten der Armee letztlich Verlauf und Ergebnisse der Revolution.

Beginn der Revolution

Am 1. Januar 1820 erhebt sich das 2. Asturische Bataillon unter Rafael del Riego y Núñez auf der Isla de Léon. Der Aufstand erfaßt das zur Verschiffung nach Buenos Aires gegen die Revolution in Südamerika bereitgestellte Expeditionskorps. Es gelingt den Revolutionären allerdings nicht, das strategisch entscheidende Cádiz in die Hand zu bekommen. Riegos Kolonne setzt auf das Festland über, wo sie sich infolge der Passivität der Volksmassen bald auflöst (März 1820). Aber: »So reif war Spanien für eine Revolution, daß selbst falsche Nachrichten genügten, sie hervorzurufen.«[23]

Im Glauben an den Sieg im Süden proklamieren die Liberalen des Nordens in La Coruña die Verfassung von Cádiz (21. Februar 1820). Gleichzeitig setzt eine Welle lokaler Aufstände ein, die am 7. März auf Madrid übergreift. Am 9. März 1820 schwört Ferdinand VII. auf die Verfassung von Cádiz.

Herrschaft der Moderados

Die weitere Entwicklung der Revolution ist bis 1822 von der Herrschaft der gemäßigten Liberalen (Moderados) gekennzeichnet. Politisch auf das englisch-französische Vorbild fixiert (Parlamentarismus und konstitutionelle Monarchie von 1791), hoffen sie auf das Kompromiß mit der Krone. Faktisch führen sie einen Zweifrontenkrieg: gegen die ultraabsolutistische Reaktion und gegen die radikale Volksbewegung. Führende Köpfe der Volksbewegung, wie Riego, werden entmachtet und isoliert.

Die Moderados verkünden ein umfangreiches Reformprogramm, das auf die bürgerliche Umgestaltung des Landes abzielt (Einberufung der Cortes, Wiedereinführung der Cortesgesetze von 1810 bis 1814, Ausweisung der Jesuiten, Pressefreiheit, Schaffung einer Nationalmiliz; Nationalisierung und Verkauf von Kloster- und Gemeindeländereien, Reduzierung der Feudalabgaben für die Bauern, Gesetze über Freiheit von Handel und Gewerbe, protektionistische Wirtschaftspolitik). Mit den aufständischen Kolonien wird zwar ein Waffenstillstand geschlossen. Deren Forderung auf Unabhängigkeit lehnen die Moderados ab; sie sind lediglich bereit, eine formale Gleichstellung als »amerikanische Provinzen« zuzulassen.

Moderados gegen Exaltados

In der Auseinandersetzung um die Weiterführung der Revolution kommt es zum Konflikt und schließlich offenen Bruch zwischen Moderados und den radikalen Liberalen (Exaltados). Die Spaltung im Lager der Revolution versucht die Reaktion zu einem Staatsstreich (Anfang Juli 1822 Aufstand der königlichen Garde in Madrid) auszunutzen, gleichzeitig operieren verstärkt konterrevolutionäre Partisanenabteilungen (Partidas). Diese Offensive kulminiert mit der Konstituierung einer ultraabsolutistischen Gegenregierung (Regencia) in der Festung Seo de Urgel (21. Juni 1822).

Herrschaft der Exaltados

Nach der Regierungsübernahme durch die Exaltados (erstes Kabinett August 1822) gewinnt die Revolution im Innern die militärische Initiative zurück. Revolutionstreue Generale, die – wie Francisco Espoz y Mina – schon im Kampf gegen die napoleonische Invasion hervortraten, zerschla-

---

23 K. Marx, Das revolutionäre Spanien. VIII, in: MEW, Bd. 10, S. 481.

gen die absolutistischen Hochburgen (November 1822 Besetzung von Seo de Urgel). Dagegen versagen die Exaltados in der sozialen Hauptaufgabe, durch eine Agrarreform die Bauern als Massenbasis für die Revolution zu gewinnen. Viele Gesetze bleiben Theorie oder schlagen in der Praxis ins Gegenteil um. Von der Revolution enttäuscht und im Stich gelassen, verhält sich die bäuerliche Mehrheit abwartend. Teile der Bauern gehen sogar auf die Seite der Konterrevolution über. Im Rahmen der Exaltados engagieren sich die bürgerlich-demokratisch orientierten Comuneros und die noch radikaler eingestellten Descamisados für eine soziale Vertiefung der Revolution; als politische Minderheiten gewinnen sie jedoch keinen bestimmenden Einfluß. Wie in der kolonialen, so versagen die bürgerlichen Führungskräfte auch in der sozialen Frage. Da die absolutistische Konterrevolution trotzdem nicht aus eigener Kraft und von innen heraus die Revolution besiegen kann, setzen Ferdinand VII. und die Ultras auf die Intervention der Heiligen Allianz. Nach langem Tauziehen zwischen den Hauptmächten der Allianz erhält Frankreich im Oktober 1822 auf dem Kongreß von Verona freie Hand. Mit dem Einmarsch der »100 000 Söhne des Heiligen Ludwig« (Ludwig XVIII.) unter Befehl des Herzogs von Angoulême beginnt am 7. April 1823 die *Schlußphase der Revolution*.

Comuneros und Descamisados

Intervention der Heiligen Allianz

Die Hoffnungen der Exaltados auf eine Neuauflage der nationalen Erhebung schlagen fehl. Am 24. Mai 1823 rückt Angoulême in Madrid ein und konstituiert eine Provisorische Junta. Regierung und Cortes, die den König als Geisel mitführen, fliehen über Sevilla nach Cádiz.

Trotzdem wird die französische Invasion kein Spaziergang. Espoz y Mina hält in Katalonien mit 8 000 Mann über 20 000 Intervenanten in Schach; Antonio Quiroga verteidigt La Coruña 18 Monate; Juan Martín Díaz (El empecinado), Palarea und der Engländer John Wilson organisieren eine effektive Guerrilla. Unter den befestigten Plätzen, die lange Widerstand leisten, nimmt Pamplona den Ehrenplatz ein. Trotz der dramatischen Lage erhält Riego erst im August 1823 die Erlaubnis, an die Spitze einer Armee von 4 000 Mann zu treten. Er erliegt jedoch einer vielfachen französischen Übermacht, auf der Flucht wird er im Kreis der letzten Getreuen von Bauern erkannt und der Reaktion ausgeliefert.

Allein auf die Armee gestützt, bricht die Revolution Zug um Zug zusammen. Verräterische Generale verweigern den Kampf (Pablo Morillo in Galicien, Luis Ballesteros im Baskenland) oder gehen zum Feind über (José Enrique O'Donnell).

Mit der Drohung einer vernichtenden Bombardierung von Cádiz erreicht Angoulême, daß Ferdinand VII. am 1. Oktober 1823 auf die Seite der Franzosen übertreten darf. In Madrid eingetroffen (13. November), erklärt er, ab 1820 »unter Zwang« und »gegen seinen Willen« gehandelt zu haben, und widerruft alle Cortesgesetze. Als letzte Revolutionsfestung fällt die von General José María Torrijos verteidigte Stadt Cartagena.

Über Spanien senkt sich zum zweitenmal das Leichentuch des weißen Terrors. Riegos Hinrichtung (7. November 1823) symbolisiert die *Via dolorosa* der spanischen Nation. Aber die frenetische Reaktion der ultrareaktionären Apostólicos, gegen deren Exzesse sogar die bis 1825 im Lande

Zweite Restauration

verbleibende französische Besatzung einschreiten muß, kann die Geschichte nicht aufhalten: »Ihr Hauptwerk bestand darin, den Antagonismus bis zu einem solchen Punkt zu steigern, daß jeder Kompromiß unmöglich und ein Krieg bis aufs Messer unvermeidlich wurde.«[24]

Die Totengräber von 1823 setzen eine Entwicklung in Bewegung, an deren Ende mit dem Abschluß der Regierung Ferdinands VII. (Decada ominosa) im Jahre 1833 eine neue Ära liberal-bürgerlicher Reformen stehen wird.

3.4.3.   Die Unabhängigkeitsrevolution Lateinamerikas 1790–1826

In enger Verknüpfung mit der Französischen Revolution und den napoleonischen Kriegen steht die Unabhängigkeitsrevolution Lateinamerikas. Die Schauplätze dieser großen antikolonialen Erhebung, in deren Ergebnis wesentliche Teile des alten Kolonialsystems zusammenbrechen, eine neue Staatenwelt in die Geschichte tritt, sind Haiti, Spanisch-Amerika und Portugiesisch-Amerika (Brasilien).

Revolution Haitis

Der französische Teil von Haiti (Saint-Domingue) ist am Vorabend der Revolution von 1789 Frankreichs wichtigste Kolonie (Hauptprodukt: Zuckerrohr, daneben Baumwolle, Kaffee, Tabak). Die Bevölkerung umfaßt 480 000 afrikanische Sklaven, 25 000 Mulatten und sogenannte Freigelassene, dazu 40 000 Weiße. In komplizierter Weise verbinden sich Klassen- und (ebenfalls sozial bedingte) ethnische Widersprüche: Grands blancs (große Weiße, das heißt Pflanzeraristokratie) gegen Petits blancs (kleine Weiße, das heißt die nicht-privilegierten Schichten); mulattisches Kleinbürgertum und kleinbäuerliche Elemente gegen Grands und Petits blancs, aber auch gegen die »Gefahr einer schwarzen Mehrheit« (das heißt der Sklaven); Negersklaven gegen die Grands blancs.

In der entscheidenden Frage der 1789 verkündeten Prinzipien Freiheit – Gleichheit – Brüderlichkeit zerbricht die Einheit der Pflanzeraristokratie, zugleich opponieren die »kleinen Weißen«. Diese Krise und Spaltung innerhalb der herrschenden Klasse nutzen zunächst die Mulatten unter Jacques Vicente Ogé und Jean-Baptiste Chavannes zum Aufstand (Herbst 1790); dieser wird niedergeschlagen.

Aufstand der Sklaven

Am 22. August 1791 beginnt die Erhebung der Plantagensklaven, die *erste erfolgreiche Sklavenrevolution in der Weltgeschichte*. Die Führung hat zunächst Boukman, schließlich Toussaint L'Ouverture. Unter dem Druck der Ereignisse verkünden die Vertreter der französischen Regierung, Santhonax und Etienne Polvérel, die Aufhebung der Sklaverei. Der jakobinische Konvent billigt den Schritt mit dem Dekret vom Februar 1794.

Mit der Verfassung von 1801 ist Haiti faktisch unabhängig. Jedoch gerät die Revolution in einen unlösbaren Widerspruch zwischen Politik und Ökonomie: Da die freien Sklaven die Plantagen verlassen und eine Parzellierung der großen exportorientierten Betriebseinheiten uneffektiv ist, versucht der »schwarze Robespierre« L'Ouverture Formen der Zwangsarbeit durchzusetzen.

---

24   K. Marx, Spanien-Intervention, in: MEW, Bd. 10, S. 633.

Napoleon (»Ich will keine Epauletten auf den Schultern eines einzigen Schwarzen ...«) befiehlt 1802 die Invasion. Zwar gerät L'Ouverture durch Verrat in die Hände der Franzosen, die Invasion scheitert aber am Widerstand der Haitianer und infolge der Dezimierung der Invasoren durch Gelbfieber. L'Ouvertures Mitkämpfer und Nachfolger Jean-Jacques Dessalines proklamiert am 1. Januar 1804 die *Unabhängigkeit Haitis*.

Das kolonialfeudale Wirtschafts- und Machtsystem Spaniens in Amerika tritt gegen Ende des 18. Jh. in die offene Krise ein. An der Spitze der antikolonialen Opposition stehen liberale Vertreter der kreolischen Grundaristokratie, der allerdings noch schwachen Handelsbourgeoisie und Intellektuelle. Ihr Ziel ist die Beseitigung der wirtschaftlichen und politischen Monopolstellung der Eurospanier (Godos, Gachupines). Damit tritt die Machtfrage in den Mittelpunkt der Auseinandersetzung. Das soziale Grundproblem ist die Lösung der Agrarfrage, da von den ca. 13 Mio Einwohnern die Mehrzahl Indianer sind, die in teilweise halbsklavischer Feudalabhängigkeit leben. Auch die noch freien indianischen Bauerngemeinden befinden sich meist in Abhängigkeit der lokalen kreolischen Grundbesitzer. Gegenüber der spanischen Krone sind die Indianer tributpflichtig. Vorwiegend in den Plantagenwirtschaften der Küstenzonen und auf den karibischen Inseln (Kuba, Puerto Rico) sind Negersklaven konzentriert.

In der ideologischen Vorbereitung der Revolution spielen der Einfluß der Aufklärung, der Nordamerikanischen und der Französischen Revolution eine große Rolle. Alexander von Humboldt, der auf seiner berühmten Forschungsreise gemeinsam mit dem Franzosen Aimé Bonpland zum »Wiederentdecker der Neuen Welt« wird (1799–1804), bezeugt das entstehende, gegen die Kolonialmacht gerichtete Nationalbewußtsein: »Wir sind Amerikaner!«

Inspiriert von den Ideen der Französischen Revolution entfaltet sich eine neue Welle antispanischer Verschwörungen und Aktivitäten: 1795 »Verschwörung der Franzosen« in Buenos Aires und Sklavenaufstand in Coro (Venezuela). Eng verbunden mit spanischen Revolutionären (Picornell) ist die republikanische Verschwörung von Gual und España in Venezuela (1797), sie endet mit der Hinrichtung der beiden Patrioten. Im Jahre 1806 versucht Miranda, der es als Freund der Girondisten bis zum General der französischen Revolutionsarmeen brachte, von den USA aus eine Expedition zur Befreiung seiner Heimat Venezuela.

Der Durchbruch gelingt in den Jahren 1809/10, als die spanischen Kolonialbehörden durch die Ereignisse in der Metropole (napoleonische Invasion) völlig desorientiert sind. Mit dem formalen Anspruch, die legitimen Rechte Ferdinands VII. gegen den korsischen Usurpator zu verteidigen, konstituieren sich lokale, von den Kreolen beherrschte und faktisch unabhängig handelnde *Juntas*: Caracas (19. April 1810 »Wiege der Freiheit«); es folgen Buenos Aires, Bogotá, Quito, Mexiko, Santiago de Chile.

Drei wesentliche Aspekte kennzeichnen Charakter und Verlauf der Revolution: die Dialektik von kontinentalen Gesamt- und regionalen, zunehmend nationalen Sonderinteressen; die Divergenz zwischen den vornehmlich politischen Zielen der kreolisch-aristokratischen Führung und

(Marginalien:)
Revolution in Spanisch-Amerika

Agrarfrage

Revolutionäre Krise und Beginn der Revolution

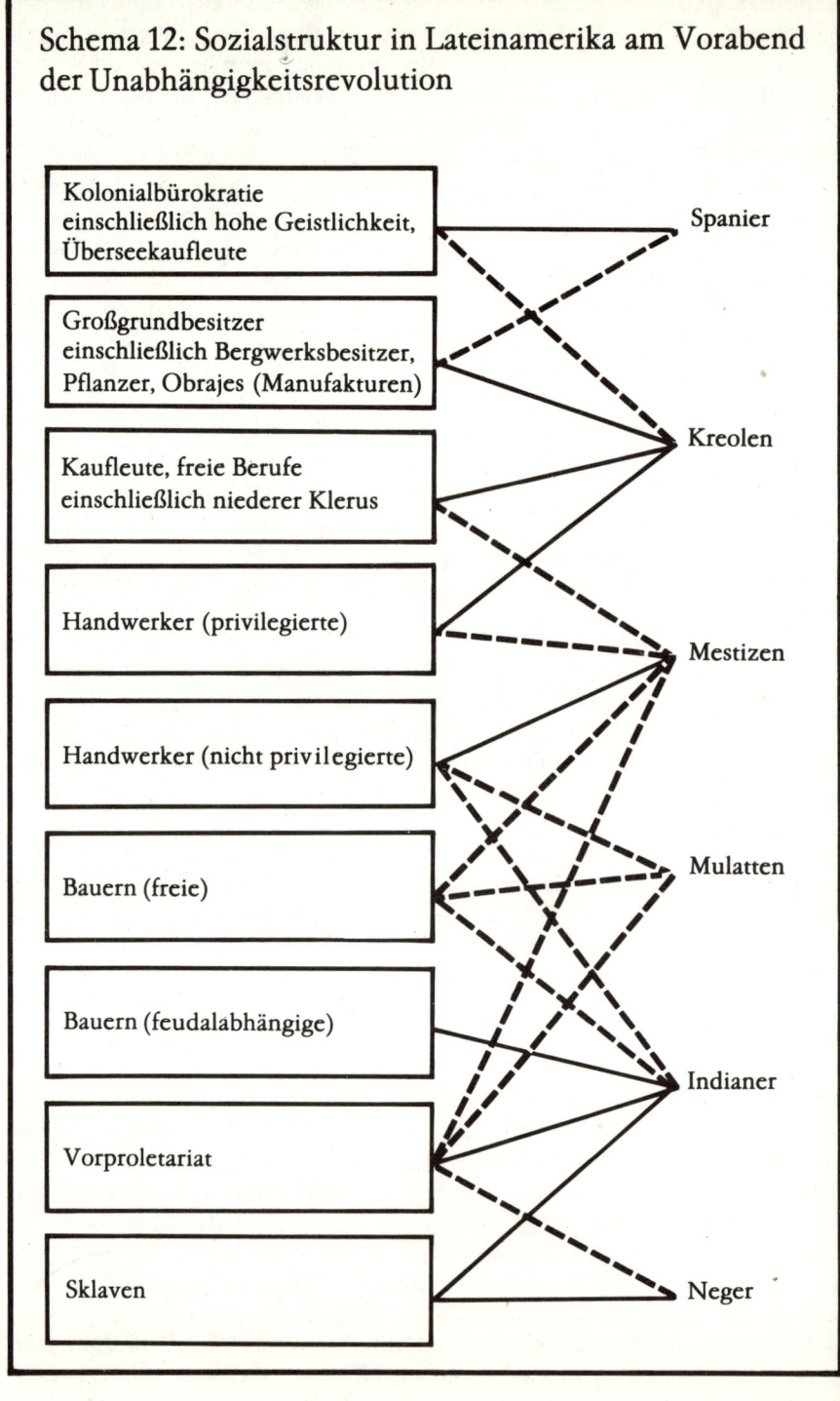

Schema 12: Sozialstruktur in Lateinamerika am Vorabend der Unabhängigkeitsrevolution

der sozialen Stoßrichtung der bäuerlich-indianischen Volksbewegung; die Verbindung von Krieg und Revolution und die daraus resultierende Bedeutung der militärischen Komponente (Armee) für das Schicksal der Revolution.

Die Revolution verläuft in *zwei Hauptphasen*:
1. kontinentaler Aufschwung und zeitweilige Niederlage (1810–1815),
2. erneuter Aufschwung und Sieg über das Kolonialregime (1816 bis 1826).

Venezuela, wo zunächst *Miranda* an der Spitze der Patrioten steht, erklärt am 5. Mai 1811 seine Unabhängigkeit. Die I. Republik bricht, da nur von einer oppositionellen kreolischen Minderheit getragen, bereits im Juli 1812 unter einer spanischen Gegenoffensive zusammen.

I. und II. Venezolanische Republik

Die Patrioten setzen den Kampf unter Führung von Bolívar fort, der in die Geschichte als *El Libertador* (der Befreier) eingeht. Von Neu-Granada (Kolumbien) aus beginnt er eine neue Offensive, stößt bis Caracas vor und proklamiert die II. Republik (6. August 1813), die sich aber nur bis zum Sommer 1814 hält. Die Reste der Patrioten gehen zum Partisanenkampf über. Bolívar formuliert im Exil das Kampfprogramm der Befreiung Spanisch-Amerikas *(Brief aus Jamaica)*. Er erkennt die Notwendigkeit, der Revolution eine echte Massenbasis zu geben (Sklavenbefreiung, Bodenreform, Volksbildung), kann sich aber letztlich nicht gegen den Widerstand der kreolischen Aristokratie durchsetzen.

Am Río de la Plata (Zentrum Buenos Aires) behaupten sich die Patrioten im Ergebnis der Mairevolution (25. Mai 1810) erfolgreich. Jedoch scheitern ihre Versuche, Oberperu (Bolivien), die Banda Oriental (Uruguay) und Paraguay zu erobern. Ein radikaler Flügel um Mariano *Moreno*, der vom französischen Jakobinismus beeinflußt ist, wird 1811 ausgeschaltet.

Argentinische Mairevolution

Unter Führung von José Gervasio *Artigas* führen die Patrioten der Banda Oriental einen Dreifrontenkrieg: gegen die spanische Kolonialherrschaft, die drohende portugiesische Invasion von Brasilien aus und gegen den Machtanspruch von Buenos Aires. Aus der Verbindung von nationaler Unabhängigkeitsbewegung und radikaler Agrarumwälzung erwächst eine bürgerlich-demokratische Revolution. Diese scheitert 1816 durch die portugiesische Invasion.

Erhebung Uruguays

Auch Paraguay verteidigt seine Unabhängigkeit (14. Mai 1811) gegen Spanien und Buenos Aires. An der Spitze der Bewegung steht der kreolische Rechtsanwalt José Gaspar *Rodríguez*, der aus Sympathie für Frankreich den Beinamen Francia führt. Um sich zu behaupten, führt Francia Paraguay in eine fast totale Selbstisolierung. Seine in der historischen Deutung bis in die Gegenwart umstrittene Regierung (1814–1840) ist durch eine Verschmelzung von Elementen des aufgeklärten Absolutismus, des Jakobinismus und einer autoritär-bonapartistischen Diktatur gekennzeichnet. Trotz niedriger kolonialer Ausgangsbedingungen steht Paraguay unter Francia in Lebensstandard, Grundschulbildung und medizinischer Betreuung der Volksklassen (Mehrheit Indianer der Guaraní-Stämme) an der Spitze der lateinamerikanischen Länder.

Unabhängigkeit Paraguays

In Neu-Spanien (Mexiko) beginnt die Revolution als Aufstand der bäuerlichen und frühproletarischen Massen (15. November 1810 Grito de Dolo-

Volksaufstand in Mexiko

res), geführt durch den kreolischen Dorfgeistlichen Miguel *Hidalgo* y Costilla. Die Ziele sind: Unabhängigkeit, Befreiung der Indianer von Tribut, Wiedergewinnung der geraubten Gemeindeländereien und Aufhebung der Sklaverei. Etwa 100 000 Menschen kämpfen unter Hidalgo, sind aber schlecht bewaffnet und schwach organisiert. Gegen die Gefahr einer sozialen Revolution verbinden sich Kolonialbürokratie, hoher Klerus und kreolische Großgrundbesitzer. Die Aufständischen werden geschlagen (Schlacht von Puente de Calderón, Januar 1811), Hidalgo und seine engsten Mitkämpfer erschossen.

Der Kampf wird durch den Geistlichen José María *Morelos* y Pavón fortgesetzt. Ein Kongreß der Aufständischen in Chilpancingo erklärt Morelos zum Staatsoberhaupt und proklamiert die Unabhängigkeit (6. November 1813); der folgende Kongreß von Apatzingán erläßt eine an den Modellen von 1793 und 1812 orientierte Verfassung. Jedoch erliegen die Revolutionäre einer konzentrischen Gegenoffensive. Am 25. Dezember 1815 wird Morelos hingerichtet.

Zweite Phase der Revolution (1816–1826)

Für die zweite Phase der spanisch-amerikanischen Unabhängigkeitsrevolution ist die grundlegende Veränderung des internationalen Kräfteverhältnisses (Ende der napoleonischen Kriege, bürgerliche Revolution in Spanien) und die Wiedergewinnung der militärischen Initiative durch die Patrioten bestimmend. Dagegen schwächt sich entschieden der eigenständige Einfluß der radikal-demokratischen Elemente (bäuerlich-indianische Massen; »jakobinische« Intelligenz) ab. Die gemäßigt-liberalen und konservativen Klassenkräfte beherrschen weitgehend das Feld.

Bolívars Siegeszug

Im Frühjahr 1816 landet Bolívar erneut in Venezuela. Seine Einheiten stoßen in einer militärischen Energieleistung über die Anden nach Neu-Granada vor. Die Schlacht von Boyacá (7. August 1819) entscheidet über die Befreiung Kolumbiens. Am 19. Dezember 1819 proklamiert der Kongreß von Angostura (Ciudad Bolívar) die *Republik Großkolumbien*, bestehend aus Venezuela, Neu-Granada und der Audiencia Quito (Ekuador).

Die endgültige Befreiung Venezuelas gelingt mit der Schlacht von Carabobo (24. Juni 1821). Der engste und treueste Mitstreiter Bolívars, Antonio de Sucre, kämpft in der Schlacht am Fuße des Vulkans Pichincha (24. Mai 1822) den Weg nach Quito frei.

Befreiung des Südens

Als letzte Bastionen verbleiben den Spaniern Peru und Chile. Von Argentinien aus beginnt General José de *San Martín* (»der Befreier des Südens«) die doppelte Andenüberquerung, in deren Ergebnis gemeinsam mit den chilenischen Patrioten unter Bernardo *O'Higgins* die Generalkapitanie Chile (Schlachten von Chacabuco 12. Februar und Maipú 5. April 1817) und – auf die Flotte des Engländers Thomas Cochrane gestützt – Lima (Juli 1821) befreit werden. Aber die Spanier behaupten noch das strategisch wichtige Oberperu.

Schlachten von Junín und Ayacucho

Nach der historischen Begegnung zwischen Bolívar und San Martín in Guayaquil (Juli 1822), in deren Ergebnis die alleinige Kommandogewalt auf Bolívar übergeht, beginnt die Endphase des Krieges unter militärischer Führung Sucres. In den Entscheidungsschlachten von Junín (6. August 1824) und Ayacucho (9. Dezember 1824) bricht die spanische Kolo-

nialherrschaft auf dem Festland endgültig zusammen. Oberperu nimmt zu Ehren Bolívars den Staatsnamen Bolivien an.
Letzte spanische Garnisonen (Puerto Cabello, Callao, Chiloe) kapitulieren 1826.

In Mexiko verkündet Agustín de *Itúrbide* angesichts der Fernwirkungen der spanischen Revolution von 1820 im Interesse der kreolischen Aristokratie im *Grito de Iguala* am 24. Februar 1821 die »drei Garantien«: Unabhängigkeit (von Spanien), Einheit (der Rassen) und Religion (des Katholizismus). Als Itúrbide sich jedoch 1822 zum Kaiser (Agustín I.) krönen läßt, endet dieses Abenteuer mit seinem Sturz und der späteren Erschießung. *(Unabhängigkeitserklärung Mexikos)*

Von Mexiko aus springt der Funke auch auf *Zentralamerika* (Generalkapitanie Guatemala) über. Dieses Gebiet wird zunächst Mexiko eingegliedert, löst sich aber 1838 in die selbständigen Teilstaaten Guatemala, Nicaragua, Honduras, El Salvador, Costa Rica auf; Panama wird eine Provinz Kolumbiens.

Als letztes Land gewinnt *Uruguay* 1828 (»Marsch der 33 Orientales«) im Kampf gegen Brasilien seine staatliche Unabhängigkeit.

Im Unterschied zu Haiti und Spanisch-Amerika vollzieht sich die Unabhängigkeitsbewegung Brasiliens unter dem Vorzeichen einer »konservativen« Revolution der auf die Monarchie setzenden Sklavenhalter (Baumwoll- und Zuckerrohrproduktion), Viehzüchter und Bergwerksbesitzer. *(Unabhängigkeit Brasiliens)*

Mit der Flucht der Dynastie Bragança von Lissabon nach Rio de Janeiro (November 1807) wird Brasilien Sitz des portugiesischen Hofes. Ein republikanischer Aufstandsversuch scheitert (Pernambuco 1817). Als König João 1821 nach Lissabon zurückkehrt, übernimmt dessen Sohn Pedro die Regierung. Unter dem Druck der lokalen Aristokratie erklärt Pedro am 7. September 1822 (Grito de Yparanga) die *Unabhängigkeit* und wird als Pedro I. zum Kaiser gekrönt (1. Dezember 1822). *(Erhebung von Pernambuco)*

Die antikoloniale Revolution Haitis, Spanisch- und Portugiesisch-Amerikas ist ein entscheidender Teilprozeß in der weltweiten Durchsetzung der bürgerlich-kapitalistischen Formation. Ihr Hauptergebnis besteht in der Formierung von Nationalstaaten auf zumeist republikanischer Grundlage. Das Ausscheiden Spaniens und in gewisser Hinsicht auch Portugals aus dem Kreis der alten Kolonialgroßmächte und die Entstehung einer neuen Staatenwelt verändern das internationale·Kräfteverhältnis (Chateaubriand: »Europas Monarchen sind verloren!«). Der militärische Erfolg und die gewonnene staatlich-politische Unabhängigkeit werden jedoch begrenzt vom Scheitern der sozialen Revolution. Sklaverei und feudale Abhängigkeitsformen bleiben im wesentlichen erhalten und stabilisieren das Machtmonopol der kreolischen Großgrundbesitzer. Bürgerkriege, Cliquenkämpfe und personalistische Diktaturen bestimmen die Zeit der Nachemanzipation. Der nichtvollzogene radikale soziale Bruch mit der kolonialen Hypothek und deren Nutznießern bringt Lateinamerika in die Abhängigkeit von den kapitalistischen Großmächten, unter denen zunächst England dominiert. Die USA reklamieren ihre künftigen Vormachtansprüche mit der Monroe-Doktrin (2. Dezember 1823). Bolívars Hoffnung auf eine »Republik der Nationen« (Kongreß von Panama 1826) *(Ergebnisse der Revolution)* *(Kongreß von Panama)*

bleibt unerfüllt, sie legt aber den historischen Grundstein für das in die
Gegenwart wirkende kontinentale Solidaritätsbewußtsein.
Innere Unterentwicklung und äußere Abhängigkeit verbinden sich in verhängnisvoller Weise. Aus der Nichterfüllung des Vermächtnisses von
1790 bis 1826 resultiert die historische Notwendigkeit des Ringens um
die zweite Unabhängigkeit. José Martí: »Was Simón Bolívar nicht gelang,
muß uns gelingen!«

3.4.4.   Die Revolution von 1820/21 in Italien.
Freiheitskampf der Griechen.
Dekabristenaufstand in Rußland

Ursachen der Revolution in Italien

Der Zusammenbruch des napoleonischen Kaiserreichs 1814/15 und der
Untergang seiner italienischen Vasallenstaaten, das Einrücken österreichischer, auch englischer Truppen sowie die Beschlüsse des Wiener Kongresses führen zur Wiederherstellung der feudalabsolutistischen Verhältnisse und der weltlichen Macht des Papstes im Kirchenstaat. Zur
nationalen Zersplitterung gesellt sich die *österreichische Fremdherrschaft* im Norden (Lombardei und Venetien) und die Abhängigkeit fast aller italienischen Staaten (außer Piemont) vom Regime Metternichs. Das Scheitern
der Hoffnungen auf demokratische Verhältnisse, die Kriegsmüdigkeit
und Hungersnot (1816/17), enorm steigende Lebensmittelpreise bewirken zunächst einen Rückgang der revolutionären Bewegung.
Eine Wende vollzieht sich ab 1817/18 (besonders in Süditalien) im Ergebnis einer Agrarkrise. Die Hauptquelle wachsender Unzufriedenheit
liegt indes auf politischem Gebiet. Unpopuläre Maßnahmen der Regierung Medici in Neapel (Kürzung der Ausgaben für öffentliche Arbeiten,
Volksbildung, Polizeirepressalien, Abschaffung der Autonomie Siziliens
durch Vereinigung Neapels und Siziliens zum Königreich beider Sizilien) bewirken das Anwachsen oppositioneller Stimmungen, die besonders nach Abzug der österreichischen »Ordnungstruppen« (1817) weiter
anschwellen und in Sizilien auch regional-separatistische Züge annehmen.

Carbonari

Der in Italien überall verbotene Geheimbund der Carbonari (»Köhler«)
verfügt über ein dichtes Netz im ganzen Lande. Er vereinigt in seinen
Reihen vor allem Vertreter des Kleinbürgertums, der Intelligenz, des unteren Offizierskorps, des Bürgertums und des liberalen Adels. Die Verbindung der Carbonari zur Masse der Bevölkerung, den Bauern, bleibt infolge des Fehlens eines Agrarprogramms schwach. Ihre Hauptforderungen gipfeln in der Einführung liberaler Verfassungen im Rahmen der
einzelnen italienischen Staaten sowie in der Beseitigung der Fremdherrschaft Österreichs. Einige jakobinisch beeinflußte Vertreter sind Republikaner. Insgesamt fehlt den Carbonari eine einheitliche (nationale) soziale
und ideologische Basis, und ihre Anschauungen sind regional sehr unterschiedlich.
Als Geheimbündler gründen die Carbonari ihre Taktik auf Verschwörung

und Putsch. Infolge der Schwäche der Bourgeoisie konzentrieren sich ihre Hoffnungen auf die Armee. Im Königreich beider Sizilien stehen die Carbonari in enger Verbindung zu Generalleutnant Guglielmo Pepe und anderen Offizieren.

Die Nachricht vom Ausbruch der spanischen Revolution (1820) ein- *Ausbruch der*
schließlich Wiederherstellung der Verfassung von Cádiz läßt die allge- *Revolution*
meine Unzufriedenheit in eine *revolutionäre Situation* münden. In der Nacht vom 1. zum 2. Juli 1820 erheben sich in der Stadt Nola 30 Carbonari sowie Soldaten und Unteroffiziere des dort stationierten Kavallerieregiments. Ihnen schließt sich bald darauf die gesamte Armee im neapolitanischen Landesteil an, an deren Spitze General Pepe tritt. Am 6. Juli verspricht König Ferdinand I., eine Verfassung nach Cádizer Muster zu erlassen, und ernennt seinen Sohn Franz zum Mitregenten. Unter dem Jubel des Volkes ziehen die aufständischen Truppen und bewaffnete Carbonari in Neapel ein; am 13. Juli wird die *Verfassung* verkündet.

Die Revolution verläuft völlig unblutig. Mitte Juli erhebt sich unter Führung städtischer Zünfte die Bevölkerung Palermos, die neben bürgerlichen Freiheiten vor allem die Lostrennung Siziliens von Neapel fordert. Dagegen wenden sich die Carbonari Neapels. Sie sehen darin eine Gefahr für die Verfassung und schicken Truppen unter General Florestano Pepe auf die Insel. Nach heftigen Kämpfen und anschließenden Verhandlungen gelingt der Einmarsch in Palermo (Oktober). Gleichzeitig offenbaren sich auch in Neapel scharfe Widersprüche zwischen Carbonari und den zur Macht gelangten Anhängern Exkönigs Murat. Während das revolutionäre Lager sich zunehmend aufspaltet, fehlt es an konkreten Schritten zur Gewinnung der Bauernschaft (z.B. durch Aufteilung der Staatsdomänen). Das am 1. Oktober 1820 in Neapel zusammentretende *Parlament* und die herrschenden bürgerlich-liberalen Kreise erweisen sich als unfähig, die Grundprobleme des Landes und die sizilianische Frage zu lösen; sie setzen statt dessen auf das Kompromiß mit dem König und den adligen Großgrundbesitzern.

Inzwischen beschließen Repräsentanten Rußlands, Österreichs und Preu- *Intervention*
ßens auf den Kongressen der Heiligen Allianz in Troppau und Laibach, *der Heiligen*
ungeachtet englisch-französischen Widerstands, die Intervention im Kö- *Allianz*
nigreich beider Sizilien. Dessen König bittet in Laibach persönlich um Unterdrückung der Revolution. Eine österreichische Armee schlägt daraufhin die Truppen Guglielmo Pepes am 7. März 1821 bei Rieti (Kirchenstaat) und besetzt Neapel (23. März). Danach wird die absolute Herrschaft Ferdinands I. wiederhergestellt.

Während des österreichischen Vormarschs auf Neapel bricht in Alessan- *Revolution*
dria (Piemont) – geführt von den Carbonari und liberalen, mit dem Re- *in Piemont*
gime König Viktor Emanuels I. unzufriedenen Offizieren – am 9./10. März 1821 eine Revolution aus. Am 12. März greift sie auf Turin über. Die rebellierenden Truppenteile fordern die spanische Verfassung von Cádiz und den Krieg gegen Österreich zur Befreiung der Lombardei und Venetiens. Viktor Emanuel I. dankt ab und ernennt Herzog Karl Albert, den Prinzen von Carignan, zum Regenten. Dieser verkündet eine etwas modifizierte Verfassung nach Cádizer Modell und beschwört sie am

15. März. Insgeheim aber bereitet er den konterrevolutionären Umsturz vor und flieht (21. März). Am 8. April schlagen österreichische Truppen bei Novara die revolutionären Streitkräfte Piemonts und besetzen danach Alessandria. Einen Tag später marschieren königstreue piemontesische Truppenteile in Turin ein. Die Volksmassen leisten – wie im Königreich beider Sizilien – keinerlei Widerstand. Unter dem neuen König Karl Felix (1821–1831) werden die alten absolutistischen Zustände wiederhergestellt, etwa 1000 Aufständische fliehen ins Ausland. Österreichische Truppen verbleiben noch bis 1823 in Piemont und bis 1827 im Königreich beider Sizilien.

Ursachen der Niederlage Wichtigste innere Ursache für die Niederlage der Revolution ist die Unfähigkeit der liberalen Führung wie der Carbonari, die Volksmassen durch revolutionäre soziale Umgestaltungen, vor allem durch Lösung der Agrarfrage, für die Revolution zu gewinnen. Konflikte im revolutionären Lager kommen hinzu. Wichtigste äußere und letztlich entscheidende Ursache ist die Intervention der Heiligen Allianz.

Unabhängigkeitsbewegung Griechenlands Die Wirkung der Französischen Revolution und der napoleonischen Kriege reicht bis in die Balkanbesitzungen des Osmanischen Reiches. Bereits 1796 gründet der Dichter Rhigas in Wien den revolutionären Geheimbund *Hetaireia* (Hetärie). Seine Hoffnung auf Unterstützung durch das französische Direktorium und Bonaparte bleiben unerfüllt. Von Österreich ausgeliefert, wird er 1798 durch die türkischen Behörden hingerichtet, die Hetaireia zerfällt.

In den Jahren 1804–1813 und 1815–1817 erhebt sich das *serbische Volk* zweimal gegen das türkische Joch und erkämpft eine weitgehende Autonomie vom Sultan. Im Norden Griechenlands und im heutigen Südalbanien regiert der albanische Feudalherr Ali Pascha von Tepeleni (1787/88–1822), der sein Paschalik Ioannina (Janina) seit 1807 zu einem vom Sultan faktisch unabhängigen Staat ausbauen kann. Beide Faktoren, wie auch der verlorene Krieg gegen Rußland (1806–1812), schwächen die osmanische Macht und ermutigen die griechischen Patrioten.

Griechische Kaufleute in Rußland gründen 1814 in Odessa die geheime *Philike Hetaireia* zur Vorbereitung eines Aufstandes. In Griechenland selbst leiden nahezu alle Schichten der Bevölkerung unter den Osmanen, am meisten die Bauern. Der beste Boden ist in osmanischem Besitz, weshalb die Agrarfrage in der kommenden Revolution eine zentrale Rolle spielen wird. Die Entwicklung der Bourgeoisie – die einen ausgedehnten und profitbringenden Seehandel im Mittelmeer treibt – wird ebenfalls behindert. Soziale, nationale und religiöse Unterdrückung verschmelzen miteinander.

Beginn der Revolution Die Rebellion Ali Paschas von Ioannina gegen den Sultan im Sommer 1820 und der Ausbruch des antiosmanischen Befreiungskampfes der Rumänen in der Walachei unter Tudor Vladimirescu im Januar 1821 beschleunigen den Ausbruch der griechischen Unabhängigkeitsrevolution. Dieser erfolgt im März 1821 an zwei Stellen. Zuerst überschreitet eine Freiwilligenabteilung der Philike Hetaireia unter Alexandros Ypsilantis (einem bisherigen russischen Generalmajor) die russisch-türkische Grenze am Pruth, entfacht den Aufstand in der Moldau und rückt in die

Walachei ein. Im gleichen Monat bricht der Aufstand in Griechenland selbst aus, zunächst in Morea (Peloponnes), danach in Mittelgriechenland sowie auf den Inseln der Ägäis. Der Aufstand wird von den Osmanen – die auch Zwistigkeiten zwischen der griechischen und der rumänischen Unabhängigkeitsbewegung ausnutzen können – bis zum Herbst 1821 niedergeschlagen. Dennoch gewinnt der Aufstand im eigentlichen Griechenland immer mehr an Boden.

Die griechische Unabhängigkeitsrevolution umfaßt den Freiheitskampf gegen die Osmanenherrschaft (1821–1829) und die noch bis Februar 1833 andauernden Auseinandersetzungen um den einzuschlagenden Weg des unabhängigen Griechenlands. Sie kann in *fünf Phasen* gegliedert werden: **Phasen der Unabhängigkeitsrevolution**

1. Phase: März 1821–Ende Dezember 1823. Nach Beginn des Aufstandes und der Verkündung der Unabhängigkeit in Kalamata erfolgt die Befreiung Süd- und teilweise Mittelgriechenlands. Im Januar 1822 wird eine Verfassung angenommen und die Regierung Alexandros Mavrokordatos gebildet, die vornehmlich die Interessen der Reeder und Kaufleute – vor allem proenglischer Orientierung – vertritt. Osmanische Gegenoffensiven scheitern (1822/23). Haupttriebkraft der Revolution sind Bauern und Berghirten, ferner Gewerbetreibende, Händler, Handwerker, Seeleute und Fischer.

2. Phase: Ende Dezember 1823–Januar 1825. Diese Phase ist von zwei Bürgerkriegen gekennzeichnet, in denen die bäuerliche Bewegung (Klephten) unter Theodores Kolokotronis, Großgrundbesitzer des Peloponnes, das Handelsbürgertum der Inseln Hydra, Spetsai und Psara sowie die Freischärlerführer Rumeliena (Rumelioten) in verschiedenen Kombinationen um die Hegemonie kämpfen. Im Ergebnis der Auseinandersetzungen erstarken die bürgerlichen Kräfte, zur Macht gelangen vor allem die reichen Schiffseigner und Kaufleute von Hydra.

3. Phase: Februar 1825–Oktober 1827. Abwehrkampf gegen die ägyptisch-osmanische Invasion. Im Februar 1825 landet eine ägyptische Armee unter Ibrahim Pascha in Morena und wälzt sich trotz erbitterter Gegenwehr der Griechen wie eine Lawine nach Norden, wo inzwischen wieder die Osmanen operieren. Die ägyptischen Soldaten vernichten Dörfer und Ernten, holzen die Olivenhaine ab, töten oder deportieren die Männer, verkaufen die Frauen und Kinder in die Sklaverei. Nach langer Belagerung und heldenhafter Verteidigung erobern die ägyptisch-osmanischen Kräfte im April 1826 die Festung Missolunghi, woraufhin ein Guerrillakrieg der Griechen im Gebirge entbrennt. Ein Jahr später wählt eine Nationalversammlung, von einer prorussischen Gruppierung dominiert, den ehemaligen zaristischen Außenminister Joannes Kapodistrias zum Präsidenten (Kybernetes) Griechenlands. Mit der Vernichtung der ägyptisch-osmanischen Flotte bei Navarino durch ein vereintes englisch-russisch-französisches Geschwader (Oktober 1827) gewinnen die Griechen wieder das militärische Übergewicht. **Seeschlacht bei Navarino**

4. Phase: Oktober 1827–Februar 1830. In dieser Phase wird die *nationale Unabhängigkeit* endgültig gesichert. Präsident Kapodistrias baut jedoch revolutionäre Errungenschaften ab, sucht die prorussischen Gruppierungen

der Großgrundbesitzer zu stärken und die Positionen der prowestlichen Syntagmatiker (Verfassungspartei) zu schwächen. Die Landung eines französischen Expeditionskorps in Morena im August und der Abzug der Ägypter im Oktober 1828 sowie vor allem die Siege russischer Truppen im Russisch-türkischen Krieg (1828/29) und der darauffolgende Frieden von Adrianopel erzwingen 1829 die Anerkennung der Autonomie Griechenlands durch den Sultan. Im Ergebnis des anschließenden diplomatischen Ringens der Großmächte (vor allem Rußlands, Englands und Frankreichs) wird im Londoner Protokoll vom 3. Februar 1830 die Unabhängigkeit Griechenlands anerkannt. Allerdings verbleiben große Teile des Landes unter osmanischer Herrschaft; Samos wird 1832 ein dem Sultan tributäres Fürstentum.

5. Phase: Februar 1830–Februar 1833. In dieser Zeit geht es um die Frage, welchen Klassen und Gruppierungen die Ergebnisse der Revolution zugute kommen und um den künftigen Entwicklungsweg. Zunächst bricht ein Konflikt zwischen Kapodistrias und den Syntagmatikern aus, der nach Ermordung von Kapodistrias (Oktober 1831) im Dezember zum dritten Bürgerkrieg, zur Einmischung der russischen Flotte und eines französischen Expeditionskorps sowie zu fast allgemeiner Anarchie führt. Den Sieg erringen schließlich Anfang 1833 mit Hilfe Frankreichs und Englands die prowestlichen Kräfte. Im Ergebnis langwieriger diplomatischer Kämpfe wird Prinz Otto von Bayern als Kompromißkandidat der Großmächte als König eingesetzt. Mit dessen Landung Anfang Februar 1833 endet die Unabhängigkeitsrevolution.

Ergebnisse der Unabhängigkeitsrevolution Zum Sieg trägt, neben dem heroischen Kampf der Massen, die interessengebundene Hilfe der Großmächte bei, die in einer gegenseitigen latenten Konfliktsituation zueinander stehen. Von erheblicher Bedeutung ist die große finanzielle und militärische Hilfe zahlreicher Philhellenenvereine in Europa. Als eine im Volke verwurzelte Revolution öffnet sie, trotz oktroyierter Monarchie, das Tor für die nationale Wiedergeburt Griechenlands und trifft das Osmanische Reich an entscheidender Stelle. Gleichzeitig beschleunigt und erleichtert die Revolution den folgenden Unabhängigkeitskampf anderer Balkanvölker (Rumänen, Bulgaren). Auch die in der Griechenfrage zerstrittene Heilige Allianz wird geschwächt. Als wichtiges Glied des europäischen wie des globalen bürgerlichen Revolutionszyklus markiert dieses Ereignis den Übergang zu den folgenden Revolutionen und nationalen Unabhängigkeitskriegen auf dem Balkan und im östlichen Mittelmeerraum.

Dekabristenbewegung Selbst in einem der Kernländer der Heiligen Allianz, Rußland, regt sich Opposition. Bedingt durch Schwäche und politische Bedeutungslosigkeit der Bourgeoisie, das noch intakte System von Feudalabsolutismus und Leibeigenschaft kann der organisierte Widerstand gegen den Zarismus nur aus den Reihen des liberalen Adels und der Armee kommen. Es sind jene Offiziere, die während der antinapoleonischen Kriege mit bürgerlich-revolutionären Ideen in Berührung kommen und nach ihrer Rückkehr die alten feudalabsolutistischen Verhältnisse nicht mehr tolerieren wollen. Bereits 1816 entsteht in der Armee der geheime *Rettungsbund*, der sich 1818 zum *Wohlfahrtsbund* reorganisiert, 1821 erfolgt seine Selbstauflösung sowie die Gründung des *Südbundes* unter Führung von Pestel (in der Ukraine) und des *Nordbundes* unter Muravev und Ryleev (in Sankt Petersburg). Der erstere bezieht republikanische, der zweite konstitutionell-monarchistische Positionen. Beide sind streng konspirativ aufgebaut und verfolgen eine Beseitigung des Absolutismus und der Leibeigenschaft durch einen Militäraufstand. Ihre Vorbilder sind Riego, Quiroga und die Carbonari.

Anfang Dezember 1825 wird in Sankt Petersburg Großfürst Konstantin als Nachfolger des verstorbenen Alexander I. als Zar ausgerufen. Konstantin verzichtet allerdings bereits 1823 in engstem Familienkreis auf die Thronfolge und weigert sich (er amtiert in Warschau als Statthalter Polens), die Krone anzunehmen. Sein jüngerer Bruder Nikolaus verlangt jedoch die formelle Verzichtserklärung. Das faktische Interregnum wird von den adligen Revolutionären des Nordbundes für den Aufstand genutzt. Als am 14. (26.) Dezember in Sankt Petersburg die Neuvereidigung auf Nikolaus I. erfolgen soll, verweigert das Moskauer Leibgarderegiment den Eid. Nikolaus I. zieht jedoch regierungstreue Truppen zusammen und läßt die unentschlossen und defensiv handelnden Aufständischen niederkartätschen, Hunderte werden getötet oder verwundet. Aufstand der Dekabristen

Inzwischen organisiert der Südbund in der Ukraine den Aufstand des Černigover Regiments, der vom 29. Dezember 1825–3. Januar 1826 (10. bis 15. Januar 1826) dauert, aber ebenfalls mit Artilleriesalven erstickt wird. Fünf Führer des Aufstandes, darunter Pestel und Ryleev, werden gehenkt, über hundert zu Verbannung und Zwangsarbeit nach Sibirien geschickt. Hauptursache des Scheiterns der Dekabristen ist ihre Isolierung vom Volk. Als erste Generation der russischen Revolutionäre legen diese adligen Offiziere den Grundstein für die spätere Entfaltung der revolutionären Bewegung der *Raznočincen* ab Mitte und des proletarischen Kampfes ab Ende des Jahrhunderts.

Die französische Julirevolution von 1830. 3.5.
Industrielle Revolution in England. Entstehung des Marxismus und die Anfänge der Arbeiterbewegung

Die französische Julirevolution von 1830 und 3.5.1.
ihre Ausstrahlung auf Europa

Das restaurierte Bourbonenregime ist von Anbeginn mit einem Anachronismus behaftet: Die Restauration reduziert sich auf den staatlichen Überbau, den Bereich der Ideologie und die Armee, in der durchgängig bürgerlichen Basis des Landes vermag sie keinen Fuß zu fassen. Mit diesem Grundwiderspruch ist die tiefere Ursache für die neue Revolution gegeben. Im Rahmen eines labilen Klassenkompromisses, das Altadel, Klerus, die Großbourgeoisie und der in seiner Funktion bestätigte napo- Ursachen der Revolution

leonische Neuadel eingehen, geht Frankreich unter Ludwig XVIII.
(1814–1824) den ersten Schritt auf dem Weg zu einer begrenzt konstitutionellen Monarchie.

Mit dem *Regierungsantritt Karls X.* (1824) beginnt die *zweite Phase* der Restauration. Extrem rechte Kräfte des Altadels (Ultras) stützen seine Herrschaft, die Schritt um Schritt in die offene Krise der Dynastie einmündet.
Das Regime erweist sich als unfähig, den Erfordernissen der industriellen
Revolution und dem Profitbedürfnis der Bourgeoisie zu entsprechen.
Gegenüber der 1825 Frankreich erfassenden *Wirtschaftskrise* (bis 1832) ist
es hilflos. Die ökonomischen Schwierigkeiten werden ergänzt durch die
ultramontane Reaktion, die durch eine Reihe von Maßnahmen (Gewährung der »Emigrantenmilliarde«, obskur-militanter Klerikalismus, verschärfte Presse- und Zensurbestimmungen) die vorrevolutionären Zustände wiederherstellen, die von den Liberalen geführte Opposition
auffangen und der neu erwachenden Volksbewegung massiv begegnen
will. Die Bourgeoisie reagiert auf ihre Weise: Kursstürze an der Pariser
Börse zeigen an, wie das Kompromiß zerbricht und daß sie den Bourbonen die Gefolgschaft aufkündigt.

Staatsstreich der Ultras Das Unvermögen der herrschenden Klasse, ihre Macht zu behaupten, ist
letztlich systembedingt. Auf dem Höhepunkt der ökonomischen und po-
litischen Krise beschreiten die Ultras um Karl X. und seinen Premier,
Graf von Polignac, den Weg des Staatsstreiches. Am 26. Juli 1830 erscheinen in der Regierungszeitung *Moniteur* die Ordonnanzen. Mit ihnen wird
die Pressefreiheit vollends aufgehoben, die Zahl der Abgeordneten verringert, das Stimmrecht der Besitzbürger eingeschränkt und die von den
Liberalen beherrschte Kammer aufgelöst. Jetzt ist der Bruch unvermeidlich.

Die Revolution steht vor drei Hauptaufgaben: 1. Sturz Karls X. und damit
Lösung des Grundwiderspruchs der Restauration; 2. Schaffung günstiger
Bedingungen für die beschleunigte Weiterentwicklung der bürgerlichen
Gesellschaft; 3. Herauslösung aus dem internationalen System der euro-
päischen Reaktion.

Revolutions-phasen Revolutionäre Krise und Staatsstreich der Ultras bestimmen den Inhalt
der Wochen vom Mai 1830 bis zum 26. Juli 1830. Die »drei glorreichen
Tage« (27. bis 29. Juli) umfassen die erste Phase der Revolution, sie endet
mit dem Sturz Karls X. Ein Interregnum charakterisiert die zweite Phase
(30. Juli–2. November). Sie wird eingeleitet mit der Bildung der großbür-
gerlich beherrschten Munizipalkommission und der (republikanisch
orientierten) Provisorischen Regierung und endet mit der Inthronisie-
rung Louis-Philippes als Bürgerkönig und der Bildung des linksliberalen
Kabinetts unter dem Bankier Jacques Laffitte. Auseinandersetzungen
zwischen der rechtsliberalen *Partei des Widerstandes* und der linksliberalen
Partei der Bewegung um die Beendigung oder Weiterführung der Revolution prägen die dritte Phase (2. November 1830 bis 12. März 1831), sie
mündet in den Erfolg der Rechten und der von ihnen gestellten Regierung des Bankiers Casimir Périer. Die Niederwerfung des ersten Lyoner
Aufstandes (November 1831) und das Scheitern der republikanischen Revolte (Juni 1832) bilden die vierte und letzte Phase der Revolution.

Vom 27. bis 29. Juli beenden Arbeiter, Veteranen der napoleonischen Armee, Angehörige der Intelligenz und des Kleinbürgertums gewaltsam die Herrschaft der Bourbonen. Noch während die verlustreichen Straßenkämpfe andauern, votieren die Repräsentanten der in einen rechten (Guizot, Périer, Thiers) und einen linken (Laffitte, Graf La Fayette) Flügel zerstrittenen *Liberalen* einhellig für die Beibehaltung der monarchischen Regierungsform, sie wollen so der Proklamation einer Republik zuvorkommen. Einer politischen und sozialen Vertiefung der Revolution stemmen sie sich entgegen. *(Randnotiz: Monarchie oder Republik)*

Am 9. August leistet Louis-Philippe von Orléans den Eid auf die nur unwesentlich um bürgerliche Freiheiten erweiterte Bourbonencharta von 1814. Die revolutionär-demokratische Vorhut (Armand Carrel, Louis-Auguste Blanqui, Société des amis du peuple) bleibt ohne Masseneinfluß und daher außerstande, die Revolution voranzutreiben.

Die Revolution ist erfolgreich im Sinne ihrer ersten Hauptaufgabe. In der Folgezeit nehmen Landwirtschaft und Industrie einen bemerkenswerten Aufschwung. Hinsichtlich ihrer zweiten Hauptaufgabe bleibt sie jedoch trotz beachtlicher Wachstumsraten unter den Möglichkeiten. Die traditionellen Strukturschwächen des französischen Kapitalismus, ausgewiesen durch die Vorherrschaft der *Finanzbourgeoisie*, werden kaum gemildert. Trotz verstärkt einsetzender industrieller Revolution bleibt die Konsolidierung der modernsten Bourgeoisfraktion, der Industriebourgeoisie, verzögert und gehemmt. *(Randnotiz: Ergebnisse der Revolution)*

Die politische Macht übernehmen im Ergebnis der Julirevolution die Herren der Banken, der Börse, die Hütten- und Kohlenbarone und die Großgrundbesitzer. Das Regierungssystem dieser Finanzaristokratie (K. Marx), fälschlich als *juste milieu* (goldene Mitte) ausgegeben, ist industrie- und extrem arbeiterfeindlich.

Zeitgenössische Dokumente belegen den hohen und entscheidenden Anteil der Proletarier am Sturz Karls X. Da die Bauern jedoch passiv bleiben, kann die Revolution nicht von der Stadt auf das Land übergreifen. Mit den Aufständen der Lyoner Seidenweber (1831 und 1834), jeweils Resultat inhumaner Lebens- und Arbeitsbedingungen, erwachenden politisch-ideologischen Bewußtseins und regierungsseitiger Provokation, betritt das sich formierende Proletariat als Triebkraft für Demokratie und historischen Fortschritt die politische Bühne Frankreichs. Beide Erhebungen markieren einen qualitativen Einschnitt in der Geschichte der nationalen und internationalen Arbeiterbewegung. Der Aufschwung utopisch-kommunistischer Ideen und neue Organisationsformen weisen auf das quantitative und qualitative Erstarken der proletarischen Bewegung. Breitenwachstum und Tempo der Herauslösung des Proletariats aus dem Einfluß der Bourgeoisie werden allerdings durch die Terrorpolitik unter Louis-Philippe und das Wirken bürgerlicher wie kleinbürgerlicher Sozialismusströmungen beeinträchtigt. *(Randnotiz: Arbeiter in der Revolution)*

Im Sinne ihrer dritten Hauptaufgabe erreicht die Julirevolution gewichtige Ergebnisse. Der Ausbruch Frankreichs aus dem System der Heiligen Allianz entzieht Metternich die Kontrolle über Westeuropa. In *Belgien* versetzt die erfolgreiche bürgerliche Revolution (August 1830) durch *(Randnotiz: Internationale Wirkungen der Julirevolution)*

Auflösung der Zwangseinheit mit den Niederlanden diesem konterrevolutionären Bündnissystem einen weiteren empfindlichen Schlag. In *England* wird 1832 unter dem Eindruck der französischen Ereignisse die Reformbill verabschiedet und damit der Industriebourgeoisie der Weg zur politischen Machtübernahme freigemacht. In Staaten des *Deutschen Bundes* (Baden, Braunschweig, Hannover, Hessen, Preußen und Sachsen) kommt es 1830–1834 im Ergebnis machtvoller revolutionärer Aktionen zu beträchtlichen politischen und ökonomischen Zugeständnissen des Adels an die bürgerliche Opposition (Landständische Verfassungen, Pressefreiheit, Gründung des Deutschen Zollvereins).

Mit dem Rücklauf der Revolution in Frankreich geht jedoch die europäische Konterrevolution zur *Gegenoffensive* über (Junibeschlüsse des Deutschen Bundestages 1832, Konventionen von Münchengrätz und Berlin 1833). Ihr Triumph ist nur ein Sieg auf Zeit. Über den Erfolg oder Mißerfolg der europäischen revolutionären und nationaldemokratischen Bewegung entscheiden das nationale und internationale Kräfteverhältnis und die Fähigkeit der Führungskräfte, das Potential der Volksmassen umfassend freizusetzen.

Unter den skizzierten Bedingungen scheitert die Revolution in *Mittelitalien* (Februar/März 1831). Gleiches gilt für den im November 1830 beginnenden *polnischen Aufstand*, der letztlich auf Grund des erdrückenden Übergewichts der Teilungsmächte Rußland, Preußen und Österreich mit dem Fall Warschaus (8. September 1831) zusammenbricht.

Dank des Umfangs der europäischen Volksbewegung und der französischen Außenpolitik, die auf das reaktionäre Interventionsprinzip der Heiligen Allianz mit dem Prinzip der Nichteinmischung aufwartet, haben die vom zaristischen Rußland und Österreich verfolgten Pläne eines militärischen Eingreifens in die Revolutionen Frankreichs und Belgiens keine Chance auf Verwirklichung. In ihren direkten wie mittelbaren Ergebnissen markiert die Julirevolution eine Zäsur im Prozeß des weltweiten Übergangs zum Kapitalismus und dessen Konsolidierung.

3.5.2.   England in der Zeit der Vollendung der industriellen Revolution. Die Reformbill von 1832

Mit der Wende vom 18. zum 19. Jh. beschleunigt sich sichtbar die industrielle Revolution in England und Schottland. Bedeutend dafür ist, daß Großbritannien in den Kriegen zwischen 1792 und 1815 alle wesentlichen Rivalen in Übersee aus dem Felde schlagen kann; die USA bleiben vorerst auf ihr eigenes Gebiet beschränkt. Damit verbindet sich die Festigung des faktischen Weltmarktmonopols. Als führender Industriezweig realisiert die Baumwollindustrie 1814 über 57 % ihrer Profite im Export, bis 1850 steigt die Rate auf 62 %. Bevorzugte Märkte sind Indien und Lateinamerika. Auf den Übergang zur maschinellen Spinnerei folgt die Maschinisierung der Weberei. Der von Cartwright erfundene mechanische Webstuhl konkurriert seit 1804 mit der Handweberei, was zu katastrophalen Folgen für die Handweber führt. In Manchester wird 1806 die erste

Maschinelle Weberei

Dampfweberei errichtet; 1818 existieren bereits 14 Fabriken mit 2000 Webstühlen. Sie bestehen noch bis um 1825 ganz aus Holz, erst die Baumwollentkörnungsmaschine (1825) ist völlig aus Metall.

Um 1840 entsteht auch eine gesonderte Maschinenindustrie. Außerhalb der Baumwollindustrie erfolgen vor 1840 Fabrikgründungen nur langsam. Erst am Ende des noch durch das Vorwiegen von Heimarbeit gekennzeichneten Übergangsprozesses entsteht ein *Fabriksystem*, verwandeln sich die Unternehmer in Fabrikherren sowie die Heimarbeiter in Fabrikarbeiter.

Die Baumwollindustrie konzentriert sich auf die alten (zumeist außerstädtischen) Handwerksgebiete: Lancaster mit dem Zentrum Manchester sowie die Grenzzonen der Grafschaft York, von denen sie über Mittelengland expandiert, und auf die Clyde-Region in Schottland mit New Lanark als Konzentrationspunkt. Die Fabrikgröße bleibt noch bescheiden, so existieren 1831 in Glasgow 41 Dampfspinnereien mit durchschnittlich 244 Arbeitern, nur Dale & Owen in New Lanark beschäftigen 1600 Arbeiter. In Manchester und Umgebung sind in 43 der größten Betriebe je 300 Arbeiter konzentriert, und nur 3 von ihnen zählen über 1000 Arbeiter. Allerdings hängen Tausende von Handwebern und Färbern der Umgebung zusätzlich von diesen ab. Baumwollindustrie

Mit dem Übergang zum Fabriksystem konzentriert sich die *Wollindustrie* auf die East Ridings in Yorkshire; ältere Handwerksgebiete verfallen. Der mechanische Webstuhl findet allerdings hier erst um 1830 versuchsweise Verwendung; 1835 gibt es davon 2000, 1850 schon fast 9500. Seide wird seit 1769 maschinell verzwirnt, aber noch um 1840 fast ausschließlich mit der Hand gewebt.

Das Fabriksystem in der Baumwollindustrie erfordert ein schnelles Steigen der Baumwollimporte, die von ca. 8000 t um 1780 auf 25000 t um 1800 wachsen. Die Basis dafür bilden die sprunghafte Erhöhung der Produktivität in der Baumwollerzeugung durch die Erfindung der Entkörnungsmaschine (Cotton Gin) und die Ausdehnung der Plantagensklaverei im Süden der USA, dem Hauptliefergebiet von Rohbaumwolle. Indien und Brasilien spielen eine ergänzende Rolle, hinzu kommt Ägypten. Wachstum der Baumwollimporte, Ansteigen der Sklaverei und Ausdehnung der Plantagen in den USA gehen somit Hand in Hand. Nach 1815 beträgt der Import 50000 t, erreicht 1825–1830 100000 t, 1849 bereits 346000 t. Das Fabriksystem in der Wollproduktion führt nach 1830 zu ähnlichen Konsequenzen für die Ausdehnung der Schafzucht in Argentinien, Uruguay, Australien, Neuseeland usw. Internationale kapitalistische Arbeitsteilung

Die Unternehmer der Baumwollindustrie erzielen anfangs äußerst hohe Profite, doch führt die zunehmende Konkurrenz zum schnellen Verfall der Rate. So sinkt die Differenz zwischen den Gestehungs- und Materialkosten und dem Verkaufspreis pro Pfund Spinngarn von 8 Schilling 11 Pence (1784) auf 1 Schilling (1812) und auf 4 Pence (1832). Den Ausweg suchen die Unternehmer in der Steigerung der Profitmasse mittels Ausweitung der Produktion und in der Senkung der Kosten, vor allem der Löhne. In Bolton sinkt der Wochendurchschnittslohn eines Handwebers von 33 Schillingen (1795) über 14 (1815) auf 5 Schillinge 6 Pence Lohngefüge

(1829–1834). Die Löhne fallen unter das Existenzminimum. Obwohl die Unternehmer erreichen, daß der Unterhalt hungernder Arbeiter auf die Armensteuer abgewälzt wird, sterben etwa 500 000 an Hunger. Um die Löhne noch weiter senken zu können, orientieren die Unternehmer auf die Verminderung der Lebensmittelkosten. Das führt zum Zusammenstoß mit den Grundeigentümern, deren Monopol seit 1815 durch hohe Getreideschutzzölle (Corn Laws) gestützt wird. Als Antwort entsteht 1838 die liberale Anti-Corn-Law-League, die darangeht, die Volksmassen gegen die Getreideschutzzölle zu mobilisieren. Deren Abschaffung erfolgt aber erst 1846, ohne daß die Lebensmittelkosten entscheidend zurückgehen. Seitdem zeichnet sich stärker der Übergang von der *extensiven zur intensiven Ausbeutung* ab. Dieser Prozeß ist nicht zuletzt auch ein Ergebnis des Kampfes der Arbeiterklasse gegen die unmenschlichen Konsequenzen der traditionellen Ausbeutungsformen.

Schwer-industrie

Trotz vieler Versuche, bei der Eisenherstellung Holz durch Kohle zu ersetzen, gelingt ein entscheidender Durchbruch erst 1783/84 mit der Patentierung des Puddle- und Walzprozesses durch Cort. Die Eisenherstellung in Koksöfen ist mit Verbesserung der Dampfmaschine durch Watt und Bulton möglich. Das bringt die entscheidende Wende, die sich in den folgenden Jahrzehnten auswirkt. Dampfmaschinen werden als Antrieb von Pumpen in Gruben, für Gebläse der Hochöfen eingesetzt und

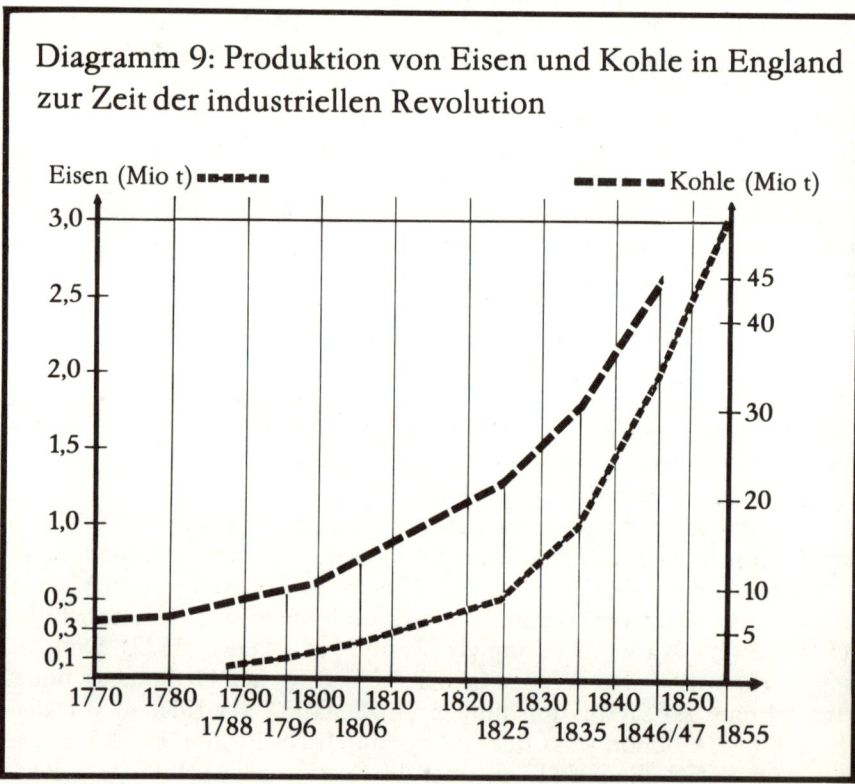

Diagramm 9: Produktion von Eisen und Kohle in England zur Zeit der industriellen Revolution

ermöglichen den Betrieb von Schmieden und Walzwerken unabhängig von Wasserläufen.

Entsprechend den Bedürfnissen der Kohleindustrie nach billigem Transportmittel erfolgt mit dem Übergang zum Eisenbahnbau und der Konstruktion eiserner Maschinen ein großer Sprung. Die erste moderne Eisenbahn verbindet 1825 das Kohlegebiet von Burham mit der Küste. Wenige Jahre später setzt das große Investitionsfieber ein, das bis 1850 zur Anlage von 240 Mio Pfund Sterling für den Ausbau der Eisenbahn führt.

Die industrielle Revolution bringt zunächst den rapiden Rückgang des Anteils der ländlichen und landwirtschaftlich tätigen Bevölkerung zugunsten eines steilen *Anstiegs der Stadtbevölkerung.* Auf dem Lande selbst erfolgt die Umwandlung des selbstgenügsamen Bauern in einen warenproduzierenden Farmer oder – die Mehrheit betreffend – in *Landarbeiter,* parallel zur Entwicklung der *Landlords* und kapitalistischen *Pächter.* Trotz Verdoppelung der Bevölkerung seit Mitte des 18. Jh. kann sich Großbritannien um 1830 zu 98 % aus der eigenen Landwirtschaft versorgen, wobei allerdings die Hungerrationen der Arbeiter wie der irischen Bevölkerung zu berücksichtigen sind. *Soziale und politische Hauptergebnisse*

Der Wandel in der Landwirtschaft ist das Ergebnis der *neuen Einhegungswelle* bis etwa 1830. Im Jahre 1831 zählt die landwirtschaftliche Bevölkerung Großbritanniens (ohne Irland) 145 000 Familien von Eigentümern und Pächtern, die fremde Arbeitskräfte beschäftigen, dazu 686 000 Landarbeiterfamilien. Einen Überrest des vorindustriellen Dorfes repräsentieren 130 000 Familien von Eigentümern oder Pächtern ohne fremde Arbeitskräfte. Damit etabliert sich die genannte *klassische soziale Dreiteilung* zwischen Grundeigentümern (Landlords), Kapitalisten (Pächtern) und Landarbeitern.

Während sich die Bevölkerungszahl Englands und Schottlands zwischen 1750 und 1850 verdreifacht, versechs- bis verzehnfacht sich die Bevölkerung der neuen Industriestädte, und die Bevölkerungsstruktur kehrt sich um: Das Schwergewicht verlagert sich aus dem Süden (außer London) in den Norden. England wird industriell nördlich der Linie vom Humber bis zur Severnmündung, der Süden bleibt vorwiegend ländlich.

Auf sozialem Gebiet besteht das Hauptergebnis der industriellen Revolution in der Entstehung einer starken *Industriebourgeoisie* und der *Industriearbeiter.* Gegen Abschluß der industriellen Revolution ist in dieser Hinsicht jedoch erst ein Anfang erreicht: Von den 21 Mio Einwohnern sind 1851 482 000 Baumwoll-Textilarbeiter, 219 000 Kohlebergarbeiter und 28 000 Arbeiter im Erzbergbau. Eine gesonderte Maschinenbauindustrie entwickelt sich ab 1840; damit entstehen auch die Metallarbeiter als späterer Kern der Arbeiterklasse. *Neue Klassenstruktur*

Tendenziell beginnt der *Grundwiderspruch zwischen Kapital und Arbeit* die anderen sozialen Widersprüche zu überlagern. Bereits 1799 wird jegliche Arbeiterkoalition verboten, um eine organisierte Abwehr der wachsenden Ausbeutung durch die Werktätigen zu unterbinden. Erste Aufstände, z.B. in den Fabriken Arkwrith 1779 oder 1796 in Yorkshire und 1802 im Südwesten, sind noch weitgehend Bewegungen existenzbedrohter Handwerker, die sich gegen Maschinen richten (»Ludditen«), wogegen die Regierung 1812 die Todesstrafe verhängt.

Politischer Charakter der Arbeiterbewegung

Nach 1814/15 gewinnt die Auflehnung der Arbeiter einen zunehmend politischen Charakter. William Cobbett lenkt sie auf den Kampf um die *Wahlrechtsreform* als Mittel zur Verbesserung der sozialen Lage. An erster Stelle rangiert der Kampf gegen die hohen Brotpreise. Im März 1817 kommt es zum ersten Hungermarsch von Manchester nach London, und im August 1819 läßt die Regierung gegen eine Massenversammlung von 80 000 Menschen auf St. Peter's Fields bei Manchester schießen (»Peterloo«). Am 1. April 1820 führen 60 000 Arbeiter in Glasgow einen Generalstreik durch. Als radikale Bourgeois die Kraft der erwachenden Arbeiterbewegung für den Kampf gegen Kornzölle und für die Parlamentsreform nutzen wollen und 1824 eine teilweise Aufhebung der Koalitionsverbote durchsetzen, bilden sich *Gewerkschaften* und *Gewerkverbände*. Zuerst schließen sich die Baumwollarbeiter 1829 in den *Grand General Union of the United Kingdom* zusammen, sie wird zum Kern der auf die Organisierung der gesamten Arbeiterklasse ausgerichteten *National Association for the Protection of Labour* (1830). Die Bauarbeiter von Manchester und Birmingham vereinen sich 1833, ihr Verband geht 1834 in die *Grand National Consolidated Trades Union* ein, zerbricht jedoch noch im gleichen Jahr infolge des Gegensatzes zwischen Reformisten und Revolutionären.

Irische Frage

Die durch die Koalitionskriege bewirkten hohen Kornpreise lassen in Irland die Grundrente steigen und führen zu extremer Besitzzersplitterung unter den Kleinpächtern. Trotz Sinkens der Preise nach 1815 bleiben die Raten hoch, und die Ausbeutung der Bauern wächst. Vom 36 Mio Pfund betragenden Gesamtprodukt der irischen Landwirtschaft fließen 1835 10 Mio durch Renten und 20 Mio infolge Steuern, Zehnt und Handelsgewinne ab, für die Bauern bleiben 6 Mio, was faktisch heißt, das Korn anzubauen, um Renten und Steuern zahlen zu können, und Kartoffeln, um die eigene Familie zu ernähren. Auf die sich häufende Zahlungsunfähigkeit der Bauern wird von englischen wie irischen Grundbesitzern mit Zwangsvertreibungen geantwortet, zumal ihnen das »irische Elend« ständig neue Pächter zutreibt, die fast jegliche Bedingung akzeptieren. Viele Bauern führen in Geheimorganisationen einen ständigen Kleinkrieg (Whiteboys und Ribbonmen). Dieser Bewegung vermag England nicht Herr zu werden. Dagegen nutzt die irische Oberklasse unter Daniel *O'Connell* den Bauernkampf zur Durchsetzung eigener Interessen. O'Connell gründet 1823 die *Irish Catholic Association*, der es gelingt, die Agrarbewegungen in den Dienst der Katholikenemanzipation zu stellen, unter deren Flagge die irische Gentry ihren Anspruch auf Vertretung im britischen Parlament durchzusetzen sucht. Dieses Ziel ist 1829 erreicht: Die Katholiken erhalten das passive Wahlrecht, doch erfolgt eine Reduzierung der irischen Wählerzahl von rund 200 000 auf 26 000.

Katholikenemanzipation

O'Connell bildet 1830 die *Repeal Association*, um gegen die Zwangsunion mit England (Act of Union 1800/01) anzukämpfen. Doch sein Einfluß läßt allmählich nach, da die irischen Volksmassen sich durch die Katholikenemanzipation getäuscht sehen. Im Jahre 1842 bildet sich die Bewegung »Junges Irland«, deren entschiedenste Führer John *Mitchel* und James Fintan *Lalor* auf das Bündnis mit den Chartisten setzen und eine unabhängige Republik Irland – auf dem Höhepunkt der Hungersnöte

1845–1850 sogar die Nationalisierung des Bodens und dessen gerechte Verteilung – fordern. Proletarische, revolutionär-demokratische und bürgerliche Gruppen schließen sich 1847 zur *Irischen Konföderation* zusammen, deren Führung allerdings nach Verhaftung der Linken in die Hände des Grundbesitzers *Smith O'Brien* gerät. Ein für Mitte 1848 vorbereiteter Aufstand scheitert, zugleich setzt nach Aufhebung der Korngesetze in England die Umwandlung der Kornfelder in Rinderweiden ein. Rücksichtslos werden Hunderttausende von Bauern vertrieben. In der Hungerperiode 1845–1850 kommen 1,5 Mio Menschen um, weitere Millionen wandern aus.

Die neue Industriebourgeoisie nutzt auf dem Höhepunkt der Wirtschaftskrise um 1830 die sich häufenden Arbeiterunruhen, die Aufstände der verarmten Bauern und Handwerker in Südengland, um den regierenden Tories politische Reformen und Teilhabe an der Macht abzutrotzen. Mit Blick auf die französischen Julieereignisse beschwört sie zusätzlich die Gefahr einer Revolution. An der Spitze steht die nach 1820 wiederbelebte Whigpartei, die nunmehr zur Partei der Industriellen und städtischen Oberschichten wird.

Durchsetzung der Reformbill von 1832

Die neu entstehenden Industriezentren können noch keine Vertreter ins Parlament entsenden, was dagegen vielen mittelalterlichen Landflecken (rotten boroughs) zusteht. Das eindeutig nach der agrarischen Seite verschobene und vom System der rotten boroughs geschützte Wahlrecht ist die wesentliche Basis für die politische Macht des Landadels. Ein 1831 eingebrachter Gesetzentwurf soll den boroughs die Parlamentsvertretung entziehen und den Pachtbauern das Wahlrecht verleihen, ebenso den städtischen Hausbesitzern ab 10 Pfund Miete. Als das Oberhaus die Reform ablehnt, erzwingen Unruhen am 13. April 1832 die Zustimmung. Mit der Reformbill verlieren 56 boroughs beide Sitze, 30 weitere je einen. In London und anderen großen Städten entstehen 42 neue Wahlkreise, auf dem Lande 65. Die Zahl der Wahlberechtigten steigt von 220 000 auf 670 000, wodurch die liberalen Whigs eine breitere Basis erhalten und fortan eine Unterhausmehrheit besitzen. Die Arbeiterklasse, deren Kämpfe letztlich die Reform ermöglichen, geht – von wenigen Angehörigen der Arbeiteraristokratie abgesehen – leer aus, sie wird mit dem Armengesetz von 1834 sogar noch bestraft. Die Parlamentsreform, ihrem Wesen nach ein Kompromiß zwischen Industriebourgeoisie und Grundbesitzern, bildet zugleich einen wesentlichen Ausgangspunkt für die weitere Ausprägung des Grundwiderspruchs zwischen Kapital und Arbeit.

Entstehung und Entwicklungsphasen des Chartismus   3.5.3.

Der Chartismus entsteht nach der Parlamentsreform von 1832 und der Annahme des Armengesetzes von 1834, das die verelendeten Handwerker und Kleinbauern in die Fabriken treibt und die Autorität der regierenden Whigs gegenüber den Massen rasch zurückgehen läßt.

Entstehung des Chartismus

Die Ursprünge des Chartismus liegen in der 1836 gegründeten Londoner Arbeitergesellschaft (eine ähnliche entsteht 1837 in Leeds) als Vereinigung mit politischen und Bildungsinteressen. Als in der Krise von 1837 erneut die Forderung nach Wahlrechtsreform aufkommt, verfaßt diese Gesellschaft eine Parlamentspetition mit sechs Forderungen: gleiche Wahldistrikte, Aufhebung des Grundbesitzzensus für die Wählbarkeit zum Parlament, allgemeines Stimmrecht für alle mündigen Männer, jährliche Wahl der Abgeordneten, geheime Abstimmung, Diäten für Parlamentsabgeordnete, um auch Wenigerbemittelten die Teilnahme zu ermöglichen. Im Frühjahr erhalten diese Punkte die Form eines Gesetzentwurfs, einer Charta. Auf Tausenden von Massenveranstaltungen werden Unterschriften gesammelt. Massendemonstrationen, Nationalkonvent und – als letztes Mittel – politischer Generalstreik (»Heiliger Monat«) sollen die Annahme der Petition erreichen.

Strömungen im Chartismus In der ersten Phase ist die sich auf das ganze Land ausdehnende Chartistenbewegung heterogen zusammengesetzt. Es bilden sich drei Strömungen heraus: eine kleinbürgerlich-gemäßigte unter *William Lovett*, die sich auf friedliche Agitation zur Aufklärung der Arbeiterklasse und eine Übereinkunft mit der Bourgeoisie orientiert; eine kleinbürgerlich-radikale unter Feargus Edward *O'Connor*, deren Basis Industriearbeiter, Bergleute und verelendete Handwerker des Nordens abgeben, die hoffen, ihre einstige bäuerliche Existenz wiederherstellen zu können; eine proletarisch-sozialistische, die aber kaum selbständig auftritt, zunächst unter *Brontere O'Brien*, einem irischen proletarischen Revolutionär und Internationalisten, später unter George Julian *Harney* und Ernest *Jones*. Harney gründet 1838 die Demokratische Assoziation, aus der um 1845 die sozialistische Gruppierung der *Brüderlichen Demokraten* hervorgeht. Er ist seit 1843 mit Engels, ab 1847 auch mit Marx bekannt und wird Mitglied des Bundes der Kommunisten.

Auf ihrem Konvent 1839 geraten die drei Strömungen in offenen Konflikt, was vom Parlament genutzt wird, die im gleichen Jahr mit 1,25 Mio Unterschriften vorgelegte Petition abzuweisen. Der Konvent erläßt einen Streikaufruf, löst sich aber danach angesichts einsetzender Gewaltmaßnahmen der Regierung im September 1839 auf. Nach dem gescheiterten Bergarbeiteraufstand vom November 1839 wird die gesamte Führung der Bewegung verhaftet. Im Juli 1840 bildet sich die illegale National Chartist **National Chartist Association** Association (NCA), die die »*erste Arbeiterpartei*« unserer Zeit«[25] mit gewähltem Vorstand, Beitragszahlung und rund 400 Ortsgruppen (1842 etwa 40000 Mitglieder) wird. In ihr treten die proletarischen Kräfte stärker hervor. Es zeigen sich auch Bemühungen um eine engere Verbindung zu den Gewerkschaften. In der zweiten Massenpetition von 1842 mit 3,3 Mio Unterschriften werden die politischen Forderungen mit ökonomischen verknüpft. Als die Petition im Mai 1842 wiederum zurückgewiesen wird, schreckt die Führung der NCA vor radikalen Aktionen zurück. Die Arbeiter Lancashires, Yorkshires und Mittelenglands treten, im Unterschied zu London und dem Süden, in den Streik. Im September setzt der *Niedergang der Bewegung* ein, und O'Connor wendet sich unrealisti-

---

25   F. Engels, Einleitung zur englischen Ausgabe (1892) »Die Entwicklung des Sozialismus von der Utopie zur Wissenschaft«, S. 539.

schen Siedlungsplänen zu. Diese Phase endet mit der Abschaffung der Kornzölle 1846 und der Erfüllung von Teilforderungen (Lohnerhöhungen und Zehnstundentag für Textilarbeiter) in der Krise von 1847.

Mit der Wirtschaftskrise, der irischen Hungersnot und der revolutionären Krise auf dem Kontinent bricht um 1847/48 die dritte und letzte Phase an, signalisiert durch die Wahl O'Connors ins Parlament (1847). Trotz der Nichterfüllung der Programmziele erreicht die Chartistenbewegung wichtige Verbesserungen für die Arbeiterklasse und schafft mit der Zeitung *The Northern Star* (1839 bis 1852) und anderen Organen eine wirkliche Arbeiterpresse.

Der utopische Sozialismus: Saint-Simon, Fourier, Owen   3.5.4.

Neben der klassischen deutschen Philosophie und der bürgerlichen politischen Ökonomie Englands stellt der utopische Sozialismus und Kommunismus eine der drei Hauptquellen des Marxismus dar. Er erreicht nach der Französischen Revolution von 1789 eine höhere Stufe mit der kritischen Verarbeitung der Erfahrungen der sich konsolidierenden bürgerlich-kapitalistischen Gesellschaft. Seine bedeutendsten Vertreter sind die Franzosen Saint-Simon und Fourier, deren Hauptwerke zwischen 1802 und 1824/25 erscheinen. Ihnen liegt die kritische Analyse des Fortschrittskonzepts der bürgerlichen Aufklärung im Lichte der revolutionären wie nachrevolutionären Ergebnisse zugrunde, die zur Erkenntnis des Doppelcharakters und der inneren Widersprüchlichkeit der bürgerlichen Gesellschaft führt.

Saint-Simon spürt den dialektischen Charakter des menschlichen Fort-   Saint-Simon
schritts und skizziert ihn in drei großen Entwicklungsepochen: Altertum – mit Despotie und Sklaverei, bei Zuordnung des Polytheismus; Mittelalter – mit Königtum und Leibeigenschaft, denen der Theismus der Katholischen Kirche eigen ist; Neuzeit – bestimmt durch Industrie, freie Produzenten und Herrschaft der Wissenschaft. Nach Saint-Simon verursachen Widersprüche zwischen den Interessen, Einrichtungen und Ideologien den Fortschritt von einer zur anderen Epoche, dessen Grundlage ökonomischer Natur sei; er vermag jedoch nicht deren Wesen zu entschlüsseln. Saint-Simon sieht die Zeit gekommen, die Ausbeutung des Menschen durch den Menschen abzulösen durch die Ausbeutung der Natur durch die vereinigte Menschheit. Das erfordere die Entwicklung einer sozialen Wissenschaft zur Aufdeckung der Ordnungsprinzipien der bürgerlichen Gesellschaft sowie Organisierung des praktischen gesellschaftlichen Lebens. Im Zentrum seines Denkens stehen gesellschaftliche Produktion und schöpferische Arbeit, für ihn gleichbedeutend mit Glück. Er sieht die Arbeit als Quelle allen Reichtums und Hebel für den kulturellen Fortschritt, vor allem als Verwirklichungsfeld der Schöpferkraft und des gesellschaftlichen Wesens der Menschen. Daher ist für Saint-Simon der produktive zugleich der glückliche und allein moralisch wertvolle Mensch; davon geleitet, kritisiert Saint-Simon die Anarchie der kapitalistischen Produktion als Ursache von Krisen und Kriegen und fordert die

Verbindung von Wissenschaft und Produktion sowie deren Planung und Leitung. Bereits 1816 vertritt Saint-Simon die Idee einer Abschaffung des Staates und die Ersetzung der Herrschaft von Menschen über Menschen durch die Herrschaft der assoziierten Menschheit über die sachlichen Prozesse. Doch sieht er den Hauptgegensatz seiner Zeit noch nicht im Gegensatz Bourgeoisie–Proletariat, sondern im Gegensatz zwischen »Produzenten« und »unproduktiven« Klassen, wozu er die Feudalklasse ebenso wie die Handels- und Finanzbourgeoisie zählt.

Saint-Simoni-
stische Schule
Zur Schule Saint-Simons gehören Comte, Saint-Amand Bazard, Prosper Enfantin, Pierre Leroux. Der Höhepunkt ihres Einflusses liegt Ende der zwanziger Jahre. Als die Julirevolution von 1830 die Haltlosigkeit des »Produzenten«begriffs erweist, verändert sich der saint-simonistische Klassenbegriff: parasitären Nichtproduzenten stehen nun die werktätigen Produzenten gegenüber, die Jean Reynaud 1832 als *Bourgeois* und *Proletarier* bezeichnet, indem er von den Eigentumsverhältnissen an Produktionsmitteln und der Rolle der Klassen im Produktionsprozeß ausgeht. Diese ökonomische Analyse des noch unausgereiften kapitalistischen Klassenverhältnisses ist ein bedeutender Beitrag des Saint-Simonismus zum sozialen Denken. Er bringt darin die Gefühle des von der Proletarisierung erfaßten Kleinbürgertums zum Ausdruck. Unter dem entstehenden Proletariat bleiben diese Auffassungen weitgehend ohne Einfluß, was durch die Tendenz bedingt ist, in der erstrebten Gesellschaft einer neuen Elite von Wissenschaftlern und Technokraten die führende Rolle zuzumessen, auch infolge des Widerspruchs zwischen radikaler Kritik in der Theorie und Verzicht auf radikale Mittel im täglichen Klassenkampf. In der ersten Hälfte der dreißiger Jahre zerfällt die Schule Saint-Simons.

Fourier
Während im Zentrum der Aufmerksamkeit von Saint-Simon vor allem die menschliche Produktivkraft steht, gilt die Aufmerksamkeit Fouriers besonders den gesellschaftlichen Produktionsverhältnissen. Sie sollen so gestaltet werden, daß alle Menschen gemäß ihren Neigungen und Leidenschaften leben sowie ihre Fähigkeiten allseitig freisetzen können. Die ungehinderte Entfaltung der individuellen Kräfte ist für ihn Grundvoraussetzung gesellschaftlicher Harmonie. Dazu müßten aber Verhältnisse geschaffen werden, die dem Menschen das Menschsein gestatteten. Differenzierter als Saint-Simon erfaßt Fourier die innere Widersprüchlichkeit des Fortschritts: Errungenschaften in bestimmten Bereichen hätten den Preis des Verlustes an Freiheit in anderen Bereichen. Erst wenn die Menschheit den erstrebten Zustand der Harmonie erreicht habe, entstehe die Synthese von menschlicher Freiheit als Herrschaft über die Natur und gesellschaftlicher Freiheit. Wie Saint-Simon enthüllt Fourier die anarchische Natur der kapitalistischen Produktionsweise, als deren Repräsentant ihm vor allem das Handelskapital gilt, womit die Ausbeutung im Produktionsprozeß in den Hintergrund tritt. Doch im Unterschied zu Saint-Simon sieht Fourier auch die Verkrüppelung und Entfremdung, denen der Arbeiter in der modernen Großproduktion unterworfen ist, er enthüllt, daß der Grad der Frauenemanzipation natürlicher Maßstab der allgemein gesellschaftlichen Emanzipation sei. Kernpunkt des Fourierschen Programms bildet die Herstellung einer genossenschaftlich organisierten Pro

duktions- und Lebensweise auf Basis der Gleichheit aller Gesellschaftsmitglieder. Deren Grundform bezeichnet er als Phalanx. Zu ihrer Realisierung bedürfe es nicht der Revolution; einer solchen will er mit seiner Reform zuvorkommen, was folgerichtig zur Ablehnung von politischen Mitteln führt. Da Fouriers Reformen an eine grundlegende Umgestaltung der Gesellschaft gebunden sind, bleibt nur noch ein Schritt zur Forderung nach »sozialer Revolution«. *Fouriers Phalanx*

Fourier gewinnt erst um 1830 Anhänger; als Zeitschriften werden 1832–1834 *La Phalanstère*, ab 1836 *La Phalange* und ab 1843 *Démocratie pacifique* herausgegeben. Unter der Leitung von Victor Considérent stoßen die Fourieristen ab 1834 zum politischen Handeln vor, indem sie das Ziel einer sozialen Reform mit der Forderung einer demokratischen Republik verbinden. Sie sind allerdings gegen einen selbständigen proletarischen Kampf eingestellt. In den vierziger Jahren repräsentiert der Fourierismus in Frankreich eine einflußreiche kleinbürgerlich-sozialistische Strömung; sein Masseneinfluß schwindet definitiv mit der Revolution von 1848.

Wie sein Vorgänger steht Owen in der materialistischen Gedankenwelt des 18. Jh. Ausgehend von einer philanthropischen Kritik an der Elendslage des Proletariats inmitten einer Welt bürgerlichen Überflusses sowie an der bürgerlichen Ehe und am inhumanen Charakter der Religion, formuliert er sein Programm zur Reform der kapitalistischen Umwelt. Zunächst experimentiert Owen als Leiter der Baumwollspinnerei von *New Lanark* mit Lohnerhöhungen, sozialen Einrichtungen, Arbeitszeitbegrenzung und Beschränkung der Kinderarbeit. Er appelliert ab 1812 an die Regierung, seine Experimente auf das ganze Land auszudehnen. Nach dem Mißerfolg dieser Appelle gelangt er zu sozialistischen Überzeugungen: Die Arbeiterklasse solle vor allem durch die Bildung von Genossenschaften die Ausbeutung zu untergraben versuchen und sich kommunistischer Lebensgewohnheiten befleißigen. Dabei schließt er die Mithilfe von Regierung und philanthropischen Bourgeois nicht aus. *Owen*

Owen begreift und propagiert vor allem die Bedeutung des Fabriksystems als Ausgangspunkt einer sozialen Umwälzung, ohne aber daraus selbst revolutionäre Folgerungen abzuleiten. Dennoch trägt er dazu bei, die bis dahin zumeist agrarisch gefärbten Zukunftsvorstellungen (bei Fourier und den utopischen Arbeiterkommunisten sichtbar) zu überwinden. Sein Sozialismusbild beinhaltet eine freie Föderation kleiner, sich selbst verwaltender Gemeinden, die landwirtschaftliche mit industrieller Produktion verbinden. Die Verteilung der Arbeit erfolgt entsprechend den Fähigkeiten ihrer Mitglieder in Übereinstimmung mit kollektiven Interessen; die Verteilung des Arbeitsprodukts nach den Bedürfnissen. Allerdings scheitern die nach diesen Vorstellungen angelegten Musterkolonien, z. B. 1825/26 in New Harmony, USA. Owens Hauptverdienste bestehen in dem erbrachten Nachweis der schöpferischen Fähigkeiten des Arbeiters bei der gesellschaftlichen Umgestaltung sowie Orientierung auf eine kommunistische Zukunft. Bleibend sind auch seine Verdienste hinsichtlich der Entwicklung des Genossenschaftsgedankens und der Kennzeichnung des zentralen Stellenwertes der Industrie in der künftigen Gesellschaft.

3.5.5.   Der utopische Kommunismus in Frankreich und Deutschland

Quellen des utopischen Kommunismus

Mit dem Fortschreiten der industriellen Revolution und dem Anwachsen der Arbeiterklasse in Frankreich kommt es zum Übergang kleinbürgerlich-demokratischer Denker und Revolutionäre auf kommunistische Positionen; die in die Volksgesellschaften einströmenden Arbeiter drängen die progressiven Elemente der kleinbürgerlichen Demokratie in Richtung einer »sozialen Demokratie«. Die unbarmherzige Verfolgung sozialer und politischer Bestrebungen der verarmten Handwerker und Arbeiter, wofür die Aufstände von Lyon (1831, 1834) zum Symbol werden, bestätigt für jeden sichtbar die These Babeufs vom Krieg zwischen Reichen und Armen. Aus dieser Lage erwächst seit der zweiten Hälfte der

Buonarotti

dreißiger Jahre eine Wiederbelebung des *Babouvismus.* Eine außerordentliche Rolle bei der Weitergabe der Lehren Babeufs spielt Buonarotti, der 1828 sein Werk *Die Verschwörung für die Gleichheit* herausgibt und seit 1830 konspirativ in Frankreich wirkt. Bereits 1833 entwickelt er die Idee einer revolutionären Diktatur, mit deren Hilfe die Arbeiter im Rahmen der zu erkämpfenden Republik eine Gesellschaft der Gleichheit errichten werden. Unter dem Einfluß des Babouvismus stehen Männer wie Cabet, Louis Blanc, Blanqui, Jean-Jacques Pillot, Thédore Démazy und auch die Deutschen Weitling, Karl Schapper, Heinrich Bauer, Joseph Moll und Sebastian Seiler.

Die Niederschlagung des ersten Arbeiteraufstandes führt zur Intensivierung der bereits zuvor existierenden Beziehungen zwischen utopisch-kommunistischer und spontaner Arbeiterbewegung. Aus dem revolutionär-demokratischen Lager ziehen sich bürgerliche Elemente in die liberal-konstitutionelle Opposition und auf politische wie soziale Reformprojekte zurück, während die babouvistische Agitation allmählich zum Übergewicht proletarischer Elemente in den Volksgesellschaften führt. Proletarische und kleinbürgerliche Bewegungen beginnen, getrennte Wege zu gehen.

Als erste proletarische Geheimorganisationen entstehen nach 1834 die *Revolutionären Phalangen*, die *Gesellschaft der Familien* und die *Gesellschaft de Jahreszeiten.* In ihnen erreicht die Selbstverständigung über notwendige gesellschaftliche Umgestaltungen bis Ende des Jahrzehnts kommunistischen Charakter. Der von Babeuf erkannte Klassengegensatz wird nun al Gegensatz zwischen »Proletariat« (Masse der ausgebeuteten und unterdrückten Werktätigen) und »Geldaristokratie« (Bankiers, Verlagsunternehmer, Großkaufleute und Großgrundbesitzer) begriffen und die *sozial Revolution* mit dem Ziel der Herstellung der Gütergemeinschaft und de »Selbstregierung des Volkes« gefordert.

Neobabouvismus

Im Ergebnis des Verschmelzens von spontaner Arbeiterbewegung un utopisch-kommunistischen Ideen, der Revolutionserfahrungen vom Ju 1830 und der Lyoner Aufstände entsteht der Neobabouvismus. Beein flußt wird dieser Prozeß durch das Erscheinen einer vielfältigen, mit de fortgeschrittensten Arbeitern verbundenen linken Publizistik. Der Neo babouvismus stellt somit eine Zusammenfassung der erprobten Erkenn nisse des Babouvismus, der Klassenkampferfahrungen in der beginnenden industriellen Revolution, der Fortschritte des sozialen Denkens, vor allem des kritisch-utopischen Sozialismus, des kleinbürgerlichen Sozialismus (Proudhon, Blanc) und des revolutionären Demokratismus dar. Er formuliert den Antagonismus Bourgeoisie–Proletariat als bestimmenden Klassengegensatz und das Eigentumsmonopol an Produktionsmitteln als dessen Wesen. Hinzu tritt die Erkenntnis der Notwendigkeit proletarischer Selbstbefreiung und der führenden Rolle der Arbeiter in der »letzten« (sozialen) Revolution zur Gewinnung der politischen Machteroberung, Verwirklichung der Demokratie und einer Übergangsdiktatur auf dem Wege zur kommunistischen Gesellschaft. Widerstreitend ist die Auffassung der Neobabouvisten hinsichtlich der Möglichkeit sofortiger Einführung kommunistischer Verhältnisse und spezifischer Aufgaben der Übergangsdiktatur. Der Neobabouvismus ist nicht fähig, eine ökonomisch und historisch wissenschaftliche Begründung des Kommunismus zu geben, ihn als notwendiges Ergebnis der Geschichte abzuleiten. Gestützt auf Ideen Saint-Simons und Owens streift der Neobabouvismus allerdings das agrarisch-asketische Gewand des Babouvismus ab und wendet sich der Technik und Industrie zu. Zu den Pionieren des Neobabouvismus gehören Albert Laponneraye und Richard Lahautière.

(Randnotiz: »Soziale« Revolution)

Nach der Krise von 1839 beschleunigt und vertieft sich das Ineinanderfließen von spontaner Arbeiterbewegung und kommunistischer Bewegung. Ergebnis sind der Arbeiterkommunismus als Massenbewegung und die Entstehung kommunistischer *Arbeiterbildungsvereine*, die kommunistische Publizistik rezipiert weitere Argumente Saint-Simons, Fouriers und Owens, konzentriert sich aber zunehmend auf den fundamentalen Klassengegensatz, die soziale Unsicherheit der Werktätigen und hebt pronpncierter das Erfordernis der Einheit von Wollen und internationaler Solidarität hervor. Mit dem Bemühen um ein eigenes Geschichtsbild tritt der Kommunismus deutlicher als Bewegung mit weltanschaulich begründeten, sozialen und politischen Bestrebungen hervor. Im Verlaufe der vierziger Jahre differenziert sich der Arbeiterkommunismus in eine *reformerische* und eine *revolutionäre Richtung*: erstere wird vor allem von Cabet (»Ikarischer Kommunismus«) und Lahautière, die zweite von Blanqui, Dézamy und Pillot repräsentiert.

(Randnotiz: Arbeiterkommunismus der vierziger Jahre)

Über den hervorragenden Kommunisten Blanqui, der Zeit seines Lebens selbstlos, persönlich lauter für die Interessen der Arbeiter kämpft, verhängt die Klassenjustiz zwei Todesurteile und schickt ihn auf insgesamt 35 Jahre in verschärfte Kerkerhaft. Wiewohl er den Zugang zum wissenschaftlichen Kommunismus nicht findet, sind Siegeszuversicht und Engagement beispielhaft. Leidenschaftlich setzt er sich für die *Rote Fahne* als alles Progressive aufgreifendes Symbol der Arbeiterbewegung ein: »Ihr Fall ist ein Schimpf für das Volk, eine Schändung seiner Toten.«

Der revolutionäre Arbeiterkommunismus verfügt zwar über weniger Massenanhang als der reformerische, trägt aber bedeutender zum Selbstbewußtsein der Klasse bei, indem er geheime proletarische Organisationen gründet, den Arbeiterjournalismus fördert und sich vor allem um die Ausarbeitung einer eigenen Theorie bemüht. Wie der kritisch-utopische Sozialismus erfaßt der Arbeiterkommunismus der vierziger Jahre allerdings

(Randnotiz: Grenzen des Arbeiterkommunismus)

nicht die Gesetzmäßigkeit der Gesellschaftsentwicklung, wenngleich er in Teilfragen ein materialistisches Geschichtsverständnis vorbereitet. Auf die babouvistische Auffassung von der Gleichheit aller Menschen gestützt, die durch eine Gütergemeinscahft garantiert werden soll, wird er zum »Gleichheitskommunismus«. Er sieht die neue Gesellschaft nicht als Resultat historischer Entwicklung, sondern leitet sie aus der vorgegebenen naturrechtlichen Gleichheit aller Menschen ab. Im Unterschied zum utopischen Sozialismus, dessen Grundlagen er teilt, erfaßt der Arbeiterkommunismus mit seinen Forderungen des Rechts auf Arbeit, Ausbildung und Betätigung der Anlagen und Fähigkeiten jedes Menschen, dazu nach einem von den Bedürfnissen bestimmten Anteil am materiellen und kulturellen Reichtum der Gesellschaft deren ökonomische Basis. Damit überschreitet er den juristisch-politischen Horizont der bürgerlichen Menschenrechte und führt unmittelbar an den Marxismus heran.

3.5.6. Karl Marx und Friedrich Engels und die Entstehung des Marxismus

Der Marxismus entwickelt sich aus der umfassenden Aneignung, Zusammenführung und gleichzeitigen Revolutionierung von klassischer deutscher Philosophie und französischem utopischem Sozialismus und Kommunismus sowie klassischer politischer Ökonomie Englands. Er entsteht in Deutschland, weil hier die Widersprüche des Übergangs vom Feudalismus zum Kapitalismus besonders zugespitzt sind und die Arbeiterklasse in der bevorstehenden bürgerlichen Revolution vor entscheidende Aufgaben stellt. Die bestimmende Rolle bei der Entwicklung dialektisch-materialistischen Geschichtsdenkens spielt die Auseinandersetzung mit der Dialektik Hegels und deren doppelte Aufhebung. Wesentliche Vorarbeit leisten die linken Junghegelianer, in deren Kreis zunächst Marx und Engels wirken.

Hegelsche Linke — Zur Hegelschen Linken gehören die liberalen und revolutionär-demokratischen Schüler Hegels, die alle statisch-konservativen Elemente seiner Lehre, vor allem die Religions- und Staatsauffassung, verwerfen und sein System den neuen Bedingungen der bürgerlichen Gesellschaft anzupassen suchen. Der Theologe David Friedrich *Strauß* eröffnet 1836 mit seinem Werk *Das Leben Jesu* die Attacke zur Gleichsetzung von Religion und Philosophie durch Hegel; er sieht in der Religion nicht allgemeingültige Symbole, sondern historische Mythen. Damit greift die Kritik auf das politische und gesellschaftliche Gebiet über. August von *Cieszkowski* argumentiert 1838 für eine zukunftsgerichtete Philosophie zur Veränderung der Welt und überschreitet damit die von Hegel gezogene Grenze seines Systems.

Bruno Bauer — 1840–1842 begründet der Theologe Bruno Bauer diese »Philosophie der Tat«, indem er den von Hegel behaupteten absoluten und ewigen Wert der christlichen Religion negiert und ihren historischen, also relativen, Charakter nachweist. Daraus leitet er das Prinzip einer unendlichen dialektischen Entwicklung des universellen Bewußtseins ab, wobei er jedoch zugleich zur Trennung von Idee und Wirklichkeit zu rückkehrt. Seine Philosophie – die letztlich die Interessen des radikalen Bourgeois ausdrücken will – wird zur lediglich negativen »kritischen Kritik«. Noch bei Bauer, ausgeprägter aber bei Max *Stirner*, endet sie in Nihilismus und Anarchismus.

Aus der Gruppe der Junghegelianer löst sich eine Gruppe mit Ludwig Feuerbach, Moses Heß, Marx und Engels, die einen entgegengesetzten Weg geht, aber die gültigen Ergebnisse bei Strauß, Cieszkowski und Bauer übernimmt. *Feuerbach* beginnt 1839/40 eine materialistische Kritik an Hegel. Er weist nach, daß das Bewußtsein aus dem Sein hervorgehe, und in seinem Hauptwerk *Das Wesen des Christentums* (1840) wendet er den – eng anthropologisch gefaßten – Materialismus auf die Untersuchung der christlichen Religion an. Feuerbach interpretiert sie als die »Entfremdung« der höchsten Eigenschaften des Menschen im von Menschen geschaffenen Bild Gottes. Daraus zieht er atheistische und kollektivistische Folgerungen und bahnt als erster einen Weg vom Hegelianismus zum – noch utopischen – Sozialismus.

Heß überwindet 1841–1844 die Begrenzung Feuerbachs auf das Gebiet der Religion und fordert eine soziale Revolution, bestehend aus Phasen religiöser und politischer Reformen. In seiner Arbeit *Über das Geldwesen* wendet er den Feuerbachschen Begriff der Entfremdung auf die Kritik der kapitalistischen Gesellschaftsordnung an und kommt zu dem Schluß, daß infolge der Herrschaft des Privateigentums, der Profitsucht und der Konkurrenz die Entfremdung alle Seiten dieser Gesellschaft durchdringe. Damit bietet er Marx, der die Entfremdung zunächst noch auf das Verhältnis von Gesellschaft und Staat einengt, entscheidende Anregungen. Feuerbach und Heß bleiben, obwohl sich beide zum Kommunismus bekennen, auf allgemeinmenschlich-humanistischen Positionen stehen, fördern jedoch die Orientierung von Marx und Engels auf den Kommunismus als Interessenausdruck des revolutionären Proletariats.

Bereits in seiner Dissertation (1841) grenzt sich Karl Marx vom extremen Idealismus der Junghegelianer ab, indem er auf den Zusammenhang zwischen Philosophie und praktischer Tätigkeit verweist. Als Chefredakteur der *Rheinischen Zeitung* (1842/43) konzentriert er sich auf eben diesen Zusammenhang, speziell auf die Kritik der politischen Zustände in Deutschland. Hierbei kommt er auch in Berührung mit sozialen Fragen. In der *Kritik der Hegelschen Rechtsphilosophie* (1843) beginnt er, von Feuerbach ausgehend, die Auseinandersetzung mit dem Hegelschen Idealismus. Sein Nachweis zielt darauf, daß nicht der Staat die gesellschaftliche Organisation bestimme, sondern die jeweilige konkrete Gesellschaft den ihr entsprechenden Staat hervorbringe; daß dieser nicht Ausdruck allgemeiner Interessen, sondern der den Charakter der jeweiligen Gesellschaft bestimmenden Interessen sei – also des Privateigentums. Solle der Staat verändert werden, müsse die Gesellschaft verändert werden.

Damit geht Marx nicht nur über Hegel hinaus, sondern auch über Feuerbach, indem er an die Stelle »des Menschen« »die Gesellschaft« setzt und deren inneren Zustand analysiert. An Heß anknüpfend, weist Marx nach, daß die Herrschaft des Privateigentums die Entfremdung der Gesellschaft bedingt und auch die liberale Demokratie diese Herrschaft, folglich die

Revolutionär-demokratische Linke

Marx' Weg vom revolutionären Demokraten zum Kommunisten

Entfremdung der Menschen, nicht beseitigt. Diese Aufgabe zu lösen vermag nur die wahre Demokratie, ein Staat, in dem kein Gegensatz zwischen Privatinteressen und allgemeinen Interessen besteht: der *Kommunismus.* Der Kommunismus, wie ihn Marx hier sieht, ist noch nicht das gesetzmäßige Resultat des Kampfes der Arbeiterklasse, sondern vorerst »humanistisch« oder allgemeinmenschlich.

Marx in Paris   Den Übergang zum Kommunismus vollzieht Marx in Paris, wo er den Materialismus des 18. Jh. sowie den utopischen Sozialismus und Kommunismus studiert und mit den Führern des Arbeiterkommunismus in Berührung kommt, insbesondere mit der Theorie und Praxis Blanquis. Diese Begegnung mit der zwar noch spontanen, aber schon um Theorie und Weltanschauung ringenden Arbeiterbewegung Frankreichs ist eines der entscheidenden Ergebnisse der Pariser Jahre. Es findet theoretischen Ausdruck in der *Einleitung zur Kritik der Hegelschen Rechtsphilosophie* und in der Arbeit *Zur Judenfrage* (1844).

Rolle des Proletariats   In der *Einleitung zur Kritik der Hegelschen Rechtsphilosophie* begründet Marx die Notwendigkeit einer umfassenden gesellschaftlichen Revolution, deren Träger nur das Proletariat sein könne. Indem es sich selbst befreie, befreie es zugleich die gesamte Gesellschaft von ihren Gebrechen. In der *Judenfrage* grenzt sich Marx von Bauer ab und weist nach, daß zur Beseitigung der Entfremdung wie des Widerspruchs zwischen gesellschaftlichem und politisch-staatlichem Leben, zwischen kollektiver Produktion und privater Aneignungsweise Gesellschaft und Staat grundlegend revolutioniert werden müssen, vollzogen durch das Proletariat, im Ergebnis des Klassenkampfes zur Revolution gezwungen und in der Klassenauseinandersetzung auf sie vorbereitet. Um die objektiven Wurzeln des Klassenkampfes zwischen Bourgeoisie und Proletariat bloßzulegen, wendet sich Marx dem Studium der *Ökonomie* zu. Dazu bewegen ihn auch die *Umrisse zu einer Kritik der Nationalökonomie* von Engels (1844) und der Aufsatz *Über das Geldwesen* von Heß. Engels trifft im August 1844 erstmals mit Marx zusammen. Sie stellen Übereinstimmung ihrer Ansichten fest und gehen fortan einen gemeinsamen Weg.

In seinen *Umrissen* entwirft Friedrich Engels – hauptsächlich auf ökonomische Untersuchungen gestützt – den Gedanken, daß der Kommunismus gesetzmäßig aus der Entwicklung der kapitalistischen Gesellschaftsordnung selbst, das heißt aus der beständigen Zuspitzung und Ausweitung des Klassenkampfes zwischen Bourgeoisie und Proletariat hervorgehe. Heß liefert Marx mit dem Nachweis des universellen Charakters der Entfremdung das Bindeglied zwischen dem Feuerbachschen Materialismus, dem französischen revolutionären Arbeiterkommunismus und dem kritisch-utopischen Sozialismus und der politökonomischen Analyse durch Engels. In den *Ökonomisch-philosophischen Manuskripten* zeigt Marx, daß die politische Ökonomie das entscheidende Instrument zur Lösung aller Probleme des gesuchten Übergangs vom Kapitalismus zum Kommunismus darstellt. Philosophisch formuliert er hier zuerst den Gedanken, daß das tragende Glied zwischen Denken und Sein die praktische menschliche Tätigkeit – die Arbeit – ist. Die *Manuskripte* enthalten eine erste Fassung des dialektischen und historischen Materialismus.

In der ersten von Marx und Engels gemeinsam verfaßten Arbeit *Heilige Familie* (1844) tritt die bestimmende Rolle der menschlich-gesellschaftlichen Praxis noch deutlicher hervor. Darin werden die Grundlagen der materialistischen Geschichtsauffassung erstmalig organisch ausgearbeitet. Dieses Werk widerspiegelt auch die im Ergebnis des Paris-Aufenthaltes vertiefte Kenntnis des französischen Materialismus wie utopischen Sozialismus und Kommunismus. Die *Thesen über Feuerbach* (1845) – geschrieben zum Zweck der Abgrenzung gegenüber dem kontemplativ-mechanischen Materialismus von Feuerbach und Heß – vereinen die Grundgedanken des dialektischen und historischen Materialismus mit dem Kommunismus und überwinden gleichzeitig Idealismus und mechanischen Materialismus, utopischen Sozialismus und Kommunismus. In Brüssel verfassen Marx und Engels *Die deutsche Ideologie*, in der Grundfragen des historischen Materialismus und des wissenschaftlichen Kommunismus weitergeführt werden und eine Abgrenzung gegenüber dem »wahren« Sozialismus erfolgt. Hier gründen sie 1846 mit dem Kommunistischen Korrespondenzkomitee ein Zentrum zur Verbindung des wissenschaftlichen Kommunismus mit der Arbeiterbewegung und zur Bekämpfung des Einflusses der bürgerlichen und kleinbürgerlichen Ideologie. Dem dient auch die von Marx verfaßte Schrift *Das Elend der Philosophie* (1847), gerichtet gegen den Anarchismus Proudhons, aber zugleich der Begründung des ökonomischen Kampfes der Arbeiterklasse gewidmet. Anfang 1847 treten Marx und Engels dem *Bund der Gerechten* bei, der im Verlaufe dieses Jahres zum *Bund der Kommunisten* umgestaltet wird. *Damit entsteht die erste internationale revolutionäre Arbeiterpartei auf der Grundlage des wissenschaftlichen Kommunismus.*
Im Auftrag des Bundes verfassen sie als programmatisches Dokument das *Manifest der Kommunistischen Partei* (erschienen Februar 1848 in London). »Mit genialer Klarheit und Ausdruckskraft ist in diesem Werk die neue Weltanschauung umrissen: der konsequente, auch das Gebiet des gesellschaftlichen Lebens umfassende Materialismus, die Dialektik als die umfassendste und tiefste Lehre von der Entwicklung, die Theorie des Klassenkampfes und der welthistorischen revolutionären Rolle des Proletariats, des Schöpfers einer neuen, der kommunistischen Gesellschaft.«[26]

Die europäische Revolution von 1848/49   3.6.

Der europäische Charakter der Revolution   3.6.1.

Seit der Mitte der vierziger Jahre zeichnet sich auf dem europäischen Kontinent eine tiefgreifende gesellschaftliche Krise ab, die sowohl Länder mit ausgereifter kapitalistischer Struktur wie Länder mit überwiegend feudalen und halbfeudalen Produktions- und Herrschaftsverhältnissen erfaßt. Dabei drängen umfassende ökonomische, soziale und politische

(Randnotiz: Gesellschaftliche Krise)

---

26 W. I. Lenin, Karl Marx, in: Werke, Bd. 21, S. 36.

Konflikte im Kerngebiet Europas zu einer Lösung. Diese gesamteuropäische Krise wurzelt letzten Endes darin, daß in mehreren Ländern der Widerspruch zwischen dem überall vorwärtsdrängenden Kapitalismus und den feudalen Hemmnissen in Stadt und Land sowie der feudalen und halbfeudalen Staatsmacht verschärft in Erscheinung tritt.

Von den fortgeschrittenen Ländern Westeuropas bis nach Ost-, Südost- und Südeuropa befindet sich der Kapitalismus im unaufhaltsamen Vormarsch. Zwei Entwicklungslinien beschleunigen diesen Prozeß:

Bürgerliche Umwälzung in Europa

1. Unter dem Einfluß der Französischen Revolution von 1789 setzt sich in Deutschland, Italien, Belgien, Schweden, Polen und der Schweiz auf reformerischem Wege die bürgerliche Umwälzung schrittweise durch. In unterschiedlichem Grade werden feudale Produktionsverhältnisse in der Stadt und auf dem Lande beseitigt. Besonders die bürgerlichen Agrarreformen in einigen dieser Länder schaffen dem Kapitalismus Raum.

2. Ökonomisch entscheidend für den Sieg des Kapitalismus im Weltmaßstab wird die industrielle Revolution, die am Vorabend der Revolution die Länder mit bereits herrschender bürgerlicher Ordnung (England, USA, Frankreich, Belgien) voll erfaßt und umgestaltet und Deutschland, wo noch halbfeudale Zustände überwiegen, erreicht hat. Andere Länder Europas, in denen die industrielle Revolution noch nicht begonnen hat, werden von ihr mittelbar, über den Außenhandel, beeinflußt.

Verschärfung der Widersprüche

Der Siegeszug des Industriekapitalismus verschärft die in Europa bestehenden Widersprüche und wirft zugleich neue Probleme auf. In England, Frankreich und Belgien spitzt sich der Grundwiderspruch des Kapitalismus besonders zu, da die extensive Methode der Ausbeutung ihre Grenze erreicht hat. Während in England diese Krise des Industriekapitalismus bereits Anfang der vierziger Jahre durch den Übergang zu intensiven Mitteln der Produktion und Ausbeutung beendet wird, bildet sie in Frankreich eine der wesentlichen Ursachen der Revolution. Auch in Deutschland und einigen Gebieten der Habsburgermonarchie (Böhmen, Oberitalien) tritt der Gegensatz zwischen Kapital und Arbeit bereits in Erscheinung. Bestimmend bleibt aber der Antagonismus zwischen kapitalistischen Produktions- und überholten Machtverhältnissen.

Charakter der heranreifenden Revolution

Obwohl in Europa gesellschaftliche Widersprüche unterschiedlicher Qualität gleichzeitig wirken, vollzieht sich ihre Lösung im Kern in gleicher Richtung. Entsprechend der Grundtendenz der Epoche des Übergangs vom Feudalismus zum Kapitalismus trägt die heranreifende Revolution in Europa bürgerlichen Charakter.

Aus der im Wesen gleichartigen Stoßrichtung der Klassenkämpfe von 1848/49 ergibt sich der *europäische Charakter der Revolution*. Die verschiedenen nationalen Revolutionen entwickeln sich im gleichen Zeitrahmen. Der Gang der Revolutionen in den einzelnen Ländern wird sowohl von den inneren Bedingungen wie vom Verlauf der Revolutionen in anderen Ländern mehr oder weniger stark beeinflußt. Es existiert eine wechselseitige Abhängigkeit der einzelnen nationalen Revolutionen. Die Verflechtung der einzelnen revolutionären Bewegungen und konterrevolutionären Aktionen erlaubt es, von einem geschlossenen *europäischen Revolutionszyklus* zu sprechen.

Entsprechend dem differenzierten Entwicklungsgrad der kapitalistischen Verhältnisse besitzen die Revolutionen in Frankreich, Deutschland, Italien, Ungarn, Böhmen und Polen eigenständigen Charakter. Sie unterscheiden sich in der historischen Funktion, den konkreten Zielen und Formen, in ihrem Verlauf, im Verhältnis von Hegemonie und Triebkräften und in den Ergebnissen der Klassenkämpfe voneinander. Eine exponierte Stellung im Gesamtverlauf der europäischen Revolution nehmen die Revolutionen in Frankreich und Deutschland ein.

Auf Grund der spezifischen historischen Funktion und der konkreten Ziele der jeweiligen Revolution in den einzelnen Ländern Europas sind drei Typen bürgerlicher Revolutionen zu unterscheiden: *Typen der Revolution 1848/49*

1. Die in Frankreich herannahende Revolution entwickelt sich bereits auf dem Boden der kapitalistischen Ordnung. Der Feudalismus ist längst überwunden, die Bourgeoisie an der Macht. Es geht hier um den weiteren *Ausbau der bürgerlichen Gesellschaft* entsprechend dem Entwicklungsstand des Industriekapitalismus, um die politische Herrschaft der Industriebourgeoisie, um die Vollendung der bürgerlichen Umgestaltung. Neues und wichtiges Moment der französischen Revolution von 1848 ist das selbständige Auftreten der *Arbeiterklasse*. Die französische Arbeiterklasse kämpft um eine sozial geprägte demokratische Republik.

2. In Deutschland, Italien und in Teilen Polens hat die bürgerliche Umwälzung, allerdings in unterschiedlichem Maße, auf reformerischem Wege eingesetzt. Aber die kapitalistische Gesellschaftsordnung herrscht noch nicht. Antifeudale Aufgaben überwiegen: Beseitigung der feudalen und halbfeudalen Zustände, Sturz der reaktionären Adelsklasse, Machteroberung durch die Bourgeoisie und Errichtung der kapitalistischen Gesellschaft. Die Lösung dieser Aufgaben wird durch die bereits in Gang gekommene bürgerliche Umgestaltung verändert. Zur Debatte steht nicht die Alternative Feudalismus oder Kapitalismus, sondern die Frage, *in welchem Tempo und auf welchem Wege* (revolutionär oder reformerisch) der Kapitalismus durchgesetzt wird.

3. In den Ländern der Habsburgermonarchie, mit Ausnahme Oberitaliens, herrschen überwiegend noch feudale Verhältnisse. Die Revolutionen haben hier die historische Funktion, den Durchbruch des Kapitalismus einzuleiten und den Weg zur bürgerlichen Ordnung zu öffnen.

Der Revolutionsverlauf in den einzelnen Ländern Europas weist eine beachtliche Eigenständigkeit und autonome Dynamik auf. Jedoch erlaubt es die wechselseitige Beeinflussung der einzelnen Revolutionen, von Gemeinsamkeiten im Revolutionsverlauf zu sprechen. Für eine Periodisierung der europäischen Revolution sind Wendepunkte von übergreifender Bedeutung entscheidend, die den europäischen Revolutionsprozeß prägen. Die wichtigste Frage dabei ist, ob sich die Revolution auf einer aufsteigenden oder absteigenden Linie bewegt.[27]

Die europäische Revolution (vor allem die Revolutionen in Frankreich und Deutschland) weist nach einem Aufschwung im Frühjahr 1848 eine überwiegend absteigende Tendenz auf. Zugleich unternehmen jedoch re- *Periodisierung der Revolution 1848/49*

27 Vgl. K. Marx, Der achtzehnte Brumaire des Louis Bonaparte, S. 135.

volutionäre Bewegungen, getragen von der kleinbürgerlichen Demokratie und dem Proletariat, bis zum Sommer 1849 immer neue Vorstöße, um die Revolution im demokratischen Sinne voranzutreiben. Es lassen sich vier Phasen unterscheiden:

1. Phase: Revolutionärer Durchbruch auf dem europäischen Kontinent im Frühjahr 1848 (Ende Februar bis Ende März/Anfang April). Sie beginnt mit der siegreichen Februarrevolution in Frankreich, die einen raschen Aufschwung der revolutionären Bewegung in zahlreichen Ländern auslöst. Der Revolutionsprozeß verläuft relativ einheitlich und überall in aufsteigender Linie. Das Volk erzwingt bürgerlich-demokratische Rechte, die reaktionären Mächte werden zurückgeschlagen, Machtveränderungen zugunsten der Bourgeoisie bzw. des liberalen Adels (Polen, Ungarn) erreicht.

2. Phase: Differenzierung der Revolution in den einzelnen Ländern (Ende März/Anfang April 1848 bis zur Niederschlagung der Pariser Juniinsurrektion am 26. Juni). Es wirken gegensätzliche Tendenzen. Einerseits zeigen sich in fast allen Ländern Versuche der Volksmassen, die im Februar und März 1848 errungenen Erfolge zu sichern und auszubauen, andererseits gelingen der Konterrevolution erste Siege über revolutionäre Bewegungen (Polen, Böhmen, Italien).

3. Phase: Der Sieg der Konterrevolution über die Pariser Arbeiter Ende Juni 1848 leitet die Entwicklung der europäischen Revolution in absteigender Linie ein. Der erste entscheidende Sieg der Konterrevolution in Frankreich eröffnet eine Gegenoffensive der europäischen Revolution und zugleich eine neue Phase, die bis Ende 1848 reicht. Von Frankreich ausgehend, vollzieht sich in Deutschland, Österreich und Italien eine Machtverschiebung zugunsten der konterrevolutionären Klassenkräfte. Trotz generell absteigender Tendenz der europäischen Revolutionsentwicklung vollzieht sich zwischen September und Jahresende 1848 in mehreren europäischen Ländern (Österreich, Ungarn, Italien) ein revolutionärer Aufschwung (zweite revolutionäre Welle), der in Ungarn und Italien dazu führt, daß sich die Revolution wieder in aufsteigender Linie bewegt. In Preußen und Österreich werden Versuche der revolutionären Kräfte, die Revolution weiterzutreiben, entweder in Ansätzen erstickt (Preußen) oder nach blutigen Kämpfen (Wiener Oktoberaufstand 1848) niedergeschlagen. Die Unterdrückung des Wiener Aufstandes Anfang November und der konterrevolutionäre Staatsstreich in Berlin November/Anfang Dezember markieren einen Wendepunkt in der europäischen Revolutionsentwicklung. Damit erlangt die Konterrevolution europäische Ausmaße. Die Wahl Louis Bonapartes zum Präsidenten der Republik Frankreich (Dezember 1848) bedeutet eine erneute rückläufige Machtverschiebung in Frankreich.

4. Phase: In der Zeit von Ende 1848 bis Sommer 1849 versucht die Konterrevolution, ihre Macht auszubauen und die Revolution in den Ländern und Gebieten Europas zu vernichten. Jedoch gelingt es den revolutionären Kräften in Ungarn und Italien (Römische Republik Februar–Juni 1849), den Revolutionsprozeß zeitweilig zu vertiefen. Ungarn wird im Frühjahr 1849 zum Zentrum der europäischen Revolution. Bei den

Reichsverfassungskämpfen (Mai–Juli 1849) in Sachsen, der Pfalz und Süddeutschland erlangen kleinbürgerliche Demokraten zeitweilig die Hegemonie. Ein Umschwung im Kräfteverhältnis zwischen Revolution und Konterrevolution in Europa wird nicht mehr erreicht. Mit überlegener militärischer Macht schlägt die europäische Konterrevolution in Ungarn (August 1849), Italien (August 1849) und in Süddeutschland (Juli 1849) die Revolution.

Die französische Revolution als Leitrevolution im europäischen Revolutionszyklus

3.6.2.

Von allen europäischen Ländern, die 1848 eine Revolution durchlaufen, besitzt Frankreich das am weitesten fortgeschrittene Niveau der ökonomischen und sozialpolitischen Entwicklung. Die Arbeiterklasse tritt bereits eigenständig auf. So gehen von der französischen Revolution tiefgreifende Wirkungen auf Verlauf und Ergebnisse der Revolution in ganz Europa aus. Sie wird zur *Leitrevolution* im europäischen Revolutionszyklus von 1848/49.

In der zweiten Hälfte der vierziger Jahre zeichnet sich die ökonomisch- *Krise der* soziale und politische Krise der Julimonarchie scharf ab. Wenn auch *Julimonarchie* Frankreich industriell noch hinter England zurückbleibt, so macht die industrielle Revolution bedeutende Fortschritte. Kohle- und Eisenproduktion steigen rasch. Die Textilindustrie (vor allem Baumwollindustrie) stellt in dieser Phase der industriellen Revolution den führenden Gewerbezweig. Ihr Mechanisierungsgrad erhöht sich bedeutend. Die Zahl der Spindeln wächst von 180000 im Jahre 1832 auf 300000 im Jahre 1844. Entsprechend ihrer zunehmenden ökonomischen Potenz drängt die Industriebourgeoisie auf Beteiligung an der ihr vorenthaltenen politischen Macht. Gegenstand dieses Konflikts der zwei Fraktionen der Bourgeoisie (Finanzaristokratie – Industriebourgeoisie) wird zunehmend das Ringen um die Ausweitung des restriktiven Wahlrechts.

Der Konflikt innerhalb der Bourgeoisie verbindet sich mit der scharfen Konfrontation zwischen der bürgerlichen Gesamtklasse und der Arbeiterklasse. Der Aufstieg des Industriekapitalismus hat tiefgreifende Auswirkungen auf die sozialen Lebensbedingungen der werktätigen Klassen und Schichten. Die Lage des Proletariats verschlechtert sich durch die vorherrschend extensive Form der Ausbeutung. Das Lebensniveau zeigt sinkende Tendenz, der Arbeitstag ist auf 14–15 Stunden ausgedehnt, Kurzarbeit und Arbeitslosigkeit breiten sich aus. Dadurch wächst in den vierziger Jahren die Bereitschaft zu sozialen und politischen Aktionen. Ausdruck dessen ist auch die sich entfaltende Streikbewegung.

Ausgehend von England, erfaßt die internationale zyklische Wirtschafts- *Wirtschafts-* krise 1847 auch Frankreich. Sie bewirkt, daß sich aus der Krise der Juli- *krise von* monarchie eine *revolutionäre Situation* entwickelt. *1847*

Der Regierung steht eine breite Oppositionsfront gegenüber, die sich auf die Forderung nach *Wahlreform* eingeschworen hat. Ausdruck des gemeinsamen Vorgehens aller Gegner der Julimonarchie sind die Wahl»bankette«, die seit 1840 in großer Zahl zur Durchsetzung dieses Zieles veranstaltet werden. Die Opposition erhält Unterstützung durch proletarische Kräfte, die auf eigenen kommunistischen Banketten die Beseitigung der Julimonarchie fordern.

Politische Gruppierungen der Opposition

Die Opposition umfaßt unterschiedliche politische Richtungen:
1. Die Konservativen setzen sich aus Legitimisten und Bonapartisten zusammen. Während die Legitimisten die Restauration der Bourbonenherrschaft anstreben, wollen die Bonapartisten ein autoritäres Regime errichten, das zwar den Interessen der Industriebourgeoisie dient, seine Massenbasis jedoch in der Bauernschaft besitzt.
2. Im liberal-bourgeoisen Lager profilieren sich unter Führung von Marrast die gemäßigten bürgerlichen Republikaner, deren Ziel in der liberalen parlamentarischen Republik besteht, in der die Interessen der Industriebourgeoisie bestimmend sind.
3. Links von den liberalen Bourgeoisrepublikanern steht die kleinbürgerlich-demokratische Opposition. Sie steuert die demokratische Republik an. Zeitweise und in begrenztem Umfang tritt sie auch für proletarische Forderungen ein. Ihr Führer ist Alexandre Auguste Ledru-Rollin.
4. Die französische Arbeiterbewegung tritt in der Revolution bereits als eigenständige Kraft in Erscheinung. Die Interessen des Proletariats werden am entschiedensten in der politischen Tätigkeit der utopischen Kommunisten Cabet, Dézamy und Blanqui zur Geltung gebracht. In gewissem Maße verleihen auch die kleinbürgerlichen Sozialisten (Blanc, Proudhon) in ihren Ideen und politischen Aktivitäten proletarischen Forderungen Ausdruck.

Die liberale Bourgeoisie hofft Anfang 1848, durch Kompromiß die Senkung des Wahlzensus zu erreichen und dabei die Gewährung des allgemeinen Wahlrechts, wie sie von kleinbürgerlichen Demokraten und Sozialisten gefordert wird, zu verhindern. Aber die Regierung unter François Guizot lehnt ab und erläßt im Februar 1848 ein Bankettverbot.

Beginn der Februarrevolution

Während die Bourgeoisie zurückweicht, löst das Verbot die offene Empörung des Proletariats von Paris aus. Die Massendemonstration vom 22. Februar 1848 in Paris bedeutet den *Auftakt zur Revolution.*

Aus den sozialökonomischen und politischen Widersprüchen der Julimonarchie ergeben sich die Aufgaben der beginnenden Revolution. Es geht darum, die von der Finanzaristokratie beherrschte bürgerliche Monarchie durch eine bürgerlich-parlamentarische Republik zu ersetzen, in der die Industriebourgeoisie als führende Kraft der gesamten Klasse der Bourgeoisie die politische Macht ausübt und die notwendigen sozialökonomischen und politischen Strukturen schafft, die der Entwicklung des Industriekapitalismus entsprechen. Vom Eingreifen der Volksmassen hängt es ab, inwieweit dabei die bürgerliche Demokratie ausgebaut und eine demokratische (»soziale«) Republik mit weitgehenden Rechten im Interesse der Werktätigen durchgesetzt werden kann.

Hegemon und Triebkraft

Hegemon der französischen Revolution 1848 ist die von der industriebourgeoisen Fraktion geführte Bourgeoisie. Die Haupttriebkraft der Revolution ist – neben dem Kleinbürgertum – die Arbeiterklasse, wodurch

die Revolution ihren bürgerlich-demokratischen Charakter gewinnt. Die
französische Revolution von 1848 wird bereits wesentlich von der *Arbeiterfrage* geprägt.

Die Arbeiter bilden den Kern der Aufständischen, die in den Straßenkämpfen vom 22. bis 24. Februar 1848 den *Sturz des Königs Louis-Philippe*
erreichen. Am 24. Februar werden die Tuilerien gestürmt und die in Paris
gegen die revolutionären Arbeiter, Kleinbürger und Studenten eingesetzten Truppen der Julimonarchie entwaffnet oder aus der Stadt vertrieben.
Eine Provisorische Regierung wird unter faktischer Leitung des Dichters
und Historikers Alphonse de Lamartine gebildet, in der die gemäßigten
Bourgeoisrepublikaner ausschlaggebendes Gewicht besitzen. Unter dem
Druck der Massen werden auch zwei kleinbürgerliche Sozialisten in die
Regierung aufgenommen (Blanc und der Arbeiter Alexandre Albert).
Am 25. Februar ruft die Provisorische Regierung die (II.) Republik aus. **II. Republik**
Gleichzeitig ist die Regierung gegenüber dem Proletariat zu weiteren Zugeständnissen gezwungen: Das Recht auf Arbeit wird anerkannt (25. Februar), Nationalwerkstätten zur Beseitigung der Arbeitslosigkeit sollen
eingerichtet werden. Schließlich wird eine Kommission unter Leitung
von Blanc zur »Verbesserung der Lage der Arbeiter« geschaffen (Luxem-
bourg-Kommission), die aber über fruchtlose Debatten nicht hinaus-
kommt.

Sofort nach dem Sieg der Februarrevolution zeigt sich, daß die Gegner **Politische**
der Julimonarchie divergierende politische Ziele verfolgen. Die Arbeiter- **Differen-**
klasse dringt auf die soziale Ausgestaltung der Republik und glaubt, in **zierung**
solchem Rahmen ihre Befreiung vollziehen zu können. Die Bourgeoisie
will ihre Herrschaft rasch stabilisieren, um allen antibourgeoisen Forderungen der Werktätigen einen Riegel vorzuschieben. In ihrem Kampf gegen die Arbeiterklasse wendet die Bourgeoisie nach der Februarrevolution verschiedene Mittel wie Gewalt, Korrumpierung sozial deklassierter
Elemente (Bildung der Mobilgarde), Neutralisierung (machtlose Luxem-
bourg-Kommission) und Spaltung der Volkskräfte (45-Centimes-Zusatz-
steuer seit 16. März 1848), die Kleinbürgertum und Bauern dem Proletariat entfremden, an. Mit dieser flexiblen Politik bereitet die Bourgeoisie
den entscheidenden Schlag gegen die Arbeiterklasse vor.

Der Protest gegen die arbeiterfeindliche Politik kommt bei Demonstratio- **Wahlen zur**
nen am 17. März und 18. April 1848 zum Ausdruck. Die Bourgeoisie **Konstituieren-**
strebt mit den Wahlen zur konstituierenden Versammlung am 23. April **den**
1848 danach, die revolutionären Kräfte auf parlamentarischem Wege zu **Versammlung**
schlagen. Sie erreicht das mit einem Wahlergebnis, welches die
Bourgeoisrepublikaner, Orléanisten und Legitimisten am 4. Mai als Sieger
in die Konstituante einziehen läßt (insgesamt 700 von 900 Abgeordneten-
sitzen). Kleinbürgerliche Demokraten und Sozialisten erleiden eine Niederlage. Sie erreichen kaum 100 Sitze. Die Bourgeoisie geht nun daran,
offensiv die Frage *Wer–wen?* zu lösen, und nützt die in den nichtproletarischen Klassen und Schichten weit verbreitete Furcht vor einer »roten«
Republik aus. Die Arbeiterklasse setzt sich in spontanen Aktionen zur
Wehr. Bei einer großen Demonstration am 15. Mai 1848 (150 000 Teilnehmer) besetzen die Massen den Sitzungssaal der Konstituante und fordern

entschiedene Maßnahmen gegen das soziale Elend. Die Regierung nutzt diese Aktion des Pariser Proletariats, um die Führer der Arbeiter ins Gefängnis zu bringen (u. a. Blanqui). Danach sucht sie die offene Auseinandersetzung.

Juni-Aufstand des Proletariats

Die Antwort des Proletariats auf Provokationen (Schließung der Nationalwerkstätten am 21. Juni) ist der Aufstand vom 23. bis 26. Juni 1848, die erste große Schlacht zwischen Bourgeoisie und Proletariat. Das Proletariat von Paris fordert die Auflösung der Konstituante, den Abzug des Militärs und die Ausarbeitung einer neuen Verfassung.

Die herrschende Klasse antwortet mit der Konzentration von Armee und Mobilgarde. Kriegsminister General Cavaignac erhält diktatorische Vollmachten zur Niederschlagung des Aufstandes. Etwa 45 000 Aufständische stehen einer überlegenen militärischen Macht gegenüber. Unter Leitung Cavaignacs (»Henker von Paris«) wird nach erbitterten Kämpfen am 26. Juni der Aufstand niedergeschlagen. Nach dem Sieg der Konterrevolution werden 1500 Arbeiter, darunter Verwundete, erschossen. Von den rund 25 000 Gefangenen werden 3500 nach Algerien verbannt.

Die Juniinsurrektion markiert den *Höhe- und Wendepunkt* der europäischen Revolution von 1848/49. Ihre Niederlage erbringt den Beweis, daß die soziale Befreiung der Arbeiterklasse im Kapitalismus unmöglich ist. Die Erhebung der Pariser Arbeiter zeigt Tendenzen einer frühproletarischen Revolution und läßt den Widerspruch zwischen absteigender bürgerlich-demokratischer und aufsteigender proletarischer Revolutionslinie weltgeschichtlich erstmals sichtbar werden. Ihre Niederschlagung ermuntert die Konterrevolution in ganz Europa und entscheidet darüber, daß die absteigende Tendenz, ungeachtet neuer revolutionärer Bewegungen nach dem Juni 1848, im europäischen Revolutionszyklus dominierend wird.

Für Frankreich stellt der Juni 1848 endgültig die Weichen. Aus Furcht vor den Massen verrät die Bourgeoisie die Ideale des Februar 1848. Sie nimmt die sozialen Zugeständnisse vollständig zurück. Auch die kleinbürgerlichen Demokraten sehen sich aus der Regierung hinausgedrängt.

Verfassung der II. Republik

Die Verfassung der Republik (12. November 1848) spiegelt die Politik der konterrevolutionären Bourgeoisie wider. Zwar werden bestimmte Errungenschaften der Februarrevolution im wesentlichen erhalten, aber zugleich erfolgt die Festschreibung des Streikverbots. Der alle vier Jahre zu wählende Präsident erhält weitgehende Vollmachten. Der Präsidialcharakter des neuen Regimes erleichtert es der Bourgeoisie, eine Politik der Ausschaltung des Parlaments zu betreiben. In diese Richtung entwickeln

Louis Bonaparte wird Präsident

sich die Präsidentschaftswahlen (10. Dezember 1848), in denen sich der Favorit der Bourgeoisrepublikaner, Cavaignac, und Louis Napoleon Bonaparte, der Neffe Napoleons I., gegenüberstehen. Louis Bonaparte erringt gegen den verhaßten Cavaignac einen überwältigenden Sieg (5 434 000 gegen 1 448 000 Stimmen). Er besitzt seine Massenbasis in der Bauernschaft, die durch die Wirtschafts- und Steuerpolitik der Bourgeoisie seit dem Frühjahr 1848 in Frontstellung gegen die Republik gebracht worden und noch den Illusionen der Grande Nation unter Napoleon I. verhaftet ist. Nach den Wahlen finden sich alle politischen Gruppen der bourgeoisen

Konterrevolution zur Partei der Ordnung zusammen. Die Bourgeoisie zeigt sich immer mehr geneigt, für die Beendigung der Revolution die Hilfe eines »starken Mannes« in Anspruch zu nehmen. Dagegen formiert sich Anfang 1849 die kleinbürgerlich-demokratische Opposition neu. Die Gruppe von kleinbürgerlichen Demokraten und Sozialisten um Ledru-Rollin nennt sich Neue Bergpartei. Sie fordert Senkung der Steuerlasten und solidarische Hilfe für den nationalen Befreiungskampf Polens und Italiens. Jedoch ist die kleinbürgerliche Demokratie nicht imstande, ein revolutionäres Bündnis mit der Arbeiterklasse einzugehen. Bei den Wahlen zur Gesetzgebenden Versammlung (13. Mai 1849), die am 29. Mai 1849 ihre Tätigkeit aufnimmt, erhält die Ordnungspartei eine überwältigende Mehrheit der Stimmen, während die gemäßigten Bourgeoisrepublikaner vernichtend geschlagen werden. Die Neue Bergpartei gewinnt zwar 180 Sitze (von 750), aber ihre Deputierten bleiben in ihrem Vorgehen inkonsequent. Eine unzureichend vorbereitete Demonstration am 13. Juni 1849 wird von der Reaktion mit militärischen Mitteln auseinandergejagt. *(Randnotiz: Neue Bergpartei)*

Seit Juni 1849 schreitet die konterrevolutionäre Entwicklung voran. Die Bourgeoisie bereitet gezielt der Diktatur Louis Bonapartes den Weg. Sie sieht sich immer weniger imstande, ihre Herrschaft mit parlamentarischen Mitteln zu sichern.

Louis Napoleon führt am 2. Dezember 1851 einen *Staatsstreich* durch. Mit Gewalt und Demagogie agierend, schaltet er die Legislative aus, erweitert seine Vollmachten und verlängert seine Präsidentschaft um zehn Jahre. Der spontane Widerstand von Teilen der Arbeiterklasse wird mit Hilfe der Armee gebrochen. Louis Napoleon nutzt die Unzufriedenheit breiter Bevölkerungskreise über die Republik, um eine Diktatur zu errichten, die den Interessen der Bourgeoisie dient und die Arbeiter durch soziale Demagogie und demokratische Scheinzugeständnisse (allgemeines Wahlrecht) zu manipulieren sucht. Der Bonapartismus verhüllt die scharfen Gegensätze zwischen Bourgeoisie und Proletariat zeitweise und entschädigt die Bourgeoisie ökonomisch. Er beendet die Revolution und sichert der Bourgeoisie die für den Aufschwung des Industriekapitalismus notwendige politische Stabilität Frankreichs. Am 2. Dezember 1852 läßt sich Louis Bonaparte als Napoleon III. zum *Kaiser der Franzosen* ausrufen. *(Randnotiz: Bonapartismus)*

Die französische Revolution ist eine Etappe im 1789 begonnenen bürgerlichen Revolutionszyklus. Sie endet mit einer Niederlage der demokratischen Kräfte, die das Ziel einer demokratisch-sozialen Republik nicht erreichen. Der Industriebourgeoisie gelingt es nicht, ihre direkte Herrschaft zu etablieren. Jedoch realisiert der Bonapartismus ihre politischen und ökonomischen Interessen in hohem Maße. Seit 1849 beginnt im Zeichen eines neuen wirtschaftlichen Aufschwungs eine beschleunigte Entwicklung des Industriekapitalismus (Schwerindustrie). *(Randnotiz: Ergebnisse der Revolution)*

3.6.3. Verhältnis von nationaler und sozialer Frage. Die Revolutionen in Deutschland, Polen, Österreich, den böhmischen Ländern, Ungarn und Italien

Revolution in Deutschland

Die Februarrevolution in Frankreich entfesselt die europäische Revolutionsbewegung. Erst mit dem Übergreifen auf die Staaten des Deutschen Bundes, mit dem Sieg der Wiener (13. März 1848) und der Berliner Märzrevolution (18. März) gewinnt die Revolution ihre gesamteuropäische Dimension. Deutschland nimmt in dieser Hinsicht eine Schlüsselstellung ein. Hier dominiert noch der Gegensatz Feudalismus–Kapitalismus (allerdings modifiziert durch die im Gange befindliche bürgerliche Umwälzung), der auch in den meisten europäischen Ländern gelöst werden muß. Zugleich wird die deutsche Revolution bereits vom Antagonismus zwischen Kapital und Arbeit deutlich geprägt. In Deutschland sind 1848/49 alle hauptsächlichen Widersprüche der Epoche präsent und wirksam.

Krise der Adelsherrschaft

In *Deutschland* befindet sich die bürokratische Adelsherrschaft seit Beginn der vierziger Jahre in einer Krise. Hegemon und Triebkräfte der bürgerlich-demokratischen Revolution formieren sich. Die preußische Bourgeoisie tritt seit 1840 an die Spitze der Opposition. Preußen wird zunehmend von der antifeudalen Oppositionsbewegung erfaßt.

Auf die Verschärfung der Krise wirken der *Aufstand der schlesischen Weber* (Juni 1844), der erste offene Kampf der deutschen Arbeiter gegen die kapitalistische Ausbeutung, und die darauf folgenden proletarischen Massenaktionen. Sie erreicht ihren Höhepunkt im Jahre 1847, als eine Mißernte und die beginnende *zyklische Wirtschaftskrise* lokale Hungerunruhen hervorrufen (Mai/Juni 1847) und die preußische Bourgeoisie auf dem 1. Vereinigten Landtag in Berlin (April–Juni 1847) entschieden gegen die Regierung auftritt.

Die Revolution in Deutschland erwächst aus dem Widerspruch zwischen den Entwicklungsbedürfnissen des Kapitalismus einerseits und den noch bestehenden feudalen Verhältnissen sowie der halbfeudalen Adelsherrschaft andererseits. Da die bürgerliche Umwälzung in Deutschland bereits im Gange ist, besteht die Funktion der Revolution darin, den reformerischen Weg zu korrigieren und die Umwälzung beschleunigt und auf revolutionärem Wege zu vollenden. Im Verlauf der Revolution lassen sich *vier Phasen* unterscheiden:

Phasen der deutschen Revolution

1. Phase: Märzrevolutionen in den Staaten des Deutschen Bundes. Höhepunkt und Abschluß: Sieg des Volkes in Wien (13. März 1848) und Berlin (18. März). Die liberale Bourgeoisie erreicht einen Anteil an der politischen Macht.

2. Phase: Revolution und Konterrevolution in einem relativen Gleichgewicht. Versuche, die Revolution in demokratischer Richtung weiterzutreiben, erreichen ihr Ziel nicht (Ende März–Ende Juni 1848).

3. Phase: Die Konterrevolution gewinnt seit der Juniinsurrektion in Paris die Initiative. Die revolutionären Kräfte führen Abwehrkämpfe (Ende Juni–Jahresende 1848).

4. Phase: Erneuter Versuch von Arbeitern und demokratischen Kleinbürgern, der Revolution einen Aufschwung zu geben. Niederlage der Revolution (Januar–Juli 1849).

Im März 1848 werden die Staaten des Deutschen Bundes von der Revolutionswelle erfaßt, die mit lokalen Erhebungen von Baden ausgehend nach Norden und Osten voranschreitet. Mit den auf den Barrikaden erkämpften Siegen des Volkes und der *Revolution in Wien und Berlin* erreicht die Märzrevolution ihren Höhepunkt. Die revolutionäre Märzbewegung erlangt folgende Ergebnisse: Die politische Herrschaft des Adels wird eingeschränkt; die Bourgeoisie gewinnt Anteil an der Regierungsgewalt (Bildung von bürgerlich geführten »Märzregierungen«); bürgerliche Rechte und Freiheiten werden von der in die Defensive gedrängten Adelsmacht zugestanden (Presse-, Vereins- und Versammlungsfreiheit, Wahlrecht). *[Randnotiz: Märzrevolution]*

Nach dem Märzsieg wirkt der revolutionäre Schwung noch weiter. Die demokratischen Kräfte sammeln sich in Vereinen. In vielen Städten finden Volksaktionen zur Durchsetzung des demokratischen Wahlrechts und der Volksbewaffnung statt. Die *Kommunisten* schließen sich, nachdem der Versuch zur Bildung einer öffentlichen politischen Arbeiterpartei gescheitert ist (April/Mai 1848), der demokratischen Partei an. Sie repräsentieren den entschiedensten Flügel der Demokratie und nehmen zugleich entsprechend ihrer unabhängigen politischen Position Einfluß auf den politisch-ideologischen Emanzipationsprozeß der Arbeiterklasse (*Neue Rheinische Zeitung* seit 1. Juni 1848).

Die Versuche der Volksmassen, die im März erkämpften Positionen zu sichern und die demokratischen Errungenschaften auszubauen, führen nicht zu durchgreifenden Ergebnissen (Bauernaufstände März–Mai; republikanischer Aufstand im April in Baden; Zeughaussturm am 14. Juni in Berlin). Die liberale Bourgeoisie, für das Prinzip der Vereinbarung mit dem Adel eintretend, bremst die revolutionäre Bewegung und kündigt das Bündnis mit dem Volk aus den Märztagen auf. Nach der Pariser Juniinsurrektion kann die Konterrevolution die Initiative zunehmend zurückerobern. Gleichzeitig gewinnt aber die demokratische Bewegung im Sommer 1848 an Masseneinfluß. Die republikanischen, revolutionär-demokratischen Kräfte versuchen, in der *Septemberkrise* die zweite Revolution einzuleiten (Losung der »roten Republik«). Doch gelingt es der Konterrevolution, isolierte Aufstandsversuche und Erhebungen zu unterdrücken (Chemnitz 12. September; Frankfurt/Main 17./18. September; Baden Ende September). *[Randnotiz: Liberale Bourgeoisie]*

Im November erzwingt die Konterrevolution in Österreich und Preußen die Rückeroberung ihrer Machtpositionen. Nach der Niederwerfung des Wiener Aufstandes (1. November) führen Adel und Krone in Preußen mit der Vertagung des Parlaments (9. November), der Verhängung des Ausnahmezustandes über Berlin (12. November) und der Oktroyierung der Verfassung (5. Dezember) einen *Staatsstreich* durch. Ohne daß die Bourgeoisie Widerstand leistet, vollzieht sich die entscheidende Machtverschiebung nach »rückwärts«. *[Randnotiz: Sieg der Konterrevolution in Berlin]*

In der vierten Phase stehen sich nach dem Ausscheren der Bourgeoisie aus der revolutionären Bewegung Volk und Konterrevolution direkt gegenüber. Die Arbeiterklasse gewinnt an Gewicht. Die Kommunisten treiben seit Anfang 1849 die Bildung einer öffentlichen politischen Arbeiterpartei voran.

Der offene Konflikt zwischen Arbeitern, Bauern und Kleinbürgern einerseits und der Reaktion andererseits bricht aus, als die Frankfurter Nationalversammlung die *Reichsverfassung* verabschiedet. Der preußische König

Reichsverfassungskampagne

Friedrich Wilhelm IV. lehnt die ihm angebotene Kaiserkrone ab. Mit der Losung, die Reichsverfassung durchzusetzen, beginnt das revolutionäre Volk in mehreren deutschen Staaten den bewaffneten Kampf gegen die vorrückende Konterrevolution (Reichsverfassungskampagne). Aufstände flammen in Dresden (3.–9. Mai 1849), der preußischen Rheinprovinz (7.–15. Mai 1849) sowie in Baden und der Pfalz auf; die Armee kämpft hier auf der Seite des Volkes. In Baden und der Pfalz entstehen revolutionäre Machtorgane, in denen kleinbürgerliche Demokraten die Führung innehaben. Die zu Hilfe gerufenen preußischen Truppen werfen gegen den erbitterten Widerstand der badisch-pfälzischen Revolutionsarmee die Bewegung im Juni und Juli 1849 nieder. Am 23. Juli fällt *Rastatt*, die letzte Festung der Revolution.

Ergebnisse der Revolution

Die deutsche Revolution endet mit einer *Niederlage*. Die historische Chance, die bürgerliche Umgestaltung Deutschlands auf revolutionärem Wege zu Ende zu führen, bleibt ungenutzt. Wesentliche Ziele der Revolution werden nicht erreicht. Die Adelsklasse verbleibt im Besitz der Macht. Die Bildung eines bürgerlichen deutschen Nationalstaates kommt nicht zustande. Die Hauptverantwortung für die Niederlage trägt die Bourgeoisie, die auf den entschiedenen Kampf gegen den Adel um die politische Macht verzichtet.

Trotz der Niederlage zeitigt die deutsche Revolution auch wesentliche Ergebnisse. Besonders auf sozialökonomischem Gebiet werden Zugeständnisse erzwungen (Preußisches Ablösungsgesetz vom 2. März 1850, das die kapitalistische Agrarumwälzung beendet).

Die Revolution in Deutschland ist angesichts der politischen Mächtekonstellation direkt mit den nationalrevolutionären Bewegungen der Völker Ost-, Südost- und Südeuropas verknüpft. Der nationale Befreiungskampf richtet sich vor allem gegen die beiden Großmächte des Deutschen Bundes, gegen Preußen und Österreich. Vom Ausgang des Kampfes der revolutionären Kräfte in Deutschland gegen diese reaktionären Staaten hängen in hohem Maße die Chancen der nationalrevolutionären Bewegungen in Polen, in den böhmischen Ländern, Ungarn und Italien ab.

Nationale Frage in der europäischen Revolution

Die nationale Komponente spielt in den bürgerlichen Revolutionen von 1848/49 eine bedeutende Rolle. Sie ergibt sich daraus, daß der Durchbruch der kapitalistischen Gesellschaft gesetzmäßig mit der Formierung bürgerlicher Nationen und der Ausprägung bürgerlicher Nationalstaaten verbunden ist. In allen Revolutionen von 1848/49 – mit Ausnahme der französischen – rücken die Fragen der Befreiung von Fremdherrschaft und der Schaffung von Nationalstaaten in den Vordergrund. In bisher ungekanntem Maße ist die nationale Komponente eng mit dem sozialen Hauptproblem verknüpft. Im Mittelpunkt steht in allen Gebieten Europas – außer in Frankreich und Deutschland – die Agrarfrage.

In Polen entwickelt sich in den vierziger Jahren eine revolutionäre Situation. Neben der Agrarfrage wirkt der Widerstand gegen die nationale Unterdrückung durch die Hauptmächte der Heiligen Allianz (Rußland, Österreich und Preußen) als Motor der revolutionären Bewegung. Nach dem gescheiterten Aufstand von 1846 in Kraków gewinnen revolutionäre Tendenzen in den von Preußen okkupierten Gebieten Westpolens an Boden. Im Unterschied zu anderen polnischen Landesteilen ist hier die Aufhebung der feudalen Eigentumsverhältnisse auf dem Lande vorangeschritten (Anwendung der preußischen Regulierungsedikte 1823 und 1836). Bis 1848 können sich etwa 40000 Bauern loskaufen. Die große Mehrheit der Landbewohner ist jedoch der Dorfarmut zuzurechnen. Ihre Forderung nach Boden bleibt unberücksichtigt. **Revolutionäre Bewegung in Polen**

Die Bauern und die Dorfarmut sind die bedeutendsten Triebkräfte der Revolution im Großherzogtum Posen. Der Aufstand in Posen beginnt unmittelbar nach der Berliner Märzrevolution (20. März). Mit Sensen und Beilen bewaffnete Bauern stürmen Behörden und vertreiben preußische Beamte. In Städten und Dörfern werden ca. 70 polnische Komitees gegründet, um die örtliche Verwaltung in die Hand zu nehmen. Als Hegemon der Revolution tritt infolge der Schwäche der Bourgeoisie die liberale, an der kapitalistischen Entwicklung interessierte Fraktion der Schlachta (niederer Adel) auf. Ihre Führungskräfte gründen am 20. März in Posen (Poznań) ein polnisches Nationalkomitee, das auf ein Kompromiß mit der preußischen Regierung hinarbeitet. Hauptziel ist die »nationale Reorganisation« (Autonomie des Großherzogtums Posen innerhalb der preußischen Monarchie). Preußen will militärische Aktionen gegen das Königreich Polen und Galizien unter Führung des polnischen Adels tolerieren. Den Bauern werden aber nur geringfügige Verbesserungen ihrer Lage zugesagt (Aufrufe vom 25. März und 1. April 1848). Das Nationalkomitee versteht es geschickt, den bürgerlich-demokratischen Flügel der nationalen Bewegung auszumanövrieren. Das von Ludwik Miérosławski gegründete revolutionäre Komitee, das für einen polnischen demokratischen Nationalstaat eintritt, löst sich unter dem Druck des Posener Nationalkomitees am 23. März 1848 auf. So wird eine Linksentwicklung der Revolution von Anbeginn unterbunden. **Polnisches National-komitee**

Im Auftrag des Nationalkomitees beginnt Miérosławski seit Ende März 1848 mit der Formierung und Organisation militärischer Einheiten. Die liberal-großbourgeoise preußische Regierung gibt zwar das Versprechen, eine polnische Verwaltung einzuführen, fordert aber die vorherige Auflösung der bewaffneten Formationen. Das preußenfreundliche Nationalkomitee geht in der *Konvention von Jaroslawiec* (11. April 1848) gegen den Widerstand der bewaffneten Bauern auf dieses Verlangen ein. Inzwischen erzwingt die preußische Konterrevolution in Berlin einen Kurswechsel zu einer kompromißlosen Gewaltlösung gegenüber der polnischen Revolution. Wesentliche Teile des Großherzogtums werden als deutsches Gebiet beansprucht und sollen in den Deutschen Bund aufgenommen werden. Die preußischen Truppen im Großherzogtum werden verstärkt und eröffnen am 26. April 1848 den Angriff auf die vier militärischen Lager der polnischen Revolution. Nach dem Gefecht von Xions (29. April 1848) **Preußische Gegen-offensive** beginnt der bewaffnete Kampf gegen die preußische Macht. Im Gefecht bei Milosław (30. April 1848) bringen die noch verbliebenen polnischen Einheiten den Preußen eine empfindliche Niederlage bei. Politische Differenzen unter den Offizieren (die Masse der adligen Offiziere fordert Einstellung des Kampfes) desorientieren die kampfbereiten bäuerlichen Massen in den revolutionären Abteilungen. Am 7. Mai 1848 legt Miérosławski den Oberbefehl nieder. Die folgende Kapitulation (9. Mai 1848) ist das Ende des nationalrevolutionären Aufstands in Polen.

Die polnische Revolution scheitert in erster Linie an der kompromißbereiten gemäßigten Haltung der Schlachta; diese fürchtet die revolutionären Bauern mehr als die preußische Fremdherrschaft. Trotz ihrer Niederlage trägt die Revolution zur Stärkung des polnischen Nationalbewußtseins bei.

Revolution in Österreich

Die Revolution von 1848/49 in den deutschen Erbländern des Kaisertums Österreich ist Bestandteil des Revolutionsprozesses in den Staaten des Deutschen Bundes. Wegen der engen Verknüpfung mit den revolutionären Bewegungen der nichtdeutschen Völker der Habsburgermonarchie besitzt die österreichische Revolution Spezifik und relative Eigenständigkeit im europäischen Revolutionszyklus.

Wie in anderen Ländern Europas zeichnet sich in der zweiten Hälfte der vierziger Jahre in Österreich eine Krise ab. Die industrielle Revolution hat begonnen, kommt jedoch nur schubweise und in wenigen Zentren voran. Die industriekapitalistische Entwicklung wird entscheidend durch die auf dem Lande fortbestehenden feudalen Dienste und Abgaben behindert. Halbfeudale Bürokratie, allmächtige Polizei und Zensur behindern jeden bürgerlichen Fortschritt. Das bis 1848 bestehende Bündnis von Feudalaristokratie und hoher Finanzbourgeoisie garantiert die Rolle Österreichs als ein Bollwerk der Revolution in Europa.

Das Land wird 1847 von der zyklischen Krise erfaßt. Arbeitslosigkeit, Hunger, Wucher und Preissteigerungen lassen eine *revolutionäre Situation* entstehen.

Die Februarrevolution in Frankreich begünstigt im März 1848 den Ausbruch der Revolution in der Habsburgermonarchie. Am 13. März 1848 stürzen revolutionäre Arbeiter und Studenten von Wien das Metternich-Regime, und am 15. März wird die Märzbewegung durch das Verfassungsversprechen des Kaisers Ferdinand I. beendet.

Hegemonie und Triebkräfte

Als Triebkräfte der Revolution treten seit der Märzbewegung Arbeiter, Kleinbürger, Bauern und Studenten in Erscheinung. Das Proletariat der Wiener Vorstädte, obwohl noch am Anfang seiner Konstituierung als Klasse und ohne eigene Organisation, trägt die Hauptlast des Kampfes um Demokratie. Als führende Kraft wirkt die Bourgeoisie, die mit einem sehr zahmen Programm auftritt und rasch zu Zugeständnissen an die Monarchie bereit ist. Sie akzeptiert nach dem Märzsieg das Ministerium, in dem sich die Vertreter der liberalen Bourgeoisie die Macht mit Repräsentanten der besiegten reaktionären Bürokratie teilen.

Im Gegensatz zu den anderen Staaten des Deutschen Bundes, in denen die Bourgeoisie überall die Regierungsgeschäfte übernimmt, kommt es in Österreich nur zu einem Teilerfolg. Von März bis Anfang Juli 1848 be wegt sich die Revolution in Österreich noch in aufsteigender Linie. In dieser Phase polarisieren sich die Kräfte deutlich. Die Konterrevolution, die ihre Basis in der Hofkamarilla, der reaktionären hohen Bürokratie und der Feudalaristokratie besitzt, formiert sich sofort; seit April 1848 geht sie koordiniert vor. Die bürgerlichen Liberalen verzichten zunächst auf eine eigene Organisation wie auf ein politisches Programm. Sie lehnen sich an die Regierung an, auf eine konstitutionelle Monarchie hoffend. Dagegen formiert sich eine kleine Gruppe von kleinbürgerlichen Demokraten (vorwiegend Intellektuellen und Journalisten), die noch im März 1848 eine eigene Organisation gründet (*Gesellschaft der Volksfreunde*). Die Demokraten erweisen sich bis Oktober 1848 im Bündnis mit den Arbeitern und dem Kleinbürgertum Wiens als eine bedeutende Kraft im Kampf um die Weiterführung und soziale Vertiefung der Revolution. In ihrer Mehrheit treten sie jedoch für eine »demokratische Monarchie« ein und lehnen die Republik ab. Ihr linker Flügel greift zunehmend soziale Forderungen der Arbeiter auf und propagiert republikanische und kleinbürgerlich-sozialistische Ideen. *(Polarisierung der politischen Kräfte)*

Für ein demokratisches Wahlrecht und die Räumung der Stadt vom Militär demonstrieren am 15. Mai 1848 Arbeiter, Studenten und Angehörige der bürgerlichen Nationalgarde vor der Wiener Hofburg. Sie zwingen die Regierung zum Nachgeben. Der Versuch der Regierung, die *Akademische Legion*, die bewaffnete Formation der Wiener Studenten, aufzulösen, führt zu den Barrikadenkämpfen vom 26. bis 28. Mai 1848. Der entschlossene Widerstand der Arbeiter und Studenten verhindert eine Rücknahme der Märzerrungenschaften. *(Revolutionäre Maierhebungen)*

Durch die »zweite Revolution« im Mai 1848 ist die Regierung unter Franz Baron von Pillersdorf lahmgelegt. Zur praktisch maßgebenden Behörde wird der sogenannte *Sicherheitsausschuß* (1. Juni 1848). Er stellt bis Anfang Juli die führende revolutionäre Körperschaft in Wien dar, die sich zur Republik bekennt. Zusammen mit dem *Wiener demokratischen Verein* stürzt der Sicherheitsausschuß die Regierung Pillersdorf. Mit dem neuen Kabinett Wessenberg/Doblhoff (18. Juli 1848) wird eine Machtverschiebung erreicht: Die Bourgeoisie erringt Regierungsgewalt, die Aristokratie ist zunächst ausgebootet. Im Kabinett dominieren indes jene Kräfte, die für eine Zusammenarbeit mit der Krone eintreten.

Während im Sommer 1848 die österreichische Konterrevolution durch die national-revolutionären Bewegungen in den Ländern der Donaumonarchie (Norditalien) am entschiedenen Vorgehen in Wien gehindert ist, tritt der Gegensatz zwischen Bourgeoisie und Proletariat in Wien immer deutlicher hervor. Die Regierung versucht, in Übereinstimmung mit den Liberalen die sozialen Zugeständnisse an die Wiener Arbeiter zurückzunehmen. Am 23. August 1848 demonstrieren Arbeiter gegen Entlassungen und Lohnkürzungen bei den öffentlichen Erdarbeiten. Teile der bürgerlichen Nationalgarde, die immer deutlicher antirevolutionär auftritt, überfallen den Demonstrationszug und richten ein Blutbad unter den Arbeitern an. *(Kampf zwischen Bourgeoisie und Proletariat)*

Das Massaker vom 23. August markiert die Klassenfronten deutlich. Die Bourgeoisie geht Schritt für Schritt in das Lager der Konterrevolution über. Die kleinbürgerlichen Demokraten, die sich zum größten Teil für »neutral« erklären, verlieren an Einfluß unter den Arbeitern. Der Schlag gegen die Arbeiterklasse schwächt die Position der demokratischen Kräfte.

Wiener Okto-beraufstand

Im September fühlt sich die Konterrevolution stark genug, um im Zusammenspiel mit der nach rechts tendierenden Regierung gegen das revolutionäre Wien und die ungarische Revolution vorzugehen. Die Pläne werden zunächst durch den Wiener Volksaufstand vom Oktober 1848 durchkreuzt. Bewaffnete Arbeiter und Studenten verhindern am 6. Oktober 1848 das Ausrücken der in Wien stationierten deutschen und italienischen Regimenter auf den ungarischen Kriegsschauplatz. Der Aufstand weitet sich aus: Die Revolutionäre besetzen das Kriegsministerium, den Sitz der Regierung. Am Abend ist die Stadt in den Händen der demokratischen Linken. Die Regierung ist entmachtet, der kaiserliche Hof flieht nach Olmütz (Olomouc), Aristokraten und konterrevolutionäre Bourgeois verlassen die Stadt. Die kleinbürgerlich-demokratischen Machtorgane der Stadt teilen sich die politische Herrschaft mit dem in Wien tagenden Rumpf-Reichstag und dem größtenteils konservativen Gemeinderat. Darauf bedacht, den »Boden des Gesetzes« nicht zu verlassen, zögern sie, die Führung an sich zu reißen und den Revolutionsprozeß gegen den Widerstand der konterrevolutionären Bourgeoisie zu vertiefen.

Kampf um Wien

Die bewaffneten Arbeiter Wiens, neben den Studenten die entscheidende Triebkraft des Oktoberaufstandes, drängen auf entschlossenen Kampf gegen die angeschlagene Konterrevolution. Bis Ende Oktober verteidigen sich ca. 25 000 militärisch organisierte Revolutionäre gegen die kaiserliche Armee des Feldmarschalls Alfred Fürst von Windischgrätz, die 70 000 Mann aufbietet. Ein Versuch ungarischer Truppen, Wien zu besetzen, scheitert (29./30. Oktober 1848). Am 31. Oktober wird Wien nach schwerer Beschießung durch die Truppen von Windischgrätz eingenommen.

Die Zeit zwischen November 1848 und März 1849 kennzeichnet die letzte Phase der österreichischen Revolution. Die Konterrevolution kann ihre Herrschaft in Österreich stabilisieren. Am 7. März 1849 löst sie den nach Kremsier verlegten Reichstag auf. Das Sylvesterpatent (31. Dezember 1852) hebt die im März 1849 oktroyierte Verfassung wieder auf und führt ein vom Hochadel unter geringer Mitwirkung der kompromißbereiten Bourgeoisie geprägtes, bürokratisches Regime ein.

Ergebnisse der Revolution

Die Revolution in Österreich scheitert. Die Hauptursachen dafür liegen im Übergang der Bourgeoisie auf die Gegenseite der Barrikade und in der zögernden Haltung des Kleinbürgertums. Die Revolution zeitigt jedoch auch in Österreich bleibende positive Resultate. Sie zwingt die herrschende Klasse, Hindernisse auf dem Wege der bürgerlichen Entwicklung hinwegzuräumen. Der Kapitalismus setzt sich unter staatlicher Protektion durch. Die durch die Revolution in Gang gesetzte Lösung der Agrarfrage (Kaiserliches Patent vom 7. September 1848) bleibt unangetastet. Die Bauern können sich von den Feudallasten freikaufen.

Revolution in Böhmen

Die Revolution von 1848 in den Ländern der böhmischen Krone (Böhmen, Mähren und Teile Schlesiens) entfaltet sich in engem Zusammenhang mit der österreichischen Revolution. Die am Ende der vierziger Jahre heranreifende revolutionäre Krise erwächst aus gesellschaftlichen Widersprüchen unterschiedlichen Charakters. Die industriekapitalistische Entwicklung kommt vor allem in Böhmen in Gang (Textil- und Lebensmittelindustrie, Schwerindustrie). Industriezentren sind Prag und Reichenberg (Liberec). Es entsteht eine tschechische Bourgeoisie, die gegen die ökonomische und politische Bevormundung durch das Metternich-Regime aufbegehrt. Feudale Lasten (Robot-System) bedrücken die Bauern. Im Gefolge der industriellen Revolution bricht der Gegensatz zwischen Kapital und Arbeit auf. Das junge Proletariat erhebt sich in spontanen Aufständen in Nordböhmen, Prag und Brünn (Brno) im Sommer 1844. Die voranschreitende Entwicklung der bürgerlichen Gesellschaft fördert die Formierung des nationalen Bewußtseins der tschechischen Bourgeoisie und Intelligenz. Schon ab Ende des 18. Jh. setzt die »nationale Wiedergeburt« ein. Konflikte ergeben sich aus den Bestrebungen der deutschen Bourgeoisie in den böhmischen Ländern, die auf eine Vereinigung mit Deutschland drängen. Das Metternich-Regime betreibt eine verstärkte Germanisierungspolitik (obligatorischer Unterricht in deutscher Sprache). Soziale und nationale Gegensätze verschmelzen miteinander, wodurch die heranreifende Revolution eng mit dem Kampf um nationale Befreiung verbunden ist.

Die Februarrevolution in Frankreich beschleunigt die Zuspitzung der Situation in Böhmen. Am 11. März 1848 findet eine Volksversammlung in Prag statt. Die Märzbewegung wird durch das einheitliche Auftreten von liberaler Bourgeoisie und demokratischem Kleinbürgertum charakterisiert. Die Habsburger Konterrevolution versucht jedoch durch eine Taktik der Zugeständnisse, die tschechische Nationalbewegung zu spalten. In einer Kabinettsorder vom 8. April 1848 (»Böhmische Charta«) wird die »Gleichberechtigung« der tschechischen Sprache in der Schule, dazu eine gesonderte staatsrechtliche Stellung der böhmischen Länder festgelegt. *Beginn der Revolution*

Bereits im April zeichnen sich zwei unterschiedliche Tendenzen in der tschechischen Nationalbewegung ab. Die liberale Bourgeoisie, als deren Wortführer der Historiker Palacký auftritt, entwickelt mit Unterstützung der tschechischen Feudalaristokratie das Konzept des Austroslawismus. Danach soll die Habsburgermonarchie in eine konstitutionelle Föderation mit bestimmendem Einfluß der slawischen Völker umgewandelt werden. Demgegenüber fordern demokratisches Kleinbürgertum und Intelligenz die vollständige nationale Befreiung.

Die Gegensätze kommen auf dem Slawenkongreß in Prag (Eröffnung 2. Juni 1848) zum Ausdruck. Diese Versammlung der Vertreter aller slawischen Gebiete des österreichischen Staates ist von austroslawisch orientierten Delegierten beherrscht.

Das provokatorische Vorgehen von Fürst Windischgrätz, des neuen Befehlshabers der Truppen in Prag, wird mit einem Aufstand beantwortet. Arbeiter, Handwerker und Studenten erheben sich am 17. Juni 1848. Sie fordern die Bildung einer Provisorischen Regierung. Windischgrätz läßt den Prager Pfingstaufstand gewaltsam unterdrücken und löst den Slawenkongreß auf. *Prager Pfingstaufstand*

Die Niederlage der revolutionären Kräfte bedeutet faktisch den Abschluß der tschechischen Revolution, die schon am Beginn des Kampfes um die politische Macht steckenbleibt.

Revolution in Ungarn

Wie in den anderen Gebieten des österreichischen Kaiserstaats erwächst die Revolution von 1848/49 in Ungarn aus dem Gegensatz zwischen Feudalismus und Kapitalismus. Ungarn ist als ständische Monarchie im Verband der habsburgischen Länder bis 1848 ein Staat mit einer feudalen Agrarverfassung. Der Boden gehört zu 60% dem Adel. Die zehn reichsten Magnaten besitzen ein Sechstel des gesamten Territoriums. Die Masse der Bevölkerung besteht aus feudal ausgebeuteten Bauern und Dorfarmut. Es gibt nur geringe Ansätze einer industriekapitalistischen Entwicklung (Buda und Pest).

Kennzeichnend für die Lage ist die nationale Unterdrückung durch das Metternich-Regime, die das Land auch ökonomisch benachteiligt. In der Opposition des Vormärz spielt die Forderung nach einem nationalen Markt eine wichtige Rolle. Auf der Tagesordnung steht die nationale Befreiung und die Schaffung eines selbständigen Staates.

Mit der Befreiung von den Habsburgern sind aber die nationalen Probleme in Ungarn selbst verknüpft. Ungarn ist 1848 ein Vielvölkerstaat. Die nichtungarische Bevölkerung (Rumänen, Kroaten, Serben, Slowaken, Ukrainer, Deutsche) hat zusammen einen Anteil von fast 60% der Gesamtbevölkerung. Nationale Selbständigkeitsbestrebungen können vor 1848 keinen Raum gewinnen; auch die ungarische Oberschicht nimmt dagegen Stellung.

Infolge des Fehlens einer nennenswerten Bourgeoisie fällt die Aufgabe des Hegemons der Revolution dem mittleren *Adel* zu. Dieser orientiert sich großenteils auf die kapitalistische Entwicklung und ist bereit, den Kampf gegen feudale und nationale Unterdrückung zu führen. Haupttriebkraft der Revolution sind die Bauern und die Dorfarmut.

Politische Gruppierungen

Ihren Ausgangspunkt nimmt die revolutionäre Bewegung von der politischen Opposition, die sich vor 1848 formiert hat. Ihr gemäßigt-liberaler Flügel unter Leitung von Graf István *Széchenyi* erstrebt einen Agrarkapitalismus ohne Bruch mit der Wiener Zentralgewalt. Vollständige Unabhängigkeit von Habsburg und die Entfaltung des Industriekapitalismus in einem selbständigen Staat fordert der linke Flügel, der seinen Hauptsprecher in Lajos *Kossuth* findet. Eine kleine Gruppe revolutionär-demokratischer Intellektueller, angeführt von *Petöfi*, verleiht den Interessen der Volksmassen Ausdruck. Sie verlangt die entschädigungslose Aufhebung der Feudallasten und den revolutionären Kampf für die Befreiung des Volkes.

Ergebnisse der Märzbewegung

Die Märzbewegung verschafft den Forderungen der bisherigen Opposition Geltung. Der liberale Adel übernimmt die Regierungsgewalt. Am 7. April 1848 wird eine unabhängige Regierung unter Graf Lajos Batthyány gebildet, in der gemäßigt-liberale Großgrundbesitzer dominieren, die Linke aber mit Kossuth ebenfalls vertreten ist. Die zweite wichtige Maßnahme der Märzrevolution ist das Gesetz des ungarischen Landtages über die Aufhebung der urbarialen Dienstleistungen gegen Entschädigung (18. März 1848). Im Frühjahr und Sommer 1848 stellen Bauernbewegungen die Forderung auf, sämtliche Feudallasten aufzuheben und das Land zugunsten der ärmeren Bauern aufzuteilen.

Die Regierung ist aber zu Zugeständnissen über die Märzgesetze hinaus nicht bereit. Sie verfolgt entsprechend den Interessen des liberalen Adels das Ziel, das Erreichte zu stabilisieren und durch Vereinbarung mit dem kaiserlichen Hof die Revolution zu beenden. Bei den Wahlen zum ungarischen Landtag erringen die Anhänger der Regierung die Mehrzahl der Sitze.

Ende August/Anfang September 1848 gibt die österreichische Konterrevolution das Signal zu einer militärischen Offensive gegen Ungarn. Sie nutzt dabei die regierungsfeindliche Haltung der nichtmagyarischen Nationalitäten. So ist es möglich, die nationalen Bewegungen der Kroaten und der Serben in den Dienst der Konterrevolution zu stellen. Der kroatische General Josip Graf *Jellačić* von Bizem marschiert als vom Kaiser ernannter Oberkommandierender mit seinen Truppen gegen die ungarische Revolution. Die liberale Politik des Ausgleichs mit Habsburg erweist sich als gescheitert. Die Regierung Batthyány tritt zurück (10. September 1848). Die *Septemberkrise* ist ein Wendepunkt im Verlauf der ungarischen Revolution. Unter dem Druck der äußeren Konterrevolution vollzieht sich ein Linksruck. Die Revolution bewegt sich weiter in aufsteigender Linie. Die Adelsliberalen finden sich zu entschiedeneren Schritten bereit. Zugleich erlangt der linke Flügel den entscheidenden Einfluß (Kossuth). Das *Landesverteidigungskomitee* (22. September 1848), politisches Instrument der Linken, organisiert die militärische Verteidigung. Die von ihm formierte Honvedarmee jagt Jellačić Ende September aus dem Lande. Nach dem Sieg der Konterrevolution in Wien (31. Oktober 1848) dringen Truppen unter *Windischgrätz* im Dezember 1848 erneut in Ungarn vor. Obwohl die »Friedenspartei« (seit Dezember 1848) verstärkt auf eine Kompromißpolitik drängt, erholt sich das revolutionäre Ungarn und geht seit Ende März 1849 zur Gegenoffensive über. Der nationale Verteidigungskrieg führt zur weiteren Radikalisierung der Revolution. Ungarn wird zum Zentrum der europäischen Revolution. Höhepunkt dieser Entwicklung ist die Proklamation der Unabhängigkeit durch den Landtag am 14. April 1849.

Kossuth ernennt am 2. Mai 1849 als regierender »Gubernator« eine neue Regierung unter dem Liberalen Bertalan Szemere, die sich aber zunehmend der kompromißlerischen Friedenspartei nähert. Infolge des inneren Zerfalls der Führungskräfte werden nicht alle Möglichkeiten genutzt, um einen entscheidenden militärischen Sieg gegen die Wiener Reaktion zu führen. Die Revolution hat ihren Kulminationspunkt überschritten. In der letzten Phase vereint die österreichische Konterrevolution ihre militärischen Kräfte mit einer zaristischen Interventionsarmee, die Mitte Juni 1849 über die Grenze vorrückt. Dieser Übermacht gelingt es, die Revolution zu unterdrücken. Am 13. August 1849 kapituliert die Armee bei Vilagos.

Die ungarische Revolution endet mit einer Niederlage. Die nationalen Errungenschaften werden beseitigt, ein zentralistisches, bürokratisches Regime eingeführt. Jedoch kann die bürgerliche Agrarreform vom März

Marginalien:
Militärische Offensive der Revolution

Proklamation der Unabhängigkeit

Kapitulation bei Vilagos

1848 nicht mehr rückgängig gemacht werden. Die Revolution von
1848/49 hat unwiderruflich den Weg Ungarns zur bürgerlichen Gesellschaft geöffnet.

**Revolution
in Italien**

Die Revolution in Italien ist Bestandteil eines nationalen Revolutionszyklus, der vom Ende des 18. Jh. bis 1870 reicht (*Risorgimento*) und zur Bildung des bürgerlichen Nationalstaats führt. Die kapitalistische Entwicklung kommt, vornehmlich im Norden, seit Ende des 18. Jh. voran. Durch
die napoleonische Besetzung ist die feudale Agrarstruktur aufgebrochen.
Im Norden verliert die Feudalklasse das Bodenmonopol; es entwickelt
sich eine wohlhabende Agrarbourgeoisie. Die Bauern sind von persönli-
cher Schuldknechtschaft befreit. Aber ihre Forderung nach Boden bleibt
unerfüllt. So gehört die *Agrarfrage* zum sozialen Kernproblem der heranreifenden Revolution. Mit der fortschreitenden Entfaltung kapitalistischer Produktionsverhältnisse auf dem Lande geht seit 1830/1840 ein
langsamer industrieller Aufstieg einher. Erfaßt wird vor allem die Seiden-
produktion (Lombardei). Parallel zu den Fortschritten des Kapitalismus
nimmt die Forderung nach einem *einheitlichen Nationalstaat* Massencharak-
ter an. In der zweiten Hälfte der vierziger Jahre treiben die sozialen und
nationalen Widersprüche einer revolutionären Situation zu.

Hegemonie

Die liberale Bourgeoisie, im Bündnis mit einer kleinen, patriotischen
Fraktion des Adels, Hegemon der herannahenden Revolution, organisiert
sich 1847. Die bürgerlich-liberale Richtung tritt für die staatliche Einheit
Italiens unter Führung des Königreichs Sardinien-Piemont oder unter
dem Schutz des Papstes ein. Herausragender Vertreter der sardinisch-pie-
montesischen Variante ist Camillo *Cavour*. Schon am Vorabend der Revolution hat sich von den Liberalen eine kleinbürgerlich-demokratische
Richtung deutlich abgesetzt. Unter Führung von Giuseppe *Mazzini* fordert sie die Schaffung eines demokratischen Nationalstaats (Republik)
auf revolutionäre Weise. Die beiden Konzeptionen widerspiegeln die objektiv vorhandenen Wege der historischen Entwicklung Italiens, um die
es in der Revolution von 1848/49 geht: gemäßigt-großbürgerlicher oder
revolutionär-demokratischer Weg.

**Habsburgische
Fremd-
herrschaft**

Die Habsburgermonarchie übt in Italien den beherrschenden Einfluß aus
(Besitz der Lombardei und Venetiens, Einfluß auf andere italienische
Staaten). Der Kampf um die Bildung des Nationalstaats richtet sich folglich primär gegen die österreichische Fremdherrschaft. *Ringen um nationale
Einheit und nationaler Befreiungskampf sind miteinander verknüpft.* Unter dem
Einfluß der revolutionären Bewegung in Palermo im Januar 1848 suchen
die Regierenden in einigen italienischen Staaten durch Reformen der Revolution gegenzuwirken. Sie verkünden Verfassungen (5. März 1848 »Al-
bertinisches Statut« in Sardinien-Piemont), können aber den Ausbruch
der Revolution nicht mehr verhindern.

Die Revolution verläuft in zwei Phasen: *1. Phase:* Hegemonie der liberalen Bourgeoisie (18. März–August 1848). *2. Phase:* Revolutionärer Aufschwung und zeitweilige Führung durch kleinbürgerliche Demokratie
(Anfang September 1848–Ende Juni/Ende August 1849).

Märzaufstand

Der Sieg der Märzrevolution in Wien wirkt nachhaltig auf Italien. Am
18. März beginnt ein Volksaufstand in Mailand. In fünf Tage währenden

Straßenkämpfen werden die österreichischen Truppen unter Feldmarschall Joseph Wenzeslaus Radetzky aus der Stadt vertrieben. In Venedig erhebt sich das Volk und verkündet die unabhängige Republik Venedig. Präsident der provisorischen Regierung wird der revolutionäre Demokrat Daniele Manin. Die Herrscher der italienischen Mittel- und Kleinstaaten flüchten. Überall bilden die gemäßigten Liberalen neue Regierungen, nur gelegentlich kommen Demokraten in die Kabinette.

Unter dem Druck der Volksbewegung drängen die Liberalen König Karl Albert von Sardinien-Piemont zur Kriegserklärung an Österreich. Karl Albert folgt dieser Forderung (23. März 1848) mit dem Ziel, die dynastisch-expansiven Absichten des Hauses Savoyen in Oberitalien durchzusetzen. Aus allen italienischen Staaten werden Truppen nach Norden geschickt, um den nationalen Befreiungskampf zu unterstützen. Jedoch fällt der Papst der Befreiungsbewegung in den Rücken, indem er den Krieg gegen Österreich verurteilt (29. April 1848). Die Österreicher können ihre Kräfte reorganisieren und zur Gegenoffensive übergehen. Radetzky besiegt die Piemontesen bei Custozza (23.–25. Juli 1848). Kampflos räumt Karl Albert Mailand (5. August 1848). Damit erweisen sich die Pläne der Liberalen, durch einen Krieg gegen Österreich eine konstitutionelle Monarchie in Oberitalien zu schaffen, als gescheitert. In weiten Teilen des Volkes ist jedoch der Wille vorhanden, die Revolution weiterzuführen. Der *Aufstand in Livorno* (2. September 1848) eröffnet einen revolutionären Aufschwung. Die Revolution zeigt weiter aufsteigende Tendenz. Gegenüber der abwartenden oder revolutionsfeindlichen Bourgeoisie wird die kleinbürgerliche Demokratie zeitweilig zur führenden Kraft. In Florenz, Venedig (Manin) und Rom (Mazzini) übernehmen kleinbürgerliche Demokraten die Regierung. Sie fordern den Krieg gegen Österreich und die Einberufung einer Nationalversammlung. Ihre entschiedenen Vertreter fechten für die Republik, nehmen aber nicht die Agrarrevolution in ihr Programm auf. Die Bauern werden nicht für die Revolution gewonnen.

Während sich die Liberalen von der Revolution abwenden und mit der Konterrevolution paktieren, erreicht die zweite Phase ihren Höhepunkt mit der Proklamation der Römischen Republik am 8. Februar 1849. Durch die Schaffung der Römischen Republik herausgefordert, erklärt Karl Albert erneut den Krieg an Österreich (20. März 1849). Seine Absicht besteht darin, der demokratischen Bewegung den Wind aus den Segeln zu nehmen. Schon am 23. März unterliegen seine Truppen bei Novara den Österreichern. Die europäische Konterrevolution (Frankreich, Österreich, Neapel, Spanien) bricht in den folgenden Monaten alle Bastionen der Revolution: Florenz (12. April 1849), Rom (30. Juni), Venedig (22. August).

Seit Sommer 1848 hat die Konterrevolution das Heft fest in der Hand. Die erste gesamtnationale italienische Revolution kann ihr Hauptziel, nationale Befreiung und Nationalstaat, nicht erreichen. Die Frage bleibt jedoch für die fünfziger und sechziger Jahre brennend aktuell.

Marginalien:
Krieg gegen Österreich
Römische Republik

3.6.4.   Die Revolution von 1848/49 als Wendepunkt
der europäischen Geschichte

Niederlage der europäischen Revolution

Die europäische Revolution von 1848/49 endet mit einer Niederlage. Der gesamteuropäische Vorstoß vermag die gegebene Chance nicht zu nutzen, die in allen revolutionierten Ländern (außer Frankreich) auf der Tagesordnung stehende bürgerliche Umgestaltung auf dem revolutionär-demokratischen Weg (»Typ 1789«) durchzuführen bzw. abzuschließen.

Weder in Deutschland, Österreich, Italien, Ungarn, Polen und Böhmen noch in den südslawischen und den rumänischen Ländern, in denen es ebenfalls 1848/49 zu revolutionären Bewegungen kommt, gelingt es, die feudalen Macht- und Gesellschaftsstrukturen zu beseitigen und dem bürgerlichen Fortschritt freie Bahn zu verschaffen. In diesen Ländern wird die Machtfrage nicht zugunsten der fortschrittlichen Bourgeoisie entschieden. Der Adel behält die politische Herrschaft. Auch die ökonomischen Grundlagen seiner Macht, das Grundeigentum, bleiben zum erheblichen Teil unangetastet. Nationale Unabhängigkeit und nationalstaatliche Einheit werden nicht erkämpft. In Frankreich kann die Industriebourgeoisie keine optimale Lösung der Machtfrage – die bürgerlich-parlamentarische Republik – durchsetzen.

Positive Ergebnisse

Trotz ihrer Niederlage stellen die Revolutionen von 1848/49 einen Höhepunkt im Kampf der europäischen Völker um den gesellschaftlichen Fortschritt dar. Die Volksmassen entfalten in ihnen hohe Aktivität und geschichtsbildende Kraft. Den Wirkungen der Revolution und des Ansturms der Volksmassen können sich die konterrevolutionären Kräfte nicht entziehen. Nirgends werden die vorrevolutionären Zustände voll restauriert; die Reaktion muß dem bürgerlichen Fortschritt einen größeren Spielraum gewähren.

In den sozialökonomischen Verhältnissen erzwingt die Revolution den entscheidenden Durchbruch. Zwar wird die Agrarfrage nirgends im revolutionären Sinne zugunsten der Bauern und der Dorfarmut gelöst, aber die Reaktion muß in den meisten Ländern Agrarreformen einleiten (Österreich, Ungarn, Böhmen) bzw. zu Ende führen (Deutschland). Sie ist gezwungen, bürokratische und gesetzliche Hindernisse hinwegzuräumen, die der industriekapitalistischen Entwicklung entgegenstehen. In allen Ländern wird, in unterschiedlichem Tempo und Grad, auf *reformerischem Wege* in den auf 1848/49 folgenden Jahren die Durchsetzung der bürgerlichen Gesellschaftsordnung erreicht. Die Revolution bereitet entscheidend den Boden für die nationalstaatliche Einigung nach 1860 (Italien, Deutschland) und für größere nationale Selbständigkeit (Ungarn 1867).

Arbeiterklasse in der Revolution

Zu den wichtigsten positiven Ergebnissen der Revolution gehören die Wirkungen auf den Emanzipationsprozeß des Proletariats und die Entwicklung der revolutionären Arbeiterbewegung. In den fortgeschrittenen kapitalistischen Ländern, in Frankreich und – schwächer – in Deutschland, ist der Klassenkonflikt zwischen Bourgeoisie und Proletariat voll aufgebrochen. In diesen Ländern tritt das Proletariat selbständig auf. Das Eingreifen der Arbeiterklasse 1848/49 als selbständige, revolutionär-de-

mokratische Kraft in den Gang einer Revolution bezeichnet eine weltgeschichtliche Wende. 1848/49 liegt in einem *Schnittpunkt zweier gesetzmäßiger
historischer Prozesse:* 1. Sieg der kapitalistischen Gesellschaft über den Feudalismus unter Führung der Bourgeoisie; 2. Aufstieg der Arbeiterklasse,
Beginn des Weges zu ihrer eigenen Revolution, die seit der Pariser Kommune zunehmend zur welthistorisch bestimmenden Tendenz wird.
In der Revolution von 1848/49 besteht der Marxismus seine erste große
Bewährungsprobe in der gesellschaftlichen Praxis. Zugleich bringen die   Lehren der
Klassenkämpfe des Revolutionsjahres wesentliche neue Erfahrungen ein,   Revolution
die eine Weiterentwicklung des wissenschaftlichen Kommunismus, ins-
besondere der Lehre vom Klassenkampf und der Strategie und Taktik der
Arbeiterbewegung erforderlich machen. Marx und Engels verallgemei-
nern die Lehren der Revolution in grundlegenden historischen Analysen,
vor allem in *Die Klassenkämpfe in Frankreich 1848–1850* (1850), *Die deutsche
Reichsverfassungskampagne* (1850), *Revolution und Konterrevolution in Deutschland* (1852), *Der achtzehnte Brumaire des Louis Bonaparte* (1852). Durch neue
Erkenntnisse in der Partei- und Staatsfrage, auf dem Gebiet der Bündnispolitik, über die Verbindung des Kampfes um Demokratie mit dem Ringen um Sozialismus sowie über die Führung des bewaffneten Kampfes
der Arbeiterklasse wird der Marxismus umfassend bereichert.

Reaktion und Fortschritt in der Zeit von 1850 bis 1870. Entstehung der I. Internationale

3.7.

Die konterrevolutionäre Welle. Der Bonapartismus Napoleons III.

3.7.1.

Die Niederlage der europäischen Revolution von 1848/49 bedeutet einen
Rückschlag für die fortschrittlichen Kräfte des Kontinents. Der Prozeß,
die Erfahrungen der Revolutionsjahre kritisch zu überdenken und einen
neuen Anlauf zu nehmen, nimmt fast ein Jahrzehnt in Anspruch. Auch
die herrschenden Klassen ziehen weitreichende Schlußfolgerungen aus
den Kämpfen von 1848/49. Es wachsen die objektiven und subjektiven   Revolutionärer
Voraussetzungen für eine konservativ-reformerische Lösung, während   oder reforme-
die Chancen für den demokratisch-revolutionären Weg sich abschwä-   rischer Weg
chen. In den fünfziger und sechziger Jahren setzt sich die Tendenz zur
Anpassung von entscheidenden Teilen des Adels an die kapitalistische
Entwicklung voll durch. Nicht selten wirken die konservativen Kräfte, die
einstigen Totengräber der Revolution, als »Testamentsvollstrecker«[28], und
F. Engels spricht in diesem Sinne von einer »Periode der Revolution von
oben«[29]. So erklären sich die Politik des liberalen Adels und der Bourgeoisie Sardinien-Piemonts für die Einigung Italiens unter der Dynastie Sa-

---

28 F. Engels, England 1845 und 1885, in: MEW, Bd. 21, S. 193.
29 F. Engels, Einleitung zu Karl Marx' »Klassenkämpfe in Frankreich 1848–1850« (1895),
    in: MEW, Bd. 22, S. 516.

voyen oder die Begründung des Deutschen Reiches unter preußischer Hegemonie (1864–1871). Oft sind die herrschenden Klassen durch Kriegsniederlagen zusätzlich zu Reformen gezwungen, wie im Falle Rußlands nach dem Krimkrieg (Aufhebung der Leibeigenschaft 1861) oder in Österreich nach der Niederlage gegen Preußen 1866 (»Ausgleich« mit Ungarn 1867).

Die Entwicklung in den fünfziger Jahren ist ungeachtet regionaler und nationaler Unterschiede durch folgende *Haupttendenzen* gekennzeichnet:

Politische Reaktion

1. Fast in ganz Europa herrscht eine Atmosphäre der offenen politischen Reaktion. Revolutionäre Errungenschaften von 1848/49 werden schnell beseitigt. Die allgemeine gegenrevolutionäre Welle ist teils großbürgerlichen (wie in Frankreich), teils neoabsolutistischen Charakters (wie in Österreich). In Frankreich wird die II. Republik durch Staatsstreich (1851/52) beseitigt; in Preußen findet 1852 der berüchtigte Kommunistenprozeß zu Köln statt, der als Fanal für eine kontinentale Jagd auf alle Revolutionäre gelten soll; in Österreich herrscht 1850–1859 die reaktionäre »Ära Bach« (1851 kehrt Metternich zurück); in Rußland erfolgt 1849 ein Schauprozeß gegen revolutionäre Demokraten (Petraševski und andere).

2. Die schärfsten Verfolgungen treffen das revolutionäre Proletariat und die kleinbürgerlichen Demokraten. In ihnen sehen Großbourgeoisie, liberaler Adel und die absolutistischen Kräfte die Hauptgegner.

Wachstum des Kapitalismus

3. Im Kontrast zur allgemeinen politischen Reaktion sind die fünfziger (und sechziger) Jahre von einem raschen Wachstum des Kapitalismus in die Breite und Tiefe gekennzeichnet: Frankreich schließt die industrielle Revolution ab, die Produktion wächst fast auf das Dreifache. Große Fortschritte macht die industrielle Revolution in den USA, Deutschland, Teilen der Habsburgermonarchie (besonders in Böhmen und Mähren, der Lombardei und Venetien), Belgien und anderen Ländern.

4. Die Bourgeoisie, insbesondere die Großbourgeoisie, ist zunehmend bemüht, sich den »Realitäten« anzupassen. Als Ausgleich für ihre politische Ohnmacht sucht sie in der Wirtschaft entscheidende Positionen zu erringen. Von den Regierungen verlangt sie in erster Linie die Gewährleistung von »Ruhe und Ordnung«. Entsprechend leistet sie Verzicht auf eine revolutionäre Durchsetzung ihrer Interessen. Der aufkommende Begriff »Realpolitik« soll die Kompromisse und die Revolutionen von oben rechtfertigen.

5. Es setzt eine Repressionswelle gegen die nationalen Befreiungs- und Einigungsbewegungen ein (Deutschland, Habsburgermonarchie, Italien, Polen, Irland), die bis zum Ende der fünfziger Jahre andauert, ohne danach gänzlich aufzuhören.

Reaktionäre Ideologie

6. Auch auf ideologischem Gebiet erfolgt eine Offensive der Reaktion. Katholizismus und religiöser Irrationalismus versuchen, verlorene Positionen wiederzuerlangen: Der Jesuitenorden aktiviert seinen Einfluß an Schulen und Universitäten (z. B. in Frankreich, Italien, Österreich, Süddeutschland). 1854 wird das Dogma von der unbefleckten Empfängnis Marias bekräftigt. In der päpstlichen Enzyklika *Quanta cura* und dem bei-

gefügten *Syllabus errorum* werden 1864 alle fortschrittlichen politischen, sozialen und kulturellen Lehren verurteilt: Die Maßnahme richtet sich vor allem gegen das Proletariat, die sozialistischen Ideen, die Erkenntnisse der Wissenschaft, aber auch gegen alle bürgerlich-demokratischen Errungenschaften (wie die Idee der Volkssouveränität). Höhepunkt dieser Gegenoffensive der katholischen Kirche ist das 1870 auf dem *I. Vatikanischen Konzil* proklamierte Dogma von der Unfehlbarkeit des Papstes.

Die als Bonapartismus bezeichnete Herrschaft Napoleons III. entsteht im Ergebnis des verschärften Klassenkampfes während der Revolution (Junischlacht), der Niederlage der demokratischen Kräfte und ihrer Folgewirkungen in der unmittelbaren Nachrevolutionsperiode. Seinem Wesen nach ist der Bonapartismus eine historisch spezifische Form der Diktatur der Großbourgeoisie, von der diese maximal ökonomisch profitiert, ohne direkt die Macht auszuüben. Der Bonapartismus sichert die Ergebnisse der Revolution um den Preis der totalen Ausschaltung der revolutionären und demokratischen Kräfte, er erweist sich als eine Regierungsform, die aus der konterrevolutionären Gesinnung der saturierten Bourgeoisie in und nach revolutionären Umbruchsituationen resultiert und bereits deutlich von dem Grundwiderspruch Kapital–Arbeit beeinflußt ist. Soziale Hauptbasis der Herrschaft Napoleons III. sind die Bauern, ebenso kleinbürgerliche und lumpenproletarische Schichten der Städte. Das zweite Kaiserreich stützt sich neben der Großbourgeoisie vor allem auf die Armee, einen straff zentralisierten Staatsapparat mit Geheimdienst und enggeknüpftem Spitzelnetz sowie den katholischen Klerus. Die Ideologie des Regimes ist von nationaler wie sozialer Demagogie geprägt. Am Anfang seiner Herrschaft vermag Napoleon III. äußerlich zwischen den sich gegenüberstehenden Hauptklassen Bourgeoisie und Proletariat zu lavieren, wodurch der Schein eines klassenneutralen oder über den Klassen stehenden Systems entsteht.[30] Jedoch wächst deutlich ablesbar die Ausbeutung der Arbeiter. Die Aufhebung des Gesetzes Le Chapelier (1864) erfolgt erst nach einer Serie von Streiks, wobei selbst das Koalitionsrecht in der Hoffnung genährt wird, die Arbeiter dadurch besser überwachen und kontrollieren zu können.

Um die »innere Ordnung« zu stabilisieren, betreibt Napoleon III. eine aggressive Außenpolitik, die den übersteigerten Großmachtchauvinismus widerspiegelt.

Bonapartismus Napoleons III.

Stützen des Bonapartismus

Aggressive Außenpolitik

1854–1856 Teilnahme am Krimkrieg, 1857/58 sowie 1860 am zweiten Opiumkrieg gegen China, 1859 Krieg gegen Österreich, dessen Verlauf objektiv die Einigung Italiens voranbringt, 1859–1867 Aggression in Vietnam, Errichtung einer »Schutzherrschaft« über Kampuchea 1863, Intervention gegen Mexiko 1863–1867, Einfall in Korea 1866, Kriegserklärung an Preußen 1870.

Wiederholt erfolgen »Plebiszite«, die dazu dienen, das 1851 wiedereingeführte allgemeine Wahlrecht für Männer über 21 Jahre geschickt zu manipulieren und die Opposition mittels Zensur, Wahlbetrug und Justizterror mundtot zu machen. Das ganze System ist in verschwenderischen Luxus gehüllt und mit Verfassungsorganen drapiert, so dem gewählten, aber fak-

30 Vgl. W. I. Lenin, Der Beginn des Bonapartismus, in: Werke, Bd. 25, S. 222.

tisch machtlosen Gesetzgebenden Körper. Die Mitglieder des Senats und des Staatsrats werden nicht gewählt, sie werden vom Kaiser persönlich ernannt.

Der Bonapartismus bleibt keine auf Frankreich isolierte Erscheinung. Elemente des Bonapartismus finden sich in der Politik Cavours als Ministerpräsident in Sardinien-Piemont und Bismarcks in Preußen.

Neoabsolutistische Reaktion in der Habsburgermonarchie

Nach der Niederschlagung der Revolution von 1848/49 in Österreich, Ungarn, Italien und anderen Teilen der Habsburgermonarchie errichtet Kaiser Franz Joseph (1848–1916) ein reaktionäres, autokratisches Regime, in dem vor allem die Spitzen der Hofbürokratie sowie der katholische Klerus den Ton angeben. Die *neoabsolutistische Reaktion* im Kaisertum Österreich dauert von 1849 bis 1859/60, bis zum militärischen Debakel im Krieg gegen Frankreich und Sardinien-Piemont 1859 und dem Oktoberdiplom von 1860, das den Übergang zu gemäßigteren Herrschaftsformen einleitet. Der Neoabsolutismus widerspiegelt in Österreich sowohl die notwendige Anpassung des Adels an die objektiv unaufhaltsame Entwicklung des Kapitalismus als auch die Anbiederung der Bourgeoisie an das reaktionäre System der Nachrevolutionszeit.

Die absolute Macht des Kaisers wird im Patent vom 31. Dezember 1851 rechtlich verankert. Grundzug der Innenpolitik ist eine straffe Zentralisation, mit deren Hilfe die Unabhängigkeitsbestrebungen der unterdrückten Völker der Monarchie erstickt werden sollen. Freiherr Alexander von Bach regiert als Innenminister 1849–1859 mit Hilfe von Polizei und Zensur. Er trennt Kroatien, Slawonien, das Banat, Siebenbürgen und die Vojvodina vom unbotmäßigen Ungarn ab und unterstellt diese Gebiete Wien. Das Strafgesetzbuch von 1852 untersagt den Arbeitern unter Androhung von Gefängnis und Ausweisung jegliche gewerkschaftliche Aktivitäten sowie Streiks. Die Landtage und die lokalen Verwaltungen werden abgeschafft; 1855 kommt es zu einem Konkordat mit dem Papst, demzufolge die Geistlichkeit die Kontrolle über Schulunterricht und Universitäten erlangt. Ungeachtet dieser Reaktion sehen sich die herrschenden Adelskreise zu Beginn der fünfziger Jahre genötigt, in den sogenannten *Patenten* die Feudallasten und alle Relikte der Leibeigenschaft schrittweise aufzuheben. Dies geschieht in doppelter Hinsicht auf Kosten der Bauernschaft. Erstens, weil ein sehr großer Teil des Bodens dem Adel verbleibt, und zweitens wegen der hohen Entschädigung, die der Staat aus Steuergeldern den Großgrundbesitzern zahlt. Unmittelbare Folge ist eine beschleunigte Entwicklung des Kapitalismus in der Landwirtschaft.

Aufhebung der Feudallasten

Aufschwung der Industrie

Auch Industrie und Handel erhalten kräftige Impulse; die freiwerdenden Arbeitskräfte vom Lande strömen in die Städte und verwandeln sich meist in Proletarier. Das nachrevolutionäre Jahrzehnt ist durch eine bisher nie dagewesene Entwicklung der Steinkohlenförderung (1847 – 1,5 Mio t, 1859 – 5,5 Mio t), der Eisen- und Stahlindustrie, des Maschinenbaus, der Textilproduktion und der chemischen Industrie gekennzeichnet. Österreich erhält ein Netz von Eisenbahnen; dessen Länge wächst von 1 071 km (1848) auf 6 100 km (1870).

Mit dem Vertrag von Olmütz (1850) gewinnt Österreich seine Machtstellung im Deutschen Bund wieder, Preußen ist gedemütigt. Die Kriegsnie derlage von 1859 läßt die zahlreichen antagonistischen Widersprüche der Monarchie erneut offen zutage treten. Besonders in Ungarn wächst der Widerstand. Bach muß zurücktreten; der neue Innenminister, Graf Josef Goluchowski, macht erhebliche Zugeständnisse an den ungarischen Adel. Am 20. Oktober 1860 erläßt der Kaiser eine neue Verfassung (Oktoberdiplom), die den Reichsrat in eine gewählte Körperschaft verwandelt und die Landtage wiederherstellt. Sowohl in Ungarn als auch in anderen Teilen der Monarchie werden diese Zugeständnisse jedoch als ungenügend empfunden. In Ungarn ist der Protest am augenfälligsten – Kampf gegen das Tabakmonopol, Steuerverweigerungen, demonstrative Ablehnung des Militärdienstes, Verjagung deutsch-österreichischer Beamter prägen die Situation. Daraufhin lenkt die Regierung ein. Goluchowski muß im Dezember 1860 zurücktreten. Im Februarpatent (26. Februar 1861) führt *Februarpatent* Franz Joseph eine zentralistische Verfassung ein, die der deutsch-österreichischen Bourgeoisie starke Positionen im Reichsrat sichert, die anderen Nationen und Völker aber wieder stärker benachteiligt. Der Reichsrat wird in zwei Kammern geteilt. Das Herrenhaus setzt sich vorwiegend aus Vertretern des hohen Adels zusammen, die vom Kaiser ernannt werden, das Abgeordnetenhaus wird von den Landtagen der einzelnen Länder gewählt. Ein hoher Vermögenszensus sowie ein Kurienwahlsystem schließt die Masse des Volkes von den Wahlen aus und sichert die Vorherrschaft und das Klassenbündnis des Adels und der Großbourgeoisie. Der nationale Hader in der Habsburgermonarchie wächst jedoch weiter an. 1867 kommt es zum österreichisch-ungarischen Ausgleich. Das durch die Niederlage im *Krieg gegen Preußen* (1866) geschwächte Habsburgerregime muß den Selbständigkeitsbestrebungen der ungarischen Magnaten und Bourgeoisie entgegenkommen (»Ausgleich« von 1867). Es entsteht die multinationale kaiserlich-königliche Monarchie *Österreich-Ungarn.*

Orientalische Frage und Krimkrieg   3.7.2.

Nach der Revolution von 1848/49 tritt erneut die orientalische Frage in *Orientalische* den Vordergrund der internationalen Politik. Ihr Inhalt ist von der Aus- *Frage* einandersetzung um das Schicksal des »kranken Mannes am Bosporus« – so nannte Nikolaus I. von Rußland einmal das Osmanische Reich – bestimmt. Die Hohe Pforte versucht angesichts ihres Machtverfalls zwischen den Großmächten zu lavieren, wird aber zunehmend zu deren Objekt. Der Kampf um das osmanische Erbe, um die Vorherrschaft über die Meerengen Bosporus und Dardanellen, auf dem Balkan, im Nahen Osten, im östlichen Mittelmeerraum sowie im Schwarzen Meer verschärft sich. Hauptrivalen in der orientalischen Frage sind Rußland, England, Frankreich und Österreich. Rußland erstrebt eine dominierende Position auf dem Balkan, Einfluß im Nahen Osten (Palästina) und weiteren Landgewinn in Transkaukasien; England tritt formell für die Integrität der Türkei ein, um sie eigener Machtinteressen wegen als Puffer gegen den russischen Konkurrenten auszubauen, darüber hinaus spekuliert es auf Suez, Ägypten, Zypern und Palästina. Frankreich bietet sich (ebenso wie Rußland) als Beschützer der Christen an, ist aber besonders an Syrien und Libanon sowie an Ägypten (Suezkanalpläne) interessiert; Österreich verhält sich wegen des Ausbaus der eigenen Balkanposition und der erstrebten Schwächung Rußlands proenglisch, die permanente Ermunterung des Panslawismus und slawischen Nationalismus unter der zahlreichen slawischen Bevölkerung des Habsburgerreichs durch Rußland ist deren Machthaber ein Dorn im Auge; Preußen verhält sich neutral, dennoch unterstützt es – ungeachtet der unvergessenen Demütigung in den »Olmützer Punktationen« von 1850 (proösterreichische Parteinahme des Zaren gegen Preußen) – wiederholt Rußland, um damit stärkere Positionen gegen Österreich im Machtkampf um die Führung des Deutschen Bundes zu erringen.

Krimkrieg

Rußland verlangt zunächst auf diplomatischem Wege seit Februar 1853 größere Zugeständnisse für die unterdrückten griechisch-orthodoxen Christen und besetzt im Juli 1853 die dem Sultan unterstehenden Donaufürstentümer Moldau und Walachei. Inspiriert von England und Frankreich erklärt das Osmanenreich nach dem Scheitern aller Vermittlungsversuche Rußland den Krieg (1. November 1853). Die Osmanen werden jedoch schon Ende 1853 zu Lande (Walachei und Transkaukasien) und zur See (Schlacht bei Sinope) geschlagen. Daraufhin treten England und Frankreich im März 1854 in den Krieg gegen Rußland ein. Österreich sammelt an der russischen Grenze eine große Armee und erzwingt von Rußland durch Kriegsdrohung die Räumung der okkupierten Fürstentümer, die es anschließend selbst besetzt.

Im September 1854 verlagert sich der Kriegsschauplatz auf die Krim, wo ein englisch-französisches Expeditionskorps die Festung Sevastopol blockiert. Osmanische Truppen und sardinisch-piemontesische Verbände werden ebenfalls auf der Krim eingesetzt. Sevastopol verteidigt sich fast ein ganzes Jahr (November 1854–September 1855), muß aber nach wiederholten französisch-englischen Angriffen schließlich kapitulieren.

Der Krieg offenbart die wirtschaftliche, politische, militärische und technische Schwäche Rußlands. Er zeigt die Rückständigkeit des gesamten, auf der Leibeigenschaft der Bauern beruhenden zaristischen Systems. Diese Niederlage wird im Frieden von Paris (30. März 1856) besiegelt.

Frieden von Paris 1856

Der französische Außenminister Graf Waleská, Napoleon III. und Englands Ministerpräsident Henry John Palmerston diktieren Rußland – unter Alexander II., dem Nachfolger des verstorbenen Zaren Nikolaus I., – die *Friedensbedingungen*: Das Schwarze Meer wird neutralisiert, Rußland darf dort weder eine Flotte noch Festungen besitzen, Südbessarabien kommt an das Fürstentum Moldau. Damit ist Rußlands Rolle als führende Militärmacht und »Gendarm Europas« ausgespielt.

Gründung Rumäniens

Eine der wichtigsten Folgen des Krimkrieges auf dem Balkan ist die Schaffung eines geeinten rumänischen Staates. Auf der Pariser Konferenz von 1858 kommen Vertreter von sieben Mächten bei Dominanz Frankreichs und Englands überein, unter der Oberherrschaft des Sultans die »Vereinigten Fürstentümer Moldau und Walachei« mit gemeinsamer Armee, einheitlichem Zoll-, Post-, Geld- und Gerichtswesen, aber zwei Fürsten zu gründen. Die Ständevertretungen beider Fürstentümer wählen je doch 1859 den Fürsten Alexander Cuza zum gemeinsamen Herrscher. Obwohl sich England, die Hohe Pforte und Österreich dieser Entscheidung der rumänischen Patrioten widersetzen, ist die Einigung des Landes vollendete Tatsache. Der neue Staat erhält den Namen Rumänien und wird 1861 auch von der Hohen Pforte anerkannt. Hauptstadt wird Bukarest (Bucuresti).

Die Niederlage im Krimkrieg zwingt zusammen mit dem wachsenden Druck der Bauern und oppositioneller Kräfte Regierung und herrschende Kreise Rußlands endgültig dazu, den in der sozialökonomischen Entwicklung des Landes herangereiften Veränderungen Rechnung zu tragen. Seit den dreißiger Jahren des 19.Jh. befindet sich das Leibeigenschaftssystem in seiner Zerfallskrise. Die Bauernunruhen, die Ende des 18. und Anfang des 19.Jh. zeitweise abgeflaut waren, wachsen erneut an. Im Gefolge und unter den Fernwirkungen des Dekabristenaufstandes wächst der Widerstand progressiver Adliger, von Vertretern der Intelligenz und bürgerlicher Schichten, zunächst noch hauptsächlich in der Emigration. Der beginnende Eisenbahnbau, erste Anfänge der Verwendung von Maschinen in der Industrie, weitere Fortschritte kapitalistischer Entwicklungselemente spitzen die Widersprüche zwischen der ökonomischen Entwicklung und dem herrschenden Gesellschaftssystem krisenhaft zu.

Krise des Leibeigenensystems in Rußland

Nach dem Ende des Krimkrieges reift eine *revolutionäre Situation* heran. Sie wird gekennzeichnet einmal durch die wachsende Einsicht der herrschenden Kreise, daß Reformen nunmehr zu einer inneren und äußeren Existenzfrage für den zaristischen Staat geworden sind. Zum anderen kommt es zu einer neuen heftigen Welle von Bauernunruhen; 1859 zeigt die Massenbewegung gegen die Branntweinsteuer, daß der Druck von unten für das bestehende Herrschaftssystem gefährliche Ausmaße annimmt. Zugleich werden in wachsendem Maße Forderungen nach sozialen und politischen Veränderungen erhoben. Träger der Opposition sind jetzt nicht mehr in erster Linie Adlige, sondern Vertreter kleinbürgerlicher Schichten, die sogenannten Raznočincen, Angehörige verschiedener Stände und Berufe. An der Spitze der Oppositionsbewegung stehen die großen *revolutionären Demokraten* Hercen, der im Ausland die Zeitschrift *Kolokol* herausgibt, und in Rußland selbst die radikalere Gruppierung um den *Sovremennik* mit Černyševski, Dobroljubov und Nekrassov.

Der Zar beruft Ende 1858 Beratungsgremien zur Vorbereitung einer Agrarreform ein, in denen jedoch ausschließlich Adlige vertreten sind. Aber auch innerhalb der herrschenden Klasse bildet sich eine liberal-reformerische Gruppierung, auf die sich Alexander II. schließlich bei der Durchsetzung der fälligen Reform gegen den konservativen Flügel der Gutsbesitzerklasse stützen kann. Mit dem *Manifest vom 2. Februar 1861* wird in Rußland die Leibeigenschaft aufgehoben. Allerdings trägt die Reform deutlich die Züge einer konservativen Anpassung der bestehenden Ordnung an kapitalistische Verhältnisse im Interesse des Adels und zuungunsten der Bauern.

Aufhebung der Leibeigenschaft

Grundprinzipien sind die völlige Erhaltung des adligen Großgrundbesitzes, Entschädigung und Loskauf als Ausgleich für die Freisetzung der Bauern und ferner das Festhalten an ständisch-rechtlichen Privilegien des Adels gegenüber den Bauern. Die Gutsbesitzer erhalten einen je nach der Bodenbeschaffenheit unterschiedlichen Teil des bäuerlichen Anteillandes als sogenannte Bodenabschnitte *(otreski)* zugesprochen. Diese werden oft in Streulage zum Bauernland ausgewählt, so daß die Mehrzahl der Bauernwirtschaften gezwungen ist, otreski in der Form der Halbpacht von den Gutsherren zu erwerben, was eine halbfeudale Abhängigkeit vieler Bauern zur Folge hat. Für ihre persönliche Freiheit müssen die Bauern eine immense Loskaufsumme zahlen, die zunächst vom Staat vorgeschossen wird und in Jahresraten, die bis 1907 reichen sollen, von den Bauern aufzubringen ist.

Weitere Reformen

Die Wirkung dieser Reform, die mit den folgenden Schritten: Universitäts- und Schulreform 1863, Einführung regionaler Selbstverwaltungsorgane *(Semstvoreform)* und Justizreform 1864, Liberalisierung des Pressewesens und Milderung der Zensur (Pressereform 1865), Städtereform 1870 und bis 1874 Heeresreform, mit der Einführung der allgemeinen Wehrpflicht, die Wende zum Kapitalismus in Rußland bedeutet, ist von Anbeginn äußerst widersprüchlich. Die ökonomische, soziale und politische Macht der Gutsbesitzerklasse sowie vielfältige Elemente und Relikte des Feudalsystems, besonders in der Staatsstruktur, bleiben erhalten. Obwohl 22,5 Mio Bauern von der Leibeigenschaft befreit werden, werden auch – trotz juristischer Besserstellung – zahlreiche Formen der halbfeudalen Abhängigkeit und insbesondere die ständische Fixierung der Bauern in der Dorfgemeinde konserviert. Zwar werden auf mehreren Wegen Arbeitskräfte für den Kapitalismus frei: durch direkte Befreiung von der Leibeigenschaft, durch schnell wachsende soziale Differenzierung auf dem Lande und Ruin kleiner und landarmer Bauern sowie durch Landflucht und Neusiedlung. Jedoch bleibt die Entfaltung des Kapitalismus durch die Agrarverhältnisse wesentlich behindert. Der preußische Weg des Kapitalismus in der Landwirtschaft setzt sich nur allmählich und ungleichmäßig durch. Mit der sich verschärfenden Agrarfrage entsteht der Nährboden einer künftigen bürgerlich-demokratischen Revolution.
Zugleich macht der Kapitalismus in Rußland erhebliche Fortschritte, paßt sich das zaristische System der bürgerlichen Entwicklung an. Krise und Reform von 1861 sind nach Lenins Einschätzung ein Schritt in Richtung auf die Revolution von oben und zugleich Ausgangspunkt für eine neue revolutionär-demokratische Bewegung von unten.

3.7.3. Verlauf und Alternativen der italienischen Einigungsbewegung von 1859 bis 1870

Die mit dem Entwicklungsgrad kapitalistischer Verhältnisse herangereifte Notwendigkeit, die Zersplitterung Italiens durch Schaffung eines geeinten Nationalstaates zu überwinden, bleibt infolge der Niederlage von 1848/49 auch in den fünfziger Jahren noch ungelöst. Das gilt ebenso für die erforderliche Brechung der habsburgischen Herrschaft über den Norden des Landes (Lombardei und Venetien). Auch das soziale Kernproblem der Aufhebung des feudalen Großgrundbesitzes und der daraus resultierenden Ausbeutungs- und Abhängigkeitsformen harrt noch einer Lösung. Der Terror seitens der absolutistischen Reaktion nach 1849 (eine Ausnahme bilden lediglich Sardinien-Piemont und San Marino) vermag diese antagonistischen Widersprüche nicht aus der Welt zu schaffen. Unbewältigt ist überdies die Aufgabe, die weltliche Herrschaft des Papstes über große Teile Mittelitaliens zu beseitigen.

Analog zur Lage in Deutschland sind in Italien zwei Alternativen der nationalen Einigung umkämpft: Revolution von unten oder Revolution von oben. Auf eine Revolution von oben setzt die in Sardinien-Piemont herrschende Dynastie Savoyen und die von Cavour geführte Regierung. Sie repräsentiert die Bestrebungen der an einem gesamtitalienischen Markt interessierten norditalienischen, namentlich piemontesischen Bourgeoisie (Bankiers, Kaufleute, Reeder, Großpächter, Eisenbahnunternehmer, Manufakturbesitzer und bereits auch Fabrikanten, vor allem in der Leichtindustrie und der entstehenden Schwerindustrie) sowie der liberalen Adelsfraktion. **Alternativen der nationalen Frage in Italien**

Das Papsttum erweist sich weiterhin als ein Hindernis für die Einigung des Landes, zumal Pius IX. spätestens in der Revolution von 1848/49 die zaghaften liberalen Reformen seines Regierungsbeginns und die damit geweckten Hoffnungen auf eine nationale Sendung des Heiligen Stuhles preisgegeben hat. Von den übrigen italienischen Teilstaaten ist ebensowenig eine Einigung zu erwarten. So bleibt es Aufgabe Sardinien-Piemonts, dem einzigen italienischen Staat nach 1848 mit gemäßigt-liberaler Verfassung, die Rolle eines »italienischen Preußens« in der nationalen Einigungsbewegung zu übernehmen.

Die an der Schaffung eines Nationalstaates interessierte liberale Bourgeoisie neigt auf Grund ihrer Erfahrungen mit den Volksmassen in der Revolution von 1848/49 einem Klassenkompromiß mit dem Großgrundbesitz und den monarchischen Kräften (vor allem Sardinien-Piemonts) nach innen, einem außenpolitischen Kompromiß mit dem bonapartistischen Frankreich Napoleons III. nach außen zu. Um eine Volksrevolution zu verhindern, erstrebt Sardinien-Piemont, im Unterschied zum revolutionär-demokratischen Flügel der Einigungsbewegung, zunächst nur die Vereinigung Norditaliens. **Haltung der liberalen Bourgeoisie**

Die Revolution von unten zielt auf die Einigung des Landes in Form der demokratischen Republik. An der Spitze des von Kleinbürgertum und revolutionären Intellektuellen geführten revolutionär-demokratischen Flügels steht noch immer Mazzini, doch hat nach der Niederlage der Revolution von 1848/49 unter den demokratischen Kräften ein Differenzierungsprozeß eingesetzt. Cavours bürgerlich-liberale Reformpolitik (Verfassungsrechte, Eindämmung der wirtschaftlichen und politischen Macht des Klerus usw.) und der wirtschaftliche Aufschwung Sardinien-Piemonts bewirken, daß Teile des Kleinbürgertums und der Republikaner von 1848/49 unter den Fahnen der konstitutionellen Monarchie Viktor Emanuels II. (1849–1861 König Sardinien-Piemonts) und der von Cavours Anhängern 1857 gegründeten Nationalen Gesellschaft (*Societá Nazionale*) auf den Kurs einer Revolution von oben hinüberwechseln. Sie gehen von der Vorstellung aus, daß der nationalen Einigung Vorrang gebühre, die sozialen Fragen und die künftige Staatsform hingegen erst danach zur Entscheidung stünden. Auch Giuseppe Garibaldi stellt sich in der folgenden Einigungsrevolution letztlich auf diesen Standpunkt. Mazzini, Garibaldi und ihre Mitstreiter sind glühende und aufrechte Patrioten; dennoch unterschätzen sie die sozialen Probleme, vor allem die Bedeutung der Agrarfrage und die Notwendigkeit der Gewinnung der Bauernschaft als entscheidender Bündnispartner in der nationalen Einigungs- und Befreiungsbewegung.

Hauptphasen der Einigung

Dieser Kampf entwickelt sich 1859/60 zu einer Revolution, die sich chronologisch wie folgt untergliedert:

1. Phase: April 1859–März 1860. Einigung Norditaliens, Hegemonie des Großbürgertums und des liberalen Adels unter der Dynastie Savoyen.

2. Phase: April/Mai–Oktober 1860. Revolution von unten und Hegemonie des revolutionär-demokratischen Kleinbürgertums im Süden.

3. Phase: Oktober 1860–März 1861. Anschluß Süditaliens an Sardinien-Piemont und Durchsetzung der Hegemonie des Großbürgertums und des liberalen Adels auch im Süden. Gründung des Königreichs Italien als Einheitsstaat in Form einer konstitutionellen Monarchie.

4. Phase: 1866. Befreiung Venetiens von der Habsburgerherrschaft.

5. Phase: 1870. Anschluß des restlichen Kirchenstaates an das Königreich Italien.

Im Bestreben, die italienische Frage als eine der wichtigsten internationalen Probleme der Zeit auf diplomatischem Wege und von oben zu lösen,

Krieg gegen Österreich

lehnen sich Cavour und die herrschenden Kreise Sardinien-Piemonts an Frankreich an. Beim Geheimtreffen von Plombières (Juli 1858) verspricht Cavour Napoleon III., Savoyen und Nizza an Frankreich abzutreten, wenn letzteres dem Krieg gegen Österreich beitritt und Lombardei/Venetien mit Sardinien-Piemont vereinigt wird. Im August 1860 setzt Garibaldi auf die Apenninenhalbinsel über und zieht am 7. September als Sieger in Neapel, der Hauptstadt des Königreichs beider Sizilien, ein. Nach der militärischen Niederlage der Bourbonen rücken reguläre piemontesische Truppen im September 1860 in die bisher päpstlichen Gebiete Umbrien und Marken sowie auf neapolitanischen Boden vor, um Garibaldi unter Druck zu setzen und die Volksrevolution im Süden zu erdrosseln. Garibaldi wird am 15. Oktober zum Erlaß eines Dekrets über den Anschluß des Königreichs beider Sizilien an Sardinien-Piemont veranlaßt und zieht sich als politischer Führer des Südens zurück. Nach einigen Schwankungen entsagt er auch dem Kampf für ein revolutionär-demokratisches Italien, weil dies den Krieg gegen Sardinien-Piemont sowie den Block der Latifundienbesitzer und Großbourgeoisie erfordern würde. Eine Gefährdung der nationalen Einigung des Landes durch Bürgerkrieg will Garibaldi aber nicht zulassen. So sind er und seine Anhänger nicht in der Lage, die politischen Früchte ihrer militärischen Erfolge zu ernten.

Vollendung der Einigung

Am 21. Oktober 1860 findet in Neapel/Sizilien ein Plebiszit statt, das den Anschluß des Südens an Sardinien-Piemont sanktioniert. Damit endet die Revolutionsphase von unten, und die Revolution von oben siegt.

Die restlichen neapolitanischen Gruppen in Gaëta mit König Franz II. kapitulieren im Februar 1861 vor den Piemontesen. Im März 1861 wird das Königreich Italien mit Viktor Emanuel II. an der Spitze proklamiert. Hauptstadt bleibt zunächst Turin, von 1865 bis 1871 wird es Florenz.

Am *Preußisch-österreichischen Krieg* von 1866 nimmt Italien auf seiten Preußens teil. Trotz vernichtender italienischer Niederlagen bei Custozza und in der Seeschlacht von Lissa erhält Italien dank der preußischen Siege (Königgrätz) Venetien. Zwei Versuche Garibaldis (1862 und 1867), den Rest des Kirchenstaates zu befreien, scheitern an der Präsenz französischer Besatzungstruppen und an der Angst der herrschenden Kreise um Viktor Emanuel II. vor einem Einspruch Napoleons III. Erst im September 1870, als Frankreich infolge des *Französisch-deutschen Krieges* seine Truppen aus dem Kirchenstaat zurückziehen muß, können Rom und Umgebung dem Königreich Italien einverleibt werden. Rom wird im Januar 1871 Hauptstadt Italiens.

In der italienischen Einigungsbewegung sind beide Komponenten – sowohl die reformerische als auch die revolutionäre – präsent. Die Einigung beginnt dynastisch mit dem Krieg gegen Österreich bei massiver Unterstützung seitens des bonapartistischen Frankreichs. In der entscheidenden Phase wird das Land jedoch vor allem durch die Revolution von unten geeint. *Die Revolution von 1859/60 krönt und beendet zugleich den bürgerlichen Revolutionszyklus in Italien.* Sieger sind infolge der Schwäche des revolutionär-demokratischen Lagers die großbürgerlichen Kräfte des Nordens im Bunde mit den liberalen Großgrundbesitzern sowie die Dynastie Savoyen. Auch die Großagrarier des Südens akzeptieren die Einigung des Landes, weil sie im Ergebnis des Klassenkompromisses mit der Großbourgeoisie des Nordens ihre Privilegien behalten. An der Lage des werktätigen Volkes ändert sich wenig. Für die Entwicklung des Kapitalismus eröffnen sich indes weitere Perspektiven, in der Landwirtschaft setzt sich der reformerische Weg durch. Die Schaffung eines einheitlichen italienischen Nationalstaates bedeutet insgesamt einen großen Fortschritt. Der langjährige Einigungskampf der Italiener endet in nationaler und politischer Hinsicht mit einem Sieg, in sozialer Richtung geht jedoch die bürgerliche Revolution über höchst bescheidene Ansätze nicht hinaus. Im Vergleich zu der sich parallel vollziehenden Einigung Deutschlands von oben ist die Einigung Italiens stärker von revolutionären Momenten geprägt, die weitere kapitalistische Evolution bleibt indes langsamer und schwächer.

Der Bürgerkrieg in den USA (1861–1865)   3.7.4.

Die 1775–1783 errungene Unabhängigkeit führte zur Herrschaft der großen Handels- und Manufakturbourgeoisie im Bündnis mit den Sklaven- und Plantageneignern des Südens. Mit dem *Beginn der industriellen Revolution* seit Ende des 18. Jh. beginnt eine tiefgreifende Wandlung. Es entfaltet sich einerseits die Industriebourgeoisie, andererseits verstärken sich die Bindungen der Plantagenwirtschaft und des Handelskapitals zur alten Metropole. So entstehen zwei einander entgegengesetzte und konkurrierende soziale Systeme:

Im *Norden* entwickelt sich der *Industriekapitalismus.* Die Einwanderung europäischer Siedler vorwiegend als Farmer, verbunden mit ständiger Westexpansion und Ansiedlung auf früherem Indianerland, bewirkt eine rasche Ausdehnung des inneren Marktes für die Industrie, allerdings auch

Nord-Süd-Antagonismus

ein ebenso rasches Wachstum des Getreideexports (vorwiegend nach England). Im *Süden* nutzen die *Plantageneigner* die mit dem schnellen Gedeihen der englischen Textilindustrie gebotenen Chancen, um in wachsendem Maße Baumwolle für den Export zu erzeugen. Das Plantagensystem kann nur bestehen, indem es ständig expandiert und neues Land für die Plantagenwirtschaft gewinnt, es tritt folgerichtig in Konkurrenz zur freien Lohnarbeit des Nordens und genießt dabei die Unterstützung der im Baumwollhandel engagierten Handelsbourgeoisie wie der englischen Textilfabrikanten. Diese direkte Konkurrenz wird in gewisser Weise verhüllt durch die sich verengenden wirtschaftlichen Beziehungen zwischen beiden Teilen, weil auch die Textilindustrie des Nordens auf der Baumwolle des Südens, und die Landwirtschaft des Mittelwestens auf dem Getreideabsatz im Süden beruht.

Seit 1820 gelingt es der Sklavenhalteraristokratie des Südens immer wirksamer, ihre Herrschaft über das gesamte politische Leben des Landes durchzusetzen und die bürgerlichen Freiheiten zu bedrohen. Zugleich wird um 1830 (Nat-Turner-Aufstand) die Überlebtheit der Sklaverei deutlich, die Bewegung des *Abolitionismus* gewinnt an Breite. Sie verbindet sich zunehmend mit der demokratischen Agrarbewegung (Freesoilers) gegen die konservative Bodenpolitik in den Nordstaaten.

1854 erreicht der Kampf für und wider die Ausdehnung der Sklaverei auf die Westgebiete den Höhepunkt im *Streit um Kansas*. Während die regierende *Demokratische Partei* an dieser Frage auseinanderbricht, bildet sich die *Republikanische Partei* als breite Allianz aus Verteidigern der nationalen Einheit, der Sklavereigegner und aufrechten Demokraten. Sie wird auch von radikaldemokratischen und proletarischen Kräften unterstützt. Im Sturm von John Brown auf das Bundesmagazin von Harpers Ferry, der einen Partisanenkrieg auslösen soll, kulminiert die *revolutionäre Situation* und reift voll aus (1859–1861).

Ausbruch des Krieges

Mit der durch die Wahl des Republikaners *Abraham Lincoln* zum Präsidenten ausgelösten Separation (»Sezession«) von sklavenhaltenden Südstaaten aus der Union und deren Zusammenschluß als *Konföderierte Staaten von Amerika* (8. Februar 1861) ist der Bürgerkrieg politisch eingeleitet, eröffnet wird er vom Süden durch die Beschießung des Forts Sumter im Hafen von Charleston (12. April 1861).

Seinem Wesen nach ist der Bürgerkrieg ein Kampf zwischen rivalisierenden Fraktionen der Bourgeoisie: der Plantagenaristokratie, der baumwollexportierenden Handels- und der mit der Plantagenwirtschaft verbundenen Finanzbourgeoisie einerseits sowie der Industrie- und Agrarbourgeoisie des Nordens andererseits. Da das Sklavereiregime jedoch die sozialpolitische Lage des gesamten Volkes berührt, die nationalstaatliche Existenz bedroht, mit der freien Besiedlung des Westens und der ungehinderten Entwicklung kapitalistischer Verhältnisse unverträglich ist, formiert sich um die Bourgeoisie des Nordens ein umfassendes revolutionäres Lager. Es besteht aus Arbeitern – unter starkem Einfluß eingewanderter deutscher Kommunisten –, Farmern, kleinbürgerlichen Abolitionisten schwarzer wie weißer Hautfarbe sowie werktätigen Einwanderern. Durch die Aktion der Volksklassen wächst der Bürgerkrieg in die (zweite) *bürgerliche Revolution* hinüber. Die Bourgeoisie stellt sich erst unter dem Zwang der Umstände und der Logik des Kriegsverlaufs an die Spitze.

Zunächst führt Lincoln die Abwehr des konterrevolutionären Angriffs des Südens auf rein konstitutionelle Weise. Er ist bestrebt, die Sklavenhalterstaaten der Grenzregionen, die sich der Sezession nicht angeschlossen haben, bei der Union zu halten. Erst die Formierung und der Kampf radikaldemokratischer Kräfte (Thaddeus Stevens, Charles Sumner, Frederick Douglass) läßt die militärische Initiative auf die Seite des Nordens übergehen. Für den Wechsel zur revolutionären Kriegführung ist das Heimstättengesetz *(Homestead-Act,* 20. Mai 1862), wonach Siedler praktisch kostenlos Boden erhalten, und die Verkündung der *Sklavenemanzipation* für die Rebellenstaaten (wirksam ab 1. Januar 1863) kennzeichnend. `1. Phase`

Hauptschauplatz des Ringens sind die Gebiete östlich der Appalachen zwischen den beiden Hauptstädten Washington und Richmond sowie zwischen Appalachen, Mississippi und Ohio. Der mehrfach wiederholte Versuch des Nordens (Juli 1861–April 1865), Richmond durch Frontal- und Umfassungsangriffe oder Belagerung einzunehmen, scheitert; er gibt sogar der gegnerischen Seite mehrfach Gelegenheit, die Bundeshauptstadt Washington direkt zu bedrohen und auf Bundesgebiet vorzudringen. `2. Phase`

Vorentscheidungen fallen im Westen: Kentucky wird gesäubert (Februar 1862), Tennessee besetzt (Januar 1863) und die Kontrolle über den Mississippi erkämpft (Juli 1863). Damit sind die Wirtschaftsverbindungen zwischen Mittelwesten und Süden zerschnitten. Mit dem Sieg der Nordarmeen bei Gettysburg (1.–3. Juli) und den Schlachten von Chickamauga und Chattanooga (September und November 1863) fällt die endgültige Entscheidung.

Von hier aus unternimmt William Sherman im Mai 1864 einen Verwüstungsfeldzug durch Georgia (2. September: Einnahme Atlantas) und zur Atlantikküste (22. Dezember: Einnahme Savannahs), weiter nach Norden durch Süd- und Nordkarolina (18. Februar 1865: Einnahme Charlestons). Am 9. und 18. April 1865 kapitulieren – nach dem Fall Richmonds (3. April) – die konföderierten Hauptarmeen unter Robert Edward Lee und Josephus Eccleston Johnston bei Appomatox und Durham Station. Letzter Widerstand unter Kirby Smith in New Orleans endet am 26. Mai 1865. `Niederlage des Südens und Kriegsverluste`

Von 1 556 000 Kombattanten verliert die Union 360 000 Tote und 275 000 Verwundete, die Konföderation von 1 082 000 Kombattanten 258 000 Tote und (wenigstens) 100 000 Verwundete. Noch vor Kriegsende fällt Präsident Lincoln einem Attentat am 14. April 1865 zum Opfer.

Mit dem raschen Zerfall des Sklaven- und Plantagensystems im Süden, der Aufhebung der Sklaverei in zunächst vier Südstaaten (zwischen Januar 1864 und Januar 1865), der militärischen Besetzung des gesamten Südens ist die nationale Aufgabe von Krieg und Revolution formell erfüllt. Ihre soziale und politische Aufgabe – die Beseitigung der Sklaverei und ihrer Konsequenzen in der gesellschaftlichen Wirklichkeit – bleibt jedoch offen. Mit dem Ziel ihrer Lösung tritt die Linke stärker hervor, zu

Rekonstruk-
tionsperiode

der radikale Republikaner, Abolitionisten und auch Marxisten gehören. Das daraus resultierende Hauptanliegen der Rekonstruktion ist die konsequente Zuendeführung der Revolution: die Beseitigung aller vor- und frühkapitalistischen Elemente in der Sozialökonomik, die Entmachtung der Sklavenhalterklasse, die Unterordnung der Handels- unter die Industriebourgeoisie sowie die Schaffung günstiger Bedingungen für einen neuen, schnellen Aufschwung des Kapitalismus und demokratische Rechte der Volksmassen, einschließlich der Afroamerikaner, Indianer und anderer Minderheiten. Auf der Tagesordnung steht die *Durchsetzung des demokratisch-revolutionären oder des konservierend-reformerischen Weges.*

Die Rekonstruktionsperiode gliedert sich in *drei Phasen:*
– vom Ende des Bürgerkrieges bis zur Wiederzulassung der ersten sechs Südstaaten, der Annahme des 14. Verfassungszusatzes und der Wahl von Ulysses Simpson Grant zum Präsidenten (Juni-November 1868);
– von 1868 bis zur Aufnahme weiterer vier Südstaaten und zur Rücknahme der ersten Rekonstruktionsgesetze 1872;
– vom Auseinanderbrechen der republikanischen Koalition bis zum Abzug der Bundestruppen aus den letzten Südstaaten (April 1877) und beim Wahlsieg der Demokratischen Partei (November 1878).

Ergebnisse von
Bürgerkrieg
und Revolution

Insgesamt endet die Rekonstruktionsperiode mit einem *Kompromiß* zwischen der zur uneingeschränkten Herrschaft gelangten Großbourgeoisie des Nordens und den ehemaligen Sklavenhaltern. Letzteren bleibt der Großgrundbesitz erhalten, da sich die Volksbewegung erst später und zu wenig konsequent zu organisieren vermag. Seitens der Ausbeuterklassen gelingt es, den Rassismus als Hauptmittel zur Spaltung der Werktätigen zur Wirkung zu bringen. Dennoch sind die Ergebnisse von bedeutender historischer Reichweite: Beseitigung von Sklaverei und politischer Vormacht der Sklavenhalteroligarchie, Ausdehnung formeller politischer Rechte auf die Negerbevölkerung und Erweiterung dieser Rechte für alle Werktätigen, beginnender Zusammenschluß von Arbeitern und Farmern in Massenorganisationen, Durchsetzung des demokratischen Republikanismus gegen oligarchische Beschränkungen, Öffnung der Ländereien des Westens für freie Ansiedlung und damit Sieg des »amerikanischen Weges«[31] in der Entwicklung der kapitalistischen Landwirtschaft (allerdings auf Kosten der Indianer, die weitgehend vertrieben und ausgerottet werden). Insgesamt ergibt sich, bei intensiver Ausbeutung der Werktätigen, eine außerordentliche Beschleunigung der kapitalistischen Entwicklung.

Im Süden bleibt die Revolution unvollendet; sie versandet hier mit der Durchsetzung einer dem »preußischen Weg« vergleichbaren Variante des Agrarkapitalismus. Die ehemaligen Sklavenhalter avancieren zu Juniorpartnern der Großbourgeoisie, die rasch in das monopolistische Stadium eintritt. Diese Bourgeoisie sucht den Süden als Kapitalanlagesphäre und Arbeitskräftereservoir von radikalen Umgestaltungen frei zu halten und macht deshalb zunehmend mit der Sklavenhalterreaktion, die sich auf ex-

---

31 Vgl. W. I. Lenin, Die Agrarfrage in Rußland am Ausgang des 19. Jahrhunderts, in: Werke, Bd. 15, Berlin 1974, S. 131.

treme Weise in den Aktivitäten des Ku-Klux-Klan entlädt, gemeinsame
Sache. Die ehemaligen Sklaven werden keine Farmer, sondern abhängige
Teilpächter oder Gelegenheitsarbeiter. Mit dem Sieg ihrer zweiten bürgerlichen Revolution, dem Abschluß der industriellen Umwälzung, der
beginnenden Monopolisierung und mit der Integration der Westgebiete
und der Herrschaftsübernahme durch die Großbourgeoisie vollziehen die
USA zugleich den *Übergang zu einer expansionistischen Großmacht.*

Reform und Revolution in Asien: 3.7.5.
Die Meiji-Restauration in Japan

Die im Verlauf des 18. Jh. erwachsene Krise des Tokugawashogunats **Krise des**
spitzt sich in der ersten Hälfte des 19. Jh. weiter zu. Ihre Hauptfaktoren **Shogunats**
sind die immer deutlicher hervortretende sozialökonomische Rückständigkeit des Herrschaftssystems und die darin begründeten Auseinandersetzungen innerhalb der Feudalklasse, die allgemeine Opposition gegen
die Abschließungspolitik, das allmähliche Anwachsen bürgerlich-kapitalistischer Elemente, zunehmende Bauernunruhen und die sich seit dem ersten Drittel des 19. Jh. abzeichnende äußere Bedrohung.

Hauptleidtragende der sich seit dem 17. Jh. ausdehnenden *Ware-Geld-Beziehung* sind wiederum die Bauern. Am Verkauf des von ihnen bearbeiteten Bodens gehindert, verpfänden
sie ihn an wohlhabende Bauern oder städtische Kaufleute und verwandeln sich in deren
Pächter. Zusätzlich zur bisherigen Feudalrente an die großen Feudalherren *(Daimyōs)* haben
sie nunmehr weitere 20 und mehr Prozent der Ernte an den neuen Bodenbesitzer zu zahlen. Feudale und kapitalistische Beziehungen verflechten sich so ineinander, was sich auch
im allmählichen Wandel der Naturbeziehungen zu Geldbeziehungen niederschlägt. Zwischen 1822 und 1836 vermindern sich die Reiseinkünfte der Shogune um rund 10 %, ihre
Geldeinkünfte verdreifachen sich. Im 19. Jh. arbeiten immer mehr landlos gewordene Bauern bei reichen Dorfgenossen, von denen einige zugleich zu gewerblichen Unternehmern
werden, die Sake, Sojasoße oder Textilien herstellen lassen, zunehmend in Form der *dezen-
tralisierten Manufaktur.* Innerhalb der weiterbestehenden Dorfgemeinschaft vollziehen sich
eine scharfe Differenzierung und Polarisierung. Auch städtisches Kaufmannskapital dringt
in das Grundeigentum und in die agrarische wie ländlich-gewerbliche Produktion ein, vor
allem in den Anbau technischer Kulturen und deren Weiterverarbeitung (Maulbeerbäume,
Baumwolle, Tee, Tabak, Indigo). Dagegen sinkt der Bodenanteil für den Reisanbau ständig.
Es entsteht eine Schicht nichtadliger großer Grundeigentümer und Gutsbesitzer (Jinuchi).
Letztere stärken ihre ökonomische Position auch mittels Erschließung von Neulandgebie-
ten, was durch Shogunat und Daimyōs gefördert und steuerlich begünstigt wird, ungeachtet
des dadurch gefährdeten Eigentummonopols des Adels. Shogun und Daimyōs begünstigen
die Verstädterung ihrer Machtzentren, um über die Beherrschung strategischer Punkte mit
den zunehmenden *Aufstandsbewegungen der Bauern* leichter fertig zu werden.

Im 19. Jh. entwickelt sich zunehmend die *zentralisierte Manufaktur* vor al- **Sozialökonomi-**
lem im Baumwoll- und Seidengewerbe. Das Fabriksystem erlebt seine An- **sche Struktur**
fänge allerdings erst nach der Jahrhundertmitte. Dennoch weist Japan in
den fünfziger Jahren einen Weltproduktionsanteil von 6 % bei Kupfer
und einen Weltexportanteil bei Rohseide von ca. 10 % auf, was die nach
wie vor gegebene ökonomische Rückständigkeit insgesamt nicht mindert.
Dennoch sind dies sichtbare Ansätze einer kapitalistischen Entwicklung
und bewirken spürbar die weitere Zersetzung der Feudalverhältnisse, zumal der hohe Adel zunehmend in finanzielle Abhängigkeit der Großkauf-

leute gerät. Das trifft auch – allerdings schon wesentlich früher – auf einen großen Teil der kleinen Adligen *(Samurai)* zu. Sie arbeiten notwendigerweise als Lehrer, Ärzte oder Angestellte, werden Handwerker und kleine Kaufleute. Auf dieser sozialökonomischen Basis wächst deren Aufnahmefähigkeit für die bürgerliche Ideologie bzw. ihr Drängen nach tiefgreifenden sozialen Veränderungen, worin sie sich mit den Bestrebungen der mittleren Bourgeoisie treffen, was ihr Widerstreben gegen eine mögliche Volksrevolution mit den Bauern nicht mindert.

Gegen die doppelte Ausbeutung und steigende Reispreise setzen sich Bauern und arme Stadtbevölkerung aktiv zur Wehr. Werden im 18. Jh. 514 Unruhen und Aufstände gezählt, so von 1800 bis 1867 allein 638. Höhepunkte bilden die Bewegungen der dreißiger und vierziger sowie der fünfziger Jahre des 19. Jh. Die *Yonaoshi-Bewegung* erhebt antifeudale Forderungen wie die der Bodennutzung nach dem Grundsatz der Gleichheit und der Wahl der Beamten durch die gesamte Bevölkerung. Obgleich alle diese meist lokalen und regionalen Unruhen keine unmittelbaren Ergebnisse zeitigen, erschüttern sie das Shogunat, das vor allem als indirekte Folge zunehmender sozialer Spannungen die Unterstützung der Kaufmannschaft und vieler Samurai verliert.

Ausländische Bedrohung

Die Niederlage Chinas im Krieg mit England 1842 wird zum ersten auslösenden Faktor für die Aktivierung der Opposition von bürgerlichen und kleinadligen Elementen. Sie fordern Reformen zur Stärkung des Landes gegen die sich abzeichnende Bedrohung. Die durch eine USA-Flotte unter Admiral Perry 1853/54 erzwungene und im Kanagawa-Vertrag von 1854 fixierte Öffnung japanischer Häfen bedroht die Unabhängigkeit Japans. Der *Kanagawa-Vertrag* wird bis 1858 durch ähnliche ungleiche Verträge mit Großbritannien, Rußland, Holland und Frankreich ergänzt. Damit ist Japans Wirtschaft tiefwirkender ausländischer Konkurrenz ausgesetzt, und die politische Krise des Shogunats wächst in dem Maße, wie es der Bedrohung ohnmächtig gegenübersteht. Die Opposition aus Bourgeoisie und Kleinadel, der sich nun auch Hochadlige anschließen, sammelt sich um die Symbolfigur des Kaisers und fordert die Wiederherstellung von dessen Macht – die Restauration.

Regional stützt sich die Opposition vor allem auf die westlichen Han Satsuma und Shoshu, deren Bemühungen um Reformen zur Stärkung der Verteidigung wirkungsvollere Fortschritte macht als die des Shogunats.

Restauration der Kaisermacht

Die Opposition läßt 1863 in Form fremdenfeindlicher Unruhen sichtbar aufmerken. Nachdem 1860 Samurais den Shogunatsregenten Ji Naosuke ermordet haben, wird ein Vertreter der entschieden fremdenfeindlichen Adelspartei, Hilotsubashi Yoshinoba (Shogun unter dem Namen Tokugawa Keiki) Regent. Er erweist sich als unfähig, zentralisierendes und entschiedenes Handeln zu gewährleisten. Nach bewaffneten ausländischen – vor allem britischen – Aktionen gegen fremdenfeindliche Ausschreitungen kommt es zwischen dem Shogunat und einigen westlichen Han zur militärischen Auseinandersetzung, die 1866 mit der totalen Niederlage der Shogunatstruppen endet. Die nunmehr einsetzende energische Reformpolitik des Shoguns (unter französischer Beratung) kommt aber zu spät. Gegen ihn stehen sowohl die auf Erhaltung der Feudalverfassung orientierte oppositionelle Koalition der Daimyōs als auch die sich unter der Losung der Restauration der kaiserlichen Macht (seit 1867 ist der 14jährige Mutsuhito Meiji Kaiser) zusammengeschlossene reformorientierte Bewegung. Gegen den Versuch Keikis (November 1867) zurückzutreten, den politischen Primat des Hauses Tokugawa jedoch zu retten, richtet sich die von den Han Satsuma und Shoshu geführte militärische Besetzung des Shogunpalastes in Edo (Tokyo). Zugleich erfolgt am 3. Januar 1868 die Proklamation der Kaiserrestauration. Der Widerstand der Tokugawa wird bis Mai 1869 gebrochen.

Unter der Losung *Fukoku-Kychei* (Den Staat bereichern und die Armee stärken!) werden die Daimyōs enteignet, der Stand der Samurai aufgehoben sowie Gleichheit und Freizügigkeit proklamiert. Die Staatsführung gelangt in die Hände einer Gruppe junger Politiker, zumeist Adliger, die vor allem aus den vier westlichen Tozama-Han Satsuma, Shoshu, Tosa und Hizen kommen. Im Lauf des Jahres 1868 werden die Tokugawa-Han in *Präfekturen* umgewandelt; 1869 geben die Daimyōs der vier westjapanischen Han ihre Vollmachten an den Kaiser zurück und werden darauf als deren *Gouverneure* eingesetzt. Schließlich werden 1871 alle noch bestehenden 274 Han in Präfekturen umgewandelt und in kurzer Folge neu gegliedert, zunächst Ende 1871 in 75, 1888 nur noch 43, deren Mehrheit sich unter von Tokyo eingesetzten Gouverneuren befindet. In den Jahren 1871–1877 folgt auch eine begrenzte Reform der Lokalverwaltungen, Hauptergebnis ist die Schaffung eines straff zentralisierten Staates in den Händen einer verjüngten und modernisierten Fraktion aus Hoch- und Dienstadel. Die Schulden der Daimyōs übernimmt die Staatskasse: Daimyōs und Samurais werden für den Verlust ihrer Feudalrente abgefunden.

(Randnotiz: Meiji-Reformen)

In Form einer Grundsteuerreform wird 1873 eine tiefgreifende *Agrarreform bürgerlich-liberalen Charakters* durchgeführt: Die bisherige Feudalrente muß nunmehr als Grundsteuer an die kaiserliche Regierung auf Basis des Bodenwertes abgeführt werden, dazu nicht mehr von der Dorfgemeinschaft, sondern direkt vom bäuerlichen Produzenten. Das Gemeindeland geht in Regierungseigentum über, die Pachtverhältnisse bleiben davon unberührt. Infolge der neuen Bodenwertsteuer und der größeren Freizügigkeit für das Handels- und Kreditkapital beschleunigt sich die Verwandlung der Bauern in Pächter (am Ende des 19. Jh. über 40% aller Bodenbesitzer).

Aus modernisierten Han-Truppen entsteht 1871 die Kaiserliche Garde. Aber schon 1873 wird, mit dem Ziel der umfassenden Militärreform, ein Wehrpflichtgesetz nach preußischem Vorbild erlassen, wodurch die Samurais ihr Monopol als Waffenträger endgültig verlieren. Gegen dieses Gesetz erheben sich sowohl Bauern wie Samurais; 1877 kann ein letzter großer Aufstand von etwa 30000 Samurais in Satsuma nur unter äußerster Anstrengung niedergeschlagen werden.

(Randnotiz: Letzter Aufstand der Samurai)

Andere Reformen ergänzen die genannten, wozu bis 1890 etwa 3000 ausländische Regierungsberater herangezogen werden, um alle entscheidenden Bereiche des gesellschaftlichen Lebens zu modernisieren. Im Zentrum steht die vom Staat direkt finanzierte Industrie, die alsbald in Privateigentum übergeht. Während sich die Leichtindustrie schnell entwickelt und rasch auf ausländische Märkte vordringt, bleibt die Schwerindustrie noch bis zur Jahrhundertwende zurück.

Im Ergebnis der Konstituierung von Liberaler (Jiyuto, 1881) und Reformpartei (Paishinto, 1882), vor allem aber des Kampfes der von progressiven Intellektuellen und Angehörigen der unteren Volksschichten unterstützten *Bewegung für Freiheit und Volksrechte* (Minken, seit 1873) wird vom Kaiser 1889 eine halbparlamentarische *Verfassung nach preußischem Vorbild* erlassen.

Nach ihr liegt die ganze Macht bei der kaiserlichen Exekutive. Zum Oberhaus gehören Prinzen, hochadlige Spitzen der Bürokratie sowie vom Kaiser ernannte Personen. Das Unterhaus wird nach einem hohen Alters- und Vermögenszensus von etwa 1% der Bevölkerung gewählt. Dennoch ermöglicht diese undemokratische Verfassung eine Erörterung der Staatspolitik durch das Parlament, was auch bald zu offenen Zusammenstößen zwischen ihm und dem Kaiserhaus führt. Japan beschreitet den Weg der beschleunigten Umwandlung in einen kapitalistischen Staat unter der Führung einer sich bewußt verbürgerlichenden Adelskaste.

Charakter der Reformen

Ihrem Wesen nach sind die Meiji-Reformen Ausdruck der aus den inneren wie äußeren ökonomischen und politischen Entwicklungsbedingungen Japans bis in die erste Hälfte des 19. Jh. erwachsenden historischen Gegebenheiten. Mit diesen Reformen erfüllen die an die politische Macht gelangten konservativ-bürgerlichen Kräfte entscheidende Aufgaben der bürgerlichen Revolution. Die Reformen erwachsen vor allem als Ergebnis der infolge der Zersetzung der alten Feudalstruktur in Basis und Überbau resultierenden bäuerlichen Massenbewegungen und sind maßgeblich gefördert durch das Vordringen ausländischer Großmächte und dessen wirksame Abwehr. Letzteres ermöglicht Teilen der herrschenden Feudalklasse, glaubhaft in nationalstaatlichem Gewand handelnd, den Zusammenschluß aller oppositionellen und auf gesellschaftliche Veränderungen drängenden Kräfte um die Symbolfigur des Tenno herbeizuführen. Die unterentwickelten bourgeoisen Elemente vermögen ihre natürliche Hegemoniefunktion nicht auszufüllen, weshalb – trotz erreichter bedeutender Fortschritte in der gesellschaftlichen Entwicklung Japans zu einer kapitalistischen Macht – die Ergebnisse der Reformen zwiespältig bleiben. Die fehlende Konsequenz und Tiefe bürgerlich-demokratischer Umwälzung in Basis und Überbau bei Hegemonie von Teilen der Feudalklasse prägt folgerichtig auch den Charakter des japanischen Kapitalismus wie seiner weiteren Entwicklung im Innern und nach außen. Hier liegen vor allem die Wurzeln für seine besonders außenpolitische Aggressivität, die sich mit seiner Entwicklung zum Imperialismus bereits Ende des 19. Jh. voll ausprägt.

Ideologie und Kultur

Die Herausbildung und Erstarkung bürgerlicher Elemente widerspiegelt sich in der Entwicklung einer der europäischen Aufklärung entsprechenden Ideologie und Kultur, speziell ablesbar in Literatur und Kunst. Sie sind nicht nur Ausdruck der Geisteshaltung eines *Dritten Standes* der japanischen Gesellschaft und als solche der Ideologie des Feudalismus und seiner Träger entgegengesetzt, sondern erreichen zugleich mehr und mehr eine dominierende Stellung im japanischen Geistesleben vom Ausgang des 17. bis hinein ins 19. Jh. Die auf das Funktionieren des Feudal-

40

inrichtung Ludwigs XVI., König von Frankreich 1774–1793. Stich

as Fest des Höchsten Wesens am 8. Juni 1794

41

42

43

42 Kaiserkrönung. Gemälde von J.-L. David 1806/07. Louvre Paris

43 Die Teilnehmer des Wiener Kongresses. Steindruckradierung von B. Donndorf. Staatliche Kunstsammlungen Dresden

44

45

Schlacht von Carabobo am 24. Juni 1821

Das Gemetzel von Chios. Gemälde von E. Delacroix, 1822–1824. Louvre Paris

46

47 48

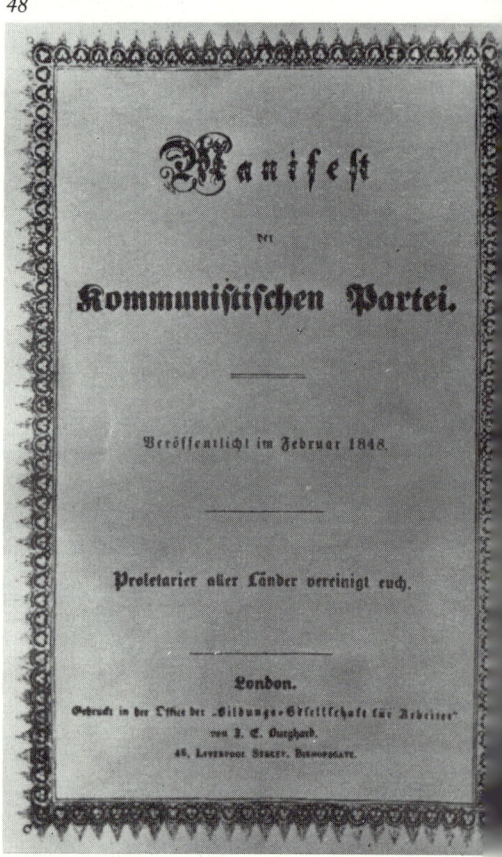

46 Die Julirevolution in Frankreich 1830, Bau einer Barrikade

47 Frauenarbeit in einer Schreibfedernfabrik in Manchester um 1850, Schleifsaal mit Transmissionsantrieben

48 Titelseite des *Manifestes der Kommunistischen Partei*

49 Februarrevolution in Paris 1848, Barrikaden-
kämpfer zerstören den Königsthron in den
Tuilerien

50 Demonstration der Chartisten am 10. April 1848.
Stich

51 Große Barrikade am Eingang der Arbeitervorstadt
St. Antoine, Juni 1848

49

50

51

52

53

52 Sitzung des gesamtitalienischen Parlaments nach der Einigung des Landes 1861. Stich

53 Gründung der Internationalen Arbeiterassoziation am 28. September 1864 in der Londoner St. Martin's H
Zeichnung von E. Schaumann

54

55

ürgerkrieg in den USA 1861–1865, Greueltaten der Sezessionisten

schießung Kaiser Maximilians von Mexiko. Gemälde von E. Manet (Ausschnitt). Staatliche Kunsthalle
heim

56 »Der kranke Mann am Bosporus«. Karikatur
auf den Verfall des Osmanischen Reiches
in der zweiten Hälfte des 19.Jh.

57 Sepoy-Aufstand in Indien 1857–1859,
Hinrichtung von Aufständischen. Holzschnitt

56

57

systems ausgerichteten wirtschaftstheoretischen Schulen des 18. Jh. treten im 19. Jh. merklich in den Hintergrund ideologischer Einflüsse auf das gesellschaftliche Leben Japans. Die ausgeprägteste Entwicklung als oppositionelle ideologische Richtung gewinnt nunmehr die *japanische* (nationale) *Schule* im Unterschied zur neokonfuzianischen, auf das Chinesische ausgerichteten Schule. Sie glorifiziert allerdings Japan als Mittelpunkt der Welt und betreibt Chauvinismus und Kaiserkult, was der oppositionellen Bourgeoisie wie dem Adel für Kaiserrestauration und Ausländerfeindlichkeit dient. Vertreter der japanischen Schule sind Kamo Mabuchi und Motoori Norinaga. Zunehmend aktiven Anteil am politischen Leben des Landes haben dagegen Vertreter der *Holland-Wissenschaftler* (Rangakusha), die zugleich Kultur und naturwissenschaftliche Kenntnisse der europäischen kapitalistischen Länder vermitteln. Unter ihnen ragt besonders *Ando Shoeki* heraus, der eine Gesellschaft ohne höhere und niedere Klassen erträumt, allerdings im werktätigen Bauern sein Ideal sieht.

Nicht mehr nur die Samurais und deren romantisiertes Ritterleben sind Hauptgegenstand und Handlungsinhalt von Romanen und Erzählungen, von Theater und Lyrik, sondern auch Kaufleute, Streben nach persönlichem Reichtum, Natur und allgemeingesellschaftliches Leben. Ähnliches kennzeichnet die japanische Malerei dieser Zeit, deren Meisterleistungen besonders die Darstellung der Natur, aber auch der Menschen zum Inhalt haben. In der eine große Blüte erreichenden Grafik und Holzschnitzkunst dominiert neben der Natur verstärkt das Volksleben sowie der Alltag des einfachen Menschen. Diese Entwicklung unterscheidet zwei aufeinanderfolgende Phasen: *Genroku-Epoche* (Ende 17.–Anfang 18. Jh.) und *Bunka-Bunsei-Epoche* (Ende 18.–Anfang 19. Jh.). | Kunst und Literatur

In der ersten Periode ragen die als größte Schriftsteller der japanischen Aufklärung bekannten Ihara Saikaku (Prosaist), Chikamatsu Monzaemon (Dramatiker) und Matsuo Basho (Lyriker) hervor. Unter den Malern der Genroku-Epoche erlangt besonders Ogata Korin bleibende Bedeutung, der mit seinen Naturdarstellungen und Lackmalereien in den Kreis der größten japanischen Künstler überhaupt gehört.

Die zweite Periode zeigt neben Liebesromanzen und Abenteuerdarstellungen tugendhaften Ritterlebens (Tamenaga Shunsui, Ryutei Tanchiko und Bakin) mit Erzählungen über das Leben von Menschen aus den untersten Volksschichten der Städte inhaltlich wie sprachlich ein völlig neues literarisches Element. Repräsentanten hierfür sind Jippensha Ikku und Shikitei Samba. Deutlicher ausgeprägt sind gleichzeitig Spott und Satire gegen die Institutionen des Feudalstaates und seiner Sachwalter. Die Theaterkunst verharrt zwar hinsichtlich Themen und Formen in den traditionellen Gleisen, was auch für den hervorstrebendsten japanischen Dramenautor im 19. Jh., Kawatake Mokuami, gilt, ist aber nicht mehr nur Marionettentheater. Bedeutungsvoll wird in der darstellenden Kunst (Farbholzschnitt) die Ukiyo-Schule, die an die Tradition der Darstellung von Natur, Bürgerleben und Alltag in der Genroku-Epoche anknüpft und zu hoher Blüte führt. Sie ist repräsentiert durch Haronubu, Horoshige sowie Watanabe Kazan, besonders aber durch Utamaro Kitagawa mit seinen lebensvollen Genredarstellungen und durch Hokusai, dessen Holzschnitterserie *Manga* weiterreichende Maßstäbe setzt. | Bunha-Bunsei-Epoche

Ukiyo-Schule

3.7.6.   Der Taiping-Aufstand (1850–1864)

China wird
Halbkolonie

Zu den Folgen des ersten Opiumkrieges (1840–1850) gehört die schritt-weise Verwandlung Chinas in eine Halbkolonie der europäischen Expan-sionsmächte, der USA und später auch Japans. Dieser Wandel resultiert sowohl aus der Morbidität der Tjing-Herrschaft – sichtbar in deren Kapi-tulation vor den eindringenden Engländern – als auch aus dem anwach-senden Volkskampf (Bauernbewegung) gegen feudalen Despotismus und ausländischen Kapitalismus.

Kennzeichnend für den Aufschwung der antifeudalen und revolutionär-demokratischen Bewegung ist der Taiping-Aufstand, den Marx als histori-schen Ausdruck am Vorabend gesellschaftlicher Umwälzungen versteht. Der Aufstand beginnt nach jahrelangen lokalen Vorgefechten und Verei-nigungsbemühungen der kämpfenden Bauern mit der Erhebung von Djin-tiän im Juli 1850.

Erste Etappe

Am 11. Januar 1851 verkünden die Aufständischen als Ergebnis ihres siegreichen Kampfes in Djin-tiän die Gründung des *Taiping tiän guo* (Himmlisches Reich der Großen Gerechtigkeit). Mit einer Reihe von Ge-setzen werden in der Folgezeit die staatlichen Grundlagen des Taiping-Reiches gelegt. Im *Bodengesetz der Himmelsdynastie* von 1853, das die Grundgedanken der Taiping über Politik und Ökonomie umreißt, wird im Namen des Allmächtigen Gottes das Recht auf gleiche Nutzung der Güter dieser Erde und gleiche Pflicht zur gemeinsamen Bearbeitung des Bodens verkündet. Die Aufteilung des Landes erfolgt allerdings nach einem sehr abstrakten und kaum realisierbaren System von neun Boden-kategorien entsprechend der Zahl der Familienmitglieder. Die Gleichheit des Besitzes bedingt die Einrichtung von »Heiligen Schatzkammern« bzw. »Heiligen Proviantspeichern«, woraus Entlohnung, Versorgung und Verpflegung bestritten werden sollten. In »Handwerks-Lagern« und »Handwerker-Bataillonen« sind alle Arbeiter entsprechender Berufsgrup-pen ohne Kompetenz über die Verteilung ihrer Produkte vereinigt. Die Bevölkerung besitzt das Recht der Wahl ihrer Dorfbeamten, was zu An-sätzen einer örtlichen Selbstverwaltung führt.

Die neue Staatsordnung gipfelt allerdings in einer hierarchischen Form nach feudalem Vorbild mit einem Kaiser an der Spitze und Führern un-terschiedlicher Grade. Sie erhalten entsprechende Privilegien zuerkannt, so daß von Beginn an die Keime für Führungskämpfe und schließliche Spaltung der Gesamtbewegung gelegt werden. Eine eigenartige, demokra-tisch gefärbte religiöse Konzeption bestimmt die geistig-ideologische Ausrichtung der Taiping. Ihre religiösen Dogmen fußen auf den Büchern *Die Erlösung der Welt*, *Die Erweckung der Welt* und *Die Predigt an die Welt*. Deren Forderungen gipfeln in der Idee, unter der Führung Gottes Gleichheit zwischen den Staaten und den Menschen, zwischen Männern und Frauen sowie zwischen Reichen und Armen zu schaffen, und for-dern den Kampf gegen Unrecht, Privatbesitz und andere »Ausgeburten der Hölle«. Dieses Programm trägt eindeutige Züge eines stark traditiona-listisch orientierten bäuerlich-kleinbürgerlichen Egalitarismus.

Zum Zeitpunkt der Eroberung Nanjings zählen die Taiping ca. 1 Mio An hänger, gestützt auf die unmittelbare Hilfe der breitesten Volksmassen (vorwiegend Bauern). Dennoch ist die Armee schlecht bewaffnet, den Führern fehlt es an militärischen Erfahrungen. Konservative Ansichten über strategische Fragen (mangelnder Offensivgeist und Verzicht auf die Konsolidierung der eroberten Gebiete) gewinnen die Oberhand. Herausragender Führer der Taiping und Schöpfer des neuen Staates ist Jan Ssju tjing.

Im Nordfeldzug (Richtung Peking) können die Taiping-Truppen zwar bis **Zweite Etappe** Tientsin vorstoßen, werden aber durch überlegene Tjing-Verbände zurückgeschlagen. In einem fast zwei Jahre währenden Abwehrkampf lassen die Taiping-Krieger ihr Leben auf den Schlachtfeldern. Der Westfeldzug zielt auf eine weiträumige Absicherung der Hauptstadt Nanjing, wobei Wuhan als Stützpunkt besondere Bedeutung besitzt.

Zwischen 1853 und 1856 wechselt die Stadt mehrmals den Besitzer, bis letztlich die mandschurische Seite siegt. Die Schlagkraft der kämpfenden Taiping wird gleichzeitig infolge ausgebrochener Zwistigkeiten innerhalb der Führung gemindert und bereitet der Tjing-Herrschaft den Boden für einen Gesamtangriff auf den Taiping-Staat.

Dem auf die Schwächung der Peking-Regierung und die Unterstützung des Nordfeldzuges gerichteten Ostfeldzug geht der Septemberaufstand von 1853 in Shanghai voraus. Nachdem sich die mit den Taiping sympathisierenden Aufständischen bis Anfang 1855 aller Angriffe der Tjing mit Erfolg erwehren konnten, unterliegen sie schließlich im Februar 1855 den vereinten Kräften der inneren und äußeren Reaktion, können jedoch einer Vernichtung entgehen. Nunmehr richten die Manzhu ihre Offensive gegen die Hauptstadt der Taiping mit dem Ziel der Zerstörung dieses Staates, was den Ostfeldzug auslöst. Zwar gelingt es den Taiping, diese Bedrohung durch den Sieg über die gegnerischen Kräfte abzuwenden, doch vermögen alle Erfolge die inneren Zwistigkeiten nicht zu beenden, die den Niedergang der Taiping-Bewegung bewirken.

Mit dem Fall von Nanjing 1864 endet die Taiping-Bewegung. Sie scheitert in erster Linie an den Cliquenkämpfen ehrgeiziger und machtbesessener Führer, die, zum Teil selbst aus Großgrundbesitzerfamilien stammend und im feudalen Denken befangen, sich gegenseitig ausrotten sowie nach Befestigung ihrer persönlichen Macht streben. Korruption und Günstlingswirtschaft engen den Entscheidungsraum aufrechter und erfolgreicher militärischer Führer in der Durchsetzung notwendiger strategischer Operationen ein. Hinzu kommt die wachsende Unterstützung der Tjing seitens ausländischer Großmächte. Zunächst greift 1860 eine von dem Amerikaner F. T. Ward zusammengestellte Söldnertruppe aus Engländern, Franzosen, Deutschen, Italienern und Griechen direkt in den Kampf gegen die Taiping-Armee ein. Ab April 1862 gesellen sich zur vereinigten Armee der Konterrevolution auch die in Shanghai stationierten Land- und Seestreitkräfte Englands und Frankreichs, die ebenfalls für eine Modernisierung der Ausrüstung der mandschurischen Armee mit Gewehren und Kanonen sorgen.

Die Taiping-Bewegung gehört zu den frühen Höhepunkten des Volkskampfes in China gegen Feudalismus und ausländische Bevormundung.

3.7.7.   Der Sepoy-Aufstand (1857–1859)

In der ersten Hälfte des 19. Jh. schließen die Engländer die militärische Eroberung Indiens ab, nachdem sie Maisur 1799 niedergeworfen, die Marathen 1818 endgültig besiegt und 1848/49 den erbitterten Widerstand der Sikhs gebrochen haben. Die verbleibenden indischen Fürstenstaaten, die etwa ein Drittel des Gesamtterritoriums umfaßten, existieren, aller tatsächlichen Macht beraubt, in völliger Abhängigkeit von Großbritannien.

Englands Indienpolitik

In dem Maße, wie sich in England – nicht zuletzt vermittels der durch die Ausplünderung Indiens gewonnenen riesigen Reichtümer – der Prozeß der industriellen Revolution vollzieht, drängt das erstarkende Industriekapital danach, sich den indischen Markt zu öffnen. 1813 wird das Handelsmonopol der britischen Ostindischen Kompanie in Indien aufgehoben, 1833 ihr das Recht genommen, Handel zu treiben, und ihre Tätigkeit auf die Verwaltung Indiens beschränkt. Seit dem gleichen Jahr dürfen Europäer in Indien Plantagen anlegen.

Ein wichtiger Schritt auf dem Wege der weiteren Zerstörung der traditionellen Gesellschaftsstruktur ist die Einführung des englischen Systems des privaten Eigentums am Boden, des Verkaufs- und Veräußerungsrechtes und des englischen Strafrechtes. Von entscheidender Bedeutung ist ferner, daß Indien nach 1813 in kürzester Zeit Absatzmarkt für englische Industriewaren wird, während der Export indischer Fertigwaren nach England verboten bzw. durch die Erhebung hoher Zölle nahezu unmöglich gemacht ist. Daraus erfolgt nicht nur die Vernichtung des städtischen Handwerks, sondern auch eine krasse Beeinträchtigung des Hausgewerbes der Bauern.

In Indien kommt es nicht zur Herausbildung und Entwicklung des *Manufakturkapitalismus*. Das indische Handelskapital bleibt durch die europäischen, insbesondere aber englischen Konkurrenten von den gewinnbringenden ausländischen Märkten abgeschnitten und in die Position eines untergeordneten Partners hinabgedrückt. Die Handelskapitalisten sind weder in der Lage, antifeudale Bewegungen der Massen, noch den Kampf gegen die kolonialen Eroberer zu führen.

Um die Mitte des 19. Jh. steht die »zerstörende Mission« Englands in Indien noch immer im Vordergrund. Aber die ersten Anzeichen der Erneuerung werden bereits sichtbar. Diese bilden das Resultat objektiv notwendiger Erfordernisse, die aus der Unterdrückung und Ausbeutung Indiens durch Großbritannien resultieren. Hierzu gehören die Herstellung und Festigung der politischen Einheit des Landes in einem bis dahin nicht gekannten Ausmaß, die Gründung einer »freie(n) Presse, die zum erstenmal in eine asiatische Gesellschaft Eingang« findet; die, wenn auch »widerwillige«, Schaffung einer Schicht der modernen Intelligenz, »welche die zum Regieren erforderlichen Eigenschaften besitzt und europäisches Wissen in sich aufgenommen hat«.[32] Und schließlich müssen Eisenbahnen und andere Verkehrswege sowie Bewässerungsanlagen gebaut werden, um In-

---

32   K. Marx, Die künftigen Ergebnisse der britischen Herrschaft in Indien, S. 221 ff.

dien in einen Rohstoff- und Absatzmarkt, das heißt in ein »reproduzierendes Land«, zu verwandeln. Eben in diesem Sinne spricht Karl Marx von der »zerstörenden und der erneuernden Mission« der britischen Herrschaft.

Die von den Engländern durchgeführten Maßnahmen treffen nahezu alle Klassen und Schichten des indischen Volkes. Es kommt deshalb vom Beginn der britischen Herrschaft an zu Aufständen und Erhebungen in verschiedenen Gebieten Indiens. Sie werden zwar oftmals von enteigneten Feudalherren geführt, aber fast immer ist die Bauernschaft daran beteiligt und bildet deren eigentliche Triebkraft. Eine ausgesprochen antibritische Orientierung zeigt die sogenannte *Wahabitenbewegung*, die, von indischen Muslims als *Heiliger Krieg* geführt, in den zwanziger und dreißiger Jahren des 19. Jh. ihren Höhepunkt erreicht. Aber die voneinander isolierten, zu unterschiedlichen Zeitpunkten und in verschiedenen Regionen Indiens bis zur Mitte des 19. Jh. durchgeführten Aufstände und Erhebungen vermögen nicht, die Herrschaft der Engländer ernsthaft zu gefährden.

(Randnotiz: Indischer Widerstand)

Eine völlig andere Situation entsteht, als sich am 10. Mai 1857 drei indische Regimenter, denen sich die Stadtarmut anschließt, in der nordindischen Garnisonstadt Mirat erheben, die dort befindlichen Engländer töten und nach Delhi, der alten Hauptstadt Indiens, marschieren. Hier veranlassen die Rebellen den letzten Vertreter der Mogul-Dynastie, Bahadur Shah II., einen Aufruf zu unterzeichnen, der das indische Volk zur *Erhebung gegen die Kolonialherrschaft* auffordert. Der Aufstand breitet sich schnell aus; er hat sein Zentrum in den Nordwestprovinzen und in Nordindien, erstreckt sich aber bis nach Bihar, zu den Zentralprovinzen und an die Grenzen des Pandschab. Die in diesem Gebiet stationierte Bengalische Armee geht in ihrer Gesamtheit auf die Seite der Aufständischen über; hinzu kommen zahlreiche Bauern und Stadtbewohner.

(Randnotiz: Beginn des Aufstandes)

Unter den *Ursachen* des Volksaufstandes haben soziale Aspekte eine besonders große Bedeutung. Die britische Bodensteuerpolitik wirkt sich besonders nachteilig auf die Lage der Sepoys, der in Nordindien stationierten Bengalischen Armee, aus. Diese indischen Soldaten sind vielfach kleine Landeigentümer oder deren Söhne, die sich mit den Interessen der Bauernschaft identifizieren. Dagegen ist in den Provinzen Madras und Bombay die Enteignung der Bauernschaft noch nicht so weit fortgeschritten. Zugleich aber leben hier die breiten Massen in solchem Elend, daß die am Ort stationierten beiden Sepoy-Armeen passiv bleiben, weil der Soldatendienst eine der wenigen Möglichkeiten bietet, das Leben zu fristen.

Angehörige der Feudalklasse nehmen am Aufstand teil, da sie durch Maßnahmen der Kolonialregierung (in den fünfziger Jahren wurde eine Reihe von Fürstenstaaten annektiert) direkt betroffen sind.

Die Teilnahme des Volkes wandelt die Erhebung in einen *Massenaufstand* um. Die Vertreibung der Engländer und die Erringung der Unabhängigkeit bilden das politische Hauptziel. Deshalb schreibt Karl Marx mit vollem Recht, daß es »in Wahrheit ein nationaler Aufstand ist«[33]. Obgleich

(Randnotiz: Charakter)

33 K. Marx, Nachrichten aus Indien, in: MEW, Bd. 12, Berlin 1963, S. 249.

der Aufstand nicht das gesamte Territorium Indiens erfaßt, unterstreichen auch andere Momente den nationalen Charakter. So werden die engen, herkömmlichen regionalen Grenzen gesprengt und traditionelle religiöse Schranken zwischen Hindus und Muslims überwunden. Auch zeigt sich in den erbitterten Kämpfen auf seiten der Aufständischen eine bis dahin nicht beobachtete Identität der Gefühle, die bereits von Zeitgenossen als Ausdruck einer gemeinsamen nationalen Sache erkannt wird.

Hegemonie Der Volksaufstand steht unter Führung feudaler Kräfte. Die plebejischen Massen verfolgen zwar eigene unmittelbare Interessen, verfügen aber nicht über klar formulierte antifeudale Kampfziele. Die *antibritische Zielsetzung* überdeckt die vorhandenen sozialen Gegensätze. Ungeachtet seiner blutigen Niederschlagung hat der Aufstand gewaltige Bedeutung für die **Ergebnisse** weitere Entwicklung. Er ist nicht zuletzt »national« in dem Sinne, daß er die Nationwerdung Indiens objektiv fördert und den nationalen Befreiungskampf nachfolgender Generationen beflügelt.

Großbritannien reagiert auf den Volksaufstand mit tiefgreifenden *Veränderungen in der Indienpolitik.* 1858 endet die hundertjährige Herrschaft der Ostindischen Kompanie, und Britisch-Indien wird in eine Kronkolonie umgewandelt. Ebenfalls 1858 erläßt die englische Königin eine Proklamation, in der sie allen indischen Fürsten den Status quo garantiert und zugleich das Versprechen abgibt, daß Großbritannien keine weiteren territorialen Erweiterungen anstreben werde. Die indischen Fürsten sind fortan, von Ausnahmen abgesehen, loyale Stützen der britischen Herrschaft. Die Engländer enthalten sich überdies nahezu jeglicher sozialer Reformmaßnahmen und stützen sich zunehmend auf reaktionäre Kräfte. Das in der Proklamation gegebene Versprechen, Inder und Europäer künftig gleichberechtigt zu behandeln, wird jedoch nie eingehalten.

Ebenfalls wird die britisch-indische Armee von Grund auf reorganisiert. Als neues Rekrutierungsprinzip gilt, daß die ethnische, religiöse und kastenmäßige Zusammensetzung der Truppeneinheiten vom Standpunkt des *divide et impera* vorgenommen wird, um gegebenenfalls die nach diesem Prinzip formierten Truppenteile besser gegeneinander ausspielen zu können. Der Anteil britischer Einheiten wächst entscheidend. Vom Dienst in der Artillerie bleiben Inder allerdings ausgeschlossen. Die mittlere und höhere Offizierslaufbahn steht nur Europäern offen.

Der Volksaufstand von 1857 bis 1859 stellt einen tiefen Einschnitt in der Geschichte Indiens dar. Die britischen Kolonialherren fürchten in den folgenden Jahrzehnten eine Wiederholung, während sich die radikalen Kräfte der sich seit dem Ende des 19. Jh. formierenden nationalen Befreiungsbewegung bis weit in das 20. Jh. hinein auf die großen kämpferischen Traditionen des ersten nationalen Volksaufstandes berufen.

3.7.8.   Grundlinien der historischen Entwicklung Lateinamerikas

Charakter der Nachemanzipation Die Nachemanzipation, vom Ende der Unabhängigkeitsrevolution bis um 1850/1860 andauernd, ist eine Zeit schwerer politischer und sozialer Erschütterungen. Allgemein dominiert das Bestreben der neuen herrschenden Klasse, demokratische Errungenschaften der Revolutionszeit zurückzunehmen, während die Eingliederung der Länder Lateinamerikas in den kapitalistischen Weltmarkt und die vollständige Beseitigung der Kolonialstruktur durch die Revolution eine Reihe von Liberalisierungsmaßnahmen erfordert. Die Interessengegensätze zwischen dem vorwiegend feudalen Großgrundeigentum und der aufsteigenden Handelsbourgeoisie kleiden sich in den *Kampf zwischen Konservativen und Liberalen*, der oftmals in Bürgerkriege mündet. Das herrschende *Großgrundeigentum*, unfähig zur Herstellung wirklich nationaler Bindungen, verbindet sich mit dem Klerus und stützt seine Herrschaft vor allem auf die Armee, die Grundlage und Instrument der Diktatur von Caudillos wird. Deren wichtigste Funktion ist die Unterdrückung der Volksbewegung, namentlich der Sklaven und indianisch-mestizischen Bauern. Das Ringen zwischen Konservativen und Liberalen ist besonders heftig um die Stabilisierung und die Ausgestaltung der Staatsmacht. Hauptstreitpunkte sind Zentralismus oder Föderalismus, Klerikalismus und Antiklerikalismus, Monarchie, autoritäre Präsidialdiktatur oder Parlamentarismus. Allgemein setzt sich in der Nachemanzipation die *konservative Alternative* durch, ungeachtet einer beschleunigten Eingliederung der Länder in die kapitalistische internationale Arbeitsteilung, wodurch Ansätze eigenständiger manufakturell-industrieller Entwicklung verkümmern und sich die Wirtschaft auf den Export von Agrar- und Bergbauprodukten orientiert. Um 1830 nimmt die Spezialisierung einen raschen Aufschwung: Kaffee in Brasilien, Venezuela, Kolumbien; Erze in Mexiko, Peru, Chile; Viehprodukte in Argentinien, Uruguay, Brasilien; Zucker und Wolle in Peru; Zucker in Kuba, Brasilien.

Im Ergebnis der rohstoffwirtschaftlichen Expansion häufen sich die sozialen und politischen Spannungen und nimmt der Kampf der Volksmassen um demokratische Rechte und ökonomische Entwicklungsmöglichkeiten einen erneuten Aufschwung. Er mündet in die liberalen Reformen der Jahrhundertmitte, in deren Zentrum die Kämpfe gegen die Sklaverei stehen. Zwischen 1849 und 1855 muß sie in den Ländern wie Kolumbien, Venezuela, Argentinien, Peru, Ekuador und Bolivien aufgehoben werden. Die Reformen sind verbunden mit dem Griff nach dem Gemeindeeigentum der indianischen Bauern (Comunidades indígenas) sowie nach dem korporativen Bodeneigentum von Kirche, Klöstern und Städten. Generelles Kennzeichen ist eine massenhafte *Enteignung abhängiger Bauern* und deren Verwandlung in Knechte oder Lohnarbeiter (Peones) einerseits, die beschleunigte *Ausdehnung des modernen Latifundismus* (Neolatifundismus) andererseits. In einer Reihe von Ländern (Kolumbien, Mexiko, Argentinien) erzwingen die Volksmassen einen realen Zuwachs an verfassungsmäßigen Rechten. Damit sowie mit der europäischen Einwanderung in die ABC-Staaten und Uruguay verstärkt sich die Differenzierung in Entwicklungsniveau und -tempo zwischen den Ländern des Subkontinents.

Liberale Reformen

Besonders Schärfe gewinnt der Kampf zwischen liberalen Reformern und klerikalen Konservativen in Mexiko. Die viermalige Machtergreifung des Caudillo López de Santa Ana stürzt das Land in tiefe Anarchie; es wird von Spanien mehrfach angegriffen und verliert Texas an separatistische

Reform und Revolution in Mexiko

nordamerikanische Sklavenhalter, 1846 und 1848 wird es durch den *Krieg gegen die USA* fast der Hälfte seiner Gebiete beraubt. Im Jahr 1855 gelingt den Liberalen die Übernahme der Regierung, und sie erlassen 1857 eine progressive *liberale Verfassung*. Die Kirche verliert ihren Bodenbesitz, worauf die klerikal-konservativen Parteigänger einen Bürgerkrieg entfesseln (1857–1860). In dessen Verlauf gelangen 1858 die liberalen Puros unter Benito Juárez an die Macht. Damit beginnt die *Reformära*, deren Maßnahmen auf eine beschleunigte kapitalistische Umgestaltung zielen. Sie wird jedoch 1861/62 durch die Intervention Spaniens, Großbritanniens und Frankreichs unterbrochen. Gegen Frankreich, den Hauptträger der Intervention, erklärt Juárez 1862 den Volkskrieg. Die Konservativen proklamieren 1863 Mexiko zur Monarchie und wählen auf französisches Betreiben den österreichischen Erzherzog Maximilian zum Kaiser. Bis 1867 gelingt die Vertreibung der Franzosen, Maximilian wird militärisch geschlagen und am 19. Juni 1867 gemeinsam mit den Anführern der Klerikalen in Querétaro erschossen. Im Krieg gelangt der enteignete Kirchenboden zum größten Teil in die Hände von Spekulanten und vergrößert damit gegen die Absicht der liberalen Puros das Gewicht der Latifundien.

Nationalstaatliche Einigung Argentiniens

Die Geschichte Argentiniens im 19. Jh. wird vom Kampf um die nationalstaatliche Einigung bestimmt. Zwei Linien stehen einander gegenüber: die von den liberalen Unitariern von Buenos Aires als Zentrum der Viehwirtschaft und des Exporthandels getragene Absicht, sich alle übrigen Gebiete des Landes zu unterwerfen, und die von den meist konservativen Föderalisten der Provinzen gehegte gleichberechtigte Vereinigung aller Provinzen unter Einschluß von Buenos Aires in einer Föderation. Nach-

Rosas-Diktatur

dem der Unitarist Bernadino Rivadavia 1826/27 eine Reihe fortschrittlicher Reformen eingeleitet hat, gelangt 1829–1833 der Föderalist General Rosas zunächst in das Amt des Gouverneurs von Buenos Aires, von dem aus er 1835–1852 eine unumschränkte Diktatur im Dienste der Großgrundbesitzer und der Kirche errichtet, die Unitaristen verfolgt, die Jesuiten erneut ins Land holt und eine Reihe von Kriegen gegen Bolivien-Peru (1837) und Uruguay (1843–1851) anzettelt. Diese Konflikte führen wiederholt (1838–1840, 1845–1849 und 1849/50) zur französischen bzw. französisch-britischen Blockade von Buenos Aires. Erst 1852 kann Rosas in der *Schlacht bei Monte Caseros* (3. Februar) durch die Konföderation der Provinzen mit Unterstützung Brasiliens, Paraguays und Uruguays geschlagen und gestürzt werden, worauf sich das Land erneut in zwei Lager spaltet: Buenos Aires gegen die Provinzenkonföderation, die 1852–1855, 1859 und 1860/61 Kriege gegeneinander führen. Mit dem Sieg in der *Schlacht von Pavón* (17. September 1861) setzt sich die Herrschaft der Unitaristen von Buenos Aires zunächst voll durch. Liberale Präsidenten (Bartolomé Mitre, Domingo Fausto Sarmiento, Nicolás Avellaneda) fördern

Herrschaft der Liberalen

den Eisenbahnbau, das Bildungswesen, die Entwicklung der Landwirtschaft, und es setzt die Masseneinwanderung ein, die zu tiefgehender Verschiebung der Klassenstruktur führt, jedoch die Macht des Großgrundeigentums indirekt steigert (Pachtsystem). Argentinien wird zum großen Weizen-, Woll- und Fleischexportland. Erst 1880 gelingt es den

Provinzen, die Vormacht der Provinz Buenos Aires abzuschütteln; Provinz und Stadt Buenos Aires werden getrennt, und die Stadt wird zur Hauptstadt Argentiniens.

Unter Präsidenten der nunmehr etablierten Großgrundbesitzer- und Viehzüchteroligarchie Julio A. Roca, Celman, Carlos Pellegrini, Luis Sáen Peña und José Evaristo Uriburu kommt es zu stürmischer, vielfach spekulativer kapitalistischer Entwicklung, bei dominierendem Einfluß Großbritanniens. Erste *Arbeiterorganisationen* entstehen 1857–1876, darunter 1872/73 Sektionen der I. Internationale; 1896 wird die Sozialistische Partei gegründet.

Nach dem Tode des Diktators Rodríguez de Francia (1840), der Paraguay gegen Spanien (und gegen den Machtanspruch von Buenos Aires) in die Unabhängigkeit geführt und sie um den Preis der Selbstisolierung verteidigt hat, wird dessen Politik von Carlos Antonio López und Francisco Solano López fortgeführt. Paraguay ist einer der blühendsten Staaten Lateinamerikas. Ein von Brasilien aktiv vorbereiteter und von Großbritannien inoffiziell geförderter Krieg, der 1864 ausbricht und dem sich 1865 auch Argentinien und Uruguay anschließen (*Triple-Allianz*), wirft das Land auf katastrophale Weise zurück; drei Viertel der Bevölkerung und nahezu alle Männer kommen bis Kriegsende (1870) um. Zugleich gewinnen die Großgrundbesitzer ihre Macht zurück, und Paraguay wird mehr und mehr zu einem abhängigen Hinterland Brasiliens und Argentiniens.

(Randnote: Paraguay)

Als wichtigste Plantagenkolonie und als kommerziell-militärischer Brückenkopf Spaniens in Amerika hat sich Kuba der kontinentalen Unabhängigkeitsrevolution nicht angeschlossen. Infolge des Zustroms von Kapital aus Spanien, den USA, Haiti und vom Kontinent (Royalisten) entwickelt sich seine Plantagenwirtschaft auf der Grundlage der Sklaverei seit etwa 1820 sogar beschleunigt. Spanien fördert diese Entwicklung, unterdrückt aber jede Regung politischer Selbständigkeit. Nachdem jahrzehntelange Reformbestrebungen von Ideologen und Politikern einer nationalstaatlichen bürgerlichen Alternative gescheitert sind, entsteht 1865–1867 eine revolutionäre Krise, die in die Erhebung von 1868 (La Demajagua) und den Zehnjährigen Krieg für die kubanische Unabhängigkeit (1868–1878) umschlägt. An seiner Spitze stehen patriotische Großgrundbesitzer (Carlos Manuel de Céspedes, Ignacio Agramonte), denen es trotz Aufhebung der Sklaverei nicht gelingt, die Massen der Sklaven und freien Bauern im Westteil der Insel gegen Spanien zur Erhebung zu bringen. Sie müssen, militärisch erschöpft, den *Kompromißfrieden von Zanjón* (10. Februar 1878) schließen, dessen wichtigste Folge die Aufhebung der Sklaverei (1880–1886) ist. Gegen das Kompromiß von Zanjón protestieren kleinbürgerlich-nationale Revolutionäre um Antonio Maceo in Baraguá (März 1878), womit sie Anspruch auf die Führung in der zunächst gescheiterten Befreiungsrevolution erheben. Die teilweise Zerstörung der Wirtschaft im Kriege erleichtert das beschleunigte Eindringen von USA-Kapital in die Zuckerwirtschaft. In den achtziger Jahren verstärken sich auch die Expansionsbestrebungen der USA gegen Lateinamerika, so daß die künftige Unabhängigkeitsrevolution zwei Gegnern gegenübersteht: der alten Kolonialmacht Spanien und dem jungen USA-Imperialismus.

(Randnoten: Kuba; Zehnjähriger Krieg)

3.7.9. Die internationale Arbeiterbewegung seit der Mitte des 19. Jh. Gründung der I. Internationale

Die Fabrikproduktion in der Blütezeit des Kapitalismus zwingt die Arbeiter in ein System extremer Ausbeutung, dessen extensive oder intensive Form fast gleich schwer auf ihnen lastet. Härteste körperliche Arbeit, ein durchschnittlich 14- bis 16stündiger Arbeitstag, unerträgliche Arbeits-, Wohn- und Lebensbedingungen steigern das Los der Massen ins Unerträgliche.

Arbeitszeit (pro Woche)

	Europa	USA
1850	84	72
1870	78	66

Zu den inhumansten Seiten der voll entfesselten Profitgier zählt die weitverbreitete Ausnutzung geringer entlohnter *Frauen- und Kinderarbeit*. Obgleich in *England* die 1847 eingeführte Arbeitsgesetzgebung eine Beschränkung der Frauen- und Kinderarbeit auf 10 Stunden festgelegt, kommt es durch Unterwanderung jener Bestimmungen zu keiner spürbaren Verbesserung der Lage. Strafen für die geringsten Störungen im Arbeitsprozeß mindern zusätzlich die Reallöhne. Verstärkt wird dieser Prozeß durch den Zusammenbruch der englischen Baumwollindustrie 1862/63 im Gefolge des amerikanischen Bürgerkrieges. Nicht selten erreicht die Ausbeutung einen Grad, der den Proletarier der Möglichkeit beraubt, seine Arbeitskraft auch nur zu reproduzieren.

In allen Ländern Europas vergrößern immer mehr Proletarier das *Arbeitslosenheer*: 1850 beträgt die Arbeitslosigkeit im französischen Kohlebergbau 17 %, bei den Eisengießern von England, Irland und Wales 13,8 % der Einwohner; im USA-Staat Massachusetts verdoppelt sich die Arbeitslosigkeit zwischen 1850 und 1878. Zunehmend nutzt die Bourgeoisie die hohe Erwerbslosenrate als politisches Druckmittel im Klassenkampf gegen die Arbeiter. Daneben tritt in Krisenzeiten die Kurzarbeit, die kaum minder verheerende Folgen bewirkt. Lediglich in den USA ist die Lage des Proletariats infolge möglicher Abwanderung aus den Städten in die westlich gelegenen Agrargebiete zunächst relativ besser. Ökonomische und politische Gegebenheiten, weltweite extreme Ausbeutung und die Wiederbelebung revolutionärer Aktivitäten proletarischer Massen motivieren in den fünfziger und sechziger Jahren immer nachdrücklicher die internationale Arbeiterbewegung für ein gemeinsames Handeln.

Die 1857 einsetzende Weltwirtschaftskrise vergrößert die Not der werktätigen Massen und verschärft den Grundwiderspruch des Kapitalismus, zugleich stimuliert sie den Kampf für die 1848/49 ungelöst gebliebenen politisch-sozialen Fragen. Erneut entflammt der nationale Befreiungskampf (z. B. in Rumänien, Polen und Serbien). Die fast parallel laufende Forcierung der Einigungsbestrebungen in Italien und Deutschland und die damit verbundenen Kriege beeinflussen zunehmend die politische Interessenlage der breiten Massen. Bereits im Jahre 1856 bietet die Niederlage des Zarismus im Krimkrieg Spielraum für einen offensiveren Kampf des europäischen Proletariats. Als wesentlicher Charakterzug der Arbeiterbewegung entwickelt sich dabei der Gedanke der internationalen Solidarität. Dies widerspiegeln zahlreiche Sympathiekundgebungen für den Kampf des polnischen Volkes gegen den Zarismus (1863) und die nationalen Befreiungsbewegungen in China (1851–1864) und Indien (1857/58). Eine besondere Rolle spielt die Solidarität in den Jahren des Bürgerkrieges in den USA. »Wie der amerikanische Unabhängigkeitskrieg des 18. Jahrhunderts die Sturmglocke für die europäische Mittelklasse läutete, so der amerikanische Bürgerkrieg des 19. Jahrhunderts für die europäische Arbeiterklasse.«[34] Vor allem die Arbeiter Englands und Frankreichs unterstützen die Sache der Nordstaaten gegen die Sklavenhalter des Südens. Aus dem Anwachsen der politisch bewußten Aktivität des Proletariats und der Herausbildung eines spontanen Internationalismus resultiert in den fünfziger und sechziger Jahren eine Vertiefung des proletarischen Klassenkampfes. *(Internationale Solidarität)*

Die *englische Arbeiterbewegung*, nach der Niederlage des Chartismus stagnierend, ist zunächst durch die Entfaltung des Trade-Unionismus charakterisiert, der bei weitgehendem Ausschluß politischer Fragen auf den ökonomischen Kampf orientiert. Hauptziele sind Verkürzung der Arbeitszeit und Erhöhung der Löhne. Nach dem bedeutenden Erfolg des Londoner Bauarbeiterstreiks von 1860 entsteht der Londoner Rat der Trade Unions (Trade Unions Council – TUC) als Zentrale der Gewerkschaftsbewegung. Ab 1861 gibt der TUC die Zeitung *Beehive* heraus. Trotz aller durch reformerische, kompromißlerische Positionen der Führer und berufsständische Engherzigkeit geprägten Mängel gewinnt der politische Kampf der Trade-Unions im Rahmen erneut erhobener Wahlrechtsforderungen größere Dimensionen. Marx setzt angesichts der Geschlossenheit und frühen Organisiertheit große Hoffnungen auf das englische Proletariat für die Gründung einer internationalen Arbeiterorganisation. *(Trade-unionismus)*

In *Frankreich* folgen die Arbeiter nach 1848/49 infolge ihrer noch starken Einbindung in das handwerklich-kleinbürgerliche Milieu zu großen Teilen den Anschauungen von Proudhon und Blanqui. Die starke Verwurzelung der pazifistisch-anarchistischen Theorien Proudhons und die Unterbewertung oder gar Ablehnung des organisierten Kampfes zugunsten der »direkten Aktion« durch Blanqui konservieren Spontanität und Desorganisation in der proletarischen Bewegung. Mit der allmählichen inneren Aushöhlung des zweiten Kaiserreichs engagieren sich die französischen Arbeiter verstärkt für Arbeitsschutzgesetze, Streikrecht, Gründung von Vereinen und versuchen, stärkeren Einfluß auf das Wahlgeschehen zu gewinnen. Einen Erfolg des französischen Proletariats stellt die Aufhebung des Gesetzes Le Chapelier (1864) dar, die einen Aufschwung der Streikbewegung ermöglicht. Es entstehen Voraussetzungen für den Übergang zu einer höheren Qualität des Klassen- und Massenkampfes. *(Proudhon und Blanqui)*

Von kleinbürgerlichen Sozialismusvorstellungen in Gestalt des Lassalleanismus ist die *deutsche Arbeiterbewegung* vor allem in den sechziger Jahren *(Lassalle)*

---

34 K. Marx, Das Kapital. Vorwort zur ersten Auflage, S. 15.

des 19. Jh. beherrscht. Lassalle bejaht bedingt den politischen Kampf, hält aber den ökonomischen Kampf mittels Streiks und Gewerkschaften (auf Grund seiner Theorie vom »ehernen Lohngesetz«) für aussichtslos. Eine neue Stufe erreicht die Organisierung des Proletariats in der 1863 erfolgten Gründung des Allgemeinen Deutschen Arbeitervereins (ADAV) als einer selbständigen, von der Bourgeoisie unabhängigen Vereinigung.

In den *romanischen Ländern* (Schweiz, Italien und Spanien), in denen das Proletariat noch in Entstehung begriffen und die enge Bindung zum Kleinbürgertum nicht aufgehoben ist, dominieren Anschauungen vom Proudhonismus bis hin zum kleinbürgerlichen Nationalismus. Seit Ende der sechziger Jahre beginnen militant-anarchistische Auffassungen, vorrangig unter dem Einfluß Bakunins, an Boden zu gewinnen; ein Hauptgebiet stellt Spanien dar.

Theorie der proletarischen Revolution Nach der Revolution von 1848/49 entwickeln Marx und Engels, ausgehend vom *Kommunistischen Manifest*, in einer Reihe von Werken, wie *Die Klassenkämpfe in Frankreich*, *Revolution und Konterrevolution in Deutschland* bis zu *Der achtzehnte Brumaire des Louis Bonaparte*, die Theorie der proletarischen Revolution weiter. Hinsichtlich der Machtfrage begründen sie die Notwendigkeit der *Diktatur des Proletariats* und dessen enges Bündnis mit der Bauernschaft und anderen demokratischen Kräften. Damit existiert die wissenschaftlich begründete Theorie für den proletarischen Klassenkampf und zur offensiven Auseinandersetzung mit kleinbürgerlichen utopischen und anarchistischen Strömungen. Besondere Aufmerksamkeit widmen Marx und Engels der internationalen Organisation des Proletariats auf konsequent-revolutionärer Grundlage. Sie knüpfen in diesem Wirken an die Erfahrungen des Bundes der Kommunisten und des in England bis 1853 existierenden Bundes der brüderlichen Demokraten an. Angesichts der Verfolgungen durch die bürgerliche und absolutistische Reaktion dienen den Arbeitern Unterstützungs- und Gesangsvereine sowie Bildungszirkel als Basis der zumeist illegalen politischen Organisation.

Gewerkschaften Kardinale Bedeutung für den ökonomischen Kampf behalten die Gewerkschaften. In den USA entstehen 1864 vier nationale Gewerkschaftsorganisationen, aus denen sich die *Nation Labour Union* als Vorgängerin der *American Federation of Labour* herauskristallisiert. In Spanien entsteht bereits 1854 die auf Katalonien konzentrierte *Unión de Clases* als Föderation aller lokalen Gewerkschaftsverbände.

Wesentliche Voraussetzung für die internationale Vereinigung des Proletariats ist die von Marx und Engels intensiv betriebene Gewinnung von Arbeiterfunktionären, ebenso begünstigen spontan-internationalistische Aktionen der englischen und der französischen Arbeiter (Kundgebungen zum Gedenken an die Französische Revolution, die Junischlacht von 1848 oder den polnischen Aufstand von 1830) sowie Treffen englischer und französischer Arbeiterdelegationen (z. B. anläßlich der Weltausstellung von 1862 in London) die Bemühungen um die Gründung einer internationalen Klassenorganisation des Proletariats.

Am 23. September 1864 heben in der Londoner St. Martin's Hall englische, französische, deutsche, italienische und polnische Arbeiter die *Inter-*

nationale Arbeiterassoziation (IAA) aus der Taufe. Karl Marx, als Vertreter der deutschen Arbeiter in das Komitee der IAA gewählt, erhält den Auftrag, ihre Gründungsdokumente (Inauguraladresse und Provisorische Statuten) zu erarbeiten. Die Inauguraladresse bildet die programmatische Plattform für die Vereinigung der verschiedenen Strömungen der Arbeiterbewegung. Auf der Grundlage der revolutionären Prinzipien des Kommunistischen Manifests betont Marx, entsprechend dem gegebenen theoretischen Niveau der Gesamtbewegung und der Vielzahl unterschiedlicher ideologischer Strömungen, das Einende und leitet aus der politischen wie der ökonomischen Unterdrückung der Werktätigen die historische Forderung ab: »Politische Macht zu erobern ist daher jetzt die große Pflicht der Arbeiterklassen.«[35] Aus der Erkenntnis, daß die Emanzipation der Arbeiter Sache der Arbeiter selbst sein muß, begründet Marx die Notwendigkeit ihres nationalen und internationalen Zusammenschlusses: Daraus ergibt sich die Forderung nach Schaffung proletarischer Massenparteien und internationalem Zusammenschluß wie auch nach Verbindung von Arbeiterbewegung und wissenschaftlicher Theorie, um den Kampf gegen die Ausbeuterordnung erfolgreich führen und bestehen zu können. Der proletarische Internationalismus als Wesenselement der Arbeiterbewegung findet somit in der I. Internationale seine feste Basis.

Gründungsdokumente der I. Internationale

In den Provisorischen Statuten sind Ziele, Aufgaben und Struktur der Arbeiterassoziation verankert. Diese Prinzipien dienen in der Folgezeit dem Aufbau aller marxistischen Parteien, auf deren Bildung die I. Internationale in vielen Ländern Einfluß nimmt.

Marx als der führende Kopf der IAA verbindet den wissenschaftlichen Sozialismus mit den praktischen Aufgaben der Arbeiterassoziation.

Rückblickend würdigt Lenin diese Schaffensperiode im Leben von Marx: »Marx war die Seele dieser Organisation, Verfasser ihrer ersten ›Adresse‹ und einer langen Reihe von Resolutionen, Erklärungen und Manifesten. Indem Marx die Arbeiterbewegung der verschiedenen Länder zusammenfaßte und die verschiedenen Formen des nichtproletarischen, vormarxistischen Sozialismus (Mazzini, Proudhon, Bakunin, der englische liberale Trade-Unionismus, die lassalleanischen Rechtsschwenkungen in Deutschland u. dgl. m.) in die Bahnen gemeinsamen Handelns zu lenken suchte, wobei er die Theorien aller dieser Sekten und Schulen bekämpfte, schmiedete er eine einheitliche Taktik des proletarischen Kampfes der Arbeiterklasse der verschiedenen Länder.«[36]

Mit der Gründung der I. Internationale endet die 1847 begonnene erste Etappe des Ringens von Marx und Engels zur Schaffung einer proletarischen Kampfpartei.

Marx schreibt 1871: »Und die Geschichte der Internationalen war ein fortwährender Kampf des Generalrats gegen die Sekten und Amateurversuche, die sich gegen die wirkliche Bewegung der Arbeiterklasse innerhalb der Internationalen selbst zu behaupten suchten. Dieser Kampf wurde in den Kongressen, aber viel mehr noch in den privaten Verhandlungen des Generalrats mit den einzelnen Sektionen geführt.«[37]

Kampf um Durchsetzung des Marxismus

35 K. Marx, Inauguraladresse der Internationalen Arbeiter-Assoziation, S. 12.
36 W. I. Lenin, Karl Marx, S. 37.
37 K. Marx, Brief an F. Bolte vom 23. November 1871, in: MEW, Bd. 33, Berlin 1984, S. 328 f.

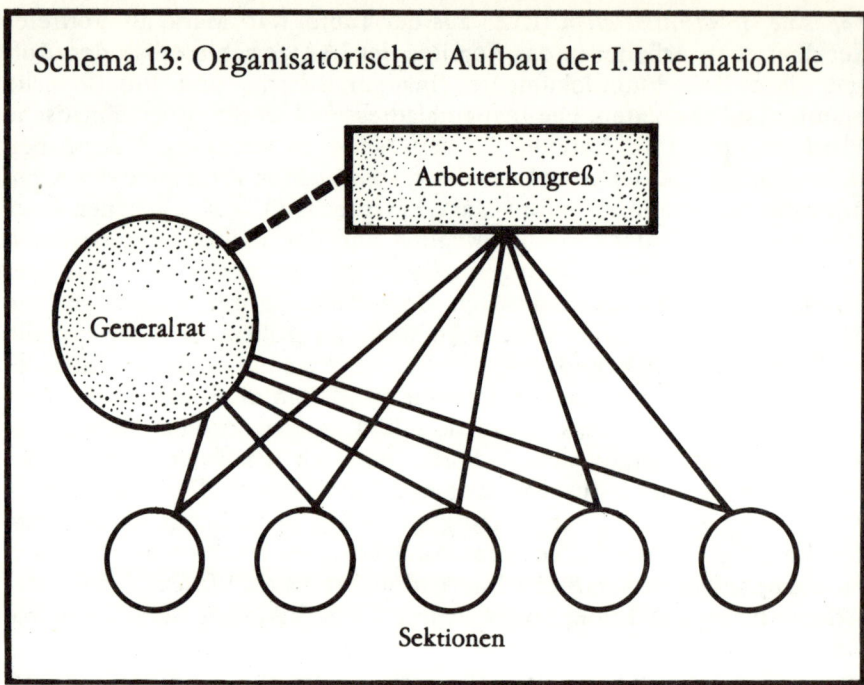

Schema 13: Organisatorischer Aufbau der I. Internationale

Arbeiterkongreß

Generalrat

Sektionen

Zwischen 1864 und 1870 beginnt der die Internationale prägende Prozeß der Auseinandersetzung um die *Verbreitung und Durchsetzung des Marxismus* unter den Arbeitern Europas und Amerikas. Die erforderliche Auseinandersetzung mit arbeiterfeindlichen, arbeiterfremden und unwissenschaftlichen Gesellschaftstheorien richtet sich primär gegen anarchistisch geprägte Sozialismusauffassungen. Der an der Spitze der IAA stehende *Generalrat*, auf dessen Tätigkeit Marx entscheidenden Einfluß nimmt, konzentriert sich zugleich auf die Bildung *nationaler Sektionen*, um die Verbindung von wissenschaftlichem Sozialismus und Arbeiterklasse auch regional und entsprechend den jeweiligen nationalen Erfordernissen wirksam werden zu lassen. Als nationale Konzentrationspunkte des Proletariats sollen die Sektionen den quantitativen und qualitativen Organisationsgrad der Arbeiterklasse erhöhen und gleichzeitig die Voraussetzungen für die Bildung nationaler revolutionärer *Massenparteien* schaffen.

Nach der Entstehung englischer Sektionen entwickeln sich 1865 erste französische Vereinigungen, in denen allerdings noch die Proudhonisten dominieren. Die Schweizerische Sektion rekrutiert sich aus einem romanischen und einem unter der Führung von J. Ph. Becker stehenden deutschen Zweig. Belgische und amerikanische Sektionen werden ins Leben gerufen, und 1870 entsteht eine Sektion in Rußland. Allein in Spanien formieren sich 26 Lokalföderationen, die allerdings auf der Grundlage einer anarchistisch verfälschten Inauguraladresse tätig sind.

Anarchismus   Besonders die romanischen Regionen Spanien, Italien und die der Schweiz werden zu Bastionen des Anarchismus, die eine intensive antimarxistische Spaltertätigkeit innerhalb der IAA beginnen. Die theoretischen und praktisch-politischen Positionen des Anarchismus in der erbit-

tert geführten Auseinandersetzung sind durch folgende Merkmale
geprägt: vorrangige Orientierung auf die weniger konsolidierten Teile des
Proletariats, ruinierte Bauernschaft und kleinbürgerlich-handwerkliche
Elemente; ausgeprägter Voluntarismus und einseitige Betonung der direkten Aktion; nicht nur der bürgerliche (Klassen-)Staat, sondern jeder,
auch der revolutionär-proletarische Staat (Anarchie = Herrschaftslosig-
keit) werden verworfen; davon ausgehend ist die strikte Ablehnung der
Diktatur des Proletariats motiviert; dasselbe gilt für die politische Organisation der Arbeiter, vor allem den Aufbau einer revolutionären Partei; an
die Stelle der bewußt-politischen Organisation setzen die Anarchisten die
Forderung nach politischer Abstinenz gegenüber allen nichtproletarischen Revolutionen und Bewegungen; ebenso sind die Anarchisten gegen den demokratischen Zentralismus (z. B. die von Marx erstrebte Stärkung der Autorität des Generalrats); ihr soziales Ideal ist – von Proudhon
entlehnt – der Zusammenschluß in Produktionsgenossenschaften.
Das letztlich utopische, aber militant verfochtene Gleichheits- und Eman-
zipationsideal der Anarchisten beeindruckt und gewinnt naturgemäß jene
Teile der Werktätigen, die einerseits besonders harten Formen der Ausbeutung und Rechtlosigkeit (wie im Falle Spaniens) ausgesetzt sind, daher der revolutionären Spontanität zuneigen. Unter bestimmten Bedingungen sind anarchistische Tendenzen aber auch eine Antwort auf das
reformerische Verhalten sozialistischer Parteien.

Nachdem mit der Londoner Konferenz von 1865 die Gründungsphase *Proudhonismus*
der Sektionen beendet und die politische Aktivität der Arbeiterbewegung
forciert werden kann (Herausgabe von Presseorganen, Bildung neuer Sektionen, Arbeiterkongresse auf nationaler Ebene), konzentriert sich die
Führung der IAA auf den Kongressen von Genf, Lausanne und Brüssel
zunächst auf die Auseinandersetzung mit dem Proudhonismus.
Hauptgegenstand der Kritik von Marx am Proudhonismus sind dessen
Ablehnung einer Vergesellschaftung der Produktionsmittel, die Idealisierung der Kleinproduktion, die Eliminierung des proletarischen Streik-
kampfes sowie die Vorstellung, durch ein weltumfassendes Kooperativsy-
stem auf friedlichem Wege zum Sozialismus zu gelangen. Im Gegensatz
zu den Anhängern von Marx und Engels, die in der IAA das revolutionäre Zentrum der Arbeiterklasse sehen, interpretiert Proudhon die IAA
als Genossenschaftsverband mit mutualistischen Grundzügen. Die im
grundlegenden Werk *Das Elend der Philosophie* durch Marx ausgearbeite-
ten Standpunkte aufnehmend, führen nun Marx und Engels die Kritik in
den Arbeiten *Zur Wohnungsfrage* und *Der politische Indifferentismus* weiter.
Mit dem Sieg der Auffassungen von Marx über die proudhonistischen
Theorien auf dem Brüsseler Kongreß 1868 endet die erste Etappe der
IAA. Endgültig wird der Proudhonismus nach der Pariser Kommune, die
ihn politisch-praktisch widerlegt, aus der Arbeiterbewegung verdrängt:
»... die Kommune [ist] das Grab der Proudhonschen Schule des Sozialismus.«[38]

---

38 F. Engels, Einleitung zu Karl Marx' »Bürgerkrieg in Frankreich« (Ausgabe 1891), in:
MEW, Bd. 17, Berlin 1983, S. 623.

Bakuninismus

Auf den folgenden Kongressen der Internationale stehen Marx, Engels und der Generalrat vor der Notwendigkeit, den für die Arbeiterbewegung ungleich bedrohlicheren Bakuninismus politisch-praktisch und wissenschaftlich zu widerlegen. Die Auseinandersetzungen mit dieser extrem-militanten Variante des Anarchismus kulminieren auf dem Haager Kongreß von 1872.

Umfassend und mit polemischer Schärfe entlarven Marx und Engels die Rolle des Bakuninismus besonders in den Schriften *Die Bakunisten an der Arbeit*, *Ein Komplott gegen die Internationale Arbeiterassoziation*, *Die angeblichen Spaltungen in der Internationale* sowie *Von der Autorität*.

In einer Zeit des wachsenden Einflusses der Internationale, vor allem unter dem europäischen Proletariat, der anwachsenden Streikbewegung, der Gründung neuer Sektionen und Gewerkschaftsverbände sowie der Schaffung der ersten revolutionären Massenpartei (Sozialdemokratische Arbeiterpartei 1869) in Deutschland, droht die anarchistische Forderung nach politischer Abstinenz der Arbeiterklasse in verhängnisvoller Weise die revolutionäre Bewegung zu desorientieren. Die Überwindung anarchistischer Spaltungsversuche wird zur Existenzfrage für die IAA und das weitere Voranschreiten der Arbeiterbewegung.

An Anarchisten (und Reformisten) gerichtet, formuliert Engels: »Die Revolution aber ist der höchste Akt der Politik, und wer sie will, muß auch das Mittel wollen – die politische Aktion, welche die Revolution vorbereitet, welche die Arbeiter für die Revolution erzieht ...«[39]

Die IAA nach 1871

Um 1870 besitzt die IAA bereits den Charakter einer internationalen proletarischen Organisation, in der die Ideen des Marxismus zunehmend an Einfluß gewinnen. Nach dem Ende der Kommune ist die Internationale Zielscheibe aller reaktionären Kräfte Europas. In Frankreich kommt es zu zahlreichen Terrorprozessen; auch in Deutschland und Österreich-Ungarn werden führende Sozialdemokraten eingekerkert. In Spanien, Italien und Dänemark ist die IAA verboten.

Im September 1871 findet in *London eine Konferenz der IAA* statt. Auf ihr werden die von Marx formulierten Lehren der Pariser Kommune, vor allem die Notwendigkeit des selbständigen politischen Kampfes der Arbeiterklasse mit dem Ziel einer proletarischen Revolution und der Errichtung einer Diktatur des Proletariats, in erbitterter Auseinandersetzung mit den Bakunisten verteidigt. Die Konferenz stellt die programmatische Aufgabe, in den einzelnen Ländern *selbständige nationale proletarische Massenparteien* zu schaffen, dazu gilt es vor allem, den Einfluß des Reformismus und des Anarchismus zurückzudrängen.

Der *Haager Kongreß* der IAA (1872), an dem Marx und Engels persönlich teilnehmen, steht im Zeichen dieses Kampfes. Bakunin und Guillaume, die Häupter der anarchistischen Allianz der sozialistischen Demokratie, werden aus der IAA ausgeschlossen. Auch die Opportunisten aus den englischen Trade Unions bleiben in der Minderheit. Angesichts der nach dem Fall der Kommune verschlechterten Kampfbedingungen und der verstärkten Aktionen antimarxistischer Kräfte beschließt der Kongreß,

---

39   F. Engels, Über die politische Aktion der Arbeiterklasse, in: MEW, Bd. 17, S. 416.

den Sitz des Generalrats nach New York zu verlegen, wo Friedrich Albert Sorge und Bolte als Freunde von Marx und Engels die Nordamerikanische Föderation leiten. Der Kurs auf die Schaffung nationaler Massenparteien wird bestätigt.

Als Reaktion auf den Haager Kongreß gründen die Bakuninisten im September 1872 in Saint-Imier (Schweiz) eine *Gegeninternationale*, die den Namen IAA usurpiert und sich endgültig 1873 formiert. Die aus der IAA verstoßenen Spalter veranstalten in der Folgezeit zwar Kongresse, versinken aber zunehmend in die Bedeutungslosigkeit, ihr geistiger Kopf Bakunin stirbt 1876.

Inzwischen sind die *historischen Aufgaben der IAA erfüllt*. Die IAA hat den Boden für die Schaffung proletarischer Massenparteien bereitet, die Avantgarde der internationalen Arbeiterklasse mit dem wissenschaftlichen Sozialismus verbunden. Die neuen Aufgaben der internationalen Arbeiterbewegung sind mit den bisherigen Organisationsformen und Strukturen nicht mehr zu meistern. Unter diesen Bedingungen wird 1876 auf der Konferenz in Philadelphia der Beschluß über die Auflösung der IAA gefaßt. *[Auflösung der IAA]*

4 Übergang zum Imperialismus und Vorabend der proletarischen Revolution (1871–1917)

4.1. *Grundlinien der welthistorischen Entwicklung*

4.1.1. Charakter und historischer Ort der Epoche

Auftakt der Epoche bildet die *Pariser Kommune*. Charakter und historischer Ort werden vom *Übergang des Kapitalismus der freien Konkurrenz zum Imperialismus* bestimmt. Der Grundwiderspruch Bourgeoisie – Proletariat prägt entscheidend die gesellschaftliche Entwicklung. Das gilt vor allem für die fortgeschrittenen Länder, doch auch in weniger entwickelten Regionen beginnt dieser Widerspruch zunehmend zu wirken.

Periodisierung Der Zeitabschnitt gliedert sich in zwei Perioden:
1. Von der Pariser Kommune bis zur Herausbildung des Imperialismus (1871 bis Jahrhundertwende). Der Kapitalismus der freien Konkurrenz erreicht seinen Höhepunkt; es ist die Zeit der Konsolidierung seines Sieges im Weltmaßstab, des allmählichen Übergangs zum Imperialismus.
2. Vom Beginn des Imperialismus bis zur Großen Sozialistischen Oktoberrevolution (Jahrhundertwende bis 1917). Diesen Abschnitt prägt die Entfaltung des Imperialismus mit akuter Verschärfung aller ökonomischen, sozialen, innen- und außenpolitischen und nationalen Widersprüche, die sich im ersten Weltkrieg entladen und zum Sturz des Kapitalismus in einem Sechstel der Erde führen.

Beide Perioden sind durch wesentliche Unterschiede gekennzeichnet. In der ersten verläuft die Entwicklung des Kapitalismus, ungeachtet wachsender Tempo- und Strukturunterschiede zwischen einzelnen Ländern, weitgehend erschütterungsfrei. Noch existiert ein relatives Kräftegleichgewicht zwischen den kapitalistischen Großmächten, die in wachsender gegenseitiger Konkurrenz Expansions- und Eroberungspolitik betreiben und die *Aufteilung der Welt* forcieren. Besonders auffallend ist die innerhalb von nur zwei Jahrzehnten vollzogene *Aufteilung Afrikas*.

4.1.2. Wesen des Imperialismus

Der Imperialismus verschärft alle antagonistischen Widersprüche des kapitalistischen Systems. Als Monopolkapitalismus ist er Kapitalismus in seiner historischen Niedergangsphase. Es entstehen die *objektiven und sub-*

jektiven Voraussetzungen für die proletarische Revolution. Der bereits erreichte hohe Vergesellschaftungsgrad der Produktion bildet die für den revolutionären Übergang zum Sozialismus notwendige materielle Basis.

Der Entwicklungsgrad des Antagonismus Bourgeoisie–Proletariat, die Kämpfe der internationalen Arbeiterklasse bewirken gleichzeitig das Heranreifen der subjektiven Faktoren (Entstehung des Leninismus, Partei neuen Typus) für den Sturz des kapitalistischen Systems.

Lenin definiert 1916 fünf Merkmale des Imperialismus: *Lenins Imperialismus-*
1. Konzentration der Produktion und des Kapitals sowie Entstehung von *definition*
Monopolen; 2. Verschmelzung von Bank- und Industriekapital zum *Finanz-kapital*; 3. rasche Ausweitung des *Kapitalexports*, der eine neue Qualität gegenüber dem ebenfalls stark anwachsenden traditionellen Warenexport verkörpert; 4. Bildung *internationaler monopolistischer Kapitalverbände*, um die Welt unter sich aufzuteilen; 5. Abschluß der *territorialen Aufteilung der Erde* unter den kapitalistischen Großmächten und Beginn des *Kampfes um die Neuaufteilung.*[1]

Die Bildung der Monopole ist ein für alle Industrieländer gemeinsamer *Monopole und* Prozeß. Wichtigste Formen sind Kartelle, Syndikate, Trusts und Kon- *Finanzkapital* zerne.

Zu den größten Monopolen der Erde gehören die General Electric in den USA und die Allgemeine Elektrizitäts-Gesellschaft (AEG) in Deutschland, Schneider in Le Creusot (Frankreich), Armstrong (England), Krupp (Deutschland) in der Rüstungsindustrie, die britisch-niederländische Shell und die US-amerikanische Standard Oil in der Erdölproduktion. Alte Bankiersfamilien, wie die Rothschilds, treten gegenüber neuen Bankhäusern (Morgan und Rockefeller in den USA, Deutsche Bank, Dresdner Bank, Diskonto-Gesellschaft, Darmstädter Bank in Deutschland, Société Générale in Frankreich) in den Hintergrund.

Neue wie alte Banken verflechten sich eng mit den Industriemonopolen und bilden so das Finanzkapital.

Eine wirksame Waffe im Konkurrenzkampf der Monopole wird der Kapi- *Kapitalexport* talexport. Führend sind England, Frankreich und zunehmend Deutschland. Englands Kapitalexport geht vorwiegend in die eigenen Kolonien sowie in die USA. Der Hauptanteil des französischen Kapitalexports ist dagegen in europäischen Ländern, besonders in Rußland, konzentriert, er erfolgt vor allem in Form von Staatsanleihen (»Wucherimperialismus«). Ausgeglichener ist die Standortverteilung des deutschen Kapitalexports.

Im Jahre 1914 betragen die englischen Kapitalinvestitionen außerhalb der britischen Inseln rund 4 Mrd Pfund Sterling (80 Mrd Goldmark), die Frankreichs rund 50 Mrd Franken (ca. 40 Mrd Goldmark) und die deutschen rund 35 Mrd Goldmark.

Mit Hilfe des Kapitalexports, gestützt auf die Staatsmacht, führen Mono- *Kampf um den* pole und Finanzgruppen einen erbitterten Kampf um den Weltmarkt. Ein *Weltmarkt* Beispiel für die (Neu-)Aufteilung der Märkte bietet der 1907 geschlossene Vertrag zwischen General Electric und AEG: General Electric kontrolliert die USA und Kanada; Deutschland, Österreich, die Schweiz, Holland, Dänemark, Rußland, der Balkan und das Osmanische Reich fallen

1 Vgl. W. I. Lenin, Der Imperialismus als höchstes Stadium des Kapitalismus, in: Werke, Bd. 22, Berlin 1981, S. 270f.

an die AEG. Tochtergesellschaften beider Monopole dringen in formell noch unverteilte Länder ein. Ähnliche Absprachen existieren auch in anderen Bereichen (z. B. in der Erdölförderung).

Ungleichheit der Entwicklung

Die bereits in vorangegangenen Epochen einsetzende, im Imperialismus beschleunigt weiter wachsende Ungleichmäßigkeit in der kapitalistischen Entwicklung äußert sich im Weltmaßstab im Verhältnis der verschiedenen Kontinente zueinander wie auch innerhalb dieser. Fast die gesamte Weltindustrieproduktion ist auf Europa und die USA konzentriert. Die Unterentwicklung gewinnt neue Ausmaße. Asien, Afrika und Lateinamerika bleiben zunehmend zurück, den größten Rückstand hat Afrika.

Doch selbst das im Durchschnitt fortgeschrittene Europa weist unterentwickelte Länder auf – Portugal, Spanien, Rumänien, Bulgarien, Serbien, Montenegro, Albanien, die europäische Türkei. Obwohl die Länder Ost-, Südost-, Süd- und Südwesteuropas seit der Mitte des 19. Jh. beträchtliche Fortschritte aufzuweisen haben, bleiben sie im Vergleich zu den reifen kapitalistischen Ländern eindeutig zurück.

Typen des Imperialismus

Mit der Ungleichmäßigkeit der sozialökonomischen und politischen Entwicklung unter den Bedingungen des Imperialismus ist die Formierung dieses Stadiums in unterschiedlichen Varianten und Typen verbunden. Lenin typisiert die imperialistischen Mächte zunächst nach den jeweiligen Proportionen zwischen den Wesensmerkmalen des monopolkapitalistischen Systems (so des britischen als Kolonial- und des französischen als Wucherimperialismus). Er unterscheidet imperialistische Mächtegruppierungen auch nach der Größe ihres Kolonialbesitzes (England und Frankreich gegenüber den Mittelmächten). Schließlich arbeitet er die zwar gegenüber den kapitalistischen Tendenzen sekundären, aber für das gesamtgesellschaftliche System nicht unwichtigen Einflüsse vorbürgerlicher feudaler und anderer Relikte auf den modernen Imperialismus in Japan, Deutschland und Rußland heraus. Er kennzeichnet den russischen als eine Verflechtung des modernen, aus dem Kapitalismus hervorgewachsenen mit einem militärisch-feudalen Imperialismus.

Veränderungen im globalen Kräfteverhältnis

Aus der Ungleichmäßigkeit in der Entwicklung resultieren rasche Verschiebungen im internationalen Kräfteverhältnis. Ist 1870 England stärkste Industriemacht der Welt (32 % der Weltindustrieproduktion), gefolgt von den USA (23 %), Deutschland (13 %) und Frankreich (10 %), so nehmen 1900 die USA mit 31 % den ersten Rang ein, danach England (18 %), Deutschland (16 %) und Frankreich (7 %). Bis 1914 kann Deutschland England überholen und steigt zum zweitgrößten Industrieland auf. Vor allem die jungen imperialistischen Mächte drängen besonders aggressiv nach neuen Absatzmärkten, Kolonien und Einflußsphären.

4.1.3. Wirtschaft, Wissenschaft und Technik

Weltwirtschaftskrisen

Die Blütezeit des Kapitalismus der freien Konkurrenz und der Übergang zum Imperialismus bringen in Verbindung mit dem Abschluß der industriellen Revolution in den meisten europäischen Ländern hohe Produktionszuwachsraten mit sich. Diese Entwicklung wird durch Weltwirtschaftskrisen unterbrochen (1873, 1882, 1890, 1900–1903, 1907).

Von 1870 bis 1900 erhöht sich z. B. die Weltstahlproduktion fast auf das 54fache (von 520 000 t auf 28,3 Mio t), die Erdölgewinnung auf das 25fache (von 0,8 Mio t auf fast 20 Mio t), die Produktion der verarbeitenden Industrie auf das Dreifache, die Länge der Eisenbahnen auf das Vierfache, die Dampfschifftonnage auf das 5½fache und der Umfang des Welthandels fast auf das Dreifache.

Die industriellen Fortschritte sind nicht nur quantitativer Natur, es erfolgen bedeutsame qualitative Sprünge. Dem »Zeitalter der Dampfmaschine« folgt das »Zeitalter der Elektrizität«, Holz und Eisen treten ihren Rang an den Stahl ab. Die Schlüsselstellung von Schwerindustrie und Maschinenbau setzt sich, über England hinausgehend, in weiteren kapitalistischen Ländern durch.

Die zunehmende industrielle Anwendung der Elektrizität als neuen Energieträger greift auch auf das Verkehrswesen über. Straßenbahnen und U-Bahnen wandeln das Gesicht der größten Städte. Die Erfindung des Verbrennungsmotors (endgültige Form durch Nikolaus Otto, 1867) ermöglicht den Automobil-, Flugzeug- und Zeppelinbau. *Neue Verkehrsmittel*

Für die Epoche sind große wissenschaftliche und technische Pionierleistungen und Entdeckungen kennzeichnend: Albert Einsteins allgemeine Relativitätstheorie, James Clerk Maxwells Elektrodynamik, Entdeckung der X-Strahlen durch Wilhelm Conrad Röntgen, der Radioaktivität durch Henri Becquerel, Pierre und Marie Curie, die Quantentheorie Max Plancks und die Weiterentwicklung der Atomphysik durch Nils Bohr, Schutzimpfungen Pasteurs gegen Cholera, Tollwut und Milzbrand, die Entdeckung der Tuberkulose- und Cholerabakterien durch Robert Koch, der Typhus-, Diphtherie-, Pest-, Malaria- und Syphiliserreger und entsprechender Heilmittel, die Bezwingung des Nord- und Südpols, die wissenschaftliche Erforschung Afrikas, Zentralasiens und Ozeaniens, Bau des Panamakanals, Glühlampe, Film und Radio. Sie alle geben nur ein ungefähres Bild der Umwälzungen. Wissenschaft und Technik fördern entscheidend die weitere Entwicklung der Produktivkräfte. *Wissenschaft und Technik*

Besonders verhängnisvoll erweist sich der im Imperialismus eine neue Dimension annehmende Militarismus. Das gesamte gesellschaftliche Leben wird reaktionären Regierungen und Militärcliquen dienstbar gemacht. Glanz und Elend menschlichen Erfindergeistes manifestieren sich in den Fortschritten der *Waffentechnik*. Es gibt kaum eine neue Erfindung, die nicht für den Krieg mißbraucht wird. Der Traum von der Beherrschung der Lüfte endet in der Konstruktion von Kriegsflugzeugen, der Fortschritt der Waffen- und Schiffbautechnik ermöglicht den Bau von neuartigen Schlachtschiffen (erster »Dreadnought« 1906) und Unterseebooten. Die Kriegführung wird in der imperialistischen Epoche zunehmend maschinell perfektioniert, die Kriege erhalten den Charakter von *Massenkriegen*. Die Rüstungsausgaben steigen. Waffentechnik und Rüstung der imperialistischen Mächte entwickeln sich weit schneller als die zivilen Wirtschaftszweige oder das Bildungs- und Gesundheitswesen. *Militarismus und Kriegstechnik*

Die Herausbildung der Monopole vollzieht sich auch in der Landwirtschaft. Es entstehen zahlreiche Landwirtschaftsbanken und Agrarmonopole, staatliche Agrarpolitik, Export und Import unterstehen weitgehend ihrer Kontrolle. Großagrarier und Großbauern passen sich an und profi- *Monopolbildung in der Landwirtschaft* tieren davon. Ihren Interessen entsprechen protektionistische Zölle. Erhebliche Teile der Bauernschaft jedoch verarmen. Besonders drastisch sind die Folgen für abhängige Länder und Kolonien. Das 1899 gegründete USA-Bananenmonopol United Fruit beherrscht ganze Länder (»Bananenrepubliken« Guatemala, Honduras, El Salvador, Costa Rica, Panama). Kaffee-, Kakao-, Kautschuk-, Zucker- oder Baumwollmonopole bestimmen das Schicksal von Ländern und Kontinenten. Die mit der Ausprägung der Monokulturen verbundene internationale Arbeitsteilung auf dem Agrarsektor gewinnt schärfere Konturen.

In Lateinamerika sowie in jenen Gebieten Asiens, die einer direkten kolonialen Unterwerfung entgehen können, ist die politisch-ökonomische Abhängigkeit vom Imperialismus, die Degradierung selbständiger Staaten zu *Halbkolonien* typisch.

4.1.4.   Bevölkerungsentwicklung und Sozialstruktur

Die Bevölkerung der Erde wächst von über 1,3 Mrd (1870) auf über 1,6 Mrd (1900) und nahezu 1,8 Mrd (1914). Sie ist sehr ungleichmäßig verteilt. Im Jahre 1900 kommen auf Europa 401 Mio (24,9 % der Weltbevölkerung), Asien 937 Mio (58,3 %), Amerika 144 Mio (9 %), Afrika 120 Mio (7,4 %), Australien und Ozeanien 6 Mio (0,4 %).

Die *Verstädterung in den Industrieländern* ist eine Begleiterscheinung des Kapitalismus und widerspiegelt die rasche industrielle Entwicklung. Der Anteil der ländlichen Bevölkerung schrumpft nicht nur relativ, sondern ebenso absolut. Diese Tendenz steht voll im Zeichen des gesellschaftlichen Grundwiderspruchs: Prunkvollen Villenvierteln der Bourgeoisie stehen Elendsviertel und Massenquartiere des Proletariats gegenüber.

Veränderungen in der Klassenstruktur

Das quantitative Wachstum von Arbeiterklasse, Kleinbürgertum, Intelligenz und Bourgeoisie ist auch durch neue qualitative Elemente gekennzeichnet, da der Übergang zum Imperialismus bedeutsame Veränderungen in der Klassenstruktur bewirkt. Zur führenden Fraktion der Bourgeoisie wird das monopolistische Finanzkapital in Industrie, Handel und Bankwesen. Nichtmonopolistische Teile der Bourgeoisie verlieren an Bedeutung, viele kleinere Unternehmen werden durch die Monopole aufgekauft oder ruiniert. Eine Stärkung der reaktionären Rolle der Bourgeoisie, besonders des Monopolkapitals und seiner Parteien, und eine Krise der bürgerlichen Demokratie sind die Folge. Demokratische Traditionen des Bürgertums und bürgerlicher Liberalismus verkümmern und weichen dem um sich greifenden Chauvinismus: Jingoismus in England, Einwanderungsbeschränkungen für »Farbige« in den USA, expansionistisch-antisemitische Kampagnen der Alldeutschen in Deutschland und Teilen Österreich-Ungarns, panslawistische Agitation und Antisemitismus in Rußland sind markante Beispiele. Alles wird mehr denn je zuvor käuflich – politische Überzeugung, Moral, Ehe und religiöses Bekenntnis Klassisches Land politischer Skandale ist Frankreich (Panamaskanda 1892, Dreyfus-Affäre 1894–1906); andere Staaten stehen kaum nach Auch der staatliche Überbau tritt immer mehr in den Dienst der Mono

Rolle der Monopolbourgeoisie

pole; diese Tendenz wird beim Aufkommen des *staatsmonopolistischen Kapitalismus* während des ersten Weltkrieges in Deutschland augenfällig.

Die Arbeiterklasse wächst schnell. Ihren Kern bildet das sich rasch konsolidierende Industrieproletariat. Ende des 19. Jh. gibt es etwa 40 Mio Arbeiter, in Europa sind im Durchschnitt 30 % der Bevölkerung Proletarier, allerdings schwanken die Werte von Land zu Land beträchtlich. Obwohl die Arbeiterklasse ständig Zustrom durch ruinierte Bauern, Handwerker und Kleinbürger erhält, spielt bereits die eigene Regeneration eine zunehmende Rolle. Die neuen, sich erst über Generationen der Klasse integrierenden Schichten sind nicht selten für opportunistische wie ultralinke, anarchistische und sektiererische Gedanken aufgeschlossen. In einigen Ländern setzt sich eine zunächst noch schmale, aber mit der Zeit wachsende *Arbeiteraristokratie* von der Masse des Proletariats ab. Industrieproletariat

Die wöchentliche Arbeitszeit verringert sich in den letzten 30 Jahren des 19. Jh. von 74 auf 65 Stunden. Gleichzeitig steigt die Arbeitsproduktivität um mehr als 40 %, wobei der verstärkte Übergang zur intensiven Ausbeutung eine wichtige Rolle spielt. Die Durchschnittslöhne der Arbeiter erhöhen sich im gleichen Zeitraum nur um etwa 20 %. Soweit es zu Reformen und Teilzugeständnissen der herrschenden Klasse an das Proletariat kommt, erfolgen sie nicht zuletzt unter der Wirkung proletarischer Massenkämpfe.

Die Bauernschaft verliert endgültig ihren Charakter als relativ einheitliche Klasse. Während die Großbauern als Dorfbourgeoisie Teil der Ausbeuterklasse sind, nehmen die Mittelbauern eine Zwischenstellung zwischen Bourgeoisie und Proletariat ein. Potentieller Hauptverbündeter der Arbeiter auf dem flachen Lande sind die Kleinbauern und Landarbeiter, jedoch ist dieser Prozeß der politischen Annäherung erst rudimentär entwickelt. Bauernschaft

Das Kleinbürgertum gerät mit dem Übergang zum Imperialismus in eine tiefe Krise. Zwischen Reaktion und Fortschritt pendelnd, zur Bourgeoisie tendierend, aber vom Monopolkapital in seiner Existenz bedroht, besitzt das auf der Grundlage der kleinen Warenproduktion nach beiden Richtungen hin sich zersetzende, zugleich stets erneuernde Kleinbürgertum im Gegensatz zur Großbourgeoisie der entwickelten Länder noch begrenzte demokratische Potenzen. Deklassierte Elemente des Kleinbürgertums sind indes nicht selten Träger ultralinker (Anarchismus) oder ultrarechter Strömungen (Chauvinismus, Antisemitismus). Kleinbürgertum

Ebenso wandelt die Intelligenz ihre Struktur. Eine neue Kategorie bildet die technische Intelligenz. Die Intelligenz rekrutiert sich auf Grund des Bildungsprivilegs vor allem aus den Reihen der herrschenden Klassen und der Mittelschichten; sie unterstützt in ihrer Mehrheit das System und die Herrschaft der Monopole, von denen besonders die technische Intelligenz und die vielerorts entstehenden Technischen Gesellschaften direkt abhängen. Teile der Intelligenz erkennen jedoch die historische Perspektivlosigkeit der bestehenden Verhältnisse und ergreifen für den gesellschaftlichen Fortschritt Partei. Der Einfluß der Intellektuellen auf Wirtschaft, Politik, Kultur und Kunst ist groß und gewinnt beständig an Gewicht. Ein erheblicher Teil der Intelligenz füllt die Reihen der *Angestellten und der Bürokratie* auf, deren Umfang in der imperialistischen Epoche außerordentlich zunimmt. Technische Leitung der Großbetriebe und Intelligenz

Monopole sowie die Aufgaben der imperialistischen Staatsmaschinerie sind nur mit der Intelligenz, den Angestellten und einem effektiven bürokratischen Apparat zu bewältigen.

4.1.5.   Arbeiterbewegung und Entstehung des Leninismus

Zu den bestimmenden Charakteristika der Zeit ab 1871 gehört die globale *Ausbreitung der Arbeiterbewegung.* Die Anzahl sozialistisch orientierter Arbeiter nimmt sprunghaft zu, trotzdem repräsentieren sie im internationalen Querschnitt bis 1917 noch eine Minderheit. Größte und führende Partei bleibt die auf dem Gothaer Parteitag durch Zusammenschluß von Eisenachern und Lassalleanern erweiterte *Sozialistische Arbeiterpartei Deutschlands* (seit 1890 Sozialdemokratische Partei Deutschlands).

Anarchismus und Anarchosyndikalismus Erheblichen Einfluß besitzen daneben die Anarchisten. In den romanischen Ländern Europas entsteht eine neue Variante des Anarchismus, der sich auf die Gewerkschaften stützende Anarchosyndikalismus, der den politischen Kampf, Parteien, Parlamentarismus und Reformen ablehnt und statt dessen die »direkte Aktion« zum Ziel hat. Zu den geistigen Inspiratoren gehört der Franzose Georges Sorel. Allerdings verliert der Anarchismus allmählich an Boden, er wird in fast allen Ländern von der sozialistischen Bewegung überflügelt.

Gewerkschaften Es festigen und formieren sich neue Gewerkschaften: Trade Unions in England, Syndikate in Frankreich, Spanien, Italien und anderen romanischen Ländern, Gewerkschaftsverbände in Deutschland, Österreich-Ungarn, den USA, die sozialistisch oder anarchistisch und anarchosyndikalistisch orientiert sind. Parallel wirken christliche Gewerkschaften auf der Grundlage der von Papst Leo XIII. erlassenen Enzyklika *Rerum Novarum* (1891). In Deutschland entstehen Ende der sechziger Jahre die Hirsch-Dunckerschen Gewerkschaften (Verband der deutschen Gewerkvereine) mit dem Ziel, die Arbeiter vom revolutionären Kampf fernzuhalten. Ähnliche Organisationen gibt es in anderen Ländern. Einen beträchtlichen Einfluß gewinnen, ausgehend von England und Deutschland, nach 1870 die *Konsumgenossenschaften*, die sich als Hilfsorganisationen der Arbeiter sowie kleinbürgerlicher Kräfte das Ziel setzen, ihre Mitglieder preiswert mit Waren zu versorgen.

Erhebliche Teile der Arbeiterklasse bleiben jedoch weiterhin unorganisiert.

Durchsetzung des Marxismus. II. Internationale Von entscheidender Bedeutung für die weitere Entwicklung der internationalen Arbeiterbewegung ist die Durchsetzung des Marxismus.

An der Gründung der in der Tradition der Pariser Kommune und der I. Internationale stehenden II. Internationale nehmen Delegierte aus 20 Ländern teil. Waren Anfang der siebziger Jahre nur 400 000 Arbeiter in verschiedenen Organisationen zusammengefaßt, so sind es Ende des 19. Jh. bereits über 4,5 Mio, die Zahl der sozialistischen Wähler wächst im gleichen Zeitraum von 100 000 auf 4,5 Mio. Nach der Niederlage der Pariser Kommune verlagert sich das Zentrum der internationalen revolutionären Arbeiterbewegung von Frankreich nach Deutschland, dessen Sozialdemokratie sich selbst unter den Bedingungen des Sozialistengesetzes 1878–1890 zur Avantgarde der internationalen Arbeiterbewegung entwickelt. Nach der Jahrhundertwende wandert dieses Zentrum nach Rußland, das zum Knotenpunkt imperialistischer Widersprüche wird.

Im Prozeß des Übergangs zum Imperialismus verstärken sich in der internationalen Arbeiterbewegung rechtsopportunistische Tendenzen. Bürgerliche und kleinbürgerliche Einflüsse manifestieren sich im Revisionismus, den Eduard Bernstein vertritt und der vor allem gegen die Orientierung auf die proletarische Revolution und die Diktatur des Proletariats Stellung bezieht. Nach der Jahrhundertwende gewinnen rechtsopportunistische Tendenzen in der II. Internationale und in der Arbeiterbewegung generell an Einfluß.

Opportunismus und Revisionismus

Gegen Reformismus, Opportunismus und Revisionismus wendet sich vor allem Lenin, der unter den Bedingungen des Imperialismus den Marxismus weiterentwickelt. Es entsteht der Leninismus. Die Verteidigung der revolutionären Klassenlinie des Proletariats übernehmen die Linken in Deutschland und anderen Ländern und vor allem die von Lenin 1903 gegründete *Partei der Bolschewiki*. Diese Partei entwickelt sich in ständiger Auseinandersetzung mit den Menschewiki und anderen Vertretern des Opportunismus zu einer Partei neuen Typus.

Leninismus. Partei neuen Typus

Die Bolschewiki und die Linken sind die entschiedensten Kämpfer für den Frieden, sie geißeln Militarismus und imperialistische Kriegspolitik. Auf den Kongressen der II. Internationale in Stuttgart (1907) und Basel (1912) gelingt es den marxistischen Kräften, ihren Standpunkt in der Kriegsfrage durchzusetzen. Die Linken erweisen sich jedoch 1914 als zu schwach, um die gesamte sozialistische Bewegung gegen den Ausbruch des Weltkrieges zu mobilisieren.

Die Gefahr eines Weltkrieges erkennen auch humanistisch, zumeist pazifistisch gesinnte Vertreter des Bürgertums. Bertha von Suttner veröffentlicht 1889 den aufsehenerregenden Roman *Die Waffen nieder*, wird Präsidentin der Wiener Friedensgesellschaft, Vizepräsidentin des internationalen Friedensbüros in Bern und kämpft engagiert für den Frieden. Pierre de Coubertin ruft im Sinne der Völkerverbrüderung die modernen Olympischen Spiele ins Leben, die 1896 erstmals in Athen stattfinden. Der Erfinder des Dynamits, Nobel, stiftet 1895 die nach ihm benannten Preise, darunter den Friedensnobelpreis. Die Tragödie vieler aufrechter bürgerlicher Friedenskämpfer ist, daß sie die tieferen Ursachen der Kriege und die Triebkräfte imperialistischer Kriegspolitik verkennen.

Nach dem Abschluß der bürgerlichen Revolutionen unter Führung der Bourgeoisie in den kapitalistischen Hauptländern tritt das Proletariat als neue und führende gesellschaftliche Kraft hervor. Der wachsende Einfluß des Proletariats in den Kämpfen der Zeit modifiziert den bürgerlichen Revolutionszyklus. Die erste bürgerlich-demokratische Revolution in der Epoche des Imperialismus, die Russische Revolution 1905–1907 steht im Zeichen des Proletariats, das unter Führung der Bolschewiki um die Hegemonie ringt. Trotz ihrer Niederlage vermittelt diese Revolution dem russischen und internationalen Proletariat unverlierbare Erfahrungen. Neue Kampfformen (politischer Massenstreik) und die ihr eigenen prole-

Revolution 1905–1907 in Rußland

tarischen Machtorgane (Sowjets) beeinflussen zutiefst die weitere Entwicklung der sozialistischen Bewegung.

4.1.6.   Nationale Befreiungsbewegungen in Europa, Lateinamerika, Asien und Afrika

Während die kapitalistisch entwickelten Länder für bürgerliche Revolutionen klassischer Art nicht mehr und Afrika noch nicht reif sind, werden Asien und Lateinamerika Schauplatz bedeutender revolutionärer Kämpfe. Der bürgerliche Revolutionszyklus »wandert aus«, seine Schwerpunkte verlagern sich in die weniger entwickelten Regionen. Aus dieser Verlagerung ergibt sich eine neue historische Qualität, deren Wesen in der wachsenden Verbindung mit der *antiimperialistischen nationalen Befreiungsbewegung* besteht. Die von der Russischen Revolution beeinflußten nachfolgenden Revolutionen in Asien, die Revolution in Mexiko, der Aufschwung der antiimperialistischen Befreiungsbewegung in Indien und anderen asiatischen Ländern sowie in Nordafrika, nicht zuletzt die nationalen Kämpfe in weiten Teilen Europas zeugen davon, daß der bürgerliche Revolutionszyklus eine neue internationale Dimension gewinnt.

Nationale
Befreiungs-
bewegungen
in Europa

Die nationale Befreiungsbewegung ist nach 1871 im Aufschwung begriffen. In Europa werden zahlreiche Völker national diskriminiert. Rußland, Österreich-Ungarn und das Osmanische Reich sind multinationale Staaten, in denen die Mehrheit der dort lebenden Völker unterdrückt ist und für ihre nationale Emanzipation kämpft. In Deutschland gelten die Polen als Bürger zweiter Klasse, in England die Iren, in Spanien die Katalanen, Basken oder Galicier. An der Spitze der nationalen Befreiungsbewegung stehen die einheimische nationale Bourgeoisie, auch das Kleinbürgertum und die Intelligenz der jeweiligen Gebiete. Auf dem Balkan hat die nationale Befreiungsbewegung der von den Türken unterdrückten Völker eine weitere Desintegration des Osmanischen Reiches zur Folge, was in Verbindung mit der Expansionspolitik der Großmächte die orientalische Frage zuspitzt. Im Ergebnis des Russisch-türkischen Krieges von 1877/78 erhält Bulgarien seine staatliche Selbständigkeit, im ersten Balkankrieg 1912/13 verliert die Türkei fast ihren gesamten europäischen Besitz. Die Sieger Bulgarien, Serbien, Griechenland und Montenegro geraten bei der Aufteilung der osmanischen Konkursmasse in Konflikt. Bulgarien wird 1913 (zweiter Balkankrieg) um die meisten Früchte seines Kampfes gebracht. Irland ist 1916 Schauplatz eines großen nationalen Aufstandes. Norwegen erringt 1905 seine Unabhängigkeit von Schweden. In Finnland wächst besonders seit der Revolution von 1905 der Widerstand gegen den Zarismus.

Lateinamerika,
Asien, Afrika

Die nationale und antikoloniale Befreiungsbewegung in den abhängigen und kolonialen Ländern Lateinamerikas, Asiens und Afrikas erreicht im Zeitraum 1871–1917 eine neue historische Qualität. In Lateinamerika zeugen die beiden Unabhängigkeitsrevolutionen Kubas (1868–1878 und 1895–1898) sowie die mexikanische Revolution (1910–1917) davon. Die

Stärke und die soziale Reife der Vorgänge in Lateinamerika sind zugleich Ausdruck des Vorsprungs in der kapitalistischen Entwicklung gegenüber Asien und Afrika, hinzu kommt die Tatsache, daß nahezu ganz Lateinamerika bereits von den Fesseln direkter Kolonialherrschaft frei ist. In Kuba spielt auch die Abschaffung der Sklaverei (1880–1886) eine bedeutende Rolle; als letztes Land in Lateinamerika hebt Brasilien 1888 die Sklaverei auf.

Mit dem Yihetuan-Aufstand (1900/01) und der Revolution von 1911–1913 in *China*, den Revolutionen in *Persien* (1905–1911) und im *Osmanischen Reich* (1908/09) beginnt der welthistorische Vorgang des Erwachens Asiens. Auch in Afrika breitet sich der antikoloniale Kampf, vor allem in Ägypten, Sudan, Äthiopien, Deutsch-Südwestafrika (heute Namibia) und Libyen, aus.

Internationale Beziehungen und imperialistische Kolonialexpansion

4.1.7.

Die internationalen Beziehungen werden von den wachsenden imperialistischen Gegensätzen gekennzeichnet. Ein Hauptgegensatz besteht zwischen Frankreich und Deutschland um Elsaß-Lothringen. Seit der Jahrhundertwende tritt jedoch der *deutsch-englische Antagonismus* in den Vordergrund, er wird zum *Hauptgegensatz* am Vorabend des ersten Weltkrieges. Hinzu kommen die Widersprüche Deutschlands und Österreich-Ungarns gegenüber Rußland, deren Kern die Balkan- und Meerengenfrage ist. Der bis zur Jahrhundertwende akute britisch-französische, auch der russisch-englische Gegensatz flauen dagegen durch gegenseitige Kompromisse ab.

Internationale Beziehungen und Hauptwidersprüche

Es formieren sich zwei *Militärblöcke*: der 1879 gebildete *Zweibund* (Deutschland und Österreich-Ungarn, seit dem Beitritt Italiens 1882 *Dreibund*) und die *Triple-Entente* (1907) auf der Basis des russisch-französischen Bündnisses von 1891/93, der englisch-französischen Entente cordiale von 1904 und des russisch-englischen Abkommens von 1907.

Zahlreiche imperialistische Konflikte (Krieg zwischen den USA und Spanien 1898, zwischen England und der Burenrepublik 1895–1902, imperialistische Intervention in China 1900/01, Japanisch-russischer Krieg 1904/05, erste und zweite Marokkokrise 1905/06 und 1911, Annexion Bosniens und der Herzegowina durch Österreich-Ungarn 1908, Italienisch-türkischer Krieg 1911/12, die beiden Balkankriege) zeugen von der steten Eskalation der Widersprüche.

Imperialistische Kriege und Konflikte

England und Frankreich bleiben die stärksten Kolonialmächte und bauen bis 1914 ihre Position beträchtlich aus. *England* erobert Ägypten, Sudan, die Burenrepublik sowie weitere Teile Südafrikas, bringt die Annexion Burmas zum Abschluß und erweitert seinen Kolonialbesitz in China. *Frankreich* erobert Tunesien, den Großteil Marokkos, weite Teile West- und Zentralafrikas, Madagaskar, Indochina. *Rußland* vollendet die Eroberung Mittelasiens. Als *neue Kolonialmächte* erheben Deutschland, Belgien, Italien, Japan und die USA Anspruch auf Gebiete. *Deutschland* setzt sich

Imperialistische Kolonialexpansion

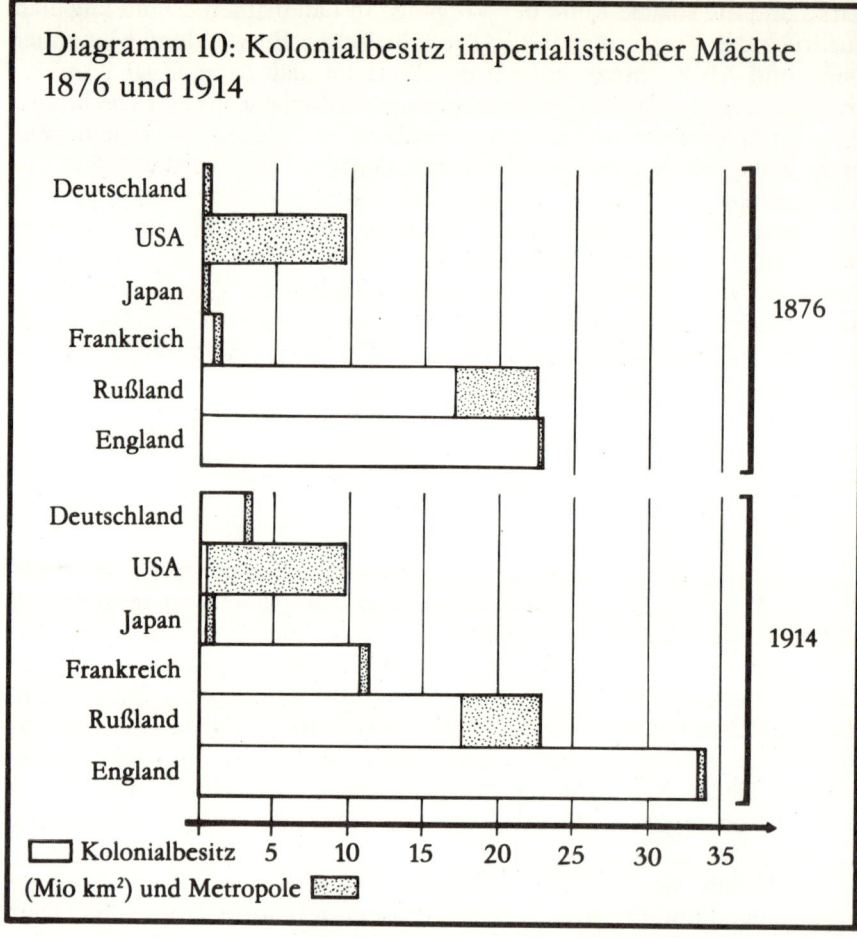

Diagramm 10: Kolonialbesitz imperialistischer Mächte 1876 und 1914

Kolonialbesitz der Großmächte

Länder	1876		1914	
	Mio km²	Einwohner (in Mio)	Mio km²	Einwohner (in Mio)
England	22,5	251,9	33,5	393,5
Rußland	17,0	15,9	17,4	33,2
Frankreich	0,9	6,0	10,6	55,5
Deutschland	–	–	2,9	12,3
USA	–	–	0,3	9,7
Japan	–	–	0,3	19,2

in Kamerun, Togo, Südwestafrika, Ostafrika, einem Teil Neuguineas und Ozeaniens sowie in China fest. *Belgien* sichert sich die Masse des Kongo-Beckens (Zaire), *Italien* erobert Eritrea, den größten Teil Somalilands und

Libyen, *Japan* annektiert Taiwan und Korea, die *USA* entreißen den Spaniern Kuba, Puerto Rico und die Philippinen. 1903 inszenieren sie eine »Revolution« in Panama und okkupieren die das Land durchschneidende Zone für den Bau des interozeanischen Kanals.

Der Einfluß der Großmächte äußert sich auch dort, wo sie nicht direkt eingreifen. Im Pazifischen Krieg (»Salpeterkrieg«) Perus und Boliviens gegen Chile (1879–1889), der über das Weltmonopol an Natursalpeter entscheidet, steht England auf der siegreichen chilenischen Seite, die USA unterstützen die Gegner.

Die *imperialistische Aufteilung der Welt* ist zu Beginn des 20. Jh. im wesentlichen abgeschlossen, es beginnt der *Kampf um die Neuaufteilung.*

Die imperialistische Kolonialpolitik stellt einen neuen Typ von Kolonialpolitik dar, als deren Hauptträger die Monopole, das Finanzkapital sowie die in deren Interesse handelnden Regierungen fungieren. Imperialismus und Kolonialismus vergrößern das Entwicklungsgefälle zwischen den imperialistischen und den kolonialen und abhängigen Ländern. Neuer Typ der Kolonialpolitik

Erster Weltkrieg und Große Sozialistische Oktoberrevolution 1917   4.1.8.

Am 1. August 1914 bricht der erste Weltkrieg aus. Österreich-Ungarn überfällt Serbien. Von den imperialistischen Mächten vorsätzlich inszeniert, entladen sich die angestauten Gegensätze in Form einer Kettenreaktion. Seitens aller Hauptbeteiligten handelt es sich um einen *imperialistischen Krieg.* Hauptkriegsschauplatz ist Europa, der Kampf wird aber auch in Asien und Afrika sowie auf den Weltmeeren ausgetragen. Für diesen Krieg ist nicht nur die – von Engels vorhergesagte – globale Dimension bestimmend, weitere *neue Qualitätsmerkmale* sind Materialschlachten, Stellungskrieg, neue Waffen wie Tanks, Flugzeuge, Zeppeline und Gas. Die Kriegshandlungen werden in Verbindung mit einem großangelegten Propagandafeldzug geführt. Der Krieg fordert 10 Mio Tote und 20 Mio Verwundete, auch die materiellen Verluste durch Zerstörung und Verwüstung eroberter Gebiete und Umstellung von Industrie und Landwirtschaft auf die Kriegsbedürfnisse übertreffen alles bisher Dagewesene. Hinzu kommen die kaum kalkulierbaren geistig-moralischen Folgen des Krieges. Weltkrieg

Die Führung der internationalen Sozialdemokratie versagt im entscheidenden Moment. Opportunisten und Revisionisten mausern sich zu Sozialchauvinisten und unterstützen die jeweilige imperialistische Regierung. Die II. Internationale bricht zusammen. Auf ihren Trümmern formieren sich linke und zentristische Kräfte. Aber nur die Linken, in erster Linie die Bolschewiki, die deutschen Linken, die bulgarischen Engherzigen (Tesnjaki) unter Dimiter Blagojev und revolutionäre Sozialisten in Serbien, Italien, Polen, den Niederlanden und wenigen anderen Ländern (z. B. Chile), verteidigen den proletarischen Internationalismus. Lediglich die Bolschewiki verfügen über eine revolutionäre Partei, um aus den kommenden Klassenschlachten als Sieger hervorzugehen. Zusammenbruch der II. Internationale

Der Weltkrieg führt zu einer enormen Verschärfung aller Widersprüche, besonders des Widerspruchs zwischen Proletariat und Bourgeoisie. In Rußland, Deutschland und Österreich-Ungarn entsteht eine revolutionäre Situation.

Februar-
revolution und
Roter Oktober
in Rußland

Die Februarrevolution von 1917 stürzt den Zarismus. Die Lehren der Revolution 1905–1907 für den Übergang von der bürgerlich-demokratischen zur sozialistischen Revolution schöpferisch anwendend (Lenin: *Zwei Taktiken*), gelingt es den Bolschewiki, die Mehrheit des Proletariats, bedeutende Teile der Bauernschaft und der Soldaten zu gewinnen und eine neue Stufe des revolutionären Kampfes einzuleiten. Am 25. Oktober (7. November) 1917 erobern sie durch den bewaffneten Aufstand die Macht. *Die Große Sozialistische Oktoberrevolution legt den Grundstein für eine neue, sozialistische Gesellschafts- und Staatsordnung.* Weltkrieg und Roter Oktober signalisieren den Beginn der *allgemeinen Krise des Kapitalismus.*

Ende des Weltkrieges

Die nach der Niederlage Deutschlands und seiner Verbündeten abgeschlossenen Friedensverträge von Versailles, Saint-Germain, Neuilly, Trianon und Sèvres bereiten schon den Zündstoff für neue imperialistische Auseinandersetzungen vor. Die Weltgeschichte tritt mit der Wende von 1917 in eine neue Epoche ein.

4.1.9.   Kampf der Ideologien

Der Übergang zum Imperialismus und die zunehmende Fortschrittsfeindlichkeit der Bourgeoisie spiegeln sich deutlich in der Entwicklung der bürgerlichen Philosophie wider. Damit kontrastieren die Errungenschaften der marxistisch-leninistischen Philosophie, deren Entwicklung zunächst von Marx und Engels in den letzten Lebensjahren und nach der Jahrhundertwende von Lenin weitergeführt wird.

Bürgerliche Philosophie

Für die bürgerliche Philosophie sind drei Richtungen bestimmend: *Positivismus* (Comte-Epigonen), *Neukantianismus* und *Lebensphilosophie* (Friedrich Wilhelm Nietzsche, Henri Bergson). Der besonders in Deutschland einflußreiche Neukantianismus (Marburger Schule mit H. Cohen, P. Natorp, E. Cassirer, K. Vorländer) wirkt direkt auf den Revisionismus Bernsteins und Max Adlers (»Austromarxismus«), indem er den Sozialismus auf einen betont antimaterialistischen Evolutionismus und bürgerliche Gleichheitskonzeptionen reduziert und der liberalen Illusion eines unendlich-harmonischen Fortschritts unterwirft. Die materialistische Geschichtsauffassung soll durch Kants Morallehre ersetzt werden. Zum Neukantianismus bekennen sich auch Philosophen der »Badischen« oder »Südwestdeutschen Schule« (Windelband, Rickert).

Zu den Vorläufern der Lebensphilosophie gehört Nietzsche, der anfänglich stark von Schopenhauer und Wagner inspiriert ist. Als eigentliche Begründer dieser ausgeprägt irrationalistischen und antirevolutionären Strömung wirken in Deutschland Dilthey und in Frankreich Bergson. Mit dem Anspruch auf »Umwertung aller Werte« und Negation der bürgerlichen Demokratie entwickelt Nietzsche – ohne bedingungsloser Apologet des aufkommenden Imperialismus zu sein – eine elitäre Machtphilosophie (*Also sprach Zarathustra, Der Wille zur Macht*), die zur Rechtfertigung von Reaktion und »Herrenmenschentum« genutzt wird.

Fortschritt und Reaktion stehen sich auch im historischen Denken unversöhnlich gegenüber. Reaktionäre Historiker dienen der imperialistischen Bourgeoisie, verwenden ihre Fähigkeiten für die Rechtfertigung von Expansion, Großmachtpolitik, Chauvinismus, Rassenwahn und Manipulierung der Massen. Die Geschichtswissenschaft erfährt eine bedeutende quantitative Ausbreitung, neue Formen ihrer Institutionalisierung entwickeln sich; die Erforschung der Geschichte Außereuropas, der Antike und des alten Ägypten, Archäologie, Quellenkunde, Paläographie und andere Hilfsdisziplinen nehmen einen Aufschwung. An den bedeutendsten Universitäten entstehen Lehrstühle für die wichtigen historischen Disziplinen. Historische Gesellschaften werden nach Frankreich und Deutschland, wo sie schon längere Zeit existieren, in Ungarn, den USA, Polen, Japan, England und Indien gebildet. In Paris findet 1900 ein Kongreß zur Vergleichenden Geschichte statt, am Kongreß zur römischen Archäologie und Geschichte (1903 in Rom) nehmen bereits 2 500 Historiker teil. Berlin (1908) und London (1913) sind Schauplatz weiterer internationaler Historikerkongresse. Führende Historiker bekennen sich zum Neukantianismus und zur Lebensphilosophie. In Frankreich (Kampf um das Erbe der Revolution von 1789) und Rußland (Rolle der Agrarfrage) ist das historische Denken deutlich stärker auf sozialgeschichtliche Aspekte orientiert. In dieser Richtung wirkt in Deutschland der liberale Historiker Karl Lamprecht, Begründer der »kulturhistorischen Methode« und der vergleichenden Universalgeschichte.

Die marxistische Geschichtswissenschaft wird nach Marx und Engels bis zur Jahrhundertwende vor allem durch Georgi Valentinović Plechanov (*Zur Frage der Entwicklung der monistischen Geschichtsauffassung, Über die Rolle der Persönlichkeit in der Geschichte*), Franz Mehring (*Geschichte der deutschen Sozialdemokratie, Deutsche Geschichte vom Ausgang des Mittelalters*) und Karl Kautsky weiterentwickelt.

Hauptströmungen in Literatur, Malerei, Musik, bildender Kunst und Architektur   4.1.10.

Kennzeichnend sind Intensität und Widersprüchlichkeit des künstlerischen Suchens, Umwertung traditioneller Werte, Aufkommen neuer ästhetischer Prinzipien, ausgedrückt in einer Vielzahl neuer Richtungen und Schulen. Es gibt keinen relativ klar umrissenen Epochestil mehr.

In der Literatur vollziehen sich besonders komplizierte Wechselbeziehungen zwischen dem Realismus und den zahlreichen pseudo- und antirealistischen Strömungen. Herkömmliche Darstellungs- und Stilformen erweisen sich als nur noch bedingt oder völlig ungeeignet, dem wachsenden *Krisenbewußtsein* Ausdruck zu geben, das sich in einer immer hektischeren Jagd nach neuen Formen entlädt. Die Kommerzialisierung der Kunst erreicht bislang nicht gekannte Maße. Film und Kabarett sind Hauptstützen einer auf Manipulierung ausgerichteten Vergnügungsindustrie. Daran ändern ernste künstlerische Leistungen auf diesen Gebieten wenig. Über 200 Liebesromane von Hedwig Courths-Mahler sind das Symbol einer *Kitsch- und Trivialliteratur*, deren Einfluß die humanistischen Ideale der Werke der Weltliteratur bei weitem überflügelt.

Jedoch ist das geistige Leben nicht allein von der Bourgeoisie geprägt. Eine *bürgerlich-demokratische Traditionslinie* wirkt fort, und seit Beginn des 20. Jh. beginnt die *Ideenwelt des Proletariats* und seiner Vorkämpfer auf geistig-kulturellem Gebiet zunehmend als Alternative zu wirken. Die sozialistischen Ideen und das Anwachsen der Arbeiterbewegung fordern auch Literatur und Kunst heraus; die Antworten sind, je nach der Klassenposition, unterschiedlich.

Die antirealistischen Strömungen werden verallgemeinert als *Dekadenz* bezeichnet. Eigenwilliger Protest gegen hohle bürgerliche Lebens- und Moralnormen, Verurteilung des bestehenden Gesellschaftssystems paaren sich mit Skeptizismus, Abkapselung in der »reinen Welt der Kunst«, wachsendem Irrationalismus, Orientierungslosigkeit, Flucht in den extremen Individualismus.

Gegenpol zur Dekadenz in der Literatur ist der *kritische Realismus*. Weitere Strömungen, die sich in ständiger Auseinandersetzung mit dem kritischen Realismus sowie auch untereinander entfalten, sind *Naturalismus* und *Symbolismus*, nach der Jahrhundertwende verschiedene Formen des *Avantgardismus*, wie *Futurismus* und *Expressionismus*.

Kritischer Realismus Der kritische Realismus erhält neue Züge mit dem Schaffen von Maupassant, Anatole France, Henrik Ibsen, Gerhart Hauptmann, der Gebrüder Heinrich und Thomas Mann, John Galsworthy oder George Bernard Shaw. In Frankreich schöpft Guy de Maupassant aus der realistischen Tradition des 19. Jh. und steht zugleich dem Naturalismus Emile Zolas nahe. Seine Romane (*Ein Leben, Bel Ami*) und Novellen spiegeln eine ebenso bittere wie pessimistische Kritik an der zeitgenössischen Gesellschaft wider. France geißelt (*Zeitgenössische Geschichte, Die Insel der Pinguine*) die Verkommenheit der bürgerlichen Ordnung. Zu den führenden französischen Realisten gehört Romain Rolland (*Johann Christof, Meister Breugnon*). France wie auch Rolland finden im ersten Weltkrieg Anschluß an die Ideen des Sozialismus und bekennen sich zur Oktoberrevolution. In England folgen Thomas Hardy, Samuel Butler, Galsworthy, Herbert Welles und Shaw dem von Dickens und Thackeray begründeten realistischen Erbe. Norwegens großer Dichter Ibsen kommt von der Romantik zum Realismus (*Nora oder ein Puppenheim*, das erste Drama über die Emanzipation der Frau), seine Landsleute Björnstjerne Björnson und Knut Hamsun suchen ihre Helden fernab der als verderbt verurteilten zeitgenössischen Zivilisation.

Internationale Resonanz findet der deutsche Realismus. Hauptmann schreitet vom Naturalismus zum Realismus voran (*Vor Sonnenaufgang, Die Weber* und *Der Biberpelz*). Seine Schöpfungen gehen ebenso wie die Werke von H. Mann (*Professor Unrat, Der Untertan*) oder Th. Mann (*Buddenbrooks*) in die Weltliteratur ein.

In den USA prägen Marc Twain (*Tom Sawayers Abenteuer, Huckleberry Finn*) und Jack London (*Martin Eden*) die realistische Literatur. Die polnischen

Schriftsteller Elisa Orzeszko und Bolesław Prus, die Tschechen Jan Neruda, Vitězslav Halek und Alois Jirásek, die Bulgaren Ljuben Karavelov und Ivan Vasov, der Ungar Zsigmond Móricz, die Italiener Papini und Pirandello, der Spanier Benito Pérez Galdós vertreten den Realismus in ihrer Nationalliteratur.

Der russische Realismus erreicht seinen Höhepunkt in den späten Romanwerken von Dostoevski und Tolstoi. Die letzten Romane von Dostoevski (*Die Dämonen, Die Brüder Karamasov*), Tolstois *Anna Karenina* und *Auferstehung* entlarven schonungslos die reaktionären Zustände im zaristischen Rußland. In den Kreis der führenden kritischen Realisten gehört Anton Čechov (*Die Möwe, Der Kirschgarten*), der mit Konstantin Stanislavskij einen neuen, betont psychologischen Theaterstil entwickelt.

Der Realismus in der Malerei setzt sich besonders ausdrucksstark in Rußland fort. Repin, Serov, Jarošenko finden ihre konfliktgeprägten Sujets im widerspruchsvollen Leben des zaristischen Rußland und stellen die Wirklichkeit ungeschminkt dar. Große gesellschaftliche Bedeutung erlangt die 1870 entstehende Bewegung der Peredvižniki (Wanderaussteller). Meisterwerke von Ilja Repin (*Mauer der Kommunarden*), Valentin Serov (*Baumanns Begräbnis*) sind epochale Beispiele eines künstlerischen Engagements für die Sache des Fortschritts. Realismus in der Malerei

Menzel und Wilhelm Leibl in Deutschland, Grigorescu in Rumänien, Chr. Krohg und E. T. Werenskield in Norwegen sind weitere namhafte Vertreter des europäischen Realismus.

Das Erbe des kritischen Realismus nehmen die Werke der proletarischen Literatur und Kunst auf und heben es auf eine neue Stufe. Maxim Gorki, eigentlich Aleksej Michailovič Peškov, (*Die Mutter*) und der Däne Martin Andersen-Nexö (*Pelle, der Eroberer*) begründen den proletarischen Roman, sie schildern die Welt nicht nur des leidenden, sondern des erwachenden, kämpfenden Proletariats. Käthe Kollwitz, angeregt durch Zola und Hauptmann, schafft ihre Grafikzyklen (*Weberaufstand, Bauernkrieg*), die für das Proletariat und die Volksmassen, alle Entrechteten und Ausgebeuteten Partei ergreifen. Proletarische Literatur und Kunst

Eugène Pottier dichtet den Text und Degeyter komponiert die Melodie der Internationale, weitere proletarische Massenlieder (Warszawianka) entstehen. Jules Vallès, der Romancier der Kommune, beschreibt in seiner autobiographischen Trilogie *Jacques Vingtras* die Kindheit eines Proletariers und das Leben und Sterben der Kommunarden. Die Kommunardin Louise Michel verfaßt ergreifende Gedichte über die Pariser Kommune. Andere Schriftsteller wie Henri Barbusse (*Das Feuer*, 1916) wenden sich besonders auf Grund ihrer Kriegserlebnisse von 1914 bis 1918 sozialistischen Ideen zu.

Geistige Heimat des Naturalismus ist, wie für viele Kulturströmungen der Zeit, Frankreich. Die Naturalisten treten gegen die idealisierende und historisierende Romantik an und sind bestrebt, die Wirklichkeit des gesellschaftlichen Lebens naturgetreu zu zeichnen. Größte Naturalisten der Zeit sind Zola in Frankreich und der junge Hauptmann. Naturalismus

Der bereits in den sechziger Jahren des 19. Jh. entstehende Impressionismus gewinnt in mehr oder minder starker Aussage an Realismus und Na- Impressionismus turalismus jetzt seine Breitenwirkung: Courbet, der sich zur Kommune bekennt, Manet, Claude Monet, Auguste Renoir, Edgar Hilaire Germain Degas, Camillo Pissaro repräsentieren eine neue Künstlergeneration. Der Impressionismus ist »Ausdruck einer sich auf der Höhe ihrer Entwicklung in vollem Genuß der Besitztümer und der Macht bewegenden Bourgeoisie. Er ist die Kunst der Kulmination, ... selbst noch auf dem Gipfel, aber schon auf seiner abfallenden Seite« (W. Hütt). In Deutschland werden Max Slevogt und Lovis Corinth führende Impressionisten, in Böhmen Antonin Slávíček.

Einige Maler versuchen – nicht selten von tragischen persönlichen Konflikten getrieben – die neuen Formen mit kritischer Substanz aufzufüllen (Henri Toulouse-Lautrec) oder weichen aus in eine von der Dekadenz unberührte geistige (Paul Cezannes Idyll des »patriarchalischen Bauern«), nicht selten geographisch entfernte Welt (Paul Gaugins Flucht nach Martinique und Tahiti). Auch Vincent van Gogh, von den Niederlanden nach Frankreich gekommen, verschmilzt dem Impressionismus entlehnte, aber zunehmend expressive Malweisen mit sozialer Anklage (*Die Kartoffelesser*).

Symbolismus Über den Neoimpressionismus (Georges Seurat, Paul Signac) geht die Entwicklung zum Symbolismus, der Malerei und Literatur in gleicher Weise umfaßt und dem Irrationalismus des spätbürgerlichen Denkens in neuen Formen Ausdruck verleiht. Von Frankreich ausgehend, beeinflußt vom Pessimismus und Irrationalismus Schopenhauers, dazu dem Sozialdarwinismus Spencers, der Psychoanalyse Sigmund Freuds und Nietzsches Kult des »Übermenschen«, erfaßt er weite Teile der europäischen Intelligenz.

Beginnend mit der Literatur (Mallarmé, Paul Verlaine, Rimbaud, Baudelaire) greift er auf die Malerei über (G. Moreau, O. Redon, Puvis des Chavannes, Arnold Böcklin). Grundidee des Symbolismus ist die »Kunst um der Kunst willen« (*L'art pour l'art*), seine Ideen sollen in Symbolen und übersteigerten dekorativen Formen Ausdruck finden. Im deutschsprachigen Raum vertritt vor allem Stefan George, ein begeisterter Anhänger Nietzsches, den Symbolismus in der Dichtung. Zusammen mit einem Kreis von Anhängern gibt er von 1892 bis 1919 die *Blätter für die Kunst* heraus, um die neue Ästhetik zu propagieren. Die verschlüsselte Ausdrucksweise der Symbolisten entspringt der verzweifelten Suche nach einem neuen Weltverständnis wie ihrer Unfähigkeit, auf die Konflikte der Zeit eine überzeugende Antwort geben zu können. Zu den großen Persönlichkeiten des Symbolismus gehört in der englischen Dichtung Oscar Wilde, der neben den für diese Stilrichtung typischen »Intentionen« eine Serie von Salonkomödien und kunstvollen Märchen schafft, in Belgien der Neoromantiker Maeterlinck (*Im Treibhaus*), im deutschsprachigen Gebiet steht den Symbolisten der große Lyriker Rainer Maria Rilke nahe, dessen faszinierende neue Wortmusik und immense Sprachgewalt (*Das Stundenbuch*) das Lebensgefühl einer ästhetisierenden spätbürgerlichen Intellektuellenschicht und zugleich die Brüchigkeit ihrer Existenz in romantischer Weltabgeschiedenheit repräsentieren. Auch Lateinamerika bringt bedeutende Künstler hervor. Der nikaraguanische Lyriker Rubén Dario wendet sich, französischen Vorbildern folgend, zunehmend dem Symbolismus zu und wird zu einem der größten Dichter Lateinamerikas.

Gegen den allgemeinen Eklektizismus in den künstlerischen Formen wendet sich der vom Engländer William Morris ausgehende und nach der Münchener Zeitschrift *Jugend* benannte Jugendstil, für den vor allem eine Erneuerung der dekorativen Elemente (an Pflanzenornamentik orientiert) typisch ist.

Für die Zeit von der Jahrhundertwende zum Weltkrieg ist eine sich überstürzende Kette von künstlerischen Neuerungen situationsbestimmend. Von Italien ausgehend, wo der Dichter Marinetti eine geometrisierte Dichtkunst als Abkehr von der gesamten bisherigen Kulturtradition predigt, wirkt der Futurismus. In Paris formiert sich Anfang des 20. Jh. eine Gruppe von Dichtern und Malern, die als neuen Stil den Kubismus begründen. Der Lyriker Guillaume Apollinaire (eigentlich Wilhelm Apollinaris de Kostrowicki) setzt die symbolistische Tradition fort, sucht in abstrakten, anarchokubistischen Formen seinen Protest gegen das bestehende System zu artikulieren. Auf ihn berufen sich die Anhänger des Surrealismus. Seine Gedichte (*Alkohol, Kalligramme*) reflektieren, ungeachtet aller Formenexperimente, eine Absage an soziales Elend und Krieg. Diesem Kreis steht der junge Maler Pablo Picasso nahe (Les Demoiselles d'Avignon), auch Vassili Vassilevič Kandinski und Marc Chagall, die 1912 die Künstlervereinigung *Blauer Reiter* gründen, zählen zu den Pionieren der abstrakten Malerei.

Zu den Expressionisten, die sich kurz vor dem Ausbruch des ersten Weltkrieges besonders in Deutschland formieren, gehören der junge Bertolt Brecht und Johannes Robert Becher (*Verfall und Triumph*). Franz Werfel, Leonhard Frank und Georg Kaiser (*Die Bürger von Calais*) sind weitere herausragende Vertreter des Expressionismus.

Die bildende Kunst prägen der Malerei ähnliche Stilrichtungen. Realistische, impressionistische, symbolistische Tendenzen manifestieren sich fast gleichzeitig und beeinflussen einander. Auguste Rodin (*Der Denker*), dessen Werk seine Vollendung erreicht, und Aristide Maillol (*Pomona*), die den Impressionisten nahestehen, der Belgier Meunier mit seinen realistischen Gestalten arbeitender Menschen, von Eisengießern, Schmieden, Puddlern, Lastträgern, der Italiener Giacomo Manzú, der Tscheche Myslbek, die deutsche Bildhauerin, Malerin und Graphikerin Renée Sintenis (Der finnische Wettläufer Nurmi), Saint-Gaudens (Lincoln-Denkmal in Chicago) in den USA setzen neue Akzente.

Malerei und Bildhauerkunst, vor allem der Fortschritt von Technik und Wissenschaft, der Siegeszug des Stahls, ab Ende des 19. Jh. des Eisen- und Stahlbetons, prägen das neue Gesicht der Architektur. Der von Alexander Gustave Eiffel zur Pariser Weltausstellung 1889 gebaute 300 m hohe stählerne Turm auf dem Marsfeld ist Symbol einer neuen Architekturepoche. In Europa setzen die Maßstäbe Otto Wagner (U-Bahn-Station Karlsplatz in Wien), Josef Maria Olbrich als Hauptvertreter des Jugendstils in der Darmstädter Künstlerkolonie, der Belgier Henry van de Velde, seit 1907 Leiter der Kunstgewerbeschule in Weimar. Aus dieser geht, be-

Marginalien:
Futurismus, Kubismus, Expressionismus

Architektur

gründet von Walter Gropius, 1919 das *Bauhaus* in Dessau hervor. In den USA sind vor allem Louis Henri Sullivan und Dankmar Adler früheste Vertreter der modernen Stahlbauweise (Wolkenkratzer in New York und Chicago, Warenhaus in Chicago). Von der Funktion ausgehend, werden Materialgerechtigkeit und Zweckmäßigkeit wichtigste Maximen. Peter Behrens wird zum Schöpfer des modernen Industriebaus (Turbinenhalle der AEG).

Musik

Die Suche nach neuen Kunstformen und Ausdrucksmöglichkeiten prägt in enger Wechselwirkung mit den anderen Kunstgattungen die Entwicklung der Musik. Französische Komponisten (Claude Debussy, Maurice Ravel), die sich dem Impressionismus in der Malerei und zunehmend dem Symbolismus in der Literatur verbunden fühlen, treten gegen den traditionellen Akademismus, aber auch gegen die als erdrückend empfundene Autorität Wagners auf. Debussy, Ravel und andere Symbolisten wenden sich dem Schatz der Volksmusik Spaniens, Skandinaviens und des Fernen Ostens zu, suchen und finden eine neue Rhythmik und setzen gleichzeitig die Traditionen Mozarts und Rameaus fort. Debussys *Drei Nocturnes* und besonders seine einzige Oper (*Pelleas und Malisande*), die als Anti-Tristan aufgefaßt wird, Ravels expressionistisch gefärbte, ausdrucksstarke Interpretation der spanisch-baskischen Volksmusik inaugurieren eine neue Ära europäischen Musikschaffens. Auch Johannes Brahms läßt in seinem Engagement gegen Wagner nicht nach, sein Traditionsempfinden ist von Beethoven, Schubert, Haydn ebenso inspiriert wie von Bach und Händel. Die »Diktatur Wagners« ist gebrochen.

Im langjährigen Wirken von Richard Strauß fließen verschiedene Stilrichtungen ineinander. Zunächst der Tradition von Mendelssohn, Schumann und Brahms verhaftet, wendet er sich später Liszt, Berlioz und Wagner zu, macht Anleihen beim Naturalismus und vollzieht im *Rosenkavalier* eine überraschende Rückwendung zu Mozart und zur Barockkomödie (*Ariadne auf Naxos*).

In der klassischen Linie Beethovens stehen besonders Gustav Mahler, Anton Bruckner und Max Reger. Mahlers neun Sinfonien und die auf altchinesischen Gedichten beruhende Sinfoniekantate *Das Lied von der Erde* spiegeln die Konflikte einer ideal denkenden Persönlichkeit mit der spätbürgerlichen Gesellschaft wider. Mahlers vom Naturalismus und Symbolismus unberührtes Werk, einfach, volkstümlich, in kühnen polyphonen Klangarchitekturen gipfelnd, gibt Natur, Humor und Ironie meisterhaft und realistisch Raum. Bruckners neun Sinfonien und seine Kirchenmusik widerspiegeln ein ebenso urwüchsiges wie volkstümliches Musikverständnis. Reger entwickelt die klassische Musik besonders in seinen großen Hiller-, Telemann-, Mozart- und Beethovenvariationen weiter.

Der *musikalische Verismus* findet, wie in der Literatur, in Italien seinen eigentlichen Nährboden. Pietro Mascagni (*Cavalleria rusticana*), Ruggiero Leoncavallo (*Der Bajazzo*) und besonders Giacomo Puccini (*Manon Lescaut, La Bohème, Tosca, Madame Butterfly*) erreichen Welterfolge. In der russischen Musik dominiert endgültig das »Mächtige Häuflein« Mussorgski (*Boris Godunov*), Borodin (*Fürst Igor*), Rimski-Korsakov (*Sadko*) und Balakirev, vor allem Peter Čajkovski (*Eugen Onegin, Romeo und Julia, Schwanen see, Dornröschen* und *Nußknacker*) setzen neue realistische Akzente in Sinfonik, Kammermusik, Oper und Ballett. Ihre bedeutendsten Nachfolger sind Aleksandr Glasunov, Sergej Rachmaninov und Aleksandr Skrjabin; letzterer wendet sich, wie viele europäische Musiker, zunehmend dem Symbolismus und Subjektivismus zu. Zu den größten Komponisten Skandinaviens, die das Kolorit ihrer Heimat in die Musikkultur der Welt einbringen, gehören der von der Romantik kommende Norweger Edvard Grieg (*Peer Gynt*) und der Finne Jean Sibelius, dessen Schaffen vom Volksepos *Kalevala* inspiriert ist.

Theater und Film

4.1.11.

Weltweite Ausstrahlungskraft und neue Höhepunkte kennzeichnen das europäische Theaterleben. Seit den siebziger Jahren gehen besonders von Deutschland Bemühungen um eine Erneuerung des Theaters durch größere Lebensnähe aus. Im Herzogtum Sachsen-Meiningen entwickelt sich, durch den »Theaterherzog« Georg II. gefördert, ein Hoftheater zur Bühne von europäischem Rang. Die Aufführungen der Meininger finden internationale Beachtung durch neue Inszenierungsmethoden im Geiste des Naturalismus. Detailtreue, Zeitcharakter, Ensemblegeist, Reform der Ausstattung, das Streben nach einem Gesamtkunstwerk bei jeder Aufführung sind trotz des meist konservativ ausgerichteten Repertoirs herausragende Eigenschaften der Meininger. *(Theater)*

Der Theaternaturalismus ist untrennbar mit seinem Gegenpart in Prosa und Dichtkunst verbunden. In Paris gründet André Antoine 1887 die naturalistische *Freie Bühne*, die sich der Stücke von Zola, Ibsen, Tolstoi, Turgenev gegen den Akademismus der Comédie Française annimmt. In Berlin entsteht unter Otto Brahm ebenfalls eine naturalistisch orientierte Freie Bühne, deren Werk seit 1894 das Deutsche Theater weiterführt. Der Realismus im Theater ist vor allem für das Wirken Max Reinhardts bestimmend, der das Deutsche Theater und später die Volksbühne in Berlin leitet. Reinhardt führt eine Reihe von Neuerungen ein (Drehbühne, Rundhorizont, plastische Dekoration, Lichteffekte), er vertritt eine humanistische Lebens- und Kunstauffassung und wird zum Lehrer einer ganzen Generation von Schauspielern und Regisseuren.

Die ersten Filmvorführungen der Gebrüder Auguste und Louis Lumière in Paris und Max Skladanowskys in Berlin (1895) eröffnen völlig neue Wege in der Massenkommunikation. Zunächst noch schaustellerische Attraktion, wird der Film zu Jahrhundertbeginn für die Kunst entdeckt. Vor allem das französische Filmlustspiel prägt das Gesicht der Filmkunst unter den Bedingungen des Stummfilms. Der Engländer Charlie Chaplin kommt 1914 in den USA zum Film, gründet ein eigenes Filmstudio in Hollywood, das sich zu einem Zentrum der neuen Industrie entwickelt hat. Diese wird jedoch von der Bourgeoisie auf die skrupelloseste Weise vermarktet und dient zunehmend, besonders seit dem ersten Weltkrieg, der Manipulation der Massen. *(Film)*

Die Epoche von 1871 bis 1917 ist eine an Widersprüchen und Konflikten überreiche Zeit. Eine Bourgeoisie, die das demokratische, die Emanzipation aller Menschen verheißende Credo ihrer Revolutionen von 1640, 1789 und 1848 längst aus ihrem Bewußtsein verdrängt hat, steht im Zenit ihrer materiell-technischen und politischen Macht. Nicht die »Riesen an Denkkraft« – hervorgebracht von der Morgenröte des Kapitals –, sondern von der Jagd nach Maximalprofit getriebene und kein Verbrechen scheuende Monopole bestimmen eine Entwicklung, die sich im Inferno der Materialschlachten des ersten Weltkrieges entlädt. Der späte Höhepunkt der bürgerlichen Literatur und Kunst verhüllt das Wesen der herrschenden Klasse nur an der Oberfläche, mit der zunehmenden Dekadenz wird auch das immer offenbarer.

Die historische Gegenkraft gewinnt ständig an Gewicht. Am Anfang steht das kategorische Nein der Kommunarden. Die Träume der »Himmelsstürmer« von Paris enden mit den letzten Helden an der Mauer der Föderierten. Die einmal entzündete Flamme verlischt nicht mehr, die neue gesellschaftliche Kraft wächst an Zahl, an Organisation, an Bewußtsein. Alle, die folgen – die Gründer der II. Internationale, die Revolutionäre von 1905 und 1917 –, stehen auf den Schultern der Kommune. Die proletarische Kampf- und Revolutionslinie hat das Gesetz der Geschichte auf ihrer Seite. Auch die Völker Lateinamerikas, Asiens und Afrikas treten aus dem Schatten der Geschichte heraus. Ihre nationale, soziale und antiimperialistische Befreiungsbewegung trifft eine der Säulen globaler imperialistischer Herrschaft. Noch ist das Ziel nicht erreicht, aber die Wege dahin werden Etappe um Etappe freigekämpft.

4.2.   Die Kommune 1871

Historischer Ort

Die Pariser Kommune entsteht in jener historischen Übergangszeit, in der die Bourgeoisie in den entwickelten Ländern Europas bereits ihre politisch progressive Funktion eingebüßt hat, das Proletariat aber noch nicht fähig ist, sich als herrschende Klasse im nationalen Maßstab auf Dauer zu konstituieren. Der bürgerliche Revolutionszyklus in Frankreich ist mit der Septemberrevolution von 1870 (Sturz des Bonapartismus) abgeschlossen. Die Pariser Kommune befindet sich im Schnittpunkt der in Europa ausklingenden bürgerlichen Revolutionen und der aufsteigenden proletarischen Revolutionskomponente. Dem entspricht die Verflechtung von bürgerlich-demokratischen und sozialistischen Zielstellungen während der Pariser Kommune.

Ursachen der Kommune

Die Kommune entsteht zwar in einer historischen Ausnahmesituation (Französisch-deutscher Krieg), ist aber primär eine objektive Folge des *Widerspruchs zwischen Arbeit und Kapital, Proletariat und Bourgeoisie*. Sie resultiert aus den antagonistischen Konflikten der französischen Gesellschaft, die sich Ende der sechziger Jahre mit dem Abschluß der industriellen Revolution bedeutend zuspitzen. Das französische Proletariat ist quantitativ wie qualitativ gewachsen und politisch reifer als 1848. Zugleich ist die Kommune Resultat der Entwicklung nicht nur der französischen, sondern auch der internationalen proletarischen Bewegung. Der Kampf von Marx und Engels in der I. Internationale gegen den Proudhonismus und den Bakuninismus hat zum Ergebnis, daß in der seit Anfang 1865 bestehenden französischen Sektion der IAA eine Verlagerung vom Mutualismus (dem orthodoxen Proudhonismus) zum revolutionären Kollektivismus (Linksproudhonismus) erfolgt. Darüber hinaus ist im französischen Proletariat die revolutionäre Traditionslinie von 1789 – 1793 – 1830 – 1848 fest verwurzelt, besonders wirkt die jakobinische Tradition nach.

Ende der sechziger Jahre befindet sich Frankreich in einer tiefen Krise. Bergarbeiter- und Metallarbeiterstreiks 1869/70, die Ermordung des republikanischen Journalisten Victor Noir durch einen Verwandten Napoleons III. und die folgende Protestdemonstration von 200 000 Regimegegnern in Paris (Januar 1870), außenpolitische Niederlagen wie der erzwungene Rückzug aus Mexiko 1867 veranlassen den Kaiser und seine Kamarilla, die Flucht nach vorn anzutreten und das Heil in einem neuen Aggressionskrieg, diesmal gegen die deutschen Staaten, zu suchen. *(Französisch-deutscher Krieg)*

Napoleon III. trachtet nach den deutschen Gebieten am linken Rheinufer; sein strategisches Hauptziel besteht aber darin, die nationale Aufspaltung Deutschlands zu verewigen, die süddeutschen Staaten in Frankreichs Satelliten zu verwandeln und die sich seit 1864 bis 1866 abzeichnende Reichsgründung zu verhindern.

Die 1869 aufgestellte Kandidatur Leopolds von Hohenzollern-Sigmaringen für den spanischen Thron wird vom bonapartistischen Regime so interpretiert, als wolle Preußen Frankreich umzingeln. Frankreichs Botschafter Vincent Compte de Benedetti verlangt vom Preußenkönig Wilhelm I. nicht nur den Verzicht, sondern auch noch eine offizielle Verpflichtung, für alle Zukunft jeglicher Hohenzollernkandidatur in Spanien zu entsagen. Bismarck nutzt die sogenannte Emser Depesche, in der er die Antwort Wilhelms I. so kürzt, daß sie in der Form beleidigend erscheint, um Napoleon III. den Vorwand zu bieten, Preußen und dem Norddeutschen Bund den Krieg zu erklären (19. Juli 1870). *(Emser Depesche)*

Der Norddeutsche Bund hat insgesamt 908 000 Soldaten unter Waffen, davon sind bei Kriegsbeginn etwa 330 000 im Aufmarschgebiet und 170 000 in den Bereitstellungsräumen, die französische Armee zählt 600 000 Soldaten, davon aber nur 240 000 – 260 000 an der deutschen Grenze. Die Franzosen besitzen das erstklassige Chassepotgewehr, das dreimal so weit schießt wie das deutsche, dafür verfügen die deutschen Armeen über die bessere Artillerie.

Nach den *preußisch-deutschen Siegen* bei Weißenburg (4. August) und Wörth (6. August) werden in der Schlacht bei Sedan am 1. und 2. September etwa 100 000 Franzosen, mit Napoleon III. an der Spitze, gefangengenommen. Damit ist das Schicksal des zweiten Kaiserreichs besiegelt. *(Schlacht bei Sedan)*

Am 4. September erhebt sich das Volk von Paris, es wird eine »Regierung der nationalen Verteidigung« aus bürgerlichen Republikanern (Léon Gambetta, Jules Favre) und Orléanisten (Louis-Jules Trochu) gebildet und die III. Republik proklamiert. In den 20 Pariser Stadtbezirken konstituieren sich Wachsamkeitsausschüsse, an deren Spitze ein *Zentralkomitee* tritt. *(III. Republik)*

Der Krieg ändert nunmehr seinen Charakter. Während der ersten Phase (bis Sedan) ist er von preußisch-deutscher Seite, ungeachtet der dynastischen

Interessen der Hohenzollern und der herrschenden Kreise Preußens, ein gerechter Verteidigungskrieg. Nach Sedan und der Errichtung der III. Republik wird der Krieg in der zweiten Phase (bis zum Waffenstillstand vom 28. Januar 1871 bzw. zum Friedensschluß am 10. Mai 1871) französischerseits zu einem gerechten Verteidigungskrieg, deutscherseits aber zu einem ungerechten Annexionskrieg. Es geht jetzt um den Bestand der Republik in Frankreich. Die Einigung Deutschlands ist nicht mehr gefährdet, aber Frankreich droht der Verlust Elsaß-Lothringens. Eine meisterhafte Analyse des Kriegscharakters gibt Marx in den beiden *Adressen des Generalrats der I. Internationale* vom Juli und September 1870.[2]

Fall von Metz
Mitte September schließen die deutschen Truppen Paris ein, danach fallen Toul und Straßburg. Die Belagerung von Metz dauert 72 Tage. Am 27. Oktober 1870 kapituliert Marschall Bazaine mit 196 000 Soldaten. Inzwischen wird das besetzte Gebiet vom Partisanenkrieg der Francs-Tireurs erfaßt, worin sich der Wandel im Kriegscharakter deutlich widerspiegelt. Die »Regierung der nationalen Verteidigung« beginnt inzwischen, mit Preußen zu verhandeln. Außenminister Favre trifft am 19. und 20. September mit Bismarck zusammen, neue Verhandlungen werden einen Tag nach dem Fall von Metz aufgenommen.

Aufstände in Paris
Empört über die Kapitulation von Metz und die Geheimverhandlungen, erheben sich am 31. Oktober Pariser Arbeiter unter Führung der Blanquisten und anderen Sozialisten, auch kleinbürgerlicher Demokraten (Neojakobiner). Das von ihnen beherrschte ZK bildet einen *Wohlfahrtsausschuß* als revolutionäres Machtorgan. Die Regierung mobilisiert dagegen die bürgerlichen Bataillone der Nationalgarde und unterdrückt den Aufstand. Danach wird die Lage der eingeschlossenen Stadt immer kritischer. Hunger, Epidemien und Kälte machen das Leben unerträglich. Am 22. Januar 1871 bricht unter Führung der Blanquisten ein neuer Aufstand aus, der ebenfalls niedergeworfen wird. Vier Tage zuvor erfolgt in Versailles die *Gründung des Deutschen Reiches*, auf fremdem Boden, mitten im Krieg.

Die Unterdrückung des Januaraufstands und die anschließenden Repressalien gegen die Arbeiter erlauben der Regierung, am 28. Januar 1871 einen zunächst auf drei Wochen befristeten Waffenstillstand abzuschließen. Die Pariser Garnison kapituliert, deutsche Truppen besetzen zeitweilig einige Forts, ziehen sich aber wegen der Stimmung in der Bevölkerung wieder zurück. Die Pariser Arbeiterklasse bleibt bewaffnet und behält sogar ihre Geschütze.

Frieden von 1871
Die am 8. Februar 1871 gewählte, meist aus Monarchisten bestehende Nationalversammlung beruft Mitte Februar Thiers zum Regierungschef, der am 26. Februar in Versailles den Präliminarfrieden mit Deutschland abschließt. Elsaß und Ostlothringen kommen als »Reichsland« zu Deutschland. Frankreich muß darüber hinaus 5 Mrd Goldfranken Kontribution entrichten. Der Frankfurter Friedensvertrag vom 10. Mai 1871 sanktioniert diesen Raub, der die französische Bourgeoisie fortan auf Revanche sinnen läßt.

2 K. Marx, Erste Adresse des Generalrats über den Deutsch-Französischen Krieg, in MEW, Bd. 17, S. 3–7. K. Marx, Zweite Adresse des Generalrats über den Deutsch-Französischen Krieg, in: MEW, Bd. 17, S. 271–279.

Zunehmend beginnen der Krieg und seine Folgen als Katalysator des nationalen Prozesses zu wirken. Die schrittweise Verwandlung der »Regierung der nationalen Verteidigung« in eine »Regierung des nationalen Verrats«[3], in der Gambetta eine Ausnahme darstellt (Ballonflug aus dem belagerten Paris, Organisation der Loire-Armee), die Kapitulation von Paris und der Abschluß des Präliminarfriedens zeigen, daß die Bourgeoisie nicht mehr imstande ist, ihrer Verantwortung gerecht zu werden. Nunmehr tritt das Proletariat als konsequent nationale Kraft auf die Bühne. Der Widerspruch Bourgeoisie – Arbeiterklasse reflektiert sich im Widerspruch Bourgeoisie – Nation.

Die nach dem Waffenstillstand gewählte und am 12. Februar eröffnete *Nationalversammlung* in Bordeaux zählt 675 Abgeordnete. Davon sind etwa 200 Legitimisten, 200 Orléanisten, 30 Bonapartisten, 120 gemäßigte bürgerliche Republikaner, 80 bürgerliche Radikale. Der Rest entfällt auf kleinere Gruppierungen. Die Nationalversammlung und der von ihr ernannte Ministerpräsident Thiers beschließen, den Sitz von Parlament und Regierung nach Versailles zu verlegen, um dichter an Paris zu rücken, aber wiederum nicht im Einflußbereich der Pariser Arbeiter zu sein.

Die nach dem Präliminarfrieden mit Rückendeckung Bismarcks zur Offensive gegen das Proletariat ansetzende Reaktion versucht, die Arbeiter nach wohldurchdachtem Plan in die Knie zu zwingen. Es folgt eine Reihe provokatorischer Maßnahmen: Abschaffung des Tagessolds von 30 Sous für die Nationalgardisten, Aufhebung des für die Dauer des Krieges verkündeten Aufschubs von Wechseleinlösungen und der Stundung von Mietzahlungen, wodurch zahlreiche Arbeiterfamilien vor dem Ruin stehen, Verbot von demokratischen Zeitungen. Die *revolutionäre Situation* spitzt sich immer mehr zu. Marx warnt die Pariser Sektionen der IAA vor übereiltem Losschlagen angesichts eines für sie ungünstigen inneren Klassenkräfteverhältnisses und einer noch unvorteilhafteren internationalen Lage. Doch der Druck der Ereignisse erweist sich als stärker. Thiers bereitet den entscheidenden Schlag vor – die Entwaffnung der Arbeiter. Das ist der Sinn des nächtlichen Überrumpelungsversuches vom 17./18. März, als Soldaten den Befehl erhalten, die Geschütze der Nationalgarde vom Montmartre zu rauben. Dieser Schritt der Regierung Thiers bildet den letzten Anstoß für den revolutionären Aufstand. *(Angriff der Reaktion)*

Die Arbeiter wehren sich gegen die Entwaffnung, während die Soldaten mit dem Volk fraternisieren und eilig abgezogen werden. Das ZK der Nationalgarde läßt am 18. März das Zentrum der Stadt, das Rathaus, einige Ministerien, Polizeipräfektur und andere strategische Punkte besetzen. Auf dem Rathaus wird die rote Fahne gehißt. *Dies ist die Geburtsstunde der Pariser Kommune.* Die proletarische Machtergreifung ist zwar eine Gegenaktion auf die Provokation der Regierung Thiers, eine Abwehrmaßnahme gegenüber der herrschenden Großbourgeoisie, doch wird sie durch die gesamte vorangegangene Entwicklung vorbereitet. *(Aufstand vom 18. März)*

Die Kommune ist auf Grund ihrer Entstehungsbedingungen ihrem Wesen nach eine frühproletarische Revolution, sie führt zu einer tatsächli- *(Charakter der Kommune)*

_____
3 K. Marx, Der Bürgerkrieg in Frankreich, in: MEW, Bd. 17, S. 319.

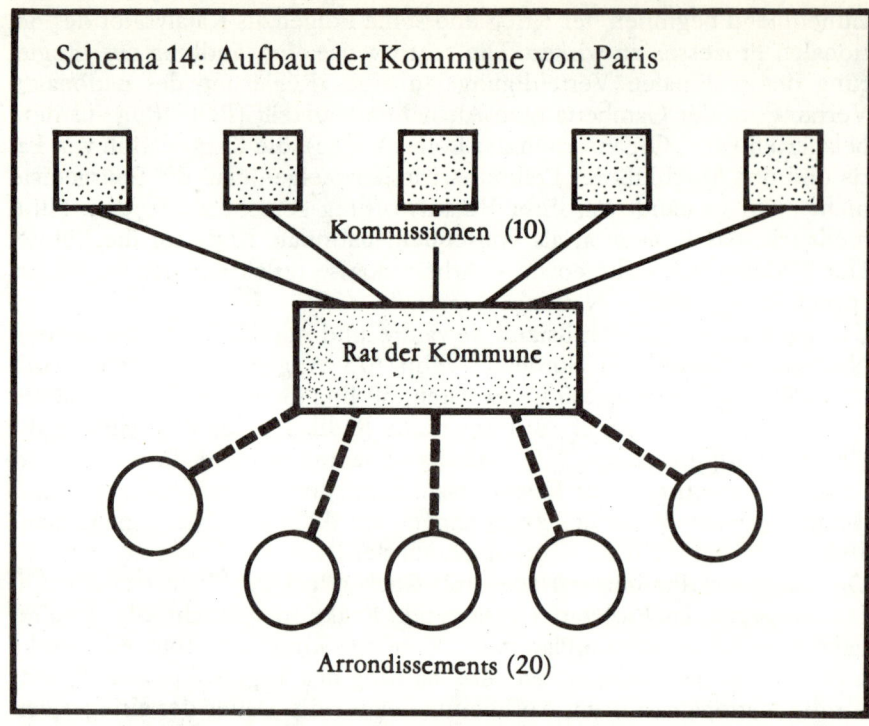

Schema 14: Aufbau der Kommune von Paris

Kommissionen (10)

Rat der Kommune

Arrondissements (20)

chen Machtergreifung durch das Proletariat und verkörpert einen neuen Staatstyp in der Weltgeschichte – die Diktatur des Proletariats. Marx schreibt: »Sie war wesentlich eine *Regierung der Arbeiterklasse*, das Resultat des Kampfs der hervorbringenden gegen die aneignende Klasse, die endlich entdeckte politische Form, unter der die ökonomische Befreiung der Arbeit sich vollziehen konnte.«[4]

Phasen
Die Kommune durchläuft drei Phasen: 1. Phase: 18.–28. März. Von der Erhebung der Nationalgarde bis zur Proklamierung der Kommune; 2. Phase: 28. März–21. Mai. Von der Proklamierung der Kommune bis zum Beginn ihres Endkampfes; 3. Phase: 21.–28. Mai. Die »Maiwoche« – heldenhafte Verteidigung und Untergang der Kommune.

Maßnahmen der Kommune
In lediglich 72 Tagen vollbringt die Pariser Kommune ein wahrhaft titanisches Werk. Auf politischem Gebiet: Zerschlagung der alten Staatsmaschinerie, Auflösung der Armee und Polizei, Beseitigung der alten Verwaltung und Aufbau revolutionärer Machtorgane des Volkes. Auf ökonomischem Gebiet: Enteignung von Betrieben, die von ihren Besitzern verlassen worden sind, Bildung von Arbeitergenossenschaften, gesellschaftliche Kontrolle der Produktion, das heißt Kurs auf die ökonomische Entmachtung der Bourgeoisie, auf die Vergesellschaftung der wichtigsten Produktionsmittel. Auf sozialem Gebiet: Arbeitsschutz, Lohnminimum, Verbot willkürlicher Strafen und Abzüge, Angleichung der Gehälter, Abschaffung der Privilegien (Grundzug: Gehalt der höch-

4 Ebenda, S. 342.

sten Angestellten der Kommune übersteigt nicht den Lohn eines qualifizierten Arbeiters), Gleichberechtigung der Frau, kostenlose Rückgabe von Pfändern der Armen, Stundung der Mieten, Zuweisung von Bourgeoiswohnungen an Arbeiter, Verbot der Nachtarbeit für Bäcker.

Auch bisher nicht realisierte oder wieder preisgegebene bürgerlich-demokratische Maßnahmen erfolgen: Entfaltung der Demokratie, Trennung von Staat und Kirche, unentgeltlicher Schulunterricht, kulturpolitisches Wirken unter der Losung »Die Kunst dem Volke«.

Die Kommune ergreift nicht zuletzt militärische Maßnahmen. Es wird die allgemeine Bewaffnung der Arbeiter durchgesetzt und somit die Grundlage für die Bildung einer Arbeiterarmee geschaffen.

Die Kommune ist nach dem *Prinzip des demokratischen Zentralismus* aufgebaut. Zentralismus und Demokratie bilden eine Einheit. Charakteristisches Merkmal im Unterschied zur bürgerlich-konstitutionellen Ordnung ist die *Einheit von Legislative und Exekutive.* An der Spitze steht der *Rat der Kommune.* Ihm sind die verschiedenen *Kommissionen* (Militär-, Finanz-, Bildungswesen und andere) sowie die 20 Überwachungskomitees in den Stadtbezirken (Arrondissements) unterstellt. Der Rat und alle gewählten Organe sind vor den Arbeitern rechenschaftspflichtig, ihre Mitglieder jederzeit abberufbar. Am 20. April kommt noch eine *Exekutivkommission* und am 1. Mai ein *Wohlfahrtsausschuß* (Comité de Salut Public), bestehend aus fünf Mitgliedern des Rates der Kommune, mit außerordentlichen Vollmachten hinzu.

(Marginalie: Organisation der Kommune)

Etwa vier Fünftel der Mitglieder der am 26. März gewählten und am 28. März proklamierten Kommune sind anerkannte Vertreter der Werktätigen – Arbeiter, revolutionäre Kleinbürger, Intellektuelle, Ärzte, Ingenieure, Schriftsteller, Künstler – unter ihnen der Maler Courbet – und Journalisten. Viele von ihnen sind Sozialisten. Die 16 bürgerlichen Vertreter scheiden kurz nach der Wahl aus, am 6. April werden bei Nachwahlen 17 neue Deputierte gewählt.

Die *Mehrheit* (knapp 40 Deputierte) bilden die *Blanquisten* (um Edouard Vaillant, Raoul-Georges-Adolphe Rigault, Eudes) sowie die kleinbürgerlichen Neojakobiner (um Charles Delescluze, Charles-Ferdinand Gambon, Felix Pyat). Diese Kräfte beeinflussen vor allem die politischen Maßnahmen der Kommune, wogegen sie sich zunächst den ebenfalls notwendigen sozialen und ökonomischen Veränderungen verschließen.

(Marginalie: Mehrheit und Minderheit)

Die *Minderheit* (etwa 25 Deputierte) besteht aus *rechten Proudhonisten* (wie Beslay) und *linken Proudhonisten* (»Kollektivisten« wie Eugène Varlin, Theisz, Avrial, Benoit Malon, Emile Victor Duval). Die linken Proudhonisten sind zumeist Mitglieder der IAA, treten für die Vergesellschaftung der Produktion, einschneidende Maßnahmen im sozialpolitischen Bereich ein, unterschätzen aber (negatives Erbe Proudhons) den politischen Kampf. Mitglied der IAA ist auch Leo Frankel aus Ungarn, der Marx nahesteht. Zwischen der Mehrheit und der Minderheit flammen wiederholt heftige Auseinandersetzungen über den einzuschlagenden Weg und die praktischen Maßnahmen auf.

Es existiert somit keine einheitliche proletarische Partei mit wissenschaftlich fundiertem Programm. Doch die Logik des Kampfes zwingt die Kommunarden trotz aller Widersprüche in ihren Reihen, eine konsequente Politik im Sinne der Diktatur des Proletariats auszuüben.

Nationale Dimension der Kommune

Die Kommune ist nicht nur ein lokales, sondern ein nationales Ereignis. Sie findet Unterstützung in mehreren Städten Südfrankreichs.

Bereits im August 1870 flammen bürgerlich-demokratische *Kommunebewegungen* in südfranzösischen Städten auf. Am 28. September 1870 bricht unter Führung Bakunins und anderer Anarchisten ein Aufstand in Lyon aus, der rasch unterdrückt wird. Die von linksbürgerlichen Radikalen und Mitgliedern der I. Internationale im September 1870 gegründete Liga des Südens (*Ligue du Midi*) in Marseille kann Ende Oktober/Anfang November für einige Tage die Macht übernehmen. Angesichts dieser Voraussetzungen greift das Beispiel der Pariser Kommunarden sehr schnell auf mehrere Städte des Südens über. In Lyon (22. bis 25. März), Marseille (23. März – 4. April), Narbonne (24. – 31. März), Saint-Etienne (24. bis 28. März) und Le Creusot (26. – 27. März) erobern Arbeiter und linke kleinbürgerliche Kräfte für kurze Zeit die Macht. Die Pariser Kommune entsendet sofort Verbindungsleute, sie kommen jedoch zu spät. Zusammenstöße gibt es auch in anderen Städten Südfrankreichs.

Die Kommunebewegung in der Provinz wird wegen der falschen Strategie und Taktik ihrer bakuninistischen Führer sowie infolge ihrer räumlichen Isolierung schnell erstickt.

Angriff der Versailler

Am 2. April eröffnen Truppen der Versailler Regierung vom Westen her den Angriff auf Paris. Um die Hauptstadt schließt sich ein *Belagerungsring*. Vom Nordosten bis zum Südosten stehen deutsche Truppen, die anderen Abschnitte sind von Versaillern besetzt. Gegenvorstöße der Kommunarden (3. – 4. April) werden zurückgeschlagen. Am 6. April übernimmt Marschall Maurice de Mac-Mahon den Oberbefehl der Versailler Armee, die Ende April 100 000, Ende Mai 130 000 Mann zählt. Dieser Übermacht trotzen 50 000 bewaffnete Pariser Arbeiter. Am 21. Mai dringen die Versailler in Paris ein. Die Arbeiter errichten über 500 Barrikaden und verteidigen sich mit dem Mut der Verzweiflung. Bezirk für Bezirk, Straße um Straße, Haus für Haus rücken die Versailler mordend vor. Unter den Kommunarden kämpfen in internationalistischer Solidarität auch Ausländer, besonders hervorzuheben sind die Polen Jan Henryk Dąbrowski und Walery Wróblewski, beide hervorragende Kämpfer gegen den Zarismus. General Wróblewski verteidigt mit einigen tausend Kommunarden 36 Stunden lang den Jeanne-d'Arc-Platz, Dąbrowski fällt im Kampf. Am 28. Mai wird die letzte Barrikade genommen. Die Bilanz ist erschütternd: 30 000 gefallene oder ermordete Kommunarden, 50 000 Verhaftete, davon werden etwa 7 500 meist nach Neukaledonien zur Zwangsarbeit deportiert. Die schlichte Gedenktafel *Aux morts de la Commune* an der Mauer der Föderierten auf dem Friedhof Père Lachaise legt Zeugnis vom Ende der ersten proletarischen Revolution in der Weltgeschichte ab.

Ursachen der Niederlage

Die Niederlage der Kommune ist unvermeidlich. Für einen Sieg auf Dauer und im nationalen Maßstab fehlen die inneren wie äußeren Voraussetzungen. Weiterhin bewirken die Niederlage solche ungünstigen Faktoren wie das Klassenkräfteverhältnis zugunsten der Bourgeoisie im Landesmaßstab, Isolierung der Arbeiter von den Bauern, Einschließung der Stadt, deutsche Okkupation bis vor die Tore von Paris. Nicht zu unterschätzen ist die militärische Überlegenheit der Versailler, die sich der Hilfe Bismarcks erfreuen. Fehler der Kommunarden kommen hinzu. Statt

in die Offensive zu gehen, ehe sich die Regierung Thiers vom 18. März
erholt hat, wird wertvolle Zeit für die Vorbereitung und Durchführung
von Wahlen verloren. Weitere Fehler und Mängel sind allgemeine Defen-
sivtaktik (Ansätze zu einer Offensive am 3./4. April schlagen fehl), Nicht-
übernahme der Bank von Frankreich und somit Preisgabe der finanziellen
Grundlage der Kommune, anfängliches Fehlen eines revolutionären Terrors gegen die Feinde der Kommune, Mangel an Wachsamkeit bei der
Verteidigung, kein Verbot konterrevolutionärer Presseorgane. Auch das
Fehlen einer revolutionären Partei sowie die Meinungsverschiedenheiten
in den Reihen der Kommunarden wirken sich negativ aus.

Die revolutionäre Vorhut des internationalen Proletariats erkennt die Be- *Internationale*
deutung der in Paris vor sich gehenden Ereignisse. Marx setzt sich mit *Solidarität*
den Kommunarden in Verbindung und gibt ihnen Ratschläge. August Bebel tritt am 25. Mai 1871 im Reichstag leidenschaftlich für die Kommune
ein, die von ihm und Wilhelm Liebknecht geführte Eisenacher Partei
kämpft gegen die Annexionspolitik Bismarcks und dessen Komplott mit
den Versaillern zur Niederschlagung der Kommune. Danach organisiert
der Generalrat der IAA die aufopferungsvolle Hilfe für die Kommune-
flüchtlinge.

Die weitreichende internationale Ausstrahlung der Pariser Kommune
zeigt sich auch darin, daß etwa 300 Kommunarden im Geiste des proletarischen Internationalismus anschließend an der Seite der bürgerlich-demokratischen Revolution 1868–1874 in Spanien kämpfen. Die meisten
von ihnen stehen 1873, auf dem Höhepunkt dieser Revolution, allerdings
im anarchistischen Lager. Zahlreiche Kommunarden spielen später eine
hervorragende Rolle in der französischen Arbeiterbewegung.

Die Lehren der Kommune werden von Karl Marx unmittelbar nach den *Lehren der*
Ereignissen in der Schrift *Der Bürgerkrieg in Frankreich*[5] zusammenge- *Kommune*
faßt:

- Zerschlagung des alten Staatsapparates der Bourgeoisie als eine unum-
gängliche Voraussetzung für den Sieg des Proletariats.
- Die Kommune beweist eindeutig, daß der Sieg des Proletariats möglich
und historisch gesehen unumgänglich, das Proletariat durch seine Stellung in der Produktion und in der Gesellschaft dazu berufen, die Menschheit von der Ausbeutung zu befreien, und fähig ist, die Macht auszuüben.
- Auf die politische Machtergreifung des Proletariats muß die ökonomische Entmachtung der Bourgeoisie, die Nationalisierung der Produktionsmittel, der Banken, der Verkehrs- und Kommunikationsmittel folgen.
- Die Kommune widerlegt den vormarxschen Sozialismus und bestätigt
die Lehre von Marx und Engels in der Praxis.
- Die Kommune beweist die Notwendigkeit einer revolutionären proletarischen Partei.
- Die nationalen Interessen des Proletariats sind mit dem internationalen Kampf der Arbeiterklasse eng verbunden. Die Kommune ist ein Hö-

5 Ebenda, S. 313–362.

hepunkt des proletarischen Internationalismus und beweist dessen große mobilisierende Kraft.

– Die Kommune unterstreicht die große Bedeutung der Bündnisfrage für die Arbeiterklasse (Bauern, Kleinbürgertum).

– Notwendig ist eine Offensivtaktik des Proletariats, Angriff statt Verteidigung. Militärischer Schutz des proletarischen Staates und Landesverteidigung sind lebenswichtig.

– Die Befreiung der Frau ist ein Teil der Befreiung des Proletariats, der Abschaffung der Unterdrückung des Menschen durch den Menschen.

Die Pariser Kommune und ihre Lehren gehören zum revolutionären Erbe sowohl des französischen Volkes als auch des Weltproletariats.

Marx schreibt im Gedenken an die Kommune zwei Tage nach ihrem Fall: »Das Paris der Arbeiter, mit seiner Kommune, wird ewig gefeiert werden als der ruhmvolle Vorbote einer neuen Gesellschaft. Seine Märtyrer sind eingeschreint in dem großen Herzen der Arbeiterklasse. Seine Vertilger hat die Geschichte schon jetzt an jenen Schandpfahl genagelt, von dem sie zu erlösen alle Gebete ihrer Pfaffen ohnmächtig sind.«[6]

4.3.   Die kapitalistischen Hauptländer im Übergang vom Kapitalismus der freien Konkurrenz zum Imperialismus

4.3.1.   Großbritannien

An der Wende zum 20. Jh. spielt England in der Weltwirtschaft nicht mehr jene überragende Rolle wie noch Mitte des 19. Jh. Vor allem die USA und Deutschland durchbrechen Englands industrielle Vormachtstellung. England ist nicht mehr »Werkstatt der Welt« (Anteil an der Weltindustrieproduktion: 1880 – 28 %, 1900 – 18 %, 1913 – 14 %), bleibt aber die größte *Kolonial- und Seemacht* und behält eine beherrschende Position im Welthandel, im Versicherungs- und Bankwesen.

Kolonial-imperialismus

Lenin charakterisiert den englischen Imperialismus primär als »Kolonialimperialismus«[7]. England ist Hauptkolonialmacht (vgl. Diagramm 10).

Für die englische Industrie haben die Kolonien als Rohstofflieferant und Absatzmarkt entscheidende Bedeutung. Hieraus erklärt sich auch die relativ späte (Anfang des 20. Jh.) Entwicklung der *Industriemonopole* und Verflechtung von Industrie- und Bankkapital. Nur zögernd schaffen englische Unternehmer im eigenen Land moderne Produktionsmittel an, solange durch das Kolonialreich auch bei relativ niedrigem Stand der Technik Maximalprofite zu erzielen sind.

Wichtigste Kolonie bleibt Indien; um dieses zu unterstreichen, wird 1876 Königin Victoria zur Kaiserin von Indien proklamiert. Zuvor gelingt es dem Konservativen Benjamin Disraeli mit Unterstützung der Londoner und Pariser Rothschilds, dem in finanziellen Schwierigkeiten stehenden

6 Ebenda, S. 362.
7 W. I. Lenin, Der Imperialismus als höchstes Stadium des Kapitalismus, S. 247.

Khediven von Ägypten seinen Aktienanteil an der Suezkanalgesellschaft abzukaufen, womit England die *Vorherrschaft in Ägypten* und eine Kontrolle über den kürzesten Seeweg nach Asien anstrebt.

Die kostspielige Kolonialpolitik hat 1880 den Sturz der Konservativen zur Folge. Die Liberalen unter William Ewart Gladstone bilden das neue Kabinett. Sie setzen 1884 die dritte Wahlrechtsreform in Kraft, die nach der Reformen von 1832 und 1867 das Wahlrecht für Männer auf die ländlichen Mittelschichten ausdehnt. Damit hoffen die Liberalen, ihre Basis durch eine Taktik der kleinen Zugeständnisse zu erweitern. Versuche der Liberalen, die *irische Nationalbewegung* durch Kompromisse als Partner zu gewinnen, scheitern. Die versprochene Lösung der irischen Frage gelingt nicht: 1886 wird im Unterhaus und 1893 im Oberhaus der Antrag auf Homerule (beschränkte Selbstregierung für Irland) abgelehnt. Die liberale Partei verliert zeitweilig an Einfluß, was sie durch zunehmende Orientierung auf die bürgerlichen Mittelschichten sowie die Arbeiteraristokratie auszugleichen sucht. Konservative wie Liberale vertreten, wenngleich mit unterschiedlichen Methoden und Prioritäten, die Interessen der Bourgeoisie.

Dritte Wahl-rechtsreform

Beide Parteien, die sich an der Regierung wechselseitig ablösen (Konservative unter Disraeli 1868; 1874–1880; Robert Arthur Talbot Gascoyne Cecil Salisbury 1885/86, 1886–1892, 1895–1902; Arthur James Balfour 1902–1905 bzw. Liberale unter Gladstone 1868–1874, 1880–1885, 1886, 1892–1894; Campbell-Bannermann 1905–1908 und Herbert H. Asquith 1909–1915), aber generell denselben Kurs fahren, bestimmen die Geschicke des Landes, wobei sich besonders die Konserativen als Verfechter ungehemmter Kolonialpolitik erweisen.

Der Kapitalexport gewinnt als Profitquelle zunehmend an Bedeutung: 22 Mio Pfund Sterling Ende der siebziger Jahre stehen 103 Mio am Ende der achtziger Jahre gegenüber. Das exportierte Kapital wird auf dem europäischen Kontinent (z. B. Stahlwerke in Belgien, europäische Eisenbahnprojekte), vor allem aber in den Kolonien, den USA sowie Südamerika angelegt. Die englischen Banken überziehen mit ihren Filialen die gesamte Welt, 1904 existieren allein 50 englische Kolonialbanken mit 2 279 Filialen (1910 – 5 449). Die französischen Banken besitzen 1904 nur 136 und die deutschen Banken 70 Kolonialfilialen. Die englischen Investitionen im Ausland und in den Kolonien erreichen 1913 die Summe von 4 Mrd Pfund Sterling und machen ca. drei Viertel der britischen Investitionen aus.

Kapitalexport

In der englischen Industrie selbst werden Anzeichen der Stagnation bemerkbar. Mangelnde Investitionen heben den Entwicklungsstand der Technik nur langsam, der Export stößt mehr und mehr auf Hindernisse. Noch gleichen Einnahmen aus ausländischen Kapitalanlagen den Verlust aus, die Londoner City ist das Finanzzentrum der Welt.

Es gelingt der Bourgeoisie, mit einem Teil des vor allem in den Kolonien erzielten Profits der Oberschicht der Arbeiterklasse Vorteile zu gewähren, was früher als in anderen Ländern zur Herausbildung einer Arbeiteraristokratie, bestehend aus relativ gutbezahlten, qualifizierten Arbeitern, führt. Diese versucht, über die Trade Unions die Arbeiterklasse zu beeinflussen und vom revolutionären Kampf abzuhalten, da sie daran interes-

Arbeiter-aristokratie

siert ist, das System zu erhalten und an ihm zu partizipieren. Mit der Streikwelle von 1911 bis 1914 und der nahezu gleichzeitigen Zuspitzung der irischen Frage (Homerule 1912 vom Unterhaus bestätigt) vertiefen sich jedoch die Gegensätze zwischen der Führungsschicht und den Mitgliedermassen der Trade Unions.

Soziale Zugeständnisse (Kranken-, Arbeitslosen- und Altersversorgung) seitens der Regierung David Lloyd George und Änderungen in der politischen Gesetzgebung, wie die Einschränkung des Vetorechts des Oberhauses 1911, sind ebenfalls Bestandteile einer sozialen Demagogie, mit deren Hilfe die Werktätigen vom Klassenkampf abgelenkt werden sollen.

4.3.2.   Frankreich

Die Niederlage im Krieg 1870/71, die das Land einschließlich der Kontribution 13 Mrd Franken kostet, die Abtrennung Elsaß-Lothringens mit seinen Eisenerzlagerstätten schwächen die französische Wirtschaft empfindlich. Trotzdem macht die Konzentration des Industriekapitals nach 1871 erhebliche Fortschritte.

In der Metallurgie sind bereits 1901 97,7 % der Beschäftigten in Betrieben mit über 100 Mann Belegschaft konzentriert, im Bergbau sind es 96,6 %, in der Textilindustrie 68,1 %. Von 1870 bis 1900 sinkt der Anteil Frankreichs an der Weltindustrieproduktion von 10 auf 7 % und im Welthandel von 10 auf 9 %. Die Industrieproduktion vervierfacht sich zwar zwischen 1860 und 1913, trotzdem wächst der Abstand zu den USA, Deutschland und England.

Bereits im letzten Drittel des 19. Jh. bilden sich *Monopole* heraus (Schneider in der Rüstungs- und Schwerindustrie, Kuhlmann in der Chemiebranche und de Wendel in der Roheisen- und Halbzeugproduktion). Anfang des 20. Jh. ist der Monopolisierungsprozeß umfassend. Der französische Imperialismus besitzt ausgeprägte Merkmale eines Wucherimperialismus. Frankreich wird immer mehr zum »Wucher«- und »Rentnerstaat«. Für den französischen Imperialismus ist auch eine großangelegte Kolonialexpansion charakteristisch. Der *Kapitalexport* spielt eine größere Rolle.

Wucherimperialismus

1870 werden 200 Mio, 1890 487 Mio, 1914 1 329 Mio Franken exportiert. Frankreichs Anleihen an das Ausland (ohne Kolonien) betragen 1870 12 Mrd, Ende des 19. Jh. fast 30 und 1914 etwa 50 Mrd Franken. Diese Summe ist neunmal so hoch wie das damalige französische Jahresbudget und beträgt ein Siebentel des gesamten französischen Kapitals. Von diesen 50 Mrd entfallen allein auf Rußland 12 Mrd. Zwei Drittel aller Auslandsanleihen konzentrieren sich auf Europa (bei England sind es nur etwa 5 %).

Die geographische Struktur der Kapitalanlagen widerspiegelt die außenpolitische Generallinie des französischen Imperialismus – die Suche nach Verbündeten gegen Deutschland, wobei Rußland die Schlüsselrolle spielt. Investitionen im eigenen Land gelten als zweitrangig.

Landwirtschaft

In der Landwirtschaft dominieren noch Anfang des 20. Jh. der Mittel- und der Kleinbauer, tonangebend ist jedoch die Agrarbourgeoisie, vor allem die Großbauernschaft. Etwa fünf Sechstel aller Landeigentümer besitzen 30 %, dagegen nur ein Sechstel 70 % des bearbeiteten Bodens, etwa

40 % der Franzosen (1912) sind in der Landwirtschaft verankert, 36 % in der Industrie.

Nach der Unterdrückung der Kommune verstärkt sich zunächst der Einfluß monarchistischer Kräfte. Die »Republik ohne Republikaner« wird durch die Spaltung der Monarchisten in Legitimisten, Orléanisten und Bonapartisten ermöglicht. Der am 31. August 1871 zugleich auch als Präsident gewählte Ministerpräsident Thiers tritt unter dem Druck der monarchistischen Reaktion im März 1873 zurück. Präsident wird Marschall Mac-Mahon, der als Klerikaler und Monarchist die Wiederherstellung des Königtums betreibt. Nach dem Tod Napoleons III. kommt 1873 eine Einigung der Monarchisten zustande. König soll der letzte Bourbone, der kinderlose Graf von Chambord, werden. Dieser Plan scheitert. Danach wird die Amtsdauer Mac-Mahons auf sieben Jahre bestimmt (Septennat). Die Frage Monarchie oder Republik bleibt bis 1875 offen. Die Spaltung der Monarchisten ausnutzend, gelingt es der republikanischen Minderheit in der Abgeordnetenkammer im Januar 1875 bei der Beratung der Verfassung, einen Zusatzantrag über den »Präsidenten der Republik« (statt einfach »Präsident«) mit 353 gegen 352 Stimmen durchzubringen. So wird die III. Republik als Staatsform mit einer Stimme Mehrheit gesetzlich verankert. {»Republik ohne Republikaner«}

Die Verfassung der III. Republik sanktioniert die Herrschaft der Großbourgeoisie. Allgemeines Wahlrecht für Männer über 21 Jahre, Ortsänsässigkeitszensus von sechs Monaten, eine für vier Jahre wählbare Abgeordnetenkammer, der durch indirekte, mehrstufige Wahlen gebildete Senat, dessen Mitglieder neun Jahre amtieren und alle drei Jahre jeweils zu einem Drittel erneuert werden, ein Präsident auf sieben Jahre, der die Regierung beruft und mit Billigung des Senats die Abgeordnetenkammer auflösen kann, bilden die tragenden Säulen der bürgerlich-republikanischen Ordnung. Frauen bleiben vom Wahlrecht ausgeschlossen. Von den 38 Mio Franzosen sind nur etwa 12 Mio stimmberechtigt, die Verfassung gilt nicht in den Kolonien. {Verfassung von 1875}

Bei den Wahlen von 1876 erringen die Republikaner mehr als zwei Drittel aller Sitze, bei den Wahlen von 1877 siegen sie erneut, auch die Mehrheit im Senat fällt ihnen zu. Mac-Mahon muß demissionieren, Präsident wird Jules Grévy (1879–1887). Der Sieg der Republikaner ist darauf zurückzuführen, daß die Mehrheit der Bourgeoisie die republikanische Form ihrer Klassenherrschaft für geeigneter hält als eine Monarchie, und zugleich die Stimmung der Volksmassen in Rechnung stellt. Unter dem Druck der seit 1876 wiedererstarkenden Arbeiterbewegung (1879 Gründung der marxistisch orientierten Sozialistischen Arbeiterpartei) wird im Juli 1880 eine Amnestie für die Kommunarden erlassen, 1884 werden die Gewerkschaften legalisiert. {Sieg der Republikaner 1876}

Bei den Wahlen von 1881 bilden sich zwei Blöcke heraus – die Radikale Partei unter Georges-Benjamin Clemenceau und die gemäßigten Republikaner (Gambetta, Louis-Claude de Freycinet). Die Radikalen als linker Flügel der bürgerlichen Republikaner verlangen die Trennung von Kirche und Staat, ein eindeutig weltliches Bildungswesen, die Nationalisierung der Eisenbahnen, die Einführung einer Progressivsteuer, Abschaffung {Radikale und gemäßigte Republikaner}

des Senats und Demokratisierung der Verfassung von 1875. Sie stützen
sich vor allem auf das Kleinbürgertum, Teile der Bauernschaft und auch
auf Arbeiter. Es gelingt den Radikalen, eine Reihe von Maßnahmen zur
Eindämmung des klerikalen Einflusses durchzusetzen, so werden der un-
entgeltliche Grundschulunterricht eingeführt und Mönche und Jesuiten
aus dem öffentlichen Schuldienst entfernt.

Bis 1898 wechseln in Frankreich 25 Kabinette. Gleichzeitig verstärken
sich monarchistische Umtriebe. Paul Déroulède gründet 1882 die Patriotische Liga; General Georges Ernest Boulanger, Exponent eines Revanche-
krieges gegen Deutschland, erhält insgeheim Gelder von Monarchisten
und verursacht 1887–1889 die *Boulangerkrise*. Korruptionsskandale beherrschen das öffentliche Leben. Präsident Grévy muß 1887 infolge finanzieller Machenschaften seines Schwiegersohnes zurücktreten, 1892/93
wird das Land im Zusammenhang mit dem Bankrott der Panamakanalge-
sellschaft vom «Panamaskandal» erschüttert, in den zahlreiche Minister,
Senatoren und Abgeordnete verwickelt sind.

Dreyfus-Affäre   In den Jahren 1894–1899 hält die Affäre Dreyfus Frankreich in Atem.

Artilleriehauptmann Alfred Dreyfus, ein elsässischer Jude, wird 1894 zu Unrecht beschul-
digt, militärische Geheimdokumente an Deutschland verraten zu haben, und zu lebensläng-
licher Verbannung auf die Teufelsinsel (Französisch-Guayana) verurteilt. Seine Unschuld
ist bereits 1896 erwiesen, doch der adlige Militärklüngel, Monarchisten und Regierung vertuschen den Skandal, decken die Schuldigen und halten Dreyfus nach wie vor im Bagno ge-
fangen. Emile Zola, der große französische Romancier, schleudert in einem offenen Brief
dem Präsidenten der Republik (Januar 1898) sein flammendes »J'accuse« (Ich klage an) entgegen, wird wegen »Beleidigung der Armee« verurteilt und flieht aus Frankreich.

Ab 1898 ist das Land in Dreyfusards und Anti-Dreyfusards gespalten, es
kommt zu zahlreichen Zusammenstößen. Die demokratischen Kräfte,
darunter auch Sozialisten (Jean Jaurès, Alexandre Etienne Millerand), erreichen die Rehabilitierung von Dreyfus. Zu Beginn der imperialistischen
Epoche beginnen rechte Sozialisten, die Politik bürgerlicher Regierungen
aktiv zu unterstützen.

Machtantritt   Die politische Macht geht 1902 von den gemäßigten Republikanern auf
der Radikalen   die Radikalen (Radikalsozialistische Partei) über. Die radikalen Kabinette
des Freimaurers Combes (1902–1905) und Pierre-Maurice Rouviers
(1905/06) trennen Kirche und Staat, beschlagnahmen kirchliches Eigentum, schließen Klöster und Kongregationen. 1904 werden die Beziehungen zum Vatikan abgebrochen.

Die radikalen Regierungen unter Sarrien (1906) und Clemenceau
(1906–1909) gehen gegen die Arbeiter- und Bauernbewegung mit Repressalien vor. 1906 werden Truppen gegen Bergarbeiter im Departement
Pas-de-Calais, 1907 gegen südfranzösische Weinbauern, 1908 gegen streikende Erdarbeiter von Paris und 1911 gegen Winzer der Champagne eingesetzt.

Als 1912 der gemäßigte bürgerliche Republikaner Raymond Poincaré das
Amt des Ministerpräsidenten und Außenministers übernimmt, verstärken
sich Frankreichs Kriegsvorbereitungen. Im Juli 1912 kommt eine franzö-
sisch-russische Marinekonvention zustande, die eine Zusammenarbeit
der Seestreitkräfte vorsieht, 1913 wird Poincaré Präsident, im gleichen

Jahr erfolgt die Wiedereinführung der dreijährigen Dienstzeit und die Verstärkung des Heeres. Gegen die wachsende Kriegsgefahr und die militaristischen Tendenzen entfaltet sich eine machtvolle Bewegung, an deren Spitze Sozialisten stehen. Auf Anstiften chauvinistischer Kreise wird die größte Autorität der Antikriegsbewegung, Jaurès, am 31. Juli 1914, einen Tag vor Kriegsausbruch, ermordet.

Deutschland   4.3.3.

Die Reichsgründung im Zeichen des Kompromisses zwischen Junkertum und Großbourgeoisie, die »Eisen- und Blut«-Politik Bismarcks, die Annexion Elsaß-Lothringens, die von Frankreich erpreßte Kontribution, Wirtschaftsreformen, die Nutzung der Produktionserfahrungen Englands und Frankreichs, dazu die schrittweise Einführung der Reichswährung auf Goldmarkbasis 1871–1873 anstelle der ehemaligen Landeswährungen verleihen der Entwicklung des Kapitalismus in Deutschland mächtige Impulse und beschleunigen den Abschluß der industriellen Revolution. Die jährlichen Zuwachsraten der Industrie betragen in den siebziger Jahren 4,1 % und in den achtziger 6,4 %. Die deutsche Industrie überholt bis 1914 sowohl die französische als auch die englische und nimmt schließlich den zweiten Platz in der Welt hinter den USA ein. Mit einer Bevölkerung von 66,9 Mio im Jahre 1913 steht Deutschland nach Rußland (169,4, davon 136,2 in Europa) auf dem zweiten Platz in Europa.

Ökonomische Entwicklung

Der Übergang zum Imperialismus erfolgt relativ früh. Bereits nach der Weltwirtschaftskrise von 1875 beginnen sich Monopole herauszubilden, ihr Wachstum beschleunigt sich nach der Weltwirtschaftskrise von 1882, schon 1895 gibt es etwa 250 Kartelle. Konzentration der Produktion und Monopolisierung schreiten besonders schnell in den jungen Wirtschaftszweigen voran, so z.B. in der Kaliförderung (Gründung des Kalisyndikats 1879), der Elektroindustrie (AEG, Siemens & Halske, Schuckert, Union-Elektrizitätsgesellschaft Berlin), der Chemiebranche (BASF – Badische Anilin- und Sodafabrik), aber auch in der Hüttenindustrie und im Steinkohlebergbau. Zum größten Waffenproduzenten der Welt entwickelt sich die Firma Krupp.

Im Bankwesen kristallisiert sich die Vorherrschaft der vier D-Banken heraus: Deutsche Bank, Disconto-Gesellschaft, Dresdner Bank, Darmstädter Bank. Die Verschmelzung von Industrie- und Bankkapital zum *Finanzkapital* erfolgt, im internationalen Vergleich gesehen, ebenfalls früh. Um die Jahrhundertwende ist der Imperialismus in Deutschland voll ausgebildet. Lenin charakterisiert den deutschen Imperialismus als »junkerlich-bürgerlichen Imperialismus«[8]. Ökonomisch und militärisch sehr stark, aber zur Aufteilung der Welt zu spät gekommen, stellt er mit immer größerem Nachdruck die Frage nach ihrer Neuaufteilung. Das expansionistische Programm des deutschen Imperialismus in Europa und Übersee wird be-

Junkerlich-bürgerlicher Imperialismus

8 W. I. Lenin, Über »linke« Kinderei und über Kleinbürgerlichkeit, in: Werke, Bd. 27, Berlin 1974, S. 332.

sonders prononciert durch den 1891 gegründeten Allgemeinen Deutschen Verband (ab 1894 *Alldeutscher Verband*) vertreten. Gleichzeitig findet eine großangelegte deutsche Kapitalexpansion statt, um 1885 sind 5 Mrd, 1900 etwa 15 und 1914 bereits 35 Mrd Mark im Ausland investiert. Die letztgenannte Zahl entspricht der Hälfte der britischen und 87 % aller französischen Kapitalinvestitionen. Deutschland ist 1914 drittgrößter Kapitalexporteur.

Staatliche Organisation
Das Deutsche Reich von 1871 ist ein Bundesstaat. Ihm gehören 4 Königreiche (Preußen, Bayern, Sachsen und Württemberg), 6 Großherzogtümer, 5 Herzogtümer, 7 Fürstentümer, 3 Freie und Hansestädte sowie das Reichsland Elsaß-Lothringen an. Im *Reichstag*, der für jeweils drei und ab 1893 für fünf Jahre auf der Grundlage des allgemeinen Wahlrechts für Männer über 25 Jahre gewählt, und im *Bundesrat*, der aus den Vertretern der Länder gebildet wird, dominiert Preußen. Dessen König ist zugleich deutscher Kaiser (Wilhelm I. 1871–1888, Friedrich III. 1888, Wilhelm II. 1888–1918).

Das junkerlich-bourgeoise Wesen des Deutschen Reiches wird von Marx in der Kritik des Gothaer Programms treffend charakterisiert: Ein »mit parlamentarischen Formen verbrämter, mit feudalem Beisatz vermischter und zugleich schon von der Bourgeoisie beeinflußter, bürokratisch gezimmerter, polizeilich gehüteter Militärdespotismus«[9].

Bismarcks Innenpolitik
Gestützt auf das Bündnis zwischen Junkertum und liberaler Großbourgeoisie, bekämpft Bismarck mit Hilfe der Nationalliberalen Partei die katholisch-klerikale partikularistische Opposition in den deutschen Südstaaten, vor allem in Bayern, aber auch die nationalen Bestrebungen des polnischen Volkes in den Gebieten um Posen und Teilen Oberschlesiens. Im *Kulturkampf* 1872–1878, den ein Konflikt mit dem Papst und das Verbot des Jesuitenordens durch Bismarck einleitet und dessen Höhepunkt zwischen 1873 (Maigesetze) und 1875 erreicht ist, wird gegen den Widerstand der katholischen Zentrumspartei die obligatorische Zivilehe zunächst 1874 in Preußen und 1875 im ganzen Reich eingeführt, ebenfalls werden alle katholischen Orden und Kongregationen in Preußen mit Ausnahme der reinen Krankenpflegeorden aufgelöst.

Sozialistengesetz
Bismarck sieht aber den Hauptfeind in der seit dem Gothaer Parteitag von 1875 geeinten Sozialdemokratie, deren Rückgrat er mit Hilfe des Sozialistengesetzes 1878–1890, aber auch durch Zugeständnisse (Krankenversicherung 1883, Unvallversicherung 1884, Alters- und Invalidenversicherung 1889), mit der Politik von »Zuckerbrot und Peitsche«, zu brechen versucht. Das unaufhaltsame Wachstum der Sozialdemokratie und der sozialdemokratischen Stimmen bei den Reichstagswahlen (1881 – 310 000,

Sturz Bismarcks
1884 – über 550 000, 1887 – 760 000, 1890 – fast 1,5 Mio) sowie die ungebrochene Kampfentschlossenheit der Arbeiter (Streik von 90 000 Bergarbeitern an der Ruhr 1889) führen 1890 sowohl die Aufhebung des Sozialistengesetzes als auch den Sturz Bismarcks herbei. Der Sturz Bismarcks folgt aus prinzipiellen Meinungsverschiedenheiten zwischen dem Kanzler und Wilhelm II., die Grundlinien der Außenpolitik und vor allem das Verhältnis zu Rußland betreffen. An Bismarcks Stelle tritt Leopold Graf

9   K. Marx, Kritik des Gothaer Programms, in: MEW, Bd. 19, S. 29.

von Caprivi (1890/94). Unter Reichskanzler Clodwig Fürst zu Hohen- Einführung lohe-Schillingsfürst (1894–1900) werden 1896 nach langjähriger Vorbe- des BGB reitung das Bürgerliche Gesetzbuch und 1897 das Handelsgesetzbuch vom Reichstag bestätigt, beide treten 1900 in Kraft. Die Vereinheitlichung des Rechts verkörpert einen großen Fortschritt. Das BGB trägt der Entwicklung des Kapitalismus Rechnung. Es sichert das Klassenkompromiß zwischen Großbourgeoisie und Junkertum juristisch und erweist sich als ein wichtiges Instrument der herrschenden Klassen.

Unter den Reichskanzlern Bernhard Fürst von Bülow und Theobald von Bethmann Hollweg werden die Land- und besonders die Seerüstungen beschleunigt (*Flottengesetze* von 1898 und 1900). Die zweite Flottennovelle (1908) sieht den Bau schwerer Schlachtschiffe vor und richtet sich vor allem gegen England. Die Aufrüstungspolitik trifft auf den entschiedenen Widerstand der Linken in der deutschen Sozialdemokratie (Karl Liebknecht, Rosa Luxemburg).

Im Januar 1908 finden in Berlin und anderen Städten große, von der Sozialdemokratie geführte Demonstrationen gegen das *Dreiklassenwahlrecht* in Preußen statt. Bei den preußischen Landtagswahlen im Juli 1908 erhält die Sozialdemokratie trotz dieses beschränkten Wahlrechts erstmals sieben Mandate. Auch in anderen deutschen Staaten finden Wahlrechtsdemonstrationen statt. Bei den Reichstagswahlen im Januar 1912 erringt die Reichstags- Sozialdemokratie ihren bisher größten Wahlerfolg. Mit 4,2 Mio Stimmen wahlen 1912 (von insgesamt 12,2 Mio) gewinnt sie gegenüber 1907 fast 1 Mio Stimmen und zieht mit 110 Abgeordneten als bei weitem stärkste Partei in den Reichstag ein. Der Block von Zentrum und Konservativen verliert seine beherrschende Stellung.

Der *Ruhrbergarbeiterstreik* vom März 1912 zeigt die Kraft der organisierten Arbeiterklasse. Ende 1913 wird Deutschland von der *Zabern-Affäre* erfaßt. Ausgelöst durch einen preußischen Leutnant, der seine Rekruten in der elsässischen Stadt Zabern auffordert, auch vor dem Gebrauch der Waffe gegen die Bevölkerung nicht zurückzuschrecken, polarisieren sich die Kräfte pro und contra den preußisch-deutschen Militarismus. Sozialdemokraten, Freisinnige, Zentrumspartei, Nationalliberale und Vertreter der nationalen Minderheiten votieren gegen die Regierung.

Rußland   4.3.4.

Die Abschaffung der Leibeigenschaft und die folgenden bürgerlichen Reformen beschleunigen die Entwicklung *bürgerlich-kapitalistischer Verhältnisse*. Einen Aufschwung erleben die Industriegebiete um Petersburg und Moskau. Es entstehen neue Zentren wie das Donezbecken (Steinkohle), Kriwoj Rog (Eisenerz) und Baku (Erdöl). Große Fortschritte macht die industrielle Entwicklung Russisch-Polens (Warschau, Łódź). Die alten Industriegebiete des Urals büßen dagegen an Bedeutung ein. Auch der forcierte Eisenbahnbau fördert den Aufschwung. Das Eisenbahnnetz zählt 1870 10 700 km, Ende 1900 rund 53 200 und Ende 1913 bereits über 70 000 km. Die intensive industrielle Expansion mit reger Beteiligung vor

Finanzielle Abhängigkeit Rußlands

allem deutschen, französischen, belgischen und englischen Kapitals führt dazu, daß Rußland seinen Rückstand gegenüber Westeuropa auf einigen Gebieten verringert. Der Preis dafür ist die wachsende Abhängigkeit des Landes von westeuropäischem Kapital, zunächst vom deutschen, seit Ende des 19. Jh. zunehmend vom französischen, belgischen und englischen.

Die Industrieproduktion wächst von 1860 bis 1900 um mehr als auf das Siebenfache. Die Pro-Kopf-Produktion bleibt trotzdem niedrig. An Kohle werden 1913 pro Einwohner 0,21 t produziert (England – 6,36, USA – 5,35, Deutschland – 2,84), bei Stahl sind es 25,1 kg (USA – 329, Deutschland – 256, England – 170), bei Gußeisen – 27,4 kg (USA – 325, Deutschland – 250, England – 227).

Konzentration der Produktion

Dagegen weist die Industrie eine hohe Konzentration auf: 1870 beschäftigen nur 1 250 Betriebe (von 28 000) jeweils mehr als 100 Arbeiter, doch sie erzeugen 55 % der Industrieproduktion. Ein Vierteljahrhundert später prägen Großbetriebe mit über 500 Beschäftigten das Bild, in ihnen sind 1901 rund 51,4 % und 1914 schon 56,6 % aller Arbeiter konzentriert. Bei einer Gesamteinwohnerzahl von 169,4 Mio 1913 zählt Rußland mit Russisch-Polen und Finnland über 17 Mio Lohnarbeiter, davon sind 4 Mio Fabrikarbeiter und Eisenbahner.

Bereits in den achtziger Jahren entstehen erste *Monopole*. Um die Jahrhundertwende tritt der Kapitalismus in Rußland in sein imperialistisches Stadium ein. Die Grundzüge der imperialistischen Entwicklung sind vorkapitalistische Widersprüche und solche, die für die Übergangsperiode vom Feudalismus zum Kapitalismus kennzeichnend sind. Die Besonderheiten **Besonderheiten** des russischen Imperialismus sind vorrangig im zutiefst reaktionären poli- **des russischen** tischen und institutionellen Überbau begründet, in der Selbstherrschaft **Imperialismus** des Zaren, in der Allmacht der sich verbürgerlichenden adligen Großgrundbesitzer, im militärisch-polizeilichen Despotismus, in der nationalen Unterdrückung der nichtrussischen Völker (1897 – 57 % der Gesamtbevölkerung). Einige der unterdrückten Gebiete (Polen, Baltikum, Finnland, Ukraine) weisen eine zum Teil höhere Entwicklung des Kapitalismus, der nationalen Bourgeoisie und des Proletariats auf als die russischen Kernlande. Besonders breit entfaltet sich die *nationale Befreiungsbewegung* in Polen und Finnland. Die verschiedenen Formen ökonomischer, sozialer, politischer, nationaler und religiöser Unterdrückung im Innern, die Aggressivität des Zarismus gegenüber seinen Nachbarn im Süden und Osten (Türkei, Persien, Afghanistan, China, Korea), wo Rußland auch als Kolonialmacht auftritt, paaren sich auf eigentümliche Weise mit der Abhängigkeit des Landes von den entwickelten Ländern Westeuropas.

Agrarfrage

Rußland erreicht zu Beginn des 20. Jh. die Position eines Agrar-Industrie-Staates. Die Agrarfrage bleibt indes von entscheidender Bedeutung für die überwiegende Mehrheit der Bevölkerung, von der 1897 noch rund 80 % auf dem Lande leben. Infolge der engen Grenzen der Bauernemanzipation von 1861 existieren zahlreiche Relikte des Feudalismus, vorrangig der Großgrundbesitz sowie das System der Abarbeit. Der Adel besitzt fast 62 % des gesamten Privatlandes. Mit der Entwicklung des Kapitalismus vollzieht sich eine beschleunigte Differenzierung der Bauernschaft. Es wächst die Zahl landloser und landarmer Bauern, zugleich vergrößert sich die Schicht der Großbauern (Kulaken), die Teil der sich formierenden Agrarbourgeoisie werden.

Die bürgerlich-liberalen Reformen der sechziger und der beginnenden siebziger Jahre werden vom Zarismus angesichts der um sich greifenden revolutionären Bewegung abgebremst. In Rußland entsteht 1879/80 eine revolutionäre Situation. Die wichtigsten Geheimorganisationen der Volkstümler (*Narodniki*) wie *Zemlja i Volja* (Land und Freiheit), die sich 1879 in *Narodnaja Volja* (Volksfreiheit) und Černyi Peredel (Schwarze Umverteilung) spaltet, der 1875 in Odessa gegründete *Südrussische Arbeiterbund* und der 1878–1880 bestehende *Nordbund russischer Arbeiter* in Petersburg sind jedoch zu schwach, um den Zarismus stürzen zu können. Die Narodnaja Volja setzt, wie ihre Vorgängerin Zemlja i Volja, auf die Taktik des individuellen Terrors; es gelingt ihr nach mehreren gescheiterten Attentaten, den Zaren Alexander II. am 1. (13.) März 1881 zu ermorden. Revolutionäre Situation

Alexander III. (1881–1894) nimmt den Terror zum Anlaß, um die revolutionäre Bewegung mit brutalen Repressalien zu schwächen und eine Periode der *Gegenreformen* einzuleiten. So werden 1890 eine Semstvoverordnung und 1892 eine neue Städteordnung erlassen, die einen erheblichen Rückschritt gegenüber den bürgerlich-liberalen Reformen nach 1861 bedeuten.

Die *Niederlage Rußlands im Krieg gegen Japan* 1904/05 beschleunigt das Heranreifen einer neuen revolutionären Situation. Die nach der Erschießung demonstrierender Arbeiter vor dem Winterpalais in Petersburg am 9. (22.) Januar 1905 ausbrechende bürgerlich-demokratische Revolution offenbart die totale Zerrüttung der zaristischen Selbstherrschaft (vgl. 4.6.).

Die nach der Niederlage der Revolution 1905–1907 unter dem Minister Petr Arkadevič Stolypin einsetzende *Periode der Reaktion* ist durch bonapartistisches Lavieren zwischen den verschiedenen Gruppierungen und Klassen, gestützt auf oktobristisch-kadettische oder rechtsobristische Mehrheiten in der Staatsduma (nach Auflösung der zweiten folgt die dritte 1908–1912 und vierte 1912–1917) und zugleich durch verschärften Terror gekennzeichnet. Allein 1907–1909 werden 26 000 Personen wegen politischer Vergehen verurteilt, davon über 5 000 zum Tode. In zaristischen Kerkern schmachten 1909 etwa 170 000 politische Gefangene.

Stolypin versucht, die soziale Basis des Zarismus durch Zugeständnisse an die Bourgeoisie und die Kulaken zu erweitern. Die ihrem Charakter nach bürgerlich-konservative Stolypinsche Agrarreform 1906–1911, verkündet im Ukas vom November 1906 und weiterentwickelt in den Gesetzen vom Juni 1910 und Mai 1911, beinhaltet eine Wende in der Agrarpolitik des Zarismus. Im Ergebnis dieser Reform wird die bäuerliche Dorfgemeinschaft (Obščina) zerstört, indem die Bauern das Recht zum Austritt erhalten. Stolypinsche Agrarreform

Bis Anfang 1916 befinden sich rund 18,6 Mio ha Land im Eigentum von 2,5 Mio Bauernhöfen (rund 26 %); auf jeden entfallen durchschnittlich 7,4 ha Boden. Darüber hinaus werden für über 2,8 Mio Hofstellen mit 25,1 Mio ha Land die rechtlichen Beschränkungen des Bodenbesitzes aufgehoben. Das Gesetz vom Mai 1911 enthält die vorrangige Förderung von

Kulakeneinzelgehöften. Schließlich wird den Bauern die Übersiedlung an die Peripherie gestattet, um die relative agrarische Überbevölkerung in Zentralrußland abzubauen. Aus diesem Grund beginnt eine großangelegte bäuerliche Kolonisation in Sibirien, Mittelasien und anderen Randzonen. Von 1906 bis 1916 siedeln über 3 Mio Menschen in diese Gebiete über. Organisatorische Mängel, besonders in Sibirien, bewirken indes einen massiven Rückstrom der Umsiedler, von 1906 bis 1916 kehren 547 700 wieder zurück.

Die Stolypinsche Agrarreform führt zu einer beschleunigten Entwicklung des Kapitalismus in der Landwirtschaft auf »preußischem Wege«. In Sibirien werden Millionen ha Land urbar gemacht. Rußland produziert 1900 etwa 50 Mio t und 1913 bereits 86 Mio t Getreide. Zugleich führt die Agrarreform zu einer Verschärfung der sozialen Gegensätze im Dorfe.

Die verschärfte Ausbeutung des *Proletariats* führt zu einer Welle von Streikaktionen. Im April 1912 kommt es zu einer Massenerschießung streikender Arbeiter (250 Tote, 270 Verletzte) auf den Lena-Goldfeldern in Sibirien. Die Protestbewegung gegen diese Greueltat des Zarismus erfaßt ganz Rußland, 1913 streiken 1,2 Mio, 1914 über 1,5 Mio Arbeiter.

4.3.5.   Österreich-Ungarn

Der Preußisch-österreichische Krieg von 1866 entscheidet den Kampf um die Vorherrschaft in Deutschland zugunsten Preußens. Österreich wird aus Deutschland hinausgedrängt und entwickelt sich seitdem eigenständig. Venetien mit Venedig geht an Italien verloren. Die Niederlage zwingt die herrschenden Kreise der Habsburgermonarchie und den allmählich verbürgerlichenden Adel zu weiteren Reformen.

Entwicklung
des
Kapitalismus

Die mit dem »Ausgleich« von 1867 vollzogene Umwandlung des Staates in *eine österreichisch-ungarische Doppelmonarchie*, das Klassenkompromiß mit den ungarischen Magnaten auf der Grundlage der Anerkennung der Ungarn als herrschende Nation in den Gebieten östlich der Leitha (Transleithanien) beschleunigen die kapitalistische Entwicklung. Auf Böhmen, Mähren und Österreich-Schlesien entfallen seit den achtziger Jahren 60 % der industriellen Produktion der Monarchie, der Rest ist vor allem in Wien, Wiener Neustadt, Triest und Budapest konzentriert.

Die Škoda-Maschinen- und Waffenfabriken in Pilsen erhalten Weltgeltung. Landmaschinen, Dampfturbinen, Eisenbahnwaggons und Lokomotiven, Glas, Zucker, Pilsner Bier, Hopfen, seit Ende des 19. Jh. Automobile und andere Produkte Böhmens sind begehrte Exportartikel. Schon gegen Jahrhundertende entstehen erste Monopolgruppen und Kartelle. Die 1881 gegründete Österreichisch-Alpine Montangesellschaft in den habsburgischen Stammlanden monopolisiert die Eisen-, Gußeisen- und Stahlproduktion. In der Landwirtschaft entwickelt sich rasch der Kapitalismus auf »preußischem Wege«. In Ungarn vollzieht sich seit den achtziger Jahren ein Aufschwung in der Verarbeitung landwirtschaftlicher Produkte, es entsteht eine moderne Mühlenindustrie (1905 etwa 500 Dampfmühlen).

Der österreichisch-ungarische Imperialismus entwickelt sich als Juniorpartner des deutschen Imperialismus, obwohl er eigene Interessen und Expansionsrichtungen verfolgt. Der deutsche Imperialismus ist größter Kreditgeber, die führenden Banken (Wiener Bankverein, Kredit- und Kommerzbank in Budapest) sind vor allem mit deutschem Monopolkapital liiert.

Der österreichisch-ungarische Imperialismus nimmt eine Zwischenstellung zwischen dem deutschen und russischen Imperialismus ein. Die Ähnlichkeiten mit dem russischen Imperialismus zeigen sich in der nationalen Frage und in zahlreichen feudalen Überresten in der Landwirtschaft. Die Zwischenstellung gilt für das gesamte Entwicklungsniveau des Kapitalismus und der bürgerlichen Verhältnisse.

Die Umwandlung des Staates zur Doppelmonarchie zieht weitere Reformen nach sich. Im Dezember 1867 ergehen im österreichischen Zisleithanien vier Staatsgrundgesetze, welche die allgemeinen Rechte der Staatsbürger, die Organisation der Reichsvertretung, die Einsetzung eines Reichsgerichts und die richterliche Gewalt, die Regierungs- und Vollzugsgewalt regeln. Gegen den erbitterten Widerstand des katholischen Klerus und trotz des Protestes des Vatikans werden 1868 drei Gesetze über die Zivilehe, die Glaubensfreiheit aller Einwohner über 14 Jahre und die Trennung von Schule und Kirche verabschiedet. Der Kirche bleibt nur das Recht auf Kontrolle des Religionsunterrichts. *(Reformen nach 1867)*

Die 17 Provinzen Zisleithaniens besitzen Autonomierechte, eigene Landtage, betimmte Vollmachten in der Verwaltung. Der Gebrauch der tschechischen Sprache ist gestattet, doch Amtssprache bleibt, bis auf Ausnahmen, das Deutsche. Die polnischen Magnaten in Galizien, die sowohl polnische als auch ukrainische Bauern ausbeuten, erhalten eine Reihe von Privilegien, so die polnische Dienstsprache im Amtsgebrauch, und werden zu einer Stütze der Monarchie. Die tschechische Bourgeoisie bleibt gegenüber der deutschen benachteiligt und fordert die Umwandlung Österreich-Ungarns auf trialistischer Grundlage, das heißt die Anerkennung der Eigenständigkeit eines vereinigten tschechischen Staates auf der Grundlage Böhmens, Mährens und Österreichisch-Schlesiens im Rahmen der Gesamtmonarchie. Die Trialismuspläne in Gestalt der 18 »Fundamentalartikel« werden 1871 durch den Widerstand der deutsch-österreichischen Bourgeoisie, der deutschen Bevölkerung in den böhmisch-mährischen Grenzgebieten und in den schlesischen Landesteilen sowie die hartnäckige Opposition des ungarischen Adels, der das System der nationalen Unterdrückung in seinem transleithanischen Herrschaftsbereich durch »nationale Experimente« nicht erschüttert sehen will, zunichte gemacht.

Führende Parteien sind die bürgerlichen Liberalen (Verfassungspartei) und die Konservativen. Letztere stützen sich vor allem auf die Hofkreise sowie den adligen Großgrundbesitz. Neben den nationalen Gruppierungen treten ihnen in den sechziger Jahren zunächst Lassalleaner, dann verschiedene Arbeitervereine, welche die I. Internationale unterstützen, und schließlich die auf dem Parteitag zu Hainfeld am 31. Dezember 1888/1. Januar 1889 gegründete *Sozialdemokratische Partei Österreichs* entgegen. *(Parteienstruktur)*

Auf das liberale Kabinett des Fürsten Auersperg 1871–1879 folgt die Regierung des konservativen Grafen Eduard Taaffe 1879–1893, der in Anlehnung an bonapartistische Methoden geschickt, obschon letztlich erfolglos, versucht, das kaum manövrierfähige Staatsschiff mit Hilfe einer Politik angeblicher »Völkerversöhnung« zwischen den sich erbittert bekämpfenden nationalen Gruppierungen und Parteien, in der haßgeladenen Atmosphäre des deutsch-tschechischen Sprachenstreits, dessen Kern die Machtfrage ist, zu steuern. Dies wird umso schwieriger, als die 1874 gegründete Partei der Jungtschechen stark an Einfluß gewinnt und sich erbittert gegen die Vorrechte des deutschen Bevölkerungsteils wehrt. Die politische Lage in der österreichischen Landeshälfte wird dadurch kompliziert, daß in Teilen der deutsch-österreichischen Bourgeoisie und vor *(Wachsender Einfluß der Großdeutschen)* allem im deutschen Kleinbürgertum, namentlich Böhmens, Mährens und Schlesiens, als Reaktion auf die wachsende Opposition der tschechischen Bevölkerung und aus Furcht vor dem Verlust ihrer nationalen Privilegien, die großdeutschen Stimmungen erheblich an Einfluß gewinnen. Bei den Wahlen zum Reichsrat 1900 erhalten die Großdeutschen (Alldeutsche Partei) unter Georg Ritter von Schönerer 21 Mandate, sie betrachten weite Teile Zisleithaniens als die »Ostmark Deutschlands« und orientieren sich politisch auf das Deutsche Reich und die Alldeutschen. Ihre Positionen sind besonders stark im Sudetenland. Die großdeutsche Bewegung richtet sich nicht nur gegen die Tschechen, sondern trägt auch starke antisemitische Züge.

Als Taaffe im Oktober 1893 die Erweiterung des Wahlrechts beantragt, vereinigen sich Deutsch-Liberale, Klerikale und polnische Magnaten im Reichsrat, um Taaffe zu stürzen (12. November 1893). Ministerpräsident Kasimir Felix Badeni 1895–1897 setzt das Wahlrecht für alle Männer über 24 Jahre durch, indem er eine fünfte Wahlklasse für diejenigen Männer einführt, die bisher nicht wählen durften. Das nun bestehende Fünfklassenwahlrecht erlaubt 1897 erstmalig den Einzug von Sozialdemokraten in den Reichstag.

Das allgemeine, gleiche und direkte Wahlrecht in den österreichischen Landesteilen wird erst 1907 unter dem Druck der Sozialdemokratie und dem Einfluß der Russischen Revolution von 1905 angenommen. Die Sozialdemokratie wird 1907 stärkste Partei und stellt 87 Abgeordnete (von 516).

Politische Struktur Ungarns Im Unterschied zu Zisleithanien wird das *Königreich Ungarn* (Transleithanien) vom herrschenden Adel als zentralisierter Staat verwaltet. Lediglich Kroatien besitzt eine gewisse Autonomie und einen eigenen Landtag (Sabor). Die Lage der unterdrückten Nationen und Völker in Ungarn ist noch schlechter als im österreichischen Landesteil.

Die Regierungen des Ministerpräsidenten Jules Andrássy (1867–1875) und des Vorsitzenden der 1875 gegründeten Liberalen Partei Kálmán Tisza (1875–1890) sowie die herrschenden Kreise Ungarns sehen neben der nationalen Bewegung der nichtungarischen Nationen auch zunehmend die erstarkende sozialistische Bewegung (1880 Allgemeine Ungarische Arbeiterpartei, ab 1890 Sozialdemokratische Partei Ungarns) als ihren Hauptgegner an.

Österreichisch-ungarischer Konflikt Nach 1902 und 1905/06 kommt es zu einem österreichisch-ungarischen Konflikt um die deutsche Dienstsprache in der Armee. Die Mehrheit des ungarischen Parlaments in Gestalt der bürgerlich-nationalistischen Unabhängigkeitspartei unter Ferenc Kossuth verlangt die ungarische Dienstsprache in den ungarischen Regimentern. Der liberale Ministerpräsident Istvan Tisza von Borosjenö (1903–1905) und das Kabinett Géza Fejérváry de Komlós-Keresztés (1905–1906) greifen hart durch. Das Parlament wird innerhalb eines Jahres fünfmal vertagt und schließlich, als es das Volk aufruft, die Steuerzahlungen einzustellen, und die Rekruten auffordert, den Gestellungsbefehlen keine Folge zu leisten, im Februar 1906 durch Armee und Polizei auseinandergejagt. Schließlich gibt aber die Unabhängigkeitspartei nach, weil Wien mit dem allgemeinen Wahlrecht droht, das die unterdrückten Kroaten, Rumänen, Serben, Ukrainer und andere Nationalitäten sowie die Sozialdemokratie immer nachdrücklicher fordern. Am 10. Oktober 1907 findet in ganz Ungarn der *erste politische Generalstreik* für das allgemeine Wahlrecht statt. Ein Generalstreik in Budapest im Mai 1912 unter der gleichen Losung wächst in eine Straßenschlacht hinüber, die zahlreiche Opfer unter den Arbeitern fordert.

Die Ermordung des Thronfolgers Franz Ferdinand in Sarajevo durch den serbischen Nationalisten Gavrilo Princip gibt den herrschenden Kreisen Österreich-Ungarns den Vorwand, Serbien am 28. Juli 1914 den Krieg zu erklären. Mit dem Weltkrieg ist das Schicksal der Doppelmonarchie besiegelt.

Italien 4.3.6.

Die nationalstaatliche Einigung beschleunigt die kapitalistische Entwicklung des Landes. Im letzten Drittel des 19. Jh. findet die industrielle Revolution ihren Abschluß. Besonders im Norden (Dreieck Mailand-Turin-Genua) entsteht eine durch staatliche Kredite und protektionistische Zölle geförderte moderne Industrie (Chemiekonzerne Pirelli und Montecatini, Elektrokonzern Edison, Automobilkonzern Fiat). Es existiert auch ein bedeutender Staatssektor (Tabakindustrie, Salzgewinnung, Rüstungsindustrie, ab 1905 fast alle Eisenbahnen).

Anfang des 20. Jh. tritt der italienische Kapitalismus in sein *monopolistisches Stadium* ein. Banken, wie die durch deutsches Kapital gegründete Banca Commerciale Italiana, verfilzen immer mehr mit den führenden Monopolen. Der Imperialismus ist indes auf Grund mangelnden Kapitals, der Rohstoffarmut des Landes sowie der enormen Rückständigkeit des Südens weit schwächer als der englische, französische oder deutsche, auch das industrielle Entwicklungstempo und die Konzentration der Produktion bleiben erheblich geringer. Noch 1914 zählen über 90 % aller italienischen Betriebe weniger als zehn Arbeiter. Eine große Rolle spielt ausländisches, vor allem französisches, englisches und deutsches Kapital. Das *»Problem des Südens«* mit seinen zahlreichen Überbleibseln des Feudalismus, wie den Latifundien und der Halbpacht, belastet die Entwicklung des Landes und prägt auch das Gesicht des italienischen Imperialismus. Die Massenarmut zwingt Millionen Italiener zur Auswanderung, sie richten sich nach den USA, auch Lateinamerika, besonders Argentinien, Brasilien und Uruguay. Bereits 1914 sind von den 35 Mio Italienern im Lande etwa 5–6 Mio Emigranten.

Italienischer Imperialismus

Die auf dem Bündnis von Großbourgeoisie und verbürgerlichten Großagrariern beruhende konstitutionelle Monarchie wird bis 1876 von den Konservativen (Marco Minghetti, Giovanni Lanza) regiert. Danach kommen die Rechtsliberalen unter Agostino Depretis an die Macht. Die italienische Bourgeoisie bleibt politisch relativ schwach, so daß sie noch nicht imstande ist, eine moderne politische Partei zu bilden. Innerhalb der herrschenden Liberalen gibt es verschiedene Strömungen, zwischen denen die Politiker oft wechseln. Ministerpräsident Francesco Crispi (1887–1891 und 1893–1896) verschärft den Terror gegen die sozialisti-

Innenpolitik

sche und Arbeiterbewegung sowie gegen die *Fasci dei Lavoratori* (Bünde der Werktätigen) auf Sizilien. Die vor allem von kleinbürgerlichen Sozialisten gegründeten Fasci umfassen 1893 etwa 300 000 arme Bauern, Tagelöhner und Arbeiter. Ende 1893 flammen von den Fasci organisierte Massenunruhen und lokale Aufstände in Sizilien und ein von Anarchisten geleiteter Aufstand der Steinbrucharbeiter in der Lunigiana auf, sie werden Anfang 1894 unterdrückt. Spontane Barrikadenkämpfe der Arbeiter in Mailand und Hungerunruhen in weiten Teilen des Landes im Mai 1898

Liberale Reformen zwingen die Großbourgeoisie zu lavieren. Giovanni Giolitti, Innenminister 1901–1903 und Ministerpräsident 1903–1914, leitet eine Zeit liberaler Reformen ein (»Ära Giolitti«).

Eine Arbeitsschutzgesetzgebung, darunter das Verbot der Nachtarbeit für Frauen und Jugendliche, zwei Wahlrechtsreformen, deren zweite ein fast allgemeines Wahlrecht einführt, die Beendigung der bisherigen Praxis, Soldaten als Streikbrecher während der Erntearbeiten einzusetzen, Legalisierung von Arbeiterorganisationen und Streiks haben das Ziel, die Volksbewegung zu desorganisieren, die Arbeiterklasse zu spalten und einen Teil derselben zu korrumpieren. Daß diese Politik nicht die erhofften Ergebnisse zeitigt, beweist der *Arbeiteraufstand* im Juni 1914 in der Romagna (»Rote Woche«). Bei Kriegsbeginn 1914 sind sich weder die herrschenden Klassen noch die verschiedenen sozialistischen Parteien und Strömungen in ihrer Haltung einig. Die Mehrheit der Sozialistischen Partei (Lazzari, Giacinto Menotti Serrati) bezieht zentristische Positionen und lehnt den Kriegseintritt Italiens sowie Kriegskredite ab. Die Reformistische Sozialistische Partei Leonida Bissolatis sowie die Ende 1914 ausgeschlossene Fraktion Benito Mussolinis in der Sozialistischen Partei sind für den Krieg. Das Tauziehen innerhalb der herrschenden Klassen endet im Mai 1915 mit dem *Kriegseintritt Italiens* auf seiten der Entente, trotz seiner formellen Zugehörigkeit zum Dreibund.

4.3.7.   Vereinigte Staaten von Amerika

Die USA überflügeln 1894 England als erste Industriemacht der Welt und erzeugen 1914 rund ein Drittel der Weltindustrieproduktion. Besonders schnell entwickeln sich Stahl- und Chemieindustrie, Erdölförderung und -verarbeitung, Elektrotechnik, Eisenbahnbau und Automobilindustrie. Neben den rasch prosperierenden östlichen Bundesstaaten entstehen besonders im mittleren Westen neue Zentren um Chicago, Pittsburgh und Cleveland. Die Erschließung des Westens wird gegen 1890 abgeschlossen.

Trust-Imperialismus Schon in den siebziger Jahren formieren sich kartellartige *Pools*, doch zur beherrschenden Form des sich entwickelnden Monopolkapitals werden die *Trusts*. So wird die 1870 von John Davison Rockefeller gegründete Standard Oil Company of Ohio, die bereits 1879 praktisch eine Monopolstellung auf dem Erdölsektor innehat, Herzstück des 1882 gebildeten *Standard Oil Trusts*. Die Konzentration und Verflechtung von Industrie- und Bankkapital zu monopolistischem Finanzkapital erfolgt, im internationalen Vergleich gesehen, früh. Bereits Anfang des 20. Jh. gibt es 445 Trusts mit einem Gesamtkapital von 20,4 Mrd Dollar, sie kontrollieren etwa drei Viertel der Industrieproduktion. Die kapitalistische Entwicklung wird durch mehrere Faktoren begünstigt: Sieg der Nordstaaten im Bürgerkrieg, Abschaffung der Sklaverei, Zustrom vieler Millionen Einwanderer, Nutzung der fortgeschrittensten Produktionserfahrungen Westeuropas, riesige, hauptsächlich britische Kapitalinvestitionen sowie die enormen Naturreichtümer des Landes.

Die Bevölkerung der USA wächst von 1870 bis 1914 auf das 2½fache, **Bevölkerung** 1870 sind es 40 Mio, 1880 50 Mio, 1890 63 Mio, 1900 76 Mio, 1910 bereits 92 Mio Einwohner. Die überwältigende Mehrheit der Einwanderer kommt aus Europa, vor allem aus England, Irland, Deutschland, Italien, Skandinavien. Der Höhepunkt der Einwanderung aus West-, Mittel- und Nordeuropa liegt im Zeitraum von 1881 bis 1890. Von 1901 bis 1910 wandern etwa 8 Mio Europäer in die USA ein, davon sind bereits 4 Mio aus Süd- und Osteuropa (Italien, Russisch-Polen, Ukraine). Es wächst auch die Zahl der Einwanderer aus China und Lateinamerika, vor allem Mexiko. Den Kern der Immigranten bilden meist qualifizierte Arbeiter aus West- und Mitteleuropa und überwiegend ungelernte aus anderen Teilen der Welt.

Auch in der sich auf »amerikanischem Weg« weiterentwickelnden Land- **Landwirtschaft** wirtschaft gibt es überdurchschnittliche Fortschritte. Auf Grund des Homestead Acts werden bis 1900 etwa 81 Mio ha Staatsländereien, meist den Indianern geraubtes Land, billig an Farmer und Bodenspekulanten verkauft. Die Landwirtschaft durchläuft in dieser Zeit eine beschleunigte Mechanisierung, die USA entwickeln sich zu einem bedeutenden *Getreideexporteur*.

Die gesellschaftspolitische Entwicklung nach dem Ende der Rekonstruk- **Politische** tionsperiode wird durch die weitere Festigung des auf dem Klassenkom- **Entwicklung** promiß der Industriebourgeoisie des Nordens und der Plantagenbesitzer des Südens beruhenden Zweiparteiensystems von Republikanern und Demokraten geprägt, die beide die Interessen des entstehenden Monopolkapitals vertreten.

Über die politischen Verhältnisse urteilt Engels 1891: »Nirgends bilden die ›Politiker‹ eine abgesondertere und mächtigere Abteilung der Nation als gerade in Nordamerika. Hier wird jede der beiden großen Parteien, denen die Herrschaft abwechselnd zufällt, selbst wieder regiert von Leuten, die aus der Politik ein Geschäft machen, ... und die Nation ist ohnmächtig gegen diese angeblich in ihrem Dienst stehenden, in Wirklichkeit aber sie beherrschenden und plündernden zwei großen Kartelle von Politikern.«[10]

Auch nach Lincolns Ermordung sind meist republikanische Präsidenten im Amt.

Andrew Johnson 1865–1869, Ulysses Simpson Grant 1869–1877, Rutherford B. Hayes 1877–1881, James Abraham Garfield 1881, Chester Alan Arthur 1881–1885, Benjamin Harrison 1889–1893, William McKinley 1897–1901, Theodore Roosevelt 1901–1909 und William Howard Taft 1909–1913. Lediglich zwei Demokraten durchbrechen die republikani-

10 F. Engels, Einleitung zu Karl Marx' »Bürgerkrieg in Frankreich« (Ausgabe 1891), S. 624.

sche Phalanx: Grover Cleveland 1885–1889 und 1893–1897, Woodrow Wilson 1913–1921.

Zu den wichtigsten Fragen der innenpolitischen Auseinandersetzung gehören Geldumlauf, Protektionismus und Trustgesetzgebung.

Die 1876 gegründete, vor allem von Farmern und Kleinbürgern getragene, aber auch von einigen Arbeiterverbänden unterstützte *Greenbacker-Partei*, so nach der grünen Rückseite des Papierdollars genannt, entfaltet eine Volksbewegung für die Abschaffung des 1875 wiedereingeführten Goldstandards und die Beibehaltung der während des Bürgerkrieges massenweise herausgegebenen und inzwischen beträchtlich entwerteten Dollarnoten, des »billigen Geldes«. Vor allem die Farmer hoffen, durch den Fortbestand der Greenbacks ein Sinken der Preise für ihre Erzeugnisse zu verhindern und ihre Existenzbedingungen zu verbessern. Bei den Kongreßwahlen von 1878 erreichen die Greenbacker 1 Mio Stimmen. Als die Regierung nachgibt und den Gold-Silber-Standard einführt (Bland-Allison Act 1878), flaut die Bewegung ab, der Goldstandard wird erst 1900 wiedereingeführt.

Für die Wirtschaftspolitik der USA bleibt der *Protektionismus* typisch. Die hohen Zölle und die damit verbundene Warenverteuerung stoßen auf den Widerstand großer Teile der werktätigen Bevölkerung und sind Gegenstand erbitterter Kontroversen bei allen Wahlen. Die Zölle betragen 1890 durchschnittlich 50 % und 1897 sogar 57 % vom Wert der eingeführten Waren. Die Monopole erzielen angesichts der Eindämmung ausländischer Konkurrenz besonders hohe Profite. Unmut und Unzufriedenheit weiter Schichten der Bevölkerung mit den Trusts und ihrer Preispolitik zwingen sowohl die Republikaner als auch die Demokraten zu Manövern, um die Stimmen der Trustgegner zu erlangen. Bereits 1890 verbietet Präsident Harrison im *Sherman Anti-Trust-Act* die Bildung von Trusts sowie alle Absprachen, welche die Konkurrenz und die Freiheit des Handels einengen. Durch Lücken des Gesetzes und die korrupte bürgerliche Justiz abgesichert, wachsen jedoch die Trusts schneller als zuvor, während Streiks als Einengung der Konkurrenz und der Handelsfreiheit bezeichnet, die Gewerkschaften als Trusts qualifiziert und gerichtlich verfolgt werden (Generalstreik von New Orleans 1892, Eisenbahnerstreik von Illinois 1894). Die *Antitrustbewegung* gipfelt in der Gründung der von Farmern und kleinbürgerlichen Kräften getragenen *People's Party* (Volkspartei oder Populisten) 1891 und der *Antitrustliga* 1899. Unter Berücksichtigung der Volksstimmung verfolgen Th. Roosevelt und Taft eine angeblich härtere Antitrustpolitik; es finden sogar Prozesse gegen Trusts statt; letztlich ohne Erfolg, der Monopolkapitalismus festigt sich weiter.

4.3.8.   Japan

Im Ergebnis der Meiji-Reformen fördert der japanische Staat gezielt die Umwandlung von Handels- und Wucherkapital in Industriekapital, baut moderne Betriebe vor allem in der Textil- und Schwerindustrie auf, die später als Modellunternehmen an die Familienkonzerne (Zaibatsu) verkauft werden, schafft eine starke Rüstungsindustrie und ein modernes Verkehrs- und Kommunikationswesen. Die Phase des Kapitalismus der freien Konkurrenz ist in Japan auf Grund der massiven staatlichen Einflußnahme kaum ausgeprägt. Das industrielle Wachstum ist mit einer raschen Zunahme der Arbeiterklasse verbunden (1894 rund 380 000, 1907 bereits fast 700 000 Arbeiter). Gegen die sich entfaltende Arbeiterbewegung wird mit Terror vorgegangen. 1900 wird ein Polizeigesetz über Ruhe und Sicherheit erlassen, das alle Streiks sowie die sozialistische Propaganda de facto verbietet.

Der Charakter des entstehenden japanischen Imperialismus als eines aggressiven militärisch-feudalen Imperialismus resultiert aus dem Bündnis des Finanzkapitals der Zaibatsu mit den sich verbürgerlichenden feudalen Klassenelementen, dem noch weitgehend absolutistischen Charakter des staatlichen Überbaus (Kaiser Mutsuhito 1867–1912 und Yoshihito 1912–1926), der Stärke des ihn tragenden Militäradels sowie aus dem Umstand, daß Japan zum Kreis der Mächte gehört, die besonders intensiv auf die Neuaufteilung der Welt drängen. Dies manifestiert sich in der Eroberung zahlreicher Gebiete im Ergebnis siegreicher *Kriege gegen China* 1894/95 und *Rußland* 1904/05 und besonders in der *Annexion Koreas* 1910. Am Weltkrieg nimmt Japan auf seiten der Entente teil und entreißt Deutschland ab Ende 1914 Kiautschou (Jiaozhou) und eine Reihe Inseln im Stillen Ozean.

Militär-feudaler Imperialismus

Die internationalen Beziehungen zwischen den Großmächten und die Herausbildung der imperialistischen Machtblöcke

4.4.

Veränderung des Kräfteverhältnisses in Europa

4.4.1.

Die *Gründung des Deutschen Reiches* verändert das europäische Mächtegleichgewicht. An Stelle des bisherigen machtpolitischen Vakuums in Mitteleuropa zwischen den dominierenden Festlandsmächten Frankreich und Rußland tritt eine neue Großmacht. Deren Kanzler Bismarck begreift, daß das Reich der Gesamtheit europäischer Großmächte allein nicht gewachsen ist. Er ist bestrebt, Bundesgenossen zu gewinnen und Deutschland an die Spitze einer neuen europäischen Mächtegruppierung zu stellen. Dem Ziel, die gesellschaftspolitische Lage in Deutschland auf der Basis des Klassenkompromisses, in gewissem Maße auch die Herrschaftssysteme in den anderen europäischen Staaten zu behaupten, entspricht die *Verteidigung des Status quo in der europäischen Mächtekonstellation*. Diese Vorstellung wird außenpolitisch tragfähig, als in Frankreich die Kommune den herrschenden Kreisen in Petersburg und Wien das preußisch-deutsche Reich als Bundesgenossen gegen eine neue Revolutionswelle in Empfehlung bringt. Die Orientierung auf ein Bündnis mit Rußland und Österreich-Ungarn ist für Deutschland auch deshalb geboten, weil mit der Annexion Elsaß-Lothringens die außenpolitische Stellung

Bismarcks Intention

des Reiches zusätzlich belastet ist. Das Zusammengehen mit den östlichen Kaiserreichen verfolgt das Ziel, Frankreich zu isolieren und Deutschland nicht der Gefahr eines Zweifrontenkrieges auszusetzen.

Die *britische Außenpolitik* beginnt, sich in der ersten Hälfte der siebziger Jahre auf die Vergrößerung und Absicherung des *Kolonialreiches* zu orientieren, sie konzentriert sich auf das östliche Mittelmeer, die Inbesitznahme des Suezkanals, die Sicherung des Seewegs nach Indien, auf den Status quo an den Meerengen. Sie ist bestrebt, russische Expansionsabsichten auf dem Balkan und gegen Konstantinopel und französische Kolonialinteressen in Nordafrika zu durchkreuzen. Der englisch-russische

Interessengegensatz verschärft sich, als der Zarismus zwischen 1864 und 1873 die Emirate Buchara, Kokand und Chiwa in Mittelasien besetzt und diese Expansion von der englischen Bourgeoisie als Schädigung eigener Interessen und Bedrohung Indiens angesehen wird. Eine russisch-englische Machtsphärenabgrenzung (1873), die in der Folge von Rußland wiederholt ignoriert wird, mindert den Gegensatz kaum. Zugleich konzentriert sich die zaristische Außenpolitik nach 1871 wieder stärker auf den Südosten Europas und Konstantinopel, sowohl mit politisch-strategischen Zielen und panslawistischen Vorzeichen als auch zur Sicherung des russischen Getreideexports. Auch *Österreich-Ungarn* orientiert sich nach 1866 auf expansive Ziele auf dem Balkan und kollidiert hier mit russischen Interessen. Für die deutsch-österreichische Bourgeoisie und die ungarischen Magnaten stellen starke selbständige oder von Rußland beherrschte Balkanstaaten ein Ferment für Unabhängigkeitsbestrebungen der in der Habsburgermonarchie unterdrückten slawischen Völker dar.

Frankreichs Ziel ist die Revision des Frankfurter Vertrages, aber dieses Ziel steht in weiter Ferne. Der französischen Regierung kommt es zunächst darauf an, die Vertragsbestimmungen rasch zu erfüllen, politische Handlungsfreiheit und militärische Schlagkraft zurückzugewinnen, um die außenpolitische Isolation zu durchbrechen. Aber es verstärken sich bald auch koloniale Bestrebungen, die vor allem in Afrika zu *Spannungen mit Großbritannien* führen.

Diese internationale Konstellation begünstigt eine *Annäherung der drei Kaiserreiche* Rußland, Deutschland und Österreich-Ungarn. Im Zeichen »monarchischer Solidarität« kommt es 1872 und 1873 zu äußerlich glanzvollen Begegnungen der drei Kaiser und ihrer leitenden Minister. Die 1873 abgeschlossenen Vereinbarungen – das *Dreikaiserabkommen* – gehen allerdings über eine Konsultationspflicht im Falle militärischer Konflikte oder revolutionärer Erhebungen nicht hinaus. Da jedoch in dieser Phase der politisch-ideologische Konsens auf einem noch stabilen ökonomisch-sozialen Fundament beruht und die Spannungen zwischen Wien und Petersburg im Orient bis Mitte der achtziger Jahre noch nicht jenes Maß erreichen, das Bismarcks Vermittlungen wirkungslos werden läßt, bleibt die Dreikaiserpolitik zunächst der maßgebliche Faktor in den internationalen Beziehungen.

Gegenströmungen treten bereits kurz nach dem Abschluß des Dreikaiservertrags hervor, als Deutschland die 1871 gewonnene Machtstellung zu stabilisieren trachtet und gleichzeitig die Wirtschaftskrise von 1873 und die ihr folgende Depression Spannungen im wirtschaftlichen Bereich hervorrufen. So entstehen in der russischen Bourgeoisie, aber auch in der Zarenregierung, besonders artikuliert von Außenminister Aleksandr Michailovič Gorčakov, Sympathien für Frankreich. Zur gleichen Zeit konstatiert die deutsche Regierung mit Unbehagen, daß sich die Republik rasch von den Kriegsfolgen erholt und ein ehrgeiziges Aufrüstungsprogramm einleitet. Schließlich scheitert 1874 ein deutscher Versuch, zwischen England und Rußland in Mittelasien zu vermitteln. Das Mißtrauen in den herrschenden Klassen Rußlands gegen die Politik Deutschlands verstärkt sich. Wien und Petersburg gelangen sogar über einige Balkanfragen zu einer Verständigung, die eindeutig eine antideutsche Spitze hat. Das »Krieg-in-Sicht«-Krise Trauma einer Koalition Rußland-Frankreich-Österreich vor Augen, inszeniert Bismarck im April 1875 eine Kampagne gegen Frankreich, deren Höhepunkt in der an Paris gerichteten provokatorischen Frage der einflußreichen Zeitung *Post* gipfelt: »Ist Krieg in Sicht?« Deutschland hofft, Frankreichs Verzicht auf das Aufrüstungsprogramm zu erzwingen, die Republik militärisch schwach und bündnisunfähig zu halten und sie zur Anpassung an die deutsche Hegemonialpolitik zu nötigen. Zugleich will Deutschland testen, wie sich die anderen Großmächte im Falle eines neuen deutsch-französischen Konflikts verhalten werden.

Die Aktion endet mit einer kompletten Niederlage der deutschen Regierung. Der Zustimmung Englands und Rußlands sicher, gibt Frankreich nicht nach. Außenminister Louis-Charles-Amadieu Decazes antwortet mit einer diplomatischen Gegenaktion, die vor einer deutschen Kriegspartei warnt und den Zaren um Vermittlung ersucht. Bismarck steckt zurück, als er erkennt, daß bei einem offensiven Vorgehen gegen Frankreich mit dem Zusammengehen Rußlands, Frankreichs und Englands gerechnet werden muß.

Die Orientkrise und ihre Folgen

4.4.2.

Kurze Zeit später beginnt eine neue Krise im Orient, die zu einer Verschärfung der englisch-russischen, aber auch der russisch-österreichischen Spannungen führt, Deutschland allerdings aus der außenpolitischen Isolation heraushilft. Antitürkische Aufstände in Bosnien, Herzegowina und Bulgarien dauern bereits längere Zeit an, als im Sommer 1876 Serbien und Montenegro dem Sultan den Krieg erklären. Die Großmächte verfolgen die Kriegshandlungen mit gespannter Aufmerksamkeit, sind doch im Krisengebiet die expansiven Interessen Rußlands, Österreich-Ungarns und Englands unmittelbar tangiert. Ihr Versuch, die Hohe Pforte zu Reformen in den Balkanprovinzen zu zwingen, scheitert an der Ablehnung durch den Sultan, der insgeheim der englischen Unterstützung sicher ist.

Die Zarenregierung ist nun entschlossen, militärisch einzugreifen, versichert sich aber vorher der Neutralität Österreich-Ungarns, indem sie einer späteren Okkupation Bosniens und der Herzegowina durch Österreich zustimmt. Im April 1877 erfolgt die *Kriegserklärung Rußlands an die*

Orientkrise und Russisch-türkischer Krieg

Türkei, wobei der Zarismus, an dessen Seite Rumänien steht, die Herrschaft auf dem Balkan und die Einnahme Konstantinopels anstrebt. Für die Balkanvölker ist der Krieg ein *nationaler Befreiungskrieg*. Mangelhafte Ausbildung und Ausrüstung lassen die russischen Armeen nur langsam vorankommen. Erst nach der Erstürmung der Festung Plevna (10. Dezember 1877) und der Befreiung Bulgariens endet der Krieg Anfang 1878 wenige Kilometer vor Konstantinopel. Es folgt am 3. März 1878 der Friedensvertrag von San Stefano.

Frieden von San Stefano

In diesem Vertrag erkennt die Hohe Pforte die Schaffung eines unter zaristischem Einfluß stehenden *großbulgarischen Staates* an, ferner die *Unabhängigkeit Rumäniens*, *Montenegros* und *Serbiens* sowie – in Widerspruch zu den vorherigen russisch-österreichischen Absprachen – die *Autonomie Bosniens und der Herzegowina*. Rußland erhält Südbessarabien und besetzt bis zur Tilgung der hohen türkischen Kriegskontribution Batum, Kars, Ardahan und Bayazit.

Berliner Kongreß

Rußland ist an einem schnellen·Abschluß eines Friedensvertrages interessiert, da es auf den hartnäckigen Widerstand Englands und Österreich-Ungarns stößt. Dieser Widerstand verstärkt sich nach Bekanntwerden der Friedensbedingungen. Zu neuen Kriegshandlungen nicht mehr fähig, muß Rußland Konzessionen machen, die auf dem Berliner Kongreß im Sommer 1878 sanktioniert werden: Von dem geplanten Großbulgarien wird der südliche Teil (Ostrumelien) abgetrennt und verbleibt als autonomes Gebiet innerhalb der Türkei. Auch das Restfürstentum Bulgarien muß formell die Oberhoheit der Pforte anerkennen. Österreich-Ungarn darf Bosnien und Herzegowina sowie den Sandschak Novi Pazar okkupieren. Rußland erhält Kars, Ardahan und Batum. Die Unabhängigkeit Serbiens, Montenegros und Rumäniens wird bestätigt, trotzdem erfüllen sich die nationalen Hoffnungen der Balkanvölker auf dem Berliner Kongreß nur zum Teil. Gleichzeitig entstehen durch den Kongreß Keime neuer Konflikte auf dem Balkan. Vor allem das englische Eingreifen blockiert den russischen Zugriff zu den Meerengen und erreicht die Garantie der, allerdings weitgehend formellen, Unabhängigkeit der Türkei. Prinzipiell bleibt die Interessenlage der Großmächte in diesem Gebiet unverändert. Die russisch-englischen und russisch-österreichischen Spannungen bestehen auch nach dieser Orientkrise weiter.

Die Basis der Dreikaiserpolitik wird jedoch nicht nur von fortgesetzten russisch-österreichischen Differenzen unterhöhlt. Die herrschenden Klassen Rußlands machen für die Revision der Bestimmungen von San Stefano die deutsche Seite verantwortlich, insbesondere Bismarck, den Vorsitzenden des Berliner Kongresses. Die deutsch-russischen Beziehungen verschlechtern sich außerdem durch die infolge anhaltender wirtschaftlicher Depression von beiden Staaten erhobenen *Schutzzölle*, die den Export deutscher Industriewaren nach Rußland und russischer Agrarprodukte nach Deutschland erheblich behindern.

Zweibund

So entschließt sich Bismarck für ein zweiseitiges Bündnis mit Österreich-Ungarn. Wenngleich der im Oktober 1879 abgeschlossene Zweibund die gegenseitige Beistandsverpflichtung ausschließlich auf einen Angriff durch Rußland einschränkt, interpretiert die Mehrheit der herrschenden Klassen beider Länder das Bündnis, dessen Einzelbestimmungen geheim bleiben, im Einklang mit den die internationalen Beziehungen prägenden wirtschaftlichen und machtpolitischen Trends als Option gegen Rußland.

Deutschland kann das weiter verfolgte Ziel eines Dreikaiserbündnisses trotz des Widerstands Österreichs zeitweilig erreichen. Die zaristische Regierung schwenkt angesichts der inneren Krise, der Sorge vor außenpolitischer Isolation und englischem Vordringen an den Meerengen sowie des vorläufigen Abflauens der handelspolitischen Spannungen auf die erneuerte Dreikaiserpolitik ein. Im Juni 1881 kommt ein regelrechter Bündnisvertrag zustande mit der Verpflichtung wohlwollender Neutralität, falls sich einer der Partner im Krieg mit einer vierten Macht befindet, und gemeinsamer Absprachen bei beabsichtigten Veränderungen des Status quo auf dem Balkan. Das Prinzip der Schließung der Meerengen für nichttürkische Schiffe wird bekräftigt, wodurch Rußland sich gegen ein englisches Vordringen in das Schwarze Meer absichert. *(Randnotiz: Erneuerung der Dreikaiserpolitik)*

Das Abkommen verdeckt die bestehenden Gegensätze nur oberflächlich. Dennoch folgt in Europa eine *Phase der Entspannung*, weil die Kolonialexpansion der Großmächte zunimmt und gefährliche englisch-französische Konflikte in Afrika und später englisch-russische Kontroversen in Zentralasien auslöst. Selbst in den deutsch-französischen Beziehungen kommt es zur vorübergehenden partiellen Annäherung. Italien schließt sich nach kolonialpolitischen Abenteuern in Tunesien, die daran scheitern, daß Frankreich rascher zugreift (1881), dem Zweibund an. Am 30. Mai 1882 wird der Dreibundvertrag unterzeichnet, der zum gegenseitigen Beistand im Falle des Angriffs durch eine oder mehrere andere Großmächte verpflichtet. *(Randnotiz: Dreibund)*

Die außenpolitische Krise 1885–1887/88   4.4.3.

Als im September 1885 eine bulgarische Erhebung in Ostrumelien einen großbulgarischen Staat proklamiert, gerät der russisch-österreichische Balkankompromiß aus den Fugen. Die Vereinigung Bulgariens veranlaßt den Zarismus zu dem Versuch, seinen früher beherrschenden Einfluß im Fürstentum wiederherzustellen. Aber die Habsburgermonarchie denkt nicht daran, in den letzten Jahren gewonnene Positionen preiszugeben. Beide Großmächte werden durch den *Serbisch-bulgarischen Krieg* von 1885, in dem Bulgarien die Oberhand behält, noch tiefer in die Balkankrise hineingezogen.

Bismarck drängt auf Ausgleich und Interessenabgrenzung, kann aber den Zusammenbruch der Dreikaiserpolitik nicht verhindern. Zugleich verschlechtern sich durch beiderseitige neue Zollerhöhungen die deutsch-russischen Beziehungen. Die Krise in den Dreikaiserbeziehungen fällt mit einer rapiden Verschärfung des deutsch-französischen Gegensatzes zusammen. Im Frühjahr 1885 wird das kolonialpolitisch orientierte Kabinett Jules-François-Camille Ferry in Frankreich gestürzt. Kolonialpolitische Mißerfolge, Auswirkungen einer Wirtschaftskrise, zunehmende Differenzen innerhalb des bürgerlichen Lagers und eine Zuspitzung der Klassengegensätze erzeugen eine innenpolitische Labilität, durch die re- *(Randnotiz: Europäische Doppelkrise)* vanchistische Bewegungen Auftrieb erhalten und die Auseinandersetzungen mit Deutschland wieder ins Zentrum der Außenpolitik der neuen, von Wortführern der schwerindustriellen Bourgeoisie beherrschten Regierung rückt. Diese *Doppelkrise* in den Ost- und Westbeziehungen des Deutschen Reiches gefährdet die Substanz der Bismarckschen Außenpolitik.

Um einen Zweifrontenkrieg zu vermeiden, ist die deutsche Seite seit Herbst 1886 bestrebt, durch Verlagerung russisch-österreichischer Gegensätze auf den Ostbalkan sowie Förderung von Spannungen an den Meerengen eine Konzentration der Antagonismen an einem für Deutschland relativ ungefährlichen peripheren Terrain zu schaffen, um die deutsch-russischen Differenzen auf eine zweitrangige Position zu reduzieren und England und Italien zu veranlassen, gemeinsam mit der Habsburgermonarchie in diesem Gebiet zu einer aktiven antirussischen Politik überzugehen. Bismarck rechnet mit einem solchen Engagement, nachdem 1886 die Konservativen unter Salisbury die Regierung in England übernehmen und expansive Kreise der italienischen Bourgeoisie, deren Wortführer Ministerpräsident Crispi ist, abenteuerliche Kolonialpläne im Mittelmeerraum verfolgen. Käme es zum militärischen Konflikt zwischen Rußland und den drei Mächten, schwebt als günstigste Lösung die deutsche Nichtbeteiligung am Kriege vor, weil sie sogar die Chance böte, Frankreich anzugreifen, ohne des russischen Eingreifens gewärtig sein zu müssen.

Allerdings bewertet die deutsche Regierung die Chancen für das Zustandekommen einer solchen Konstellation zweier gleichzeitiger, separat ablaufenden Kriege nicht so hoch, um nicht zugleich alternative Lösungswege zu verfolgen: zum einen das Ziel, mit diplomatischen Mitteln die Kriegsgefahr zu bannen oder wenigstens hinauszuschieben, zum anderen die Variante, durch umfassende Aufrüstung binnen weniger Jahre militärische Überlegenheit auch für einen Zweifrontenkrieg zu erreichen.

Verträge von 1887 — Die 1887 zwischen den Großmächten abgeschlossenen Verträge schaffen nur eine relativ kurze Periode des Gleichgewichts. Bei der *Erneuerung des Dreibundvertrages* erkennen die Partner Italiens Kolonialinteressen in Nordafrika, im östlichen Mittelmeer- und dem Balkanraum an. In der *Mittelmeerentente* zwischen England, Österreich-Ungarn und Italien, die gegen Jahresende zu dem auch offensives Vorgehen einschließenden *Orientdreibund* erweitert wird, einigen sich die drei Mächte, den Status quo in der Türkei und in Bulgarien zu wahren und bei seiner Störung durch Rußland gemeinsame Maßnahmen einzuleiten. Im Juni 1887 schließen Rußland und Deutschland den geheimen *Rückversicherungsvertrag* ab, der die russische Neutralität im Fall eines französischen Angriffs auf Deutschland und die deutsche Neutralität im Fall eines österreichischen Angriffs auf Rußland vereinbart. In einem »ganz geheimen« Zusatzprotokoll erhält Rußland von Deutschland moralische und diplomatische Unterstützung zugesagt, wenn es die Meerengen besetzt und seine bulgarischen Interessen wahrt.

Ende der »Ära Bismarck«

Bereits Ende 1887 zeigt sich jedoch, daß Bismarcks Pläne auf Dauer illusorisch sind. In Rußland verlieren die Anhänger eines Zusammengehens mit Deutschland um den Außenminister Nikolaj Karlovič Giers an Boden. Besonders in der zentralrussischen Großbourgeoisie, der Armeeführung und den Spitzen der Bürokratie nehmen die Sympathien für ein Zusammengehen mit Frankreich zu, zumal Paris nach Sperrung des deutschen Kapitalmarktes den russischen Kreditwünschen bereitwillig nachkommt. In der Öffentlichkeit ist, von der panslawistisch orientierten Presse eilfertig geschürt, die Überzeugung von einer militärischen Bedrohung an den Westgrenzen viel zu beherrschend, als daß die Regierung in dieser Situation einen Vorstoß im Ostbalkan ins Auge fassen kann. Außerdem würde sich die Habsburgermonarchie angesichts ihrer militärischen Unzulänglichkeiten, innenpolitischen Krisenerscheinungen und nationalen Widersprüche niemals zu den Kriegshandlungen entschließen, ohne der Unterstützung Deutschlands absolut gewiß zu sein, selbst wenn die Mitwirkung Englands und Italiens garantiert ist. Aber England geht über diplomatischen Beistand nicht hinaus. Italien ist militärisch schwach, zudem in handelspolitische Differenzen mit Frankreich verwickelt, die einflußreiche Kreise der italienischen Handels- und Industriebourgeoisie auf eine Verständigung mit Paris gegen den abenteuerlichen Kolonialkurs Crispis drängen lassen.

So bleibt der kriegerische Konflikt aus, es kommt sogar zu einer erneuten relativen Entspannung. Jedoch ist das Dreikaiserabkommen zerbrochen, die *russisch-französische Annäherung* eingeleitet. Deutschlands Stellung in Europa verschlechtert sich. In der deutschen Großbourgeoisie selbst wachsen die kritischen Stimmen zu Bismarcks kolonialpolitischer Zurückhaltung und seinen Verständigungsversuchen mit dem Zarismus.

Die von der Unvermeidlichkeit eines Zweifrontenkrieges überzeugte neue deutsche Regierung unter Reichskanzler Caprivi (1890–1894) erneuert 1890 den Rückversicherungsvertrag nicht mehr. Sie strebt danach, England stärker an den Dreibund heranzuziehen. Noch 1890 kommt es zu einem *deutsch-englischen Abkommen*, in dem Deutschland die ostafrikanische Insel Zanzibar England überläßt und dafür Helgoland eintauscht. Der Dreibundvertrag wird vorzeitig erneuert (1891), um in Italien die dreibundfreundlichen Kräfte gegen die Befürworter eines Ausgleichs mit Frankreich zu stärken. Deutschland schließt Handelsverträge mit Österreich-Ungarn und Italien ab, die Schutzzölle zwischen den Partnern werden reduziert. Neben wirtschaftlichen Gründen sind die Verträge auch von der Absicht getragen, das Fundament der Dreibundpolitik zu festigen.

Diese Vorgänge rufen in Rußland starke Beunruhigung hervor, ohne sichere Bundesgenossen einem Angriff der Dreibundmächte und England ausgesetzt sein zu können. Dies in einer Situation, in der das Land durch innenpolitische Spannungen, Wirtschaftskrise und schwere Mißernten außenpolitisch nur begrenzten Aktionsradius besitzt. Die Forderungen nach einer Allianz mit Frankreich werden unüberhörbar. Giers versucht,

Scheitern des Bismarckschen Konzepts

Deutsch-englisches Kolonialabkommen

sie einzudämmen und zugleich die Isolationsgefahr abzubauen, indem er Bereitschaft zeigt, den Rückversicherungsvertrag, selbst ohne das Zusatzabkommen, zu erneuern. Die deutsche Unnachgiebigkeit schwächt die Position von Giers weiter, er kann nicht verhindern, daß französische Allianzangebote beim Zaren Zustimmung finden.

Russisch-französisches Bündnis

Der Besuch eines französischen Geschwaders in Kronstadt, bei dem die russische Sympathie für ein Zusammengehen mit Frankreich öffentlich sehr stark betont wird, bringt den Durchbruch. Im August 1891 schließen Frankreich und Rußland einen *Konsultativpakt*, der zur Koordinierung ihrer Politik im Falle eines deutschen Angriffs verpflichtet. Doch die Verhandlungen zum Abschluß eines regelrechten Bündnisses verlaufen stokkend. Frankreich will das Bündnis ausschließlich gegen Deutschland und den Dreibund, Rußland auch gegen England gerichtet wissen. Schließlich wird auf der Grundlage einer 1892 vereinbarten Militärkonvention ein *geheimes Bündnis* (1893) abgeschlossen, das die gegenseitige Beistandsverpflichtung im Falle des Angriffs einer Dreibundmacht und die Konzentration der militärischen Kräfte auf den Krieg gegen Deutschland vorsieht.

Von der Mitte der neunziger Jahre an stehen sich somit in Europa *zwei Militärblöcke* gegenüber. *Die Kriegsgefahr wächst.* Für Deutschland zeichnet sich real die Gefahr eines Zweifrontenkrieges ab.

Blockpolitik

Von kardinaler Wichtigkeit, auch für das Kräfteverhältnis zwischen den Blöcken, wird nun die *Haltung Englands*. Den Dreibundmächten gelingt es nicht, London zu einem vertraglich fixierten Engagement auf dem europäischen Kontinent und seinen Randzonen zu veranlassen – erst recht nicht, als 1892 die Liberalen unter Gladstone (ab 1894 Rosebery) wieder die Regierung übernehmen. Die deutsche Regierung ändert ihren Kurs und versucht, sich Rußland zu nähern. Es kommt, nicht zuletzt durch den Handelsvertrag von 1894, zwar zu einem Ausgleich zwischen beiden Mächten, aber das russisch-französische Bündnis bleibt intakt. Der österreichisch-ungarische Außenminister Kálnoky unternimmt 1893/94 einen letzten Versuch, Deutschland und England zu festen Absprachen in der Meerengenfrage zu bewegen. Als er erfolglos bleibt, orientiert sich Österreich auf ein Kompromiß mit Rußland über die Anerkennung des Status quo auf dem Balkan, eine Absprache darüber kommt 1897 zustande.

4.4.5. Koloniale Aufteilung der Welt. Kampf um die Neuaufteilung

Während in Europa die Herausbildung der beiden Militärblöcke voranschreitet, treten in der von den Großmächten forcierten *Kolonialexpansion* Entscheidungen und Konflikte hervor, die nachhaltig die Beziehungen zwischen ihnen beeinflussen werden. Diese Expansion, die in den *Kampf um die territoriale Aufteilung der Welt* einmündet, steht im Zeichen des unmittelbaren Übergangs zum Imperialismus. Bereits in den achtziger Jahren beginnt diese Entwicklung und konzentriert sich auf Asien und Afrika.

In Asien stehen Mittelasien und China im Zentrum der Auseinanderset- *Aufteilung*
zungen. In der ersten Hälfte der achtziger Jahre versucht Rußland, durch *Asiens*
das Dreikaiserabkommen im Balkan- und Meerengenraum gleichzeitig geschützt und eingeschränkt, seine mittelasiatischen Besitzungen nach Süden in Richtung Afghanistan auszudehnen. Es stößt dort aber 1885 auf
den energischen Widerstand Englands, das Indien bedroht sieht, und
muß den Vormarsch abbrechen. Als Frankreich bei seiner Aggression in
Indochina 1885 einen Krieg mit China auslöst, erblickt London darin
ebenfalls eine »Gefährdung Indiens«, annektiert 1885/86 Oberburma und
unterstützt China gegen Frankreich. In den folgenden Jahren versuchen
in China Rußland in Richtung Mandschurei und Korea, Frankreich in
Richtung auf die Südprovinz Jünnan und Großbritannien in Richtung auf
das Jangtsegebiet vorzustoßen und Einflußsphären zu gewinnen. Ein
neuer Konflikt entsteht, als 1894 Japan China angreift, um Positionen auf
dem Festland zu erobern, und im *Frieden von Shimonoseki* 1895 China zur
Abtretung Formosas und Liaotungs sowie zur Anerkennung der Unabhängigkeit Koreas zwingt. Rußland sieht seine Ansprüche in der Mandschurei bedroht und nötigt, von Frankreich und Deutschland unterstützt, Japan durch massiven Druck zur Rückgabe Liaotungs. England
beteiligt sich nicht an dieser antijapanischen Aktion und kann damit den
Weg für das spätere Bündnis mit der neuen Großmacht ebnen.

An der Aufteilung Afrikas, die bereits in den achtziger Jahren weit voran- *Aufteilung*
getrieben wird, sind hauptsächlich England und Frankreich beteiligt. *Afrikas*
Frankreich stößt von Algerien und Tunesien aus südwärts in Richtung Sahara, Senegal und Kongo sowie im Osten zum westlichen Sudan vor. England ist bestrebt, in der östlichen Hälfte Afrikas einen geschlossenen Ko-
lonialkomplex von der Kapkolonie bis nach Ägypten zu schaffen (Cecil
Rhodes' Kap-Kairo-Projekt), der der Sicherung des Suezkanals, aber vor
allem Indiens dienen soll. Die englische Regierung nimmt 1882 den Ora-
biaufstand in Ägypten zum Vorwand, um trotz französischen Protests das
Land zu okkupieren. Das weitere Vordringen Englands in den Sudan
scheitert zunächst am entschlossenen Widerstand der Bevölkerung. Neue
Hindernisse entstehen im Kongogebiet, wo England auf französisch-deutschen Druck hin 1884/85 die Scheinselbständigkeit des Kongostaats anerkennen muß. Im südlichen Afrika wird Englands Expansion durch die
Mitte der achtziger Jahre von Deutschland annektierten Kolonialgebiete
behindert. Zwischen beiden Mächten entstehen schärfere Spannungen,
die auch aus der beiderseitigen Konkurrenz in der Frage einer Aufteilung
des portugiesischen Kolonialbesitzes und des Einflusses in den Buren-
staaten Transvaal und Oranje, die angesichts reicher Gold- und Diaman-
tenfunde große wirtschaftliche Vorteile versprechen, resultieren. Ein englischer Eroberungsversuch Transvaals Ende 1895/Anfang 1896 (Jameson-
Überfall) ruft militante Proteste Deutschlands hervor.

Ende des 19. Jh. ist die Aufteilung Afrikas weitgehend abgeschlossen.
England und Frankreich haben sich den Löwenanteil gesichert, 1898 prallen die Expansionsbestrebungen beider Staaten im Sudangebiet (*Faschodakrise*) noch einmal hart aufeinander. Der Verzicht Frankreichs auf das
Nilgebiet 1899 ermöglicht eine Abgrenzung ihres Kolonialbesitzes.

Kampf um Neuaufteilung der Welt

Mit der vollen Ausprägung des Imperialismus um 1900 geht das Ringen um den Abschluß der territorialen Aufteilung der Welt in den Kampf um deren *Neuaufteilung* über. Deutschland, die USA, Japan und Italien, die bei der Aufteilung der Welt zu spät und zu kurz gekommen sind, beanspruchen größere Anteile an Kolonialbesitz und Einflußsphären.

Krieg USA–Spanien

Den *ersten imperialistischen Krieg* lösen 1898 die USA gegen Spanien aus. Mit dem Ziel der Verstärkung ihres ökonomischen und politischen Einflusses auf dem amerikanischen Kontinent beabsichtigen die USA, die wirtschaftlich und strategisch besonders relevanten Inseln Kuba und Puerto Rico zu annektieren. Zugleich beginnen die USA, ihre Expansion auf Asien auszudehnen; die Eroberung der Philippinen ist die erste Station auf diesem Wege. In allen drei Gebieten nutzen die USA Unabhängigkeitsbewegungen gegen die spanische Kolonialmacht, erklären Spanien den Krieg und vernichten rasch dessen Flotte und Kolonialtruppen. Im *Pariser Friedensvertrag* von 1898 erhalten die USA die Philippinen, Puerto Rico und Guam als Kolonialbesitz, Kuba wird formell unabhängig, ist aber de facto eine USA-Kolonie. Die Unabhängigkeitsbewegungen werden unterdrückt.

Burenkrieg

Einen grausamen Krieg gegen die Buren führt England 1899–1902. Im Austausch für Konzessionen in der Bagdadbahnfrage sichert sich London das deutsche Wohlwollen und inszeniert im Frühjahr 1899 Provokationen gegen die zwei Burenrepubliken, auf die beide Staaten im Oktober 1899 mit der Kriegserklärung an England antworten. Nach Anfangserfolgen unterliegen die Buren Mitte 1900, setzen ihren Widerstand aber im Buschkrieg fort. Erst 1902 kapitulieren sie und werden dem britischen Kolonialreich angegliedert. Zwischen der burischen Oberschicht und der britischen Kolonialbourgeoisie in Südafrika beginnt eine enge Verflechtung, deren Basis die Unterdrückung der afrikanischen Bevölkerung ist.

Chinafrage

Im Zentrum kapitalistischer Auseinandersetzungen steht um 1900 vor allem China. Seit 1897 ist die Aufteilung des Landes in Einflußsphären weiter vorangeschritten, indem die Großmächte der chinesischen Regierung »Pachtverträge« aufzwingen. *Deutschland* erwirbt Kiautschou und dehnt seinen Einfluß auf die Halbinsel Schantung aus, *Rußland* setzt sich in Port Arthur fest und verstärkt seinen Einfluß in der Mandschurei, *Frankreich* besetzt im Südosten die Kwang-tschouwan-Bucht, und *England* gewinnt wichtige Positionen auf der Halbinsel Weihaiwai. Die zu spät kommenden USA proklamieren das Prinzip der »offenen Tür« (Hay-Doktrin), um zumindest für ihren Handel mit China alle Chancen zu besitzen.

Gegen den Volksaufstand von 1900 (Yihetuan) kommt es zur direkten *Intervention der Großmächte*, bei der der deutsche Imperialismus besonders aggressiv auftritt (»Hunnenrede« Kaiser Wilhelms II.). Der Aufstand wird brutal unterdrückt. Aber die äußerliche Gemeinsamkeit verstärkt letztlich nur das gegenseitige Mißtrauen der Mächte, so daß schließlich das Prinzip der »offenen Tür« als Kompromißformel für den Status quo gewahrt bleibt.

Japanisch-russischer Krieg

In der Folgezeit spitzt sich in Ostasien der russisch-japanische Gegensatz zu. Der japanische Imperialismus plant einen neuen Vorstoß gegen Korea und die Mandschurei. England schließt 1902 einen Bündnisvertrag mit Japan ab, um dem japanischen Imperialismus die gewünschte Eindämmung des russischen Expansionsdrangs in Ostasien zu ermöglichen und das zaristische Machtpotential zugleich an anderen Konfliktherden zu schwächen.

Obwohl die Armee ungenügend militärisch ausgerüstet ist, setzen sich in den herrschenden Kreisen Petersburgs die Kräfte durch, die zur Wahrung des Einflusses in China den Krieg gegen Japan befürworten. Vor allem sind sie bemüht, die Lösung der inneren Widersprüche durch eine aggressive Außenpolitik herbeizuführen. Der Japanisch-russische Krieg beginnt im Februar 1904 mit dem Überfall Japans auf die russische Flotte im Hafen von Port Arthur. In mehreren Land- und Seeschlachten (die wichtigsten: Mukden und Tsushima) wird Rußland besiegt und muß im *Friedensvertrag von Portsmouth* 1905 Port Arthur, Südsachalin und seinen Einfluß in der Südmandschurei an Japan abtreten, das außerdem Korea faktisch als Protektoratsgebiet erhält. Der Zarismus benötigt den raschen Friedensschluß auch, um die inzwischen ausgebrochene *Revolution* niederwerfen zu können. Rußland beschränkt sich in Ostasien in den folgenden Jahren auf die defensive Bewahrung der noch verbliebenen Positionen und erreicht dadurch in diesem Gebiet eine Annäherung an Japan und England.

Das imperialistische Staatensystem vor dem ersten Weltkrieg im Zeichen des deutsch-englischen Gegensatzes
4.4.6.

Die mit der imperialistischen Expansion verbundenen weltpolitischen Reibungen wirken auf das Verhältnis zwischen den Großmächten in Europa zurück. Verschärft wird vor allem der deutsch-englische Gegensatz, der zum *internationalen Hauptantagonismus* anwächst.

Deutsch-englischer Gegensatz

Für den ökonomisch besonders starken deutschen Imperialismus bilden die englischen Positionen in der Welt immer spürbarer das Haupthindernis weiterer Expansion. Anders als der ökonomisch noch stärkere USA-Imperialismus, der über ausgedehnte Herrschaftsbereiche und Einflußzonen auf dem amerikanischen Kontinent verfügt, stoßen die auf Beherrschung Mitteleuropas abzielenden Pläne des deutschen Imperialismus auf den Widerstand der europäischen Großmächte. Sein Drang nach weiteren Absatzmärkten für die rasch erstarkende Industrie und seine Expansionsziele in Afrika, im Vorderen Orient, im Pazifik und in Südamerika treffen hauptsächlich auf die Gegnerschaft der britischen Großbourgeoisie, die ihr Kolonialreich nicht nur zu behaupten, sondern noch auszudehnen beabsichtigt. Bereits seit Mitte der neunziger Jahre verschlechtert sich das deutsch-englische Verhältnis durch die kolonialen Konflikte. Die Konkurrenz auf dem Weltmarkt sowie der Expansionismus des deutschen Imperialismus verschärfen die deutsch-englischen Widersprüche. Vor allem der Bagdadbahnbau, der mit erheblichem (auch politisch-militärischem) Einflußgewinn in der Türkei verbunden ist und fundamentale strategische und ökonomische Ziele des britischen Imperialismus bedroht und

Bagdadbahn

auch russische Interessen tangiert, trägt dazu bei. Die weltpolitischen Divergenzen äußern sich zuerst in zunehmender Reserviertheit Englands gegenüber dem Dreibund. Seit Ende der neunziger Jahre unterstreicht der deutsche Imperialismus seinen globalen Machtanspruch durch den Aufbau einer Hochseeflotte, die direkt die Auseinandersetzung mit England provoziert.

Zwischen 1898 und 1901/02 kommt es angesichts der Faschodakrise und der russisch-englischen Spannungen im Fernen Osten nochmals zur kurzzeitigen Annäherung zwischen Deutschland und England. Nach dem Ende des Burenkrieges und dem Abschluß des Bündnisvertrages mit Japan vollzieht England eine sichtbare Wendung gegen Deutschland, die sich in scharfen Stellungnahmen gegen den Bagdadbahnbau und die deutsche Flottenrüstung äußert.

Englisch-französische Annäherung

Um für die Auseinandersetzung mit dem deutschen Imperialismus gewappnet zu sein, benötigt England Bundesgenossen, die über starke Landarmeen verfügen. Deshalb bietet sich die Annäherung an Frankreich an. Die deutsch-französischen Spannungen sind seit 1871 nicht nur unversöhnlich geblieben, sondern weiten sich unter imperialistischen Vorzeichen aus, weil beide Staaten sich (auf Kosten des Gegners) in Europa und Afrika territorial auszudehnen beabsichtigen. So sind es in erster Linie die gemeinsamen Interessen gegenüber Deutschland, die England und Frankreich zusammenführen, ohne daß alle Gegensätze zwischen ihnen ausgeräumt werden. Für Frankreich ist ein solches Übereinkommen noch dringlicher, sein Bundesgenosse Rußland ist im Fernen Osten gebunden, militärisch geschwächt und scheint sich Annäherungsversuchen der deutschen Regierung nicht zu widersetzen.

Italienisch-französischer Ausgleich

Es gelingt Frankreich, Italien faktisch aus dem Dreibund herauszubrechen. Nach dem gescheiterten Versuch, Äthiopien zu okkupieren (1896), setzen sich in der italienischen Großbourgeoisie jene Kreise durch, die die Wirtschafts- und Finanzmisere mit Hilfe französischen Kapitals und eines Handelsvertrages mit Frankreich beheben wollen, zumal Deutschland die Expansionsabsichten und das Kapitalbedürfnis Italiens nicht ausreichend befriedigt. Frankreich geht bereitwillig auf die wirtschaftlichen Wünsche Italiens ein und verspricht sogar, die italienischen Interessen in Tripolis zu unterstützen, falls Italien einer Besetzung Marokkos durch Frankreich zustimmt; 1902 erfolgt ein französisch-italienisches Abkommen, in dem sich beide Seiten zur Neutralität verpflichten, falls einer der Partner von dritten Mächten angegriffen werden sollte.

Entente cordiale

Im Sommer 1903 werden beim Staatsbesuch des französischen Präsidenten Loubet in London englisch-französische Verhandlungen aufgenommen, sie zielen auf einen Ausgleich der kolonialen Interessen beider Staaten, hauptsächlich in Afrika. Am 8. April 1904 wird das Abkommen unterzeichnet. Im veröffentlichten Teil ist die gegenseitige Anerkennung des britischen Einflusses in Ägypten und des französischen in Marokko fixiert. In einem Geheimabkommen akzeptieren beide Seiten auch eine spätere koloniale Unterwerfung Ägyptens und Marokkos. Schließlich werden die Einflußsphären beider Staaten abgestimmt. Zwar enthält das Abkommen keine ausdrücklich gegen Deutschland gerichteten Klauseln, aber gerade darin liegt der Sinn der Entente cordiale. Beide Staaten nehmen geheime Verhandlungen zu militärischen Absprachen auf.

Ende 1904 versuchen die herrschenden Kreise Frankreichs, über eine an politische Bedingungen geknüpfte Anleihe die Kolonialisierung Marokkos einzuleiten. Um diese Bestrebungen zu durchkreuzen, landet der deutsche Kaiser Wilhelm II. am 31. März 1905 im marokkanischen Hafen Tanger und warnt in provokatorischer Weise vor einer Unterwerfung des Landes. Hinter dieser theatralischen Aktion stehen gewichtige deutsche Wirtschafts- und Handelsinteressen. Vor allem Krupps Waffenexport scheint durch den französischen Konzern Schneider-Creusot bedroht, auch besteht deutscherseits Interesse am marokkanischen Eisenerz. England sichert Frankreich Unterstützung zu, für den Kriegsfall auch militärische Hilfe auf dem Kontinent. Aber die französische Regierung weicht angesichts des wahrscheinlichen Ausfalls Rußlands als Bündnispartner zurück. Die deutsche Führung ist sich der momentan günstigen militärischen Lage gewiß und forciert entsprechende militärische Planungen (Schlieffenplan), stimmt aber zugleich einer Konferenz zur Marokkofrage zu, um die internationale Lage zu testen. Die Isolation, in der sich jedoch Deutschland auf der 1906 in Algeciras einberufenen *Marokko-Konferenz* befindet, und Bedenken der Regierung wegen der Haltung der Sozialdemokratie im Kriegsfall lassen Kriegserwägungen rasch zurücktreten. Selbst Rußland und Italien stimmen zu, daß bei Gewährleistung der Handelsfreiheit Frankreich politische Prioritätsrechte in Marokko erhält, die eine sukzessive Unterwerfung des Landes ermöglichen. [rechte Marginalie: Erste Marokkokrise]

Die deutsche Regierung hat bereits 1905 große Anstrengungen unternommen, um dem durch Revolution und Niederlage im Krieg gegen Japan geschwächten Rußland eine Annäherung aufzuzwingen. Diese Annäherung soll sowohl das russisch-französische Bündnis untergraben als auch die Möglichkeit ausschalten, daß sich Frankreich und Rußland zusammen mit England gegen Deutschland verbünden. Außerdem ist das deutsche Großkapital an einer Stabilisierung des Zarenregimes interessiert, um die umfangreichen deutschen Investitionen zu sichern; es hofft darauf, daß eine zunehmende Abhängigkeit Rußlands trotz der für den russischen Getreideexport nachteiligen deutschen Zollerhöhungen die Absatzmöglichkeiten deutscher Waren in Rußland erweitern und schließlich den russischen Widerstand gegen den mit dem Bagdadbahnbau verbundenen deutschen Vorstoß im Nahen Osten abbauen werde. Aber alle Versuche der deutschen Regierung, bei einem Treffen in der Nähe von Björkö (Finnland) im Juli 1905 den Zaren in ein Bündnis zu drängen, scheitern an der Festigkeit des französisch-russischen Bündnisses.

Die Annäherung zwischen Frankreich und Rußland wird vor allem durch den sich verschärfenden deutsch-englischen Gegensatz bewirkt. Die Flottenrivalität erreicht 1906 durch den Bau neuer Schlachtschifftypen eine höhere Stufe. In dem mit dem Bagdadbahnbau verbundenen deutschen Vorstoß in Richtung Mesopotamien sieht England seine Positionen in Indien und am Suezkanal bedroht. Der Weg für einen englisch-russischen Ausgleich wird endgültig frei, als der deutsche Imperialismus die Interessen seiner russischen und englischen Kontrahenten nicht nur im Nahen [rechte Marginalie: Englisch-russische Entente]

Osten, sondern nunmehr auch im Mittleren Osten bedroht: 1905/06 gründen deutsche Banken eine Niederlassung in Persien. Im August 1907 grenzen England und Rußland ihre Einflußsphären in Mittelasien ab. Persien wird in eine russische und eine englische Einflußzone aufgeteilt, Afghanistan wird englisches Einflußgebiet, während Tibet im chinesischen Staatsverband verbleibt. Wichtige Differenzen, wie die Meerengenfrage, bleiben bestehen. Aber solche Spannungen wirken sekundär angesichts des Stellenwertes des deutsch-englischen Antagonismus und neuer Konflikte zwischen Rußland und dem Zweibund. Die sich abzeichnende Konzentration Englands und Rußlands auf Europa – Rußland orientiert sich nach dem Scheitern seiner Ostasienpläne wieder vorrangig auf den Balkan – läßt den Wert der Entente cordiale steigen, weil bei dieser Interessenlage beide Partner stärker mit dem deutschen Imperialismus kollidieren und sich mehr und mehr aufeinander angewiesen sehen.

Triple-Entente England hat sich durch das Abkommen mit Rußland von 1907 faktisch dem russisch-französischen Militärblock (Triple-Entente) angeschlossen. Das Konzept der deutschen Außenpolitik, die für konstant und nicht ausgleichbar gehaltenen englisch-französischen und russisch-englischen Gegensätze zur Wahrung der eigenen Expansionsziele zu nutzen, ist gescheitert. *Die Weichen für die internationale Konstellation von 1914 sind gestellt:* Deutschland ist weitgehend isoliert, nur noch das Bündnis mit Österreich-Ungarn ist intakt, und der Balkan wird wiederum, allerdings unter imperialistischen Vorzeichen, zum internationalen Hauptkrisenherd.

Bosnische Krise Die *Dauerkrise auf dem Balkan* beginnt, als angesichts der jungtürkischen Revolution von 1908 die Habsburgermonarchie ein Anwachsen nationaler Bewegungen, besonders der unterdrückten südslawischen Völker gegen die Doppelmonarchie und für die Vereinigung mit Serbien, befürchtet und solchen Entwicklungen durch eine Annexion Bosniens und der Herzegowina präventiv zu begegnen trachtet. Der österreichische Außenminister Aehrenthal hat sich zuvor der Zustimmung des russischen Außenministers Izvol'ski versichert und dafür die österreichische Zustimmung zur Öffnung der Meerengen für russische Kriegsschiffe versprochen. Bevor aber Izvol'ski eine diplomatische Aktion in der Meerengenfrage überhaupt einleiten kann, vollzieht Österreich im Oktober 1908 die *Annexion*. Am Ende muß Rußland nicht nur die Aussichtslosigkeit englischer und französischer Konzessionen in der Meerengenfrage konstatieren, sondern sogar auf ultimativen deutschen Druck gemeinsam mit Serbien die Annexion akzeptieren. Eine Verschärfung der Spannungen zwischen Rußland und Serbien einerseits und dem Zweibund andererseits beendet die etwa zehn Jahre während internationale »Ruhepause« auf dem Balkan. Die Spannungen werden durch die seit den neunziger Jahren rasch zunehmende wirtschaftliche Expansion des deutschen Imperialismus in diesen Raum und seine Nahostinteressen noch vertieft.

Zweite Marokkokrise Die Reibungen Deutschlands mit den Westmächten nehmen ebenfalls weiter zu. Frankreich nützt 1911 einen *Aufstand in Marokko*, um die Hauptstadt Fez zu besetzen. Berlin protestiert sofort und entsendet das Kanonenboot »Panther« nach Agadir (Panthersprung). Wiederum ist das Vorgehen beider Regierungen zugleich von wirtschaftlichen Interessen einflußreicher Kreise des Finanzkapitals, auf deutscher Seite besonders des Mannesmann-Konzerns, bestimmt. Deutschland bleibt erneut weitgehend isoliert. England steht auf Frankreichs Seite, aber Rußland kann auch diesmal nur diplomatische, nicht militärische Unterstützung leisten. So kommt ein Kompromiß zustande: Bei Wahrung eigener wirtschaftlicher Interessen erkennt Berlin das *französische Protektorat über Marokko* an und erhält dafür einen Teil Französisch-Kongos.

In den folgenden Jahren konzentrieren sich beide Militärblöcke auf umfangreiche Rüstungen, um auf den allgemeinen Krieg jederzeit vorbereitet zu sein. Diplomatische Versuche, die Bündnisse zu lockern, scheitern und führen höchstens bei kleineren Konflikten noch zu Kompromissen, die aber die generelle Konstellation der Mächte nicht verändern und den Dauerzustand politischer Hochspannung nicht abklingen lassen.

Die Verhärtung der Fronten zwischen den Militärblöcken und das Umworbensein von beiden Seiten nutzt der italienische Imperialismus, um seine langgehegten Pläne zur Eroberung von Tripolis und der Cyrenaika zu realisieren. Im Herbst 1911 eröffnet Italien den *Krieg gegen die Türkei* und zwingt die Pforte ein Jahr später, beide Provinzen abzutreten. **[Randnotiz: Italienisch-türkischer Krieg]**

Die Schwächung der Türkei fördert die nationale Befreiungsbewegung der Balkanvölker. Mitte 1912 schließen sich Bulgarien, Serbien, Griechenland und Montenegro zum *Balkanbund* zusammen, der die Reste der türkischen Herrschaft in Südosteuropa beseitigen will, sich aber ebenso gegen österreichische Interessen richtet. Rußland ist bestrebt, den Balkanbund als Instrument eigener Interessen einzusetzen, während die Westmächte zwar auf eine Schwächung des österreichischen Einflusses auf dem Balkan und des deutschen in der Türkei hoffen, England aber sich nach wie vor einer Lösung der Meerengenfrage im russischen Sinne widersetzt. Im Oktober 1912 beginnen die Balkanstaaten den Krieg. Die Türkei ist im ersten Balkankrieg militärisch rasch besiegt und büßt ihre europäischen Restbesitzungen nahezu vollständig ein. **[Randnotiz: Erster Balkankrieg]**

Im Vorfeld der Friedensverhandlungen kommt es angesichts der serbischen Forderung nach einem Adriahafen, mit dem die wirtschaftliche Umklammerung durch die Habsburgermonarchie durchbrochen werden soll, zu einer harten Kontroverse zwischen Wien und Belgrad, bei der sich Deutschland und Rußland entschieden auf die Seite ihrer Schützlinge stellen. Die Konstellation von 1914 ist vorweggenommen. Aber noch bricht der allgemeine Krieg nicht aus – wegen der noch nicht abgeschlossenen russischen Rüstungen, der soeben erst eingeleiteten deutschen Heeresverstärkungen, der Stellungnahme Englands gegen Deutschland, der Meinungsverschiedenheiten zwischen den Ententemächten und angesichts machtvoller Antikriegskundgebungen unter Führung der Arbeiterbewegung in den europäischen Hauptländern. Frankreich gewährt aber dem Zarismus eine neue Anleihe, um dessen Aufrüstung zu beschleunigen. Bei den *Londoner Friedensverhandlungen* 1913 muß Serbien zwar auf die Erlangung eines Adriahafens verzichten, sichert sich aber zusammen mit Bulgarien den Hauptanteil an den der Türkei abgenommenen Gebieten.

Die ungleichen Gebietsgewinne lassen die unter den Balkanstaaten längst latenten Spannungen offen hervortreten, vor allem den serbisch-bulgarischen Gegensatz. Die Habsburgermonarchie schaltet sich ein, um mit Hilfe Bulgariens den Einfluß ihres Hauptgegners Serbien zurückzudrängen. Im Juni 1913 greift Bulgarien seine ehemaligen Bundesgenossen an (zweiter Balkankrieg), ohne ihnen jedoch militärisch gewachsen zu sein, **[Randnotiz: Zweiter Balkankrieg]** zumal auch noch Rumänien und die Türkei an der Seite der Verbündeten in den Krieg eintreten. Bulgarien muß schließlich seinen Gebietszuwachs aus dem ersten Balkankrieg fast vollständig an die Siegerstaaten abtreten.

Internationale Situation 1914

Der Ausgang des zweiten Balkankrieges schwächt die Position Österreich-Ungarns. Der österreichisch-serbische Gegensatz verschärft sich aufs äußerste, zumal die Sympathien der südslawischen Bevölkerung in der Habsburgermonarchie für das gestärkte Serbien den Bestand des morschen Vielvölkerstaates akut gefährden. Zwischen Rußland und Frankreich bestehen geheime Militärkonventionen, die auf die Unterstützung des Partners im Falle eines Krieges gegen Deutschland hinauslaufen. Aber zwischen Rußland und England enden solche Verhandlungen ohne Ergebnis. Berlin hofft neuerlich auf Spannungen in der Entente, zumal im ersten Halbjahr 1914 russisch-englische Differenzen in der Persienfrage auftreten, während zwischen Deutschland und England in der Bagdadbahnfrage und in bezug auf die Aufteilung portugiesischer Kolonien 1913 ein Ausgleich erfolgt. Zugleich rechnen die herrschenden Kreise in Berlin mit einem durch die Heeresverstärkung von 1913 erreichten günstigen Kräfteverhältnis für Deutschland, das aber nur wenige Jahre dauern kann. Überdies läßt der fortschreitende Auflösungsprozeß der Habsburgermonarchie deren militärischen Wert in den Augen ihres Bündnispartners für die Zukunft sinken. So ist 1914 eine Situation entstanden, die die Gefahr in sich birgt, daß jetzt im Unterschied zu früheren Jahren lokale Konflikte den allgemeinen Krieg zwischen den imperialistischen Militärblöcken um die Neuaufteilung der Welt herbeiführen. Obgleich der Zusammenstoß der Großmächte sich vor allem in Europa vorbereitet, ist die Substanz der Widersprüche globaler Natur.

4.5.   Die Internationale Arbeiterbewegung seit der Kommune

4.5.1.   Neuer Aufschwung der Arbeiterbewegung

Deutsche Arbeiterbewegung

Nach der Niederlage der Kommune bildet das *deutsche Proletariat die Vorhut der internationalen Arbeiterbewegung*. Es besitzt in Gestalt der Eisenacher eine revolutionär ausgerichtete Partei. Auf dem *Vereinigungsparteitag zu Gotha* 1875 schließen sich Eisenacher und Lassalleaner zusammen. Die Einigung wird jedoch durch unzulässige Zugeständnisse an die Lassalleaner in programmatischen wie ideologischen Fragen erkauft.

Marx kritisiert dieses Zurückweichen vor dem Lassalleanismus (»ehernes Lohngesetz«, »Volksstaat«, Bauern als »reaktionäre Masse«) in seinen Randglossen zum Programm der deutschen Arbeiterpartei[11], die erst 1891 auf Drängen von Engels an die Öffentlichkeit gelangen. Indes wird die Kritik durch Marx in den folgenden Jahren von den revolutionären Führern der deutschen Sozialdemokratie beherzigt, der Lassalleanismus verliert nach und nach an Einfluß.

11 K. Marx, Kritik des Gothaer Programms, S. 15–32.

Eine große Bewährungsprobe für die deutsche Arbeiterbewegung stellt der Kampf gegen das *Sozialistengesetz* (1878–1890) dar. Die deutschen Sozialdemokraten verbinden sowohl die legalen als auch die illegalen Kampfmethoden und liefern in dieser Zeit der gesamten sozialistischen Bewegung ein Beispiel, wie politische Tagesaufgaben mit dem strategischen Ringen um die Beseitigung des kapitalistischen Systems zu verbinden sind. August Bebel und Wilhelm Liebknecht werden nach Marx und Engels anerkannte Führer der internationalen Arbeiterbewegung. Nach Aufhebung des Sozialistengesetzes entwickelt sich die deutsche Sozialdemokratie zur größten Partei Deutschlands. Ihr Erfurter Parteitag 1891 nimmt ein *marxistisches Programm* an.

Bei den Reichstagswahlen von 1895 erhält die SPD fast 1,8 Mio Stimmen und 44 Reichstagssitze, 1898 über 2,1 Mio Stimmen und 56 Sitze, 1903 über 3 von 9,5 Mio insgesamt abgegebenen Stimmen und 81 Sitze.

Allerdings verstärken sich nach dem Tode von Engels (1895) die opportunistischen Tendenzen.

In Frankreich hält nach 1871 die Auseinandersetzung zwischen Marxismus und Anarchismus an. An der Wiedergeburt der Arbeiterbewegung auf marxistischer Grundlage haben zwei Sozialisten hervorragenden Anteil: der Kommunarde Jules Guesde (zu fünf Jahren Kerker verurteilt, in die Schweiz geflohen, zunächst Anhänger Bakunins) und Paul Lafargue, gebürtiger Kubaner und ebenfalls anfänglich Anarchist. Als Schwiegersohn von Marx eignet sich Lafargue den wissenschaftlichen Sozialismus an. Guesde und Lafargue gründen Ende 1877 die Wochenschrift *L'Egalité*, die sich zur bedeutenden Plattform des Marxismus in Frankreich entwickelt. Auf dem Parteitag von Marseille entsteht die *Sozialistische Arbeiterpartei*, die erste marxistische Arbeiterpartei in Frankreich. Ihr von Marx ausgearbeitetes Programm wird 1880 auf dem Kongreß von Le Havre angenommen. In der Folge durchlebt die Partei eine Serie von Spaltungen.

Französische Arbeiterbewegung

1881 scheiden unter Brousse und Malon die *Possibilisten* aus, die in reformistischer Weise nur eine »Politik der Möglichkeiten« (Brousse) anstreben, sie gründen die sogenannte Arbeiterpartei der Sozialrevolutionäre. Weitere Abtrennungen folgen. Ein Kennzeichen der französischen Arbeiterbewegung bleibt ihre extreme Zersplitterung. Die Sozialistische Arbeiterpartei ist relativ klein und neigt zum Sektierertum.

Ein wichtiger Schritt zur Festigung der Reihen der Arbeiterklasse ist die Bildung des *Allgemeinen Gewerkschaftsbundes* CGT 1895. Im Jahre 1901 vereinigt sich die Sozialistische Arbeiterpartei mit den Blanquisten zur Sozialistischen Partei Frankreichs, letztere schließt sich im April 1905 mit der 1902 von Jean Jaurès begründeten Französischen Sozialistischen Partei zur *Sozialistischen Partei* (SFIO) zusammen. Dieser Zusammenschluß geschieht allerdings auf Kosten der marxistischen Kräfte.

Die Arbeiterbewegung in England steht weiterhin im Banne des Reformismus und des Trade Unionismus. Die *Neuen Trade Unions* versuchen seit Ende der achtziger Jahre zwar, die Tradition des Klassenkampfes wiederzubeleben, zerfallen aber bald. Die traditionellen Trade Unions sind eine starke Macht, sie zählen 1890 etwa 1 Mio Mitglieder. Versuche, eine marxistische Partei zu gründen, enden entweder im Sektierertum oder im

Englische Arbeiterbewegung

Opportunismus. Sidney und Beatrice Webb und Bernard Shaw formieren 1884 die *Gesellschaft der Fabier* (Fabian Society) und hoffen mit Hilfe von Reformen, Wahlen, friedlicher Propaganda, Geselligkeit, Vegetariertum, Reformkleidung und Sport das Hineinwachsen in den Sozialismus zu fördern.

Hyndman bildet 1884 die *Sozialdemokratische Förderation* (Social-Democratic Federation), die auf sektiererische Weise die Trade Unions ob ihrer reformistischen Orientierung ignoriert. Die SDF bleibt eine Sekte von Intellektuellen.

Im Jahre 1900 schließen verschiedene Arbeiterparteien, Trade Unions, kleinbürgerlich-radikale sowie philanthropische Gesellschaften ein Wahlbündnis, aus dem 1906 die *Labour Party* hervorgeht. Es ist ein erster Schritt zur Schaffung einer politischen Massenpartei des Proletariats; die Labour Party kann sich jedoch in der Folge nie vom Einfluß reformistischer Elemente und der Bourgeoisie befreien, so daß die Linken 1911 aus ihr austreten und die *Britische Sozialistische Partei* gründen.

Anfänge der Arbeiterbewegung in Rußland

Die Entwicklung der russischen Arbeiterbewegung wird einerseits von den Fortschritten des Kapitalismus im Lande selbst und andererseits durch die sozialistische Bewegung in Westeuropa, namentlich das Beispiel der deutschen Sozialdemokratie, beeinflußt. Geographisches Bindeglied ist dabei vor allem Russisch-Polen. Bereits 1882 begründet L. Waryński die erste polnische marxistische Partei, das *I. Proletariat*. Der Einfluß dieser Partei zeigt sich 1883 im großen Streik von Zyrardów, der ersten Massenaktion der polnischen Arbeiterklasse gegen den russischen Zarismus. Ebenfalls 1883 gründet Plechanov in Genf die erste russische marxistische Organisation *Befreiung der Arbeit* (Osvoboždenie Truda).

Italienische Arbeiterbewegung

Anfang der siebziger Jahre gerät die junge italienische Arbeiterbewegung unter den Einfluß des Bakuninismus. Die große Zahl proletarisierter kleinbürgerlicher und bäuerlicher sowie lumpenproletarischer Elemente begünstigt die Ausbreitung anarchistischer Ideen. Erst 1892 gelingt auf marxistischer Grundlage die Gründung der *Sozialistischen Partei* (1892–1895 Partei der Italienischen Werktätigen) auf dem Parteitag von Genua durch Filippo Turati. Die Partei beteiligt sich nicht am Aufstand der Fasci dei Lavoratori 1893/94, bleibt aber trotzdem bis 1895 verboten, sie reorganisiert sich in der Illegalität. Auch die Bewegung vom Mai 1898 überrascht die Partei, sie ruft die Volksmassen auf, »Blutvergießen zu vermeiden«. In der Partei machen sich besonders nach dem Machtantritt Giovanni Giolittis opportunistische und reformistische Strömungen breit. Auch Turati, Bissolati und andere führende Persönlichkeiten glauben, daß man die Reformen Giolittis unterstützen müsse. Den Reformisten treten *Linke* (Ferri) gegenüber. Das Anwachsen des Opportunismus in der Sozialistischen Partei fördert wiederum den *Anarchosyndikalismus*. Innerhalb des linken Flügels der Partei schälen sich 1904 »revolutionäre Sindikalisten« (Labriola) heraus, die eine von Gewerkschaften getragene »direkte Aktion«, Revolution, Aufstand und Sabotage predigen. Der Kampf zwischen Reformisten und »revolutionären Sindikalisten« endet 1908 mit dem Ausschluß der letzteren, 1912 werden die Rechten unter Bissolati, welche die Kriegspolitik Giolittis gegen die Türkei unterstützen, aus der

Partei ausgeschlossen. Sie bilden die *Reformistische Sozialistische Partei*. An die Spitze der Sozialistischen Partei gelangen linke Sozialisten unter Lazzari und dem späteren Renegaten Mussolini. Im Juni 1914 werden die wichtigsten Industriezentren nach der Erschießung demonstrierender Arbeiter in Ancona von einem mächtigen Generalstreik erschüttert, an dessen Spitze sich die Sozialistische Partei und der 1906 gegründete *Allgemeine Italienische Gewerkschaftsbund* stellen und der in der Romagna in einen bewaffneten Aufstand hinüberwächst (»Rote Woche« 7.–14. Juni 1914). Die Bewegung wird von den Reformisten abgewürgt.

In den USA wird in Philadelphia 1876 die *Workingmen's Party of America* gegründet, die sich seit Ende 1877 zur *Socialist Labor Party* umbildet. In ihr gewinnen zunächst Lassalleaner die Oberhand, auf Grund ihres Sektierertums gewinnt sie keinen Masseneinfluß. Die bereits 1869 als Geheimbund entstandenen *Knights of Labor* (Ritter der Arbeit) reorganisieren sich 1878 zu einer legalen Organisation. Ihre Mitgliederzahl wächst 1886 auf 700 000, darunter sind Weiße, Schwarze und Frauen. Hauptforderungen der Knights of Labor sind Bildung von Konsumgenossenschaften, Verstaatlichung von Eisenbahnen, Telegraf, Telefon und Banken, gleicher Lohn für Mann und Frau, Verbot von Kinderarbeit und der Achtstundentag. Der Kampf zwischen proletarischen und kleinbürgerlichen Elementen in der Führung, Repressalien seitens der Behörden sowie das Aufkommen einer neuen Massenorganisation der Arbeiterklasse führen zu einer Schwächung der Knights seit Ende der achtziger Jahre.

Diese neue Organisation wird 1881 in Pittsburgh als eine Gewerkschaftsföderation der USA und Kanadas gegründet und nimmt 1886 den Namen *American Federation of Labor* (AFL) an. An ihre Spitze tritt der Reformist Samuel Gompers. In der AFL gibt es mehrere Richtungen. Während Sozialisten und Anarchosyndikalisten, freilich von unterschiedlichen Positionen aus, für den Klassenkampf eintreten, orientieren die Opportunisten auf Reformen.

Die *Forderung nach dem Achtstundentag* ist in den achtziger Jahren allgemein. Ein Höhepunkt des Kampfes um den Achtstundentag wird der auf Initiative der AFL am 1. Mai 1886 einsetzende *Generalstreik* in Chicago und anderen Städten. Die Polizei schießt am 3. Mai in Chicago auf streikende Arbeiter, ein Provokateur wirft am 4. Mai eine Bombe auf Polizisten. Mehrere Arbeiterführer werden daraufhin unschuldig zum Tode verurteilt und vier von ihnen (Albert Parsons, August Spies, Georg Engel, Adolph Fischer) gehängt. *Der Tag des Streikbeginns wird auf Empfehlung der II. Internationale ab 1890 internationaler Kampftag der Arbeiterklasse.*

1901 findet in Indianapolis ein Sozialistenkongreß statt, auf dem sich mehrere sozialistische Gruppen mit der 1897 von Eugène Debs gegründeten Social Democratic Party zur *Socialist Party* vereinigen. Auch in dieser Partei setzen sich trotz eines starken linken Flügels reformistische Tendenzen durch. Die sozialistische Bewegung zersplittert; ihre Hauptsäulen sind die *Socialist Labor Party*, an deren Spitze 1891 De Leon tritt, und die Socialist Party unter Debs. De Leon, Debs und der spätere Kommunist Haywood gründen 1905 die *Industrial Workers of the World* (IWW), in der bald anarchosyndikalistische Auffassungen dominieren.

Arbeiterbewegung in den USA

Arbeiter-
bewegung in
Japan

Im Jahre 1901 organisieren in Japan Sen Katayama, Kotoku und andere Revolutionäre die *Sozialdemokratische Partei* (Shakai Minshuto), die sofort verboten wird. Die japanischen Sozialisten treten 1904/05 entschieden gegen den imperialistischen Krieg auf, 1906 wird die *Sozialistische Partei Japans* (Nihon Shakaito) gegründet, auch sie ist schon 1907 in die Illegalität getrieben. Daraufhin gleitet ein Teil der Partei unter Kotoku zum *Anarchismus* ab, während die Gruppe um Sen Katayama auf sozialdemokratischen Positionen verbleibt.

Weitere sozialistische Arbeiterparteien entstehen ab 1875 bis in die Mitte der achtziger Jahre in Portugal, Spanien, Ungarn, Belgien, Norwegen; 1888 wird die Sozialdemokratische Partei der Schweiz neugegründet. Um die Jahreswende 1888/89 entsteht die Sozialdemokratische Partei Österreichs, 1889 die Schwedische Sozialdemokratische Arbeiterpartei.

Weiter-
entwicklung
des Marxismus

Der I. Band des *Kapitals*, das *Manifest der Kommunistischen Partei* und andere Werke von Marx und Engels werden in zahlreiche Sprachen übersetzt, Engels schreibt 1877/78 den *Anti-Dühring*. Nach dem Tode von Marx bringt Engels den II. und den III. Band des *Kapitals* heraus (1885, 1894). Weitere Werke von Engels – *Die Entwicklung des Sozialismus von der Utopie zur Wissenschaft, Der Ursprung der Familie, des Privateigentums und des Staats, Ludwig Feuerbach und der Ausgang der klassischen deutschen Philosophie, Die auswärtige Politik des russischen Zarentums, Die Bauernfrage in Frankreich und Deutschland* – bereichern den wissenschaftlichen Sozialismus und fördern dessen weitere und tiefere Verbindung mit der Arbeiterbewegung.

4.5.2.   Die II. Internationale

Das Wachstum der proletarischen Bewegung, Anfänge sozialistischer Propaganda in einigen lateinamerikanischen Ländern, Kanada, Australien oder Japan, die Gründung nationaler Parteien, die Erfolge von Marx und Engels für die Durchsetzung des wissenschaftlichen Sozialismus in der internationalen Arbeiterbewegung, die Entstehung von Gewerkschaften in vielen Staaten, die Festigung der internationalen Solidarität zwischen den Proletariern im Kampf gegen die Bourgeoisie und für den Sozialismus, nicht zuletzt auch die Erfahrungen der I. Internationale und der Kommune bereiten den Boden für einen *neuen internationalen Zusammenschluß des Proletariats* vor.

Gründung der
II. Inter-
nationale

Als auf einem Weltkongreß der Arbeiter in London (1888) französische Possibilisten, Vertreter englischer Trade Unions und andere Reformisten beschließen, den Possibilisten anläßlich des 100. Jahrestages der Großen Französischen Revolution die Ausrichtung eines internationalen Arbeiterkongresses 1889 in Paris zu übertragen, um eine neue Internationale zu gründen, treten Engels und andere Marxisten dem entgegen. Im Februar 1889 beauftragt eine Konferenz von Vertretern marxistischer Parteien in Den Haag die Sozialistische Arbeiterpartei Frankreichs, einen Internationalen Sozialistenkongreß im Juli 1889 in Paris zu organisieren. Engels setzt sich mit aller Energie für diesen Kongreß ein, überzeugt Bebel und Liebknecht von der Notwendigkeit, sich von den Possibilisten und anderen antimarxistischen Kräften abzugrenzen.

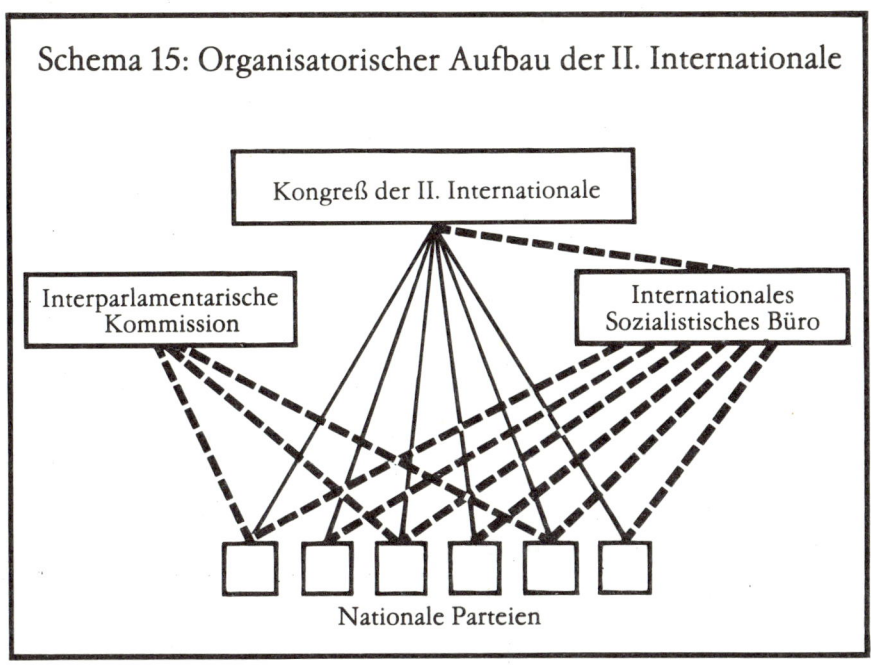

Schema 15: Organisatorischer Aufbau der II. Internationale

Kongreß der II. Internationale

Interparlamentarische
Kommission

Internationales
Sozialistisches Büro

Nationale Parteien

Am 14. Juli 1889 werden in Paris zwei Kongresse eröffnet – der marxistische und der possibilistische. Der marxistische Kongreß ist dank der Vorarbeit von Engels repräsentativer, an ihm nehmen 393 Delegierte aus 22 Ländern teil. Gegen die von einigen Delegierten geforderte Vereinigung mit den Possibilisten treten Guesde, Lafargue, Longuet und andere Vertreter sozialistischer Parteien auf. Schließlich stimmt die Kongreßmehrheit einem Vorschlag Wilhelm Liebknechts zu, der gegen eine Vereinigung mit den Possibilisten ist, diese aber bei Anerkennung der Hegemonie marxistischer Kräfte nicht ausschließt. Dies lehnen die Possibilisten ab.

Nach dem Scheitern der Vereinigungsversuche beginnt die Erörterung folgender Hauptfragen: internationale Arbeitsgesetzgebung, Formen des Kampfes der Arbeiterklasse, Achtstundentag, Feier des 1. Mai, Ersetzung der stehenden Heere durch allgemeine Volksbewaffnung. *Diskussionspunkte*

In der Frage der internationalen Arbeitsgesetzgebung erhält die marxistische Resolution Bebels eine überwältigende Mehrheit. Die Resolution über die Formen des Kampfes der Arbeiterklasse konstatiert, daß der ökonomische Kampf allein nicht genüge. Sie betont die Wichtigkeit des politischen Kampfes, das Ringen um allgemeines Wahlrecht, die Ausnutzung der Parlamentstribüne, die Notwendigkeit der Bildung weiterer und die Festigung bestehender sozialistischer Parteien, die Verbindung von Partei- und Gewerkschaftsarbeit. Die Beschlüsse über den Achtstundentag und über den 1. Mai sind von weltweit mobilisierender Wirkung.

Bereits 1890 finden große Mai-Kundgebungen in Deutschland, Frankreich, Österreich-Ungarn, England, Belgien, Italien, Holland, Dänemark, Norwegen, Schweden, Polen, Rumänien, Spanien, Portugal und den USA statt.

Die Grundsätze über die Ersetzung der stehenden Heere durch allgemeine Volksbewaffnung verurteilen entschieden die Kriegspläne der Regierungen und stellen fest, daß der Frieden die wichtigste und unerläßliche Voraussetzung für die Befreiung der Arbeiter sei.

Es wird betont, daß Kriege eine unvermeidliche Folge des kapitalistischen Systems bilden und erst mit dessen Beseitigung verschwinden werden, daß der Kampf um Abrüstung ein wichtiges Mittel im Kampf gegen den Krieg und gegen die Bourgeoisie darstellt und daher im Interesse des Proletariats liegt. Die Sozialisten aller Länder werden aufgerufen, gegen Kriegskredite zu stimmen, den Kampf für den Frieden mit dem Kampf für den Sozialismus zu verbinden.

Bedeutung des Gründungskongresses

Der Gründungskongreß steht im Zeichen der Vereinigung der sozialistischen Parteien unter dem Banner des Marxismus und bedeutet den *Beginn einer neuen Etappe der internationalen Arbeiterbewegung*. Es werden die Grundzüge der Strategie und Taktik sowie die Formen des proletarischen Kampfes definiert. Dies ist um so wichtiger, weil die Anarchisten, deren Haupttheoretiker nach Bakunins Tod Kropotkin und Lavrov sind, noch einen bedeutenden Faktor in der internationalen Arbeiterbewegung darstellen. Besonders stark ist ihr Einfluß in Spanien, Italien und Lateinamerika.

Entwicklungsphasen

Die II. Internationale durchläuft zwei Entwicklungsphasen: 1889–1900 und 1900–1914. In der *ersten Phase* finden vier internationale sozialistische Kongresse statt: 1891 – Brüssel; 1895 – Zürich; 1896 – London; 1900 – Paris. Sie dokumentieren das Wachstum der sozialistischen Bewegung in die Breite und deren ideologische Reifung. Zwischen 1889 und 1900 entstehen in einer Reihe von Ländern neue sozialistische Parteien.

In Europa zählen dazu Ungarn, Rumänien, Bulgarien, Rußland, Finnland, die Niederlande, Irland, in Polen entsteht nach der Zerschlagung des I. und des II. »Proletariats« 1892 die Polnische Sozialistische Partei (PPS). Auch in Übersee, so in Australien und Argentinien, entstehen sozialdemokratische Parteien. Im Jahre 1900 gibt es etwa 300 000 Mitglieder sozialistischer Parteien, 4 Mio Gewerkschaftsmitglieder und an die 4,4 Mio sozialistischer Wähler.

Hauptprobleme

Die sozialistische Bewegung sieht sich vor allem mit fünf Problemen konfrontiert:

1. *Strategie und Taktik, Hauptaufgaben und Ziele der sozialistischen Parteien:* Als Ziele werden die proletarische Revolution und der Aufbau des Sozialismus proklamiert. In der Frage der Diktatur des Proletariats gibt es zahlreiche Diskussionen, viele Parteien verzichten auf diese programmatische Forderung. Allgemein anerkannte Programmpunkte sind: Achtstundentag, Sozialgesetzgebung, Streik- und Koalitionsrecht, gleiches und allgemeines Wahlrecht, Gleichberechtigung der Frau.

2. *Formen des proletarischen Kampfes:* Die Kongresse orientieren entsprechend den jeweiligen Bedingungen auf legale, illegale oder halblegale Kampfmethoden, auf die Verknüpfung von politischem und ökonomischem Kampf. Die Auseinandersetzungen um diese Probleme mit antimarxistischen Strömungen haben prinzipiellen Charakter. Es geht um die Isolierung des Anarchismus und seiner Taktik des Putschismus und individuellen Terrors sowie des Anarchosyndikalismus, der besonders in den Gewerkschaften Frankreichs, Belgiens, Spaniens und Italiens Einfluß be-

sitzt und gegen den politischen Kampf, den demokratischen Zentralismus, die Ausnutzung der Parlamentstribüne und die Diktatur des Proletariats Stellung nimmt.

Der Anarchosyndikalismus verficht die »direkte Aktion«. Mit einem weltweiten Generalstreik oder zumindest einem Generalstreik in den entscheidenden Ländern soll der Kapitalismus gestürzt und der Sozialismus unter Führung der Gewerkschaften errichtet werden.

Bei der Bekämpfung dieser beiden Strömungen tritt die Auseinandersetzung mit Opportunisten und Reformisten in den Hintergrund, da sie Verbündete gegen die linken Ultras sind.

3. *Bündnispolitik des Proletariats,* besonders mit der Bauernschaft: Dabei spielt die Debatte über die Agrarfrage eine hervorragende Rolle. Mit seiner Schrift *Die Bauernfrage in Frankreich und Deutschland* entwirft Engels die Grundlinien der marxistischen Strategie und Taktik in dieser Frage. Die Gewinnung der Bauernschaft erweist sich aber während des gesamten Bestehens der II. Internationale als ungelöstes Problem.

4. *Gegen Militarismus und Krieg:* In dieser Frage gibt es auf den Kongressen in Paris, besonders in Brüssel und Zürich eine starke anarchosyndikalistische Strömung, die für den Kriegsfall fordert, einen internationalen Generalstreik auszurufen und den Wehrdienst zu verweigern. Die Anarchosyndikalisten verkennen, daß angesichts des neuen Charakters des Krieges (Massenkrieg), die Notwendigkeit besteht, die Massen unter Ausnutzung *aller* Kampfformen zu mobilisieren, um den Krieg in einen Bürgerkrieg zum Sturz des Kapitalismus zu verwandeln. Der marxistische Standpunkt setzt sich in wesentlichen Punkten durch. So wird im Brüsseler Kongreß eine Resolution Liebknechts angenommen, die feststellt, daß das Proletariat zwischen gerechten und ungerechten Kriegen unterscheiden und seine Strategie und Taktik aus der konkreten Situation ableiten müsse.

5. *Gegen die imperialistische Kolonialpolitik:* Es geht den Marxisten vor allem darum, die Theorie von der »sozialistischen Kolonialpolitik« als reformistische Rechtfertigung der imperialistischen Kolonialpolitik zu widerlegen.

Danach bringe der Kolonialismus Fortschritt und Zivilisation, die Entwicklung des Kapitalismus sei für die Kolonien progressiv, da sich dort schließlich Proletariat und Klassenkampf entfalten können. Nach der proletarischen Machtergreifung in den »Mutterländern« würden die Kolonien dann direkt in den Sozialismus gelangen. Die Verfechter einer »sozialistischen Kolonialpolitik« unterschätzen die aus der Kolonialpolitik der Großmächte erwachsende Kriegsgefahr und bagatellisieren das reaktionäre Wesen des Kolonialismus.

Die Marxisten unterstreichen, daß der Kampf gegen die imperialistische Kolonialpolitik für die Emanzipation des Proletariats unumgänglich ist und die Arbeiterklasse an der Seite der kolonialunterdrückten Völker zu stehen habe. Sie folgen der Maxime von Marx und Engels, ein Volk, das andere Völker unterdrückt, kann selbst nicht frei sein. Die Kolonialfrage ist Gegenstand vieler Kongresse. Auf den Kongressen von Stuttgart (1907) und Kopenhagen (1910) werden nach harten Diskussionen marxistische Resolutionen angenommen.

Unter den neuen, zunehmend differenzierten Bedingungen orientiert Engels darauf, daß jede nationale Partei der Arbeiterklasse entsprechend ihrer Situation und ihren Möglichkeiten Strategie und Taktik selber bestimmen solle.

Die neue Internationale arbeitet in Form periodisch stattfindender Kongresse, deren Resolutionen empfehlenden Charakter besitzen. Es gibt kein leitendes und koordinierendes, etwa dem Generalrat der IAA vergleichbares Organ. In der Folgezeit macht sich ein Mangel an Koordination im internationalen Maßstab bemerkbar. Das erschwert den Kampf des Proletariats und begünstigt die Ausbreitung rechtsopportunistischen Gedankenguts. Erst 1900, auf dem Kongreß zu Paris, entsteht das *Internationale Sozialistische Büro* (ISB), dessen Sekretariat in Brüssel residiert. Es wirkt ebenfalls lediglich koordinierend und erläßt Empfehlungen, es fördert dank den Initiativen marxistischer Kräfte, darunter auch Lenins, den proletarischen Internationalismus, den Kampf gegen die Kriegsgefahr, gemeinsame internationale Aktionen des Proletariats. Die rechtsopportunistische Mehrheit im ISB behindert jedoch viele der vorgeschlagenen Maßnahmen. Bei Ausbruch des Weltkrieges erweist sich das ISB als hilflos. Dem ISB untersteht die *Interparlamentarische Kommission*, sie koordiniert die Tätigkeit der sozialistischen Parlamentsfraktionen. Der Einfluß der Opportunisten ist hier noch stärker als im ISB.

In der *zweiten Phase* der II. Internationale finden nach dem Kongreß in Paris (1900) Kongresse in Amsterdam (1904), Stuttgart (1907), Kopenhagen (1910) und Basel (1912) statt. Die Marxisten führen einen harten Kampf gegen den sich ausbreitenden Opportunismus.

Bernsteins Revisionismus Bereits nach dem Tode von Engels 1895 verstärkt sich der Druck von rechts. Hauptexponent wird *Eduard Bernstein*.

In verschiedenen Arbeiten ab 1896/97 und besonders in seinem programmatischen Werk *Die Voraussetzungen des Sozialismus und die Aufgaben der Sozialdemokratie* (1898) versucht Bernstein, den wissenschaftlichen Sozialismus für überholt zu erklären und die Sozialdemokratie aus einer Partei des revolutionären Klassenkampfes in eine Partei friedlicher Reformen auf dem Boden und im Rahmen der bestehenden kapitalistischen Gesellschaft zu degradieren. Jetzt seien demokratische Reformen das Erreichbare, der Kapitalismus habe noch Entwicklungsperspektiven, die Arbeiter mögen sich dem anpassen und sie beeinflussen, aber nicht unterbrechen. »Das, was man gemeinhin Endziel des Sozialismus nennt, ist mir nichts, die Bewegung alles« – diese These Bernsteins wird Leitmotiv des Revisionismus.

Der Revisionismus beeinflußt Ökonomie, Politik und Ideologie, speziell die Philosophie. Bernstein leugnet die Notwendigkeit der Revolution und verkündet statt dessen das friedliche Hineinwachsen in den Sozialismus. Dem entspricht die Abkehr vom dialektischen und historischen Materialismus. Lenin, Rosa Luxemburg und andere Marxisten treten den revisionistischen Thesen Bernsteins entschieden entgegen. Der Revisionismus entwickelt sich besonders nach der Jahrhundertwende zu einer breiten Strömung; die soziale Basis findet er in der Arbeiteraristokratie und in kleinbürgerlichen Schichten innerhalb der Arbeiterbewegung.

Millerandismus Im Jahre 1899 tritt der rechte Sozialist Alexandre Millerand in die bürgerliche Regierung Frankreichs unter René Waldeck-Rousseau ein. Millerand dient der Bourgeoisie als sozialistische Drapierung für eine eindeutig bürgerliche Politik. Auf dem Pariser Kongreß im September 1900 finden erregte Debatten über den »Millerandismus« statt. Zum Schluß wird die »Kautschukresolution« Karl Kautskys angenommen, der zufolge der Eintritt in eine bürgerliche Regierung nur eine taktische Frage und kein prinzipielles Problem sei, darüber müsse in jedem konkreten Falle die jeweilige Partei entscheiden.

Entstehung des Leninismus

Die veränderten Bedingungen der Epoche werfen qualitativ neue Fragen für die marxistische Theorie und Praxis auf, erfordern eine neue Bestimmung der Strategie und Taktik. Die schöpferische Lösung dieser Probleme um die Wende des 19. zum 20. Jh. ist unmittelbar mit dem Wirken W. I. Lenins verbunden.

In seinem Werk *Die Entstehung des Kapitalismus in Rußland* (1899) leitet Lenin die Aufgaben des demokratischen und sozialistischen Kampfes der russischen Arbeiterbewegung ab. Zugleich dient diese Analyse der Widerlegung sowohl agrar-sozialistischer Utopien (*Was sind die »Volksfreunde« und wie kämpfen sie gegen die Sozialdemokraten?*) als auch liberaler Apologien des Kapitalismus (*Der ökonomische Inhalt der Volkstümlerrichtung und die Kritik an ihr in dem Buch des Herrn Struve*).

Mit Jahrhundertbeginn rückt die Schaffung einer von Opportunismus, Reformismus und Revisionismus gesäuberten Partei in den Vordergrund. Das historische Verdienst Lenins in dieser Periode ist die Ausarbeitung der Lehre von der Partei neuen Typus, einer Kampfpartei des Proletariats, die den neuen Bedingungen des Imperialismus gerecht wird (*Was tun?, Ein Schritt vorwärts, zwei Schritte zurück*). Diese Lehre entwickelt und verteidigt Lenin in Auseinandersetzung mit dem auch in Rußland um sich greifenden Opportunismus und Revisionismus. Während der Revolution 1905–1907 und in der ihr folgenden Reaktion ist die Weiterentwicklung der marxistischen Revolutionstheorie durch revolutionsgeschichtlichen Vergleich und Ausarbeitung der Strategie und Taktik der Arbeiterklasse beim Übergang von der bürgerlich-demokratischen zur sozialistischen Revolution zentrale theoretische Aufgabe (*Zwei Taktiken der Sozialdemokratie in der demokratischen Revolution*). Zugleich arbeitet Lenin eine geschlossene Theorie der Agrarfrage sowie die Konzeption der Bündnispolitik des Proletariats gegenüber der Bauernschaft aus (*Zwei Taktiken; Die Agrarfrage und die Marxkritiker, Das Agrarprogramm der Sozialdemokratie in der ersten russischen Revolution von 1905 bis 1907*).

Lehre von der Partei neuen Typus

Am Vorabend und während des ersten Weltkrieges wird die Wesensbestimmung der neuen Epoche immer dringlicher, zunächst im Zusammenhang mit der nationalen Frage, dann in der Debatte über den Charakter imperialistischer Kriege. Lenin vollzieht die Charakterisierung der Epoche als neues und letztes Stadium des Kapitalismus auf der Basis vergleichender Untersuchungen zur nationalen Frage (*Thesen zur nationalen Frage, Über das Selbstbestimmungsrecht der Nationen*), zum Wesen des Weltkrieges (*Unter fremder Flagge, Der Zusammenbruch der zweiten Internationale, Sozialismus und Krieg*) sowie schließlich durch die ökonomische Analyse des Monopolkapitalismus (*Der Imperialismus als höchstes Stadium des Kapitalismus*, 1916). Damit verbunden ist eine *neue Qualität der Revolutionsauffassung*. Lenin leitet aus der Ungleichmäßigkeit der imperialistischen Entwicklung die Möglichkeit des Sieges der sozialistischen Revolution zuerst in nur wenigen Ländern oder in einem Lande ab (*Über die Losung der Vereinigten Staaten von Europa*, 1915).

Imperialismustheorie und Revolutionsauffassung

Die Lehre von der Partei neuen Typus, die Weiterentwicklung der Formations- und Revolutionstheorie, der Theorie der nationalen Frage und der Agrarfrage, diese und andere theoretische Leistungen stehen in untrennbarem Zusammenhang mit Lenins philosophischen Arbeiten. In Konfrontation mit idealistischen Strömungen in der Naturwissenschaft vertieft Lenin die marxistische Erkenntnistheorie (*Materialismus und Empiriokritizismus*) und die materialistische Dialektik (*Philosophische Hefte*).

Auf dieser Grundlage geht Lenin im Revolutionsjahr 1917 und nach dem Sieg der Sowjetmacht an die Lösung neu herangereifter Fragen der Theorie der sozialistischen Revolution, des Staates und Rechts, des sozialistischen Aufbaus, der Übergangsperiode, der sozialistischen Umgestaltung der Industrie und Landwirtschaft. Sein reiches Lebenswerk bedeutet einen' entscheidenden Fortschritt der marxistischen Theorie auf allen wichtigen Gebieten. *Der Leninismus entsteht als der Marxismus der Epoche des Imperialismus, der proletarischen Revolution und des Übergangs vom Kapitalismus zum Sozialismus.* Er stellt eine neue Stufe des Marxismus dar und wird zur entscheidenden geistigen Waffe für die revolutionäre Umgestaltung der Welt.

Wesen des Leninismus

Lenin geht seit seiner Übersiedlung nach Petersburg 1893 daran, in Rußland selbst eine eigene Organisation des Proletariats zu schaffen. Der von ihm 1895 gegründete *Kampfbund zur Befreiung der Arbeiterklasse* ist jedoch ebenso wie die 1898 entstandene *Sozialdemokratische Arbeiterpartei Rußlands* (SDAPR) nur kurzlebig.

Um der Aufsplitterung der Arbeiterbewegung entgegenzuwirken, gründen Lenin und andere russische Sozialdemokraten im Ausland die *Iskra* als revolutionäre Zeitung des russischen Proletariats. In der Iskra und in *Was tun?* arbeitet Lenin die Wesensmerkmale der Partei unter den Kampfbedingungen in Rußland und auf Grund von Erfahrungen der internationalen Arbeiterbewegung heraus. Vor allem begründet er die Einheit und den Zusammenhang aller Formen des Kampfes der Arbeiterklasse: des ökonomischen Kampfes, des organisatorischen, ideologischen und theoretischen sowie des politischen Kampfes als der entscheidenden Waffe der Arbeiterbewegung. Lenin hebt die Rolle des sozialistischen Bewußtseins hervor und sieht in der Partei den bewußten Vortrupp der Arbeiterklasse.

II. Parteitag der SDAPR

Auf der Basis einer bedeutend erweiterten Organisation und nach gründlicher Vorbereitung, besonders durch die Redaktion der Iskra, findet vom 17. Juli bis 10. August 1903 zunächst in Brüssel und dann in London der II. Parteitag der SDAPR statt.

An ihm nehmen 43 Delegierte teil, die 26 Organisationen vertreten. In der nationalen Frage, im Hinblick auf die zentralistische und föderative Gliederung der Partei, in der Agrarfrage und besonders über den Parteiaufbau und die Bedingungen der Mitgliedschaft kommt es zu heftigen Auseinandersetzungen. Lenin setzt den zentralistischen Aufbau der Partei für alle Gebiete des Russischen Reiches bei gleichzeitig strikter Anerkennung des Rechts der Nationen auf Selbstbestimmung durch. Er und seine Anhänger fordern als Bedingung für die Parteimitgliedschaft die aktive Beteiligung im Rahmen einer Parteiorganisation, während die Opportunisten lediglich Anerkennung des Programms, finanzielle Unterstützung und Anleitung durch eine Parteiorganisation als Kriterien der Mitgliedschaft anerkennen wollen.

Vornehmlich der Streit über das Statut führt zur Spaltung der SDAPR in eine Mehrheit von Anhängern Lenins und der alten *Iskra* (*Bolschewiki*) und eine Minderheit (*Menschewiki*). Der Parteitag hat große Bedeutung für die russische und internationale Arbeiterbewegung. Erstmals werden die Leninschen Prinzipien der Partei neuen Typus im Programm und Statut einer sozialistischen Partei verankert. *Die Gründung der Partei der Bolschewiki ist das wichtigste Ergebnis der Herausbildung des Leninismus und des damit verbundenen Beginns einer neuen Etappe in der Geschichte der internationalen Arbeiterbewegung.* Die Partei wird in der Folgezeit die revolutionäre Avantgarde des russischen und internationalen Proletariats.

Die bürgerlich-demokratische Revolution in Rußland 1905–1907 und die neue Qualität revolutionärer Bewegungen in der Epoche des Imperialismus

4.6.

Mit dem Übergang des Kapitalismus zum Imperialismus vergrößern sich in raschem Tempo die schon während der Ausbreitung der kapitalistischen Gesellschaftsordnung zum Weltsystem deutlich gewordenen Entwicklungsunterschiede zwischen verschiedenen Ländern und Regionen, hauptsächlich zwischen den imperialistischen Hauptmächten und den national und kolonial unterdrückten Gebieten der kapitalistischen Welt. Marx sagt bereits um die Mitte des 19. Jh., daß diese neue Welle der Ausbreitung des Kapitalismus zugleich dessen Untergang einleiten wird.[12] Während in den Zentren des Kapitals die inneren Hauptwidersprüche der bürgerlichen Gesellschaft dominieren, spielen in Ländern mittlerer oder schwacher kapitalistischer Entwicklung (Ost- und Südosteuropa, Lateinamerika) sowie in den Kolonialreichen der imperialistischen Mächte weiterhin und in zunehmendem Maße Konflikte eine Rolle, die teils aus vorbürgerlichen Verhältnissen herrühren, teils Gegensätze zwischen der Entwicklung des Kapitalismus und feudalen Relikten bzw. Elementen widerspiegeln. Sie verflechten sich auf vielfältige Weise mit innerimperialistischen Widersprüchen und dem Gegensatz der national und kolonial ausgebeuteten Völker zu den imperialistischen Metropolen. Aus dieser *Bündelung alter und neuer sozialer Konflikte* erwächst eine neue Welle von Revolutionen und demokratischen Vorstößen, die insbesondere Ost- und Südosteuropa, Asien, Lateinamerika und schließlich auch Afrika erfaßt.

Zur ersten revolutionären Erhebung in der Epoche des Imperialismus kommt es Anfang 1905 in Rußland. Mit dem Übergang zum Imperialismus hatte sich das Zentrum der internationalen revolutionären Bewegung nach Rußland verlagert. Im Russischen Reich überlagern und durchkreuzen sich die Widersprüche des reifen Kapitalismus mit denen des Übergangs vom Feudalismus zum Kapitalismus. Als international und in den hochentwickelten Industriezentren des Landes bereits der innerkapitali-

Ursachen der Revolution

12 K. Marx, Brief an F. Engels vom 8. Oktober 1858, in: MEW, Bd. 29, Berlin 1963, S. 360.

stische Antagonismus von Bourgeoisie und Proletariat voll ausgeprägt und Bedingungen für den Sturz des Kapitalismus herangereift sind, steht in Rußland die Lösung zentraler Aufgaben der bürgerlichen Umwälzung in Basis und Überbau noch aus. In dieser Widersprüchlichkeit der gesellschaftlichen Entwicklung Rußlands liegen die Hauptursachen der Revolution begründet.

Revolutionäre Ströme
Aus den genannten Widersprüchen resultieren revolutionäre Bewegungen unterschiedlicher Herkunft und Reife: 1. die *revolutionäre Arbeiterbewegung*, die in den industriellen und großstädtischen Zentren bereits einen hohen Grad an Konzentration und Organisiertheit aufweist. Mit dem Leninismus sowie der Partei der Bolschewiki hat die Avantgarde des russischen Proletariats eine neue Qualität des subjektiven Faktors erreicht. 2. Aus den ungelösten Widersprüchen zwischen Großgrundbesitz und unmittelbaren Produzenten aller Schichtungen auf dem Lande erwächst die *revolutionäre Bauernbewegung* gegen feudale Überreste und zaristisches Herrschaftssystem, die trotz fortschreitender kapitalistischer Differenzierung die gesamte Bauernschaft noch als antifeudale Klasse umfaßt. Die Agrarfrage wird zur Kernfrage der bürgerlich-demokratischen Umwälzung in Rußland. 3. Aus den Gegensätzen zwischen den großrussischen herrschenden Klassen und den unterdrückten Nationen und Nationalitäten geht eine nach Klassenkräften und politischer Orientierung unterschiedliche, insgesamt aber gegen den Zarismus gerichtete *nationale Befreiungsbewegung* hervor, die eng mit der Bauernbewegung verbunden ist.
Hinzu kommt eine *allgemein-demokratische Oppositionsbewegung* gegen den Zarismus, die weite Bevölkerungskreise bis hinein in die Großbourgeoisie und die liberale Intelligenz erfaßt.
Adelsherrschaft, Zarismus und Bürokratie, verbunden mit dem das ganze Land belastenden Geflecht feudaler Relikte und dem Fehlen bürgerlicher Vertretungskörperschaften und Freiheiten, lassen auch die Widersprüche zwischen den bürgerlichen Kreisen, die ökonomisch bereits das Antlitz der besitzenden Klassen prägen, politisch sich jedoch unterrepräsentiert fühlen, und dem Zarismus schärfer hervortreten.
Diese Gegensätze bringen in Rußland nach dem Urteil Lenins zwei verschiedene »soziale Kriege« hervor: »Der eine ist der Kampf des gesamten Volkes für die Freiheit …, für die Demokratie …, der andere ist der Klassenkampf des Proletariats gegen die Bourgeoisie für die sozialistische Gesellschaftsordnung.«[13]

Hegemon und Triebkräfte
Die Bourgeoisie, früher Hegemon bürgerlicher Umwälzungen, ist von Anfang an nicht bereit, die notwendigen gesellschaftlichen Veränderungen durch Führung des revolutionären Kampfes der Arbeiter und Bauern zu erzwingen. Sie versagt sich den elementaren Forderungen der Bauern nach Land und Freiheit, verlangt lediglich eine konstitutionelle Begrenzung der Monarchie und beschränkt sich in der Agrarfrage auf Reformprojekte, die sämtlich von der Erhaltung der Gutswirtschaften ausgehen. Sie ist auch nicht bereit, den Forderungen der nationalen Befreiungsbewegungen Rechnung zu tragen und ordnet ihre gesamte Politik dem Ziel

---

13   W. I. Lenin, Sozialismus und Bauernschaft, in: Werke, Bd. 9, Berlin 1960, S. 304.

unter, die revolutionäre Arbeiterbewegung niederzuhalten. Folglich ist in Rußland »der Sieg der bürgerlichen Revolution als Sieg der Bourgeoisie unmöglich«.[14]

Die entscheidenden Triebkräfte des revolutionären Kampfes sind Arbeiterklasse und Bauernschaft. Die kleinbürgerlichen Schichten der Stadtbevölkerung schwanken infolge der schon ausgeprägten Polarisierung des Klassengegensatzes von Proletariat und Bourgeoisie zwischen dem revolutionär-demokratischen und dem liberal-monarchistischen Lager. Sie neigen in kritischen Momenten des revolutionären Kampfes dazu, ins Lager der Reaktion abzuschwenken. Der radikale Flügel der bürgerlichen Demokratie wird von der Bauernschaft gebildet. Diese ist jedoch in sich nicht einheitlich, weist mehr oder weniger starke innere Gegensätze auf und ist kleinbürgerlichen Schwankungen unterworfen.

Das Proletariat ist demgegenüber die einzige Klasse, die durch keinerlei Eigentumsinteressen an die bestehende Gesellschaft gebunden und daher am kompromißlosen Kampf gegen Zarismus, Großgrundbesitz und alle anderen feudalen Relikte bis zu deren völliger Vernichtung interessiert ist. Der Ausgang der Revolution hängt davon ab, ob das Proletariat lediglich als Stoßkraft gegen den Zarismus oder »als Führer der Volksrevolution« auftritt[15]. Die Revolution kann nur siegen unter der *Hegemonie des mit den Bauern verbündeten Proletariats*.

Nach der Jahrhundertwende spitzen sich die inneren Widersprüche in Rußland zur revolutionären Krise zu. Die Weltwirtschaftskrise von 1900 bis 1903 trifft Rußland besonders hart. Es kommt zu Streiks in den industriellen Zentren (1902 in Rostov am Don, 1903 in Südrußland, 1904 in der Erdölindustrie von Baku), zu Bauernunruhen 1901/02 sowie zu studentischen Protestaktionen an den Universitäten. Die großbürgerliche liberale Opposition formiert sich 1904 im Bund der Befreiung. Versuche des Zarismus, den wachsenden inneren Gegensätzen ein äußeres Ventil zu schaffen, scheitern während des Japanisch-russischen Krieges 1904/05. Die zaristischen Truppen erleiden zahlreiche Niederlagen; durch den Fall von Port Arthur im Dezember 1904 zeichnet sich endgültig ab, daß die expansiven Kriegsziele im Fernen Osten nicht erreicht werden können. Die revolutionäre Krise schlägt in eine *revolutionäre Situation* um. Es bedarf nur noch eines geringfügigen Anlasses für den Ausbruch der Revolution.

Revolutionäre Krise

Als Anfang Januar vier Arbeiter aus dem Petersburger Putilov-Werk entlassen werden, streiken am 4. (17.) Januar fast alle Betriebe der Hauptstadt. Am 9. (22.) Januar demonstrieren die Arbeiter, die teilweise unter dem Einfluß einer von der zaristischen Geheimpolizei kontrollierten Organisation mit dem Popen Georg Gapon an der Spitze stehen, um dem Zaren eine Bittschrift zu überreichen. Zaristische Truppen schießen auf die Demonstranten; es gibt Tote und Verletzte. Der »*Blutsonntag*« von *Petersburg* erschüttert den Glauben der Massen an den Zaren und die Kirche; er löst eine gewaltige Streikwelle aus und ist der *Beginn der Revolution*.

14 W. I. Lenin, Zur Einschätzung der russischen Revolution, in: Werke, Bd. 15, S. 45.
15 W. I. Lenin, Zwei Taktiken der Sozialdemokratie in der demokratischen Revolution, in: Werke, Bd. 9, S. 5.

Aufschwungs-phase der Revolution

Von Januar bis Dezember 1905 entfaltet sich der revolutionäre Kampf in aufsteigender Richtung als Volksrevolution. Sie beginnt mit spontanen Protestaktionen und Massenstreiks der Arbeiter als unmittelbare Antwort auf den »Blutsonntag«. Im Frühjahr und Sommer 1905 übertrifft die *Streik-bewegung* in Rußland bereits bei weitem das Ausmaß und die Dynamik selbst der größten bis dahin bekannten Streiks in fortgeschrittenen kapitalistischen Ländern. Dadurch erreicht die revolutionäre Arbeiterbewegung in Bewußtheit und Organisation eine höhere Stufe. Bis zum Oktober vollzieht sich der Übergang von der überwiegend ökonomisch motivierten Streikform zum Massenstreik in Kombination von ökonomischen und politischen Forderungen bis zum politischen *Generalstreik*. Im Januar streiken 444 000, bis zum März bereits 810 000 Arbeiter. Schon in den ersten Monaten der Revolution sind 206 000 Arbeiter an politischen Streiks beteiligt. Höhepunkte des revolutionären Kampfes der Arbeiter sind die Maistreiks, der Generalstreik im Industriezentrum von Ivanovo-Vosnesensk, der von Mai bis Juli andauert und in dessen Verlauf mit dem auf Vorschlag der Bolschewiki gebildeten Stadtsowjet der Arbeiterdeputierten eine *neue Form der revolutionären Macht entsteht*, sowie der Arbeiteraufstand in Łódź vom 9. bis 11. (22.–24.) Juni, der erst durch massiven Militäreinsatz niedergeschlagen werden kann.

Der Aufschwung der Revolution zeigt sich auch an der Ausbreitung und Radikalisierung der *Bauernbewegung*, besonders in den zentralen Gouvernements, in Polen, im Baltikum, in der Ukraine und in Transkaukasien. Ihre Kampfformen sind nicht nur traditionelle spontane Aktionen, wie Besetzung oder Zerstörung von Gutshöfen, Vertreibungen der Gutsbesitzer, Anschläge auf Adlige, Bildung von Kampfabteilungen auf lokaler Ebene. Unter dem Einfluß der proletarischen Bewegung kommt es auch zu Landarbeiterstreiks in den ökonomisch fortgeschrittensten Gebieten, besonders im Baltikum.

Aufstände in Armee und Flotte

Mit den Klassenkämpfen in den Industriezentren und auf dem Lande eng verbunden sind erste Aufstände in Armee und Flotte. Die Erhebung der Matrosen des Panzerkreuzers *Potemkin* im Juni 1905, die von einem Generalstreik in der Hafenstadt Odessa begleitet wird, setzt ein auch international beachtetes Zeichen. Mit den revolutionären Bauernbewegungen sind wiederum Aktionen des *nationalen Befreiungskampfes* der vom Zarismus unterdrückten Völker verbunden.

Auf diese revolutionäre Welle hat der bewußte, organisierte Teil der Arbeiterklasse direkt oder indirekt entscheidenden Einfluß. Die Bolschewiki organisieren Streiks, wirken unter den streikenden Landarbeitern, betreiben revolutionäre Agitation in Heer und Flotte. Zugleich wächst die Zahl der in der Partei neuen Typs organisierten oder mit ihr sympathisierenden Arbeiter.

Während Regierung und liberale Bourgeoisie bereits im Frühjahr und Sommer zu Reformmanövern übergehen, um die Revolution durch Konzessionen abzubremsen, steht vor der Arbeiterbewegung die Aufgabe, ihre Strategie und Taktik für die heranreifende Entscheidung zwischen Revolution und Konterrevolution zu bestimmen. Die Spaltung der SDAPR in Bolschewiki und Menschewiki erschwert die Lösung der Probleme. Auf dem III. Parteitag der SDAPR im April 1905 in London, an III. Parteitag dem nur die Bolschewiki teilnehmen, und auf der gleichzeitigen Beratung der SDAPR der Menschewiki in Genf werden zwei entgegengesetzte »Taktiken der Sozialdemokratie in der demokratischen Revolution« konzipiert, die Lenin in seinem gleichnamigen Werk analysiert.

Die Menschewiki verlangen, die Arbeiterbewegung habe als »äußerste Opposition« die von der Bourgeoisie geführte Bewegung gegen den Zarismus zu unterstützen und dürfe nichts unternehmen, was die Bourgeoisie veranlassen könnte, von der Revolution abzuschwenken. Lenin charakterisiert diese Konzeption als »Nachtrabpolitik« im Schlepptau der liberal-monarchistischen Bourgeoisie. Die Bolschewiki fordern die demokratische Republik, radikale Beseitigung der feudalen Überreste einschließlich des Großgrundbesitzes, Sturz des Zarismus und revolutionär-demokratische Diktatur der Arbeiter und Bauern als Voraussetzungen für den Sieg der demokratischen Revolution. Eine siegreiche demokratische Revolution erhält somit zugleich eine antiimperialistische Spitze, sie trägt unter der Hegemonie des Proletariats Übergangscharakter in Richtung sozialistische Revolution. Lenin warnt jedoch davor, den unterschiedlichen Charakter der demokratischen und der sozialistischen Revolution zu verkennen; er wendet sich ebenso gegen die Auffassung, daß die eine nicht unmittelbar in die andere übergehen könne: »Wir sind für die ununterbrochene Revolution. Wir werden nicht auf halbem Wege stehenbleiben.«[16]

Im Herbst 1905 erreicht die Revolution ihren Höhepunkt. Mitte Septem- Wende der ber beginnt, von Moskau ausgehend, eine neue große Streikwelle im gan- Revolution zen Land, die sich im Oktober zum gesamtrussischen *Generalstreik* ausweitet, an dem sich fast 2 Mio Werktätige (Industriearbeiter, Eisenbahner, Beamte und Angestellte, Intellektuelle und Studenten) beteiligen. Der Streik, den die Bolschewiki in starkem Maße beeinflussen, steht unter politischen Losungen: »Nieder mit der Zarenregierung!«; »Es lebe der bewaffnete Aufstand!«; »Es lebe die Republik!«. Vielerorts entstehen Sowjets als neue Form revolutionärer Machtausübung; von 62 Sowjets der Arbeiterdeputierten (im Zentrum, in Lettland, Polen, der Ukraine, Georgien und Sibirien) werden 47 von den Bolschewiki oder ihnen nahestehenden Arbeitern geführt.

Am 17. (30.) Oktober erläßt der Zar unter dem Eindruck des Streiks ein Oktober- Manifest, in dem entsprechend dem Programm des Ministers Witte bür- manifest gerliche Freiheiten versprochen und die Einberufung einer gesetzgebenden Versammlung (Duma) verkündet werden. Politische Parteien werden zugelassen; eine Erweiterung des Wahlrechts im Vergleich zu früheren Projekten wird in Aussicht gestellt.

Diese Konzessionen sind ein Teilerfolg der revolutionären Kräfte. Lenin, der aus dem Genfer Exil nach Rußland zurückkehrt, warnt indes vor liberalen Illusionen, nur der völlige Sieg über den Zarismus könne die erkämpften bürgerlichen Freiheiten wirklich sichern.

Nach dem Manifest entwickelt sich zunächst ein labiles Kräftegleichgewicht. Die Reaktion kann nicht mehr mit den alten Methoden herrschen. Die liberale Bourgeoisie organisiert sich in Parteien, ebenso die Konservativen; auch die revolutionär-demokratischen Kräfte können jetzt legal wirksam werden. Bourgeoisie und liberaler Adel werden von den *Oktobri-*

16 W. I. Lenin, Das Verhältnis der Sozialdemokratie zur Bauernbewegung, in: Werke, Bd. 9, S. 232.

sten (Bund des 17. Oktober), die den Zarismus offen unterstützen, und der Partei der Konstitutionellen Demokraten (*Kadetten* unter Führung Miljukovs) vertreten. Letztere wird auch von der bürgerlichen Intelligenz unterstützt und entwickelt sich zur stärksten bürgerlichen Partei. Neben der SDAPR wird die *Partei der Sozialrevolutionäre* zur wichtigsten Linkspartei; sie vertritt vor allem die revolutionäre Bauernschaft und steht ideologisch auf Positionen, die dem Programm der Volkstümler ähneln. Die revolutionären Unruhen breiten sich in verstärktem Maße auf die Bauern, auf Armee und Flotte und auf die nationalen Gebiete des Russischen Reiches aus. Die Klassenkräfte polarisieren sich rasch; auf der Rechten wächst der konterrevolutionäre Terror; die Linkskräfte scharen sich immer mehr um die bewußt kämpfende Arbeiterschaft unter Führung der Bolschewiki, die unter diesen Bedingungen auf den bewaffneten Aufstand orientieren.

Moskauer Aufstand

Am 7. (20.) Dezember 1905 ruft der Moskauer Sowjet zum politischen Generalstreik auf, der drei Tage später in den *bewaffneten Aufstand des Moskauer Proletariats* mündet. Der Moskauer Aufstand (10. [23.] Dezember bis 19. Dezember [1. Januar]) ist der *Höhe- und Wendepunkt der Revolution.* Er ist die entscheidende Klassenschlacht zwischen dem Proletariat und der Konterrevolution; im ganzen Lande kommt es ebenfalls zu bewaffneten Kämpfen (Ukraine, Donezbecken, Polen, Sibirien, Transkaukasien); neu entstehende Sowjets entwickeln sich zu revolutionären Zentren. Der Aufstand wird von zaristischen Truppen niedergeschlagen, da es nicht gelingt, den bewaffneten Kampf in einen allgemeinen Volksaufstand auszuweiten. In Moskau selbst fehlt nach Verhaftung führender Bolschewiki eine zentrale Leitung; der von Menschewiki geführte Petersburger Sowjet schließt sich dem Aufstand nicht an. Die Regierung kann so die Moskauer Garnison entscheidend verstärken und den Aufstand ersticken.

Absteigende Phase der Revolution

Mit der Niederlage des Dezemberaufstands beginnt die absteigende Phase der Revolution, sie dauert von Anfang 1906 bis Juni 1907. Nach der Niederlage des Aufstands wird die Lage im Lande durch die Offensive der Konterrevolution geprägt. Die Konterrevolution verschärft ihren Terror; die Regierung stärkt durch Verwaltungsreformen die Stellung des Adels im Staat. Die Wahlen zur ersten Duma bringen den Kadetten mit 153 von 448 Sitzen nicht zuletzt wegen des undemokratischen Wahlgesetzes, das die proletarische Bevölkerung der großen Städte stark benachteiligt, einen beträchtlichen Erfolg, der auch die liberalen Illusionen in weiten Kreisen des Kleinbürgertums widerspiegelt. Da gleichzeitig neue Streiks, Bauernunruhen und Aufstände von Soldaten und Matrosen eine neue Welle revolutionärer Klassenkämpfe kennzeichnen, boykottieren die Bolschewiki die Wahlen zur ersten Duma und orientieren sich auf die *Linksblocktaktik*, das heißt das außerparlamentarische Bündnis aller revolutionären Kräfte. Sie setzen sich auf dem IV. Parteitag der SDAPR (April 1906) für ein gemeinsames Vorgehen mit den Menschewiki ein und fördern das Zustandekommen gemeinsamer Aktionen mit den kleinbürgerlichen Parteien der Trudowiki und der Sozialrevolutionäre.

Zwar gelingt es nicht, die Kompromißpolitik der Bourgeoisie durch die Tätigkeit der revolutionären Linken zu durchkreuzen, aber mit Hilfe der

Linksblockpolitik werden besonders in der Agrarfrage die Oppositionsbewegung in der ersten Duma und außerparlamentarische Kampffaktionen wirksam verbunden. Bereits im Juli 1906 löst der Zar die Duma aus Furcht vor einer weiteren Radikalisierung der Landbevölkerung angesichts der Zuspitzung der Agrardebatte auf. Ende 1906/Anfang 1907 nehmen alle Parteien an der Wahlkampagne zur zweiten Duma teil. Am 9. (22.) November 1906 erläßt die Regierung unter dem Minister Stolypin ein Agrargesetz, das den Austritt aus der Dorfgemeinde, die Privatisierung der bäuerlichen Landanteile und damit die Schaffung einer breiten Großbauernschaft ermöglichen soll. Nochmals spitzen sich die Klassengegensätze zu. Die Wahlen zur zweiten Duma führen zu einer Linksverschiebung zuungunsten der Kadetten; auch das reaktionäre Lager gewinnt Sitze.

Zweite Duma

Die Bolschewiki festigen durch umfangreiche Aktivitäten das Bündnis der revolutionären Kräfte. Die Bourgeoisie schwenkt angesichts der Gefahr eines neuen Aufschwungs der Revolution ganz ins Regierungslager ab. Die Konterrevolution geht zum offenen Terror über; am 3. (16.) Juni 1907 jagt Stolypin unter dem Vorwand, die sozialistische Fraktion bereite eine Verschwörung vor, die zweite Duma auseinander und setzt der Revolution mit diesem Staatsstreich ein Ende.

Die erste russische Revolution erleidet mit dem Stolypinschen Staatsstreich eine Niederlage. Ihre Ursachen sind vielschichtig. *Erstens* gelingt es der Arbeiterklasse, trotz heroischer Anstrengungen und hoher Opfer nicht, die ihr zufallende Hegemonierolle und die notwendige Herstellung der Einheitsfront aller revolutionären Kräfte zu verwirklichen. Zwar besitzt sie eine revolutionäre Partei neuen Typs, jedoch bleibt die Arbeiterbewegung gespalten. Die Kampffaktionen der Arbeiterklasse sind demzufolge nicht genügend koordiniert, uneinheitlich und verlaufen in den verschiedenen Zentren nach Intensität und Dauer phasenverschoben.

Ursachen der Niederlage

Zweitens kommt das revolutionäre Bündnis mit den Bauern über Ansätze gemeinsamer Kampffaktionen nicht hinaus. Die Formierung des Linksblocks bleibt hinter der Bildung des konterrevolutionären Blocks von Regierung, äußerster Rechten (Schwarzhunderter) und liberaler Bourgeoisie im Tempo und an Organisiertheit zurück. Die Aktionen der Bauern sind vorwiegend spontan, lokal begrenzt und erreichen außerdem zumeist erst nach den Klassenkämpfen des Proletariats der Industriezentren ihren Höhepunkt.

In Heer und Flotte kommt es *drittens* zwar zusammen mit den Streiks der Arbeiter und den Bauernunruhen zu Aufständen. Diese sind jedoch lokal begrenzt, erreichen nicht landesweite Ausdehnung und vermögen das wichtigste Machtinstrument der Reaktion, die Streitkräfte, nur ungenügend zu schwächen.

Viertens wird die Schwungkraft der nationalen Befreiungsbewegungen durch deren innere soziale Differenzierung sowie durch die Kompromißbereitschaft der nationalen bürgerlichen Kräfte geschwächt.

Fünftens trägt die Unterstützung der internationalen imperialistischen Bourgeoisie für den Zarismus zur Niederlage der Revolution bei.

Die Russische Revolution 1905–1907 weist Züge des *Übergangs* zu einem

Revolutionstyp

neuen Revolutionstyp auf. Sie ist eine gegen den Imperialismus gerichtete bürgerlich-demokratische Revolution mit proletarischer Hegemonie und vorwiegend vom Proletariat bestimmten Kampfmethoden. Sie beweist, daß die Bourgeoisie unter den Bedingungen des Imperialismus ihre Rolle als Hegemon bei der Durchsetzung des gesellschaftlichen Fortschritts verloren hat. Der Sieg der Reaktion erweist sich jedoch als instabil, räumt die Widersprüche zwischen der bürgerlichen Gesellschaft und dem alten System nicht aus; der Boden der bürgerlich-demokratischen Revolution bleibt bestehen.

Das Proletariat, alle Unterdrückten und Ausgebeuteten sammeln in der Revolution reiche Erfahrungen. Besonders die Leninsche Partei festigt sich in der Revolution, erweitert ihren Einfluß auf die fortgeschrittensten Schichten der Arbeiterklasse und stärkt ihre Organisation. Millionen Menschen erwachen im revolutionären Klassenkampf zu politischem Leben. Der jahrhundertealte Glaube an den Zaren und auch die bürgerlich-liberalen Illusionen großer Teile der Bevölkerung werden erschüttert. Die Jahre von 1905 bis 1907 sind eine wichtige Probe für die siegreichen Kämpfe des Proletariats und der mit ihm verbündeten Werktätigen im Jahre 1917. Obgleich die Partei der Bolschewiki nach der Niederlage der Revolution 1905–1907 eine zeitweilige Krise durchlebt, setzen sich Lenin und seine Anhänger schließlich durch. Anfang 1912 findet in Prag die VI. Konferenz der SDAPR (Bolschewiki) statt, Lenin wird zum Vorsitzenden ihres Zentralkomitees gewählt. Am 22. April (5. Mai) 1912 erscheint die erste Nummer der *Prawda*.

Internationale
Auswirkungen

Als *erste große revolutionäre Erhebung im Zeitalter des Imperialismus* beeinflußt die Russische Revolution 1905–1907 auf vielfältige Weise, direkt und indirekt die internationale Arbeiterbewegung sowie andere revolutionäre Bewegungen. In Frankreich, England, Deutschland und Italien werden 1905–1907 1 Mio Streikende mehr registriert als in den drei vorausgegangenen Jahren. Österreich-Ungarn wird 1906 von einer mächtigen Streikwelle erfaßt. Der neue Charakter der revolutionären Bewegung wird offensichtlich. Damit wächst zugleich die Auseinandersetzung innerhalb der internationalen Arbeiterbewegung um die *Lehren aus der ersten russischen Revolution*. Vielfalt und Kompliziertheit der neu zu durchdenkenden Probleme erklären die Unterschiedlichkeit der Antworten, in deren Ergebnis der Gegensatz zwischen den opportunistisch-gemäßigten (reformerischen und zentristischen) und den revolutionären (linken) Vertretern des Marxismus deutlich hervortritt. Die zur Debatte stehenden *Grundfragen der Strategie und Taktik* betreffen die Hegemonie des Proletariats in der demokratischen Revolution, die Bündnisfrage (Bündnis mit den Bauern, wie von den Bolschewiki praktiziert, oder Bündnis mit der Bourgeoisie unter Verzicht auf die proletarische Hegemonie, wie von den Menschewiki gefordert), die Rolle der Wahlen zum bürgerlichen Parlament, die Möglichkeiten des bewaffneten Aufstandes und des politischen Generalstreiks (Massenstreiks). Der *politische Massenstreik* beherrscht als Thema den Parteitag der SPD im September 1905 in Jena. Die mangelnde Klärung dieser Kernfrage der demokratischen Revolution unter Hegemonie des Proletariats in der II. Internationale begünstigt den Einfluß des

Anarchosyndikalismus, der im Generalstreik das einzige und entscheidende Mittel für den Erfolg einer Revolution sieht.

Große Wirkung geht von der Russischen Revolution auf die revolutionären Bewegungen in Asien, im Nahen und Mittleren Osten sowie in Südosteuropa aus. Die *Revolution in Persien* 1905–1911 ist direkt von den revolutionären Kämpfen in Rußland beeinflußt; die Endshumene als revolutionäre Kampforgane der Bauern und Kleinbürger ähneln den russischen Sowjets. Die *Jungtürkische Revolution* 1908/09, die *bürgerlich-demokratische Revolution in China* 1911–1913 sowie der Aufschwung revolutionärer Bewegungen in Bulgarien, Rumänien, Montenegro und Albanien lassen ebenfalls Einflüsse der Russischen Revolution erkennen.

Nach der Russischen Revolution taucht ausgehend von Deutschland eine neue Strömung in der internationalen Arbeiterbewegung auf – der Zentrismus. Dessen Hauptvertreter ist Kautsky, der zwar offiziell noch Marxist und in Worten revolutionär (auch in bezug auf die Revolution von 1905) ist, de facto aber eine Politik der Versöhnung und des Kompromisses »um der Einheit der Partei willen« gegenüber dem Reformismus, Opportunismus und Revisionismus betreibt. *Aufkommen des Zentrismus*

Der Zentrismus ist, weil für die Arbeiter schwer durchschaubar, besonders gefährlich, da er die Zerschlagung des Rechtsopportunismus und Revisionismus behindert. Kautsky wird von Zentristen in anderen Ländern unterstützt. In England Snowden und MacDonald, in Frankreich Longuet, in Österreich Victor Adler, in Italien Turati, in Rußland ab 1903 Plechanov, Martov und Axelrod – sie alle wenden sich gegen die Linken und besonders gegen Lenin und die Bolschewiki.

Führende Vertreter der sich unter dem Einfluß der Russischen Revolution formierenden Linken in Deutschland sind vor allem Karl Liebknecht, Rosa Luxemburg, Franz Mehring, Clara Zetkin, Wilhelm Pieck und Hermann Duncker. Zu den Linken zählen auch die bulgarischen Tesnjaki unter Blagojev und Dimitrov. Karl Liebknecht veröffentlicht im Februar 1907 seine Schrift *Militarismus und Antimilitarismus*. *Die Linken*

Mit besonderer Vehemenz zeigt sich der *Kampf der beiden Klassenlinien* in der II. Internationale auf den Kongressen zu Stuttgart (1907) und Basel (1912).

Neben der Kolonialfrage ist es vor allem die Kriegsfrage, in der die entscheidenden Auseinandersetzungen entbrennen. Nach der ersten Marokkokrise und dem Japanisch-russischen Krieg bleibt die Kriegsgefahr unvermindert groß. Immense Militarisierung, wachsende Rüstungen, Vorbereitung neuer Kriege um die Neuaufteilung der Welt und schließlich die Gefahr eines Weltkrieges verlangen gebieterisch eine klare Stellungnahme der internationalen Arbeiterklasse und der sozialistischen Bewegung. *Kriegsfrage*

Auf dem Stuttgarter Kongreß (1907) werden zur Kriegsfrage vier Resolutionsentwürfe vorgelegt. Bebel unterstreicht den Zusammenhang zwischen Militarismus und Kapitalismus, sein Entwurf enthält aber keine konkreten Kampfmaßnahmen des Proletariats gegen den Krieg. Die Resolutionsentwürfe von Guesde, Hervé und Jaurès, Vaillant sind noch weniger geeignet, die internationale Arbeiterklasse richtig zu orientieren.

Lenin und Luxemburg bringen den entscheidenden Zusatzantrag zu Bebels Resolutionsentwurf ein. In diesem Zusatzantrag wird die Notwendigkeit spezieller antiimperialistischer Arbeit unter der Jugend betont und die Forderung erhoben, falls es dem Proletariat nicht gelänge, den Krieg zu verhindern, mit allen Kräften dafür zu kämpfen, die durch den Krieg herbeigeführte wirtschaftliche und politische Krise zur Mobilisierung der Arbeiterklasse und des Volkes zu nutzen, um den *Sturz des kapitalistischen Systems* zu beschleunigen. Der Stuttgarter Kongreß nimmt Bebels Resolutionsentwurf mit dem Zusatzantrag von Lenin und Luxemburg an.

Der Baseler Kongreß (1912) bekräftigt diese Haltung, jedoch werden bei Ausbruch des Weltkrieges die Antikriegsbeschlüsse von Stuttgart und Basel von den rechten Führern der internationalen Sozialdemokratie prinzipienlos verraten.

Am 4. August 1914, kurz nach Ausbruch des ersten Weltkrieges, bewilligt die sozialdemokratische Fraktion im deutschen Reichstag die geforderten Kriegskredite. Ihnen folgen die rechten Sozialisten Frankreichs, Belgiens, Englands und der übrigen imperialistischen Länder.

4.7.   *Nationale und antikoloniale Befreiungsbewegungen an der Schwelle des 20. Jh.*

4.7.1.   Gemeinsamkeiten und Besonderheiten in den Befreiungsbewegungen

Die Befreiungsbewegung in den abhängigen und kolonialen Ländern Asiens, Afrikas und Lateinamerikas erhält im Gefolge der imperialistischen Aufteilung der Welt und des beginnenden Kampfes um deren Neuaufteilung zunehmend globalen Charakter.

Asien   Schauplatz bedeutender Befreiungsbewegungen wird, besonders unter dem Einfluß der Russischen Revolution 1905–1907, Asien. Träger der Hegemonie sind in den einzelnen Ländern sehr unterschiedliche Kräfte. Meist ist es die nationale Bourgeoisie (z. B. in China und Indien), lokal und zeitlich begrenzt bisweilen auch das Kleinbürgertum (Täbriser Aufstand 1908/09), nicht selten führen Feudalherren im Bunde mit der moslemischen Geistlichkeit (Afghanistan gegen England 1878–1880) den Kampf. Eine große internationale Ausstrahlung geht von den Ereignissen in China aus. Der Yihetuan-Aufstand (1900/01) gegen das Eindringen und die bewaffnete Intervention imperialistischer Mächte sowie gegen die Manzhudynastie, schließlich die Revolution 1911–1913 bilden Höhepunkte der asiatischen Befreiungsbewegung.

Prononciert antiimperialistische Aspekte besitzen die Revolutionen in Persien und in der Türkei. In Indien wächst die politische Ausstrahlungskraft radikaler demokratischer Kräfte unter Führung Tilaks, die nach neuen Kampfmethoden gegen die britische Kolonialherrschaft suchen. Volksaufstände von 1882 und 1893/94 in Korea richten sich nicht nur gegen das feudale Joch, sondern auch gegen Japan. Der Befreiungskampf auf den Philippinen unter Führung des revolutionär-demokratischen Geheimbundes Katipunan gipfelt 1896 in der Revolution gegen die spanische Kolonialherrschaft und in der Proklamation der Republik 1897. Es verstärkt sich auch die nationale Befreiungsbewegung in Niederländisch-Indien (Indonesien).

In Afrika ist die nationale Befreiungsbewegung im arabisch-moslemischen Norden am stärksten. Die gesellschaftlichen Verhältnisse sind hier weiter entwickelt als in den übrigen Teilen des Kontinents. Die Feudalordnung befindet sich in Nordafrika infolge des Eindringens imperialistischer Mächte und der sich entwickelnden bürgerlich-kapitalistischen Elemente in einer Krisen- und Umbruchsituation. Der antibritische Aufstand in Ägypten 1882, der Kampf der Mahdia im Sudan gegen die feudale Vorherrschaft Ägyptens und die britische Kolonialexpansion in den achtziger und neunziger Jahren, der erfolgreiche Widerstand Äthiopiens gegen die italienische Aggression 1896 bilden Meilensteine auf dem Weg der antikolonialen und antiimperialistischen Bewegung in Afrika. Dazu zählt auch der heroische Kampf der Herero und Nama in Südwestafrika gegen die deutsche Kolonialherrschaft (1904–1907).
Afrika

Die imperialistische Aufteilung des Kontinents kann jedoch infolge der Isolierung der einzelnen antikolonialen Kampfherde und der erdrückenden ökonomischen, politischen und militärischen Überlegenheit der Kolonialmächte nicht verhindert werden.

Die nationale Befreiungsbewegung in Lateinamerika weist wesentliche Besonderheiten auf. Der Subkontinent ist seit 1826 nahezu völlig von direkter Kolonialherrschaft befreit. An deren Stelle ist die indirekte Abhängigkeit zunächst von England und seit Ende des 19. Jh. auch von den USA getreten. Die wenigen verbleibenden direkten Kolonien sind vor allem in der Karibik konzentriert.
Lateinamerika

Kennzeichnend für Lateinamerika ist die wachsende imperialistische Konkurrenz der USA und Großbritanniens. Bis 1914 gelingt es den USA vor allem in Mexiko, Zentralamerika und Teilen der Karibischen Inselwelt, England politisch auf den zweiten Rang zu drängen und in der Summe der Kapitalinvestitionen mit diesem Konkurrenten gleichzuziehen. England kann indes seine Positionen in Südamerika weitgehend behaupten; hier belaufen sich die englischen Kapitalinvestitionen am Vorabend des ersten Weltkrieges auf etwa 3,8 Mrd Dollar, die der USA hingegen nur auf 173 Mio.

Im *Pazifikkrieg* 1879–1883/84 unterstützt England das siegreiche Chile, die USA unterstützen Peru und Bolivien. Unter Ausnutzung der Monroe-Doktrin von 1823 besetzen die USA 1898 Kuba und Puerto Rico. Im Hay-Pauncefote-Vertrag von 1901 mit England sichern sie sich das Recht auf den Bau und die Befestigung eines transozeanischen Kanals in Zentralamerika. Schon 1903 setzen die USA eine Marionettenrevolution in Panama in Gang, reißen das Land von Kolumbien los und sichern sich einen breiten exterritorialen Streifen für den Weiterbau des bereits von Franzosen begonnenen Panamakanals, der 1914 eröffnet wird. Somit beherrschen die USA den wichtigsten Verbindungsweg zwischen Atlantik und
USA-Politik in
Lateinamerika

Pazifik und einen entscheidenden strategischen Knotenpunkt in Lateinamerika. USA-Präsident Theodore Roosevelt erklärt 1904, daß die USA in der westlichen Hemisphäre internationale Polizeifunktionen zu erfüllen haben. Diese Politik erhält die treffende Bezeichnung »Politik des großen Knüppels«, die von Roosevelts Nachfolger William Howard Taft durch die »Dollardiplomatie« ergänzt wird. Bewaffnete Interventionen der USA-Marineinfanterie in Nikaragua (1909 und 1912), Haiti (1915), der Dominikanischen Republik (1916) und anderen lateinamerikanischen Ländern zeigen, wie sich der USA-Imperialismus zum Gendarmen Lateinamerikas entwickelt.

Panamerika-nismus Bereits 1889/90 findet in Washington die erste Panamerikanische Konferenz statt, auf der ein »Handelsbüro der amerikanischen Republiken« gegründet wird. Aus diesem geht 1910 die Panamerikanische Union hervor. Die in mehrjährigen Abständen tagenden Panamerikanischen Konferenzen, die Panamerikanische Union und die von den USA eifrig propagierte Idee des Panamerikanismus dienen dem Zweck, die Herrschaft der USA in Lateinamerika zu errichten. Die Losung der Monroe-Doktrin »Amerika den Amerikanern« verwandelt sich zunehmend zur Formel »Lateinamerika den US-Amerikanern«.

Als Reaktion auf den Panamerikanismus entwickelt sich zum einen die sogenannte *Hispanidad* (Hispanität), die das kulturelle, sprachliche und rassische Zusammengehörigkeitsgefühl hispanoamerikanischer Länder und Spaniens betont, zum anderen aber das auf das Vermächtnis von Simón Bolívar (Bolivarismus) gestützte Solidaritätsgefühl der lateinamerikanischen Völker, das zunehmend antiimperialistische Akzente erhält.

Obwohl Lateinamerika vor allem durch England und die USA ausgebeutet wird, dringen auch Deutschland und Frankreich sowie weitere imperialistische Konkurrenten in den Subkontinent ein; sie spielen allerdings eine sekundäre Rolle.

Der Kapitalexport Frankreichs und dann Deutschlands wächst zwar schnell, erreicht aber bei weitem nicht das Niveau Englands und der USA. Frankreich besitzt starke wirtschaftliche Positionen auf Haiti sowie in einigen anderen lateinamerikanischen Ländern. Die deutsche Expansion ist mehrgleisig. Krupps Waffenexporte nach Lateinamerika öffnen speziell den südamerikanischen Markt. Deutsche Militärfachleute reorganisieren unter General Körner die chilenische Armee und wirken in zahlreichen anderen Staaten der Region. Deutsche Kolonisten setzen die Besiedlung in den drei Südstaaten Brasiliens und in Südchile fort, kleinere Gruppen lassen sich in Argentinien, Paraguay und anderen Ländern nieder. Zahlreiche Italiener wandern vor allem nach Argentinien, Brasilien, Uruguay und Chile aus.

Konflikte Zwischen den Ländern Lateinamerikas und den imperialistischen Mächten entstehen wiederholt scharfe Konflikte. Besonders in den kapitalistisch verhältnismäßig weit entwickelten ABC-Staaten (Argentien, Brasilien, Chile), die den Hauptteil Südamerikas einnehmen, wächst die Unzufriedenheit der sich formierenden nationalen Bourgeoisie, des Kleinbürgertums und der bürgerlichen Intelligenz mit der Vorherrschaft Großbritanniens. Dieser Widerstand zeigt sich besonders deutlich in Chile im Wirken des fortschrittlichen Präsidenten José Manuel Balmaceda, der den Versuch unternimmt, Englands übermächtigen Einfluß zu brechen, die wirtschaftlich dominierende Salpeterproduktion in chilenische Regie zu nehmen und eine selbständige nationale Wirtschaft aufzubauen. Eine Revolte probritischer Kreise der Großgrundbesitzeroligarchie führt zum Bürgerkrieg von 1891, zum Sturz und tragischen Selbstmord Balmacedas.

Venezuela hat ebenfalls harte Prüfungen zu bestehen. Der englisch-venezolanische Grenzkonflikt von 1886 bis 1899 (1. Venezuelakonflikt) um die Grenze zu Guyana (Guayana) endet 1899 durch Schiedsspruch mit der Überlassung des Hauptanteils der strittigen Gebiete an England. Präsident Cipriano Castro wendet sich vor allem gegen die Vorherrschaft Englands und gegen die Einmischungsversuche der USA und anderer imperialistischer Mächte. Ende 1902 kommt es zu einem scharfen Konflikt mit England, Deutschland und Italien wegen der Bezahlung venezolanischer Schulden und einer Entschädigung für Bürger dieser Länder. Kriegsschiffe der drei Mächte blockieren und beschießen die Küste Venezuelas und versenken drei venezolanische Kanonenboote (2. Venezuelakonflikt 1902/03). Die USA spielen hierbei wie schon im 1. Venezuelakonflikt die Rolle des Vermittlers, wobei sie Venezuelas Interessen weitestgehend ignorieren, dafür aber um so mehr die eigene Position zu stärken suchen. Präsident Castro wird schließlich 1908 mit Unterstützung der USA sowie Frankreichs und der Niederlande, die mit Venezuela ebenfalls in Konflikt geraten sind, gestürzt. An seine Stelle tritt Diktator Juan Vicente Gómez, der bis 1935 regiert und das Land weit dem USA-Kapital öffnet.

1. und 2. Venezuelakonflikt

Als Führungskräfte der antiimperialistischen Bewegungen und Revolutionen treten in Lateinamerika neben Teilen der einheimischen Bourgeoisie und der liberalen Großgrundbesitzer auch kleinbürgerlich-demokratische Kräfte auf. Eine mächtige Triebkraft bilden, vor allem in Mexiko, Millionen indianischer Bauern und Landarbeiter.

Antiimperialistische Bewegungen

Anfang des 20. Jh. erhält die antiimperialistische Bewegung eine neue Qualität mit dem selbständigen Auftreten der sich formierenden Arbeiterklasse. Der Generalstreik chilenischer Bergleute im Juni 1907 richtet sich nicht zuletzt gegen britische Kapitalisten; die Generalstreiks in Argentinien im Dezember 1904 und im Mai 1909, die Streiks der Berg- und Textilarbeiter in Mexiko 1906 und 1907 haben nicht nur die einheimische Oligarchie, sondern auch das Auslandskapital zum Gegner.

Während sich die nationalen Befreiungsrevolutionen und Kriege auf *Kuba* (1868–1878 und 1895–1898) und die Befreiungsbewegung auf *Puerto Rico* zunächst gegen die Kolonialmacht Spanien richten, verändert sich die Stoßrichtung nach 1898. Jetzt wird der USA-Imperialismus zum Hauptgegner.

Einen Höhepunkt im Kampf der lateinamerikanischen Völker für ihre soziale Emanzipation und gegen den Imperialismus bildet die Revolution in Mexiko 1910–1917. Das mexikanische Volk muß in ihrem Verlauf zwei USA-Interventionen abwehren und bietet in der Verfassung von 1917 dem Imperialismus die Stirn, indem es das Recht auf seinen Boden und dessen Schätze proklamiert.

Die nationalen Befreiungsbewegungen und Revolutionen in Asien, Afrika und Lateinamerika werden meist niedergeschlagen, oder sie erreichen nur zum Teil ihre Zielstellungen. Der Kapitalismus herrscht noch ungebrochen in globalem Maßstab. Die in harten Kämpfen gemachten Erfahrungen und die entstehenden Traditionen fließen jedoch in die antikolonialen und antiimperialistischen Schlachten der Zukunft ein.

4.7.2.   Nationale Bewegungen und Revolutionen in Asien

Revolution in Persien

Die bürgerlich-demokratische Revolution in Persien ist die *erste Revolution in Asien*, die im Gefolge der Russischen Revolution von 1905 sowie der Niederlage des Zarismus im Krieg gegen Japan ausbricht.

Die Ursachen der Revolution liegen primär in der Krise der feudalen Gesellschaftsordnung. Der Zarismus beherrscht den Norden, England den Süden. Schah Musaffar ad-Din (1896–1907) ist willfähriges Werkzeug des Imperialismus und unterdrückt jede Opposition. Zahlreiche Perser und Südaserbaidschaner arbeiten im benachbarten russischen Transkaukasien (Erdölfelder von Baku) und beim Eisenbahn- und Wegebau in Russisch-Turkestan (Mittelasien), sie tragen die Kunde von der Revolution in Rußland in ihre Heimat.

Verlauf der Revolution

Im Dezember 1905 finden in Teheran Massenkundgebungen gegen die Willkürherrschaft des Schahs statt. Sie bilden den Auftakt für die Revolution, die vier Phasen durchläuft. Die wichtigsten Charakteristika der einzelnen Phasen sind:

1. Dezember 1905 – 30. Dezember 1906: *Kampf um eine bürgerliche Verfassung.* Die Hegemonie übt zunächst die hohe schiitische Geistlichkeit aus. Kaufleute und einige Großgrundbesitzer schließen sich der konstitutionellen Bewegung an und stellen sich mit an die Spitze des Kampfes. Erlaß des Grundgesetzes vom 30. Dezember 1906.

2. Januar 1907 – 23. Juni 1908: *Agrarrevolution.* Schaffung revolutionärer Komitees (Endschumene) der Arbeiter, Kleinbürger und Bauern im Norden. Auflösung des Parlaments durch einen konterrevolutionären Staatsstreich des Schahs am 23. Juni 1908.

3. 23. Juni 1908 – 13. Juli 1909: *Bewaffneter Aufstand in Täbris* unter bürgerlich-demokratischer Führung. *Höhepunkt der Revolution.* Deren Ausweitung auf weite Teile Persiens. Einnahme Teherans durch die Revolutionäre am 13. Juli 1909.

4. 13. Juli 1909 – 24. Dezember 1911. *Rückgang der Revolution* und ihre Unterdrückung durch die einheimische Reaktion sowie russische und britische Interventionstruppen.

Politisch-soziale Strömungen

Die *gemäßigte Strömung* in der Revolution wird von großen und mittleren Kaufleuten und einem Teil der Großgrundbesitzer geführt; die *demokratische Strömung* umfaßt Bauern, Handwerker, Arbeiter, Angestellte und die Mehrheit des Kleinbürgertums. Besonders in den Anfängen der Revolution spielt die schiitische Geistlichkeit eine führende Rolle.

Repressalien des Schahregimes werden im Juli 1906 mit Demonstrationen für eine Verfassung und mit der Schließung der Läden und Basare in Teheran beantwortet. Die Bewegung greift rasch auf andere Städte über, ganze Truppenteile solidarisieren sich mit den Massen. Der Schah muß die Einführung einer Verfassung versprechen. Versuche, die in Aussicht gestellten Wahlen zu hintertreiben, führen im September 1906 zum *Generalstreik in Täbris*. Vertreter der Geistlichkeit, der Kaufleute und eines Teils der Großgrundbesitzer bilden hier das erste *Endschumen*, das die Tätigkeit der Schahbehörden überwacht. Auch die bürgerlich-demokratische Strömung formiert sich in Endschumenen sowie in den Organisationen der *Mudschahidin* (Kämpfer für die heilige Sache und den Glauben). In den revolutionären Machtorganen und Organisationen wirken neben Geistlichen auch die ersten persischen Sozialdemokraten, die enge Verbindung zu den Sozialdemokraten Transkaukasiens besitzen.

Am 7. Oktober 1906 tritt das *Parlament* zusammen, in dem Großgrundbesitzer, Geistliche und reiche Kaufleute dominieren. Es legt Höchstpreise für Brot fest, führt eine Reihe von Maßnahmen zur bürgerlichen Umgestaltung des Landes durch und erläßt ein Grundgesetz, das als erster Teil der künftigen Verfassung betrachtet wird. Die Macht des Schahs wird bedeutend eingeschränkt. Das Parlament erhält das Recht, alle Gesetze sowie das Budget zu bestätigen und deren Einhaltung zu kontrollieren, Konzessionen, internationale Abkommen und Verträge zu sanktionieren. `Erlaß des Grundgesetzes`

Nach dem Tode Musaffar ad-Dins mobilisiert der neue Schah Muhammad Ali die Kräfte der Reaktion und geht zum Gegenangriff über. Es beginnt die zweite Phase der Revolution. Truppenkonzentrationen in Teheran rufen Massenproteste hervor. Ausgehend vom Norden, entwickelt sich eine Bauernbewegung, die auf das Zentrum und den Süden übergreift. Unter deren Druck beschließt das Parlament 1907 die Abschaffung des Tiul, einer Form des feudalen Landbesitzes, die Kürzung von Pensionen für den Hochadel, die Gleichheit aller Perser vor dem Gesetz sowie umfassende bürgerlich-demokratische Freiheiten.

Mudschahidin und Endschumene bilden bewaffnete Abteilungen (Fedajin), es werden Gewerkschaften der Drucker, der Telegraphenangestellten, der Straßenbahner Teherans, der Teppich- und Schalweber von Kerman und von Arbeitern anderer Bereiche gegründet.

Am 31. Juli 1907 schließen Rußland und England ein *Abkommen über die Aufteilung Persiens in Einflußsphären*. Dies ruft stürmische Proteste hervor, englische und russische Waren werden boykottiert, Betriebe englischer und russischer Kapitalisten bestreikt. `Englisch-russisches Abkommen 1907`

Mitte Dezember 1907 versucht der Schah, gestützt auf Rußland und England, erneut einen Umsturz, zieht die von Zarenoffizieren befehligten Teile der persischen Kosakenbrigade und Truppenaufgebote reaktionärer Stammesfürsten zusammen. Zum Schutz des Parlaments und der Revolution erheben sich etwa 20 000 bewaffnete Fedajin, Mudschahidin und Angehörige der revolutionären Endschumene. In vielen Städten brechen politische Generalstreiks aus. Im Norden entfaltet sich erneut die Bauernbewegung. Trotzdem kann der Schah mit Hilfe der vom zaristischen Oberst Ljachov befehligten und gegen das Parlament vorgehenden persischen Kosakenbrigade einen *Staatsstreich* inszenieren (23. Juni 1908).

In der dritten Phase der Revolution verlagert sich das Schwergewicht

Aufstand in Täbris 1908/09

nach dem Norden (Persisch-Aserbaidschan). Gegen den Putsch in Teheran erhebt sich Täbris. Nach Monaten erbitterter Kämpfe werden die Schahtruppen aus Täbris verjagt. Bewaffnete Fedajin vertreiben Gutsbesitzer und verteilen deren Getreidevorräte und das Vieh, die Schahgüter in Aserbaidschan werden konfisziert. Im Februar 1909 wird Täbris von den Regierungstruppen eingeschlossen. Die Stadt wehrt sich bis April. Dann erst gelingt es mit Hilfe russischer Verbände, den Aufstand niederzuschlagen. Im Süden interveniert England.

Einnahme Teherans

Das revolutionäre Feuer erfaßt weitere Gebiete. Bereits im Januar 1909 siegen die Revolutionäre in Lefahan, im Februar in der Nordwestprovinz Gilan. Der Revolution schließen sich die einflußreichen Bachtiarenstammesfürsten an. Am 13. Juli 1909 nehmen die Revolutionäre Teheran ein. Der Schah flieht ins Ausland. Auf den Thron wird sein minderjähriger Sohn *Ahmed* (1909–1925) erhoben und die Verfassung von 1906/07 wiederhergestellt.

Die vierte und letzte Phase der Revolution wird dadurch geprägt, daß die mit Hilfe des Volkes an die Macht gelangten Großgrundbesitzer, Großkaufleute und Bachtiarenkhane ihre Herrschaft zu stabilisieren trachten. Das im November 1909 eröffnete 2. Parlament ist eindeutig konservativ. England stärkt seinen Einfluß, indem es Persien Anfang 1911 eine Anleihe gewährt. Im Mai 1911 trifft eine amerikanische Finanzmission in Teheran ein und erhält weite Vollmachten.

Rußland holt nun zum Gegenzug aus. Im Juli 1911 landet Ex-Schah Muhammad Ali mit zaristischer Unterstützung an der Nordküste der Provinz Masanderan und rückt auf Teheran vor. In Kurdistan erhebt sich sein Bruder im Bunde mit Stammesfürsten. Doch im Herbst 1911 gelingt es den Regierungstruppen und Fedajin, der Lage Herr zu werden. Muhammad Ali flieht erneut ins Ausland.

Im November 1911 fordert Rußland mit Unterstützung Englands Persien ultimativ auf, die amerikanische Finanzmission zu entlassen und künftig keine ausländischen Berater ohne das Einverständnis Rußlands und Englands anzustellen. Das Parlament weist dieses Ansinnen zurück. Daraufhin okkupieren starke russische Verbände Persisch-Aserbaidschan, Gilan und Chorassan, die Zarentruppen werfen die Volksbewegung im Norden nieder, englische Truppen vollziehen dasselbe im Süden. Die Revolution erleidet unter dem vereinten Ansturm der inneren und äußeren Konterrevolution eine Niederlage.

Trotz dieses Ausgangs bringt die Revolution eine schwere Erschütterung der Feudalordnung mit sich; sie übt einen großen Einfluß auf die revolutionäre Bewegung in den Nachbarländern aus, besonders im Osmanischen Reich und in Indien.

Jungtürkische Revolution

Die von Großwesir Midhat Pascha 1876 eingeführte gemäßigte erste Verfassung wird bereits 1878 suspendiert. Das Osmanische Reich stöhnt unter dem despotischen Regime Sultan Abd-ul Hamids II. (1876–1909). Feudale Verhältnisse, Rückständigkeit, Korruption, zahlreiche Hemmnisse für die Entwicklung der meist nichttürkischen Bourgeoisie (Griechen, Armenier, Juden), Unterdrückung der Volksmassen, nationale Rivalitäten und politische Willkür, dazu das Eindringen imperialistischer

Großmächte schwächen das Land. Die feudalen Strukturen in der Wirtschaft und das despotische System geraten mit den Erfordernissen der Modernisierung der Gesellschaft an Haupt und Gliedern in unauflösbaren Widerspruch. Wachsende Abhängigkeit von den europäischen Großmächten, ständige Finanznot, erstarkendes nationales Bewußtsein der zahlreichen nichttürkischen Völker und deren Befreiungskampf machen das Land zu einem Knotenpunkt zahlreicher Widersprüche kapitalistischer wie vorkapitalistischer Art sowie nationaler Spannungen, die überdies mit den imperialistischen Gegensätzen um die Türkei verschmelzen. *Vorabend der Revolution*

An der Spitze des Widerstandes gegen die Despotie stehen die Intelligenz und Offizierskreise. Die Geheimgesellschaften *Osmanische Einigung und Beratung* verbinden sich 1889 zur Geheimorganisation *Einheit und Fortschritt*. In Europa wird diese Gesellschaft unter dem Namen *Jungtürken* bekannt. Von Bulgarien unterstützt, organisiert die *Innere Mazedonische Revolutionäre Organisation* zahlreiche Freischärleraktionen und am Eliastag 1903 (*Ilin den*) einen Aufstand, der aber fehlschlägt.

Unter dem Eindruck der Revolution von 1905 im benachbarten Rußland und der Anfangserfolge der Persischen Revolution bricht auch im Osmanischen Reich eine *revolutionäre Krise* aus.

Bauernschaft und Stadtbevölkerung in Ost- und Nordanatolien sowie Syrien erheben sich, selbst die Armee zeigt sich unzuverlässig. Die Jungtürken verlegen ihr Zentrum 1906 von Paris nach Saloniki. Zum auslösenden Moment wird das Treffen des englischen Königs Eduard VII. mit Zar Nikolaus II. in Reval (Tallinn) im Juni 1908, auf dem auch über eine russisch-englische Kontrolle über Mazedonien beraten wird. Die Jungtürken wenden sich gegen die imperialistische Einmischung und schreiten zum *bewaffneten Aufstand*.

Am 3. Juli 1908 erhebt sich die Garnison der mazedonischen Stadt Resna. Am 23. Juli proklamiert das jungtürkische Zentralkomitee in Monastir die *Wiederherstellung der Verfassung von 1876* und das Ende des Despotismus. Abd-ul Hamid II. kapituliert und verspricht durch Erlaß die Wiedereinführung der Verfassung, Wahlen zum Parlament, eine Amnestie sowie die Aufhebung der Zensur. Ihrem Klasseninhalt nach ist die Jungtürkische Revolution bürgerlichen Charakters. Die Ursache ihres schnellen Sieges liegt in der Schwäche der Sultansherrschaft und ist dem Umstand geschuldet, daß die Armee die Initiative übernimmt und somit die Schwäche der gering entwickelten Bourgeoisie kompensiert. Es mangelt der Revolution an demokratischer Vertiefung. Auf eine euphorische Verbrüderung der Nationen folgt die Enttäuschung der Massen. Das im November 1908 eröffnete Parlament, in dem die Jungtürken fast zwei Drittel der Abgeordneten stellen, unterläßt es, Bauern Boden zu geben und den feudalen Zehnt aufzuheben. Es zeigt sich in jeder Hinsicht gemäßigt. Unter der Losung des »Osmanismus« wird versucht, die nationalen Forderungen der nichttürkischen Völker zu ignorieren. Das Türkische bleibt einzige offizielle Sprache. Die Annexion Bosnien-Herzegowinas durch Österreich-Ungarn wird wegen der Rückgabe der Sandschaks Novipasar und der Zahlung einer finanziellen Entschädigung anerkannt. *Beginn und Charakter der Revolution*

In der Regierung sind die Jungtürken nicht unmittelbar vertreten, sie überwachen diese durch eine »Sonderdelegation« in Istanbul.

Die Schwäche der Revolution ausnutzend, inszeniert die reaktionäre *Vereinigung der Moslems* im April 1909 einen Putsch sultantreuer Armeeteile. Eilig aus Mazedonien herangeführte Truppen schlagen die Meuterei rasch nieder. Abd-ul Hamid II. wird abgesetzt und verhaftet, auf den Thron gelangt sein altersschwacher Bruder Mehmed V. (1909–1918).

Direkte Herrschaft der Jungtürken

Nunmehr übernehmen die Jungtürken die Macht direkt. Ihre Regierung umfaßt Türken, Araber, Albaner, Armenier und zum Islam übergetretene Juden. Die Rechte des Sultans werden beschnitten, die des Parlaments entsprechend erweitert. Die eingeleiteten Maßnahmen dienen primär der Bourgeoisie, doch liegt die Demokratisierung des gesellschaftlichen Lebens auch im Interesse der Massen. Die 1908 in Saloniki gegründete multinationale *Sozialistische Arbeiterföderation* kann ihre Tätigkeit entfalten, es entstehen Gewerkschaften und Klubs, Streiks flammen auf. Im September 1910 wird in Istanbul die *Osmanische Sozialistische Partei* gegründet.

Seit Mitte 1909 beginnt die Revolution abzuflauen. Die Volksmassen vermögen nicht, ihre weitergehenden Forderungen durchzusetzen.

Die folgende nur kurzzeitig unterbrochene Herrschaftsphase der Jungtürken ist von schwerwiegenden außenpolitischen Problemen begleitet. Niederlagen im Krieg gegen Italien 1911/12 und die daraus resultierende Abtretung von Tripolis, der Kyrenaika sowie des Dodekanes, Niederlage im ersten Balkankrieg (1912) und Verlust fast der gesamten europäischen Türkei (lediglich Adrianopel wird im zweiten Balkankrieg wiedererlangt) prägen die Lage. Ein Teil der Jungtürken orientiert sich auf England und die Entente, ein anderer auf Deutschland. Das seit Sommer 1913 regierende Triumvirat Enver – Talaat – Ahmed Dschemal führt das Land schließlich auf seiten Deutschlands in den ersten Weltkrieg.

Revolution in China

Die historische Überlebtheit der Manzhuherrschaft, maßlose Verschwendungssucht und Cliquenwirtschaft, Fortbestehen althergebrachter Formen des Feudalismus in der Ökonomie, im staatlichen, kulturellen und ideologischen Überbau, das Eindringen fremder Mächte beschwören die Gefahr der völligen nationalen Unterwerfung und Zerstückelung des Landes herauf. Die Unerträglichkeit der Verhältnisse wird selbst Teilen der herrschenden Feudalklasse bewußt. Als Japan das »Reich der Mitte« im Krieg von 1894/95 besiegt, ihm Taiwan und die Penghu-Inseln entreißt, die imperialistischen Großmächte weitere Stücke Chinas als Kolonialbesitz oder als Interessensphären okkupieren, bricht die *soziale und nationale Krise* offen hervor.

Reformen der »100 Tage«

Liberale Reformer unter Kang Youwei leiten 1898 bürgerliche Umgestaltungen ein. Über 60 Edikte betreffen die Förderung von Industrie, Bergbau, Landwirtschaft und Handel, Modernisierung der Armee, Eisenbahnbau, Eröffnung von Schulen und Universitäten, Übersetzung ausländischer wissenschaftlicher Bücher, Beseitigung von Korruption, Reorganisation der Verwaltung. Noch im selben Jahr 1898 erfolgt der Gegenschlag: Kaiserinwitwe Cixi (Tsi Ssi) verübt mit Hilfe der mandschurischen Palastwache einen Staatsstreich. Alle Reformen werden annulliert, ihre Protagonisten verfolgt.

Andere Wege geht die Volksbewegung. In Nordchina entwickelt sich seit 1898/99 die kleinbürgerlich-bäuerliche Bewegung der Yihetuan (Abteilung für Frieden und Gerechtigkeit). Sie ruft zum Kampf gegen die Ausländer auf und breitet sich rasch aus. Cixi und die konservativen Hofkreise lavieren zwischen der Volksbewegung und den imperialistischen Mächten. Um die Wende 1899/1900 versuchen sie im Bunde mit den deutschen Kolonialbehörden erfolglos, die Yihetuan zu unterdrücken, sie sind aber auch bestrebt, sich dieser Bewegung gegen die verhaßten Fremden zu bedienen. Die Bewegung wächst inzwischen in einen *Aufstand* hinüber. Sechs imperialistische Mächte (Deutschland, England, Frankreich, USA, Rußland und Italien) unternehmen im April 1900 einen Flottenaufmarsch nahe Tianjin und verlangen in ultimativer Form die Bekämpfung der »Boxer«, das heißt der Yihetuan. Im Mai–Juni 1900 werden die Interventionstruppen verstärkt.

Yihetuan-Aufstand

Imperialistische Aggression

Mitte Juni 1900 marschieren Abteilungen der Yihetuan in Peking ein, dabei wird der deutsche Gesandte Clemens von Ketteler getötet. Unter dem Druck der Yihetuan erklärt Cixi am 21. Juni den Interventionsmächten den Krieg. Nunmehr kämpfen kaiserliche Truppen und die Yihetuan gegen die Interventen, welche die Ermordung von Ketteler und die Belagerung der ausländischen Botschaften in Peking zum Vorwand nehmen, ihre Offensive auszuweiten und »Strafexpeditionen« zu unternehmen. Im Juli besetzen Truppen Japans, Englands, Deutschlands, Rußlands, Frankreichs und der USA Tianjin und im August 1900 Peking. Österreichisch-ungarische, italienische sowie weitere 20 000 Mann deutscher Truppen kommen hinzu. Die gesamte Interventionsstreitmacht ist dem deutschen Feldmarschall Alfred von Waldersee unterstellt. Cixi wechselt erneut die Fronten und bekämpft zusammen mit den Imperialisten die Yihetuan, die dem vereinten Ansturm nicht standhalten können. Im »Boxer-Protokoll« von 1901 verpflichtet sich die Manzhuregierung u. a., die »Schuldigen« zu bestrafen und eine Kontribution von 450 Mio Taëls (etwa 3 Mrd Goldmark) innerhalb von 50 Jahren zu entrichten. Die imperialistischen Mächte erhalten das Recht, Truppen in China zu stationieren.

China wird zu einer Halbkolonie der imperialistischen Mächte. Die Widersprüche zwischen ihnen, der Widerstand des Volkes, aber auch die Größe des Landes verhindern vorerst eine direkte koloniale Unterwerfung und Aufteilung. Die Mächte ziehen es vor, sich der Manzhudynastie und der mit dem Imperialismus verbundenen Kompradorenbourgeoisie zu bedienen, um China auszubeuten.

Unter dem Eindruck des japanischen Sieges über Rußland und der beginnenden Russischen Revolution gründet *Sun Zhongshan* (Sun Yatsen) im September 1905 in Tokio die *Tongmenghui* (Liga der Verbündeten oder Chinesische Revolutionäre Liga) als politische Partei der nationalen Bourgeoisie und der Emigrantenbourgeoisie (Auslandschinesen), des Kleinbürgertums, manzhufeindlicher Großgrundbesitzer und zumeist kleinbürgerlicher Intellektueller, die europäische Schulen besucht oder im Ausland studiert haben. Das Programm der Liga und der von ihr herausgegebenen Volkszeitung (*Minbao*) geht von den »drei Volksprinzipien« Sun Zhongshans aus: Nationalismus (Sturz der Manzhus), Volksherrschaft (Republik) und Volkswohlstand (Ausgleich der Bodenrechte). Die Liga organisiert Ende 1906 einen Aufstand von 30 000 Bergarbeitern in der Provinz Jiangxi sowie weitere Erhebungen von Bauern, städtischen Kleinbürgern, Arbeitern, Studenten und Soldaten gegen die Manzhuherr-

Chinesische Revolutionäre Liga

schaft und die imperialistische Überfremdung. Diese Volksaktionen werden zwar unterdrückt, künden jedoch einen revolutionären Sturm an.

Bürgerlich-demokratische Revolution 1911–1913

Am 10. Oktober 1911 erhebt sich ein Pionierbataillon in Wuchang. Innerhalb weniger Wochen schließen sich die Volksmassen ganz Süd-, Mittel- und einiger Teile Nordchinas an. Die Führung hat die nationale Bourgeoisie. *Triebkräfte* der Revolution (nach dem Jahr Xinhai des chinesischen Mondkalenders auch *Xinhai-Revolution* genannt) sind vor allem Kleinbürger, Arbeiter, Bauern, Tagelöhner, Vertreter freier Berufe sowie die Masse der Soldaten.

Auf einer Konferenz von Vertretern aus 18 aufständischen Provinzen wird am 29. Dezember 1911 in Nanjing (Nanking) die *Republik* beschlossen und am 1. Januar 1912 proklamiert. Provisorischer Präsident wird Sun Zhongshan. Es werden bürgerlich-demokratische Grundrechte, Presse-, Rede-, Organisations-, Versammlungs- und Glaubensfreiheit, freie Wohnort- und Berufswahl, Unverletzlichkeit der Person und des Eigentums verkündet und im März 1912 eine demokratische Verfassung angenommen, die eine Nationalversammlung in Peking und allgemeine Parlamentswahlen vorsieht. Im Norden des Landes sammeln sich indes die reaktionären Kräfte (feudale Großgrundbesitzer, Kompradoren, Manzhubeamte) um General Yuan Shikai, der auch von den imperialistischen Mächten unterstützt wird. Ein kurzer Bürgerkrieg endet mit einem Kompromiß. Dieser geht eindeutig zu Lasten der revolutionären Kräfte: Im Februar 1912 danken sowohl der minderjährige Kaiser Pu I. im Norden als auch Sun Zhongshan im Süden ab, Präsident wird *Yuan Shikai*. Die mit der Revolution einhergehenden Bauernaufstände sowie Aktionen der Arbeiter in den Städten werden bis Anfang 1913 unterdrückt, in der Liga kommen die Gemäßigten ans Ruder.

Gründung der Guomindang

Im August 1912 gründet Sun Zhongshan auf der Basis der Liga die Guomindang (Nationalpartei). Sie erhält im *ersten Parlament*, das im April 1913 zusammentritt, die Mehrheit. Präsident Yuan Shikai setzt dagegen seinen revolutionsfeindlichen Kurs im Interesse der feudalen Großgrundbesitzer und der Kompradorenbourgeoisie fort und wird dabei von den imperialistischen Mächten mit einer Anleihe in Höhe von 23 Mio Pfund Sterling unterstützt. Ein Aufstand der Guomindang im Juli 1913 (»Zweite Revolution«) endet bereits im August, noch ehe er sich voll entfalten kann. Im November 1913 verbietet Yuan Shikai die Guomindang, entzieht ihr alle Mandate und löst kurz darauf das Parlament ganz auf. Mit der Unterwerfung des Südens durch Yuan Shikai ist die Revolution beendet.

Die Verfassung vom Mai 1914 stattet Yuan Shikai mit diktatorischen Vollmachten aus, er regiert bis zu seinem Tode 1916.

Bedeutung der Revolution

Die Revolution 1911–1913 erreicht nur einen Teil dessen, was die revolutionären Kräfte unter Sun Zhongshan anstrebten. Es gelingt nicht, eine bürgerlich-demokratische Ordnung zu errichten und den halbkolonialen Status Chinas sowie die Wurzeln des Feudalismus zu beseitigen. Was als Ergebnis bleibt, ist vor allem dem Kampf der bürgerlichen und kleinbürgerlichen Revolutionäre, der Arbeiter und Bauern zu verdanken. Manzhuherrschaft und Monarchie gehören der Vergangenheit an, die Überwindung des Feudalismus und der Abhängigkeit vom Imperialismus hat zwar begonnen, bleibt aber in den Anfängen stecken. Dies hängt mit der Schwäche der bürgerlich-revolutionären Kräfte, mit ihrer Unfähigkeit zusammen, die Volksmassen, die Bauern und die sich entwickelnde Arbeiterklasse durch ein konsequentes Programm antifeudaler und sozialer Maßnahmen auf Dauer zu gewinnen und für die Weiterentwicklung und den Sieg der Revolution zu mobilisieren. Die Überbetonung des antimandschurischen Nationalismus trägt zur Unterschätzung der sozialen Aufgaben der Revolution bei. In der Revolution formieren sich indes die Kader für spätere revolutionäre Kämpfe, besonders für die antiimperialistische bürgerlich-demokratische Bewegung des 4. Mai 1919. Sun Zhongshan versteht es in der Folgezeit, die richtigen Lehren aus der Revolution zu ziehen, er orientiert in den zwanziger Jahren auf ein Bündnis mit der UdSSR, der KP Chinas und der Arbeiter- und Bauernbewegung.

Die antikoloniale Bewegung in Indien läßt sich trotz der Niederschlagung des Aufstandes 1857–1859 nicht aufhalten. Die beginnende kapitalistische Entwicklung führt zur Herausbildung einer nationalen Bourgeoisie. Deren Führer gründen 1885, gemeinsam mit Großgrundbesitzern, den *Indischen Nationalkongreß*. Unter dem Eindruck der Russischen und Persischen Revolution, jedoch vor allem als Folge der von England 1905 verordneten Teilung Bengalens setzt ein neuer Aufschwung der nationalen Bewegung ein; die Losungen sind Swadeschi (Eigenproduktion, das heißt Aufbau nationaler Industrien), Swaradsch (Selbstregierung), Boykott englischer Waren, nationale Erziehung, Wiedervereinigung Bengalens. Bauernunruhen in Pandschab und Bengalen im Frühjahr 1907, Streiks der Eisenbahner und Drucker finden lebhaften Widerhall. Meinungsverschiedenheiten zwischen gemäßigt-liberalen und kleinbürgerlich-radikalen Kräften über Inhalt und Formen des Kampfes führen indes im Dezember 1907 zur Spaltung des Indischen Nationalkongresses. Die Gemäßigten, denen auch der große indische Schriftsteller, Dichter und Humanist Rabindranath Tagore nahesteht, lehnen die Gewalt ab. Tagore sieht unter den Bedingungen der religiös und durch das Kastenwesen geteilten indischen Gesellschaft den Weg zur Befreiung in der Bildung und in der moralischen Selbstvervollkommnung des Menschen. Die radikale Strömung wird von B. G. Tilak geführt, sie will die englische Kolonialherrschaft auf militante Weise beseitigen.

Die britische Kolonialmacht laviert. Auf ihre Initiative wird die *Allindische Moslemliga* (1906) gegründet, die den religiösen Hader in die Nationalbewegung hineintragen soll. Gleichzeitig entsteht die hinduistisch-chauvinistische Hindu Mahasabha (Großer Bund des Hindus).

Gegen die radikale Strömung gehen die Kolonialbehörden brutal vor. Aus Protest gegen die Verurteilung Tilaks streiken sechs Tage lang über 100 000 Arbeiter Bombays, auch Basare und Läden bleiben geschlossen. Dieser politische Streik bildet den *Höhepunkt der nationalen Befreiungsbewegung* in den Jahren 1905–1908. Als Antwort versucht die Kolonialmacht, die gemäßigten Vertreter der indischen Nationalbewegung zu gewinnen. Mit den Morley-Minto-Reformen 1909 erfolgt eine Erhöhung der Anzahl der gewählten Mitglieder des Allindischen Gesetzgebenden Rates. Die

[Randnotizen:]
Antikoloniale Bewegung in Indien

Spaltung des Nationalkongresses

Morley-Minto-Reformen

Wahlen bleiben jedoch zwei- und dreistufig, die Anzahl der Wähler minimal, die Teilung Bengalens wird 1911 wieder rückgängig gemacht.

Antikoloniale Bewegung in Niederländisch-Indien

Ende des 19. Jh. erstarkt die nationale und antikoloniale Bewegung auch in Niederländisch-Indien (Indonesien). Das Volk der Atjeh (Aceh) auf Sumatra führt bis 1913 einen erbitterten Krieg gegen die holländischen Kolonisatoren, die angesichts der wachsenden Konkurrenz Englands (Errichtung eines britischen Protektorats über Brunei und Sarawak 1888), Deutschlands (Teilung Ost-Neuguineas 1884 mit England) und der USA (Eroberung der Philippinen 1898) alle bisher unaufgeteilten Gebiete des Archipels zu unterwerfen trachten. Das Atjeh-Reich wird schließlich zerstört. Von 1899 bis zu ihrem Tode 1904 wirkt die Aufklärerin *Kartini*. Japans Sieg über Rußland 1905, die Russische, die Persische und die Jungtürkische Revolution, der Aufschwung der nationalen Bewegung in Indien und schließlich die chinesische Revolution finden tiefe Resonanz. Nationalgesinnte Intellektuelle gründen 1908 die liberale Reformbewegung *Budi Utomo* (Hohes Ziel), die mit friedlichen Mitteln und durch Bildung eine moralische Vervollkommnung der Nation anstrebt, 1911 entsteht der *Bund moslemischer Kaufleute* (Sarekat Dagang Islam), der sich 1912 in *Islamischer Bund* (Sarekat Islam) umbenennt und zu einer starken Bewegung entwickelt. Schließlich bildet sich 1914 die *Indische Sozialdemokratische Vereinigung* als erste marxistische Organisation in der Kolonie heraus. An ihrer Gründung nehmen die revolutionären niederländischen Sozialdemokraten (Tribunisten) maßgeblichen Anteil.

Unabhängigkeitsrevolution der Philippinen

Die nationale Befreiungsbewegung gegen die spanische Herrschaft auf den Philippinen wird durch die Herausbildung einer nationalen Bourgeoisie, der bürgerlichen Intelligenz sowie des sich entfaltenden Nationalbewußtseins gefördert. Der Dichter, Arzt und Aufklärer José P. Rizal veröffentlicht 1887 in Berlin seinen Roman *Noli me tangere* und formiert nach seiner Rückkehr 1892 die geheime *Liga Filipina*. Im gleichen Jahr gründet Andrés Bonifacio die revolutionär-demokratische Geheimgesellschaft *Katipunan*, die am 24. August 1896 in Balintavac die Unabhängigkeitsrevolution gegen Spanien (1896–1898) einleitet. Den Aufständischen schließen sich auch liberale Großgrundbesitzer und bürgerliche Elemente unter Emilio Aguinaldo an, die schließlich die Führung übernehmen. Bonifacio wird auf Weisung Aguinaldos ermordet. Am 1. November 1897 verkündet der *Kongreß von Biac-na-Bato* die Verfassung der unabhängigen *Philippinischen Republik* und ernennt eine Regierung unter Aguinaldo. Dieser zieht es aber vor, gegen das Versprechen von Reformen und Zahlungen an die Führer des Aufstandes die Waffen zu strecken und ins Exil zu gehen. Der radikal-demokratische Flügel setzt den Kampf fort.

Nach Ausbruch des Krieges der USA gegen Spanien 1898 setzt der rechte Flügel der Nationalbewegung unter Aguinaldo auf die USA und nimmt den bewaffneten Kampf wieder auf. Am 12. Juni 1898 wird in *Cavite* die Unabhängigkeit erneut verkündet. Noch vor dem Eintreffen der USA-Truppen ist der Großteil des Landes befreit. Am 15. September 1898 tritt in Malolos ein revolutionärer Kongreß zusammen, der im November die bürgerlich-demokratische *Verfassung von Malolos* verkündet. Nachdem die

USA kraft des Pariser Friedensvertrages von 1898 die Inseln annektieren, USA-Annexion
setzen philippinische Patrioten den Kampf gegen die neue Kolonialmacht
fort. Der Widerstand dauert bis 1901, einzelne Abteilungen kämpfen
noch bis 1906, in den Moslemgebieten des Südens sogar bis 1913.
Die USA schließen mit den Großgrundbesitzern und der Handelsbourgeoisie 1902 ein Kompromiß, indem sie der Kolonie eine begrenzte
Selbstverwaltung einräumen, deren Beschlüsse aber durch den USA-Kon-
greß annulliert werden können. Darüber hinaus werden Reformen durchgeführt (wie die Trennung von Staat und Kirche, Enteignung der Klöster). Die ersten Wahlen zur Legislative gewinnt 1907 die *Nationalistische
Partei*, das heißt die Gruppe gemäßigt-liberaler Anhänger der »Unabhängigkeit auf friedlichem Wege«.

Beginn der nationalen Befreiungsbewegung in Afrika   4.7.3.

An der Spitze des antikolonialen Kampfes im *arabisch-moslemischen Norden*
stehen heterogene Kräfte: feudale Grundbesitzer, patriotische Militärs,
die junge nationale Bourgeoisie (Ägypten), bürgerliche Intellektuelle,
moslemische Geistlichkeit. Im *subsaharischen Afrika* dominieren feudale
Elemente, in der Regel aber Stammesälteste und Stammeskönige. Massenbasis des antikolonialen Kampfes sind überall die bäuerlichen Schichten.
Zentren des antikolonialen Kampfes bilden vor 1914 Ägypten, Sudan,
Äthiopien, Madagaskar, Deutsch-Südwestafrika und Libyen.
Unter Ismail Pascha wird Ägypten zunehmend Halbkolonie Englands und Ägypten
Frankreichs; es geht um die Kontrolle des Suezkanals, des kürzesten Weges nach Asien. Als Ägypten 1876 den Staatsbankrott erklärt, zwingen
England und Frankreich dem Land ihre Finanzkontrolle auf. Die Führung des Widerstandes gegen englisch-französischen Einfluß und die ka-
pitulantenhafte Politik des Herrschers (1879–1892 Tawfiq) übernimmt
die *Nationalpartei* (Al-hizb al-Watani), der patriotische Großgrundbesitzer, Angehörige der nationalen Bourgeoisie (vor allem Kopten und Juden, auch Araber), der Intelligenz (islamische Gelehrte, Dichter) und
zahlreiche Offiziere beitreten. Ihr bekanntester Führer ist Oberst Ahmad
Urabi. Bei den ersten Parlamentswahlen im Dezember 1881 siegt die Nationalpartei. Im Juli 1882 leitet England, dem die Nationalpartei ein Dorn
im Auge ist, die offene Intervention ein. Nach Beschuß besetzen
25 000 Briten die Stadt Alexandria. In Kairo tritt nach der Flucht des
Herrschers zu den Engländern eine Außerordentliche Versammlung zusammen, um die Verteidigung des Landes in die eigenen Hände zu nehmen, Urabi wird Oberbefehlshaber. Den Engländern gelingt es, die Führer der Beduinentruppen zu bestechen, die Armee Urabis im
September 1882 bei Tell el-Kebir zu schlagen und Kairo zu besetzen.
Ägypten ist faktisch britisches Protektorat, die Oberhoheit des Sultans bis
1914 hat lediglich nominellen Charakter. Ein neuer Aufschwung der Befreiungsbewegung setzt 1906 ein, 1907 entsteht die Nationalpartei neu.
Die Befreiungsbewegung im Sudan, die sich zunächst gegen Ägypten und Sudan
in der Folge gegen England richtet, verfügt über eine breite Massenba-

sis – Bauern, Nomaden, Stadtarmut, Handwerker, Kleinhändler. An ihre Spitze treten Großgrundbesitzer, Sklavenhändler und Stammeshäuptlinge. Eine Erhebung unter dem Prediger Muhammad Ahmad, genannt *al-Mahdi*, führt 1881–1885 zum Sturz der ägyptischen Herrschaft. Die Bewegung trägt stark religiöse Züge. Der Aufstand erreicht nach der Eroberung Ägyptens durch die Engländer und deren Vormarsch in den Sudan seinen Höhepunkt. Khartum, die Hauptstadt Ostsudans, wird im Januar 1885 von den Aufständischen gestürmt, der englische Generalgouverneur Charles George Gordon kommt um. Im Sommer 1885 sind alle Engländer und Ägypter aus dem Lande verjagt, der Mahdi-Staat wird errichtet. Nach dem Tode al-Mahdis (Juni 1885) gerät die Macht in die Hände des Baggara-Stammesadels unter Führung eines der vier von al-Mahdi ernannten Kalifen, Abdallah at-Taaischi, der einen feudal-absolutistischen Staat anstrebt. Die Kämpfe zwischen den Fraktionen der Feudalaristokratie, Kriege gegen Äthiopien 1886–1889 und in Italienisch-Eritrea 1893/94 schwächen das Land. Englisch-ägyptische Truppen unter Horatio Herbert Kitchener erobern Sudan trotz tapferer Gegenwehr (1896–1898). Im September 1898 unterliegt das Gros der sudanesischen Armee bei *Omdurman*. Im Januar 1899 wird ein *englisch-ägyptischer Vertrag über ein Kondominium im Sudan* unterzeichnet, der faktisch die englische Kolonialherrschaft sanktioniert.

Äthiopien

Die italienische Expansion in Ostafrika beginnt bereits 1869 mit der Etablierung italienischer Kaufleute in Assab. Assab wird 1882, Massaua 1885 von italienischen Truppen besetzt. Nach der Niederlage bei Dogali 1887 ist Italien gezwungen, im Mai 1889 den Vertrag von Wetschale (Uccialli) mit Äthiopien abzuschließen. Aber schon 1890 verkündet Italien sein Protektorat über Äthiopien und okkupiert die Provinz Tigre; 1895 rücken italienische Truppen weiter ins Landesinnere vor. In der *Schlacht von Adua* (1. März 1896) gelingt es dem Negus Menelik II., die Italiener vernichtend zu schlagen. *Italien muß die Unabhängigkeit Äthiopiens anerkennen.* Äthiopien bleibt das neben Liberia einzige Land Afrikas, dem es gelingt, den Ansturm des Imperialismus erfolgreich abzuwehren und seine Souveränität zu bewahren.

Madagaskar

Auf Madagaskar besteht im 19. Jh. ein zentralisierter Feudalstaat mit dem Merina-Volk als Kern. Die ethnischen Gegensätze zwischen den Merina und Sakalava ausnutzend, besetzen französische Truppen größere Teile Madagaskars und zwingen dem Land ein Protektoratsregime (1883–1885) auf. Ende 1893 kommt es zu einem großen Aufstand, den General Joseph-Simon Gallièni mit Mühe unterdrücken kann. Die Insel ist 1896 offiziell *französische Kolonie*, die letzte Königin wird verbannt. Der Widerstand dauert aber in entlegenen Gebieten noch bis 1904. Im Jahre 1912 gründen christliche Studenten an der medizinischen Hochschule von Tananarive die Freiheitsbewegung VVS (Vy-Vato-Sakelika, das heißt Eisen-Stein-Zweig), aus der viele künftige Führer der Befreiungsbewegung hervorgehen.

Deutsch-Südwestafrika

Südwestafrika (Namibia) ist seit 1884 deutsche Kolonie. Der Nama-Stamm unter *Witbooi* wehrt sich bis Ende 1894 gegen den Landraub, ehe er unterworfen werden kann. Dieser Aufstand sowie Erhebungen der

58

59

roklamation der Kommune am 28. März 1871. Stich von L. J. A. Daudenarde

ufstand der Kommunarden in Lyon 1871

60

61

60 Dynamoraum der ersten Kraftstation der Welt, eingerichtet von Edison in New York 1882

61 Otto Lilienthal mit seinem 1893 erbauten Flugapparat

62

63

...treik der Gasarbeiter in London 1889

...rüsseler Kongreß der II. Internationale 1891. Zeichnung von F. Dricaux

64

65

66

64 »Suezkanal – Schlüssel für Indien«. Karikatur von J. Tenniel auf Disraeli

65 Marokko – Streitobjekt der europäischen Mächte. Karikatur aus *Assiette au beurre*

66 China – Eindringen der Europäer. Karikatur aus *Assiette au beurre*, 1901

67

68

Spanisch-amerikanischer Krieg 1898, Explosion der Maine

Russisch-japanischer Krieg 1904/05, Schlacht bei Mukden. Zeichnung

69

70

69 Lenin in einem Arbeiterzirkel. Gemälde von W. I. Prager

70 Bürgerlich-demokratische Revolution in Rußland 1905–1907, »Blutsonntag« in Petersburg. Gemälde von Ju. Vladimirov

71 Konstitutionelle Revolution in Persien 1905–1911, politische Kundgebung in Schiras

72 Unabhängigkeitsrevolution 1895–1898 in Kuba, Guerrillakampf in der Provinz Las Villas

71   72

73

hlacht bei Adua am 1. März 1896

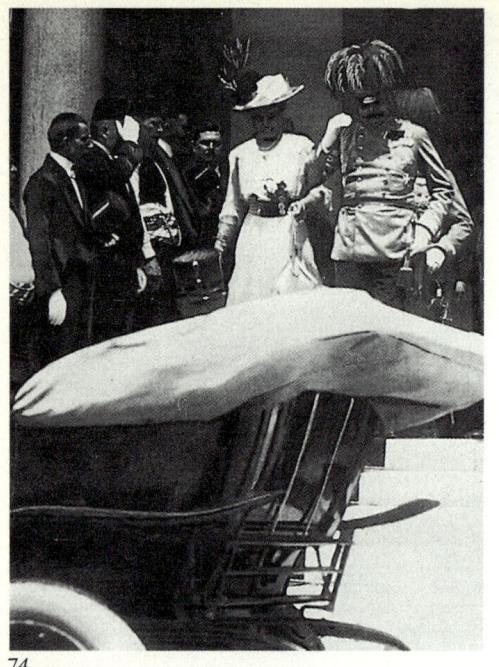

74

75

76

74 Der österreichische
Thronfolger Erzherzog
Franz Ferdinand mit seiner
Gattin beim Verlassen des
Rathauses in Sarajevo kurz
vor dem Attentat am
28.Juni 1914

75 Tank

76 Auslaufendes U-Boot
mit Geleitschutz

77 Gasangriff des deut-
schen Marinekorps in den
flandrischen Dünen

77

Herero (1888, 1893/94), Mbanderu und Koya (1896) erleiden durch ihre Isolierung voneinander und der militärischen Überlegenheit der deutschen Kolonialmacht eine Niederlage. Höhepunkt des Befreiungskampfes bildet der *Aufstand der Herero und der Nama* 1904–1907. Die Kolonialtruppen gehen gnadenlos vor. Nach der Schlacht von Waterberg (11. August 1904) werden Zehntausende von Hereros in die Omaheke-Wüste getrieben, wo sie qualvoll umkommen. Nur 15 000 der 80 000 Hereros überleben den Vernichtungsfeldzug, der Aufstand bricht erst 1907 endgültig zusammen.

Im September 1911 besetzen italienische Truppen im Verlauf des Italienisch-türkischen Krieges 1911/12 Tripolis, Bengasi und andere Küstenstädte. Im *Frieden von Lausanne* 1912 verzichtet die Hohe Pforte auf Libyen, das zur italienischen Kolonie wird. Die einheimische arabische Bevölkerung leistet hartnäckigen Widerstand. Es gelingt dem Senussi-Orden, seine Macht in der Kyrenaika zu behaupten. Der Partisanenkampf in Libyen dauert bis in die dreißiger Jahre. | Libyen

Nationale Befreiungsbewegung in Lateinamerika 4.7.4.

Zentrum der *antikolonialen Befreiungsbewegung* in Lateinamerika bleibt auch nach dem ersten Unabhängigkeitskrieg 1868–1878 Kuba. Der Sturz der spanischen Kolonialherrschaft ist zu einer dringenden Notwendigkeit für die Entwicklung der kubanischen Nation geworden. | Unabhängigkeitsrevolution Kubas

Der *Unabhängigkeitskrieg 1895–1898* steht im Zeichen der Hegemonie der radikalen kleinbürgerlich-demokratischen *Kubanischen Revolutionären Partei* (PRC), deren Führer *José Martí* ist. Der 1892 gegründeten Partei schließen sich auch Arbeiter, Handwerker und Studenten an. Der *Aufstand* beginnt im Februar 1895 in der Provinz Oriente, der traditionellen Wiege der Revolution. Er wird durch Freiwilligenexpeditionen kubanischer Emigranten in den USA und in lateinamerikanischen Ländern unterstützt. Die »Invasion des Westens« (1895/96) versetzt die spanischen Kolonialbehörden in Schwierigkeiten, führt aber infolge der Uneinigkeit in der Revolutionsführung, die nach dem Tode Martís im Gefecht (19. Mai 1895) durch Antonio Maceo, Maximo Gómez und Calixto García repräsentiert wird, zu keinem strategischen Erfolg. Andererseits vermögen der Terror der Voluntarios (Freiwilligen) und der spanischen Truppen unter General Valeriano Weyler y Nicolán nicht, die Revolution zu unterdrükken. Ebensowenig helfen Reformen in letzter Minute. Der Sturz der spanischen Kolonialmacht ist nur eine Frage der Zeit.

In dieser Situation bricht 1898 der *Krieg zwischen den USA und Spanien* aus. Kuba wird, zunächst unterstützt von den Revolutionären, durch USA-Truppen besetzt, woraus anschließend de facto ein USA-Protektorat erwächst. Die Unabhängigkeitsrevolution wird schließlich von den USA-Okkupationsbehörden abgewürgt. Der *Platt-Zusatz* zur Verfassung von 1901 verbrieft das Interventionsrecht der USA auf Kuba und die Verpachtung des Flottenstützpunktes Guantánamo. José Martís großer Traum von der »zweiten Unabhängigkeit« erfüllt sich nicht.

Díaz-Diktatur in Mexiko

Von 1876 bis 1911 wird Mexiko von General Porfirio Díaz regiert. Durch Militärputsch an die Macht gelangt, organisiert Díaz periodisch seine »Wiederwahl«, lediglich 1880–1884 toleriert er einen Strohmann, General Manuel Gonzáles, im Präsidentensessel. Die Díaz-Diktatur (*Porfiriat*) repräsentiert die terroristische Herrschaft der sich auf den Kapitalismus umorientierenden Latifundienbesitzer und der mit ihnen verbündeten Teile der Bourgeoisie. Repräsentanten der Macht sind die Científicos (Wissenschaftler). Die von der *Armee* gestützte und von der *katholischen Kirche* ideologisch sanktionierte Oligarchie der Großgrundbesitzer, Bankiers, Großkaufleute und aufkommenden Industriellen befindet sich in starker Abhängigkeit vom Auslandskapital. England und die USA dominieren im Außenhandel. Vor allem ihre Direktinvestitionen und Anleihen bewirken die wirtschaftliche Abhängigkeit Mexikos. Vorwiegend englische und nordamerikanische Interessengruppen sichern sich entscheidende Positionen (z. B. im Erdölsektor, Eisenbahnbau).

Während des nahezu gesamten 19. Jh. gibt britisches Kapital den Ton an, seit Ende des 19. Jh. sind es die USA. Von den rund 1,16 Mrd Pesos Auslandsinvestitionen im Jahre 1900 entfallen auf das USA-Kapital fast 502 Mio (über 43 %). Bis 1911 verdreifachen sich die Auslandsinvestitionen auf 3,38 Mrd Pesos (fast 40 % USA-, fast 30 % englisches, etwas über 20 % französisches, 2 bis 5 % deutsches Kapital). Der USA-Anteil am Import Mexikos steigt von 1870 bis 1901 von 9 auf 54,1 %; bei den mexikanischen Exporten beträgt er 1900/01 rund 78,9 %.

Entwicklung des Kapitalismus

Unter dem Porfiriat erfolgt eine *beschleunigte, aber zugleich deformierte Entwicklung des Kapitalismus*. Die Akkumulation des Kapitals erfolgt mit äußerster Brutalität. Hauptopfer sind die indianischen Bauern. Die Masse der Gemeindeländereien (Ejidos) wird von Großgrundbesitzern und Kapitalisten geraubt. Die enteigneten und vertriebenen Bauern müssen sich als Landarbeiter auf den großen Gütern (Haciendas), in Bergwerken, auf Erdölfeldern, beim Eisenbahnbau und in der entstehenden Industrie verdingen. Die Werktätigen in Stadt und Land erhalten Hungerlöhne; sie werden bis an die Grenze physischer Leistungsfähigkeit ausgebeutet. Auf den Haciendas herrscht das *Peonaje-System* vor, das den Landarbeiter (Peón) in faktisch lebenslanger Schuldknechtschaft hält. Gegen den Widerstand der indianischen Bauern und Landarbeiter kommt eine spezielle Landgendarmerie (Rurales) erbarmungslos zum Einsatz. Indianische Stämme, so die Yaquis, die lange gegen den Raub ihrer Siedlungsgebiete kämpfen, werden vertrieben und teilweise ausgerottet. Der Widerstand der Landbevölkerung kann indes nicht auf Dauer eingedämmt werden: 1908 flammen Unruhen in den Bundesstaaten Chihuahua, Sonora, Niederkalifornien und Tamaulipas auf. Zu Zentren der revolutionären Agrarbewegung entwickeln sich im Norden Chihuahua und Durango, wo die Ausbeutung von Landarbeitern vorherrscht, und im Süden Morelos, wo die indianischen Agrargemeinden noch über starke Positionen verfügen.

Anfänge der Arbeiterbewegung

Das entstehende, anarchosyndikalistisch beeinflußte *Proletariat* besteht seine Feuertaufe im Streik der Kupferbergarbeiter von Cananea (Juni 1906) sowie in den Textilarbeiterstreiks in den Bundesstaaten Puebla, Tlaxcala und Veracruz (Dezember 1906–Januar 1907). In Río Blanco richten Rurales am 7. Januar 1907 ein Massaker unter streikenden Textil-arbeitern an; auch Frauen und Kinder werden ermordet. Auf diesem Hin-tergrund entsteht 1909/10 eine *revolutionäre Situation.*

An die Spitze der oppositionellen Bewegung treten zunächst bürgerliche Liberale unter Francisco Indalecio Madero. Einer Familie reicher verbür-gerlichter Großgrundbesitzer entstammend, gerät Madero in Gegensatz zu Díaz und gründet, um dessen »Wiederwahl« 1910 zu verhindern, die »Partei gegen die Wiederwahl« (Partido antireeleccionista). Die Díaz-Gegner nominieren im April 1910 Madero als Präsidentschaftskandida-ten. Er wird verhaftet, kann in die USA fliehen, während sich Díaz »wie-derwählen« läßt. Als Antwort verkündet Madero den Plan von San Luis Potosí (5. Oktober 1910), der die »Wiederwahl« als ungesetzlich erklärt und zum bewaffneten Kampf aufruft. Madero proklamiert sich zum pro-visorischen Präsidenten; er verspricht den Bauern die Rückgabe des ge-raubten Landes. Damit erhält die Bewegung Maderos eine Massenbasis in der ausbrechenden Revolution. *Triebkräfte der Revolution* sind vor allem in-dianische und mestizische Peones, Kleinbauern, Arbeiter, Kleinbürger; zu ihnen stoßen Intellektuelle und Studenten. Die *Hegemonie* liegt in den Händen der Liberalen (Bourgeoisie und Teile der Großgrundbesitzer).

Die Revolution verläuft in vier Phasen: *(margin: Madero und die liberale Opposition)*

1. Oktober 1910 – Mai 1911: Aufschwung der Revolution, Bürgerkrieg und Sturz der Díaz-Diktatur. *(margin: Phasen der Revolution)*

2. Mai 1911 – Februar 1913: Herstellung bürgerlicher Demokratie und Präsidentschaft Maderos (ab 15. Oktober 1911). Wendung der Liberalen gegen eine Radikalisierung der Revolution. Neue Welle der revolutionä-ren Agrarbewegung, zugleich zunehmende Attacken reaktionärer Kräfte.

3. Februar 1913 – Juli 1914: Konterrevolutionärer Gegenschlag. Diktatur des Generals Huerta. Neuformierung des revolutionären Lagers. Bürger-krieg und Sieg der Revolutionäre.

4. Juli 1914 – Februar 1917: Erneuter revolutionärer Aufschwung, Bür-gerkrieg zwischen dem radikal-agrarischen Flügel der Revolution und dem bürgerlichen Lager. Annahme der Verfassung von 1917.

Nach Verkündung des Plans von San Luis Potosí wird ein großer Teil des Landes vom *Guerrillakrieg* erfaßt. Während sich Francisco (»Pancho«) Villa und Pascual Orozco im Norden (Chihuahua, Cuahuila) vor allem auf das Landproletariat stützen, mobilisiert Emiliano Zapata im Süden (Morelos) die indianischen Bauern. Im Februar 1911 stößt Zapata in Rich-tung Hauptstadt vor; fast der gesamte Norden ist in der Hand der Revolu-tionäre. Die Regierungstruppen kapitulieren. Im *Abkommen von Ciudad Juárez* (21. Mai 1911) dankt Díaz ab und geht nach Frankreich ins Exil. *(margin: Beginn der Revolution)*

Die gemäßigt-liberalen Maderistas orientieren sich auf das Kompromiß mit den Vertretern der alten Ordnung, sie übernehmen z. B. die traditio-nelle Armee und den alten Staatsapparat und setzen auf die finanzielle und politische Hilfe der USA. Dagegen drängen die revolutionär-demo-kratischen Kräfte unter Villa und Zapata auf die soziale Vertiefung der Revolution. Zapatas Plan von Ayala (November 1911) formuliert die di-rekte Kampfansage der Linken an die Liberalen. Hauptforderung ist eine *(margin: Plan von Ayala) radikale Bodenreform* durch Enteignung der Großgrundbesitzer (gegen Entschädigung) zugunsten der indianischen und mestizischen Agrargemeinden (»Das Land denen, die es bebauen!«).

Zugleich zeichnet sich ein *Aufschwung der Arbeiteraktionen* ab. Im Juli 1912 entsteht die (allerdings anarchosyndikalistisch beherrschte) Gewerkschaftsorganisation *Casa del Obrero Mundial* (Haus des Weltarbeiters).

Huerta-Putsch Maderos Versagen in der Agrar- und Bündnisfrage sowie seine Kompromißpolitik bereiten den Boden für den konterrevolutionären Putsch unter General Huerta. Huerta läßt Madero »auf der Flucht« erschießen (22. Februar 1913) und beginnt einen von der alten Armee und dem Klerus getragenen Terrorfeldzug. Gegen diese Militärdiktatur formiert sich eine breite revolutionäre Front, in der neben den Einheiten Villas und Zapatas die von Venustiano Carranza, einem Vertreter der Bourgeoisie und verbürgerlichter Großgrundbesitzer, befehligten Truppen der Konstitutionalisten (Verfassungsanhänger) zum Kampf antreten. Villa erkennt Carranzas *Plan von Guadalupe* vom 26. März 1914 zur Wiederherstellung der Verfassung und damit dessen Führung an. Villas »Division del Norte« siegt bei Ciudad Juárez und Torreón. Im Herbst 1913 ist der Norden in den Händen der Revolutionäre, im Süden kämpft Zapata erfolgreich. Die Huerta-Diktatur bricht im Juli 1914 zusammen.

Erste Intervention der USA Die USA nutzen die Situation zur direkten Intervention. Im April 1914 landet US-Marineinfanterie in Veracruz. Aber der Widerstand der Bevölkerung von Veracruz, der Kampf Villas und die national-antiimperialistische Haltung Carranzas erzwingen ihren Rückzug (November 1914).

Die letzte Phase der Revolution wird durch einen neuen Bürgerkrieg eingeleitet. Nach dem Sieg über Huerta drängen Villa und Zapata auf die radikale Lösung der Agrarfrage, Carranza lehnt diese Forderung ab und setzt auf Zeit. Daraufhin tritt der *Nationalkonvent von Aguascalientes* zusammen, der Carranza für abgesetzt erklärt. Anfang Dezember 1914 besetzen Einheiten Zapatas und Villas die Hauptstadt. Jedoch sind Villa und Zapata nicht bereit, an die Spitze einer provisorischen Regierung zu treten. Damit gibt die Volksbewegung die greifbare Macht preis. Flexibel taktierend, mobilisiert Carranza seine Kräfte; es gelingt ihm, die Reihen der Revolutionäre zu spalten. Carranza erläßt ein *Gesetz über die Agrarreform* (5. Januar 1915), das lediglich die Konfiskation des Besitzes »der Anhänger gestürzter Regime« vorsieht, erreicht damit aber das Abschwenken eines Teils der Landarbeiter und Bauern von Villa und Zapata. Zugleich gewinnt Carranza die Arbeiterführer der *Casa del Obrero Mundial*. Am 17. Februar 1915 schließt er mit ihnen ein Abkommen über den »Kampf gegen die Reaktion im Namen der Revolution«, als dessen Folge *Rote Bataillone* der Arbeiter gegen die revolutionäre Bauernbewegung kämpfen. Zapata muß auf Morelos zurückweichen, die Reste von Villas Armee werden an die Grenze zu den USA abgedrängt. Nach dem Sieg löst Carranza sofort die Roten Bataillone auf und geht zu Repressalien gegen die Arbeiter über (Todesstrafe für Streikende).

Zweite Intervention der USA Einen Vorstoß Villas auf USA-Territorium ausnutzend, beginnen die USA im März 1916 eine »Strafexpedition« unter General Pershing. Sie stoßen auf entschlossenen Widerstand sowohl Villas als auch Carranzas.

Im Herbst 1916 erreicht die Abwehr solche Ausmaße, daß die USA Verhandlungen mit Carranza aufnehmen. Dabei spielt auch der bevorstehende Eintritt der USA in den ersten Weltkrieg eine wesentliche Rolle. Am 1. Dezember 1916 tritt in Querétaro eine *Verfassunggebende Nationalversammlung* zusammen, auf der sowohl Carranza-Anhänger als auch radikal-revolutionäre Kräfte vertreten sind. Dem linken Flügel unter Francisco Múgica und Andrés Molina Enríquez gelingt es im Laufe schärfster Auseinandersetzungen, wichtige Forderungen der Volksbewegung durchzusetzen. Die am 31. Januar angenommene und am 5. Februar 1917 verkündete bürgerlich-demokratische Verfassung, die damals progressivste bürgerliche Verfassung, symbolisiert den *Sieg der Revolution*. Der historische Artikel 27 erklärt den gesamten Boden (auch die Kirchengüter), alle Gewässer, Berge, Wälder und Bodenschätze zum Eigentum der Nation. Rechte von Ausländern auf Nutzung mexikanischer Naturreichtümer werden rigoros eingeschränkt. Die den Bauern und ihren Gemeinden geraubten Ländereien sollen zurückgegeben werden, ein Teil der Latifundien ist im Zuge der Agrarreform für die Enteignung vorgesehen. Bauern und Landarbeiter erhalten das Recht auf den von ihnen bearbeiteten Boden verbrieft. Die Arbeiter erkämpfen mit Artikel 123 Koalitions- und Streikrecht, Achtstundentag, Mindestlohn und bezahlten Urlaub. Obwohl viele Bestimmungen der Verfassung von 1917 in der Folge nicht eingehalten werden, stellt sie eine entscheidende Errungenschaft des mexikanischen Volkes dar. Der *Kampf um das Erbe der Revolution* bleibt untrennbar mit dem Ringen um die Verwirklichung des Grundgesetzes von 1917 verbunden, dessen wesentliche Ziele erst unter der Präsidentschaft von Lázaro Cárdenas (1934–1940) durchgesetzt werden können.

Verfassung von 1917

Erster Weltkrieg und Epochenwende von 1917   4.8.

Kriegsursachen und Hauptwidersprüche   4.8.1.

Die Welle politischer und diplomatischer Krisen seit Anbruch der imperialistischen Epoche führen zu einer rapiden *Verschärfung der imperialistischen Widersprüche sowohl in Europa als auch im Kampf um die Neuaufteilung der Welt.* Die zahlreichen Konflikte resultieren aus dem Wesen des Imperialismus und widerspiegeln vor allem folgende Prozesse:

Ursachen des Krieges

– Kampf um die politische, ökonomische und militärische *Hegemonie in Europa*;
– Ringen der Monopole um die *Aufteilung der Weltmärkte und Kapitalanlagesphären*;
– Auseinandersetzung um *Kolonien und strategische Stützpunkte*;
– Kampf um die Stellung als *Weltmacht* (Deutschland, USA, Japan, Italien) oder um die Sicherung und Behauptung bereits errungener Großmachtpositionen (England, Frankreich);
– Realisierung der genannten Ziele durch einen hemmungslosen *Rüstungswettlauf* (Ausbau der Landstreitkräfte, Einführung neuer Waffen,

Flottenrüstungen), von dem die Monopole maximal profitieren. Die Widersprüche verdichten sich im Ringen der beiden entscheidenden Militärblöcke (Dreibund – Entente).

Beide Blöcke suchen mit allen Mitteln neue Allianzpartner. Deutschland und Österreich-Ungarn können vor allem auf das Osmanische Reich und Bulgarien als Verbündete hoffen. Potentielle, doch auf Grund starker neutralistischer Tendenzen noch nicht sichere Verbündete der Entente in Europa sind das aus dem Dreibund de facto ausscherende Italien sowie das von England abhängige Portugal. Fest an die Entente gekettet sind Serbien und Montenegro. Rumänien laviert, seine herrschenden Klassen sind sich uneinig, die Mehrheit der Bourgeoisie setzt auf die Entente, der König auf Deutschland. Ähnlich ist die Lage in Griechenland. Schweden, Norwegen, Dänemark, die Niederlande, Belgien, Luxemburg, die Schweiz und Spanien streben Neutralität an. In Ostasien kann die Entente auf Japan rechnen, auch die englischen Dominions in Übersee (Kanada, Südafrika, Australien, Neuseeland) bilden eine Reserve der Entente. In den USA gibt es 1914 stark neutralistische, sogar isolationistische Tendenzen.

Imperialistische Hauptgegensätze

Der *deutsch-englische Gegensatz* entwickelt sich nach der Jahrhundertwende zum entscheidenden Antagonismus. Wirtschaftskampf, Handelskonkurrenz, Wettlauf im Kapitalexport, verbunden mit dem Gegensatz in Afrika, im Nahen Osten, in Ostasien und anderen Gebieten werden durch beiderseitige Flottenrüstungen potenziert. England strebt danach, seine See- und Kolonialherrschaft abzusichern und Deutschlands Hegemonieanspruch auf dem Kontinent entgegenzutreten. In beiden Ländern gibt es zwar auch Kompromißtendenzen, sie setzen sich jedoch nicht durch.

Der *deutsch-französische Gegensatz* entzündet sich primär an der Elsaß-Lothringen-Frage. Die herrschenden Kreise Frankreichs wollen Revanche für 1871 nehmen, eine deutsche Hegemonie verhindern, Elsaß-Lothringen wiedererlangen, das linke Rheinufer annektieren, nach Möglichkeit die deutsche Kleinstaaterei wiederherstellen, um Deutschland als Machtfaktor auszuschalten und eine eigene Vorherrschaft auf dem Kontinent zu errichten.

Der *deutsch-russische Gegensatz* ist vor allem in der Nahost- und Meerengenfrage (Bosporus und Dardanellen), im Kampf um die Vorherrschaft in der Türkei sowie auf dem Balkan begründet. Hinzu kommen die mit dem deutschen Agrarprotektionismus und dem russischen Industrieprotektionismus verknüpften Wirtschafts- und Handelsprobleme sowie die Expansionspläne Deutschlands in Richtung Russisch-Polens, des Baltikums und der Ukraine.

Der *Gegensatz zwischen Rußland und Österreich-Ungarn* schwelt seit langem. Beide Mächte stehen sich auf dem Balkan und in der orientalischen Frage fast ständig als Kontrahenten gegenüber, agieren und intrigieren entsprechend. Hauptverbündete Rußlands auf dem Balkan sind Serbien und Montenegro. Die Widersprüche zwischen Rußland und Österreich-Ungarn werden besonders dadurch verstärkt, daß der Zarismus den Emanzipationskampf der slawischen Völker der Donaumonarchie im Sinne des

Panslawismus beeinflussen und die zentrifugalen Tendenzen im Habs-
burgerreich zu fördern bemüht ist. Rußlands Streben nach Galizien und
der Nordbukowina läuft ebenso wie der Expansionsdrang auf dem Balkan
und in Richtung Konstantinopel darauf hinaus, die Vorherrschaft des Zarismus in diesem Raum auf Kosten Österreich-Ungarns zu errichten.
Italien und Österreich-Ungarn geraten nach der Jahrhundertwende zu- **Weitere**
nehmend um Südtirol, Görz und Gradiška, wo eine italienische Minder- **Gegensätze**
heit lebt, in Konflikt, wegen des vorwiegend von Italienern bewohnten
Triests, des wichtigsten Hafens der Habsburgermonarchie, sowie wegen
der Einflußnahme auf Albanien. Italien kann sich eine Konfrontation mit
der Entente kaum leisten, weil seine langen Küstenlinien und der Kolonialbesitz auf Grund der englisch-französischen Seeherrschaft im Mittelmeer außerordentlich verwundbar sind.
Japan trachtet danach, seinen Einfluß in China auf Kosten seiner Konkurrenten zu erweitern. Auf Grund des Bündnisses mit England und des
wachsenden deutsch-englischen Gegensatzes kann nach Japans Sieg über
Rußland nur Deutschland nächstes japanisches Angriffsziel werden.
Da sich die Hauptgegensätze zwischen den Großmächten in *Europa* zu-
sammenballen, ist im kommenden großen Konflikt dieser Kontinent
Hauptkriegsschauplatz. Das Ringen der Großmächte um die Neuaufteilung
der Welt bewirkt, daß der Krieg in einen Weltkrieg mündet.
In der anglo-französischen Seekonvention von 1912 übernimmt England **Lage vor**
den Schutz der französischen Kanalküste, Frankreich kann sein Nordge- **Kriegsbeginn**
schwader zur Verstärkung seiner Mittelmeerflotte in den Süden verlegen.
Im gleichen Jahr wird eine geheime Seekonvention auch zwischen Frankreich und Rußland geschlossen. Parallel dazu führt die englische Diplomatie auch mit Deutschland Verhandlungen. So erkennt Deutschland
noch 1914 die »besonderen Interessen« Englands im Persischen Golf an
und erhält dafür das Einverständnis für die Verlängerung der Bagdadbahn bis Basra. In Berlin wird der trügerische Eindruck erweckt, daß Rußland und Frankreich im kommenden Krieg ohne englische Unterstützung
bleiben würden und entsprechend dem Schlieffen-Plan nacheinander geschlagen werden könnten.
Frankreich verlängert 1913 die Militärdienstpflicht von 2 auf 3 Jahre,
Rußland baut verstärkt strategische Eisenbahnen und erweitert seine Rüstungsindustrie. Das deutsche Heer ist 1914 am besten gerüstet und ausgebildet, doch dieser Vorsprung der Mittelmächte schmilzt rasch, die größeren Reserven und Potenzen besitzt die Entente.
Das Attentat von Sarajevo auf Franz Ferdinand und seine Gattin am **Attentat von**
28.Juni 1914 bietet den militaristischen Kreisen Deutschlands und Öster- **Sarajevo**
reich-Ungarns den gewünschten Anlaß.

Wilhelm II. reagiert auf die Nachricht, in maßgeblichen Kreisen werde der Wunsch laut, »es
müsse einmal gründlich mit den Serben aufgeräumt werden«, mit der Bemerkung »Jetzt oder
Nie!«.

Serbien soll militärisch geschlagen und als Machtfaktor auf dem Balkan
ausgeschaltet werden. Da aber Rußland auf serbischer Seite steht und
Österreich-Ungarn diesem Gegner allein nicht widerstehen kann, liegt

der Schlüssel zu Krieg und Frieden in Berlin. Wilhelm II. und Reichskanzler Bethmann Hollweg billigen die Pläne Wiens und verpflichten sich zur Hilfeleistung im Falle eines großen Krieges.

Am 19. Juli ergeht ein 48-Stunden-Ultimatum der Doppelmonarchie an Serbien, das am 23. Juli in Belgrad überreicht wird. Serbien nimmt auf Anraten Rußlands, dessen Rüstungsprogramm erst für 1916/17 volle Kriegsbereitschaft vorsieht, fast alle Bedingungen an, mit Ausnahme der völkerrechtswidrigen Forderungen nach Mitwirkung österreichisch-ungarischer **Kriegserklärung an Serbien** Untersuchungsorgane bei der Fahndung nach Teilnehmern des Attentats und hinsichtlich der Unterdrückung der großserbischen Bewegung. Die Ablehnung liefert den herrschenden Kreisen der k. u. k. Monarchie den Vorwand für die Kriegserklärung an Serbien (28. Juli).

Inzwischen sichern Frankreichs Präsident Raymond Poincaré und Ministerpräsident René-Raphaël Viviani bei ihrem Besuch in St. Petersburg (Juli) Rußland volle Unterstützung für den Kriegsfall zu. Am 29. Juli befiehlt Nikolaus II. die allgemeine Mobilmachung. Daraufhin erklärt Wilhelm II. den »Zustand drohender Kriegsgefahr« (31. Juli) und läßt ein 12-Stunden-Ultimatum an Rußland richten, das die Rücknahme der russischen Maßnahmen fordert. Ein 48-Stunden-Ultimatum ergeht an Frankreich, im Falle eines deutschen Konflikts mit Rußland neutral zu bleiben.

Beginn und Charakter des Krieges Am 1. August 1914 erfolgen die deutsche Kriegserklärung an Rußland sowie die Befehle zur allgemeinen Mobilmachung in Frankreich und in Deutschland.

Am 3. August folgt Deutschlands Kriegserklärung an Frankreich und der deutsche Einmarsch in das neutrale Belgien. Die Verletzung der belgischen Neutralität veranlaßt am 4. August die Kriegserklärung Englands an Deutschland.

Am 5. September verpflichten sich England, Frankreich und Rußland im Vertrag von London, keinen Separatfrieden zu schließen, Rußland jedoch mit dem Vorbehalt, »wenn es nicht durch innere Unruhen dazu gezwungen sei«.

Der erste Weltkrieg trägt seitens aller beteiligten Großmächte den Charakter eines *imperialistischen Raubkrieges*. Der zur Aufteilung der Welt zu spät gekommene und daher besonders aggressive deutsche Imperialismus löst zusammen mit der österreichischen Militärkamarilla diesen Krieg aus, die Schuld am Krieg tragen aber ebenso die herrschenden Kreise Frankreichs, Englands und Rußlands.

Kräfteverhältnis bei Kriegsbeginn Anfang August 1914 mobilisieren beide Koalitionen ihre jahrzehntelang aufgerüsteten *Streitkräfte*.

Die 148 Infanterie- und 22 Kavalleriedivisionen der Mittelmächte zählen rund 3,8 Mio Soldaten, etwa 9 500 Geschütze und 4 000 Maschinengewehre, die 221 Infanterie- und 41 Kavalleriedivisionen der Entente (einschließlich Belgiens, Serbiens und Montenegros) dagegen über 5,8 Mio Soldaten, rund 12 300 Geschütze und 6 500 Maschinengewehre. Zur See wird das Übergewicht der Entente (sie besitzt z. B. 316 Kreuzer, Deutschland und Österreich-Ungarn nur 62) durch die günstige strategische Lage Großbritanniens und Frankreichs mit offenem Zugang zu den Weltmeeren wesentlich erhöht. Auch bei der noch wenig entwickelten Luftwaffe ist das Verhältnis ähnlich: die Mittelmächte besitzen 311 Flugzeuge, die Entente 597.

Mit dem größeren Kriegspotential (Streitkräfte, Menschenreserven, Rohstoffe, industrielle und landwirtschaftliche Kapazität usw.) verfügt die Entente über die besseren Siegeschancen. Beide Seiten rechnen mit einem kurzen Krieg. Die Entente will Deutschland und Österreich-Ungarn von zwei Seiten angreifen. Die Mittelmächte setzen dagegen ihre Hoffnung darauf, erst Frankreich blitzartig zu zerschmettern, damit den Krieg bereits zu entscheiden, um sich dann gegen Rußland zu wenden.

Von 1914 bis 1918 erfolgt die größte Konzentration militärischer Macht an der *Westfront*, hier fällt schließlich die Entscheidung des Krieges. Die *Ostfront* liegt in der Bedeutung an zweiter Stelle, danach folgen der Balkan, später die Italienfront, die Kriegsschauplätze im Nahen Osten. Von geringerem Einfluß sind der Ferne Osten, der Kolonialkrieg in Afrika sowie der Seekrieg.

Kriegsverlauf bis Ende 1917   4.8.2.

Im August 1914 besetzen deutsche Truppen fast ganz Belgien, Luxemburg sowie Teile Nordostfrankreichs. Die deutsche Blitzkriegsstrategie scheitert jedoch schon in der ersten Kriegsphase (August–Dezember 1914) vor allem in der *Marne-Schlacht* (5.–12. September), die den ersten Wendepunkt zugunsten der Entente (»Wunder an der Marne«) darstellt. An der russisch-deutschen Front werden vom 26. August bis 15. September nacheinander zwei in Ostpreußen eingedrungene russische Armeen von den deutschen Truppen unter Paul von Beneckendorf und Hindenburg und Erich Ludendorff geschlagen. Dagegen besetzen russische Truppen im September einen großen Teil Galiziens mit Lomberg und fügen den österreichisch-ungarischen Verbänden schwere Niederlagen und bedeutende Verluste zu (etwa 400 000 Mann an Toten, Verwundeten und Gefangenen).
Japans Kriegseintritt am 23. August auf seiten der Entente und der Türkei auf seiten der Mittelmächte (29. Oktober) prägen den Weltkriegscharakter weiter aus. Im Fernen Osten dauern die Kämpfe nur kurze Zeit. Im November kapituliert die Festung Tsingtau angesichts der japanischen Übermacht. In Afrika besetzen Briten und Franzosen im August Togo; 1915 strecken deutsche Truppen in Südwestafrika (Namibia) und 1916 in Kamerun die Waffen, nur in einem Zipfel Ostafrikas behaupten sie sich bis Kriegsende.
Wesentlichen Einfluß auf den Kriegsverlauf gewinnt die am 2. November 1914 verhängte englische Blockade der Nordsee und der Adria, die Deutschlands und Österreich-Ungarns Überseezufuhr abzuschneiden beginnt. Ende 1914 ist offensichtlich, daß keine Koalition die erforderliche Übermacht besitzt, um den Gegner rasch niederzuwerfen.
Der Krieg verläuft anders, als die herrschenden Klassen und Kreise es erwartet hatten. Am sichtbarsten kommt dies im *Stellungskrieg* zum Ausdruck, der die Westfront erstarren läßt. Beide Seiten sind auf Grund der gegnerischen Feuerkraft und der immensen Menschenverluste gezwungen, feste Stellungen zu beziehen. Schützengräben, Stacheldrahtverhaue, Minenfelder sowie mörderische *Materialschlachten* prägen das Kriegsbild. Neue Waffen gelangen zum Einsatz. Es beginnt der *erste Luftkrieg in der Geschichte*; im weiteren Verlauf des Weltkrieges kommen *U-Boote* und

Erste Kriegsphase

Besonderheiten des Krieges

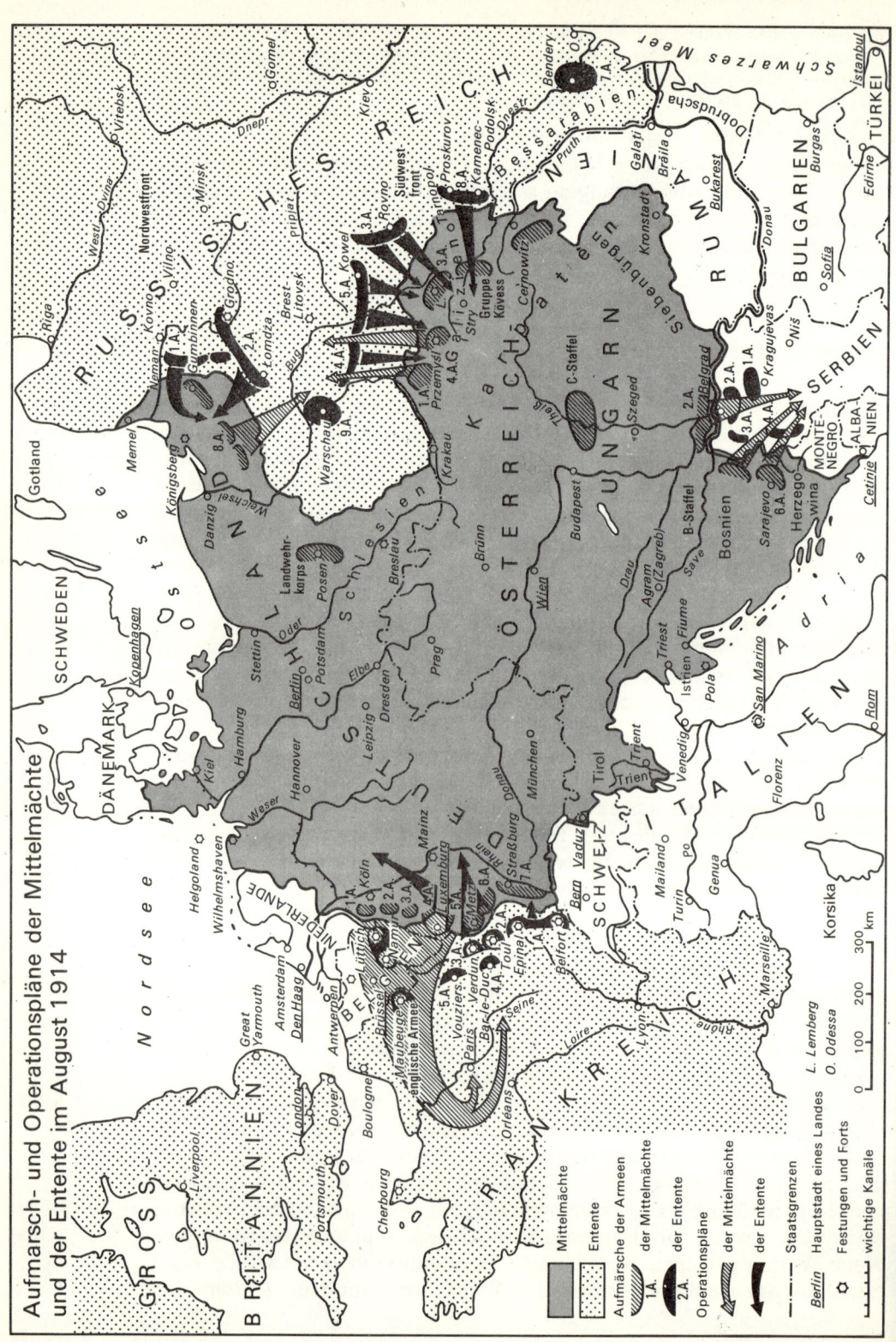

Aufmarsch- und Operationspläne der Mittelmächte und der Entente im August 1914

Tanks zum Einsatz. Die Verwendung von Kampfgasen und Zeppelinen bringt dagegen kaum den erhofften Erfolg.

Der Weltkrieg wird gleichzeitig zu einem großangelegten *Propagandakrieg*. Bürgerliche und rechtssozialistische Presseorgane übertreffen sich bei der Desinformation der Volksmassen. Chauvinismus und Hurrapatriotismus dienen dazu, den Charakter des Krieges zu vertuschen, die Position der eigenen Regierung und dazu imperialistische Ziele als gerecht darzustellen oder zu verheimlichen. Die Schuld am Kriege sowie die zahlreichen Kriegsgreuel werden stets der Gegenseite angelastet. Bürgerlich-pazifistische Organisationen brechen zusammen oder gehen auf chauvinistische Positionen über. Dies erklärt in erheblichem Maße, warum sich Dutzende Millionen Werktätige in allen kriegführenden Ländern (insgesamt werden fast 70 Mio mobilisiert, die jedoch nicht alle und auch nicht gleichzeitig an der Front stehen) für die imperialistischen Kriegsziele mißbrauchen lassen.

Die zweite Kriegsphase (bis Juni 1916) steht 1915 vor allem im Zeichen erfolgreicher Operationen der Mittelmächte gegen Rußland (Durchbruchsschlacht von Gorlice-Tarnów vom 2.–5. Mai, Wiedereroberung Galiziens, Eroberung Russisch-Polens) und auf dem Balkan (Besetzung Serbiens mit Unterstützung Bulgariens, das sich im September 1915 den Mittelmächten anschließt, Montenegros und großer Teile Albaniens). Die Ententemächte, auf deren Seite im Mai Italien tritt, erleiden 1915 auch im Westen (»Winterschlacht« in der Champagne 16. Februar – 20. März, Lorettoschlacht zwischen Lille und Arras 9. Mai – 23. Juli, »Herbstschlacht« in der Champagne 22. September – Anfang November 1915) und im Nahen Osten (erfolglose anglo-französische Dardanellenoperation Februar 1915 – Januar 1916) Niederlagen. Im April 1916 kapitulieren englische Truppen in Mesopotamien vor den Türken bei Kut al-Amara. Gestützt auf die Seeherrschaft, kann Großbritannien jedoch einen wirksamen *Handelskrieg* gegen die Mittelmächte führen, die ungeachtet ihrer militärischen Erfolge dem erhofften »Siegfrieden« nicht näher kommen. Vielmehr geraten sie unter den wachsenden *Druck des Mehrfrontenkrieges*. Der deutsche Imperialismus hält allerdings weite Gebiete besetzt und plündert sie rücksichtslos aus. *(margin: Zweite Kriegsphase)*

Die bis dahin größten Schlachten der Weltgeschichte finden 1916 statt. Der deutsche Angriff (21. Februar und Anfang Juli) und die französische Gegenoffensive (24. Oktober – 16. Dezember) bei *Verdun* fordern nach amtlichen Angaben bei den Franzosen 362 000 und bei den Deutschen 337 000 Tote und Verwundete. In der *Schlacht an der Somme* (24. Juni bis 26. November), die ebenfalls unentschieden ausgeht, verlieren die Engländer etwa 420 000, die Franzosen rund 200 000 und die Deutschen rund 450 000 Soldaten. Stellungskrieg und Materialschlachten erschöpfen beide Seiten.

In der dritten Kriegsperiode (bis Oktober 1917) diktieren die Ententemächte weitgehend das Kriegsgeschehen. Die zeitgleich mit der Somme-Schlacht stattfindende russische Offensive in Wolhynien und am Karpatenbogen unter General Brusilov (Juni–September 1916) bringt Österreich-Ungarn in eine schwere Situation. Herangeführte deutsche *(margin: Dritte Kriegsphase)*

Truppen wehren in der Septemberschlacht im Karpatenvorland den russischen Angriff ab und bringen weitere Offensiven Brusilovs bis Ende 1916 zum Stehen. Rumäniens Kriegseintritt auf seiten der Entente im August 1916, auf dem Höhepunkt der ersten Brusilov-Offensive, beginnt mit dem Einmarsch der rumänischen Armee in Siebenbürgen. Schon im Dezember 1916 müssen die Rumänen Bukarest aufgeben, können aber nach dem Abwehrsieg bei Marașesti im Januar 1917 mit russischer Hilfe die Moldau halten.

Insgesamt gesehen, verschlechtert sich die Lage der Mittelmächte, da sie weniger Reserven ins Feld führen können. Die unentschiedene, für die englische Flotte jedoch mit größeren Verlusten verbundene *Skagerrakschlacht* am 31. Mai 1916, die erste und letzte Seeschlacht zwischen Schlachtflotten (die sich als ineffektiv erweisen), bestätigt indes das Unvermögen der deutschen Hochseeflotte, die englische Blockade zu sprengen, die sich immer folgenschwerer auf Hinterland und Kriegführung der Mittelmächte auswirkt und eine der Ursachen ihrer Niederlage wird.

Vergeblich versucht die deutsche Oberste Heeresleitung (OHL), mit dem am 29. August 1916 zum Chef des Generalstabs des Heeres ernannten von Hindenburg und dem Generalquartiermeister Ludendorff an der Spitze, durch rigorose Mobilisierung aller noch vorhandenen Ressourcen (*Hindenburgprogramm*) und verschärfte Kriegführung das Blatt zu wenden. Dagegen gelingt es der Entente durch erstmals koordinierte Offensiven im Westen, Osten und auf dem italienischen Kriegsschauplatz, einen weiteren Schritt zu ihren Gunsten einzuleiten.

Da die Großmächte ihre Kriegsziele nur über die militärische Niederwerfung der Hauptgegner erreichen können, verschärft sich der Krieg zu einem Existenzkampf, sie verletzen zunehmend das Völkerrecht durch massenhaften Einsatz von Gas, Luftangriffe gegen die Zivilbevölkerung sowie den U-Boot-Krieg. Die meisten dieser Kampfmittel richten sich gegen das Hinterland des Gegners, um die Bevölkerung zu demoralisieren.

Immer neue Millionen Soldaten und riesige Mengen von Kriegsmaterial werden an die Fronten geworfen. Im Herbst 1916 verfügen die Mittelmächte im Felde über 7 345 000 Soldaten, 23 090 Geschütze, 20 042 Maschinengewehre und 1 200 Flugzeuge; die Ententemächte dagegen über 14 308 000 Mann, 30 742 Geschütze, 76 276 Maschinengewehre und 3 163 Flugzeuge.

Auch 1917 toben monatelang erbitterte Materialschlachten. Erfolglose englisch-französische Offensiven bei Arras, an der Aisne und in der Champagne von April bis Mai 1917 und in Flandern (Mai–Dezember 1917) enden mit schweren Verlusten für beide Seiten.

4.8.3.   Ende der II. Internationale.
Kampf der Linken gegen den Krieg

Zusammenbruch der II. Internationale

Bei Kriegsbeginn üben die rechten Führer der II. Internationale Verrat an den Interessen der Arbeiterklasse. Opportunismus und Revisionismus entarten zum Sozialchauvinismus. Mit Parolen der Vaterlandsverteidigung, des Burgfriedens, der nationalen Einheit wird der Charakter des imperialistischen Krieges verschleiert.

Die Führer der Sozialdemokratie in Deutschland und Österreich-Ungarn deuten den Krieg gegen den Zarismus als »Rettung der europäischen Kultur«, die Rechten in der Leitung der SFIO in Frankreich, der Labour Party sowie einige Vertreter der britischen Sozialistischen Partei propagieren den Kampf gegen den deutsch-preußischen Militarismus. Der Ex-Kommunarde Vaillant tritt in der »Humanité« als rabiater Deutschengegner auf, Hervé tauft seine Zeitung »La guerre sociale« in »Victoire« um. In fast allen kriegführenden Ländern werden die von den Regierungen geforderten Kriegskredite bewilligt.

Lediglich die Bolschewiki (sowie zunächst auch die Menschewiki, die aber unter dem Druck der englischen und der französischen Sozialchauvinisten ihre Haltung ändern), die Tesnjaki in Bulgarien und die serbischen Sozialdemokraten stimmen in ihren Parlamenten von Anfang an gegen die Kriegskredite. Am 2. Dezember 1914 votiert auch Karl Liebknecht im Reichstag gegen deren weitere Bewilligung. Die deutschen Linken beginnen sich im Kampf gegen den imperialistischen Krieg zu formieren: 1915 wird die *Gruppe Internationale* gebildet, aus ihr geht 1916 der *Spartakusbund* hervor. Zu den internationalen Linken gehören ferner die Sozialdemokratische Partei der Niederlande (Tribunisten), die Mehrheit der italienischen Sozialisten (andere, wie der Renegat Mussolini, der mit französischem Geld das chauvinistische Blatt »Popolo d'Italia« herausgibt, treten für den Kriegseintritt Italiens auf seiten der Entente ein), die Sozialdemokratie Polens und Litauens, die linke PPS Polens, ein Teil der Sozialistischen Partei und der Unabhängigen Arbeiterpartei in England, einige dem proletarischen Internationalismus treugebliebene Sozialisten Frankreichs, Sozialdemokraten Schwedens, der Schweiz, der USA, Österreich-Ungarns. Obwohl die Linken international gesehen nur eine Minderheit der organisierten Arbeiter vertreten, sind sie es, die die Ehre des Proletariats retten und zukunftweisende Positionen einnehmen. Russische Bolschewiki im Schweizer Exil nehmen bereits im September 1914 in Bern Lenins Thesen über den Krieg *(Die Aufgaben der revolutionären Sozialdemokratie im europäischen Krieg)* an, in denen zum Kampf gegen den »bürgerlichen, imperialistischen, dynastischen Krieg«, für dessen Umwandlung in einen Bürgerkrieg gegen die eigenen herrschenden Klassen und für die sozialistische Revolution aufgerufen und der Verrat rechter Führer der II. Internationale gebrandmarkt wird. Wichtige Zäsuren im Auftreten Lenins und der Bolschewiki gegen den imperialistischen Krieg bilden die internationalen sozialistischen Konferenzen von Zimmerwald (5.–8. September 1915) und Kienthal (24.–30. April 1916). An der Zimmerwalder Konferenz nehmen Zentristen und revolutionäre Linke aus elf Ländern teil. Die zentristische Mehrheit der Konferenz lehnt den Resolutionsentwurf der Linken, der auf die Umwandlung des imperialistischen Krieges in einen Bürgerkrieg abzielt, ab. Im Verlauf der Konferenz bildet sich die Zimmerwalder Linke heraus, deren konsequenteste Vertreter Lenin und die Bolschewiki sind. Die Kienthaler Konferenz geht noch einen Schritt weiter. Obwohl auch hier die Mehrheit (31 von 43 Delegierten aus elf Ländern) zentristisch ist, gelingt es den Linken, stärkeren Einfluß auf den Gang und die Beschlüsse der Konferenz zu nehmen. Die Konferenz be-

Haltung der Bolschewiki und der Linken

Konferenz von Zimmerwald und Kienthal

Zimmerwalder Linke

schließt ein Manifest, dessen *Hauptforderung der Kampf für den Frieden* ist. Sie fördert die weitere Formierung und Abgrenzung der linken internationalistischen Kräfte von den Zentristen. Letztere gewinnen auf der Stockholmer Konferenz der Zimmerwalder Vereinigung im September 1917 die Oberhand.
Die Zimmerwalder Linke wird zur Keimzelle der künftigen III. Internationale.
Die Unzufriedenheit der Volksmassen in den kriegführenden Staaten wächst ständig. Millionen Opfer an Toten, Verwundeten und Krüppeln, Verschärfung der Ausbeutung unter den Bedingungen des Kriegszustandes, Frauen- und Kinderarbeit in den Rüstungsbetrieben, Requisitionen, Zwangswirtschaft, strenge Rationierung der Lebensmittel, Einführung von Surrogaten, Geldverfall und Inflation verschlimmern die Lage. Die absolute Verelendung der Werktätigen nimmt einen erschreckenden Umfang an. Zuerst in Deutschland, bald in den anderen kriegführenden Ländern wird die staatsmonopolistische Regulierung der Wirtschaft forciert. Die Profite der Rüstungsfabrikanten erreichen Fabelhöhen. Auch Großgrundbesitzer und Großbauern bereichern sich hemmungslos an der Lebensmittelknappheit. Dank der staatlichen Arbeitskräftelenkung erhalten die Kapitalisten in Stadt und Land zahlreiche Kriegsgefangene als billige Arbeitskraft zur Verfügung gestellt. Die Kriegskonjunktur wirkt sich vor allem bei der Entwicklung der Rüstungs- und Schwerindustrie, des Maschinenbaus und der chemischen Industrie aus. Für den zivilen Bedarf produzierende Wirtschaftszweige verkümmern dagegen oder werden zu Kriegszwecken umfunktioniert (Uniformherstellung in der Textilbranche usw.).

Antikriegs-bewegung
Die Opposition gegen den Krieg gewinnt in allen Teilnehmerländern an Stärke, die Kriegsmüdigkeit der Massen nimmt zu, die chauvinistische Psychose der Anfangszeit verebbt, selbst Teile der Bourgeoisie erfaßt die Ernüchterung. Bereits 1915 streiken 200 000 Bergarbeiter in Wales. Der Massenprotest äußert sich 1915/16 besonders im schottischen Clydegebiet um Glasgow, wo die Bewegung der Shop Stewards als neue proletarische Kampfform entsteht. Zu den Forderungen gehört die Einführung einer Arbeiterkontrolle in den Fabriken und Lohnerhöhungen. Im

Irischer Osteraufstand
April 1916 bricht ein Aufstand in Irland für die Unabhängigkeit des Landes aus, er wird niedergeschlagen, 16 seiner Führer werden hingerichtet. In den Jahren 1915 und 1916 wächst die Streikbewegung in Frankreich. Romain Rolland wendet sich gegen die Kriegstreiber aller Länder (*Über dem Getümmel*, 1915), Henri Barbusse veröffentlicht 1916 unter dem Eindruck seiner Fronterlebnisse den Antikriegsroman *Das Feuer*. Im Mai 1915 organisiert Wilhelm Pieck eine Frauendemonstration gegen den Krieg vor dem Reichstagsgebäude, am 1. Mai 1916 spricht Karl Liebknecht auf einer großen Antikriegskundgebung auf dem Potsdamer Platz in Berlin. Auch in Österreich-Ungarn gärt es. Hunderttausende Soldaten, vor allem Tschechen, Slowaken, Kroaten und andere Slawen laufen zum »Feind« über oder ergeben sich bei erstbester Gelegenheit der russischen Armee. Der linkszentristische Sozialdemokrat Friedrich Adler erschießt am 21. Oktober 1916 in einem Verzweiflungsakt den österreichischen Ministerpräsidenten Graf Stürgkh. Einen Monat danach stirbt der 86jährige

Kaiser Franz Joseph. Sein Nachfolger Karl und Außenminister Graf Czernin suchen in einem Separatfrieden den Ausweg aus der innenpolitischen Krise.

Besonders akut ist die politische Lage in Rußland, zahlreiche Arbeiter streiken, die Wirtschaft gerät aus den Fugen, die Soldaten wollen nicht mehr ihr Blut für den Zaren vergießen, es wächst eine revolutionäre Situation heran. Teile der Bourgeoisie wollen Nikolaus II. durch eine Palastrevolution stürzen, extreme Rechte ermorden Ende 1916 den Vertrauten der Zarin und starken Mann der Hofkamarilla, Rasputin (eigentlich Novy). In dieser Situation kommt es um die Jahreswende 1916/17 zu einem *Umschwung in der Haltung der herrschenden Kreise der kriegführenden Staaten.* In beiden Kriegsblöcken wie in den neutralen Ländern (USA, Schweden, Schweiz) suchen maßgebliche Politiker, eine Wende vom imperialistischen Krieg zu einem imperialistischen Frieden einzuleiten. Dem zugrunde liegen die wachsenden Antikriegsaktionen, die Angst vor einer Revolution, die Einsicht, daß mehr als zwei Jahre Krieg nicht reichten, dem Gegner den entscheidenden Schlag zu versetzen, das Dahinschwinden der Hoffnungen auf einen baldigen Sieg, die riesigen Kriegsverluste und -verwüstungen. Da die Entente zunehmend ein strategisches Übergewicht erlangt, gehen die ersten Friedensinitiativen von Deutschland aus. Am 12. Dezember, sechs Tage nach der Einnahme Bukarests, schlägt Deutschland auch im Namen Österreich-Ungarns, Bulgariens und der Türkei Friedensverhandlungen vor. Deutschland versucht damit, vor allem Rußland von England und Frankreich zu trennen. Die Antwort der Entente stellt de facto eine Ablehnung dar.

Imperialistische Friedensmanöver

Deutsche »Friedensinitiative«

Kurz zuvor wendet sich USA-Präsident Woodrow Wilson (21. Dezember 1916) mit einem Vorschlag an die kriegführenden Parteien, ihre Kriegsziele öffentlich zu erklären. Die USA treten als Friedensstifter auf, obwohl ihre herrschenden Kreise dazu neigen, direkt in den Krieg einzutreten. Den Kampf zwischen Neutralisten und Ententeanhängern entscheiden letztere für sich. Ebenfalls im Dezember kommt ein ähnlicher Vorschlag vom Schweizer Bundesrat. Schweden unterstützt den Vorschlag Wilsons, dasselbe tun Norwegen und Dänemark. Am 26. Dezember erklärt die deutsche Regierung, sie sei für einen direkten Dialog und eine Friedenskonferenz zwischen den kriegführenden Parteien und für die Entsendung von Bevollmächtigten in ein neutrales Land.

Die gemeinsame Antwortnote der Entente vom Januar 1917 an Wilson enthält folgende Friedensbedingungen: Frankreich erhält Elsaß-Lothringen, Deutschland soll seine polnischen Gebiete abtreten, die besetzten französischen und russischen Gebiete räumen und Nordschleswig an Dänemark abgeben. Die »Umgestaltung Europas« entsprechend dem »Nationalprinzip« soll nach dem Willen der Entente nur die Mittelmächte betreffen, keine Rede ist von Irland, der Unterdrückungspolitik des Zarismus, der französischen, britischen und belgischen Kolonialherrschaft.

Friedensbedingungen der Entente

Die imperialistischen »Friedensprogramme« beider Seiten sind demagogisch und räuberisch. Auch die Entente versucht, die Mittelmächte zu spalten und vor allem Österreich-Ungarn von Deutschland zu lösen. Am 29. Januar 1917 beginnt die Sondierung des Bruders der österreichischen

Kaiserin, Prinz Sixtus von Bourbon-Parma, über einen Sonderfrieden mit Frankreich, in ähnlicher Weise agiert im Februar Graf Czernin. Beide scheitern.

Uneinge-schränkter U-Boot-Krieg

Inzwischen beginnt Deutschland am 1. Februar 1917 den uneingeschränkten U-Boot-Krieg. Damit ist die Grundlage für einen baldigen Friedensschluß zerstört. Deutschland hofft, durch den uneingeschränkten U-Boot-Krieg die Entente zum Frieden zu zwingen und den Weltkrieg möglichst noch 1917 zu seinen Gunsten zu entscheiden. Von Februar bis Ende 1917 werden nach englischen Angaben rund 6,2 Mio, nach deutschen über 8 Mio BRT an Handelsschiffsraum durch deutsche U-Boote versenkt. Die herrschenden Kreise Deutschlands nehmen dabei in abenteuerlicher Weise die USA als Gegner in Kauf, weil diese über kein einsatzbereites Millionenheer verfügen.

Kriegseintritt der USA

Für den Fall des Zusammenbruchs Rußlands befürchten die USA einen Sieg der Mittelmächte. Der Kriegseintritt der USA am 6. April 1917 verändert das Kräfteverhältnis wesentlich zugunsten der Entente, macht die Blockade gegen die Mittelmächte global wirksam und veranlaßt weitere Staaten, Deutschland und seinen Verbündeten zumindest formal den Krieg zu erklären (China, lateinamerikanische Staaten). Obwohl der U-Boot-Krieg Großbritannien zeitweilig ernste Schwierigkeiten bereitet, erreicht er nicht das gesteckte Ziel, 1918 gehen die Versenkungsziffern auf Grund effektiver englischer Gegenmaßnahmen bedeutend zurück, die Schiffsneubauten machen die Verluste mehr als wett.

Einfluß der russischen Februar-revolution

Die Revolution in Rußland vom 27. Februar 1917 (12. März) bildet den *Auftakt zur Umwandlung des imperialistischen Krieges in einen Bürgerkrieg*. Sie übt einen nachhaltigen Einfluß auf die Lage der kriegführenden Staaten und den weiteren Verlauf des Krieges aus.

Revolutionäre Massenaktionen der Arbeiter und Soldaten erreichen 1917 quantitativ und qualitativ eine höhere Stufe. Der Metallarbeiterstreik in Deutschland im April 1917, Massenmeutereien in der französischen Armee im Frühsommer, der Flottenaufstand in Kiel Anfang August, der mit einer Niederlage sowie der Erschießung seiner Führer Max Reichpietsch und Albin Köbis endet, Streiks in Mitteldeutschland im Juli/August, Massenstreiks und Antikriegskundgebungen in Österreich-Ungarn, Barrikadenkämpfe der Arbeiter Turins im August, große Streikwellen und Antikriegsdemonstrationen in England und in den USA, Verbrüderung deutscher, österreichisch-ungarischer und russischer Soldaten an der Ostfront zeugen von einer Situation, die Lenin als »Anzeichen des Vorabends der Revolution im Weltmaßstab«[17] einschätzt.

Kriegslage 1917

Durch die Revolution in Rußland militärisch geschwächt, was auch der Kriegseintritt Griechenlands Ende Juni nicht ausgleicht, erreicht die Entente 1917 keinen kriegsentscheidenden Sieg. Den Mittelmächten gelingt es, an der Ostfront Galizien und die Bukowina im Juli zurückzuerobern, im September 1917 Riga einzunehmen und Italien im Oktober eine schwere Niederlage bei Caporetto am oberen Isonzo zuzufügen. Sie haben zwar noch Siegeserwartungen, besitzen aber keine reale Möglichkeit

---

17 W. I. Lenin, Die Krise ist herangereift, in: Werke, Bd. 26, Berlin 1980, S. 59.

mehr, den Krieg für sich zu entscheiden. Deutschlands wirtschaftliche Situation ist katastrophal, es fehlen Arbeitskräfte und Nahrungsmittel. Kanzler Bethmann Hollweg tritt im Juli 1917 zurück. Reichsregierung und Reichstag werden faktisch von der OHL beiseite gedrängt. Deutschlands Verbündete stehen bereits am Rande des Zusammenbruchs. Die türkischen Verteidigungslinien in Mesopotamien und Palästina brechen 1917 ein, englische und anglo-indische Truppen erobern im März Bagdad und im Dezember Jerusalem. Die Engländer besetzen nach Abzug der russischen Truppen auch Nordpersien.

Schlußphase des Weltkrieges und Niederlage der Mittelmächte

4.8.4.

Die am 25. Oktober (7. November) beginnende *Große Sozialistische Oktoberrevolution* leitet die vierte und letzte Kriegsphase ein.

Vierte Kriegsphase

Von den bürgerlichen Politikern beider Kriegslager wird die Oktoberrevolution in ihrer Bedeutung zunächst weit unterschätzt. Sie betrachten sie primär unter dem Aspekt der militärischen Schwächung Rußlands und halten das »Bolschewistische Experiment« für nicht lebensfähig. Aus ihrer Feindschaft gegen das Rätesystem machen sie von Anfang an kein Hehl.

Um Zeit zur Stabilisierung des proletarischen Staates zu gewinnen, sieht sich Sowjetrußland bei den seit dem 22. Dezember 1917 laufenden Friedensverhandlungen von Brest-Litovsk gezwungen, einen Raubfrieden (3. März) mit Deutschland und seinen Verbündeten abzuschließen, durch den Polen, das Baltikum und die Ukraine von Sowjetrußland abgetrennt werden. Die herrschenden Kreise Deutschlands und Österreich-Ungarns aber nutzen die Entlastung ihrer Ostfront, zudem eröffnet sich nach den Verhandlungen von Brest-Litovsk die Chance einer weitangelegten Ostexpansion. Deutsche und österreichisch-ungarische Truppen besetzen die Ukraine. Von den georgischen Menschewiki herbeigerufen, landen deutsche Verbände Ende Mai 1918 in Georgien, wo sie bis Dezember 1918 bleiben. Türken besetzen Teile Georgiens, Armeniens und Aserbaidschans (Baku im September 1918).

Frieden von Brest-Litovsk

Die Entente reagiert auf die Oktoberrevolution noch feindseliger. Schon im Dezember 1917 schließen Frankreich und England in Paris ein Geheimabkommen über künftige Einflußsphären in Rußland. Im Frühjahr 1918 entfesseln England, Frankreich, die USA und Japan die bewaffnete Intervention im Norden, Süden und Osten des Landes gegen den Sowjetstaat.

Intervention der Entente in Rußland

Angesichts des klaren Friedensprogramms der Sowjetmacht und der Entlarvung der Geheimverträge der Entente durch die Oktoberrevolution sehen sich die bürgerlichen Politiker der USA, Frankreichs und Englands ab Januar 1918 genötigt, eine Reihe von *Friedensmanövern* zu unternehmen. Am 8. Januar 1918 hält Wilson im Zusammenhang mit den bereits laufenden Friedensverhandlungen in Brest-Litovsk eine Rede, in der er als Richtlinie für den Abschluß eines Weltfriedens ein *Vierzehn-Punkte-*

Programm formuliert. Diese 14 Punkte gehen als bürgerliches Friedensprogramm von den Interessen der Entente aus und sind dem Leninschen Friedensprogramm entgegengesetzt.

Kriegsverlauf 1918 an der Westfront

Der Kriegsverlauf im Jahre 1918 entwickelt sich dramatisch. Vom 21. März bis 17. Juli finden fünf deutsche Offensiven an der Westfront statt, die durch das Freiwerden beträchtlicher deutscher Kräfte im Osten möglich werden. Sie bleiben alle, trotz Geländegewinns, stecken. Der Tankangriff von Villers-Cotterêts am 18. Juli leitet die *französische Gegenoffensive* zwischen Reims und Soissons ein. Am 8./9. August brechen englische Kolonialtruppen mit 450 Tanks bei *Amiens* durch. Die Entente nimmt die Initiative endgültig in ihre Hand. Die deutschen Truppen werden bis Anfang November an die Antwerpen-Maas-Linie zurückgedrängt. Deutschlands Niederlage ist abzusehen. Immer neue USA-Divisionen landen in Frankreich.

Zusammenbruch Bulgariens, der Türkei und der Doppelmonarchie

Deutschlands Verbündete brechen bereits zusammen. Im Februar 1918 erheben sich österreichisch-ungarische Matrosen in *Cattaro*, der Aufstand wird niedergeschlagen. Im September 1918 zerfällt die bulgarische Front im Süden. In der Armee bricht ein Aufstand aus. Die unter dem Einfluß der Tesnjaki stehenden rebellierenden Soldaten proklamieren am 27. September in Radomir die Republik und setzen sich in Richtung Sofia in Marsch. Der Soldatenaufstand wird mit Hilfe deutscher Truppen niedergeworfen, doch Zar Ferdinand und die herrschenden Kreise Bulgariens beeilen sich, mit der Entente den kapitulationsartigen Waffenstillstand von Saloniki (29. September 1918) zu unterzeichnen. Am 30. Oktober kapituliert nach dem Fall Aleppos die Türkei. Ab Oktober 1918 zerfällt die Monarchie Österreich-Ungarn. Am 28. Oktober erklärt sich die Tschechoslowakei für unabhängig, am 29. trennen sich die südslawischen Gebiete von Österreich-Ungarn; am 16. November erfolgt die Ausrufung der Unabhängigkeit Ungarns, am 1. Dezember wird das Königreich der Serben, Kroaten und Slowenen proklamiert. Ein *Waffenstillstand zwischen Österreich-Ungarn und der Entente* kommt am 3. November 1918 zustande. *Für Deutschland ist der Krieg endgültig verloren.*

Novemberrevolution

Die Erhebung der Matrosen in der Hochseeflotte am 27. Oktober und der Kieler Matrosenaufstand leiten die Novemberrevolution in Deutschland ein. Wilhelm II. dankt ab (9. November) und flieht nach den Niederlanden. Am gleichen Tag verkündet Karl Liebknecht vom Balkon des Berliner Schlosses die sozialistische Republik Deutschland, doch die Macht gerät in die Hände eines Rates der Volksbeauftragten unter Friedrich Ebert und Philipp Scheidemann. Am 11. November unterzeichnet Deutschland den Waffenstillstand von Compiègne.

4.8.5.   Von der Februar- zur Oktoberrevolution

Der erste Weltkrieg verschärft alle dem Imperialismus innewohnenden Widersprüche. Eine *neue revolutionäre Krise* reift zuerst in Rußland seit Ende 1916 heran. Der zaristischen Regierung und den sie stützenden Klassenkräften ist es seit der Niederlage der ersten russischen Revolution nicht gelungen, durch Reformen und Repressalien die inneren Wider sprüche zwischen halbfeudalem Herrschafts- und Agrarsystem und rasch beschleunigter kapitalistischer Entwicklung zu lösen sowie die revolutionäre Bewegung zu schwächen. Seit 1910 zeichnete sich bereits ein neuer revolutionärer Aufschwung ab. Der Versuch der herrschenden Klassen, durch Beteiligung am Krieg die schon seit Juli 1914 drohende zweite Revolution im Keim zu ersticken, schlägt fehl. Rußland erleidet eine Reihe schwerer Niederlagen, die Wirtschaft ist zerrüttet. Streiks, Desertionen und Antikriegsdemonstrationen unter den Soldaten an der Front, wachsende Bauernunruhen und Aufstände in den nationalen Randgebieten sowie untaugliche Versuche der Regierung, Vertreter der Bourgeoisie zur Organisation der Kriegswirtschaft heranzuziehen, dazu andauernde Kabinettskrisen, Separatfriedens- und Putschpläne kennzeichnen die revolutionäre Situation.

Mitte Februar verstärken sich die revolutionären Aktionen. Am 23. Februar (8. März) leitet ein Streik von 128 000 Arbeitern in der Hauptstadt die *Revolution* ein. Am 26. Februar (11. März) geht der *politische Generalstreik* bereits in den *bewaffneten Aufstand* über, Truppeneinheiten schließen sich den Aufständischen an. Am 27. Februar (12. März) beherrschen die revolutionären Arbeiter und Soldaten Petrograd, der Zar dankt am 2. (15.) März ab. Der rasche Sieg der Revolution ist das Ergebnis der mächtigen und tiefgreifenden Bewegung der Volksmassen, des festen Bündnisses von Arbeitern und Bauern im Waffenrock.

Sturz des Zarismus

Von Anfang an beherrschen die von den Bolschewiki verfochtenen politischen Losungen gegen Zarismus und Krieg die machtvollen Streikkämpfe. Arbeiter und Soldaten bilden revolutionäre Machtorgane, die *Sowjets*. Von Beginn an tritt die Arbeiterklasse als Hegemon auf. Die teilweise spontan aufbrechende Massenbewegung erhält von ihrer revolutionären Kampfpartei Richtung und Ziel.

Die Februarrevolution ist in ihrem Inhalt eine *bürgerlich-demokratische Revolution*, zugleich stellt sie die *erste siegreiche Volksrevolution im Zeitalter des Imperialismus* dar. Obwohl sie grundlegende Aufgaben der demokratischen Umwälzung (Beendigung des Krieges, Agrarfrage, nationale Frage) nicht löst, überschreitet sie zugleich durch die Bildung und die Rolle der Sowjets der Arbeiter- und Soldatendeputierten die Grenzen einer traditionellen bürgerlichen Revolution. Sie fegt die alte Staatsmacht des Zarismus hinweg, führt aber nicht zu einem klaren Sieg der Bourgeoisie, sondern zum gleichzeitigen Bestehen zweier Machtzentren in Form der *Doppelherrschaft*: der Diktatur der Bourgeoisie in Gestalt der von dieser Klasse eingesetzten Provisorischen Regierung einerseits und der revolutionär-demokratischen Diktatur der Arbeiter und Bauern in Gestalt der Sowjets andererseits. Aus dieser Situation ergeben sich zwei Klassenlinien in der Revolution: die bourgeoise, die ihre Alleinherrschaft etablieren und damit das imperialistische System festigen will, und die proletarische, die mit der Sicherung der demokratischen Errungenschaften die Weiterführung der Revolution anstrebt.

Charakter und Ergebnis der Februarrevolution

Doppelherrschaft

Der Petrograder Sowjet verfügt Ende Februar/Anfang März praktisch über die Macht. Er leitet Maßnahmen zur Demokratisierung der Armee ein. Jedoch dominieren im Sowjet die kleinbürgerlichen Parteien der

Menschewiki und Sozialrevolutionäre. Sie nutzen die kleinbürgerlichen Illusionen über eine allgemein-demokratische Revolution unter großen Teilen der Bevölkerung. So kann die Bourgeoisie rasch eine Provisorische Regierung aus Vertretern der Kadetten und Oktobristen unter Einbeziehung des Trudowiken und späteren Sozialrevolutionärs Kerenski als demokratische Drapierung formieren. Sie wird später im Gefolge mehrerer politischer Krisen wiederholt umgebildet und von einer Koalition bürgerlicher und kleinbürgerlicher Parteien getragen. Dadurch sichert sich die Bourgeoisie wachsenden Einfluß auf die Führung der Sowjets.

Die Bolschewiki, die jetzt legal wirken und von Lenin, der aus dem Schweizer Exil nach Rußland zurückkehrt, geführt werden, setzen dieser Taktik das in den *Aprilthesen* formulierte Programm der Weiterführung der demokratischen zur sozialistischen Revolution auf friedlichem Wege unter der Losung »Alle Macht den Sowjets« entgegen. Sie fordern Beendigung des Krieges und Ablehnung der sozialchauvinistischen Losung der »Vaterlandsverteidigung«, Abschaffung des zaristischen Machtapparates, das heißt der Polizei, der Armee und der Beamtenschaft, Konfiskation des Großgrundbesitzes und Nationalisierung des Grund und Bodens, der den Sowjets der Landarbeiter- und Bauerndeputierten in Verfügungsgewalt gegeben werden soll, Kontrolle der Banken und der Produktion. Voraussetzung für die Realisierung dieser Ziele ist, daß sich die Sowjets vom Einfluß der kleinbürgerlichen und opportunistischen Kräfte lösen und ihrer revolutionären Funktion gerecht werden.

Im April und Juni erschüttern schwere politische Krisen die Stellung der Bourgeoisie und die Provisorische Regierung. Im ganzen Lande wachsen die Streikbewegungen der Arbeiter, die Klassenkämpfe der Bauern und der unterdrückten Nationalitäten. Die Krise verschärft sich, weil die Regierung den Krieg nicht beendet, sondern am 1. Juni (14. Juni) nochmals eine erfolglose Offensive (Kerenski-Offensive) unternimmt. Trotzdem gelingt es nicht, den Einfluß der kleinbürgerlichen Parteien in den Sowjets zu überwinden. Diese gehen immer mehr zum Bündnis mit der Bourgeoisie über und werden so zu Mitträgern der Provisorischen Regierung. Ende Juni kommt es zu machtvollen Antikriegsdemonstrationen in Petrograd, die unter den Losungen der Bolschewiki stehen. Im Mai und Juni erringen die Bolschewiki die Mehrheit in zahlreichen örtlichen Sowjets. Das Regierungsbündnis von bourgeoisen und kleinbürgerlichen Parteien erweist sich als unfähig, die Krise zu überwinden, weil es die fundamentalen Forderungen der revolutionären Klassenkräfte nicht erfüllt. Die Partei der Kadetten sucht die Situation durch Errichtung der Alleinherrschaft zu meistern. Ihre Minister treten Anfang Juli aus der Koalitionsregierung aus. Am 4. (17.) Juli wird eine friedliche Massendemonstration der Petrograder Arbeiter blutig auseinandergetrieben. Die *Bourgeoisie errichtet ihre alleinige Diktatur*; die kleinbürgerlichen Parteien orientieren sich endgültig auf den Pakt mit der Bourgeoisie. Die von ihnen geführten Sowjets sind nur noch Anhängsel der Provisorischen Regierung. Die Doppelherrschaft ist zugunsten der Bourgeoisie aufgehoben.

Lenin kennzeichnet die Juliereignisse als Wende zwischen zwei verschiedenen Zyklen von Klassenkämpfen; der nun abgeschlossene Zyklus hat

die Bourgeoisie an die Macht gebracht und insofern die bürgerliche Um- Kurs auf den
wälzung beendet. Der zweite Zyklus wird die Frage entscheiden, ob es bewaffneten
zum endgültigen Sieg der Konterrevolution oder zum neuen Aufschwung Aufstand
der neuen Revolution, das heißt zum Sieg des Proletariats, kommen wird.
Es existiert generell und in verschärfter Form durch Krieg und drohende
nationale Katastrophe nur noch die Alternative zwischen der Konservie-
rung des großbürgerlich-gutsbesitzerlichen Systems (mit möglicher Restauration der Monarchie) und der Errichtung der Macht des Proletariats
und der armen Bauern. Daher nehmen die Bolschewiki die Losung »Alle
Macht den Sowjets« zeitweilig zurück. *Sie orientieren auf den bewaffneten
Aufstand.*
Im ganzen Lande reifen sehr schnell die Bedingungen für eine neue revolutionäre Krise heran. Fortsetzung des Krieges, Zerrüttung der Wirtschaft, wachsende Not der Volksmassen lassen die Unzufriedenheit mit
der Provisorischen Regierung in der Armee, auf dem Lande und in den
nationalen Randgebieten bedrohlich anschwellen. Der Einfluß der Bolschewiki in den Sowjets außerhalb der Hauptstadt verstärkt sich. Der
rechtsradikale Putschversuch des Generals Kornilov am 30. August
(12. September) scheitert am Widerstand der revolutionären Kräfte, vor
allem auch in der Armee. Ebensowenig haben zwei neue Koalitionsregie-
rungen der Kadetten und kleinbürgerlichen Parteien mit parlamentarischen Mitteln (Demokratische Beratung) Erfolg. Es zeigt sich, daß die
Bourgeoisie den revolutionären Prozeß in den Zentren des Landes zwar
zeitweilig unterbrochen, aber nicht gänzlich unterdrückt hat, er erfährt
vielmehr im Herbst 1917 einen neuen Aufschwung.
Die Bolschewiki bereiten den Aufstand vor, versuchen aber auch, die Oktober-
Chance für eine friedliche Entwicklung der Revolution zu nutzen, die aufstand und
sich nach der Niederlage Kornilovs zeitweilig bietet, jedoch erneut an der Sieg des
Haltung der führenden Kräfte in den kleinbürgerlichen Parteien schei- Proletariats
tert. *Der erfolgreiche Aufstand des Petrograder Proletariats am 25. Oktober (7. November), dem bald der Sieg der Arbeiter in Moskau folgt, bedeutet die Errichtung
der Sowjetmacht und damit den Sieg der sozialistischen Revolution.*
Damit ist eine *weltgeschichtliche Wende* eingeleitet. In Rußland werden mit
der siegreichen proletarischen zugleich die noch nicht gelösten Aufgaben
der demokratischen Revolution erfüllt.
Die sozialistische Revolution in Rußland breitet sich bis Februar 1918
von Petrograd über das Land aus. Der Siegeszug der Sowjetmacht auf
einem Sechstel der Erde ist von überragender historischer Bedeutung.
Der II. Sowjetkongreß in Petrograd beschließt noch am 8. November die Erste Maßnah-
ersten Gesetze des Arbeiter-und-Bauern-Staates. Im *Dekret über den Frie-* men der So-
den schlägt das proletarische Sowjetrußland den Völkern und Regierun- wjetmacht
gen aller kriegführenden Staaten den unverzüglichen Abschluß eines allgemeinen, gerechten und demokratischen Friedens ohne Annexionen
und Kontributionen vor. Das Leninsche Friedensprogramm wird zum
Banner der Linken im Kampf gegen den Krieg. Die Ausstrahlungskraft
des Dekrets über den Frieden auf die kriegsmüden und immer stärker
aufbegehrenden Volksmassen wirkt, gefördert durch Soldatenverbrüde-
rung und Rückkehr von Kriegsgefangenen, besonders bei den Nachbarn,

in Deutschland und Österreich-Ungarn, aber auch in Frankreich, Italien, England und anderen Ländern. Rußland zeigt den Weg, wie die Völker ihre Geschicke in die eigenen Hände nehmen, den Weltbrand beenden und den Aufbau einer Gesellschaft ohne Klassenausbeutung in Angriff nehmen können. Im *Dekret über den Boden* übergibt die Sowjetmacht den werktätigen Bauern 150 Mio ha Land, das bisher den Großgrundbesitzern, der Zarenfamilie und der Kirche gehörte. Der *alte Staatsapparat wird zerschlagen und eine Diktatur des Proletariats errichtet.* Die erste Sowjetregierung, der *Rat der Volkskommissare*, veröffentlicht die zaristischen Geheimverträge und deckt die Kriegsziele der Entente auf. Die von Lenin ausgearbeitete *Deklaration der Rechte der Völker Rußlands* vom 2. November (15. November) 1917 legt den Grundstein für die Lösung der nationalen Frage im Lande nach den Prinzipien der Gleichheit, der brüderlichen Zusammenarbeit und des Rechts jeder Nation auf Selbstbestimmung. Noch im Dezember 1917 erkennt die Sowjetmacht die Unabhängigkeit Estlands und Finnlands an. Beginnend mit der Sowjetukraine im Dezember 1917 werden nach und nach weitere *Sowjetrepubliken* gebildet. Die unterdrückten Völker der Welt verfolgen diese Entwicklung trotz aller Entstellungen in der bürgerlichen Presse mit Anteilnahme und Sympathie. Es folgen die *Deklaration der Rechte des werktätigen und ausgebeuteten Volkes* im Januar 1918, die Nationalisierung der Großindustrie, die bis Juni 1918 abgeschlossen ist. Gleichberechtigung der Frau, Trennung von Kirche und Staat, von Schule und Kirche, Gewissensfreiheit und andere demokratische Rechte wirken mobilisierend auf die Arbeiter aller Länder. Zur Verteidigung der Revolution und der Diktatur des Proletariats wird im Februar 1918 die freiwillige *Rote Arbeiter- und Bauernarmee* (RKKA) gebildet, die in Kämpfen gegen deutsche Truppen bei Pskov und Narva am 23. Februar 1918 ihre Feuertaufe erhält.

Epochenwende 1917 Der revolutionäre Prozeß in Rußland eröffnet mit dem Sieg des Oktoberaufstandes, mit der Großen Sozialistischen Oktoberrevolution eine neue revolutionäre Epoche in der Weltgeschichte. Er markiert die Umwälzungen, die mit der Entstehung und Durchsetzung des Kapitalismus verbunden sind, zum revolutionären Weltprozeß des Übergangs vom Kapitalismus zum Sozialismus/Kommunismus. Lenin kennzeichnet dieses Wechselverhältnis von demokratischen und sozialistischen Revolutionen: »Die erste wächst in die zweite hinüber. Die zweite löst im Vorbeigehen die Fragen der ersten. Die zweite verankert das Werk der ersten.«[18]
Das russische Revolutionsjahr bringt in konzentrierter Form die neuen Tendenzen zum Ausdruck, die seit 1900 in revolutionär-demokratischen Vorstößen und Revolutionen enthalten sind: die Möglichkeit der Hegemonie des Proletariats in der demokratischen Umwälzung, der erneute Aufschwung revolutionärer Bauernbewegungen, die anwachsenden nationalen Befreiungsbewegungen gegen Imperialismus und Kolonialismus, die Reife des Kapitalismus in seinem imperialistischen Stadium für die proletarische Revolution.

18 W. I. Lenin, Zum vierten Jahrestag der Oktoberrevolution, in: Werke, Bd. 33, Berlin 1971, S. 34.

Ein großer Abschnitt der Weltgeschichte, der von der Genesis und Entwicklung der kapitalistischen Formation geprägt wird und im 16. Jh. seinen Anfang nahm, geht damit zu Ende. Es beginnt die *Entwicklung der sozialistischen Gesellschaftsordnung* in der Auseinandersetzung mit dem Imperialismus. Erster Weltkrieg und Große Sozialistische Oktoberrevolution stellen zugleich den *Anfang der allgemeinen Krise des Kapitalismus* dar. Der neue revolutionäre Prozeß wird durch die Hegemonie der Arbeiterklasse und jener revolutionären Kräfte bestimmt, die sich in der neuen Welle demokratischer Revolutionen seit dem Übergang zum Imperialismus zu formieren begonnen haben.

5 Anhang

5.1. *Literaturübersicht (empfehlende Bibliographie)*

5.1.1. Arbeiten der Klassiker des Marxismus mit grundlegenden Aussagen zur Allgemeinen Geschichte der Neuzeit

Engels, F./K. Marx, Die heilige Familie oder Kritik der kritischen Kritik. Gegen Bruno Bauer und Konsorten, in: MEW, Bd. 2, Berlin 1976.

Marx, K./F. Engels, Die deutsche Ideologie, in: MEW, Bd. 3, Berlin 1981.

Marx, K./F. Engels, Manifest der Kommunistischen Partei, in: MEW, Bd. 4, Berlin 1980.

Marx, K., Das Elend der Philosophie. Antwort auf Proudhons »Philosophie des Elends«, in: MEW, Bd. 4, Berlin 1980.

Marx, K., Einleitung zur Kritik der politischen Ökonomie, in: MEW, Bd. 13, Berlin 1961.

Engels, F., Die Entwicklung des Sozialismus von der Utopie zur Wissenschaft, in: MEW, Bd. 19, Berlin 1978.

Engels, F., Herrn Eugen Dührings Umwälzung der Wissenschaft (»Anti-Dühring«), in: MEW, Bd. 20, Berlin 1975.

Engels, F., Die Rolle der Gewalt in der Geschichte, in: MEW, Bd. 21, Berlin 1981.

Engels, F., Über den Verfall des Feudalismus und das Aufkommen der Bourgeoisie, in: MEW, Bd. 21, Berlin 1981.

Engels, F., Ludwig Feuerbach und der Ausgang der klassischen deutschen Philosophie, in: MEW, Bd. 21, Berlin 1981.

Marx, K., Das Kapital. Bd. I–III, in: MEW, Bd. 23–25, Berlin 1973–1976.

Karl Marx and Frederick Engels on Britain, Moscow 1962.

Marx, K./F. Engels, Der Bürgerkrieg in den Vereinigten Staaten, zusammengest. und eingel. v. G. Wisotzki und M. Tetzel, Berlin 1976.

Marx, K./F. Engels, Über Anarchismus, zusammengest. und eingel. v. I. Bauer, Berlin 1977.

Marx, K./F. Engels, Irland. Insel in Aufruhr, zusammengest. und eingel. v. R. Sperl, Berlin 1975.

5.1.2. Gesamtdarstellungen und Nachschlagewerke zur Allgemeinen Geschichte der Neuzeit und zur Neuzeitgeschichtsforschung

Allgemeine Geschichte der Kunst, hrsg. v. d. Akademie der Künste d. UdSSR, 8 Bde., Moskau 1956–1966.

Alpatow, M. W., Geschichte der Kunst, Bd. 2, Dresden o. J.

Ashton, T. S., An Economic History of England: The Eighteenth Century, London 1955.

Atlas zur Geschichte in zwei Bänden, Bd. 1, Gotha, Leipzig 1981.

Behrens, F., Grundriß der Geschichte der politischen Ökonomie, Bd. 1: Die politische Ökonomie bis zur bürgerlichen Klassik, Berlin 1981.

Bernal, J. D., Die Wissenschaft in der Geschichte, Berlin 1961.

Braudel, F./E. Labrousse, Histoire économique et sociale de la France, 2 Bde., Paris 1968 f.

Brentjes, B./S. Richter/R. Sonnemann, Geschichte der Technik, hrsg. v. R. Sonnemann, Leipzig 1978.

Černjak, E. B., Massovoe dviženie v Anglii i Irlandii v konce XVIII – načale XX v., Moskva 1962.

Das politische System in den USA, Geschichte und Gegenwart, hrsg. v. K.-H. Röder, Berlin 1980.

Delbrück, H., Geschichte der Kriegskunst im Rahmen der politischen Geschichte, Bd. 4, Berlin 1920.

Deutsche Geschichte in zwölf Bänden, Bd. 3, Autorenkollektiv unter Leitung v. A. Laube und G. Vogler, Berlin 1983.

Deutsche Geschichte in zwölf Bänden, Bd. 4, Autorenkollektiv unter Leitung v. W. Schmidt, Berlin 1984.

Die bäuerliche Komponente im bürgerlichen Revolutionszyklus, hrsg. v. M. Kossok, Berlin 1984.

Europäische Wirtschaftsgeschichte in vier Bänden, Stuttgart, New York 1976 f.

Europäische Wirtschaftsgeschichte. Sechzehntes und siebzehntes Jahrhundert, hrsg. v. C. M. Cipetta u. K. Borchendt, Stuttgart, New York 1979.

Foster, W. Z., Geschichte der Weltgewerkschaftsbewegung von den Anfängen bis 1955, Berlin 1960.

Foster, W. Z., Abriß der politischen Geschichte beider Amerika, Berlin 1957.

Engels, F., Eine Biographie, Berlin 1976.

Genesis und Entwicklung des Kapitalismus in Rußland, hrsg. v. P. Hoffmann und H. Lemke, Berlin 1973.

Geschichte der Araber. Von den Anfängen bis zur Gegenwart, Bd. 1 u. 2, Autorenkollektiv unter Leitung v. L. Rathmann, Berlin 1971.

Geschichte der Philosophie, hrsg. v. d. AdW d. UdSSR unter Redaktion v. M. A. Dynnik u. a., Bd. 1–4, Berlin 1960.

Geschichte der UdSSR, hrsg, v. G. Rosenfeld, Berlin 1976.

Handbuch Wirtschaftsgeschichte. Hrsg. v. H. Radandt u. a., 2 Bde., Berlin 1981.

Hausherr, H., Wirtschaftsgeschichte der Neuzeit vom Ende des 14. bis zur Höhe des 19. Jahrhunderts, Köln, Wien 1970.

Hinrichs, E., Einführung in die Geschichte der frühen Neuzeit, München 1980.

Historia Mundi. Ein Handbuch der Weltgeschichte. Bd. VII u. VIII, Bern 1957 u. 1959.

Historische Forschungen in der DDR 1950–1960. Analysen und Berichte. Zum XI. Internationalen Historikerkongreß in Stockholm 1960, Zeitschrift für Geschichtswissenschaft (ZfG) 1960, Sonderband.

Historische Forschungen in der DDR 1960–1970. Analysen und Berichte. Zum XIII. Internationalen Historikerkongreß in Moskau 1970, ZfG 1970, Sonderband.

Historische Forschungen in der DDR 1970–1980. Analysen und Berichte. Zum XV. Internationalen Historikerkongreß in Bukarest 1980, ZfG 1980, Sonderband.

Historische Typen des Staates und des Rechtes, Bd. 2, Berlin 1974.

Istorija diplomatii, pod red. V. A. Zorina, 3 Bde., Moskva 1959–1965.

Istorija irlandii, red. L. I. Gol'man, Moskva 1980.

Istorija Jugoslavii, Moskva 1963.

Istorija Norvegii, Moskva 1980.

Istorija SSSR s drevnejšich vremeni do našich dnej, v dvuch serijach v dvenadcati tomach. Pervaja serija: toma 1–6, Moskva 1966–1968.

Jonas, W. u. a., Die Produktivkräfte in der Geschichte, Bd. 1, Berlin 1969.

Kan, A. S., Geschichte der skandinavischen Länder, Berlin 1978.

Karl Marx. Biographie, Berlin 1975.

Knepler, G., Musikgeschichte des 19. Jahrhunderts, Bd. 1 u. 2, Berlin 1961.

Köller, H./B. Töpfer, Frankreich. Ein historischer Abriß, 2 Bde., Berlin 1980.

Konstitucii i zakonodatel'nye akty buržuaznych gosudarstv XVII–XIX vv., Moskva 1957.

Kulischer, J., Allgemeine Wirtschaftsgeschichte des Mittelalters und der Neuzeit. Bd. 2, Berlin 1954.

Leipziger Beiträge zur Revolutionsforschung (LBR), Lehrheft 1: Vergleichende Revolutionsgeschichte – Probleme der Theorie und Methode, Leipzig 1982.

LBR, Lehrheft 5: Die proletarische Komponente im bürgerlichen Revolutionszyklus, Leipzig 1983.

LBR, Lehrheft 7: Portugal. Zehn Jahre danach. Studien zur »Revolution der Nelken«, Leipzig 1984.

Ley, H., Geschichte der Aufklärung und des Atheismus, Bd. 3 u. 4, Berlin 1978 u. 1982.

Maiski, I., Neuere Geschichte Spaniens. 1808 bis 1917, hrsg. v. M. Kossok, Berlin 1961.

Markov, W./H. Helmert, Schlachten der Weltgeschichte, Leipzig 1977.

Markov, W., Weltgeschichte im Revolutionsquadrat, hrsg. und eingel. v. M. Kossok, Berlin 1979.

Meinecke, F., Die Idee der Staatsräson in der neueren Geschichte, Werke, Bd. 1, Stuttgart, München, Wien, Darmstadt 1976.

Meuvret, J., Etudes d'histoire économique, Paris 1971.

Morton, A. L., Volksgeschichte Englands, Berlin 1956.

Murdoch, J., A History of Japan, New York 1964.

Murphy, B., A History of British Economy 1086–1970, London 1973.

Nitriforov, V. N. u. a., Jahrhunderte ungleichen Kampfes in Asien und Afrika, Berlin 1974.

Osvoboditel'nye dviženija narodov avstrijskoj imperii: vozniknovenie i razvitie, konce XVIII v. – 1849 g., Moskva 1980.

Panikkar, K. M., Geschichte Indiens, Düsseldorf 1957.

Philosophenlexikon, hrsg. v. E. Lange und D. Alexander, Berlin 1982.

Preußen. Legende und Wirklichkeit, bearb. und zusammengest. v. P. Bachmann und I. Knoth. Mit einer Vorbemerkung v. H. Bartel, Berlin 1983.

Propyläen-Weltgeschichte, hrsg. v. W. Goetz, Bd. 5–11, Berlin 1929–1933.

Razin, E. A., Geschichte der Kriegskunst, Bd. 2, Berlin 1960.

Revolutionen der Neuzeit 1500–1917, hrsg. und eingel. v. M. Kossok, Berlin 1982.

Rolle und Formen der Volksbewegung im bürgerlichen Revolutionszyklus, hrsg. v. M. Kossok, Berlin 1976.

Rudé, G., Die Volksmassen in der Geschichte, England und Frankreich 1730 bis 1848, Frankfurt/M., New York 1977.

Schlenther, U., Lateinamerika und seine Ureinwohner, Berlin 1976.

Schilfert, G., Die Revolutionen beim Übergang vom Feudalismus zum Kapitalismus, in: ZfG, 1969, H. 1/2.

Schilfert, G., Die Stellung der bürgerlichen Revolutionen des 16.–18. Jhs. im welthistorischen Prozeß und deren Auswirkungen besonders auf Deutschland, in: ZfG, 1972, H. 10.

Skaskin, S. D. u. a., Geschichte des Mittelalters, Bd. 2, Berlin 1958.

Sovetskaja istoričeskaja Enciklopedija (SIE), Gl. red. E. M. Žukov, Moskva 1961 ff.

Studien über die Revolution, hrsg. v. M. Kossok, Berlin 1971.

Studien zur vergleichenden Revolutionsgeschichte 1500–1917, hrsg. v. M. Kossok, Berlin 1974.

Svorykin, A. A. u. a., Geschichte der Technik, Leipzig 1967.

The Cambridge Economic History of Europe, Bd. 1–6, Cambridge 1949 ff.

Theorie des Staates und des Rechts, 2 Bde., Berlin 1974.

Trevelyan, G. M., Geschichte Englands, 2 Bde., München 1949.

Urlanis, B. Z., Bilanz der Kriege, Berlin 1965.

W. I. Lenin. Biographie, Berlin 1970.

Weltgeschichte in zehn Bänden, Hauptred. E. M. Žukov, Bd. 4–7, Berlin 1964 ff.

Wörterbuch der Geschichte, hrsg. und bearb. v. H. Bartel, D. Fricke u. a., 2 Bde., Berlin 1983.

5.1.3.   Literatur zu den einzelnen Kapiteln

5.1.3.1.   *Kapitel 1*

Augusta, J., Große Entdeckungen, Leipzig, Jena, Berlin 1965.

Boxer, C. R., The Portuguese Seaborne Empire, 1415–1825, London 1969.

Cartier, R., Europa erobert Amerika, München 1962.

Christoph Columbus. Schiffstagebuch, Leipzig 1980.

Die Entdeckung und Erforschung der Erde, hrsg. v. W. Krämer, Leipzig 1976.

Dräger, L., Das alte Peru, Leipzig 1964.

Ebersbach, V., Glanz und Elend eines Conquistadors. Francisco Pizarro, Berlin 1980.

Ehrenberg, R., Das Zeitalter der Fugger. Geldkapital und Creditverkehr im 16. Jahrhundert, Bd. 1 u. 2, Jena 1922.

Friederici, G., Der Charakter der Entdeckung und Eroberung Amerikas durch die Europäer, 3 Bde., Osnabrück 1969.

Hamilton, E. J., American Treasure and the Price Revolution in Spain 1501–1650, Cambridge (Mass.) 1934.

Katz, F., Vorkolumbische Kulturen. Die großen Reiche des alten Amerika, München 1969.

Kirkpatrick, F. A., Die spanischen Konquistadoren, München 1962.

Konetzke, R., Süd- und Mittelamerika I: Die Indianerkulturen Altamerikas und die spanisch-portugiesische Kolonialherrschaft, Frankfurt/M. 1965 (Fischer Weltgeschichte, Bd. 22).

Kossok, M./W. Markov, Konspekt über das spanische Kolonialsystem, in: Wissenschaftliche Zeitschrift der KMU. Gesellschafts- u. Sprachwissenschaftliche Reihe, 1955/56, H. 2 u. 3.

Krämer, W., Neue Horizonte. Das Zeitalter der großen Entdeckungen, Leipzig, Jena, Berlin 1972.

Las Casas: Leben und Werk, Leipzig 1958.

Loth, H., Das portugiesische Kolonialreich. Aufstieg und Fall, Berlin 1982.

Markov, W., Bemerkungen zur geschichtlichen Stellung der Siedlungskolonie, in: Vom Mittelalter zur Neuzeit. Festschrift für Heinrich Sproemberg, hrsg. v. H. Kretzschmar, Berlin 1956.

Prescott, W. H., Die Eroberung Mexikos, Leipzig 1972.

Prescott, W. H., Die Eroberung Perus, Leipzig 1975.

Prestage, E., Die portugiesischen Entdecker, München 1963.

Romano, R./A. Teneti, Die Grundlegung der modernen Welt. Spätmittelalter, Renaissance, Reformation, Frankfurt/M. 1967 (Fischer Weltgeschichte, Bd. 12).

Brendler, G., Das Täuferreich zu Münster 1534/35, Berlin 1966.

Brendler, G., Von der Hussitenbewegung bis zum Abfall der Niederlande. Zu den Vor- und Frühformen der bürgerlichen Revolution, in: Jahrbuch für Geschichte, Bd. 10, Berlin 1974.

Čistozvonov, A. N., Über die stadial-regionale Methode bei der vergleichenden historischen Erforschung der bürgerlichen Revolutionen des 16.–18. Jahrhunderts in Europa, in : ZfG, 1973, H. 1.

Engels, F., Der deutsche Bauernkrieg, in: MEW, Bd. 7, Berlin 1976.

Kossok, M., Comuneros und Germanías. Spanien an der Schwelle der frühbürgerlichen Revolution?, in: ZfG, 1979, H. 1.

Laube, A./M. Steinmetz/G. Vogler, Illustrierte Geschichte der deutschen frühbürgerlichen Revolution, Berlin 1974.

Langer, H., Religion, Konfession und Kirche in der Epoche des Übergangs vom Feudalismus zum Kapitalismus, in: ZfG, 1984, H. 2.

Renaissance, Barock, Aufklärung. Epochen- und Periodisierungsfragen, hrsg. v. W. Bahner, Berlin 1976.

Smirin, M. M., Die Volksreformation des Thomas Müntzer und der große deutsche Bauernkrieg, Berlin 1956.

Vogler, G., Friedrich Engels zur internationalen Stellung der deutschen frühbürgerlichen Revolution, in: ZfG, 1977, H. 4.

Weltwirkung der Reformation, hrsg. v. M. Steinmetz und G. Brendler, 2 Bde., Berlin 1969.

Wohlfeil, R., Reformation oder frühbürgerliche Revolution, in: Reformation oder frühbürgerliche Revolution, München 1972.

Brendler, G., Die Revolution der Niederlande 1566–1579, in: Revolutionen der Neuzeit 1500–1917, hrsg. und eingel. v. M. Kossok, Berlin 1982.

Čistozvonov, A. N., Čerty obščego i osobennogo v niderlandskoj buržuaznoj revolucii XVI v., in: Evropa v srednie veka: ėkonomika, politika, kultura, Moskva 1971.

Čistozvonov, A. N., Niderlandskaja buržuaznaja revolucija XVI veka, Moskva 1958.

Kuttner, E., Het hongerjaar 1566, Amsterdam 1949.

Prus, I. J., Kunst des 17. Jahrhunderts, Dresden 1974.

Schilfert G., Zur Geschichte der Auswirkungen der Niederländischen Revolution auf deutsche Territorien, in: ZfG, 1975, H. 1.

Schilling, H., Der Aufstand der Niederlande: Bürgerliche Revolution oder Elitekonflikt?, in: 200 Jahre amerikanische Revolution und moderne Revolutionsforschung, hrsg. v. H.-U. Wehler. Geschichte und Gesellschaft, Sonderheft 2, Göttingen 1976.

Töpfer, B., Die frühbürgerliche Revolution in den Niederlanden, in: ZfG, 1965, Sonderheft.

Uytven, R. van, What is new Socially and Economically in the Sixteenth – Century Netherlands, in: Acta Historiae Neerlandicae, VII, The Hague 1974.

Wittman, T., Das Goldene Zeitalter der Niederlande, Leipzig 1975.

Avrech, A. Ja., Russkij absolutizm i ego rol' v utverždenii kapitalizma v Rossii, in: Istorija SSSR, 1968, H. 2.

Awrech, A. Ja., Der Absolutismus und seine Rolle bei der Herausbildung des Kapitalismus, in: Sowjetwissenschaft. Gesellschaftswiss. Beiträge, 1969, H. 2.

Čistozvonov, A. N., Nekotorye aspekty problemy genezisa absolutizma, in: Voprosy istorii, 1968, H. 5.

Heitz, G., Der Zusammenhang zwischen den Bauernbewegungen und der Entwicklung des Absolutismus in Mitteleuropa, in: ZfG, 1965, Sonderheft.

Hubatsch, W., Das Zeitalter des Absolutismus 1600–1789, Braunschweig 1965.

Klaveren, I. v., Europäische Wirtschaftsgeschichte Spaniens im 16. und 17. Jahrhundert, Stuttgart 1950.

Küttler, W., Gesellschaftliche Voraussetzungen und Entwicklungstyp des Absolutismus in Rußland, in: Jahrbuch für Geschichte der sozialistischen Länder Europas, Bd. 13/2, Berlin 1969.

Nečkina, N. W., Zu den Ergebnissen der Diskussion über das »aufsteigende« und das »absteigende« Stadium des Feudalabsolutismus, in: Sowjetwissenschaft. Gesellschaftswiss. Beiträge, 1964, H. 11.

Sapiro, A. L., Ob absolutizme v Rossii, in: Istorija SSSR, 1968, H. 5.

Štokmar, V. V., Ekonomičeskaja politika anglijskogo absoljutizma v epochu ego rascveta, Leningrad 1962.

Ejdus, Ch. T., Istorija Japonii s drevnejšich vremen do našich dnej. Kratkij očerk, Moskva 1968.

Erkes, E., Geschichte Chinas von den Anfängen bis zum Eindringen des ausländischen Kapitals, Berlin 1956.

Geschichte Afrikas von den Anfängen bis zur Gegenwart, T. 1: Büttner, Th., Afrika von den Anfängen bis zur territorialen Aufteilung durch die Kolonialmächte, Berlin 1976.

Simonovskaja, L. V./G. B. Erenburg u. a., Očerki istorii Kitaja, Moskva 1956.

Suret-Canale, J., Schwarzafrika, Bd. 1, Berlin 1966.

Werner, E., Die Geburt einer Großmacht. Die Osmanen, Berlin 1978.

Werner, E./W. Markov, Geschichte der Türken. Von den Anfängen bis zur Gegenwart, Berlin 1978.

5.1.3.2.   Kapitel 2

Anglijskaja buržuaznaja revoljucija XVII veka, hrsg. v. E. A. Kosminskij und Ja. A. Levicki, 2 Bde., Moskva 1954.

Archangelskij, S. I., Krest'janskie dviženija Anglii v 40–50 godach XVII v., Moskva 1960.

Barg, M. A., Anglijskaja buržuaznaja revoljucija, Moskva 1958.

Barg, M. A., Kromvel' i ego vremja, Moskva 1960.

Barg, M. A., Šekspir i istorija, Moskva 1976.

Cooper, J. F., The Rise and Fall of the Stuart Monarchy, in: The New Cambridge: Modern History, Bd. IV, London 1970.

Die englische Revolution von 1640, hrsg. v. Ch. Hill, Berlin 1952.

Gardiner, S. R., History of the Great Civil War (1642–1649), 4 Bde., London, New York 1911–1914.

Winstanley, Gerrard, Gleichheit im Reiche der Freiheit. Sozialphilosophische Pamphlete und Traktate, hrsg. v. H. Klenner, Leipzig 1983.

Hill, Ch., God's Englishmen, Oliver Cromwell and the English Revolution, London 1970.

Hill, Ch., Irreligion in the »Puritan« Revolution, London 1974.

Hill, Ch., The Century of Revolution 1603–1714, London 1980.

Kathe, H., Oliver Cromwell, Berlin 1984.

Meščerjakova, N. M., Proletariat Anglii v processe formirovanija (pervaja polovina XVIII v.), Moskva 1979.

Pavlova, T. A., Vtoraja angliskaja respublika (1659–1660), Moskva 1974.

Schilfert, G., Revolution und Reform in England, in: Studien zur vergleichenden

Revolutionsgeschichte 1500–1917, hrsg. v. M. Kossok, Berlin 1974.

Schilfert, G., Zur Frage der Verbürgerlichung des »Neuen Adels« zur Zeit der englischen bürgerlichen Revolution, in: ZfG, 1964, H. 3.

Schilfert, G., Zur Problematik von Klasse, Staat und Nation in der englischen bürgerlichen Revolution, in: ZfG, 1964, H. 3.

Trevor-Roper, H. R., The Century 1540 bis 1640, Cambridge 1953.

Donnert, E., Politische Ideologie der russischen Gesellschaft zu Beginn der Regierungszeit Katharinas II., Berlin 1976.

Handbuch der europäischen Geschichte, hrsg. v. Th. Schieder, Bd. 4: Europa im Zeitalter des Absolutismus und der Aufklärung, hrsg. v. F. Wagner, Stuttgart 1968.

Kathe, H., Der »Sonnenkönig«. Ludwig XIV., König von Frankreich, und seine Zeit 1638–1715, Berlin 1981.

Kossok, M., Der aufgeklärte Absolutismus in Spanien. Zehn Thesen über Wesen und Funktion, in: ZfG, 1982, H. 2.

Küttler, W., Begriff und Analyse des Feudalismus in den Arbeiten Lenins, in: Jahrbuch für Geschichte des Feudalismus, hrsg. v. A. Laube u. a., Bd. 1, Berlin 1978.

Küttler, W., Zum Verhältnis von Spätfeudalismus und Genesis des Kapitalismus, in: Genesis und Entwicklung des Kapitalismus in Rußland, hrsg. v. P. Hoffmann und H. Lemke, Berlin 1973.

Mittenzwei, I., Friedrich II. von Preußen. Eine Biographie, Berlin 1984.

Mittenzwei, I., Über das Problem des aufgeklärten Absolutismus, in: ZfG, 1970, H. 9.

Werner, E., Die Geburt einer Großmacht – Die Osmanen (1300–1481). Ein Beitrag zur Genesis des türkischen Feudalismus, Berlin 1978.

Winter, E., Der Josefinismus. Die Geschichte des österreichischen Reformkatholizismus 1740–1848, Berlin 1962.

Wittraum, R., Peter I. Zar und Kaiser. Zur Geschichte Peters des Großen in seiner Zeit, Bd. 1 u. 2, Göttingen 1964.

Bahner, W., »Aufklärung« als Periodenbegriff der Ideologiegeschichte, Berlin 1973.

Grundpositionen der Französischen Aufklärung, hrsg. v. W. Krauss, 2 Bde., Berlin 1955–1965.

Krauss, W., Die Aufklärung in Spanien, Portugal und Lateinamerika, München 1973.

Krauss, W., Literatur der französischen Aufklärung, Darmstadt 1972.

Krauss, W., Studien zur deutschen und französischen Aufklärung, Berlin 1963.

Philosophisches Wörterbuch, 2 Bde., Leipzig 1969 (Stichwort Aufklärung).

Rousseau, J.-J., Der Gesellschaftsvertrag, Leipzig 1978.

Schröder, W. u. a., Französische Aufklärung. Bürgerliche Emanzipation, Literatur und Bewußtseinsbildung, Leipzig 1979.

Seidel, H., Philosophiehistorische Bemerkungen zum Begriff »Aufklärung«, in: Deutsche Zeitschrift für Philosophie (DZfPH), 1980, H. 11.

Wolgin, W. P., Die Gesellschaftstheorien der französischen Aufklärung, Berlin 1965.

Anspruch und Wirklichkeit. Zweihundert Jahre Kampf um Demokratie in den USA. Dokumente und Auszüge, hrsg. v. E. Brüning, Berlin 1976.

Aptheker, H., The American Revolution 1763–1783, New York 1960.

Bailyn, B., Lines of Force in recent Writings on the American Revolution, XIV. International Congress of Historical Sciences, San Francisco 1975.

Bailyn, B., The Ideological Origins of the American Revolution, Cambridge 1967.

Bolchovitinov, N. N., Teoretičeskije i istoriografičeskije problemy amerikanskoj revoljucii XVIII v., Moskva 1973.

Bolchovitinov, N. N., Vojna SŠA za nezavisimost' i sovremennaja amerikanskaja istoriografija, in: Voprosy istorii, 1969, H. 12.

Douglass, E. D., Rebells and Democrats. The Struggle for equal political Rights and majority Rule during the American Revolution, Chicago 1965.

Foner, Ph., Handwerker und Lohnarbeiter in der amerikanischen Revolution, in: ZfG, 1976, H. 6.

Foner, Ph., Rabočij klass i amerikanskaja revoljucija, Moskva 1980.

Fursenko, A. A., Amerikanskaja revoljucija i obrazovanie SŠA, Leningrad 1978.

Fursenko, A. A., Amerikanskaja buržuaznaja revoljucija XVIII veka, Moskva, Leningrad 1960.

Jefimov, A. V., SŠA. Puti razvitija kapitalizma, Moskva 1969.

Müller, H., Die Entstehung der USA, Berlin 1978 (illustrierte historische hefte, H. 10).

Palmer, R.R., The Age of the democratic Revolution: A political History of Europe and America. 1760 to 1800, 2 Bde., Princeton 1959–1964.

Schilfert, G., Die nordamerikanische Unabhängigkeitsrevolution 1775–1783, in: Revolutionen der Neuzeit 1500–1917, hrsg. v. M. Kossok, Berlin 1982.

Sevost'janov, G. N./A. I. Utkin, Jefferson, Berlin 1984.

Sirjaev, B. A., Političeskaja bor'ba v SŠA 1783–1801, Leningrad 1981.

Spotov, B. M., Vosstanie amerikanskich farmerov pod rukovodstvom Daniela Šejsa (1786–1787), in: Novaja i novejšaja istorija, 1975, H. 4.

Vojna za nezavisimost' i obrazovanie SŠA, pod red. G. N. Sevost'janova, Moskva 1976.

Bartnicki, A./J. Mantel-Niećko, Geschichte Äthiopiens, T. 1, Berlin 1978.

Die Völker Afrikas, ihre Vergangenheit und Gegenwart, hrsg. v. D. A. Olderogge und I. I. Protechin, 2 Bde., Berlin 1962.

Felber, R., Asiatische oder feudale Produktionsweise in China, in: ZfG, 1971, H. 1.

Göthel, I., Geschichte Koreas. Vom 17. Jahrhundert bis zur Gegenwart, Berlin 1978.

Levinson, G. I., Die Philippinen – gestern und heute, Berlin 1966.

Nehru, J., Die Entdeckung Indiens, Berlin 1959.

Ruben, W., Kulturgeschichte Indiens, Berlin 1979.

Sander, B./W. Kubiczek, Die Philippinen, Berlin 1981.

5.1.3.3.   Kapitel 3

Ado, A. V., Krest'janskoje dviženie vo Francii vo vremja velikoj buržuaznoj revoljucii konca XVIII v., Moskva 1971.

Benda, K., Die mitteleuropäischen Jakobinerbewegungen und die Volksmassen, in: Rolle und Formen der Volksbewegung im bürgerlichen Revolutionszyklus, hrsg. v. M. Kossok, Berlin 1976.

Büttner, W., Tod dem König. Es lebe die Republik, Berlin 1977 (illustrierte historische hefte, H. 7).

Dalin, V. M., Ljudi i idei, Moskva 1970.

Die französische Revolution im Spiegel der deutschen Literatur, hrsg. v. C. Träger und F. Schaefer, Leipzig 1975.

Die Sansculotten von Paris. Dokumente zur Geschichte der Volksbewegung 1793 bis 1794, hrsg. v. W. Markov und A. Soboul, Berlin 1957.

Kropotkin, P. A., Die Große Französische Revolution 1789–1793, 2 Bde., Leipzig, Weimar 1982.

Lefebvre, G., La Révolution française, Paris 1951.

Markov, W., Die Freiheiten des Priesters Roux, Berlin 1967.

Markov, W., Revolution im Zeugenstand. Frankreich 1789–1799, 2 Bde., Leipzig 1982.

Markov, W., Grand Empire. Sitten und Unsitten der Napoleonzeit, Leipzig 1984.

Markov, W./A. Soboul, 1789. Die Große Revolution der Franzosen, Berlin 1979.

Massin, J., Robespierre, Berlin 1974.

Mathiez, A., La Révolution française, 3 Bde., Paris 1922–1927, dt. Übers. Hamburg 1950.

Mazauric, C., Sur la Révolution française. Contribution à l'histoire de la révolution bourgeoise, Paris 1970.

Michelet, J., Geschichte der Französischen Revolution, 5 Bde., hrsg. v. F. M. Kircheisen, Wien, Hamburg, Zürich 1957.

Soboul, A., Die klassische Geschichtsschreibung der Französischen Revolution: Aktuelle Kontroversen, in: Rolle und Formen der Volksbewegung im bürgerlichen Revolutionszyklus, hrsg. v. M. Kossok, Berlin 1976.

Soboul, A., Die Große Französische Revolution. Ein Abriß ihrer Geschichte (1789–1799), 2 Teile, Frankfurt/M. 1973.

Suratteau, J. R., La Révolution française, certitude et controverses, Paris 1973.

Tarlé, E., Germinal und Prairial, Berlin 1953.

Börner, K.-H., Völkerschlacht bei Leipzig 1813, Berlin 1984 (illustrierte historische hefte, H. 32).

Dalin, V. M., Babeuf-Studien, hrsg. v. W. Markov, Berlin 1961.

Ehrenburg, I., Die Verschwörung der Gleichen. Das Leben des Gracchus Babeuf, Berlin 1959.

Godechot, J., La Grande Nation. L'expansion revolutionnaire de la France dans le monde (1789–1799), 2 Bde., Paris 1956.

Griewank, K., Der Wiener Kongreß und die europäische Restauration 1814/15, Leipzig 1954.

Helmert, H./H.-J. Usczeck, Europäische Befreiungskriege 1808 bis 1814/15, Berlin 1976.

Jeschonnek, B., Waterloo 1815, Berlin 1979 (illustrierte historische hefte, H. 15).

Lefebvre, G., Le Directoire, Paris 1971.

Manfred, A. S., Napoleon Bonaparte, Berlin 1981.

Marx, K., Das revolutionäre Spanien, in: MEW, Bd. 10, Berlin 1977.

Robespierre, M., Habt Ihr eine Revolution ohne Revolution gewollt? Reden, hrsg. v. K. Schnelle, Leipzig o.J.

Tarlé, E. V., Napoleon, Leipzig 1961.

Tarlé, E. V., Talleyrand, Leipzig 1956.

Al'perovič, M. S., Ispanskaja Amerika v bor'be za nezavisimost', Moskva 1971.

Arš, A. L., Eteristskoe dviženie v Rossii, Moskva 1970.

Arš, A. L., Kapodistrija i grečeskoe nacional'no-osvoboditel'noe dviženie, Moskva 1976.

Efimov, A. V. u. a., Nacii Latinskoj Ameriki. Formirovanie i razvitie, Moskva 1964.

Fontana, J., La crisis del Antiguo régimen 1808–1833, Barcelona 1979.

Gil Novales, A., Las sociedades patrióticas (1820–1823). Las libertades de expersión y de reunión en el origen de los partidos políticos, 2 Bde., Madrid 1975.

Höppner, J./W. Seidel-Höppner, Von Babeuf bis Blanqui. Französischer Sozialismus und Kommunismus vor Marx, 2 Bde., Leipzig 1975.

Il'ina, N. G., Kolumbija: ot kolonii k nezavisimosti, Moskva 1981.

Kossok, M., Der iberische Revolutionszyklus 1789–1830. Bemerkungen zu einem Thema der vergleichenden Revolutionsgeschichte, in: Studien über die Revolution, hrsg. v. M. Kossok, Berlin 1969.

Kossok, M., Der spanische Revolutionszyklus des 19. Jahrhunderts. Probleme der Erforschung und Interpretation im Lichte der vergleichenden Methode, in: ZfG, 1984, H. 6.

Kossok, M., Im Schatten der Heiligen Allianz. Deutschland und Lateinamerika 1815–1830, Berlin 1964.

Kossok, M., Probleme der vergleichenden Analyse der lateinamerikanischen Unabhängigkeitsrevolution, in: ZfG, 1977, H. 2.

Koval'skaja, M. I., Dviženie karbonariev v Italii. 1808–1821, Moskva 1971.

Koval'skaja, M. I., Italija v bor'be za nacional'nuju nezavisimost' i edinstvo, Moskva 1981.

Lavrov, N. M. u. a., Vojna za nezavisimost' v Latinskoj Amerike (1810–1826), Moskva 1964.

Lynch, J., The Spanish-American Revolutions (1808–1826), New York 1973.

Marx, K., Das revolutionäre Spanien (I bis VII), in: MEW, Bd. 10, Berlin 1977.

Nečkina, M. N., Dekabristy, Moskva 1982.

Orlik, O. V., Dekabristy i evropejskoe osvoboditel'noe dviženie, Moskva 1975.

Saitta, A., Filippo Buonarotti. Contributo alla storia della sua vita e del suo pensiero, 2 Bde., Rom 1972.

Stübler, D., Revolution und utopischer Sozialismus in Italien: Carlo Pisacane, in: Rolle und Formen der Volksbewegung im bürgerlichen Revolutionszyklus, hrsg. v. M. Kossok, Berlin 1976.

Zeuske, M., Grundlagen und Hauptergebnisse des bürgerlichen Revolutionszyklus in Lateinamerika, in: Lateinamerika im antiimperialistischen Kampf. Probleme eines Kontinents, hrsg. v. A. Dessau, Berlin 1978.

Ashton, Th. S., The industrial Revolution 1760–1830, London 1948.

Bock, H., Die Illusion der Freiheit. Deutsche Klassenkämpfe zur Zeit der französischen Julirevolution 1830 bis 1831, Berlin 1980.

Den Kopf tragt hoch trotz alledem! Englische Arbeiterautobiographien des 19. Jahrhunderts, hrsg. v. I. Kuczynski, Berlin 1983.

Die Internationale Arbeiterbewegung. Fragen der Geschichte und der Theorie, Bd. 1, Red. B. Ponomarev, Moskva 1980.

Die Lyoner Arbeiteraufstände 1831 und 1834, hrsg. und eingel. v. K. Holzapfel, Berlin 1984.

Engels, F., Die Lage der arbeitenden Klasse in England, in: MEW, Bd. 2, Berlin 1976.

Engels, F., Die Bewegung von 1847, in: MEW, Bd. 4, Berlin 1980.

Formirovanie proletaríata: Problemy istorii i istočnikovedenija, Moskva 1980.

Haraszti, E. H., Chartism, Budapest 1978.

Hobsbawm, E. J., Europäische Revolutionen 1789–1848, Zürich 1962.

Hobsbawm, E. J., Industry and Empire, London 1968.

Holzapfel, K., Bürgerliche Revolution und

historischer Fortschritt: Frankreich 1830 bis 1848, in: ZfG, 1984, H. 6.

Holzapfel, K., Die Julirevolution von 1830, in: Revolutionen der Neuzeit 1500–1917, hrsg. und eingel. v. M. Kossok, Berlin 1982.

Istorija socialističeskich učenij, Sb. statej, Moskva 1982.

Krenn, R., Die industrielle Revolution in England, Berlin 1950.

Kuczynski, J., Die Geschichte der Lage der Arbeiter unter dem Kapitalismus, Bd. 1–38, Berlin 1960–1972.

Kuczynski, J., Vier Revolutionen der Produktivkräfte, Berlin 1975.

Maškin, M. N., Francuzkie socialisty i demokraty i kolonial'nyj vopros. 1830–1871, Moskva 1981.

Morton, A. L./G. Tate, Die britische Arbeiterbewegung 1770–1920, Berlin 1960.

Namazova, A. S., Bel'gijskaja revoljucija 1830 goda, Moskva 1979.

Rudé, G., Why was there no Revolution in England in 1830 or 1848?, in: Studien über die Revolution, hrsg. v. M. Kossok, Berlin 1969.

Strumilin, S. G., Promyšlennyj perevorot v Rossii, Moskva 1944.

Thompson, E. P., The making of the English Working class, New York 1963.

Vigier, Ph., La monarchie de Juillet, Paris 1965.

Zwahr, H., Proletariat und Bourgeoisie in Deutschland. Studien zur Klassendialektik, Köln 1980.

Averbuch, R. A., Revoljucija v Avstrii (1848–1849), Moskva 1970.

Bach, H., Die nationale Frage in der europäischen Revolution von 1848/49, in: Rolle und Formen der Volksbewegung im bürgerlichen Revolutionszyklus, hrsg. v. M. Kossok, Berlin 1976.

Berindei, D., Die sozialen und nationalen Objekte der Rumänischen Revolution von 1848, in: Rumänien. Blätter der Geschichte, Bukarest 1978, Nr. 2.

Dautry, J., Histoire de la révolution de 1848 en France, Paris 1948.

Die bürgerlich-demokratische Revolution in Deutschland. Studien zu ihrer Geschichte und Wirkung, hrsg. v. H. Bartel und H. Bleiber, Berlin 1972.

Engels, F., Revolution und Konterrevolution in Deutschland, in: MEW, Bd. 8, Berlin 1960.

Gramsci, A., Il Risorgimento, Turin 1949.

Helmert, H./H.-J. Usczeck, Bewaffnete Kämpfe in Europa 1848/49, Berlin 1973.

Kreibich, K., Die Deutschen und die böhmische Revolution 1848, Berlin 1952.

Marx, K., Die Klassenkämpfe in Frankreich, in: MEW, Bd. 7, Berlin 1976.

Marx, K., Der achtzehnte Brumaire des Louis Bonaparte, in: MEW, Bd. 8, Berlin 1960.

Marx, K./F. Engels, Die Bourgeoisie und die Konterrevolution, in: MEW, Bd. 6, Berlin 1973.

Obermann, K., Die ungarische Revolution von 1848/49 und die demokratische Bewegung in Deutschland, Budapest 1971.

Revoljucii 1848/49 gg., hrsg. v. F. W. Potemkin und A. I. Molok, 2 Bde., Moskva 1952.

Schmidt, W., Bourgeoisie, Arbeiterklasse und Volksmassen in den Kämpfen um die Wege der bürgerlichen Umgestaltung, in: ZfG, 1977, H. 10.

Schmidt, W., Sieg und Festigung des Kapitalismus im Weltmaßstab und die Rolle der Arbeiterklasse in den bürgerlich-demokratischen Revolutionen des 19. Jh., in: ZfG, 1972, H. 10.

Schmidt, W. u. a., Die europäischen Revolutionen von 1848/49, in: Revolutionen der Neuzeit 1500–1917, hrsg. v. M. Kossok, Berlin 1982.

Schmidt, W. u. a., Illustrierte Geschichte der deutschen Revolution 1848/49, Berlin 1973.

Strey, J./G. Winkler, Marx und Engels 1848/49. Die Politik und Taktik der »Neuen Rheinischen Zeitung« während der bürgerlich-demokratischen Revolution, Berlin 1972.

Spira, G., Les Journées critiques de la révolution bourgeoise en septembre 1848, Budapest 1975.

Winter, E., Revolution, Neoabsolutismus und Liberalismus in der Donaumonarchie, Wien 1969.

Aptheker, H., Nat Turner's Slave Rebellion, New York 1966.

Aus der Geschichte des Kampfes von Marx und Engels für die proletarische Partei. Eine Sammlung von Arbeiten, Berlin 1961.

Beer, M., Geschichte des Sozialismus in England, Stuttgart 1913.

Bolchovitinov, N. N., Doktrina Monro (proizchoždenie i charakter), Moskva 1959.

Domin, D., India in 1857–59. A Study in

the Role of the Sikhs in the Peoples Uprising, Berlin 1977.

Die Erste Internationale 1864–1870, Teil 1, hrsg. v. I. A. Bach u. a., Moskau 1981.

Engelberg, E., Deutschland von 1849–1871. Lehrbuch der deutschen Geschichte (Beiträge, Nr. 7), Berlin 1972.

Engels, F., Die Bakunisten an der Arbeit, in: MEW, Bd. 22, Berlin 1977.

Fan Won-lan, Neue Geschichte Chinas, Bd. 1 (1840–1901), Berlin 1959.

Foner, Ph., History of Labor Movement in the United States, New York 1947.

Gil Novales, A., La revolución de 1868 en el Alto Aragón, Zaragoza 1980.

Gol'man, L., Ot Sojuza kommunistov k Pervomu Internacionalu, Moskva 1970.

Krivogus, I. M./S. M. Steckevič, Abriß der Geschichte der I. und II. Internationale, Berlin 1959.

Krüger, H., Die I. Internationale und Indien, in: Beiträge zur Geschichte der Arbeiterbewegung, 1978, H. 3.

Kuropjatnik, G. P., Vtoraja amerikanskaja revoljucija, Moskva 1961.

Land ohne Nachtigall. Deutsche Emigranten in Amerika 1776–1890, hrsg. v. R. Weber, Berlin 1981.

Marx, K., Der Amerikanische Bürgerkrieg, in: MEW, Bd. 15, Berlin 1974.

Marx, K., Statuten und Reglement der Internationalen Arbeiter-Assoziation, in: MEW, Bd. 16, Berlin 1962.

Marx, K., Provisorische Statuten der Internationalen Arbeiterassoziation, in: MEW, Bd. 16, Berlin 1962.

Marx, K., Inauguraladresse der Internationalen Arbeiter-Assoziation, in: MEW, Bd. 16, Berlin 1962.

Karl Marx und die Gründung der I. Internationale, Dokumente und Materialien, hrsg. und eingel. v. R. Sperl und G. Wisotzki, Berlin 1964.

[Mesmer, B.], Napoleon III. und die italienische Einigung, Bern 1969.

Tersen, E., Garibaldi, Berlin 1968.

Reisberg, A., Von der I. zur II. Internationale, Berlin 1980.

Kapitel 4

Bruhat, J./J. Dautry/E. Tersen, Die Pariser Kommune von 1871, Berlin 1971.

Engels, F., Einleitung zu »Die Klassenkämpfe in Frankreich« (Ausgabe 1895), in: MEW, Bd. 7, Berlin 1976.

Engels, F., Einleitung zur englischen Ausgabe (1882) der »Entwicklung des Sozialismus von der Utopie zur Wissenschaft«, in: MEW, Bd. 22, Berlin 1977.

Hackethal, E., Die Pariser Kommune von 1871, in: Revolutionen der Neuzeit 1500 bis 1917, hrsg. v. M. Kossok, Berlin 1982.

Keržencev, P. M., Istorija Parižskoj Kommuny, Moskva 1960.

Lenin, W. I., Unter fremder Flagge, in: Werke, Bd. 21, Berlin 1977.

Lenin, W. I., Die Lehren der Kommune, in: Werke, Bd. 13, Berlin 1960.

Lenin, W. I., Staat und Revolution, in: Werke, Bd. 25, Berlin 1970.

Lissagaray, P. L., Geschichte der Kommune von 1871, Berlin 1956.

Loch, W., Die Pariser Kommune. Historische Konsequenz einer nationalen Entwicklung, in: Studien über die Revolution, hrsg. v. M. Kossok, Berlin 1969.

Marx, K., Der Bürgerkrieg in Frankreich. Adresse des Generalrats der Internationalen Arbeiterassoziation, in: MEW, Bd. 17, Berlin 1983.

Maschkin, M., Die Pariser Kommune 1871. Chronik einer Revolution, Berlin 1982.

Moissonier, M., Les Communes provinciales – Propositions pour une étude, in: Le Mouvement Social, Paris 1972, H. 79.

Molok, A. I., Parižskaja Kommuna 1871 goda i ego meždunarodnoe značenie, Moskva 1956.

Parižskaja Kommuna 1871 g., pod red. E. A. Želuborskoj, A. Z. Manfreda u. a., 2 Bde., Moskva 1961.

Villain, J., Die großen 72 Tage. Ein Report über die Pariser Kommunarden, Berlin 1975.

Wippold, W., Die Pariser Kommune. Ihre Bedeutung für die Entwicklung der Lehre von der Diktatur des Proletariats, Berlin 1961.

Wladimir Iljitsch Lenin – Dokumente seines Lebens, ausgew. und erl. v. A. Reisberg, 2 Bde., Leipzig 1980.

Engelberg, E., Deutschland von 1871 bis 1897. Deutschland in der Übergangsepoche zum Imperialismus, Berlin 1979.

Hallgarten, G. W. F., Imperialismus vor 1914. Die soziologischen Grundlagen der Außenpolitik europäischer Großmächte vor dem ersten Weltkrieg, 2 Bde., München 1963.

Lenin, W. I., Der Imperialismus als höchstes Stadium des Kapitalismus, in: Werke, Bd. 22, Berlin 1981.

Mottek, H., Zur historischen Entwicklung der ökonomischen Rolle des bürgerlichen Staates bis zum ersten Weltkrieg, in: Jahrbuch für Wirtschaftsgeschichte, 1970, T. IV.

Studien zum deutschen Imperialismus vor 1914, hrsg. v. F. Klein, Berlin 1976.

Die Große Politik der europäischen Kabinette. Sammlung der diplomatischen Akten des Auswärtigen Amtes. Im Auftrage des Auswärtigen Amtes, hrsg. v. J. Lepsius, A. Mendelssohn Bartholdy und F. Thimme, 40 Bde., Berlin 1922–1927.

Handbuch der Verträge 1871–1964. Verträge und andere Dokumente aus der Geschichte der internationalen Beziehungen, hrsg. v. H. Stoecker unter Mitarb. v. A. Rüger, Berlin 1968.

Jerussalimski, A. S., Die Außenpolitik und die Diplomatie des deutschen Imperialismus Ende des 19. Jahrhunderts, Berlin 1954.

Kinjapina, N. S., Vnešnaja politika Rossii vo vtoroj poloviny XIX v., Moskva 1974.

Poidevin, R., Les relations économiques et financières entre la France et l'Allemagne de 1898 à 1914, Paris 1969.

Potstejn, F. A., Meždunarodnye otnošenija v konce XIX v., Moskva 1960.

Bartel, H./A. Laschitza/W. Schmidt, Reform und Revolution im Ringen um die Konstituierung der Arbeiterklasse. Zum politisch-ideologischen Formierungsprozeß des Proletariats in der zweiten Hälfte des 19. Jahrhunderts und zu Beginn des 20. Jahrhunderts, in: ZfG, 1975, H. 6.

Bartel, H. u. a., Das Sozialistengesetz 1878–1890, Illustrierte Geschichte des Kampfes der Arbeiterklasse gegen das Ausnahmegesetz, Berlin 1980.

Die Erste Internationale 1870–1876, T. 2, hrsg. v. I. A. Bach u. a., Moskau 1981.

Die Geschichte der Zweiten Internationale, 2 Bde., Moskau 1983.

Die Internationale Arbeiterbewegung. Fragen der Geschichte und der Theorie, Bd. 2, Moskau 1981.

Krivogus, I. M., Osnovnye periody i zakonomernosti meždunarodnogo rabočego dviženija do Oktjabrja 1917 g., Moskva 1976.

Lenin, W. I., Der Zusammenbruch der II. Internationale, in: Werke, Bd. 21, Berlin 1977.

Lenin, W. I., Zwei Taktiken der Sozialdemokratie in der demokratischen Revolution, in: Werke, Bd. 9, Berlin 1960.

Zybok, L. I., Očerki istorii rabočego dviženija v SŠA 1865–1918, Moskva 1962.

Anders, M./W. Küttler, Die bürgerlich-demokratische Revolution in Rußland 1905–1907, in: Revolutionen der Neuzeit 1500–1917, hrsg. v. M. Kossok, Berlin 1982.

Canija, V., Sovety v pervoj russkoj revoljucii, Suchumi 1972.

Die Revolution 1905–1907 in Rußland, Red. J. I. Korabljow, Berlin 1980.

Küttler, W., Lenins Formationsanalyse der bürgerlichen Gesellschaft in Rußland vor 1905, Berlin 1978.

Lenin, W. I., Ein Vortrag über die Revolution von 1905, in: Werke, Bd. 23, Berlin 1960.

Pervaja russkaja revoljucija i eë istoričeskoje značenie, Moskva 1975.

Revoljucija 1905–1907 godov v Rossii i eë vsemirno-istoričeskoe značenie, red. koll.: P. A. Rodionov (rukovoditel'), Moskva 1976.

Zarodov, K. I., Tri revoljucii v Rossii i naše vremja, Moskva 1977.

Al'perovič, M. S./L. I. Slezkin, Novaja istorija stran Latinskoj Ameriki, Moskva 1970.

Belov, E. A., O charaktere Sinchajskoj revoljucii, in: NAA, 1972, H. 3.

Efimov, G. V., Buržuaznaja revoljucija v Kitae i Sun'Jat-sen (1911–1913 gg.). Fakty i problemy, Moskva 1974.

Felber, R., Charakter und Bedeutung der Xinhai-Revolution 1911 in China, in: ZfG, 1981, H. 3.

Felber, R., Die bürgerlich-demokratische Xinhai-Revolution in China 1911–1913, in: Revolutionen der Neuzeit 1500–1917, hrsg. v. M. Kossok, Berlin 1982.

Geschichte Afrikas von den Anfängen bis zur Gegenwart, T. 2: H. Loth, Afrika unter imperialistischer Kolonialherrschaft und die Formierung der antikolonialen Kräfte 1884–1945, Berlin 1976.

Katz, F., Bauernbewegung und Agrarfrage in der Mexikanischen Revolution 1910–1917, in: Die bäuerliche Klassenkomponente im bürgerlichen Revolutionszyklus, hrsg. und eingel. v. M. Kossok, Berlin 1984.

Kossok, M., Die bürgerlich-demokratische Revolution in Mexiko 1910–1917, in: Revolutionen der Neuzeit 1500–1917, hrsg. v. M. Kossok, Berlin 1982.

Landa, R. G., Bor'ba alžirskogo naroda protiv evropejskoj kolonizacii (1830–1918), Moskva 1976.

Lavrov, N. M., Meksikanskaja revoljucija 1910–1917 gg., Moskva 1972.

Rathmann, L., Araber stehen auf. Über den Befreiungskampf der arabischen Völker bis zum Ausbruch des zweiten Weltkrieges, Berlin 1960.

Vosstanie ichetuanej. Dokumenty i materialy, otv. red. V. N. Nikiforov, Moskva 1968.

Zeuske, M., Der Zehnjährige Krieg 1868–1878 und die Unabhängigkeitsrevolution Kubas 1895–1898, in: Revolutionen der Neuzeit 1500–1917, hrsg. v. M. Kossok, Berlin 1982.

Deutschland im ersten Weltkrieg, 3 Bde., Berlin 1968–1970.

Gutsche, W., 1. August 1914, Berlin 1976 (illustrierte historische hefte, H. 3).

Gutsche, W./F. Klein/J. Petzold, Von Sarajewo nach Versailles, Berlin 1974.

Istorija pervoj mirovoj vojny 1914–1918, 2 Bde., Moskva 1975.

Lenin, W. I., Über die Niederlage der eigenen Regierung im imperialistischen Krieg, in: Werke, Bd. 21, Berlin 1977.

Lenin, W. I., Die Aufgaben der revolutionären Sozialdemokratie im europäischen Krieg, in: Werke, Bd. 21, Berlin 1977.

Otto, Ch., Schlieffen und der Generalstab. Der preußisch-deutsche Generalstab unter der Leitung des Generals von Schlieffen, 1891–1905, Berlin 1966.

Otto, Ch./K. Schmiedel, Der erste Weltkrieg, Berlin 1977.

Reisberg, A., Lenin und die Zimmerwalder Bewegung, Berlin 1966.

Temkin, Ja. G., Lenin i meždunarodnaja socialdemokratija 1914–1917, Moskva 1968.

Nachweis der Abbildungen   *5.2.*

Tafelabbildungen   5.2.1.

Vorlagen für die Abbildungen stellten freundlicherweise zur Verfügung:
ADN/Zentralbild, Berlin (Abb. 74); Deutsche Fotothek Dresden (Abb. 1, 3, 5, 6, 8, 9, 10, 11, 12, 13, 14, 16, 19, 20, 21, 22, 25, 30, 31, 32, 33, 36, 37, 39, 40, 43, 45, 46, 47, 55, 56, 57, 58, 61, 68, 69, 70); Institut für Marxismus-Leninismus beim ZK der SED, Zentrales Parteiarchiv, Berlin (Abb. 53); Museum für Deutsche Geschichte, Berlin (Abb. 77); W. Reuschel, Leipzig (Abb. 71); VEB Bibliographisches Institut, Leipzig (Abb. 34, 54); Verlag Neues Leben, Berlin (Abb. 44).

Weitere Abbildungen wurden den nachstehend aufgeführten Werken entnommen:
R. Battaglia, La prima guerra d'Africa, Torino 1958 (Abb. 72); A. W. Bunin, Geschichte des russischen Städtebaues bis zum 19. Jh., Berlin 1961 (Abb. 24); F. O. Busch, Unter der alten Flagge 1914–1918, Berlin 1935 (Abb. 76); B. Davidson, Africa. History of a continent, London 1966 (Abb. 35); Die Kultur Frankreichs, Teil 1, Wiesbaden 1976 (Abb. 41, 42); Die Pariser Kommune 1871, Berlin 1971 (Abb. 59); W. Gutsche, 1. August 1914, Berlin 1976 (illustrierte historische hefte, H. 3) (Abb. 75); H. Jessen, Katharina II. von Rußland im Spiegel der Zeitgenossen, Düsseldorf 1970 (Abb. 23); W. Kaempffert, Bahnbrechende Erfindungen in Amerika und Europa, Berlin 1927 (Abb. 60); Kleine Enzyklopädie Weltgeschichte, Bd. 2, Leipzig 1981 (Abb. 17); La Enciclopedia de Cuba, t. 4, Madrid 1975 (Abb. 73); H. Müller, Die Entstehung der USA, Berlin 1978 (illustrierte historische hefte, H. 10) (Abb. 38); The Illustrated London News, Bd. 12, London 1848 (Abb. 49, 51); A. Charisius/R. Lambrecht/K. Dorst, Weltgendarm USA, Berlin 1984 (Abb. 67); Weltgeschichte in zehn Bänden, Bd. 4, Berlin 1964 (Abb. 2, 4, 7, 15, 18); Weltgeschichte in zehn Bänden, Bd. 5, Berlin 1966 (Abb. 26, 27, 28, 29); Weltgeschichte in zehn Bänden, Bd. 6, Berlin 1969 (Abb. 48, 50, 52); Weltgeschichte in zehn Bänden, Bd. 7, Berlin 1965 (Abb. 62, 63, 64, 65, 66).

5.2.2.   Karten

Die Welt um 1500
Vorlagen: Atlas zur Geschichte, Bd. 1, Gotha, Leipzig 1981, S. 40, 41/I, 55, 56/I, 62/I.
Die Welt 1917
Vorlagen: Weltgeschichte in zehn Bänden, Bd. 7, Berlin 1965, S. 552–553; Atlas zur Geschichte, Bd. 1, Gotha, Leipzig 1981, S. 62/I, 111, 124/I.
Gruppierungen europäischer Mächte im Dreißigjährigen Krieg 1618–1648
Vorlage: Weltgeschichte in zehn Bänden, Bd. 4, Berlin 1964, S. 810.
Schlacht bei Marston Moor am 2. Juli 1644
Vorlage: Anglijskaja buržuaznaja revoljucija XVII veka, hrsg. v. E. A. Kosminskij und Ja. A. Levicki, Bd. 1, Moskva 1954, S. 181.
Truppenaufstellung vor der Schlacht bei Waterloo am 18. Juni 1815
Vorlage: B. Jeschonnek, Waterloo 1815, Berlin 1979, S. 33 (illustrierte historische hefte, H. 15).
Aufmarsch- und Operationspläne der Mittelmächte und der Entente im August 1914
Vorlage: Weltgeschichte in zehn Bänden, Bd. 7, Berlin 1965, S. 562.

5.2.3.   Diagramme

Als Quellen für die Anfertigung der Diagramme dienten:
Diagramm 1: Europäische Wirtschaftsgeschichte, Bd. 2: Sechzehntes und siebzehntes Jahrhundert, Stuttgart, New York 1979, S. 20.
Diagramm 2: Ebenda.
Diagramm 3: H. Hausherr, Wirtschaftsgeschichte der Neuzeit vom Ende des 14. bis zur Höhe des 19. Jahrhunderts, Weimar 1954, S. 143 f.
Diagramm 4: W. Sombart, Der moderne Kapitalismus, Bd. 1, München, Leipzig 1916, S. 351.
Diagramm 5: Weltgeschichte in zehn Bänden, Bd. 6, Berlin 1969, S. 785; Bd. 7, Berlin 1969, S. 696.
Diagramm 6: Weltgeschichte in zehn Bänden, Bd. 6, Berlin 1969, S. 788; Bd. 7, Berlin 1969, S. 43.
Diagramm 7: Naturwissenschaft, Technik und Wirtschaft im 19. Jahrhundert, T. 2, Göttingen 1976, S. 537.
Diagramm 8: Ebenda, S. 823.
Diagramm 9: H. Hausherr, Wirtschaftsgeschichte der Neuzeit vom Ende des 14. bis zur Höhe des 19. Jahrhunderts, Weimar 1954, S. 297.
Diagramm 10: W. I. Lenin, Der Imperialismus als höchstes Stadium des Kapitalismus, in: Werke, Bd. 22, Berlin 1981, S. 262.

5.2.4.   Schemata

Schema 1: Klassenbeziehungen im Absolutismus
Schema 2: Sozialstruktur und religiös-politische Differenzierung in der Englischen Revolution
Schema 3: Englische Revolution
Schema 4: Vom englischen Rationalismus zur französischen Aufklärung
Schema 5: Struktur der 13 Kolonien
Schema 6: Nordamerikanische Unabhängigkeitsrevolution
Schema 7: Struktur der Präsidialdiktatur der USA (gemäß der Verfassung von 1787)
Schema 8: Verteilung des Grundeigentums in Frankreich 1789
Schema 9: Entwicklung des Jakobinerklubs 1789–1794
Schema 10: Französische Revolution 1789–1795
Schema 11: Struktur der Jakobinerdiktatur 1793/94

Register 5.3.

Personenregister 5.3.1.

Geographisches Register   5.3.2.

Allgemeine Geschichte des Mittelalters

Von einem Autorenkollektiv unter Leitung von Bernhard Töpfer
476 Seiten, 43 Abbildungen, 16 Karten,
165 mm × 230 mm, Leinen, DDR 30,– M, Ausland 37,– M
Bestellangaben: 571 306 3 /Allg. Gesch. Mittelalter

Das Hochschullehrbuch ist die erste von DDR-Historikern unternommene Gesamtdarstellung der Geschichte des Mittelalters und basiert auf dem neuesten Erkenntnisstand der marxistischen Feudalismusforschung. Die Darstellung, die den Zeitraum von 500 bis 1500 umfaßt, gliedert sich in fünf Kapitel. Dabei werden die Herausbildung des Feudalismus in Europa und im Vorderen Orient und die zeitparallelen Feudalentwicklungen in Asien, die Blütezeit der entfalteten Feudalgesellschaft in West- und Südeuropa und ihre Entwicklung im 14./15. Jahrhundert behandelt. Am Beispiel unterschiedlicher Wege der feudalen Entwicklung werden sowohl die progressiven als auch die retardierenden Momente innerhalb der Feudalgesellschaft sichtbar gemacht und die Bedeutung der Epoche des Feudalismus im welthistorischen Prozeß verdeutlicht.

VEB Deutscher Verlag der Wissenschaften

Geschichte der sozialistischen Gemeinschaft

Herausbildung und Entwicklung des realen Sozialismus von 1917 bis zur Gegenwart

Von einem Autorenkollektiv unter Leitung von Ernstgert Kalbe
532 Seiten, 76 Abbildungen, 65 Tabellen, 6 Karten, 2 Schemata,
165 mm × 230 mm, Leinen, DDR 33,– M, Ausland 40,– M
Bestellangaben: 570 942 7/ Gesch. soz. Gemeinschaft

Das von Historikern der Karl-Marx-Universität Leipzig in interdisziplinärer Kooperation mit anderen Fachwissenschaftlern erarbeitete Hochschullehrbuch ist die erste geschlossene Darstellung der Geschichte des realen Sozialismus von 1917 bis zur Gegenwart. Auf der Grundlage umfangreichen historischen Faktenmaterials arbeiteten die Autoren die Hauptprozesse heraus, die für die Herausbildung und die Entwicklung der sozialistischen Gemeinschaft kennzeichnend sind: die Entwicklung und Reifung der sozialökonomischen Ordnung des Sozialismus im nationalen und im internationalen Maßstab, die Herausbildung eines neuen Typs internationaler Beziehungen auf bilateraler und multilateraler Ebene und – in seinen Grundlinien – der Kampf der sozialistischen Gemeinschaft um Frieden und Sicherheit. Dem mit diesem Werk unternommenen Versuch einer historisch-vergleichenden Untersuchung der Geschichte des realen Sozialismus liegen die gesicherten historischen Erkenntnisse über dessen ländergeschichtliche Entwicklung zugrunde.

VEB Deutscher Verlag der Wissenschaften

Die Welt 1917

Alaska (USA)

Grönland (dän.)

Spitzbergen

Europäisches Nordmeer

Jan Mayen

Island (dän.)

Färöer (dän.)

Kristiania

NORWE

K A N A D A (brit. Dominion)

Hudson-Bay

NEUFUNDLAND (brit. Dominion)

GROSS-BRITANNIEN

London

9

A. 10

Be.

Br.

12

DEUTS

13

ITAL

Ottawa

St. John's

St. Pierre u. Miquelon (frz.)

Paris

Bern

U S A

Washington

Halifax

FRANKREICH

Rom

Boston

Philadelphia

PORTUGAL

Madrid

SPANIEN

M

Norfolk

Lissabon

Tanger (Internat. Zone)

Algier

20

Charleston

Bermuda-In. (brit.)

Azoren (port.)

Ifni (span.)

Marokko (frz.)

Algerien (frz.)

M E X I K O

Havanna

Bahama-In. (brit.)

Kanarische In. (span.)

Mexiko

KUBA

Pt.-au-Prince

7

Puerto Rico (USA)

Rio de Oro (span.)

Frz.-Westafrika

Jamaika (brit.)

6

Santo Domingo

Guadeloupe (frz.)

Kapverdische In. (port.)

Guatemala

1

3

Tegucigalpa

San Salvador

2

Barbados (brit.)

Gambia (brit.)

Port.Guinea

21

23

Nigeria (brit.)

Managua

NIKARAGUA

Trinidad (brit.)

Freetown

22

KOSTARIKA

San José

5

Caracas

Monrovia

LIBERIA

Panama

VENEZUELA

Guayana (brit.)

Guayana (frz.)

24

Galápagos-In. (ekuad.)

EKUADOR

Bogotá

KOLUMBIEN

St.Paul (bras.)

Cabinda (port.)

Quito

Amazonas

Ascension (brit.)

B R A S I L I E N

St.Helena (brit.)

Lima

P E R U

BOLIVIEN

La Paz

Trindade (bras.)

Walfischb (bri

8

Asunción

Rio de Janeiro

S T I L L E R   O Z E A N

A R G E N T I N I E N

C H I L E

URUGUAY

Tristan da Cunha (brit.)

K

Santiago

Montevideo

Gough

Buenos Aires

A T L A N T I S C H E R   O Z E A N

Falkland-In./Malwinen (brit.)

Südgeorgien

Wichtige imperialistische Staaten und ihre Kolonien

Großbritannien	
Frankreich	
Deutschland	
Italien	
USA	
Japan	

Von Ententemächten besetzte deutsche Kolonien

Staatsgrenzen

London Hauptstädte

Große Sozialistische Oktoberrevolution

Frontlinie im ersten Weltkrieg Ende 1917

Amerika
1 Britisch-Honduras
2 GUATEMALA
3 HONDURAS
4 EL SALVADOR
5 PANAMA
6 HAÏTI
7 DOMINIKANISCH
8 PARAGUAY